Deichmann+Fuchs

Walhalla
Mediengruppe

WALHALLA – eine Marke der Walhalla Mediengruppe

Kontakt bei Fragen zur Produktsicherheit:
Walhalla u. Praetoria Verlag GmbH & Co. KG, Haus an der Eisernen Brücke, 93042 Regensburg, E-Mail: produktsicherheit@walhalla.de, Telefon: 0941 5684-0

Satz und Produktion: Walhalla Mediengruppe, Regensburg
Printed in Germany
ISBN 978-3-86198-473-3

Zur Walhalla Mediengruppe gehören die Marken WALHALLA, Deichmann+Fuchs, metropolitan und Annual Multimedia Award.

Quellenangaben:

Das Regelwerk FGSV 370, RSA 21 – Richtlinien für die verkehrsrechtliche Sicherung von Arbeitsstellen an Straßen, Ausgabe 2021, bzw. Auszüge sind mit Erlaubnis der Forschungsgesellschaft für Straßen- und Verkehrswesen e.V. wiedergegeben worden.

Das Regelwerk FGSV Nr. 327, RUB – Richtlinien für Umleitungsbeschilderungen, Ausgabe 2021, bzw. Auszüge sind mit Erlaubnis der Forschungsgesellschaft für Straßen- und Verkehrswesen e.V. wiedergegeben worden. Maßgebend für das Anwenden der FGSV-Regelwerke sind deren Fassungen mit dem neuesten Ausgabedatum, die beim FGSV Verlag, Wesselinger Str. 15-17, 50999 Köln, www.fgsv-verlag.de, erhältlich sind.

Vorwort

Kontrolle und Wartung von Arbeitsstellen an Straßen

Im Rahmen der Kontrolle und Wartung hat der Auftragnehmer Kontroll-, Unterhaltungs-, Instandsetzungs- und Reinigungsarbeiten an den Verkehrsschildern, Markierungen, Leitelementen, Verkehrs-, Beleuchtungs- und Schutzeinrichtungen durchzuführen.

Wer diese Kontrolle und Wartung auf Seiten des Auftragnehmers durchführen muss, wird bereits in der verkehrsrechtlichen Anordnung geregelt. Hier ist der Name, der Vorname, die Anschrift und die Telefonnummer des oder der Verantwortlichen für die Verkehrssicherung während und nach der Arbeitszeit anzugeben.

Nach ZTV-SA Ziff. 7 muss dieser Verantwortliche oder dessen Beauftragter bei Arbeitsstellen von längerer Dauer mindestens zweimal täglich (bei Tagesanbruch und nach Eintritt der Dunkelheit), an arbeitsfreien Tagen mindestens einmal täglich die Arbeitsstelle kontrollieren. Eine zusätzliche Kontrolle wird nach einem Unwetter oder einem Sturm erforderlich.

Aber auch die Straßenverkehrsbehörde, Straßenbaubehörde und die Polizei sind gehalten, Arbeitsstellen auf Straßen hinsichtlich der Zweckmäßigkeit der angeordneten Maßnahmen zu prüfen und die planmäßige Kennzeichnung zu überwachen.

Bereits diese Vorgaben zeigen, dass der Kontrolle und der Wartung einer Arbeitsstelle an Straßen eine besondere Bedeutung zukommt. Verstöße können für den Auftragnehmer, der in der Regel auch die Verkehrssicherungspflicht übertragen bekommen hat, schwerwiegende Folgen haben. Aber auch der Auftraggeber sitzt mit im Boot, denn dieser muss seiner Überwachungspflicht gegenüber dem Auftragnehmer nachkommen.

Die Redaktion

Inhaltsübersicht

RSA Teil A – Allgemeines

Inhaltsübersicht

1 Grundbegriffe und Grundsätze

Diese Richtlinien gelten für die verkehrsrechtliche Sicherung von Arbeitsstellen an und auf Straßen. Sie unterscheiden nach den Anwendungsbereichen innerörtliche Straßen (Teil B), Landstraßen (Teil C) und Autobahnen (Teil D).

1.1 Arbeitsstellen

(1) Als Arbeitsstellen an Straßen werden solche Stellen bezeichnet, bei denen öffentliche oder tatsächlich-öffentliche Verkehrsflächen vorübergehend für Arbeiten abgesperrt werden und solche Stellen, die außerhalb des öffentlichen Verkehrsraums liegen, von denen aber Auswirkungen auf den Verkehr ausgehen. Anlass hierfür können Arbeiten an der Straße selbst, Arbeiten neben oder über der Straße, Arbeiten an Leitungen in oder über der Straße sowie Vermessungsarbeiten sein (Rn. 2 VwV-StVO zu § 1).

(2) Die verkehrsrechtlichen Sicherungsmaßnahmen an Arbeitsstellen dienen der sicheren Führung des Verkehrs im Bereich von Arbeitsstellen.

(3) Die staatlichen und berufsgenossenschaftlichen Gesetze, Verordnungen, Vorschriften und Regelungen zum Arbeitsschutz sind von den jeweiligen Adressaten dieser Vorschriften zu beachten, aber nicht Gegenstand dieser Richtlinien.

(4) Bezüglich der Gestaltung der Sicherungsmaßnahmen werden unterschieden:

a) Arbeitsstellen von längerer Dauer (AlD),

b) Arbeitsstellen von längerer Dauer unter besonderen Bedingungen (siehe Teil D, Abschnitt 2.4),

c) Arbeitsstellen von kürzerer Dauer (AkD) (in der Regel einrichtbar sowohl bei Tage als auch bei Nacht – erforderlichenfalls mit gesonderten Regelplänen oder zusätzlichen Maßnahmen bei Dunkelheit).

(5) Arbeitsstellen von längerer Dauer im Sinne dieser Richtlinien sind in der Regel alle Arbeitsstellen, die mehr als 24 Stunden durchgehend und ortsfest aufrechterhalten werden.

(6) Arbeitsstellen von kürzerer Dauer im Sinne dieser Richtlinien sind alle Arbeitsstellen, die in der Regel nicht länger als 24 Stunden bestehen. Maßgeblich ist dabei, wie lange die arbeitsstellenbedingte Verkehrsführung besteht.

(7) Tagesbaustellen im Sinne dieser Richtlinien sind alle Arbeitsstellen von kürzerer Dauer, die während der Tageshelligkeit bestehen. Hierunter fallen

a) Arbeitsstellen, die kurzzeitig stationär eingerichtet sind (z. B. für Unterhaltungsarbeiten, Reparaturen an Fahrzeug-Rückhaltesystemen (FRS), Beschilderungsarbeiten, Arbeiten an Ver- und Entsorgungseinrichtungen), soweit sie nicht aufgrund der Verkehrssituation wie Arbeitsstellen von längerer Dauer behandelt werden müssen; diese werden als kurzzeitig stationäre Arbeitsstellen bezeichnet,

b) Arbeitsstellen, die sich in der Regel in der Verkehrsrichtung kontinuierlich fortbewegen (z. B. für Reinigungsarbeiten, Markierungsarbeiten, Grasschnitt); diese werden als bewegliche Arbeitsstellen bezeichnet,

c) Vermessungsarbeiten sind alle Arbeiten, die den Aufgaben der Landes- und Katastervermessung dienen, sowie alle Ingenieurvermessungen im Rahmen der Planung, des Baus sowie der Unterhaltung und Instandsetzung von Straßen und Bauwerken an Straßen. Vermessungsarbeiten gleichgestellt sind markscheiderische Vermessungen, die durch Gesetz oder Verordnung festgelegt sind, sowie die Ausführung geologischer und geophysikalischer Aufnahmen im Rahmen der Lagerstätten- und Bodenforschung.

(8) Nachtbaustellen im Sinne dieser Richtlinien sind alle Arbeitsstellen von kürzerer Dauer, die während der Dunkelheit betrieben werden.

(9) Straßenbauarbeiten sind Bauarbeiten am und im Straßenkörper sowie an Bauwerken im Zuge von Straßen einschließlich Unterhaltungsmaßnahmen.

(10) Der Verkehrsbereich endet auf der Arbeitsstellenseite an der zum Verkehr gewandten Kante einer Verkehrseinrichtung (Anlage 4 zu § 43 Absatz 3) oder einer temporären Schutzeinrichtung (Bild A-1). Verkehrsbereich im hier genannten Sinne bezeichnet die räumliche Zuständigkeit der für die Anordnung nach § 45 zuständigen Behörde; er bezeichnet nicht den für die Verkehrsteilnehmer uneingeschränkt nutzbaren Raum.

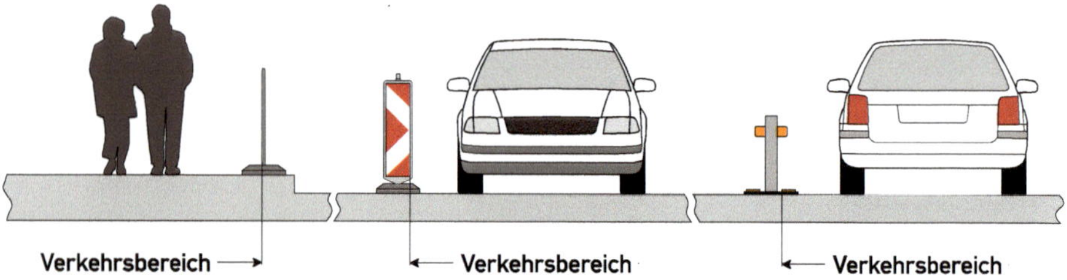

Bild A-1: Abgrenzung des Verkehrsbereiches

(11) Arbeitsbereich ist der Bereich innerhalb der Arbeitsstelle, in dem Arbeiten stattfinden sowie in dem sich Arbeitskräfte, Arbeitsmittel usw. befinden und der gegenüber dem Verkehrsbereich abgesperrt ist.

(12) Für Vermessungsarbeiten im Fahrbahnbereich ist grundsätzlich eine verkehrsrechtliche Anordnung erforderlich. Nur im Geh- und Radwegbereich ist diese grundsätzlich entbehrlich.

(13) Bei den für die Vermessung zuständigen Stellen ist darauf hinzuwirken, dass Vermessungspunkte und Messungslinien nach Möglichkeit in verkehrsarme Bereiche außerhalb der Fahrbahn gelegt werden. Muss die Fahrbahn in Anspruch genommen werden, so soll ein Wechseln von einer Straßenseite zur anderen auf das unbedingt notwendige Maß beschränkt bleiben. Es sind die Vermessungsverfahren zu wählen, bei denen der öffentliche Verkehrsraum so wenig wie möglich betreten werden muss.

1.2 Planung der Arbeitsstellen

(1) Arbeitsstellen sind so zu planen, dass ihre Dauer und räumliche Ausdehnung die Verkehrsabwicklung möglichst wenig erschweren. Die anordnende Behörde hat zu prüfen, ob die eingereichten Unterlagen diesen Anforderungen genügen.

(2) Entfallen vorübergehend Gründe für die Maßnahmen oder lassen die Umstände zeitweise Erleichterungen zu, dann sind die Maßnahmen für diese Zeit aufzuheben bzw. abzumildern.

(3) Arbeiten an verkehrsreichen Straßen sollen in verkehrsschwachen Zeiten ausgeführt werden. Um den Eingriff in den Verkehr möglichst gering zu halten, sollen Nachtbaustellen in Erwägung gezogen werden; hinsichtlich der Anforderungen an den Betrieb von Nachtbaustellen wird auf die Ausführungen im Abschnitt 10 sowie im Teil D, Abschnitt 3, verwiesen.

Es kann erforderlich sein, dass der Bauherr bei der für den Immissionsschutz zuständigen Behörde eine Genehmigung einholt.

(4) Bereits bei der Planung von zeitlich oder räumlich größeren Arbeitsstellen sind Straßenverkehrsbehörde, Polizei, Feuerwehr sowie Betreiber von betroffenen Linienverkehren des ÖPNV zu beteiligen. Soweit besondere Stellen zur Koordinierung solcher Arbeiten eingerichtet sind, sind diese zu beteiligen.

(5) Bei räumlich längeren Arbeitsstellen ist darauf zu achten, dass – entsprechend dem Baufortschritt – die für den Verkehr wirksame Arbeitsstellenlänge und -breite möglichst geringgehalten und regelmäßig dem für die Arbeiten notwendigen Raum angepasst werden.

(6) Hinsichtlich gegebenenfalls erforderlicher Umleitungen wird auf die Ausführungen im Abschnitt 11.2 verwiesen.

(7) Eine rechtzeitige Information der Öffentlichkeit, in besonderen Fällen auch behinderter Menschen, über absehbare Verkehrsbeeinträchtigungen und mögliche Umleitungs- und Ausweichstrecken sollte in geeigneter Weise erfolgen.

(8) Es ist zu prüfen, inwieweit die Arbeiten zum Auf- und Abbau von Behelfsverkehrsführungen einer eigenen verkehrsrechtlichen Absicherung bedürfen.

(9) Wären bei Festlegungen von Sicherungsmaßnahmen an Straßen erhebliche Verkehrsbeeinträchtigungen oder Gefährdungen für unmittelbar im Grenzbereich zum Verkehr arbeitende Beschäftigte zu erwarten, kann es erforderlich sein, dass der Bauherr die notwendigen Maßnahmen mit den für den Straßenverkehr und den für den Arbeitsschutz zuständigen Behörden abstimmt, die für Verkehrsteilnehmer und Beschäftigte auf Straßenbaustellen gleichermaßen die größtmögliche Sicherheit gewährleisten (vergleiche ASR A5.2).

1.3 Verkehrsrechtliche Grundsätze und Zuständigkeiten

1.3.1 Anordnung von Verkehrszeichen und Verkehrseinrichtungen

(1) Maßgebende Rechtsgrundlage für alle verkehrslenkenden, -beschränkenden oder -verbietenden Maßnahmen auf öffentlichen Verkehrsflächen oder auf Privatgrund mit tatsächlich-öffentlichem Verkehr aus Anlass von Arbeiten im Straßenraum, z. B. Bauarbeiten, ist die StVO (§ 45 Absatz 1 und 2). Hierbei sind alle Gebote und Verbote für die Verkehrsteilnehmer durch Verkehrszeichen und -einrichtungen nach der StVO anzuordnen (§ 45 Absatz 4). Die VwV-StVO sowie diese Richtlinien sind zu beachten (Rn. 3 VwV-StVO zu § 43 und Rn. 1 VwV-StVO zu § 40, Zeichen 123).

(2) Die Straßenbaubehörde ist vorbehaltlich anderer Maßnahmen der Straßenverkehrsbehörde befugt, den Verkehr zur Durchführung von Straßenbauarbeiten zu beschränken, zu verbieten oder umzuleiten und ihn durch Markierungen und Leiteinrichtungen zu lenken (§ 45 Absatz 2). Die Straßenbaubehörde muss vor allen Straßenbauarbeiten im öffentlichen Straßenraum rechtzeitig – im Regelfall mindestens zwei Wochen vor Beginn der Bauarbeiten – die Straßenverkehrsbehörde über deren Umfang und verkehrliche Auswirkungen sowie über die angeordneten verkehrlichen Maßnahmen unterrichten. Die Straßenverkehrsbehörde hat die Polizei rechtzeitig von den vorgesehenen Maßnahmen zu unterrichten. Will sie von ihrem Vorbehalt Gebrauch machen und vorgesehene Maßnahmen aufheben oder ändern, so darf sie das nur nach Anhörung von Polizei und Straßenbaubehörde tun. Straßenverkehrsbehörde und Straßenbaubehörde können vereinbaren, dass die Unterrichtung der Polizei von der Straßenbaubehörde übernommen wird.

(3) Bei Arbeitsstellen, bei denen der gesamte oder ein Teil des Verkehrs umgeleitet werden muss, sollte die vorgeschriebene vorherige Abstimmung zwischen der Straßenbaubehörde und der Straßenverkehrsbehörde nach Möglichkeit 4 Wochen vorher erfolgen.

(4) Sind sonstige Anlagen Dritter von den Arbeiten betroffen, so sind bei der Festlegung der Maßnahmen deren Eigentümer oder Betreiber hinzuzuziehen, gegebenenfalls auch Feuerwehr und Rettungsdienste.

(5) Bei Straßenbauarbeiten von geringer verkehrlicher Auswirkung, bei denen die Anordnung verkehrlicher Maßnahmen auf der Grundlage von Regelplänen erfolgt, kann von einer vorherigen Unterrichtung der Straßenverkehrsbehörde abgesehen werden, wenn diese einem derartigen Verfahren zugestimmt hat.

(6) Zur Anordnung verkehrlicher Maßnahmen zur Durchführung von Arbeiten im Straßenraum, die nicht Straßenbauarbeiten sind, ist gemäß § 45 Absatz 1 Satz 2 Nr. 1 ausschließlich die Straßenverkehrsbehörde befugt.

(7) Für Verkehrsbetriebe, Betreiber von Versorgungs- und Telekommunikationsnetzen sowie für Unternehmer, die im Rahmen von Verträgen für einen längeren Zeitraum mit der Durchführung von Arbeiten im Straßenraum beauftragt sind, kann die zuständige Behörde auf Antrag ein vereinfachtes Verfahren festlegen. Dieses Verfahren kann insbesondere bei Arbeitsstellen angewandt werden, die keine wesentlichen Eingriffe in den Verkehrsablauf zur Folge haben und stets gleichartige Sicherungsmaßnahmen nach sich ziehen, das heißt vorrangig bei Arbeitsstellen von kürzerer Dauer. In den schriftlichen Festlegungen sollen der Geltungsbereich – Arbeiten und Verkehrsflächen –, die anzuwendenden Regelpläne nach diesen Richtlinien und die jeweils vor Beginn der Arbeiten einzuschaltenden Behörden – z. B. Straßenbaubehörde, Straßenverkehrsbehörde, Polizei – aufgenommen werden. Es ist darin ferner darauf hinzuweisen, dass Verkehrszeichen und -einrichtungen nach der StVO erst dann aufgestellt werden dürfen, wenn sie gemäß § 45 für jeden Einzelfall ausdrücklich angeordnet worden sind. Mit der Festlegung des vereinfachten Verfahrens ist die Zusage der Anordnungsbehörde verbunden, künftig die Prüfung und Anordnung der für die jeweilige Örtlichkeit erforderlichen Maßnahmen in der Regel innerhalb von 3 Arbeitstagen vorzunehmen, sofern nicht ausnahmsweise ganz besondere Umstände vorliegen, die einer längerfristigen Prüfung bedürfen.

(8) Die Verkehrssicherungspflicht obliegt demjenigen, der im öffentlichen Straßenraum Arbeiten ausführt oder ausführen lässt. Die Verkehrssicherungspflicht des Unternehmers, im Regelfall des Bauunternehmers, gegebenenfalls auch des Verkehrsabsicherers, besteht neben derjenigen des Straßenbaulastträgers und der Verkehrsregelungspflicht der Straßenverkehrsbehörde; sie endet erst dann, wenn der Unternehmer nicht mehr die tatsächliche Herrschaft über die Arbeitsstelle ausübt. Sie betrifft den gesamten Arbeitsstellenbereich und gegebenenfalls die zugehörige Umleitungsstrecke sowie alle anlässlich der Arbeitsstelle angeordneten Verkehrszeichen und Verkehrseinrichtungen.

(9) Die Anordnung von Verkehrszeichen und -einrichtungen aus Anlass von Arbeiten im Straßenraum soll schriftlich erfolgen. Die Unternehmer müssen vor dem Beginn von Arbeiten, die sich auf den Straßenverkehr auswirken, von der zuständigen Behörde – Straßenverkehrsbehörde oder Straßenbaubehörde – Anordnungen über die Absperrung und Sicherung der Arbeitsstellen sowie über notwendige Verkehrsbeschränkungen, -verbote

und Umleitungen einholen. Bauunternehmer haben dem Antrag einen Verkehrszeichenplan beizufügen (§ 45 Absatz 6).

(10) Die Anordnung richtet sich an die für die Anbringung der Verkehrszeichen und Verkehrseinrichtungen Verantwortlichen. Sie beinhaltet auch die an die Verkehrsteilnehmer gerichtete straßenverkehrsrechtliche Anordnung. Die Anbringung von Verkehrszeichen und Verkehrseinrichtungen entsprechend der straßenverkehrsrechtlichen Anordnung obliegt im Regelfall dem Unternehmer. Adressat dieser Anordnung ist derjenige, der sie vor Ort umsetzt und für die Unterhaltung verantwortlich ist. Der Unternehmer ist nicht befugt, von den Vorgaben der Anordnung abzuweichen. Dies bezieht sich auch auf den Inhalt der verkehrsrechtlichen Anordnung für das Verkehrszeichen bzw. die Verkehrseinrichtung selbst. Ohne Anordnung aufgestellte oder von der Anordnung abweichende Verkehrszeichen sind nichtig. Sie haben allenfalls hinweisende Wirkung und können das nach § 1 gebotene Verhalten beeinflussen.

(11) Sollen im Rahmen der Durchführung von Arbeiten im Straßenraum Sonderrechte nach § 35 Absatz 6 in Anspruch genommen werden, ist sorgfältig zu prüfen, ob die dort vorgeschriebenen Warneinrichtungen sowie gegebenenfalls gelbes Blinklicht (§ 38 Absatz 3) ausreichen, oder ob Sicherungsmaßnahmen im Sinne dieser Richtlinien erforderlich sind. Dann sind vor Beginn der Arbeiten die erforderlichen straßenverkehrsrechtlichen Anordnungen einzuholen. Zur Sicherheitskennzeichnung von Fahrzeugen und Warnkleidung vergleiche VwV-StVO zu § 35 Absatz 6 sowie Teil A, Abschnitte 7 und 9.

1.3.2 Sonstige Maßnahmen zur Arbeitsstellensicherung

(1) Gebote und Verbote, die mit Verkehrszeichen und -einrichtungen ergehen, können durch weitere bauliche oder technische Maßnahmen unterstützt oder ergänzt werden. Diese sonstigen Maßnahmen bedürfen keiner Anordnung nach § 45, von ihnen geht jedoch auch keine unmittelbare rechtliche Wirkung auf das Verkehrsverhalten aus. Sie können daher die Verkehrszeichen und -einrichtungen nicht ersetzen.

(2) Bei der Anwendung dieser sonstigen Maßnahmen im Bereich von Arbeitsstellen im Straßenraum ist § 33 Absatz 2 Satz 1 zu beachten. Danach dürfen „Einrichtungen, die Zeichen oder Verkehrseinrichtungen (§§ 36 bis 43) gleichen, mit ihnen verwechselt werden können oder deren Wirkung beeinträchtigen können", dort nicht angebracht werden, „wo sie sich auf den Verkehr auswirken können". Im Zweifelsfall ist zuvor die Straßenverkehrsbehörde zu befragen.

1.3.3 Weitere Rechtsgrundsätze

(1) Neben den speziellen Vorschriften des Straßenverkehrsrechts sind u. a. eine Reihe verwaltungsrechtlicher und zivilrechtlicher Vorschriften und Bestimmungen des BGB zu beachten.

(2) Von besonderer Bedeutung ist die fehlerfreie Ermessensausübung durch die Straßenverkehrs- und Straßenbaubehörde bei belastenden Verwaltungsakten. In diesem Zusammenhang müssen sich die Einrichtung und Absicherung von Arbeitsstellen daher am Grundsatz der Verhältnismäßigkeit messen lassen. Dies gilt für die Anordnung der verkehrssichernden Maßnahmen und die dadurch hervorgerufene Belastung Dritter sowie für das Maß der angeordneten Verkehrsbeschränkung oder des angeordneten Verkehrsverbotes. Fehlerfreie Ermessensausübung verlangt in erster Linie die Beachtung des § 45 Absatz 9 sowie die Interessenabwägung der durch den Verwaltungsakt Betroffenen. Hieraus kann sich u. a. die Notwendigkeit ergeben, Verkehrsverbote und Beschränkungen während der arbeitsfreien Zeit aufzuheben oder abzumildern. Im Ergebnis müssen die die Einrichtung der Arbeitsstelle begründenden Belange überwiegen. Die Nutzungsinteressen der die Straße gemeingebräuchlich nutzenden Verkehrsteilnehmer müssen in die Abwägung einfließen. Dabei geht der Grundsatz der Sicherheit dem der Leichtigkeit des Verkehrs vor. Ein Anspruch auf gleichbleibende Nutzungsmöglichkeit der Straße besteht für sie nicht. Behinderungen des Verkehrsablaufes durch arbeitsstellenbedingte Zeitverluste oder Umwege müssen sie bei Beachtung des Verhältnismäßigkeitsgrundsatzes hinnehmen.

(3) Insbesondere sind die Belange von Anliegern, die in besonderem Maße auf die Nutzung der Straße angewiesen sind, in die Abwägung einzubeziehen. Dies gilt vor allem für an der Straße liegende Gewerbebetriebe. Der Verhältnismäßigkeitsgrundsatz verlangt, dass die zur Erreichung des Ziels am wenigsten belastende (aber noch wirksame) Eingriffsmöglichkeit genutzt wird.

(4) Sind Fußgänger von den Auswirkungen der Arbeitsstelle betroffen, müssen auch die Bedürfnisse von behinderten Menschen berücksichtigt werden (insbesondere von blinden, seh-, körper- und hörbehinderten sowie kleinwüchsigen Menschen).

(5) Bei der Einrichtung der Arbeitsstellen sind die Grundsätze der Verkehrssicherungspflicht zu beachten. Diese betreffen in erster Linie die technische Beschaffenheit der Straße und der Einrichtungen im Straßenraum sowie die ordnungsgemäße Anbringung der angeordneten Verkehrszeichen und Verkehrseinrichtungen. Kommt es im

Zusammenhang mit der Durchführung von Arbeiten, die sich auf den Verkehr auswirken, zu Gefahren insbesondere für die Sicherheit des Verkehrs, ist der Unternehmer aufgrund der ihm obliegenden Verkehrssicherungspflicht gehalten, deren unverzügliche Beseitigung zu veranlassen. Sind hierfür verkehrsrechtliche Anordnungen erforderlich, hat er sich an die zuständige Behörde zu wenden; bei Gefahr im Verzug hat er unverzüglich die Polizei zu verständigen und gegebenenfalls eigenverantwortlich vorläufige Sicherungsmaßnahmen zu ergreifen.

(6) Zudem sind bei der Anordnung der verkehrssichernden Maßnahmen die Grundsätze der Verkehrsregelungspflicht zu beachten. Diese bedingen ein nach den örtlichen Verhältnissen des Einzelfalls gegebenes Erfordernis, den Verkehr zu lenken, umzuleiten, zu beschränken oder zu verbieten.

1.4 Inhalt der Anordnungen und Verkehrszeichenpläne

(1) Die verkehrsrechtliche Anordnung legt die Maßnahmen für die verkehrsrechtliche Absicherung einer Arbeitsstelle fest. Sie enthält grundsätzlich Verkehrszeichenpläne, Umleitungspläne sowie gegebenenfalls Signallagepläne mit den hierauf fußenden Signalzeiten- und Phasenfolgeplänen, die fallweise verschiedene Bauphasen berücksichtigen und keiner textlichen Wiederholung bedürfen. Auf- und Abbau der angeordneten Verkehrsführung müssen in unmittelbarem zeitlichen Zusammenhang mit Beginn und Ende der Arbeiten stehen. Die verkehrsrechtliche Anordnung muss alle Angaben zu Verkehrszeichen und Verkehrseinrichtungen enthalten, die aus Anlass der durchzuführenden Arbeiten angebracht, geändert oder entfernt werden müssen. Sie soll auch die für den Auf- und Abbau der Behelfsverkehrsführung erforderlichen (vgl. Abschnitt 1.2 Absatz 8) Festlegungen enthalten. Sie ist so zu gestalten, dass dem Adressaten kein Ermessen bei der Ausführung verbleibt.

(2) Die Anordnung muss folgende Angaben enthalten:

a) Großräumige Beschreibung der Örtlichkeit:
   - innerorts: Gemeinde, Ortsteil, Straßenname,
   - außerorts: Straßenklasse und Nummer (z. B. B 27) sowie Lage (z. B. südlich von A-Stadt).

b) Nähere Angaben zur Lage der Arbeitsstelle: Beschreibung der betroffenen Straßenteile, genaue Länge der Arbeitsstelle mit Ortsangabe (z. B. von Hausnummer x bis y, von km x bis y).

c) Breiten der Straßenteile, die von den Arbeiten direkt oder indirekt betroffen sind, insbesondere Breiten von Behelfsfahrstreifen und Restbreiten von eingeschränkten Fahrbahnteilen.

d) Angaben zum zeitlichen Rahmen der Arbeiten: Geplanter bzw. frühester Beginn der Arbeiten (Arbeitsstelleneinrichtung), spätestes Ende der Arbeiten bzw. der einzelnen Bauphasen.

e) Detailangaben zum zeitlichen Ablauf:
   - Bei Arbeitsstellen von längerer Dauer: z. B. Meldepflicht des Zeitpunktes der Einrichtung der Arbeitsstelle 48 Stunden vorher (gegebenenfalls auch gegenüber der Polizei) und der Räumung der Arbeitsstelle am gleichen Tage.
   - Bei Arbeitsstellen von kürzerer Dauer: z. B. Räumung der Arbeitsstelle rechtzeitig vor bekannten Verkehrsspitzenzeiten.

f) Beschilderung einschließlich erforderlicher Beleuchtungseinrichtungen, Markierung, Absperrgeräte.

g) Besondere Einzelheiten über zu ändernde Verkehrszeichen im Verlauf der Arbeiten; Änderungen an arbeitsfreien Tagen sind konkret zu benennen, wie z. B. vorübergehende Aufhebung von Geschwindigkeitsbeschränkungen.

h) Gegebenenfalls vorhandene Verkehrszeichen und Verkehrseinrichtungen mit Angaben über erforderliches Abdecken, Entfernen oder Ungültigmachen.

i) Schaltungen einer vorhandenen oder anlässlich der Arbeitsstelle angebrachten Verkehrsbeeinflussungsanlage.

j) Name, Vorname, Anschrift und Telefonnummer des oder der Verantwortlichen für die Verkehrssicherung während und nach der Arbeitszeit.

Soweit der Einsatz einer Lichtzeichenanlage erforderlich ist, sind ferner anzugeben:

k) Der vorgesehene Signallageplan, der Signalzeitenplan bzw. die Signalzeitenpläne mit ihren Einsatzzeiten. Soweit eine verkehrsabhängige Steuerung für erforderlich gehalten wird, sind deren Einsatzzeiten zu benennen.

l) Name, Vorname, Anschrift und Telefonnummer des oder der für den Betrieb der Signalanlage und für die Störungsbeseitigung Verantwortlichen während und nach der Arbeitszeit.

Soweit eine Umleitung eingerichtet werden muss:

m) Lageplan über die Umleitungsstrecken mit den zusätzlichen Verkehrszeichen im Verlauf der Umleitungsstrecke und den Änderungen der vorhandenen Verkehrszeichen (Umleitungsplan oder Verkehrslenkungsplan).

(3) Als Verantwortlicher im Sinne von j) und l) kann nur benannt werden, wer jederzeit Zugriff auf die Arbeitsstellen vor Ort hat und über ausreichende Entscheidungsvollmachten im Rahmen des Adressaten der Anordnung verfügt sowie der deutschen Sprache mächtig ist. Außerdem muss er die erforderlichen Fachkenntnisse nach dem „Merkblatt über Rahmenbedingungen für erforderliche Fachkenntnisse zur Verkehrssicherung an Arbeitsstellen an Straßen" (MVAS) nachweisen; hiervon kann die anordnende Behörde bei Arbeiten mit geringen verkehrlichen Auswirkungen Ausnahmen zulassen. Die Behörde soll die Benennung eines Vertreters mit gleichen Voraussetzungen fordern.

(4) Dem Antragsteller kann gestattet werden, die Angaben zu den Punkten j) und l) auch bis zum Beginn der Einrichtung der Arbeitsstelle nachzureichen.

(5) Die Anordnung ist auf der Arbeitsstelle bereitzuhalten und gegebenenfalls den zuständigen Personen auf Verlangen zur Prüfung vorzulegen.

1.5 Aufstellung von Verkehrszeichen- und ähnlichen Plänen; Nutzung der Regelpläne

(1) Die Erstellung der Verkehrszeichenpläne richtet sich nach den Vorschriften der StVO, der VwV-StVO sowie den ergänzenden Regelungen der „Richtlinien für die Markierung von Straßen" (RMS), der „Richtlinien für Lichtsignalanlagen an Straßen" (RiLSA) und der „Richtlinien für Umleitungsbeschilderungen" (RUB). Es empfiehlt sich bei Verkehrszeichenplänen für Arbeitsstellen von längerer Dauer bauliche und andere nicht technische Gegebenheiten nachrichtlich darzustellen, welche Einfluss auf die Möglichkeit und den Ort der Anbringung der anzuordnenden Verkehrszeichen und Verkehrseinrichtungen haben.

(2) Die Bauunternehmer müssen der zuständigen Behörde grundsätzlich Verkehrszeichenpläne vorlegen (§ 45 Absatz 6), Ausnahmen siehe in diesem Abschnitt unter Absatz 7. Dies gilt auch für Signallage- und Signalzeitenpläne.

(3) Diese Richtlinien enthalten in den Teilen B bis D für Standardsituationen typisierte Regelpläne. Ihre Eignung und das Erfordernis jedes Anordnungselements sind für die jeweilige örtliche und verkehrliche Situation unter Zugrundelegung strenger Maßstäbe zu prüfen. Sind Änderungen aufgrund örtlicher Besonderheiten erforderlich, so dient der Regelplan als Grundbaustein für den Verkehrszeichenplan. Verkehrszeichen und Verkehrseinrichtungen sind in den Regelplänen so dargestellt, dass ihre Unterkante den Aufstellort bezeichnet. Die Richtung, aus der sie sichtbar sind, ergibt sich durch die Umklappregel: Sie sind für die Verkehrsteilnehmer sichtbar, die sich aus Richtung der Unterkante dem Verkehrszeichen oder der Verkehrseinrichtung nähern.

Die vorgenannten Regelungen sind auch für Verkehrszeichenpläne anzuwenden.

(4) Insbesondere bei größeren Arbeiten wird es sich zumeist anbieten, dass die Straßenbaubehörde selbst ein Verkehrskonzept erarbeitet und abstimmt, das zugleich Aussagen über die Verkehrszeichen und Verkehrseinrichtungen sowie Verkehrsführung und -regelung enthält.

(5) Die Aufstellung eines Verkehrszeichen- oder Umleitungsplanes in reiner Schriftform sollte nur bei Arbeitsstellen von kürzerer Dauer oder geringem Umfang angewandt werden.

(6) Soweit die zuständige Behörde die Aufstellung von Verkehrszeichen- und Umleitungsplänen anhand von Lageplänen fordert, was vor allem für innerörtliche Straßen zweckmäßig sein kann, sind diese dem Bauunternehmer durch den Veranlasser der Maßnahme zur Verfügung zu stellen.

(7) Der Vorlage eines Verkehrszeichenplanes durch den Bauunternehmer bedarf es gemäß Rn. 66–68 VwV-StVO zu § 45 Absatz 6 in den nachfolgenden Fällen nicht:

„1. bei Arbeiten von kurzer Dauer und geringem Umfang der Arbeitsstelle, wenn die Arbeiten sich nur unwesentlich auf den Straßenverkehr auswirken,"

Dies setzt voraus, dass die Auswirkungen der Arbeitsstelle auf den Straßenverkehr tatsächlich so geringfügig sind, dass der Eintritt konkreter Gefahr als ausgeschlossen anzusehen ist. Das ist regelmäßig der Fall, wenn die aufgeführten Kriterien zusammentreffen (äußerster Bagatellfall). Restriktive Handhabung ist im Sinne der Verkehrssicherheit geboten. Es fällt in das Ermessen der Behörde, die Bedeutung der Arbeitsstelle im Einzelfall zu beurteilen und gegebenenfalls die Vorlage eines Verkehrszeichenplanes zu verlangen.

„2. wenn ein geeigneter Regelplan besteht,"

Bei unveränderter Übernahme des Regelplanes erübrigt sich die Vorlage des Verkehrszeichenplanes; die behördliche Anordnung enthält den Hinweis „Absicherung gemäß Regelplan ...". Örtliche Besonderheiten sind auch hier gegebenenfalls zu berücksichtigen. Eine bestätigte Ausführung ist der Anordnung beizufügen.

„3. wenn die zuständige Behörde selbst einen Plan aufstellt."

Das Absehen von der Vorlage eines Verkehrszeichenplanes entbindet die Behörde nicht von den erforderlichen Anordnungen nach § 45 (siehe Abschnitte 1.3.1 und 1.3.2).

1.6 Überprüfung und Überwachung durch Behörden

1.6.1 Allgemeines

Straßenverkehrsbehörde, Straßenbaubehörde und die Polizei sind gehalten, Arbeitsstellen auf Straßen hinsichtlich der Zweckmäßigkeit der angeordneten Maßnahmen zu prüfen und die planmäßige Kennzeichnung zu überwachen (Rn. 64 VwV-StVO zu § 45 Absatz 6).

1.6.2 Überprüfung

(1) Vor der Inbetriebnahme einer Arbeitsstellenverkehrsführung muss die anordnende Behörde überprüfen:

a) Jede Art von Lichtzeichenanlagen; dabei sollen auch Lichtzeichenanlagen z. B. im Bereich von Umleitungsstrecken einbezogen werden,

b) Umleitungen von Vorfahrtstraßen,

c) Arbeitsstellen mit einer Änderung der Vorfahrt.

(2) Nach der Inbetriebnahme hat die anordnende Behörde – erforderlichenfalls auch nachts – Arbeitsstellen auf Autobahnen, Kraftfahrstraßen und Vorfahrtstraßen (Zeichen 306) zeitnah zu überprüfen.

1.6.3 Überwachung

(1) Arbeitsstellen sind durch die Straßenverkehrsbehörde, Straßenbaubehörde und die Polizei zu überwachen. Das gilt auch für die Zeit nach Arbeitsschluss, für die Nacht und für die Sonn- und Feiertage.

(2) Während der Dauer einer Sperrung sind in angemessenen Zeitabständen die Verkehrszeichen und Verkehrseinrichtungen auf der Umleitungsstrecke zu überprüfen.

(3) Entsprechen die Verkehrszeichen und Verkehrseinrichtungen nicht der Anordnung, sind unverzüglich entsprechende Änderungen zu veranlassen.

(4) Die Straßenverkehrsbehörde kann bestehende Anordnungen der Straßenbaubehörde aufheben, ändern, ergänzen oder erweitern. Insbesondere um zu vermeiden, dass unzweckmäßige Maßnahmen getroffen werden, die den Baufortschritt unnötig hemmen und damit die Bauzeit verlängern oder die Sicherheit der im Arbeitsbereich der Arbeitsstelle Tätigen gefährden, sind vorher die Straßenbaubehörde und die Polizei anzuhören. Hält die Straßenbaubehörde einzelne Maßnahmen der Straßenverkehrsbehörde für unzweckmäßig oder unzureichend, hat sie entsprechende Verbesserungen anzuregen.

(5) Stellt die Polizei Verstöße gegen Anordnungen fest, die vom Unternehmer nicht sofort behoben werden, ist unverzüglich die Straßenverkehrsbehörde oder die Straßenbaubehörde zu benachrichtigen. Die Polizei ist gemäß § 44 Absatz 2 Satz 2 befugt, bei Gefahr im Verzug zur Aufrechterhaltung der Sicherheit und Ordnung des Verkehrs anstelle der zuständigen Behörde selbst vorläufige Maßnahmen zu treffen; sie bestimmt dann die Mittel zur Sicherung und Lenkung des Verkehrs. Bei länger andauernden Maßnahmen hat sie die zuständige Behörde zu verständigen.

(6) Werden infolge der Regelung der vorstehenden Absätze Änderungen aus dringenden verkehrlichen Gründen erforderlich, sind diese in den anliegenden Verkehrszeichenplan einzutragen und vom Anordnenden zu unterzeichnen. Die beteiligten Behörden und Dienststellen sind hiervon unverzüglich schriftlich zu unterrichten.

2 Verkehrszeichen

2.1 Allgemeines

(1) Verkehrszeichen sind Gefahrzeichen, Vorschriftzeichen und Richtzeichen (§ 39 Absatz 2) sowie Zusatzzeichen (§ 39 Absatz 3). Die Größe der Verkehrszeichen, die Gestaltung der Zusatzzeichen sowie die Art ihrer Aufstellung oder Anbringung sind in §§ 39 bis 43, in der VwV-StVO insbesondere zu §§ 39 bis 43 und in dem zugehörigen Katalog der Verkehrszeichen (VzKat) geregelt. Auch Markierungen sind Verkehrszeichen (§ 39 Absatz 5). Hinsichtlich der Abmessungen und geometrischen Anordnung von Markierungen sind zusätzlich die RMS zu beachten (Rn. 49 bis 53 und 55 VwV-StVO zu den §§ 39 bis 43 sowie VwV-StVO zu § 42 Zeichen 340), soweit in diesen Richtlinien keine abweichenden Regelungen getroffen sind.

(2) Die Ausführung von Verkehrszeichen darf auch an Arbeitsstellen nicht unter den Anforderungen anerkannter Gütebedingungen liegen (Rn. 18 VwV-StVO zu den §§ 39 bis 43). Verkehrszeichen, ausgenommen solche für den ruhenden Verkehr und Markierungen, müssen grundsätzlich mit Folien mindestens der Reflexionsklasse RA2 nach DIN 67520:2013-10 ausgestattet werden (Rn. 21 VwV-StVO zu den §§ 39 bis 43), abweichend können sie auch entsprechend § 39 Absatz 4 Satz 2 lichttechnisch dargestellt werden. Verkehrszeichen mit mangelnder Erkennbarkeit dürfen nicht verwendet werden (z. B. wenn das Signalbild nicht mehr eindeutig identifizierbar ist oder mehr als 20 % der Folienfläche mechanisch geschädigt sind).

(3) Auch an Arbeitsstellen gilt, dass vertikale Verkehrszeichen gut sichtbar, stand- und verdrehsicher sowie grundsätzlich senkrecht zur Fahrbahn und rechtwinklig zur Verkehrsrichtung aufgestellt werden müssen. Zeichen 283 und 286 mit Pfeilen sind im spitzen Winkel zur Fahrbahn anzubringen (Rn. 3 VwV-StVO zu § 41 zu den Zeichen 283 und 286).

(4) Bei der Anordnung von vertikalen Verkehrszeichen aus Anlass von Arbeitsstellen ist darauf zu achten, dass entgegenstehende Regelungen für die Dauer der Maßnahme aufzuheben sind.

2.2 Aufstellhöhe von Verkehrszeichen

(1) Die Mindesthöhe zwischen Unterkante Verkehrszeichen und Boden (Fahrbahnoberkante) beträgt in der Regel:

a) 2,20 m außerhalb der Fahrbahn sowie über Geh- und Radwegen,

b) 4,50 m an Verkehrszeichenbrücken.

(2) Im Bereich von Arbeitsstellen kann die Aufstellhöhe bis auf folgende Werte reduziert werden, soweit die Verkehrszeichen nicht im Bereich von Geh- und Radwegen aufgestellt werden:

a) 1,50 m innerorts, z. B. auf Mittelinseln, Grünstreifen, Parkstreifen oder abgesperrten Fahrbahnteilen,

b) 1,50 m außerorts bei mehrstreifigen Straßen, sofern es sich um Gefahr- oder Vorschriftzeichen handelt, 1,00 m bei Richtzeichen und Zusatzzeichen,

c) 0,60 m für Verkehrszeichen, die an Fahrzeugen angebracht sind.

2.3 Standort von Verkehrszeichen

(1) Alle vertikalen Verkehrszeichen (Schilder) sind grundsätzlich neben dem rechten Fahrbahnrand aufzustellen. Bei zwei und mehr Fahrstreifen in gleicher Fahrtrichtung, bei sehr hohen Verkehrsstärken oder ungünstigen örtlichen Verhältnissen sollten Schilder grundsätzlich auch neben dem linken Fahrbahnrand bzw. auf der Mittelinsel (Fahrbahnteiler) aufgestellt werden, wenn hierfür ausreichender Raum vorhanden ist (§ 39 Absatz 2 Satz 3, Rn. 28 und 30 VwV-StVO zu den §§ 39 bis 43). Es kann zweckmäßig sein, statt der beidseitigen Aufstellung eine Anbringung über Kopf vorzusehen.

(2) Auch für Arbeitsstellen gelten die Regeln über die mehrfache Anbringung von Verkehrszeichen an einem Pfosten:

a) Nicht mehr als drei Verkehrszeichen am gleichen Pfosten (Rn. 35 VwV-StVO zu den §§ 39 bis 43),

b) Gefahrzeichen nur in Kombination mit Streckenverboten (Rn. 1 VwV-StVO zu § 40 und Rn. 1 bis 3 zu den Zeichen 274, 276 und 277 VwV-StVO) oder Zusatzzeichen,

c) Nicht mehr als zwei Vorschriftzeichen am gleichen Pfosten (Rn. 37 VwV-StVO zu den §§ 39 bis 43),

d) Vorschriftzeichen in Kombination in der Regel nur, wenn sie sich an die gleichen Verkehrsarten wenden und die gleiche Strecke bzw. den gleichen Punkt betreffen (Rn. 38 VwV-StVO zu den §§ 39 bis 43),

e) Gleichzeitige Geschwindigkeitsbeschränkungen (Zeichen 274) und Überholverbote (Zeichen 276) möglichst an einem Pfosten, wobei Zeichen 274 über Zeichen 276 anzubringen ist.

(3) Werden an einem Pfosten mehrere Verkehrszeichen angebracht, sind immer Gefahrzeichen (Dreiecke) über den Vorschriftzeichen (Ronden) anzubringen.

(4) Zeichen 274, 276 und 277 sollen nach solchen Kreuzungen und Einmündungen wiederholt werden, an denen mit dem Einbiegen ortsunkundiger Kraftfahrer zu rechnen ist. Auf Landstraßen empfiehlt es sich in der Regel, sie in einem Abstand von nicht mehr als 500 m und auf Autobahnen von nicht mehr als 1.000 m zu wiederholen (Rn. 5 VwV-StVO zu den Zeichen 274, 276 und 277). Sie sollen außerdem wiederholt werden, wenn Zweifel am Fortbestehen des Verbotes zu erwarten sind. Zeichen 283 und 286 sind hinter jeder Kreuzung und Einmündung zu wiederholen (vgl. Rn. 2 VwV-StVO zu Zeichen 283 und 286).

(5) Verkehrszeichen sollen auch im Bereich von Arbeitsstellen nicht innerhalb der Fahrbahn aufgestellt werden. In der Regel soll der Seitenabstand der der Fahrbahn zugewandten Schildkante zur Fahrbahn betragen (Rn. 43 VwVStVO zu den §§ 39 bis 43):

a) Innerorts 0,50 m, aber keinesfalls weniger als 0,30 m,

b) Außerorts 1,50 m.

(6) Geh- und Radwege sollen durch die Aufstellung von Verkehrszeichen nicht unter die im Teil B, Abschnitt 2.4.2, angegebenen Mindestbreiten eingeengt werden.

(7) Sind innerorts keine Geh- oder Radwege bzw. Seitenstreifen oder Nebenanlagen vorhanden oder werden diese durch die Aufstellung von Verkehrszeichen unter die Mindestbreiten eingeengt, ist im Ausnahmefall die Aufstellung unmittelbar am Rand des rechten Fahrstreifens zulässig. Aus Sicherheitsgründen dürfen dann maximal zwei Fußplatten übereinander verwendet werden und die Fahrstreifen dadurch nur bis zur Mindestbreite eingeengt werden. Können diese Bedingungen wegen der erforderlichen Standsicherheit oder den räumlichen Verhältnissen nicht eingehalten werden, sind diese Verkehrszeichen wie eine Arbeitsstelle zu sichern, gegebenenfalls mit Anordnung von Behelfsfahrstreifen.

2.4 Gefahrzeichen

(1) Kann während der Ausführung der Arbeiten die Sicherheit des Verkehrs durch den Zustand der Straße vorübergehend gefährdet sein (z. B. durch Verschmutzung oder Rollsplitt), so sollten unter Berücksichtigung von § 45 Absatz 9 Satz 2, vorsorglich für den begrenzten Zeitraum bis zur Beseitigung der Gefahr entsprechende Gefahrzeichen angeordnet werden. Deren Erforderlichkeit ist sorgfältig zu prüfen.

zu Zeichen 123 (Arbeitsstelle)

(2) Zeichen 123 ist grundsätzlich anzuordnen, wenn sich eine Arbeitsstelle unmittelbar auf den Verkehr auswirkt. Nur wenn der gesamte Verkehr vor Beginn der Arbeitsstelle umgeleitet wird, kann auf Zeichen 123 verzichtet werden. Zusatzzeichen 1004-30 oder 1004-31 können auch angeordnet werden, wenn das Gefahrzeichen in größerer Entfernung zur Gefahrstelle angebracht werden soll, als dies in § 40 Absatz 2 vorgesehen ist.

(3) Die an Arbeitsstellen von kürzerer Dauer eingesetzten fahrbaren Absperrtafeln kennzeichnen Arbeitsstellen, so dass Zeichen 123 nicht anzuordnen ist, ausgenommen hiervon sind Arbeitsstellen von kürzerer Dauer während der Dunkelheit auf Autobahnen; siehe hierzu Abschnitt 10 Absatz 5 und Teil D, Tabelle D-3.

zu Zeichen 101 (Gefahrstelle)

(4) Wird Zeichen 101 im Bereich von Arbeitsstellen erforderlich, so ist auf einem Zusatzzeichen die Gefahr näher zu bezeichnen, z. B. Zeichen 101 mit Zusatzzeichen 1008-30 (Vorfahrt geändert).

zu Zeichen 101-52 (Splitt, Schotter)

(5) Vor der Gefahr „Splitt, Schotter" wird mit Zeichen 101-52 gewarnt.

zu Zeichen 112 (Unebene Fahrbahn)

(6) Das Zeichen 112 ist vor allem anzuordnen, wenn Unebenheiten gefährlich werden können und sie schlecht erkennbar sind. An Arbeitsstellen können dies größere Absätze sein, die überfahren werden müssen (z. B. Absätze oder Kanten in der Oberfläche der Fahrbahnbefestigung, Behelfsbrückenteile, überstehende Kanaldeckel oder Bordsteine mit provisorischen Anrampungen).

zu Zeichen 114 (Schleuder- oder Rutschgefahr)

(7) In Arbeitsstellen kommt eine Anordnung von Zeichen 114 bei besonders starker Verschmutzung in Frage. Zeichen 114 ersetzt die Zeichenkombination Zeichen 101 mit Zusatzzeichen 1007-35, soweit die Schleuder- oder Rutschgefahr im Vordergrund steht; siehe auch Absatz 1 dieses Abschnittes sowie Rn. 1 VwV-StVO zu Zeichen

101. § 32 Absatz 1 ist zudem zu beachten. Beim Baulastträger ist auf Maßnahmen zur Verringerung bzw. Verhinderung der Fahrbahnverschmutzung hinzuwirken.

zu Zeichen 120 und 121 (verengte Fahrbahn)

(8) Die Zeichen 120 und 121 sollen an Arbeitsstellen nur angeordnet werden, wenn schlecht erkennbare oder für den Verkehrsteilnehmer unerwartete Einengungen der Fahrbahn vorhanden sind oder wenn sich eine Fahrbahn für beide Richtungen auf weniger als zwei Fahrstreifen verengt. Deshalb sollen Einengungen allmählich vorgenommen oder durch Fahrbahnmarkierungen und Verkehrseinrichtungen ausreichend gekennzeichnet werden (VwV-StVO zu § 40 zu den Zeichen 120 und 121).

(9) An Fahrbahnen mit mehreren Fahrstreifen für eine Fahrtrichtung wird der Wegfall von Fahrstreifen oder eine durch Einengung verschwenkte Verkehrsführung durch Verkehrslenkungstafeln (Zeichen 501 ff.) mit Zusatzzeichen 1004-31 angezeigt. Zeichen 121 ist dann nicht anzuordnen.

zu Zeichen 124 (Stau)

(10) Ist vor einer Arbeitsstelle häufig mit Stau zu rechnen, der über die Regelbeschilderung hinausreicht und vom herannahenden Verkehr nicht rechtzeitig erkannt werden kann, so wird dringlich empfohlen, zusätzlich an einer geeigneten Stelle vor der Staugefahr zu warnen. Diese Anordnung ist Aufgabe der zuständigen Straßenverkehrsbehörde.

zu Zeichen 125 (Gegenverkehr)

(11) Das Zeichen 125 ist nur dann anzuordnen, wenn außerhalb von Autobahnen eine Fahrbahn für eine Richtung während Arbeiten im Verkehrsraum vorübergehend in beiden Richtungen befahren wird und dies nicht ohne Weiteres erkennbar ist (Rn. 1 VwV-StVO zu § 40 zu Zeichen 125). Das Zeichen ist gegebenenfalls für beide Fahrtrichtungen anzuordnen und soll auf längeren Strecken wiederholt werden. Die Richtungsfahrstreifen sind durch eine gelbe Fahrstreifenbegrenzung (Zeichen 295) zu trennen. Bei baulicher Trennung, auch temporär, z. B. durch temporäre Schutzeinrichtungen, ist das Zeichen nicht anzuordnen.

(12) Werden auf einer Fahrbahn mehr als zwei Behelfsfahrstreifen im Gegenverkehr geführt, so ist, um Irrtümer zu vermeiden, nicht Zeichen 125 anzuordnen, sondern es sind Fahrstreifentafeln (Zeichen 522) einzusetzen, auf denen die vorhandene Zahl der Fahrstreifen und deren Richtung wiedergegeben ist. Bei wechselseitigen Einengungen ist die Verkehrsführung durch Verschwenkungstafeln (Zeichen 514) zu verdeutlichen.

zu Zeichen 131 (Lichtzeichenanlage)

(13) Vor Lichtzeichenanlagen an Arbeitsstellen kann durch Zeichen 131 gewarnt werden, wenn die Lichtzeichenanlage nicht in ausreichender Entfernung erkennbar ist (VwV-StVO zu § 40 zu Zeichen 131, Satz 1).

(14) Im Übrigen sind grundsätzlich die RiLSA zu beachten.

2.5 Vorschriftzeichen

(1) Vor der Anordnung von Vorschriftzeichen sind die besonderen Umstände und die örtlichen Verhältnisse zu bewerten (siehe dazu § 45 Absatz 9 Satz 3).

zu Zeichen 208 (Vorrang des Gegenverkehrs) und Zeichen 308 (Vorrang vor dem Gegenverkehr)

(2) Die Zeichen 208 und 308 sind nur dann anzuordnen, wenn bei einseitig verengter Fahrbahn dem stärkeren Verkehrsfluss abweichend von § 6 Vorrang eingeräumt werden muss, wo für die Begegnung mehrspuriger Fahrzeuge nicht genügend Raum und die Verengung beiderseits überschaubar ist (Rn. 1 und 2 VwV-StVO zu § 41 zu Zeichen 208). Bei besonders gefährlichen Straßenstellen und starkem Verkehr sollte Zeichen 208 beidseitig der Fahrbahn für den wartepflichtigen Verkehrsstrom angeordnet werden (Rn. 30 VwV-StVO zu den §§ 39 bis 43). Fahrbahnverengungen sollten nach Möglichkeit so eingerichtet werden, dass die Vorrangregelung des § 6 anwendbar ist.

zu Zeichen 209 bis 214 (Vorgeschriebene Fahrtrichtungen)

(3) Die grundsätzlichen Aufstellvorschriften in Rn. 2 VwVStVO § 41 zu den Zeichen 209 bis 214 und im Zusammenhang mit Lichtzeichenanlagen in Rn. 3 sind einzuhalten. Im Bereich bestehender Lichtzeichenanlagen sind gegebenenfalls angepasste Lichtzeichengeber anzuordnen.

(4) Sollen Anlieger-, Arbeitsstellen- und Linienverkehr, abweichend vom übrigen Verkehr, in einer Fahrtrichtung erlaubt werden, ist dies mit Zeichen 209 bis 214 und einem Zusatzzeichen (z. B. 1020-30, 1026-32, 1026-35, 1028-30) anzugeben.

zu Zeichen 220 (Einbahnstraße)

(5) Bei einer arbeitsstellenbedingten Einrichtung einer Einbahnstraße ist die Möglichkeit der Nutzung durch Radfahrer auch in der Gegenrichtung sorgfältig zu prüfen. Gegebenenfalls sind dann die lfd. Nr. 9.1 der Anlage 2 zu § 41 sowie die VwV-StVO zu § 41 zu Zeichen 220 Rn. 4 bis 7 zu beachten.

zu Zeichen 222 (Vorgeschriebene Vorbeifahrt)

(6) Die Absicherung von Arbeitsstellen mit Absperrgeräten nach den RSA macht die Anordnung von Zeichen 222 in der Regel entbehrlich. Im Übrigen vgl. Rn. 1 und 2 VwV-StVO zu Zeichen 222.

(7) Ein beidseitig umfahrbares Hindernis auf der Fahrbahn ist durch Leitplatten mit nach beiden Seiten fallenden Schraffen (Zeichen 626) oder durch Anbringung von Fahrbahnmarkierungen (Zeichen 295 oder 298) zu verdeutlichen (Rn. 3 VwV-StVO zu § 41 zu Zeichen 222).

zu Zeichen 237 (Radweg), 240 und 241 (gemeinsamer/getrennter Geh- und Radweg)

siehe Teil B: Innerörtliche Straßen

zu Zeichen 250 bis 253 (Verbot für Fahrzeuge aller Art, Kraftwagen und Kraftfahrzeuge über 3,5 t)

(8) Häufig verbleibt zwischen dem Beginn der Umleitungsstrecke für bestimmte oder alle Fahrzeuge und dem Beginn der Arbeitsstelle ein Straßenabschnitt, der noch genutzt werden kann. Zeichen 250 bzw. 253, mit Zusatzzeichen (z. B. 1020-30, 1026-32, 1028-30), ist dann bereits am Beginn des Straßenabschnittes (Beginn der Umleitung) anzuordnen. Erforderlichenfalls kann zusätzlich angegeben werden, bis wohin die Zufahrt für Anlieger möglich ist (Zusatzzeichen 1028-33). Im Übrigen sind die RUB zu beachten.

zu Zeichen 259 (Verbot für Fußgänger)

(9) Nur wenn durch Arbeitsstellen Gehwege im gesamten Straßenquerschnitt nicht mehr genutzt werden können, ist Zeichen 259 anzuordnen (zur Weiterführung von Fußgängern siehe Teil B, Abschnitt 2.4.4).

zu Zeichen 264 und Zeichen 265 (tatsächliche Breite bzw. Höhe)

(10) Zur Festlegung der zulässigen Breite (Zeichen 264) ist der Verkehrsbereich an der engsten Stelle, abzüglich eines Sicherheitsabstandes von 2 \x 0,25 m, zu Grunde zu legen.

(11) Zeichen 265 ist entsprechend den Einschränkungen der lichten Höhe im Bereich der Arbeitsstelle an der niedrigsten Stelle des Verkehrsbereiches bzw. einzelner Fahrstreifen gemäß Tabelle A-1 festzulegen (siehe auch Bild A-14).

Tabelle A-1: Kennzeichnung von Bereichen mit beschränkter Durchfahrtshöhe bei Arbeitsstellen (bei geringeren Höhen entsprechend)

Lichte Höhe in m	**Zeichen**	**Sicherheitsabstand** über dem Verkehrsbereich **in m**
4,49 – 4,20	265-4,0*)	0,49 – 0,20
4,19 – 4,10	265-3,9	0,29 – 0,20
4,09 – 4,00	265-3,8	0,29 – 0,20
3,99 – 3,90	265-3,7	0,29 – 0,20
3,89 – 3,80	265-3,6	0,29 – 0,20

*) gilt für Bereiche, in denen während baulicher Maßnahmen eine gegenüber dem Vorherzustand geringere Höhe vorhanden ist. Ist nicht anzuordnen auf Kraftfahrstraßen und Autobahnen (§ 18 Absatz 1 Satz 2)

(12) Die in den Zeichen 264 und 265 anzugebenden Abmessungen sind auf 0,10 m abzurunden. Die Einschränkungsbereiche sind durch Leitmale zu kennzeichnen (siehe Abschnitt 4).

zu Zeichen 274 (Zulässige Höchstgeschwindigkeit)

(13) Bei der Festsetzung der zulässigen Höchstgeschwindigkeit sind der Umfang sowie das Maß der Beschränkung so zu wählen, dass der Anordnungszweck erreicht, zugleich aber der Verkehr nicht übermäßig beschränkt wird (Zu Anordnungsvoraussetzungen und -kriterien vgl. VwV-StVO zu § 41 Zeichen 274).

(14) Geschwindigkeitsbeschränkungen (Zeichen 274) können z. B. wegen zu geringer Fahrstreifenbreite, ungünstiger Kurvenführung (z. B. bei Fahrstreifenwechsel), wegen mangelnder Übersichtlichkeit oder wegen unzureichenden Zustands der Fahrbahndecke (z. B. Zeichen 101-52) angeordnet werden. Arbeiten auf dem

Seitenstreifen ohne Behinderung für den Verkehrsbereich begründen diese nicht (siehe auch in den Teilen B bis D jeweils Abschnitt 2.3.2).

zu Zeichen 276 (Überholverbot für Kfz aller Art)

(15) Zeichen 276 soll vor allem angeordnet werden, wenn sich wegen der Verengung der Fahrbahn das Überholen nicht verantworten lässt oder die Sicht auf den Gegenverkehr z. B. durch Geräte, Arbeitsstellenfahrzeuge oder die Linienführung der Straße zu sehr eingeschränkt ist, soweit nicht die Anordnung von Zeichen 295 geboten ist. Außerorts ist eine beidseitige Anordnung die Regel (Rn. 3 VwV-StVO zu § 41 zu Zeichen 276). Wo das Überholen bereits durch Zeichen 295 unterbunden ist, darf Zeichen 276 nicht angeordnet werden (Rn. 2 VwV-StVO zu § 41 zu Zeichen 276). Die Anordnung von mehr als einem Fahrstreifen je Fahrtrichtung steht der Anordnung eines Überholverbotes für alle Kraftfahrzeuge in der Regel entgegen.

zu Zeichen 277 (Überholverbot für Kraftfahrzeuge über 3,5 t)

(16) Zeichen 277 wird in der Regel bei Arbeitsstellen außerhalb geschlossener Ortschaften nicht angeordnet. Stattdessen ist es vor allem bei Fahrbahnen für eine Richtung (Richtungsfahrbahnen) zweckmäßig, Zeichen 276 mit Zusatzzeichen 1049-13 anzuordnen, um Omnibusse und Pkw mit Anhänger einzuschließen.

zu Zeichen 278 bis 282 (Ende von streckenbezogenen Geschwindigkeitsbeschränkungen oder Überholverboten – Streckenverbote)

(17) Das Ende eines Streckenverbotes ist nicht gekennzeichnet, wenn das Verbot nur für eine kurze Strecke gilt und auf einem Zusatzzeichen die Länge des Streckenverbotes angegeben ist. Es ist auch nicht gekennzeichnet, wenn das Streckenverbotszeichen zusammen mit einem Gefahrzeichen angebracht ist und sich aus der Örtlichkeit zweifelsfrei ergibt, von wo an die angezeigte Gefahr nicht mehr besteht. Ob Zeichen 278 bis 282 fehlen dürfen, weil sich zweifelsfrei ergibt, wo die Arbeitsstelle nicht mehr besteht, ist sehr gründlich zu prüfen (lfd. Nr. 55 Anlage 2).

(18) An Arbeitsstellen von längerer Dauer soll auf Landstraßen und Autobahnen das Ende von Streckenverboten immer angezeigt werden. Zusatzzeichen werden dabei nicht angeordnet, auch wenn das Streckenverbot im Arbeitsstellenbereich nur auf bestimmte Fahrzeugarten bezogen war. Nur wo mehrere Streckenverbote enden, steht Zeichen 282.

(19) Wird auf Autobahnen im Bereich von Arbeitsstellen eine generelle Geschwindigkeitsbeschränkung oder ein Überholverbot für Fahrzeugkombinationen oder bestimmte Fahrzeugarten durch Zusatzzeichen 1049-13 vorgesehen, ist zu prüfen, ob das Überholverbot am Ende der Arbeitsstelle in der Regel erst 500 m hinter der Aufhebung der Geschwindigkeitsbeschränkung aufgehoben werden soll. Diese Fortführung der Streckenverbote über den Arbeitsstellenbereich hinaus unterliegt dann einer gesonderten Anordnung der zuständigen Straßenverkehrsbehörde.

zu Zeichen 283 (Absolutes Haltverbot) und Zeichen 286 (Eingeschränktes Haltverbot)

(20) Zeichen 283 und 286 sind dort anzuordnen, wo infolge einer Arbeitsstelle die Verkehrssicherheit oder der Verkehrsablauf durch haltende Fahrzeuge beeinträchtigt (Zeichen 283) bzw. die Abwicklung der Bauarbeiten behindert würde (Zeichen 286). Das Haltverbot kann durch Zusatzzeichen zeitlich befristet werden, z. B. 1040-30/-31, 1042-30 bis -33 (Rn. 1 VwV-StVO zu § 41 zu Zeichen 283 und Rn. 1 VwV-StVO zu § 41 Zeichen 286).

(21) Mobile, vorübergehend angeordnete Haltverbote durch Zeichen 283 und 286 heben Verkehrszeichen (z. B. Zeichen 290.1) oder Parkmarkierungen (lfd. Nr. 74, Anlage 2) auf, die das Parken erlauben (lfd. Nr. 61 Nr. 2 Anlage 2 StVO). Verkehrszeichen, die das Parken erlauben, brauchen nicht als ungültig gekennzeichnet, abgedeckt oder entfernt zu werden.

(22) Soll im Rahmen der Arbeiten be- und entladen werden, sollte Zeichen 286 angeordnet werden.

(23) Haltverbote im Bereich geplanter Arbeitsstellen sind mit einer Vorlaufzeit von mindestens drei vollen Tagen vor Beginn einer Maßnahme mit einem Hinweis auf den Beginn der Verkehrsbeschränkung (Zusatzzeichen 1040-34) anzuordnen.

2.6 Vorübergehend gültige Markierungen

(1) Vorübergehend gültige Fahrbahnmarkierungen sollen in der Form ausgeführt werden, wie sie in den RMS geregelt sind, soweit diese Richtlinien nichts anderes festlegen. Sie können bestehen aus

a) nicht vorgefertigten Markierungssystemen (z. B. Markierungsfarben),

b) Markierungsfolien,

c) Markierungsknöpfen,

d) Markierungsleuchtknopfreihen.

Gelbe Markierungen oder gelbe Markierungsknopfreihen können auch im Sockelbereich von temporär eingesetzten temporären Schutzeinrichtungen als Fahrbahnbegrenzung angebracht werden, wenn der Sockelbereich dafür geeignet ist.

(2) Vorübergehend gültige Markierungen sind nur dort erforderlich, wo keine weiße Markierung vorhanden ist oder die Behelfsverkehrsführung von der mit der weißen Markierung vorgegebenen Verkehrsführung abweicht. Das gilt auch für den Fall, dass anstelle einer nur vorübergehend gültigen Markierung bereits die künftige weiße Markierung verwendet werden kann. In diesen Fällen sind auch die Breiten der weißen Markierungen der gesamten Fahrbahn im Bereich der Behelfsverkehrsführung in die Berechnung der Fahrstreifen- und Fahrbahnbreiten einzubeziehen.

(3) Vorübergehend gültige Markierungen sind gelb und heben die vorhandenen weißen Fahrmarkierungen auf (§ 39 Absatz 5), ohne dass diese entfernt oder ungültig gemacht werden müssen. Die lichttechnische Qualität vorübergehend gültiger Markierungen nach Absatz 1 a) und b) darf nicht unterhalb der Qualität der vorhandenen weißen Markierung liegen. Sie müssen auf Bundesfernstraßen im Regelfall als gelbe Markierung mit erhöhter Nachtsichtbarkeit bei Nässe (Typ II gemäß DIN EN 1436) ausgeführt werden. Dies sollte auch für vergleichbare Straßen zur Anwendung kommen. Auch Markierungsknöpfe entsprechen in ihrer lichttechnischen Wirkung einer Typ II-Markierung.

(4) Falls vorhandene weiße Markierungen bei Verkehrsführungen in Arbeitsstellen, insbesondere in Verschwenkungs-, Kreuzungs- und Einmündungsbereichen Anlass zu Missverständnissen bei den Verkehrsteilnehmern geben, sind diese Markierungen je nach Markierungsbild in Gelb auszukreuzen oder ausnahmsweise zu entfernen.

(5) Die vorübergehend gültigen Markierungen von Ausfädelungsstreifen und Verflechtungsstreifen im Arbeitsstellenbereich sollen in Abweichung von den RMS generell als unterbrochene Breitstriche mit 3 m Länge, von Einfädelungsstreifen als unterbrochene Breitstriche mit 1,5 m Länge ausgeführt werden.

(6) Vor Fahrstreifenbegrenzungen vor einer Fahrbahnteilung kann eine 250 m lange Warnlinie (Rn. 1 VwV-StVO zu Zeichen 295) angeordnet werden (siehe z. B. Regelplan D II/5a, D II/6a).

(7) Bei Längsmarkierungen in Verschwenkungs-, Kreuzungs- und Einmündungsbereichen sind mögliche Verkehrsbeeinträchtigungen mit besonderer Sorgfalt zu prüfen (z. B. eindeutige Verkehrsführung) und gegebenenfalls geeignete Maßnahmen zu treffen (Berücksichtigung der Schleppkurven von Lkw und Kraftomnibussen).

(8) Bei Änderungen der durch weiße Pfeilzeichen (Zeichen 297) vorgegebenen Fahrtrichtungen im Arbeitsstellenbereich gilt Folgendes:

- Ungültige weiße Pfeilzeichen sind auszukreuzen oder ausnahmeweise zu entfernen und durch vorübergehend gültige gelbe Pfeilzeichen zu ersetzen.
- Entfallen einzelne Fahrtrichtungen, können die ungültige Teile der weißen Pfeilzeichen gelb ausgekreuzt werden.
- Ergänzungen der weißen Pfeilzeichen sind nicht zulässig.

(9) Alle Längsmarkierungen mit Ausnahme der breiten Leitlinie nach § 7a (unterbrochener Breitstrich nach RMS) können auch mit Markierungsknöpfen ausgeführt werden. Der Knopfabstand ist in der Tabelle A-2 festgelegt. Sie sollen nur dann anstelle der Markierungslinien verwendet werden, wenn dies aus technischen Gründen zweckmäßig ist, z. B. auf Pflasterdecken (Rn. 51 VwV-StVO zu den §§ 39 bis 43).

Tabelle A-2: Abstände von Markierungsknöpfen

Zeichen	Innerörtliche Straßen in m	Landstraßen in m
295		
Fahrstreifenbegrenzung	0,50	0,50
Fahrbahnbegrenzung		
– im Regelfall	0,50	3,00
– im Verschwenkungsbereich	0,50	0,50
340	0,33	0,50

(10) Doppellinien, gegebenenfalls mit kleinen Sichtzeichen, zur Trennung von entgegengesetzten Behelfs-Fahrstreifen auf einer Fahrbahn sind gemäß Bild A-2 auszuführen. Sichtzeichen sind verkehrstechnische Elemente,

die einer verkehrsrechtlichen Anordnung nicht zugänglich sind. Sie werden in den einschlägigen technischen Regelwerken beschrieben. Diese Lösungen sind im Geltungsbereich des Teiles D nur in begründeten Ausnahmefällen einzusetzen.

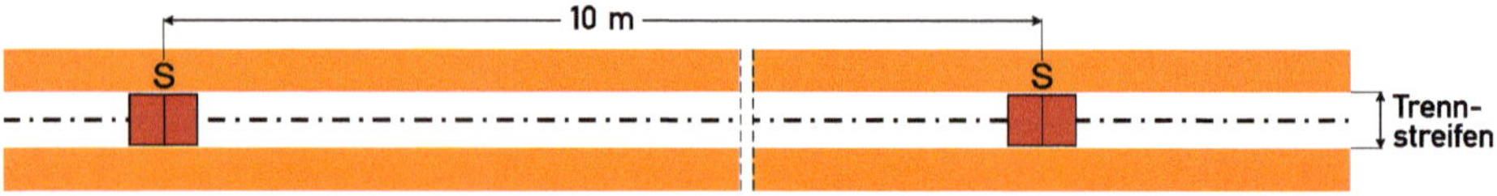

Bild A-2: Doppellinie und kleine Sichtzeichen (S)

3 Verkehrseinrichtungen und Warneinrichtungen

3.1 Allgemeines

(1) Verkehrseinrichtungen sind entsprechend § 43 Absatz 1 u. a. Absperrgeräte, Leiteinrichtungen, Leitschwellen sowie Blinklicht- und Lichtzeichenanlagen.

(2) Regelungen durch Verkehrseinrichtungen gehen den allgemeinen Verkehrsregeln vor (§ 43 Absatz 2).

(3) Die Ausführung von Verkehrseinrichtungen darf auch an Arbeitsstellen nicht unter den Anforderungen anerkannter Gütebedingungen liegen (in der Regel in Form von Technischen Lieferbedingungen und gemäß Rn. 57 VwV-StVO zu den §§ 39 bis 43). Verkehrseinrichtungen mit mangelnder Erkennbarkeit dürfen nicht verwendet werden (z. B. wenn das Signalbild nicht mehr eindeutig identifizierbar ist oder mehr als 20 % der Folienfläche mechanisch geschädigt sind).

3.2 Temporäre Wechsellichtzeichen

(1) Im Bereich von Arbeitsstellen werden temporäre Lichtzeichenanlagen als vorübergehende Einrichtungen angeordnet. Ihre Anordnung ist auf das zwingend erforderliche Maß zu beschränken (RiLSA). Sie dienen dazu,

a) den Verkehr in durch Arbeitsstellen bedingten Engstellen wechselseitig freizugeben,
b) auf Umleitungsstrecken mit spürbar verstärktem Verkehrsaufkommen den Verkehr an Kreuzungen und Einmündungen zu sichern,
c) Fußgängern eine sichere Fahrbahnüberquerung zu ermöglichen, wenn durch Arbeitsstellen bedingt das Verkehrsaufkommen zunimmt, Fußgänger auf die andere Straßenseite geführt werden müssen oder für Fußgänger unübersichtliche Situationen entstehen. Diese Situationen stellen für Blinde und sehbehinderte Menschen eine besondere Herausforderung dar. Deshalb sind in diesen Fällen Zusatzeinrichtungen für Blinde und Sehbehinderte vorzusehen.

(2) Sie können auch ersatzweise für stationäre Lichtzeichenanlagen eingesetzt werden, wenn solche Anlagen arbeitsstellenbedingt vorübergehend abgeschaltet werden müssen oder nicht an die geänderten Verkehrsverhältnisse angepasst werden können. Dann sollten sie in der technischen Ausrüstung (z. B. ÖPNV-Beschleunigung, Zusatzeinrichtungen für Blinde und Sehbehinderte) diesen entsprechen und die Taster an der abgeschalteten Anlage abgedeckt werden.

(3) Einsatz, Planung und Berechnung von Lichtzeichenanlagen in Arbeitsstellen richten sich nach den Regelungen der RiLSA.

(4) Lichtzeichenanlagen sind mit allen verhaltensrelevanten Festlegungen (Signallage, Phasenfolge, Signalzeiten) durch die zuständige Behörde anzuordnen. Dies gilt auch für Handschaltungen.

(5) Je Fahrtrichtung ist mindestens ein Signalgeber rechts neben der Fahrbahn erforderlich. Weitere Signalgeber auf der linken Seite oder über der Fahrbahn können in besonderen Fällen erforderlich sein.

(6) Geh- und Radwege dürfen durch die Aufstellung von Lichtzeichenanlagen nicht unter die im Teil B, Abschnitt 2.4.1 angegebenen Mindestbreiten eingeengt werden. Im Bereich des rechten Fahrstreifenrands dürfen sie in Ausnahmefällen nur aufgestellt werden, wenn dadurch der vorbeifließende Verkehr nicht behindert bzw. keine zusätzliche Engstelle geschaffen wird. Sie können jedoch auf dem Fahrstreifen aufgestellt werden, wenn dieser unmittelbar nachfolgend durch die Arbeitsstelle eingeengt wird.

(7) Eine Information über den jeweils zuständigen Entstördienst und dessen Telefonnummer ist am Steuergerät der Lichtzeichenanlage anzubringen.

3.3 Dauerlichtzeichen (§ 37 Absatz 3)

Vorhandene Dauerlichtzeichenanlagen sind in die Absicherung insbesondere von Arbeitsstellen kürzerer Dauer zu integrieren. Die Standorte der anlässlich der Arbeitsstelle anzuordnenden Verkehrszeichen und Verkehrseinrichtungen sind hierauf anzupassen; die Anordnung des ersten Sperrelements (z. B. Zeichen 616) hinter einem Dauerlichtzeichen mit roten gekreuzten Schrägbalken für denselben Fahrstreifen ist unzulässig. Können Dauerlichtzeichen nicht in die Absicherung der Arbeitsstelle integriert werden, ist deren Deaktivierung anzuordnen.

Dauerlichtzeichen können auch eigens zur Absicherung von Arbeitsstellen angeordnet werden. Dann dürfen auch nur einzelne Elemente der Dauerlichtzeichen, insbesondere mit gelb blinkendem, schräg nach unten gerichtetem Pfeil, angeordnet werden.

3.4 Absperrgeräte

3.4.1 Allgemeines

(1) Einrichtungen zur Kennzeichnung von Arbeitsstellen (Absperrgeräte) sind entsprechend Anlage 4 Abschnitt 1 StVO und VzKat Absperrschranken, Absperrschrankengitter (siehe Abschnitt 3.4.2 Absatz 4), Leitbaken, Leitkegel, Warnbaken, Leitschwellen und Leitborde sowie fahrbare Absperrtafeln. Für die Ausgestaltung und Beschaffenheit gilt Rn. 57 VwV-StVO zu den §§ 39 – 43.

(2) Absperrgeräte dienen (zusammen mit roten oder gelben Warnleuchten) der Warnung vor den Arbeitsstellen, der Absperrung der Arbeitsstellen, der optischen Führung des Verkehrs und der Verkehrsregelung im Bereich von Arbeitsstellen.

(3) Auf eine gut sichtbare und standsichere Aufstellung sollte geachtet werden.

(4) Für die Ausführung sind grundsätzlich Folien mindestens der Reflexionsklasse RA2 nach DIN 67520 sowie die Farben nach DIN 6171 zu verwenden. Bei Absperrschranken oder Absperrschrankengittern in der Längsabsperrung genügt RA1.

3.4.2 Absperrschranken, Absperrschrankengitter

(1) Absperrschranken (Zeichen 600) für Längs- und Querabsperrungen im Bereich von Fahrbahnen haben in der Regel eine Höhe von 25 cm (zu Sperrungen und teilweisen Sperrungen sowie Anordnung und Farbe von Warnleuchten siehe Abschnitt 3.5.4).

(2) Die Oberkante der Absperrschranke muss 100 cm über der Aufstellfläche liegen.

(3) Bei Querabsperrungen auf Fahrbahnen im Rahmen einer Teilsperrung muss neben der Absperrschranke eine Leitbake eingesetzt werden (Bild A-3). Absperrschrankengitter mit einer Leitbake können alternativ eingesetzt werden.

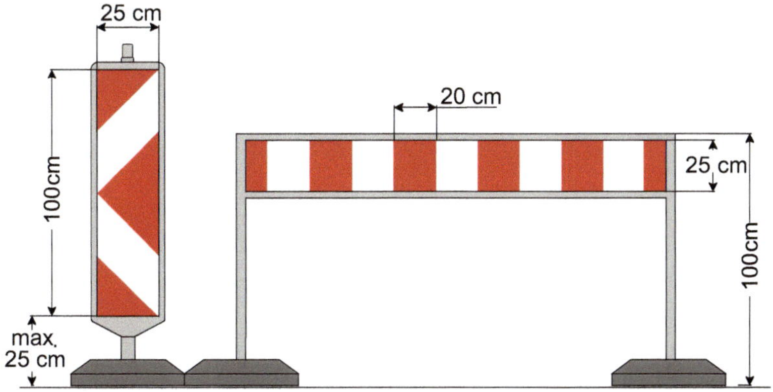

Bild A-3: Absperrschranke mit Leitbake als Teilsperrung auf Fahrbahnen

(4) Absperrschrankengitter sind Rahmenkonstruktionen von 100 cm Höhe mit Gitterfüllung. Sie tragen oben Zeichen 600 (Absperrschranke), Höhe 25 cm, unten eine Blindentastleiste. Die Tastleiste ist entsprechend einer Absperrschranke (Zeichen 600-30 bis 32) zu gestalten (Bild A-4) und mit der Unterkante max. 15 cm über dem Boden anzubringen. Der Abstand von Absperrschrankengittern zu Aufgrabungen darf an keiner Stelle weniger als 30 cm betragen. Kann dieser Abstand nicht eingehalten werden, muss die Tastleiste Bodenberührung haben und eine Höhe von mindestens 25 cm aufweisen. Rahmen und Gitter dürfen die Erkennbarkeit des Verkehrszeichenbildes nicht beeinträchtigen. Absperrschrankengitter sind anzuordnen, wo Fußverkehr zugelassen ist.

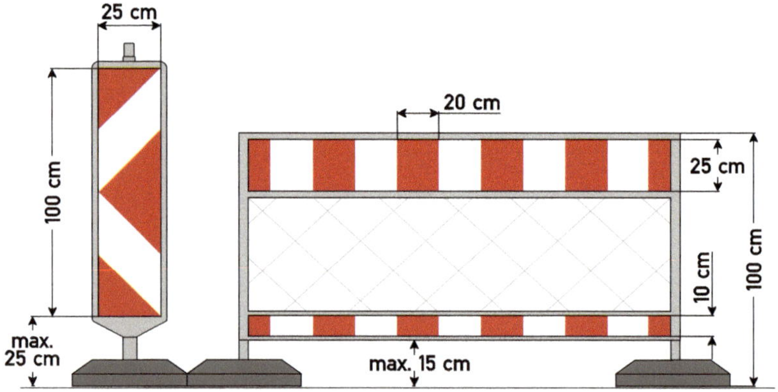

Bild A-4: Absperrschrankengitter mit Leitbake

(5) Sperrpfosten (Zeichen 600-60) sind eine besondere Form der Absperrschranke. Sie sind waagerecht rot-weiß gestreifte Verkehrseinrichtungen (siehe Bild A-5). Sie dürfen nur angeordnet werden, wenn sie sich regelnd, sichernd oder verbietend auf den Verkehr auswirken. Im Geh- und Radwegbereich können sie z. B. zur Sicherung vor und an schmalen Hindernissen angeordnet werden, wenn die Anordnung von Absperrschranken nicht verhältnismäßig ist.

Bild A-5: Sperrpfosten, hier: Kennzeichnung eines Hindernisses neben der Fahrbahn (schematische Darstellung)

(6) Richtungstafeln in Kurven (Zeichen 625) dürfen nicht als Ersatz für Absperrschranken eingesetzt werden.

3.4.3 Leitbaken, Warnbaken, Leitplatten

(1) Leitbaken (Zeichen 605) haben eine Regelgröße von 100 cm \x 25 cm, auf Leitschwellen und -borden sowie an Bauzäunen von 50 cm \x 12,5 cm. In Nachtbaustellen sollten Leitbaken mindestens der Größe 75 cm \x 18,75 cm eingesetzt werden. In der Regel sind einseitige Leitbaken anzuordnen. Doppelseitige Leitbaken werden nur dann verwendet, wenn die gleiche Fahrbahn auch vom Gegenverkehr benutzt wird und der Gegenverkehr nicht durch Fahrstreifenbegrenzungen (Zeichen 295), Leitschwellen (Zeichen 628) oder Leitborde (Zeichen 629) abgetrennt ist. Soweit die Regelpläne nicht ausdrücklich doppelseitige Leitbaken vorsehen, sind deshalb einseitige Leitbaken zu verwenden.

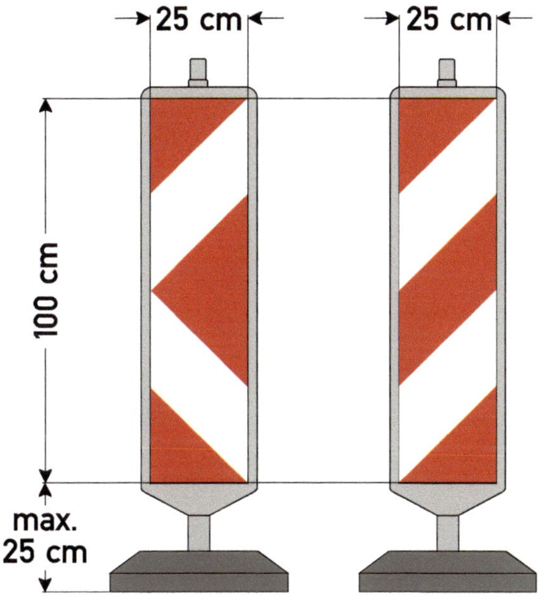

Bild A-6: Pfeilbake (links), Schraffenbake (rechts)

(2) Leitbaken sollen innerhalb eines Abschnittes (Längs-, Querabsperrung) mit einheitlichem Verkehrszeichenbild angeordnet werden. Sind Markierungen vorhanden, beträgt der lichte Abstand zwischen Fahrbahnbegrenzung und der Kante von Leitbaken 0,25 m.

(3) Leitbaken gemäß Zeichen 605-10 und -20 müssen so aufgestellt werden, dass die schrägen Schraffen zum Verkehrsbereich hin abfallen. Bei Leitbaken gemäß Zeichen 605-11 und -21 muss die Pfeilspitze des Verkehrszeichenbildes zum Verkehrsbereich weisen. Sie müssen so aufgestellt werden, dass das Leitbakenblatt etwa senkrecht zur Verkehrsrichtung steht.

(4) Leitbaken dienen nur zur Verkehrsführung auf der Fahrbahn (Längs- und spitzwinklige Querabsperrung). Auf Gehwegen sind sie unzulässig. Kleine Leitbaken sind auf Sonderwegen für Radfahrer zulässig.

(5) Die erste und letzte Leitbake einer Längsabsperrung sind gleichzeitig Elemente der Querabsperrung (Bilder A-3 und A-4). Maßgeblich für die Gestaltung (einseitig/zweiseitig) ist die Festlegung für die Längsabsperrung.

(6) Bei Querabsperrungen sind auf jeder Leitbake Warnleuchten anzubringen. Dies gilt auch für Längsabsperrungen, soweit Verschwenkungen vorhanden sind. Bei anderen Längsabsperrungen kann auf Warnleuchten auf den Leitbaken verzichtet werden.

(7) Auf Warnleuchten kann ebenfalls verzichtet werden, wenn diese sich infolge hoher Umfeldleuchtdichte nicht einschalten würden. Hierbei muss sichergestellt sein, dass diese Lichtquellen im Verlauf der Nacht nicht reduziert oder abgeschaltet werden. In diesem Fall ist der Verzicht schriftlich anzuordnen bzw. nachträglich zu bestätigen.

(8) In der Regel sind Warnleuchten mit gelbem Dauerlicht zu verwenden. Wo es innerhalb geschlossener Ortschaften geboten ist, gegenüber anderen Lichtquellen eine größere Auffälligkeit zu erwirken, können ausnahmsweise Warnleuchten mit gelbem Blinklicht auf Leitbaken eingesetzt werden.

(9) Bei spitzwinkligen Teilsperrungen können in Ausnahmefällen, z. B. bei schlechter Einsehbarkeit, Warnleuchten zur Gestaltung einer sich aufbauenden Lichtkette angewandt werden (Aufbaulicht).

(10) Warnbaken und Warnlichtbaken müssen dem VzKat entsprechen (Zeichen 605-12, -13, -22, -23, -44 und -45).

(11) Warnbaken können am Beginn von Absperrungen oder an Inselspitzen eingesetzt werden, wenn bei starkem Verkehr (Kolonnenbildung), aber auch aus anderen Gründen die Gefahr besteht, dass die normal hohe Absperrung nicht rechtzeitig erkannt werden kann.

(12) Ist z. B. aufgrund beengter Verhältnisse der Beginn einer Absperrung auch bei Verwendung einer Warnbake nicht ausreichend erkennbar zu sichern, so können insbesondere die Zeichen 605-13/14 und -23/24 eingesetzt werden.

(13) Die Warnbaken mit einseitig fallenden Schraffen müssen so aufgestellt werden, dass die Streifen zum Verkehrsbereich hin abfallen.

(14) Fahrbahnteilungen sind durch Leitplatten (Zeichen 626) zu kennzeichnen.

3.4.4 Leitkegel

(1) Leitkegel (Zeichen 610) sollen grundsätzlich nur bei Arbeitsstellen von kürzerer Dauer eingesetzt werden. Zur Absicherung von Aufgrabungen und offenen Schächten sind sie unzulässig. Zur Absicherung auf Geh- und Radwegen sind sie zulässig, soweit sie der Kennzeichnung kurzzeitig erforderlicher Hindernisse wie z. B. Leitern oder offenstehende Türen von Einrichtungen im Verkehrsraum (Wartungsarbeiten an Verteilerschränken u. Ä.) dienen. Sie sind retroreflektierend auszuführen. Ausnahmsweise können innerhalb geschlossener Ortschaften zum Schutz frisch aufgebrachter Markierungen bei Tageslicht 30 cm hohe Leitkegel, bei denen die roten Ringe fluoreszierend sein können, eingesetzt werden.

(2) Die Leitkegel werden größenabhängig den im Bild A-7 dargestellten Regeleinsatzbereichen zugeordnet. Andere Zuordnungen sind örtlich anzuordnen.

 H = 30 h = 27,5	 H = 50 h = 42,5	 H = 75 h = 65	 H = 100 h = 90
Zeichen 610-40	Zeichen 610-41	Zeichen 610-42	Zeichen 610-43
Radweg	Alle Straßen außer Autobahnen	Autobahnen	Innerörtliche Straßen im Schienenbahnbereich

H = Gesamthöhe des Leitkegels in cm
h = Höhe des Verkehrszeichenbildes in cm

Bild A-7: Größenabhängige Regeleinsatzbereiche von Leitkegeln (Zeichen 610)

(3) Auf Zeichen 610-42 und -43 sind bei Dunkelheit sowie schlechter Sicht und nur auf Landstraßen und innerhalb geschlossener Ortschaften Warnleuchten mit gelbem Blinklicht in blitzender Ausführung zulässig.

3.4.5 Fahrbare Absperrtafeln

(1) Fahrbare Absperrtafeln (Zeichen 616, Bilder A-8 und A-9) sind für den Einsatz im Bereich von Arbeitsstellen von kürzerer Dauer (einschließlich Nachtbaustellen) vorgesehen. Sie können auf Anhängern oder unmittelbar an Kraftfahrzeugen montiert sein. Es wird zwischen großer und kleiner Ausführung unterschieden.

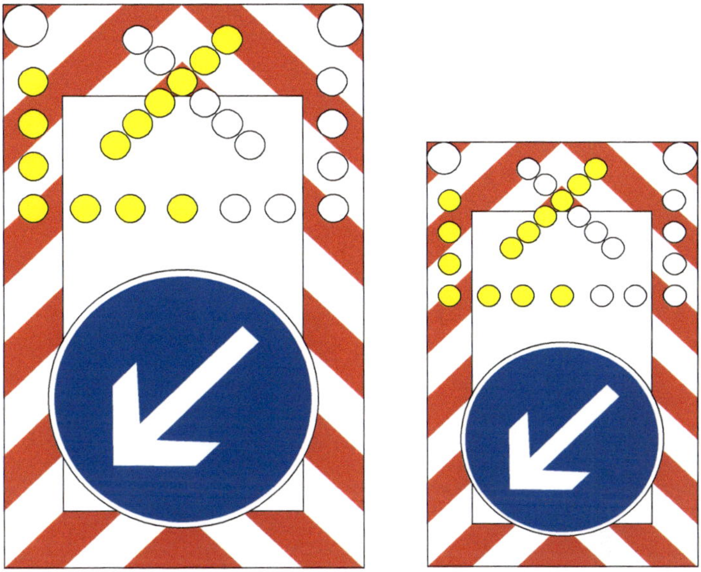

Bild A-8: Zeichen 616-30 und -31 – fahrbare Absperrtafel mit Blinkpfeil

(2) Nur für den Einsatz außerhalb von Fahrbahnen (z. B. Seitenstreifen[1]) oder durch Zeichen 298 [Sperrfläche] gekennzeichnete Teile) sind die Blinkleuchten des Zeichens 616 als Blinkkreuz gemäß Bild A-9 zu schalten.

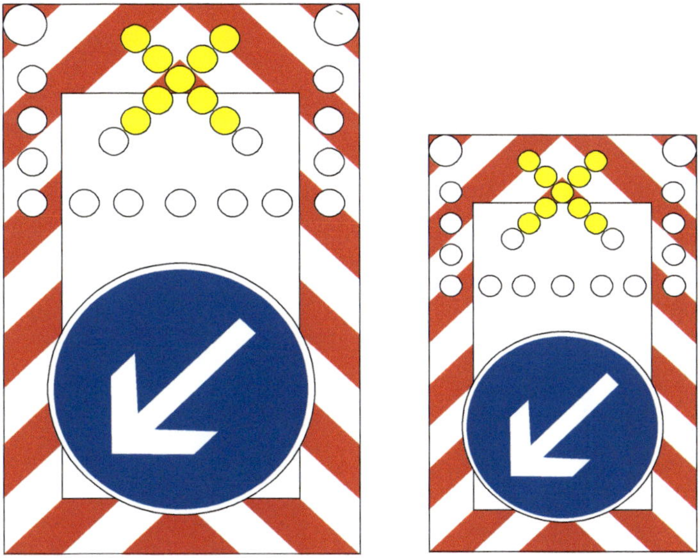

Bild A-9: Blinkkreuz bei Zeichen 616-30 und -31 – fahrbare Absperrtafel mit Blinkkreuz

[1]) Soweit bestimmte Verkehrsarten diesen befahren dürfen. Wo dieser nicht befahren werden darf, z. B. auf Autobahnen, bewirkt die Aufstellung von Zeichen 616 eine rein verkehrstechnische Absicherung ohne eigenständige Verbotswirkung.

3.5 Warneinrichtungen

3.5.1 Allgemeines

Warneinrichtungen im Zulauf auf eine Arbeitsstelle können sein:

- Vorwarnanzeiger,
- Warnschwelle,
- Warnleuchten,
- Warnfahnen.

Sie dienen zur frühzeitigen bzw. auffälligen Warnung vor unerwarteten Verkehrseinschränkungen, entfalten damit geschwindigkeitsdämpfende Wirkung und bereiten auf durchzuführende Fahrmanöver vor. Warneinrichtungen können behelfsmäßig oder zusätzlich zu Absperrgeräten verwendet werden. Sie können Absperrgeräte jedoch nicht ersetzen.

3.5.2 Vorwarnanzeiger

(1) Auf Autobahnen sowie Straßen außerhalb geschlossener Ortschaften mit zwei und mehr Fahrstreifen pro Fahrtrichtung sollten, insbesondere bei schlechten Sichtverhältnissen, in Abhängigkeit von der Erkennbarkeit von fahrbaren Absperrtafeln zusätzliche Warneinrichtungen als Ankündigung angeordnet werden. Zusätzlich kann sich die Anordnung transportabler Warnschwellen empfehlen.

(2) Vorwarnanzeiger sind Trägertafeln, auf denen Verkehrslenkungstafeln mit Vorschrift- und Zusatzzeichen sowie gelben Blinklichtern (§ 38 Absatz 3) kombiniert werden. Sie sollen in der Regel mit lichttechnischem Informationsteil ausgerüstet sein, ansonsten in Form von Verkehrszeichen mit Folien mindestens der Reflexionsklasse RA2 nach DIN 67520. Die beiden Blinkleuchten müssen dann aber weiterhin die lichttechnischen Anforderungen erfüllen (Bild A-10). Die Zeichen 274 und 501 ff. auf dem Vorwarnanzeiger sind entsprechend den örtlichen Erfordernissen anzuordnen. Es empfiehlt sich, die Länge der Geschwindigkeitsbeschränkung durch Zusatzzeichen 1001-30 unter Zeichen 274 auf dem Vorwarnanzeiger anzuordnen. Sind im Zulauf auf eine Arbeitsstelle mehrere Vorwarnanzeiger in Folge angeordnet, erfolgt dies auf dem letzten Vorwarnanzeiger vor der Arbeitsstelle.

Bild A-10: Vorwarnanzeiger mit Geschwindigkeitsbeschränkung (links in herkömmlicher Technik, rechts mit lichttechnischem Informationsteil)

3.5.3 Warnschwellen

Warnschwellen dienen der haptischen Vorwarnung (zu lfd. Nr. 1 bis 7 Anlage 4). Sie werden ca. 100 m vor der fahrbaren Absperrtafel auf dem zu sperrenden rechten Fahrstreifen bzw. dem Seitenstreifen rechtwinklig zur Fahrtrichtung aufgelegt (Bild A-11). Die Abmessungen einer Warnschwelle betragen 200 cm \x 23 cm \x 3 cm. Warnschwellen dürfen auf Fahrstreifen nur in Kombination mit dem blinkenden Ankündigungspfeil eingesetzt werden, auf Seitenstreifen nur ohne. Vor jedem Einsatz muss geprüft werden, ob die Gefährdung der Beschäftigten beim Ausbringen und Einholen im Verhältnis zum Sicherheitsgewinn durch deren Einsatz steht.

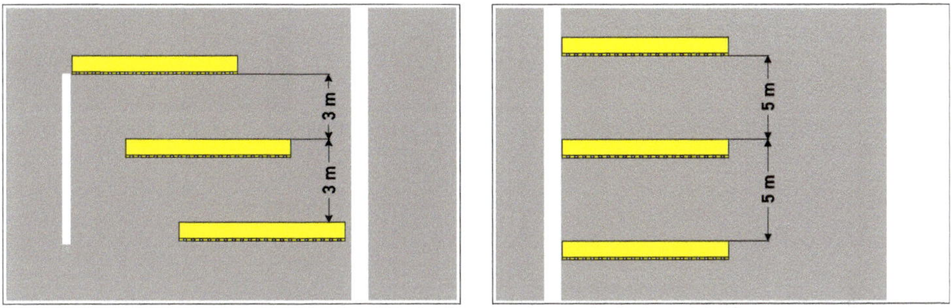

Bild A-11: Anordnung von Warnschwellen auf dem rechten Fahrstreifen (links) und auf dem Seitenstreifen (rechts)

3.5.4 Warnleuchten

(1) In Querabsperrungen darf der Abstand von Warnleuchten untereinander nicht mehr als 1,00 m betragen.

(2) Wird eine Fahrbahn vollständig oder in einer Fahrtrichtung für den gesamten Fahrzeugverkehr gesperrt, sind mindestens fünf Warnleuchten (rotes Dauerlicht) auf den Absperrschranken anzuordnen. Das gilt auch, wenn bei Zeichen 267 ausnahmsweise der Radverkehr und Elektrokleinstfahrzeuge (vgl. VwV-StVO zu Zeichen 220 Rn. 4 ff.) zugelassen sind.

(3) Bei einer Sperrung von Teilflächen einer Fahrbahn unter Aufrechterhaltung aller Fahrtrichtungsverkehre sowie von Sonderwegen sind gelbe Warnleuchten anzuordnen.

(4) Bei der Sperrung einer Fahrbahn für bestimmte Verkehrsarten oder Verkehrszwecke, z. B. Zusatzzeichen zu Zeichen 250, welches bestimmte Verkehrsarten ausnimmt, sind mindestens drei Warnleuchten (gelbes Dauerlicht) pro Fahrstreifen auf den Absperrschranken oder den Leitbaken anzuordnen.

(5) Blinkendes Licht sollte nur in den in diesen Richtlinien beschriebenen Ausnahmefällen verwendet werden. „Blitzendes" Licht (Blinklicht in blitzender Ausführung) ist nur auf den fahrbaren Absperrtafeln (Zeichen 616) – und dort nur bei den beiden oben angeordneten äußeren Leuchten – sowie auf Leitkegeln (siehe Abschnitt 3.4.4 Absatz 3) zulässig.

(6) Bei Längsabsperrungen im Geh- und baulich angelegten Radwegbereich dürfen nur Rundstrahler (WL8 nach den TL-Warnleuchten) mit gelbem Dauerlicht eingesetzt werden. Radfahrstreifen sind wie Fahrbahnen zu sperren.

(7) Aufbaulicht (vgl. Abschnitt 3.4.3 Absatz 9) muss in der Dunkelheit mit gelbem Dauerlicht unterlegt werden.

(8) Zur rechtzeitigen Warnung können Warnleuchten angeordnet werden (Vorwarnblinkleuchten). Die Aufstellhöhe beträgt neben der Fahrbahn mindestens 2,50 m. Sie sind insbesondere zweckmäßig vor Überleitungen auf Autobahnen oder sonstigen Gefahrenstellen. Vorwarnblinkleuchten sind dann in der Regel beidseitig neben der Fahrbahn zu installieren. Das Licht kann synchron oder im Gegentakt geschaltet sein und ist der Helligkeit anzupassen. Im Innerortsbereich können sie an Fahrbahnteilern und Arbeitsstellen im Schienenbahnbereich auch einzeln angebracht werden (§ 38 Absatz 3).

(9) Der blinkende Ankündigungspfeil ist eine Sonderform der Warnleuchte. Er kann auch außerhalb von Autobahnen zur Vorwarnung vor Einengungen durch Arbeitsstellen von kürzerer Dauer eingesetzt werden. Zur Gestaltung des blinkenden Ankündigungspfeils dürfen nur gelb blinkende Warnleuchten oder gleichwertige andere Systeme verwendet werden. Bei Verwendung von Warnleuchten sind solche mit 15 Leuchten einzusetzen. Als mobile Version ist auch eine Variante mit 8 Leuchten einsetzbar (Bild A-12).

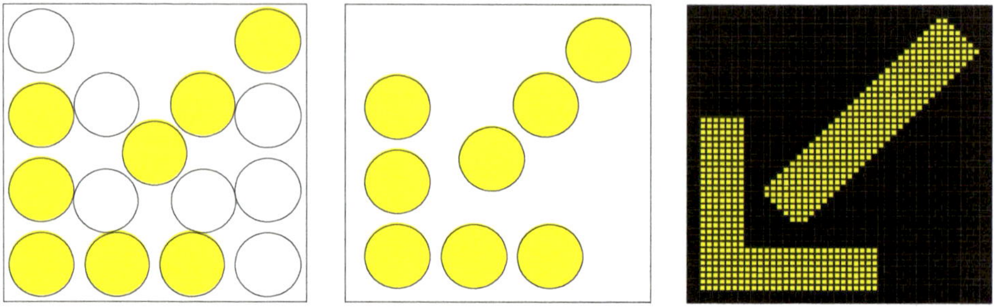

Bild A-12: Blinkender Ankündigungspfeil mit 15 bzw. 8 Warnleuchten und mit lichttechnischem Informationsteil

3.5.5 Warnfahne

(1) Weiß-rot-weiße Warnfahnen[1]) gemäß Bild A-13 dürfen zur Vorwarnung durch Warnposten verwendet werden. Sie haben die im Bild A-13 angegebenen Abmessungen (Übergrößen dürfen verwendet werden).

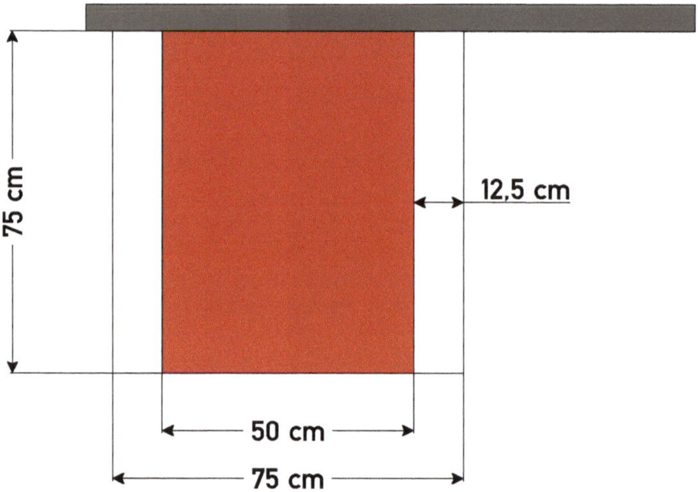

Bild A-13: Warnfahne für Warnposten

(2) Die rote Fläche muss den Anforderungen der Tabelle 2 in DIN EN ISO 20471 für fluoreszierendes Rot genügen. Die weißen Flächen müssen den Anforderungen für nicht retroreflektierendes Weiß im Gebrauchszustand nach DIN 6171 genügen.

4 Leitmale

(1) An allen Bauwerken, Bauteilen, Gerüsten und Lichtraumprofilrahmen mit einer lichten Durchfahrtshöhe von auch nur vorübergehend weniger als 4,50 m sind Leitmale (Zeichen 627) anzubringen (zur Beschilderung siehe Abschnitt 2.4 zu Zeichen 264/265). Innerorts genügt an Straßen mit geringer Verkehrsbedeutung die Anordnung von Leitmalen unmittelbar an dem Hindernis (vgl. auch Richtlinie für die Kennzeichnung von Ingenieurbauwerken mit beschränkter Durchfahrtshöhe über Straßen).

(2) Leitmale sind aus roten und weißen retroreflektierenden Folien mindestens der Reflexionsklasse RA2 nach DIN 67520 auszuführen. Ihre Höhe beträgt mindestens 250 mm, die Breite der Schraffen 200 mm. Sie sind an

[1]) Keine Fahne im Sinne des § 19 Absatz 5.

waagerechten Bauteilen als senkrechte Schraffen, an senkrechten Bauteilen als schräge Schraffen unter 45° zum Verkehrsbereich fallend anzubringen. Leitmale können in Unterführungen auch gebogen sein, wobei die Schraffen radial zum Bogen des Unterführungsbauwerkes auszuführen sind.

(3) Auf beschränkte Durchfahrtsöffnungen infolge Arbeitsstellen wird durch Lichtraumprofilrahmen oder Einrichtungen gemäß Bild A-14 hingewiesen. Zusätzlich können dabei Warnleuchten mit gelbem Blinklicht angebracht werden.

(4) Bei seitlichen Einschränkungen ist der Verkehr in der Regel mit Hilfe von Absperrgeräten vorbeizuführen.

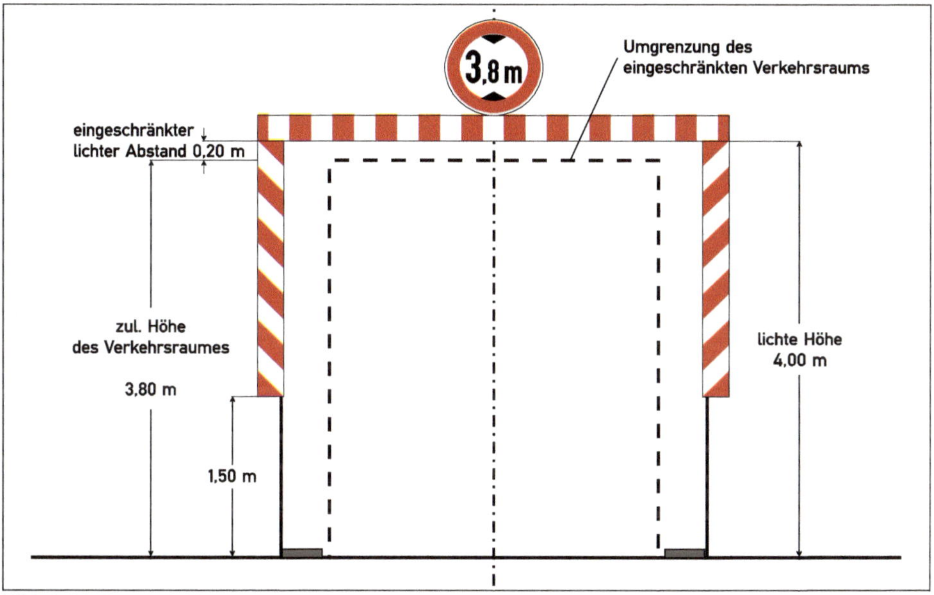

Bild A-14: Beispiel für die Kennzeichnung eines in der Höhe und Breite eingeschränkten Verkehrsbereiches

5 Leitschwellen, Leitborde und temporäre Schutzeinrichtungen

(1) Im Regelfall wird der Verkehr im Bereich einer Arbeitsstelle mit Hilfe von Leitbaken und Absperrschranken bzw. Absperrschrankengittern sowie gegebenenfalls vorübergehend gültigen Fahrbahnmarkierungen geführt. Sollen dabei erhöhte Leitwirkungen erzielt oder Unfallgefahren gemindert werden, können folgende durchgehende Leitelemente mit der Mindestbreite 25 cm bzw. temporäre Schutzeinrichtungen (TSE) eingesetzt werden (Bild A-15):

a) Leitschwellen (Zeichen 628) mit einer Höhe zwischen 2,5 cm und 12 cm,

b) Leitborde (Zeichen 629) mit einer Höhe zwischen 12 cm und 25 cm,

c) temporäre Schutzeinrichtungen mit einer Höhe von mindestens 50 cm.

Von diesen sind nur Leitschwellen und Leitborde Verkehrseinrichtungen nach § 43 Absätze 1 und 3 und können damit Gegenstand der verkehrsrechtlichen Anordnung sein. Temporäre Schutzeinrichtungen sind hingegen baulicher Art.

Bild A-15: Leitschwelle, Leitbord, temporäre Schutzeinrichtung (schematische Darstellung)

(2) Leitschwellen oder Leitborde können die Funktion vorübergehend gültiger Markierungen übernehmen (§ 39 Absatz 5, Satz 4), besitzen jedoch keine Schutzfunktion. Temporäre Schutzeinrichtungen können als Träger vorübergehend gültiger Markierungen eingesetzt werden (Rn. 4 VwV-StVO zu § 39).

(3) Vor temporären Schutzeinrichtungen mit als Fahrbahnbegrenzung geeigneten retroreflektierenden Elementen sollen keine Fahrbahnbegrenzungen auf der Straßenoberfläche angeordnet werden. Dann übernehmen diese retroreflektierenden Elemente die Funktion der Fahrbahnbegrenzung. Geeignet können sie sein, wenn sie als bodennah durchgängig gelbe retroreflektierende Elemente in der Regel im Abstand von 1,00 m bis 1,50 m an der Schutzeinrichtung angebracht sind. Anstatt dieser retroreflektierenden Elemente können die vorübergehend gültigen Fahrbahnbegrenzungen auch als horizontal im Fußbereich der temporären Schutzeinrichtung angebrachte Markierungslinie mit erhöhter Nachtsichtbarkeit bei Nässe ausgeführt sein.

(4) Vor dauerhaft angebrachten Fahrzeug-Rückhaltesystemen sollen vorübergehend gültige Fahrbahnbegrenzungen in einem Abstand von mindestens 25 cm angebracht werden, wenn auf dem angrenzenden Fahrstreifen Kraftomnibusse, Anhängerkombinationen oder andere Kfz über 3,5 t verkehren dürfen.

(5) Der Abstand zwischen den Leitbaken auf Leitschwellen und -borden beträgt grundsätzlich

a) 5 m innerorts,

b) 10 m außerorts.

(6) Soweit örtlich z. B. in Kurvenbereichen erforderlich, können auch kleinere Abstände gewählt werden.

(7) In den Einsatzbereichen von temporären Schutzeinrichtungen sind zusätzliche Leitbaken in der Regel entbehrlich. Entsprechend entfallen auch die Warnleuchten.

(8) Bei der Verwendung von Leitelementen oder temporären Schutzeinrichtungen zwischen entgegengesetzt gerichteten Verkehrsströmen soll auf Richtungspfeile (Zeichen 297) verzichtet werden. Ausnahmen hiervon können gegebenenfalls an Knotenpunkten zweckmäßig sein.

(9) Werden zur Trennung von entgegengesetzt gerichteten Verkehrsströmen temporäre Schutzeinrichtungen eingesetzt, so ist die Fahrstreifentafel (Zeichen 522) entbehrlich. Die Längenangabe ist dann an anderer geeigneter Stelle in der Regel in Verbindung mit einem Vorschriftzeichen, z. B. mit Zeichen 274 (Zusatzzeichen 1001-30 oder -31), zu zeigen.

(10) Bei Einsatz von Leitschwellen, Leitborden oder temporären Schutzeinrichtungen kann die Systembreite nicht wie sonst bei vorübergehend gültigen Markierungen (Absatz 2) der Breite der Behelfsfahrbahn zugerechnet werden. Ausgenommen hiervon sind horizontal im Fußbereich angebrachte Markierungslinien (vgl. Absatz 3 Satz 4).

6 Warnposten

(1) Warnposten dürfen keine Verkehrsregelung vornehmen, das heißt sie dürfen Verkehrsteilnehmern keine Weisungen erteilen; dies bleibt ausschließlich der Polizei vorbehalten.

(2) Warnposten sind besonderer Gefahr ausgesetzt. Sie dürfen daher nur in Ausnahmefällen eingesetzt werden. Dabei muss sich ihre Tätigkeit darauf beschränken, die Verkehrsteilnehmer in umsichtiger Weise vor einer Verkehrseinschränkung oder Gefahrenstelle zu warnen. Eine andere Tätigkeit dürfen sie während dieser Zeit nicht ausüben.

(3) Bei Dunkelheit oder witterungsbedingten schlechten Sichtverhältnissen dürfen Warnposten nur eingesetzt werden, wenn es sich um Notmaßnahmen handelt oder auf verkehrsschwache Zeiten ausgewichen wird. Auf Autobahnen und Kraftfahrstraßen soll ihr Einsatz vermieden werden.

(4) Warnposten müssen Warnkleidung tragen (siehe Abschnitt 9). Sie halten Warnfahnen so, dass sie für den Verkehrsteilnehmer in voller Größe sichtbar sind. Bei Dunkelheit oder witterungsbedingten schlechten Sichtverhältnissen ist die Auffälligkeit des Warnpostens durch einen Leitkegel (Zeichen 610-42 und -43) mit aufgesetztem gelbem Blinklicht in blitzender Ausführung zu erhöhen.

(5) Der Warnposten steht bzw. geht in der Regel außerhalb der Fahrbahn an der Fahrbahnseite, auf welcher sich die Verkehrseinschränkung oder Gefahrenstelle befindet.

7 Sicherheitskennzeichnung von Sonderrechtsfahrzeugen sowie Arbeitsstelleneinrichtungen

7.1 Arbeitsfahrzeuge, Sicherungsfahrzeuge

(1) Für Fahrzeuge, die dem Bau, der Unterhaltung und Reinigung der Straßen und Anlagen im Straßenraum dienen, gelten § 35 Absatz 6 und 8 und die zugehörige VwV-StVO.

(2) Fahrzeuge der Bauverwaltungen, die zu den unter Absatz 1 genannten Zwecken eingesetzt werden, sollen daneben eine Lackierung im Farbton Gelborange (RAL 2000 bzw. RAL 2011; siehe DIN 30701) erhalten.

(3) Fahrzeuge, die Sonderrechte nach § 35 Absatz 6 in Anspruch nehmen, müssen eine weiß-rote Sicherheitskennzeichnung nach DIN 30710 Ausgabe März 1990 tragen (siehe Bild A-16).

(4) Diese Sicherheitskennzeichnung muss aus den retroreflektierenden Aufsichtfarben für Verkehrszeichen

- Weiß in Farbe DIN 6171 – Weiß – R2,
- Rot in Farbe DIN 6171 – Rot – R2

bestehen. Für die Sicherheitskennzeichnung ist retroreflektierende Folie der Reflexionsklasse RA2 nach DIN 67520 zu verwenden. Sie ist an allen vertikalen Fahrzeugkanten mit zu diesen Kanten nach unten unter 45° fallenden Streifen anzubringen. Als Mindestflächen je Vorder- und Rückseite sind jeweils 8, je Einzelfläche 2 Normflächen (14,1 cm \x 14,1 cm) erforderlich. Größere Flächen sind, insbesondere bei auf Autobahnen eingesetzten Fahrzeugen, anzustreben. Bei Arbeitsfahrzeugen, die nicht ständig Sonderrechte nach § 35 Absatz 6 beanspruchen (insbesondere Fahrzeuge von Bauunternehmungen), sollte die Sicherheitskennzeichnung auf abnehmbaren oder abklappbaren Tafeln aufgetragen werden.

Bild A-16: Sicherheitskennzeichnung Arbeitsfahrzeug

(5) Fahrzeuge und Geräte, die auch quer zur Fahrtrichtung eingesetzt werden, müssen im Umfang wie auf Vorder- und Rückseiten zusätzlich seitlich gekennzeichnet sein.

(6) Zusätzlich sollen Fahrzeuge mindestens eine Kennleuchte für gelbes Blinklicht (Rundumlicht gemäß § 52 Absatz 4 StVZO) besitzen. Ist die Kennleuchte nicht ständig von allen Seiten sichtbar, sind 2 Kennleuchten so anzubringen, dass sie das Fahrzeug nach vorn und hinten wirksam kennzeichnen.

(7) Hinsichtlich einer zusätzlichen Sicherheitsausrüstung von Kraftfahrzeugen gilt Folgendes:

a) Die Sicherheitskennzeichnung der Arbeitsfahrzeuge kann durch den Einsatz von zwei zusätzlichen, blinkenden gelben Warnleuchten (Durchmesser 30 cm) links und rechts auf oder hinter dem Fahrerhaus wesentlich verbessert werden.

b) Die Verwendung von blinkenden Ankündigungspfeilen gemäß Bild A-12 (siehe Abschnitt 3.5.4) oder Blinkkreuzen gemäß Bild A-17 an der Rückfront von Arbeitsfahrzeugen, an denen wechselweise links oder rechts vorbeigefahren werden muss, ist ebenso zulässig.

c) Zur Warnung vor Fahrzeugen, die arbeitsbedingt schneller als 5 km/h aber langsamer als die örtlich übliche Geschwindigkeit fahren (z. B. Messfahrzeuge zur Deckenzustandserfassung), wird die zusätzliche Kennzeichnung gemäß Bild A-8 auf der Fahrzeugrückfront empfohlen.

d) Arbeitsfahrzeuge, deren Sicherheitskennzeichnung entsprechend einer dieser Varianten erhöht ist, können in besonderen Fällen auch als Sicherungsfahrzeug eingesetzt werden.

e) Diese Sicherheitskennzeichnung wie auch unmittelbar am Kraftfahrzeug angebrachte Zeichen 616 (siehe auch § 39 Absatz 6) sind als Arbeitsstellensicherung nicht Bestandteile der Fahrzeugbeleuchtung im Sinne der StVZO, sondern regeln sich nach der StVO.

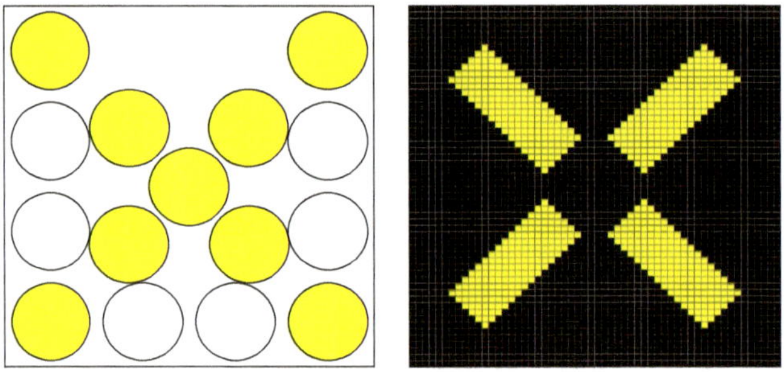

Bild A-17: Blinkender Ankündigungspfeil mit Kreuzschaltung als Warneinrichtung nur zum Einsatz auf Seitenstreifen oder durch Zeichen 298 [Sperrfläche] gekennzeichneten Straßenteilen

(8) Alle Kennleuchten mit gelbem Blinklicht oder Leuchten der zusätzlichen Sicherheitskennzeichnung sind während der Fahrt zur Arbeitsstelle und während der Aufenthalte innerhalb einer abgegrenzten Arbeitsstelle auszuschalten (Rn. 2 VwV-StVO zu § 38).

7.2 Warnblinklicht

(1) Warnblinklicht darf nach § 16 Absatz 2 Satz 2 nur verwenden, „wer andere durch sein Fahrzeug gefährdet oder andere vor Gefahren warnen will". Gemäß § 35 Absatz 8 dürfen Sonderrechte nur unter gebührender Berücksichtigung der öffentlichen Sicherheit und Ordnung ausgeübt werden. Es ist deshalb eine Gefahr durch ein Fahrzeug zu vermeiden. Ist dies nicht möglich, sind die in diesen Richtlinien beschriebenen Absicherungsmöglichkeiten zu nutzen. Der Einsatz von Warnblinklicht kommt deshalb im Rahmen der Wahrnehmung von Sonderrechten nicht in Betracht.

(2) Durch das Warnblinklicht lässt sich verkehrsordnungswidriges Verhalten oder Parken nicht rechtfertigen.

7.3 Arbeitsmaschinen und Anhänger

(1) Arbeitsmaschinen und Anhänger erhalten, auch wenn sie sich nur kurzfristig im Verkehrsbereich bewegen, eine Sicherheitskennzeichnung wie Arbeitsfahrzeuge. Sonderrechte dürfen nur mit der entsprechenden Kennzeichnung in Anspruch genommen werden (siehe Abschnitt 7.1).

(2) Arbeitsmaschinen, die unmittelbar im oder am Verkehrsbereich eingesetzt werden – z. B. eine bewegliche Arbeitsstelle bilden (Fahrbahnmarkierungsmaschinen, Asphalteinbaumaschinen usw.) – können zusätzlich mit einer oder zwei Kennleuchten für gelbes Blinklicht (z. B. Rundumlicht) oder einem blinkenden Ankündigungspfeil gemäß Bild A-12 in Verbindung mit Zeichen 222 ausgerüstet werden, um die Maschine wirksam nach vorn und hinten zu sichern. Soweit Verkehrszeichen (z. B. Zeichen 222) oder Verkehrseinrichtungen auf diese Weise gezeigt werden, ist hierfür ebenfalls eine verkehrsrechtliche Anordnung erforderlich.

(3) Arbeitsmaschinen und Anhänger, die außerhalb einer abgesperrten Arbeitsstelle im Verkehrsbereich eingesetzt werden, müssen entweder zugelassen oder von der Zulassungspflicht befreit sein. Auf die Möglichkeit von Ausnahmegenehmigungen nach § 70 StVZO und § 47 FZV wird hingewiesen.

8 Besondere Arbeitsstellenbereiche und -einrichtungen

Neben Straßenbauarbeiten (§ 45 Absatz 2) können sich insbesondere die in der Tabelle A-3 genannten Arbeiten oder Gegenstände im Straßenraum auf den Straßenverkehr auswirken. Sie müssen grundsätzlich wie Straßenbauarbeiten abgesichert und beleuchtet werden, wenn sie sich auf den Straßenverkehr auswirken können. Zusätzlich sind individuelle Sicherungsmaßnahmen zu berücksichtigen, die in der Tabelle A-3 zusammengestellt sind. Für ähnliche Fälle ist analog zu verfahren.

Art	Aufstellung	Kennzeichnung	Schutzeinrichtung
Dach-, Fassaden- und Abbrucharbeiten an Bauwerken	2)	8)	12), 13), 14)
Bau-, Werkstatt-, Toilettenwagen usw.	3), 4)	9)	
Container, Wechselbehälter	3), 4), 5)	9), 10)	
Hubarbeitsbühnen	3), 6)		12), 14), 15)
Autokrane	5), 7)		14)
Aufzüge, Schrägaufzüge	3)		12), 13), 15)
Bauzäune, Gerüste, Durchlaufgerüste, Fußgängertunnel	3)	11)	12), 15)
Schuttrutschen			12), 13), 15)

1) In der Regel ist eine Sondernutzungserlaubnis oder eine Ausnahmegenehmigung gemäß § 46 erforderlich. Bei Überschreitung zulässiger Achslasten oder Gesamtmassen kann zusätzlich eine Erlaubnis nach § 29 Absatz 3 erforderlich sein.

2) Nur wenn aus Platzgründen oder wegen der Höhe der Bauwerke eine ausreichende Sicherheit nicht gewährleistet erscheint, darf öffentlicher Verkehrsraum zur Verfügung gestellt werden.

3) Auf Geh- oder Radwegen nur, wenn dadurch die nach RSA geforderten Mindestbreiten gewährleistet werden können (siehe hierzu insbesondere auch Teil B, Abschnitt 2.4.2).

4) Auf Fahrbahnen nur, wo Parken im Allgemeinen für Kraftfahrzeuge erlaubt ist.

5) Wenn 3), 4) oder 6) nicht erfüllt sowie die nachfolgenden Kriterien erfüllt sind, Kennzeichnung wie Arbeitsstelle:
   - Breite größer als 2,50 m oder Länge größer als 8 m,
   - Aufstellung innerorts auf Vorfahrtstraßen (Zeichen 306) oder auf Straßen mit zwei oder mehr Fahrstreifen in einer Richtung.

6) Auf Geh- oder Radwegen bei einer tatsächlichen Gesamtmasse von mehr als 2,8 t grundsätzlich nicht zulässig.

7) Auf Geh- oder Radwegen grundsätzlich nicht.

8) Wenn 2) oder 3) nicht erfüllt oder sonst Auswirkungen auf den Straßenverkehr zu besorgen sind, Kennzeichnung und Absicherung wie Arbeitsstelle.

9) Kennzeichnung aller vertikalen Kanten der Seiten- und Stirnflächen (je eine rot-weiße Warneinrichtung mit retroreflektierender Folie der Reflexionsklasse RA2 gemäß DIN 67520 von mindestens 14,1 cm \x 70,5 cm, Schraffur zum Verkehrsraum fallend)

10) Entsprechend der Verlautbarung des Bundesministers für Verkehr vom 28. April 1982 (VkBl. 1982, S. 186, ergänzt durch VkBl. 1984, S. 23), ist zusätzlich ein Namensschild (Anschrift, Telefonnummer) oder eine entsprechende Aufschrift erforderlich.

11) Kennzeichnung vertikaler Kanten mit kleinen Leitbaken (50 cm \x 12,5 cm) oder rot-weißer Warneinrichtung.

12) Im Rahmen der Verkehrssicherungspflicht sind Verkehrsteilnehmer, parkende Fahrzeuge sowie eventuell vorhandene Warenauslagen gegen Staub, Wasser, andere Flüssigkeiten und fallende feste Gegenstände oder Bauteile ausreichend zu schützen.

13) Gegebenenfalls sind Bauzäune oder andere geeignete Schutzeinrichtungen wie Durchlaufgerüste oder Fußgängertunnel vorzuschreiben.

14) Gegebenenfalls sind Warnfahnen zu verwenden (Einsatz erfolgt durch einen Warnposten).

15) Über Geh- und Radwegen ist über die volle Breite eine lichte Höhe von 2,20 m einzuhalten.

9 Warnkleidung

(1) Personen, die außerhalb von Gehwegen und Absperrungen im Verkehr eingesetzt oder neben dem Verkehrsbereich tätig und nicht durch eine geschlossene Absperrung (Absperrschranken, Absperrschrankengitter oder Bauzäune) von diesem getrennt sind, müssen Warnkleidung nach DIN EN ISO 20471 tragen (§ 35 Absatz 6). Folgende Anforderungsmerkmale müssen hierbei eingehalten werden (Rn. 16 bis 19 VwV-StVO zu § 35):

a) Warnkleidungsausführung mindestens Klasse 2 gemäß Absatz 4.1, Tabelle 1, der DIN EN ISO 20471; für Arbeiten bei Dunkelheit Klasse 3, wobei die zusätzlich verfügbare Fläche an Reflexstoffen die menschliche Gestalt (Kontur) betonen soll. Für kurzzeitig in Nachtbaustellen tätiges Personal (Kontrolltätigkeit) ist ein Warnmantel oder ein vergleichbares Kleidungsstück mit zusätzlichen vertikalen Reflexstreifen ausreichend.

b) Farbe fluoreszierendes Orange-Rot oder fluoreszierend Gelb gemäß Absatz 5.1, Tabelle 2, der DIN EN ISO 20471.

c) Mindestrückstrahlwerte der Klasse 2 gemäß Abschnitt 6.1, Tabelle 5, der DIN EN ISO 20471.

(2) Warnkleidung, deren Warnwirkung durch Verschmutzung, Alterung oder Abnahme der Leuchtkraft der verwendeten Materialien nicht mehr ausreicht, darf nicht verwendet werden (Rn. 20 VwV-StVO zu § 35).

10 Nachtbaustellen

(1) Die Einrichtung von Nachtbaustellen (Abschnitt 1.1 Absatz 8) ist in Betracht zu ziehen, wenn das Verkehrsaufkommen bei Tage so hoch ist, dass der Betrieb einer Arbeitsstelle dann zu außerordentlich starken Behinderungen des Verkehrs führen würde. Einrichtung und Abbau sollen nach Möglichkeit bei Tageshelligkeit außerhalb der verkehrsstarken Zeiten erfolgen.

(2) Soll unter Beleuchtung (Arbeitsstättenbeleuchtung) gearbeitet werden, ist die Beleuchtungsanlage so auszulegen, dass das Unfallrisiko im Verkehrsbereich nicht ansteigt. Insbesondere dürfen alle Verkehrszeichen und Verkehrseinrichtungen nicht in ihrer Wirkung sowie die Verkehrsteilnehmer nicht durch Blendungen beeinträchtigt werden.

(3) Die Wirkung der Beleuchtung auf die Verkehrsteilnehmer ist im Rahmen von Kontrollfahrten zu prüfen.

(4) Zur Längsabsperrung sollten anstelle von Leitkegeln wegen der besseren Leitwirkung Leitbaken (mindestens der Größe 75 cm \x 18,75 cm) angeordnet werden. Verkehrszeichen und Verkehrseinrichtungen sind mit retroreflektierenden Folien mindestens der Reflexionsklasse RA2 nach DIN 67520 auszuführen.

(5) Der besonderen Situation sollte durch eine entsprechende Vorwarnung im Zulaufbereich Rechnung getragen werden (zu Autobahnen siehe Tabelle D-3 und im Teil D, Abschnitt 3). Die Vorwarnanzeiger sollten durch Einsatz von Einrichtungen mit lichttechnischem Informationsteil gemäß Abschnitt 3.5.2 hervorgehoben werden. Zeichen 123 soll mit gelbem Blinklicht gemäß § 38 Absatz 3 ergänzt werden.

11 Verkehrsführung und -regelung

11.1 Allgemeines

(1) In welcher Form (z. B. Sperrung, Überleitung) und in welchem Umfang insbesondere Kraftfahrzeug-, Rad- und Fußverkehr im Bereich einer Arbeitsstelle geführt werden kann, ist aufgrund der örtlich verfügbaren Flächen zu entscheiden. Hierfür werden in den Teilen B bis D unterschieden nach Straßen innerhalb geschlossener Ortschaften, außerhalb geschlossener Ortschaften (Landstraßen) sowie Autobahnen Festlegungen getroffen und Hinweise gegeben. Soweit erforderlich und zweckmäßig sind Umleitungen nach Verkehrsarten zu differenzieren, z. B. für den Radverkehr.

(2) Die vorhandene Breite der Fahrbahn wird zwischen den beiden Kanten der befestigten Fahrbahnfläche bzw. gegebenenfalls den Kanten von Bordsteinen gemessen. Bei der Bildung eines Querschnittes mit Behelfsfahrstreifen und Trennstreifen werden Leitlinien und Fahrstreifenbegrenzungen je mit halber Breite den beiden anliegenden Fahrstreifen, Fahrbahnbegrenzungen aus überfahrbaren Markierungssystemen mit voller Breite dem jeweils anliegenden Fahrstreifen zugerechnet (ausgenommen Randmarkierungen von Radfahrstreifen). Um unkontrolliertes Abkommen von der Fahrbahn zu vermeiden, wird außerhalb geschlossener Ortschaften und auf Autobahnen ein befestigtes Bankett vorausgesetzt. Auf Brücken erfüllen die Kappen, in Tunneln die Notgehwege die Funktion des Banketts.

(3) Die von der gewählten Verkehrsführung abhängigen Regelungen des Verkehrs werden in den Teilen B bis D zusätzlich in Regelplänen hinsichtlich Verkehrszeichen, Verkehrseinrichtungen, Abständen, Beleuchtung usw. beispielhaft dargestellt.

(4) Zur Gewährleistung eines sicheren und geordneten Verkehrs ist ein Mindestabstand von 0,5 m zum Verkehrsbereich (vgl. Bild A-1) einzuhalten, wenn im Bereich der dem Verkehr zu entziehenden Fläche ein Absatz (z. B. Fräskante, Grabenkante) vorgesehen ist. Das Primat der Festlegung des notwendigen Verkehrsbereiches gegenüber der Festlegung der dem Verkehr zu entziehenden Flächen bleibt hiervon unberührt.

(5) Alle in den Teilen B bis D angegebenen Maße, ausgenommen Abmessungen von Verkehrszeichen, Fahrstreifen- und Fahrbahnbreiten, sind Richtwerte. Entsprechend den örtlichen Verhältnissen sind bei der Ausführung in der Örtlichkeit bei den Aufstellentfernungen ±10 % Abweichung tolerierbar. Abstandsmaße in Längsrichtung beziehen sich, wenn nicht anders angegeben, auf die Mitte der Verkehrseinrichtungen und Verkehrszeichen.

11.2 Umleitungen[1])

(1) Die Sperrung eines Verkehrsweges, gegebenenfalls auch nur für bestimmte Fahrzeugarten oder den Fußverkehr, stellt einen schwerwiegenden Eingriff in den Verkehrsablauf dar. Durch die anzuordnende Umleitung kann der Verkehr insbesondere auf den Umleitungsstrecken erheblich beeinträchtigt sein. Zusätzliche Gefahren für die (Wohn)Bevölkerung durch Lärm- und Abgasbelastung sind soweit möglich zu vermeiden.

(2) Daher sind die mit der Umleitung zusammenhängenden Fragen der Sicherheit und Leistungsfähigkeit besonders sorgfältig zu prüfen. Soweit andere Verkehrsträger (z. B. Bahn- oder Verkehrsbetriebe) betroffen sind, sind diese rechtzeitig zu beteiligen (siehe auch Abschnitt 1.3). Die Zuständigkeitsnorm des § 44 bleibt hiervon unberührt.

(3) Die beabsichtigte Sperrung einer Straße sollte über geeignete Medien bekannt gemacht werden.

(4) Eine Umleitung ist in zeitlicher Hinsicht so rechtzeitig vor Einrichtung der Umleitung anzukündigen, dass sich die Verkehrsteilnehmer auf die neue, unvorhergesehene Situation einstellen können.

(5) Bei Sperrung oder bedarfsweise bei teilweiser Sperrung sind die betroffenen Zielangaben der wegweisenden Beschilderung rot auszukreuzen. Dabei müssen die Zielangaben noch lesbar bleiben. Die für die Auskreuzung verwendeten Materialien müssen retroreflektierend sein und rückstandslos und ohne Beschädigung der Verkehrszeichenfolie entfernt werden können. Sie dürfen nicht stärker rückstrahlen als das ausgekreuzte Verkehrszeichen.

(6) Auf der Umleitungsstrecke kann es erforderlich sein, die Vorfahrt so zu ändern, dass der Umleitungsverkehr bevorrechtigt ist. Dies gilt besonders für den Fall, dass der Verkehr einer bevorrechtigten Straße umgeleitet werden muss. Die Verkehrsströme, die durch diese Maßnahme wartepflichtig werden, sollen besonders darauf hingewiesen werden (Zeichen 101 mit Zusatzzeichen 1008-30). An signalisierten Knotenpunkten im Zuge einer Umleitungsstrecke ist zu prüfen, ob die Signalzeiten zugunsten des Verkehrs auf der Umleitungsstrecke angepasst werden müssen. Bei kurzzeitiger Umleitung sehr großer Verkehrsmengen, z. B. bei nächtlicher Sperrung einer Autobahn, ist zu prüfen, an welchen nicht signalisierten Knotenpunkten eine Regelung des Verkehrs mittels Anordnungen durch die Polizei anzuregen ist.

[1]) Die Einrichtung und Kennzeichnung von Umleitungen richten sich nach den RUB, hilfsweise den „Richtlinien für verkehrslenkende Maßnahmen der Straßenverkehrsbehörden, der Straßenbaubehörden und der Polizei (Verkehrslenkungsrichtlinien)"; siehe VkBl. 1968, H. 11, S. 239–247.

RSA Teil B – Innerörtliche Straßen

Inhaltsübersicht

1 Allgemeines

(1) Innerörtliche Straßen im Sinne dieser Richtlinien sind alle (tatsächlich-) öffentlichen Verkehrsflächen innerhalb geschlossener Ortschaften einschließlich Fußgängerzonen, Parkplätzen u. Ä. mit Ausnahme von Autobahnen und Kraftfahrstraßen. Die geschlossene Ortschaft ist durch die Zeichen 310 und 311 gekennzeichnet.

(2) Grundsätzlich gelten alle Regelungen und Festlegungen des Teiles A dieser Richtlinien. Auf die besonderen Verhältnisse des innerörtlichen Verkehrs abgestimmte, ergänzende Regelungen und Festlegungen sind in diesem Teil der Richtlinien zusammengestellt. Insbesondere bei zulässigen Höchstgeschwindigkeiten über 50 km/h im Ortsbereich sollen zweckmäßige Regelungen auch aus den Teilen C (Landstraßen) und D (Autobahnen) übernommen werden.

2 Arbeitsstellen von längerer Dauer (AlD)

2.1 Aufstellentfernungen von Verkehrszeichen

Bezugspunkt für die Aufstellentfernungen ist der Beginn der Einengung bzw. Verschwenkung. Die Aufstellentfernungen sind in der Regel zu beachten, soweit die genannten Verkehrszeichen im Einzelfall anzuordnen sind. Bei der Festlegung des Aufstellortes sind die rechtzeitige Erkennbarkeit der Zeichen sowie die Begreifbarkeit des Zusammenhangs mit der Arbeitsstelle zu beachten.

Tabelle B-1: Aufstellentfernungen

		Straßen		
Lage in Fahrtrichtung	**Zeichen**	**mit zwei und mehr Fahrstreifen in einer Richtung**	**mit zwei Fahrstreifen**	**mit Vzul < 50 km/h**
vor der Arbeitsstelle	123	70 – 100 m	50 – 70 m	10 – 30 m
	531 (-10)	50 – 70 m	[1])	[1])
	274, 276	30 – 50 m	50 – 70 m	[1])
	208, 308	–	0 – 10 m	0 – 10 m
hinter der Arbeitsstelle	280	10 – 20 m	0 – 10 m	[1])
	274	10 – 20 m	0 – 10 m	[1])

2.2 Verkehrsführung im Fahrbahnbereich

2.2.1 Allgemeines

(1) Im Bereich von Arbeitsstellen soll grundsätzlich die vorhandene Fahrstreifenanzahl erhalten werden. Der Betriebsführung von Bussen und Bahnen soll Vorrang gegeben werden.

(2) Verbleibt insgesamt für beide Richtungen nur 1 Fahrstreifen, so ist entsprechend der örtlichen Situation und Verkehrsstärke zu prüfen, ob der Verkehr im Wechselverkehr (siehe Abschnitt 2.3.4) oder über Umleitungen (siehe Abschnitt 2.3.5) abgewickelt werden kann.

(3) Bei hohen Verkehrsstärken und fehlenden Umleitungsmöglichkeiten sollte eine provisorische Umfahrung der Arbeitsstelle vorgesehen werden.

(4) Der Führung des Fuß- und Radverkehrs ist besondere Sorgfalt zu widmen (siehe Abschnitt 2.4).

(5) Die Sperrung von baulichen Querungsstellen im Bereich von Arbeitsstellen ist durch Absperrschrankengitter vorzunehmen.

2.2.2 Fahrstreifenbreiten

(1) Im Regelfall ist eine Fahrstreifenbreite von mindestens 3,00 m einzuhalten (Bild B-1). Teil A, Abschnitt 1.1 Absatz 10 ist besonders zu beachten.

(2) Die Mindestfahrstreifenbreite kann in Ausnahmefällen bis auf 2,85 m reduziert werden, wenn es sich um kurze Streckenabschnitte oder um Straßen mit Geschwindigkeitsbeschränkung von weniger als 50 km/h handelt. Eine

[1]) im Regelfall nicht erforderlich

Unterschreitung der Mindestfahrstreifenbreite bedarf einer besonderen örtlichen Situationsprüfung. Es können Überholfahrstreifen mit einer Mindestbreite von 2,75 m angeordnet werden. Bei Ausschluss bestimmter Verkehrsarten können in allen vorgenannten Fällen geringere Fahrstreifenbreiten angeordnet werden.

(3) Damit ist Begegnungsverkehr gegebenenfalls durch Ummarkierung (Einengung von Fahrstreifen) oder durch Einrichtung eines Behelfsfahrstreifens (z. B. über einen Parkstreifen) bei einer Restfahrbahnbreite von 5,7 m noch möglich. Es ist zu beachten, dass regional bei häufigem Verkehr überbreiter Fahrzeuge größere Fahrstreifenbreiten notwendig sein können.

(4) Bei einer Arbeitsstelle mit Wechselverkehr sollte die Restfahrbahnbreite 3,00 m nicht unterschreiten.

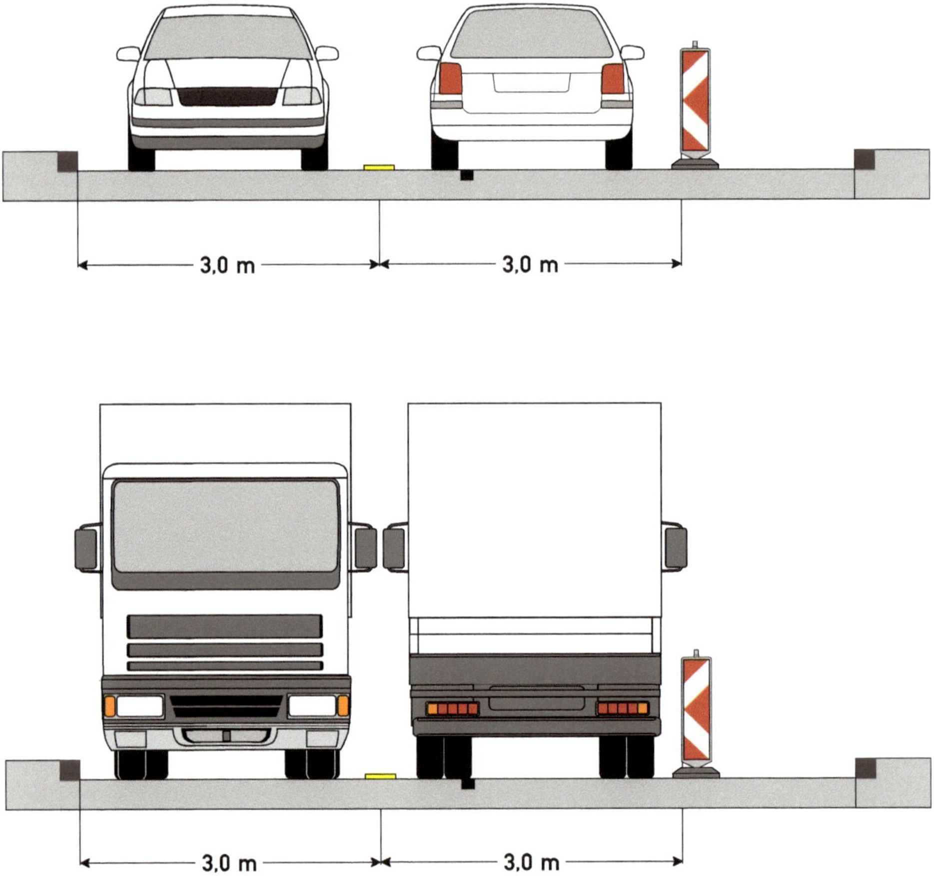

Bild B-1: Beispiel eines Querschnittes für Fahrbahnbreite 6,00 m

2.2.3 Sperrung einer Fahrtrichtung

(1) In Fällen, in denen die Einfahrt verboten werden soll, aber aus der Gegenrichtung Verkehr zugelassen wird (Einbahnstraße; Zeichen 220), ist Zeichen 267 anzuordnen (siehe auch Erläuterungen zu Anlage 2 zu § 41 Absatz 1, lfd. Nr. 41). Im Übrigen wird auf Teil A, Abschnitt 3.4.3 Absatz 1 verwiesen.

(2) Ist die Geschwindigkeit in solchen Einbahnstraßen auf 30 km/h beschränkt und steht eine ausreichende Begegnungsbreite zur Verfügung (bei Linienbusverkehr oder bei stärkerem Verkehr mit Lkw eine Restfahrbahnbreite von 3,50 m), sollte geprüft werden, ob Radverkehr entgegen der Fahrtrichtung zugelassen werden kann (vgl. Rn. 4 bis 7 VwV-StVO zu Zeichen 220).

2.2.4 Sperrung von Fahrbahnteilen

(1) Eine rechtwinklige Querabsperrung erfolgt durch rechtwinklig zur Fahrbahnachse aufgestellte Absperrschrankengitter[1]) und eine Leitbake (Zeichen 605), die an der Seite des Absperrschrankengitters aufgestellt wird, an der vorbeigefahren werden soll (siehe Teil A, Bild A-4).

(2) Eine spitzwinklige Querabsperrung wird mit einseitigen Leitbaken gestaltet. Es sollten mindestens vier Stück je voll gesperrtem Fahrstreifen bei einem seitlichen Abstand von 0,6 m bis 1 m vorgesehen werden. Der Längsabstand soll 1 bis 2 m betragen.

(3) Ob eine rechtwinklige oder spitzwinklige Querabsperrung angeordnet wird, richtet sich in erster Linie nach den örtlichen Platzverhältnissen. Bei zwei oder mehr Fahrstreifen für eine Richtung sowie auf Vorfahrtstraßen (Zeichen 306) sollte möglichst eine spitzwinklige Querabsperrung angeordnet werden.

(4) Bei Verschwenkungen beträgt das Verschwenkungsmaß mindestens 1:10.

(5) Müssen mehrere Fahrstreifen in einer Fahrtrichtung gesperrt werden, so sollen getrennte spitzwinklige Querabsperrungen vorgenommen werden. Zwischen ihnen können jeweils längere Übergangsstrecken liegen (versetzte Fahrstreifenreduzierung). Der Abstand zwischen zwei Fahrsteifeneinziehungen sollte mindestens so bemessen sein, dass eine Fahrzeugkombination der maximalen für den allgemeinen Verkehr zugelassenen Länge dazwischen Platz findet (etwa 20 m).

(6) Entgegengesetzt gerichtete Verkehrsströme werden in Überleitungsbereichen auf zweibahnigen Straßen grundsätzlich jeweils mit Hilfe einer spitzwinkligen Querabsperrung aus einseitigen Leitbaken geführt. Zwischen den beiden Leitbakenreihen ist ein möglichst großer Sicherheitsraum vorzusehen. Ist aus Platzgründen nur eine Reihe möglich, so sind zweiseitige Leitbaken erforderlich.

(7) Am Ende einer Absperrung können Absperrschranken, Absperrschrankengitter oder Leitbaken eingesetzt werden.

2.2.5 Längsabsperrung

(1) In der Regel wird die Arbeitsstelle in Längsrichtung durch Leitbaken ohne Warnleuchten abgesichert. Der Abstand der Leitbaken sollte maximal 9 m betragen, jedoch sind mindestens zwei Leitbaken erforderlich.

(2) Um Fußgänger im Bereich der Arbeitsstelle am Betreten der Fahrbahn zu hindern, sind Absperrschrankengitter zwischen Gehweg und Fahrbahn notwendig. Ist im Bereich der Längsabsperrung Querverkehr zu unterbinden (z. B. aus Einmündungen oder Grundstücksausfahrten), sollten zusätzlich Absperrschrankengitter zwischen den Leitbaken angeordnet werden.

(3) Es sind geschlossene Absperrungen anzustreben, um den unbefugten Zugang zur Arbeitsstelle zu verhindern. Geschlossene Absperrungen sind insbesondere anzuordnen, wenn das Betreten mit einer unmittelbaren Gefährdung für Fußgänger verbunden wäre. Diese Absperrungen sollten zum Schutz blinder und sehbehinderter Menschen auch auf der gegenüberliegenden Gehwegseite angeordnet werden, sofern die Anforderungen nach Abschnitt 2.4.1 eingehalten werden.

2.2.6 Vorübergehend gültige Markierungen

(1) Vor Verkehrseinrichtungen (Anlage 4 zu § 43 Absatz 3, lfd. Nr. 1 bis 7) werden innerorts grundsätzlich keine vorübergehend gültigen Markierungen angeordnet.

(2) Es ist zu prüfen, ob vorübergehend gültige Fahrbahnbegrenzungen bei Behelfsfahrstreifenführungen über Seitenstreifen sowie bei mehr als zweistreifigen Fahrbahnen im Gegenverkehrsbereich und bei unübersichtlichen Verkehrsführungen angeordnet werden sollen.

2.3 Verkehrsregelung im Fahrbahnbereich

2.3.1 Regelpläne

(1) Wie Arbeitsstellen auf der Fahrbahn abgesperrt, beschildert, markiert und beleuchtet werden können, ist in den Regelplänen B I/1 bis B I/19 verdeutlicht. Im Übrigen wird zur Anwendung der Regelpläne auf Teil A, Abschnitt 1.5 verwiesen.

---

[1]) sofern kein Fußverkehr zugelassen ist, sind Absperrschranken ausreichend (siehe Teil A Abschnitt 3.4.2 Absatz 3)

(2) Liegen Arbeitsstellen unmittelbar neben einem Verkehrsbereich des Fuß- oder Radverkehrs, sind die Festlegungen im Abschnitt 2.4 zu beachten.

2.3.2 Höchstgeschwindigkeiten

(1) Die Regelgeschwindigkeit beträgt 50 km/h (§ 3 Absatz 3 Nr. 1). Wo höhere Geschwindigkeiten zugelassen sind, können diese für den Arbeitsstellenbereich herabgesetzt werden. Hinter der Arbeitsstelle ist die Geschwindigkeit wieder auf die örtlich gültige höhere Geschwindigkeit heraufzusetzen (siehe auch Anlage 2 zu § 41 Absatz 1, lfd. Nr. 55).

(2) Bei besonderen Gefährdungen für Verkehrsteilnehmer kann die Höchstgeschwindigkeit ausnahmsweise weiter herabgesetzt werden. Dies ist anhand der besonderen Umstände des Einzelfalls sorgfältig zu begründen. Im Übrigen ist Rn. 1 VwV-StVO zu Zeichen 274 zu beachten.

2.3.3 Haltverbote

Haltverbote sind detailliert mit den erforderlichen Zusatzzeichen und gegebenenfalls zeitlichen Einschränkungen unter Abwägung und Berücksichtigung der örtlichen sowie verkehrlichen Verhältnisse und der baulichen Notwendigkeiten anzuordnen (siehe auch Teil A, Abschnitt 2.5, zu Zeichen 283 und 286). In der Regel ist Zeichen 283 anzuordnen, in Ausnahmesituationen auch Zeichen 286, gegebenenfalls mit Zusatzzeichen (vgl. auch Anlage 2 zu § 41 Absatz 1, lfd. Nr. 61). Verkehrszeichen, welche das Parken auf Gehwegen erlauben, müssen entfernt oder abgedeckt werden, da Haltverbote nur die Fahrbahn betreffen oder Seitenstreifen, wenn das entsprechende Zusatzzeichen angeordnet ist.

2.3.4 Vorrangregelung an Engstellen

(1) Unter Beachtung von § 6 erfolgt keine Beschilderung. Es ist anzustreben, die Engstelle so zu gestalten, dass die Wartepflicht eindeutig einer Fahrtrichtung zuzuordnen ist. Muss in Abweichung davon der anderen Richtung Vorrang gewährt werden oder ergibt sich aus der Örtlichkeit nicht eindeutig, welche Fahrtrichtung wartepflichtig ist, ist eine Beschilderung mit Zeichen 208 und 308 anzuordnen (VwV-StVO zu § 41 zu Zeichen 208). Beide Verkehrsregelungen sind zulässig, wenn folgende Voraussetzungen erfüllt sind:

1) Die Engstelle darf maximal 50 m einschließlich der Querabsperrungen lang sein.

2) Die gesamte Engstelle muss aus beiden Fahrtrichtungen voll überschaubar sein.

3) In der wartepflichtigen Zufahrt der Engstelle soll kein nennenswerter Rückstau entstehen.

(2) Auf Fahrbahnen mit mehr als einem Fahrstreifen je Richtung und auf Straßen mit schienengebundenen Fahrzeugen darf grundsätzlich keine Verkehrsregelung durch Zeichen 208 und 308 vorgenommen werden.

(3) Wenn der Kfz-Verkehr in beiden Fahrtrichtungen aufrechterhalten werden muss und die Voraussetzungen für eine Verkehrsregelung durch Zeichen 208 und 308 nicht gegeben sind, muss eine Lichtzeichenanlage angeordnet oder mindestens eine Fahrtrichtung umgeleitet werden.

Wenn die vorhandenen Sichtweiten einen sicheren Verkehr unter Beachtung von § 6 ermöglichen, kann ausnahmsweise auch dann von der Anordnung einer Lichtzeichenanlage abgesehen werden, wenn die Engstelle länger als 50 m ist.

2.3.5 Umleitung

(1) Als Umleitungsstrecken müssen solche Straßen ausgewählt werden, die für die Art und Menge des umzuleitenden Verkehrs genügen und die, wenn notwendig, mit zumutbaren Aufwendungen für die Umleitungen hergerichtet werden können.

(2) Liegen an der geplanten Umleitungsstrecke Schulen, Altersheime, Krankenhäuser o. Ä., so ist zu prüfen, ob Maßnahmen für die Fußgängersicherung erforderlich sind, insbesondere bei Schulwegen von Grundschülern. Außerdem sollten wegen der Veränderung der Verkehrsstärke erforderlichenfalls Signalzeitenprogramme angepasst und besondere Maßnahmen für den Fußgängerquerverkehr vorgesehen werden. Im Übrigen vgl. R-FGÜ und RiLSA.

2.3.6 Baustellenbedingte Sackgasse

(1) Auf eine infolge einer Arbeitsstelle entstandene Sackgasse sollte durch Zeichen 357 hingewiesen werden. Wenn die Kennzeichnung durch Verkehrszeichen nicht ausreicht, kann es im Einzelfall zweckmäßig sein, eine

Sperrung von Fahrbahnteilen vorzunehmen (siehe Teil A, Bild A-3: Absperrschranke mit Leitbake als Teilsperrung auf Fahrbahnen).

(2) Entsprechend der tatsächlichen Durchlässigkeit an der Arbeitsstelle ist die Anordnung von Zeichen 357-50 bis -52 zu prüfen. (siehe Rn. 2 VwV-StVO zu § 41 zu Zeichen 357).

2.4 Arbeitsstellen auf Geh- und Radwegen

2.4.1 Allgemeines

(1) Wegen der besonderen Erschließungsfunktion von Gehwegen soll eine vollständige Sperrung vermieden werden.

(2) Die Sicherheit der Fußgänger und Radfahrer darf im Bereich von Arbeitsstellen nicht beeinträchtigt werden. Auf blinde, sehbehinderte und mobilitätseingeschränkte Menschen sowie Kinder ist besondere Rücksicht zu nehmen. Geh- und Radwege sind nach Möglichkeit weiterzuführen, gegebenenfalls über Notwege (siehe Abschnitte 2.4.3 und 2.4.5 bis 2.4.7).

(3) Radwege sind entsprechend ihrer Bestimmung zu beschildern (Zeichen 237, 240 bzw. 241), sofern die Voraussetzungen der Benutzungspflicht erfüllt sind (Rn. 8, 9 und 11 zu § 2 Absatz 4 Satz 2, Rn. 1 zu § 41 zu Zeichen 240 bzw. zu Zeichen 241 VwV-StVO). Gehwege können für den Radverkehr freigegeben werden, wenn die Belange der Fußgänger gemäß VwV-StVO erfüllt werden (Rn. 2 zu § 41 zu Zeichen 239). Dabei ist abzuwägen, ob aufgrund der örtlichen Verhältnisse die Mitbenutzung der Fahrbahn durch Radfahrer zu einer Gefährdungssituation im Sinne von § 45 Absatz 9 Satz 3 StVO führen würde, die auch mit Blick auf den Ausbauzustand des Radweges nicht hinnehmbar ist.

(4) Schrägseiten von Absetzcontainern (z. B. für Bauschutt) und vergleichbare Hindernisse sind im Gehwegbereich mit einer Querabsperrung mit einem Absperrschrankengitter abzusichern.

(5) Die grundsätzliche Gestaltung von Arbeitsstellen allein im Geh- und Radwegbereich kann dem Bild B-2 entnommen werden.

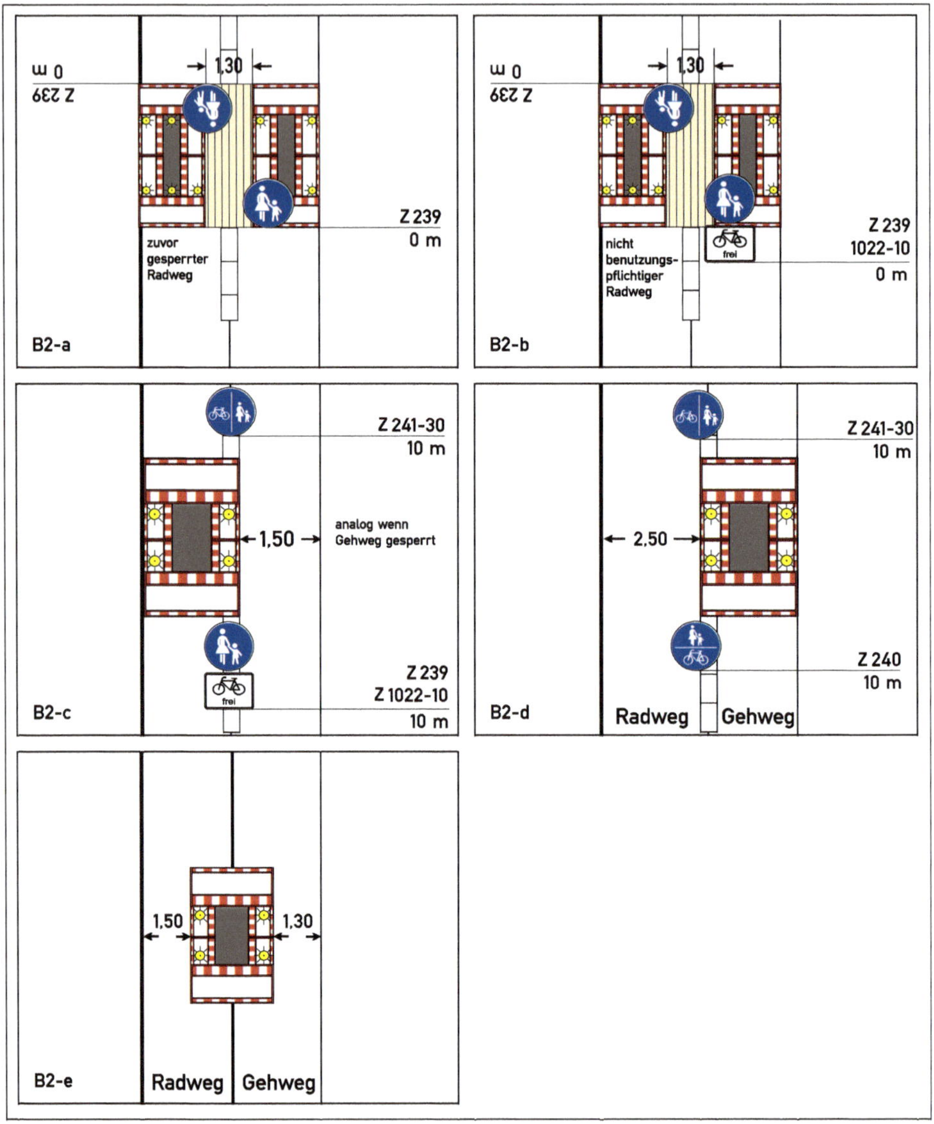

Bild B-2: Sicherung von Arbeitsstellen allein im Geh- und Radwegbereich (Regelmaße als Mindestbreiten)

(6) Wie Arbeitsstellen im Bereich auf Geh- oder Radwegen abgesperrt, beschildert und beleuchtet werden können, kann den Regelplänen B II/1 bis B II/8 entnommen werden. Im Übrigen wird zur Anwendung der Regelpläne auf Teil A, Abschnitt 1.5 verwiesen.

2.4.2 Mindestbreiten

Geh- und Radwege sollen nach Möglichkeit in voller Breite im Arbeitsstellenbereich fortgeführt werden. Dabei sollten folgende Mindestmaße nicht unterschritten werden:

a) Gehwege (gegebenenfalls Zeichen 239): 1,3 m; kurze Engstellen können auf 1,0 m beschränkt werden. Die Befahrbarkeit mit Rollstühlen ist zu gewährleisten. Erforderlichenfalls sind hierzu Zuschläge auf die vorgenannten Mindestwerte vorzusehen. Die befahrbare Breite muss mindestens 1,0 m betragen.

b) Gehwege, die für den Radverkehr freigegeben sind (gegebenenfalls Zeichen 239 sowie Zusatzzeichen 1022-10): 1,5 m; kurze Engstellen können auf 1,3 m beschränkt werden.

c) Benutzungspflichtige (Zeichen 237 oder 241) und nicht benutzungspflichtige Radwege: 1,5 m; kurze Engstellen können auf 1,3 m beschränkt werden.

d) Radfahrstreifen (Zeichen 237): 1,5 m (einschließlich Fahrbahnbegrenzung).

e) Gemeinsame Geh- und Radwege (Zeichen 240): 2,5 m; im Ausnahmefall 2,0 m möglich.

In Fußgängerzonen ist bei der Festlegung der mindestens erforderlichen Breiten das örtlich vorhandene Fußverkehrsaufkommen angemessen zu berücksichtigen.

2.4.3 Querabsperrung, Längsabsperrung

(1) Fußverkehrsflächen sind durch Absperrschrankengitter gegenüber Arbeitsbereichen, Bereichen des Kfz-Verkehrs (z. B. bei Notwegen auf oder neben der Fahrbahn) oder unmittelbar angrenzenden Bereichen des schienengebundenen Verkehrs zu sichern, Radverkehrsflächen nur gegenüber Arbeitsbereichen.

(2) Die Absperrungen müssen bei Dunkelheit oder schlechten Sichtverhältnissen durch Rundstrahler mit gelbem Dauerlicht (Abstand quer 1 m, längs in der Regel 9 m) ergänzt werden, sofern die öffentliche Beleuchtung nicht ausreicht oder nicht die ganze Nacht über eingeschaltet ist.

2.4.4 Fußgänger-Notwege

Wird ein Notweg neben bzw. auf der Fahrbahn eingerichtet, so muss die Verkehrsführung zur Fahrbahnseite hin entsprechend den Abschnitten 2.2.3 und 2.2.4 erfolgen. Neben den Leitbaken sollen Absperrschrankengitter eingesetzt werden (Zeichenseite zum Notweg hin). Gegebenenfalls sind die Festlegungen im Abschnitt 2.3 zu beachten.

2.4.5 Sperrung eines Gehweges

Muss ein Gehweg voll gesperrt werden und ist die Anlage eines Notweges nicht möglich, so ist die Einrichtung von Überquerungshilfen (z. B. Fußgängerüberweg) zu prüfen und gegebenenfalls anzuordnen. Fußgänger sind allein mit Zusatzzeichen 1000-12 bzw. -22 am Absperrschrankengitter auf den gegenüberliegenden Gehweg zu weisen. Zur Anordnung von Fußgängerüberwegen vgl. VwV-StVO zu § 26; hierbei ist insbesondere auf ausreichende Sichtverhältnisse und die Anordnung einer ausreichenden Beleuchtung zu achten.

2.4.6 Sperrung eines benutzungspflichtigen Radweges

(1) Können baulich angelegte Radwege, für die eine Benutzungspflicht angeordnet ist (Zeichen 237 oder 241) oder vorhandene Radfahrstreifen (Zeichen 237 in Verbindung mit Zeichen 295) arbeitsstellenbedingt nicht mehr genutzt werden, ist der Radverkehr vorrangig auf einem gegebenenfalls neuen Radfahrstreifen oder einem gemeinsamen Geh- und Radweg (Zeichen 240) zu führen. Ist dies nicht möglich, ist zu prüfen, ob der Radverkehr auch auf dem Gehweg zugelassen werden kann (Zeichen 239 und 1022-10).

(2) Wenn eine geeignete Anrampung (Bordsteinabsenkung) vorhanden ist oder eingerichtet wird, sollte die Überleitung der Radfahrer auf die Fahrbahn bei entsprechender Sicherung erfolgen: Die Überleitungsstelle sollte im Fahrbahnbereich durch mindestens zwei Leitbaken in Form einer spitzwinkligen Querabsperrung gesichert werden. Ab Überführungsstelle sollte bis zum Ende der Anrampung eine Fahrbahnbegrenzung, danach eine kurze Leitlinie angeordnet werden. Zwischen Bordstein und Fahrbahnbegrenzung oder Leitlinie soll die Breite mindestens 1 m betragen.

(3) Erfolgt die Überleitung über eine Bordsteinabsenkung bzw. von einem anderen Straßenteil ohne die zuvor genannte Sicherung, ist zu prüfen, ob der Fahrzeugverkehr mit Zeichen 138 gewarnt werden muss.

2.4.7 Sperrung eines nicht benutzungspflichtigen Radweges

Können baulich angelegte Radwege, für die keine Benutzungspflicht angeordnet ist, arbeitsstellenbedingt nicht mehr genutzt werden, sollte geprüft werden, ob das Radfahren auf dem verbleibenden Gehweg erlaubt werden kann (Zeichen 239 und Zeichen 1022-10), sofern dies unter Berücksichtigung der Belange der Fußgänger vertretbar ist. Anderenfalls kann der Radweg an geeigneter Stelle gesperrt werden, da Mischverkehr auf der Fahrbahn in diesen Fällen grundsätzlich vertretbar ist.

2.4.8 Sperrung eines gemeinsamen Geh- und Radweges

Können angeordnete gemeinsame Geh- und Radwege (Zeichen 240) arbeitsstellenbedingt nicht mehr genutzt werden, sollten Fußgänger und Radfahrer vorrangig auf einem parallelen Notweg über die Fahrbahn oder einen anderen Straßenteil geführt werden (Zeichen 240 oder Zeichen 239 und 1022-10). Ist das Anlegen eines Notweges nicht möglich und müssen Fußgänger den gegenüber liegenden Gehweg nutzen (siehe Abschnitt 2.4.4), ist der Radverkehr auf einem Radfahrstreifen (soweit erforderlich unter Reduzierung der Verkehrsfläche für den übrigen Verkehr), auf einem Schutzstreifen oder im Mischverkehr zu führen.

2.4.9 Sperrung von Fußgängerüberwegen, Fußgängerfurten und Fußgängerquerungshilfen

Müssen vorhandene Fußgängerüberwege, -furten oder -querungshilfen gesperrt werden, sind sie auf beiden Seiten der Fahrbahn mit Absperrschrankengittern zu sichern.

2.5 Arbeitsstellen im Bereich von Schienenbahnen mit straßenbündigem Bahnkörper

2.5.1 Allgemeines

(1) Arbeitsstellen im Gleisbereich von Straßen- und Stadtbahnen mit straßenbündigem Bahnkörper (§ 16 Absatz 4 BOStrab) bedürfen besonders sorgfältiger Planung, da der Betrieb in der Regel aufrechterhalten werden muss.

(2) Werden ausnahmsweise Leitkegel eingesetzt, sollten Warnleuchten (gelbes Blinklicht; Teil A, Abschnitt 3.5.4 Absatz 5) angebracht sein.

(3) Liegen Arbeitsstellen im Schienenbereich unmittelbar neben einem Verkehrsbereich des Fuß- oder Radverkehrs, sind die Festlegungen im Abschnitt 2.4 zu beachten.

2.5.2 Querabsperrung im Fahrbahnbereich

Grundsätzlich sollte im Bereich von Schienenbahnen eine schwenkbare Straßenbahnschranke vorgesehen werden. Die Straßenbahnschranke und die gesamte Querabsperrung sollten folgende Voraussetzungen erfüllen:

- Das Schrankenblatt sollte entsprechend Zeichen 600 mindestens 25 cm hoch, rot-weiß senkrecht schraffiert und voll retroreflektierend sein (Folie der Reflexionsklasse RA2 gemäß DIN 67520).
- Die Arbeitsstelle sollte in voller Breite abgesichert werden.
- Über dem Schrankenblatt sollten mindestens drei einseitige Warnleuchten (gelbes Dauerlicht) je gesperrtem Fahrstreifen angeordnet sein, die synchron geschaltet auch gelb blinken dürfen. Bei Sperrung sollten mindestens fünf Warnleuchten (rotes Dauerlicht, vgl. Teil A, Abschnitt 3.5.4) angeordnet werden.
- Zusätzlich sollten vor der Arbeitsstelle (Straßenbahnschranke) eine Sperrfläche als vorübergehend gültige Markierung und mehrere Vorankündigungspfeile auf der Fahrbahn angeordnet werden.

2.5.3 Längsabsperrung

(1) In der Regel sollte die Längsabsperrung durch Leitbaken angeordnet werden. Ist dies nicht möglich, insbesondere wenn diese Flächen von der Schienenbahn befahren werden müssen, sollte stattdessen eine Fahrbahnbegrenzung als vorübergehend gültige Markierung angeordnet werden. Der Abstand der Leitbaken sollte maximal 9 m betragen.

(2) Soll Querverkehr unterbunden werden (z. B. aus Einmündungen oder Ausfahrten oder querende Fußgänger), sollten zusätzlich Absperrschrankengitter zwischen den Leitbaken angeordnet werden.

3 Arbeitsstellen von kürzerer Dauer (AkD)

3.1 Allgemeines

(1) Die Arbeiten an Arbeitsstellen von kürzerer Dauer erfolgen in der Regel mit geringem Absperr- und Beschilderungsaufwand (Regelpläne B IV/1 bis B IV/3).

(2) Bei der Durchführung von Unterhaltungsarbeiten kann im Rahmen der Inanspruchnahme von Sonderrechten gemäß § 35 Absatz 6 unter folgenden Voraussetzungen auf Zeichen 123 verzichtet werden:

- Das Arbeitsfahrzeug hat eine zusätzliche Sicherheitsausstattung gemäß Teil A, Abschnitt 7.1.
- Es handelt sich um bewegliche oder kurzzeitig stationäre Arbeitsstellen (z. B. Mähen, Verkehrszeichen reinigen).
- Die vorhandenen Sichtweiten sind überwiegend größer als 50 m.

(3) Es können auch Absicherungsmöglichkeiten aus den Regelplänen B I/1 bis B I/3, B I/5, B I/10 und B I/11 abgeleitet werden.

(4) Im Übrigen wird zur Anwendung der Regelpläne auf den Teil A, Abschnitt 1.5 verwiesen.

3.2 Arbeitsstellen im Bereich der Fahrbahn

(1) Bei Arbeitsstellen von kürzerer Dauer im Bereich der Fahrbahn reichen bei Tageslicht Leitkegel mit einer Höhe von mindestens 50 cm zur Sicherung aus. Für die Querabsperrungen sollten mindestens drei Stück im Abstand von höchstens 1 m angeordnet werden. Der Längsabstand der Leitkegel untereinander sollte höchstens 9 m betragen.

(2) Die Länge einer Engstelle bei Regelung des Verkehrs gemäß § 6 soll auch bei ausreichender Sicht 50 m nicht überschreiten.

(3) Zur Sicherung von Arbeitsstellen von kürzerer Dauer können auch fahrbare Absperrtafeln oder Arbeitsfahrzeuge eingesetzt werden, die gemäß Teil A Abschnitt 7.1 Absatz 7 mit zusätzlichen Warneinrichtungen ausgestattet sind. Eine fahrbare Absperrtafel oder ein Sicherungsfahrzeug soll aus einer Entfernung von etwa 50 m gut zu erkennen sein. Nur wenn das nicht der Fall ist, darf die Arbeitsstelle zusätzlich durch Zeichen 123 angekündigt werden. Nur in besonderen Ausnahmefällen ist die Anordnung eines Warnpostens gemäß Teil A, Abschnitt 6 zulässig. Auf Straßen mit zulässiger Höchstgeschwindigkeit von weniger als 50 km/h sind fahrbare Absperrtafeln in der Regel entbehrlich.

3.3 Arbeitsstellen im Bereich von Geh- und Radwegen

Arbeitsstellen von kürzerer Dauer im Geh- und Radwegbereich, von denen Unfallgefahren für die Verkehrsteilnehmer ausgehen können (z. B. Absturzkanten), sind mit Absperrschrankengittern zu sichern. Im Übrigen vgl. Teil A, Abschnitt 3.4.4 Absatz 1.

3.4 Arbeitsstellen im Bereich von Geh- und Radwegen

(1) Bei Arbeitsstellen von kürzerer Dauer im Bereich von Schienenbahnen reicht es in der Regel aus, den im Gleisbereich liegenden Fahrstreifen durch Leitkegel (vgl. Teil A, Abschnitt 3.4.4 Absatz 2 Satz 2) zu sperren.

(2) Für die Querabsperrungen sollten mindestens drei Leitkegel (Zeichen 610-43) im Querabstand von 1 m angeordnet werden. Auf den Leitkegeln sollten zur besseren Auffälligkeit Warnleuchten (gelbes Blinklicht, Teil A, Abschnitt 3.4.4 Absatz 3) angeordnet sein.

(3) Für die Längsabsperrungen genügen Leitkegel mit einer Höhe von mindestens 50 cm. Der Abstand der Leitkegel untereinander sollte maximal 6 m betragen.

Regelpläne B I
Innerörtliche Straßen – Arbeitsstellen von längerer Dauer im Fahrbahnbereich
(Regelpläne B I)

Inhaltsübersicht

Hinweise für die Nutzung der Regelpläne

Die nachfolgenden Regelpläne stellen Standardsituationen dar. Sie werden erst mit ihrer Aufnahme in die verkehrsrechtliche Anordnung verbindlich. Soweit erforderlich, sind sie an die konkrete örtliche und verkehrliche Situation der zu sichernden Arbeitsstelle anzupassen. Um diese Anpassung für häufig auftretende Fälle zu vereinfachen, sehen zahlreiche Regelpläne Auswahlfelder vor, mit denen alternative oder ergänzende Maßnahmen beantragt und angeordnet werden können.

Soweit die Unternehmer bei der Erstellung des für die Beantragung der verkehrsrechtlichen Anordnung vorzulegenden Verkehrszeichenplans auf der Grundlage eines Regelplans von angebotenen Modifizierungen Gebrauch machen wollen, nutzen sie die hierfür vorgesehenen Auswahlfelder. Verbindlich werden die Maßnahmen erst mit der Bestätigung durch die Behörde im Rahmen der verkehrsrechtlichen Anordnung.

Die Aktualisierung und Weiterentwicklung der Regelpläne entbindet die anordnenden Behörden nicht von ihrer Verpflichtung, entsprechend den Vorgaben im Teil A Abschnitt 1.5 Absatz 3 stets sorgfältig zu prüfen, ob der durch den Antragsteller auf der Basis eines Regelplans eingereichte Verkehrszeichenplan der jeweiligen örtlichen und verkehrlichen Situation gerecht wird. Ist das nicht der Fall, hat der Antragsteller den Plan zu ergänzen oder zu ändern, soweit die Behörde die erforderlichen Anpassungen nicht selbst vornimmt.

B I/1 Straße mit geringer Verkehrsstärke oder in geschwindigkeitsreduziertem Bereich und mit geringer Einengung

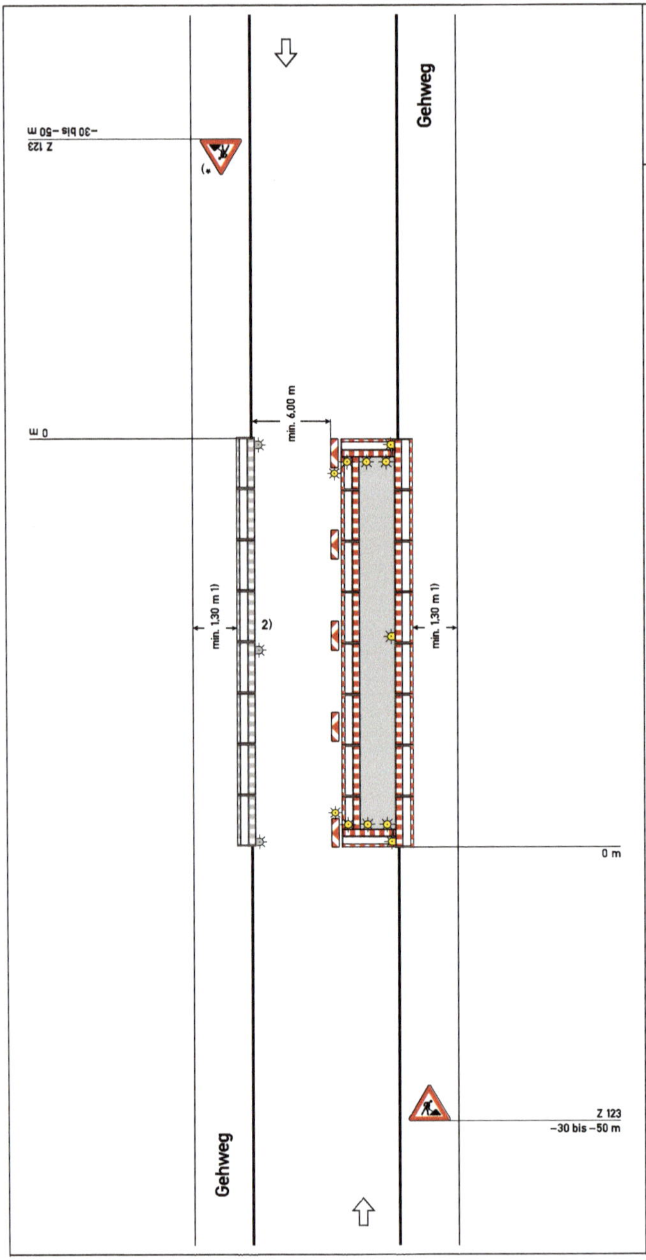

Regelplan B I/1

Straße mit geringer Verkehrsstärke oder in geschwindigkeitsreduziertem Bereich und mit geringer Einengung

Längsabsperrung zur Fahrbahn
- durch doppelseitige Leitbaken
- bei Einbahnstraßen und Richtungsfahrbahnen einseitige Leitbaken

Abstand max. 9 m
Absperrschrankengitter am fahrbahnseitigen Baufeldrand

Teil B, Abschnitt 2.2.5 Absatz 3 ist zu beachten

Längsabsperrung zum Gehweg
durch Absperrschrankengitter Warnleuchten gemäß RSA Teil B, Abschnitt 2.4.3 Absatz 2

Querabsperrung
durch Absperrschrankengitter mit mindestens 3 einseitigen gelben Warnleuchten und

- doppelseitige Leitbake mit doppelseitiger gelber Warnleuchte
- bei Richtungsfahrbahnen oder Einbahnstraßen: einseitige Leitbake mit einseitiger gelber Warnleuchte

1) andere Breiten siehe Teil B, Abschnitt 2.4.2

2) [ ] Absperrschrankengitter am Gehweg gegenüber anstatt zwischen Arbeitsbereich und Fahrbahn

[ ] erforderliche Länge und Lage gemäß beigefügtem Lageplan geprüft und angeordnet

*) Entfällt bei Einbahnstraßen und Richtungsfahrbahnen

05.21

B I/2 Straße mit geringer Verkehrsstärke oder in geschwindigkeitsreduziertem Bereich und mit deutlicher Einengung (analog bei Richtungsfahrbahn oder Einbahnstraße)

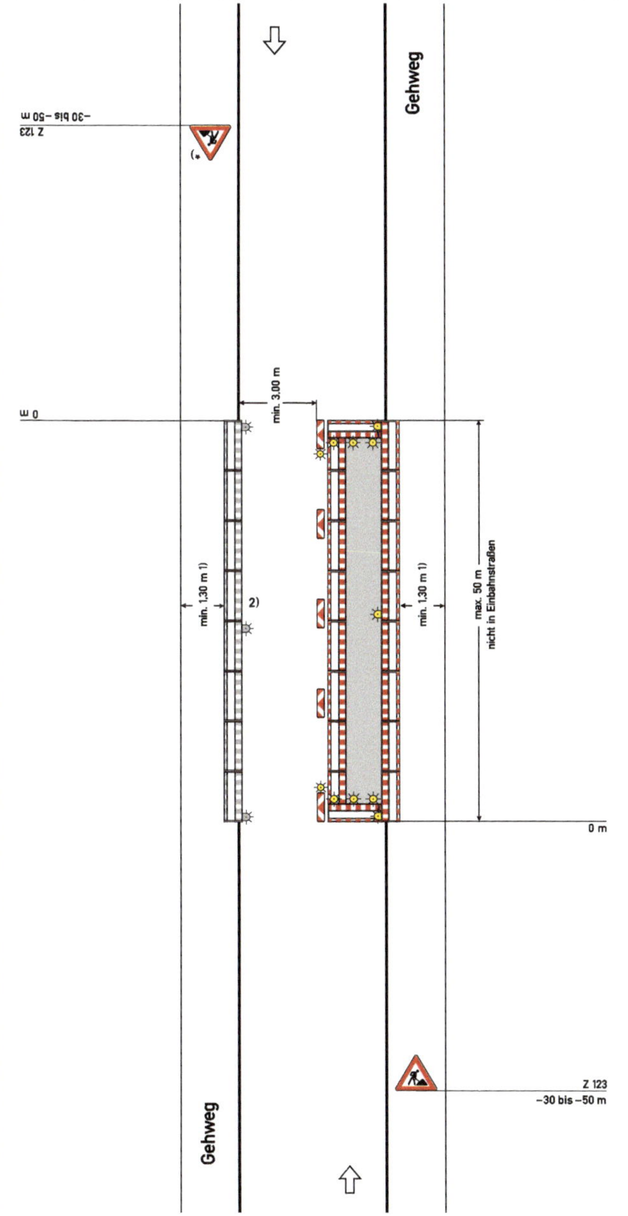

Regelplan B I/2

Straße mit geringer Verkehrsstärke oder in geschwindigkeitsreduziertem Bereich und mit deutlicher Einengung

(analog bei Richtungsfahrbahn oder Einbahnstraße)

Längsabsperrung zur Fahrbahn
- durch doppelseitige Leitbaken
- bei Einbahnstraßen und Richtungsfahrbahnen einseitige Leitbaken

Abstand max. 9 m
Absperrschrankengitter am fahrbahnseitigen Baufeldrand

Teil B, Abschnitt 2.2.5 Absatz 3 ist zu beachten

Querabsperrung
durch Absperrschrankengitter mit mindestens 3 einseitigen gelben Warnleuchten und

- doppelseitige Leitbake mit doppelseitiger gelber Warnleuchte
- bei Richtungsfahrbahnen oder Einbahnstraßen: einseitige Leitbake mit einseitiger gelber Warnleuchte

Längsabsperrung zum Gehweg
durch Absperrschrankengitter Warnleuchten gemäß RSA Teil B, Abschnitt 2.4.3 Absatz 2

1) andere Breiten siehe Teil B, Abschnitt 2.4.2

2) [ ] Absperrschrankengitter am Gehweg gegenüber anstatt zwischen Arbeitsbereich und Fahrbahn

[ ] erforderliche Länge und Lage gemäß beigefügtem Lageplan geprüft und angeordnet

*) Entfällt bei Einbahnstraßen und Richtungsfahrbahnen

05.21

B I/3 Zweistreifige Fahrbahn mit geringer Einengung (analog bei Richtungsfahrbahn oder Einbahnstraße)

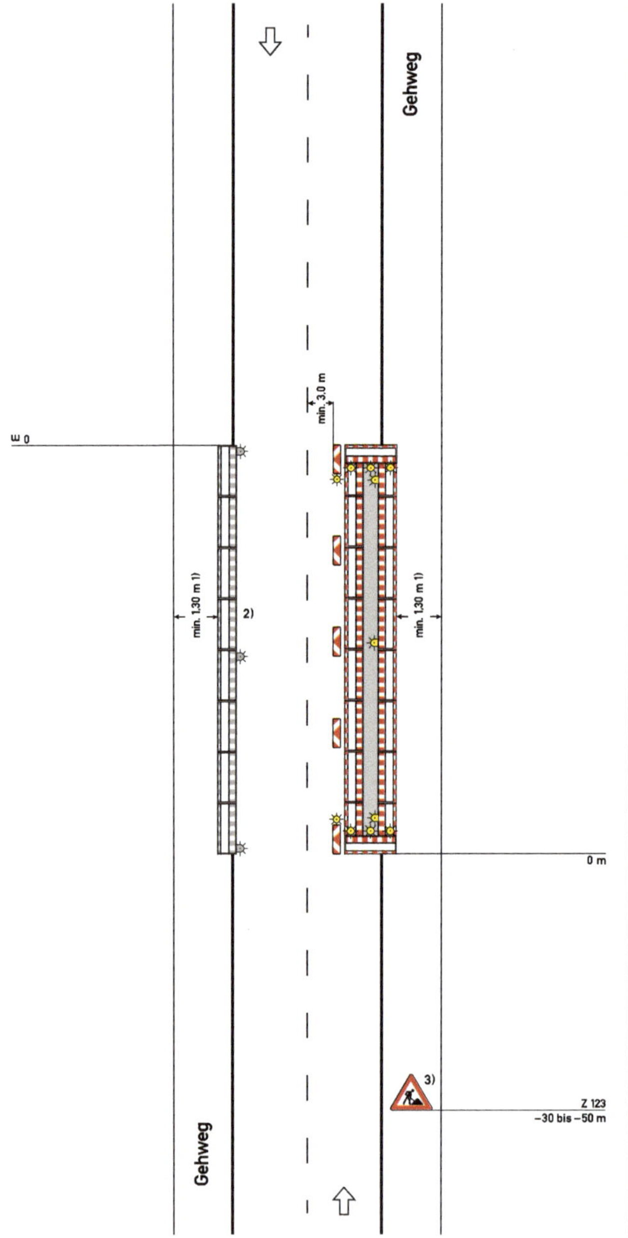

Regelplan B I/3

Zweistreifige Fahrbahn mit geringer Einengung

(analog bei Richtungsfahrbahn oder Einbahnstraße)

Längsabsperrung zur Fahrbahn
- durch doppelseitige Leitbaken
- bei Einbahnstraßen und Richtungsfahrbahnen einseitige Leitbaken

Abstand max. 9 m
Absperrschrankengitter am fahrbahnseitigen Baufeldrand

Teil B, Abschnitt 2.2.5 Absatz 3 ist zu beachten

Querabsperrung
durch Absperrschrankengitter mit mindestens 3 einseitigen gelben Warnleuchten und

- doppelseitige Leitbake mit doppelseitiger gelber Warnleuchte
- bei Richtungsfahrbahnen oder Einbahnstraßen: einseitige Leitbake mit einseitiger gelber Warnleuchte

Längsabsperrung zum Gehweg
durch Absperrschrankengitter Warnleuchten gemäß RSA Teil B, Abschnitt 2.4.3 Absatz 2

1) andere Breiten siehe Teil B, Abschnitt 2.4.2

2) [ ] Absperrschrankengitter am Gehweg gegenüber anstatt zwischen Arbeitsbereich und Fahrbahn

[ ] erforderliche Länge und Lage gemäß beigefügtem Lageplan geprüft und angeordnet

3) [ ] geringe Verkehrsstärke 30 – 50 m

[ ] Richtungsfahrbahn 70 – 100 m

05.21

B I/4 Zweistreifige Fahrbahn mit Verkehrsführung über Behelfsfahrstreifen (analog bei Richtungsfahrbahn)

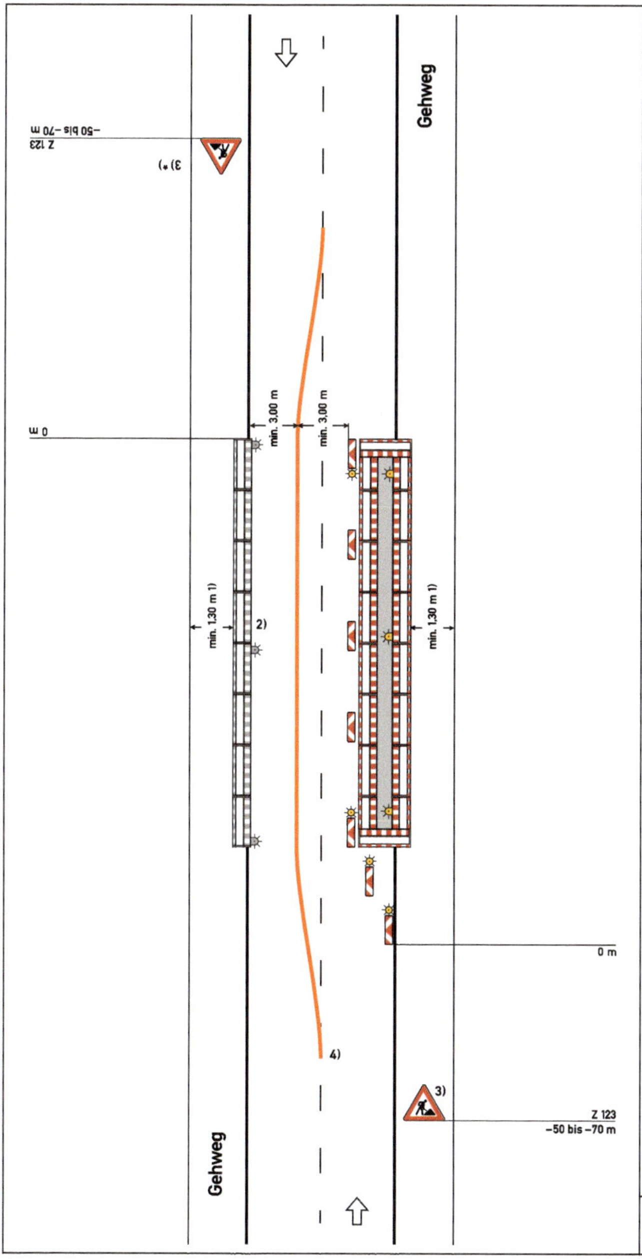

Regelplan B I/4

Zweistreifige Fahrbahn mit Verkehrsführung über Behelfsfahrstreifen

(analog bei Richtungsfahrbahn)

Querabsperrung
durch Absperrschrankengitter

Fahrstreifenbegrenzung
[ ] gelbe Markierung
[ ] Leitschwelle

Längsabsperrung zur Fahrbahn
durch einseitige Leitbaken, Abstand max. 9 m
Absperrschrankengitter am fahrbahnseitigen Baufeldrand

Längsabsperrung zum Gehweg
durch Absperrschrankengitter
Warnleuchten gemäß RSA Teil B, Abschnitt 2.4.3 Absatz 2

Teil B, Abschnitt 2.2.5 Absatz 3 ist zu beachten

Querabsperrung
durch einseitige Leitbaken

Abstand längs 1 – 2 m
quer 0,6 – 1 m

mit einseitiger gelber Warnleuchte auf jeder Leitbake und Absperrschrankengitter

1) andere Breiten siehe Teil B, Abschnitt 2.4.2

2) [ ] Absperrschrankengitter, am Gehweg gegenüber anstatt zwischen Arbeitsbereich und Fahrbahn

[ ] erforderliche Länge und Lage gemäß beigefügtem Lageplan geprüft und angeordnet

3) [ ] geringe Verkehrsstärke 30 – 50 m

[ ] Richtungsfahrbahn 70 – 100 m

*) Entfällt bei Einbahnstraßen und Richtungsfahrbahnen

4) [ ] Behelfsfahrstreifen über Parkstreifen oder ähnliches geführt

[ ] erforderliche Lage gemäß beigefügtem Lageplan geprüft und angeordnet

05.21

B I/5 Zweistreifige Fahrbahn mit halbseitiger Sperrung, Verkehrsregelung durch Lichtzeichenanlage

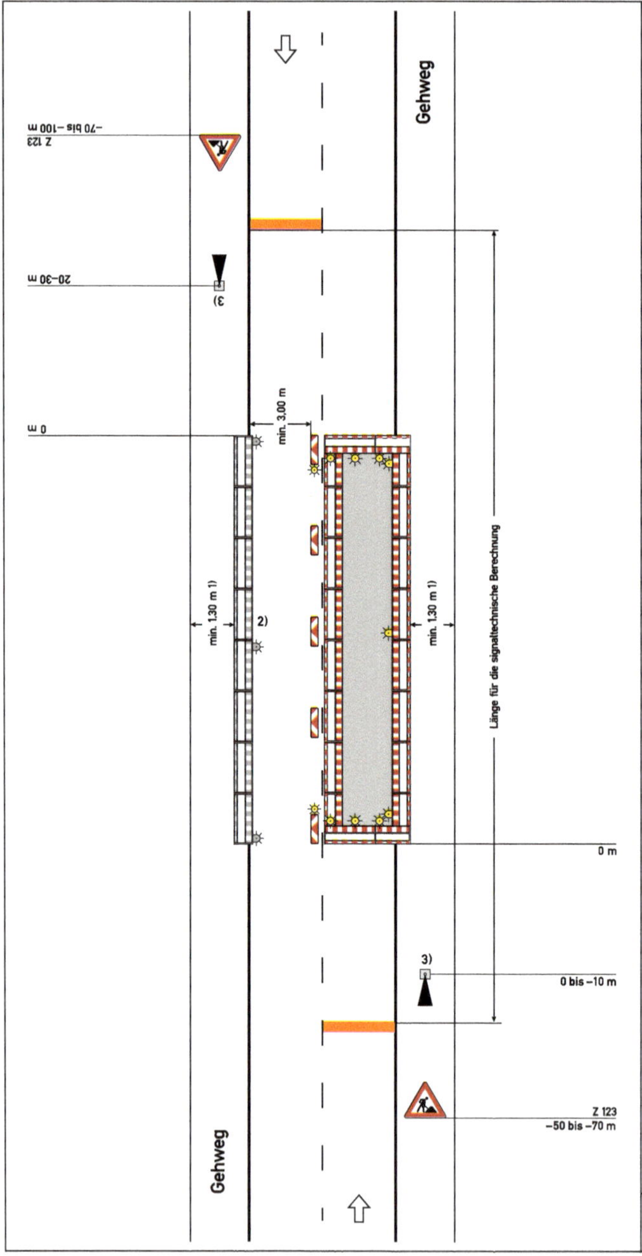

Regelplan B I/5

Zweistreifige Fahrbahn mit halbseitiger Sperrung

Verkehrsregelung durch Lichtzeichenanlage

Längsabsperrung zur Fahrbahn
durch doppelseitige Leitbaken Abstand max. 9 m
Absperrschrankengitter am fahrbahnseitigen Baufeldrand

Teil B, Abschnitt 2.2.5 Absatz 3 ist zu beachten

Querabsperrung
durch Absperrschrankengitter mit mindestens 3 einseitigen gelben Warnleuchten und doppelseitige Leitbake mit doppelseitiger gelber Warnleuchte

Längsabsperrung zum Gehweg
durch Absperrschrankengitter
Warnleuchten gemäß RSA Teil B, Abschnitt 2.4.3 Absatz 2

1) andere Breiten siehe Teil B, Abschnitt 2.4.2

2) [ ] Absperrschrankengitter am Gehweg gegenüber anstatt zwischen Arbeitsbereich und Fahrbahn

[ ] erforderliche Länge und Lage gemäß beigefügtem Lageplan geprüft und angeordnet

3) [ ] Signalzeitenplan
[ ] Signallageplan
[ ] Phasenfolgeplan

als Anlage beigefügt und angeordnet

möglichst verkehrsabhängige Schaltung anordnen

05.21

B I/6 Zweistreifige Fahrbahn mit halbseitiger Sperrung, Verkehrsregelung durch Lichtzeichenanlage mit Fußgängerführung[1])

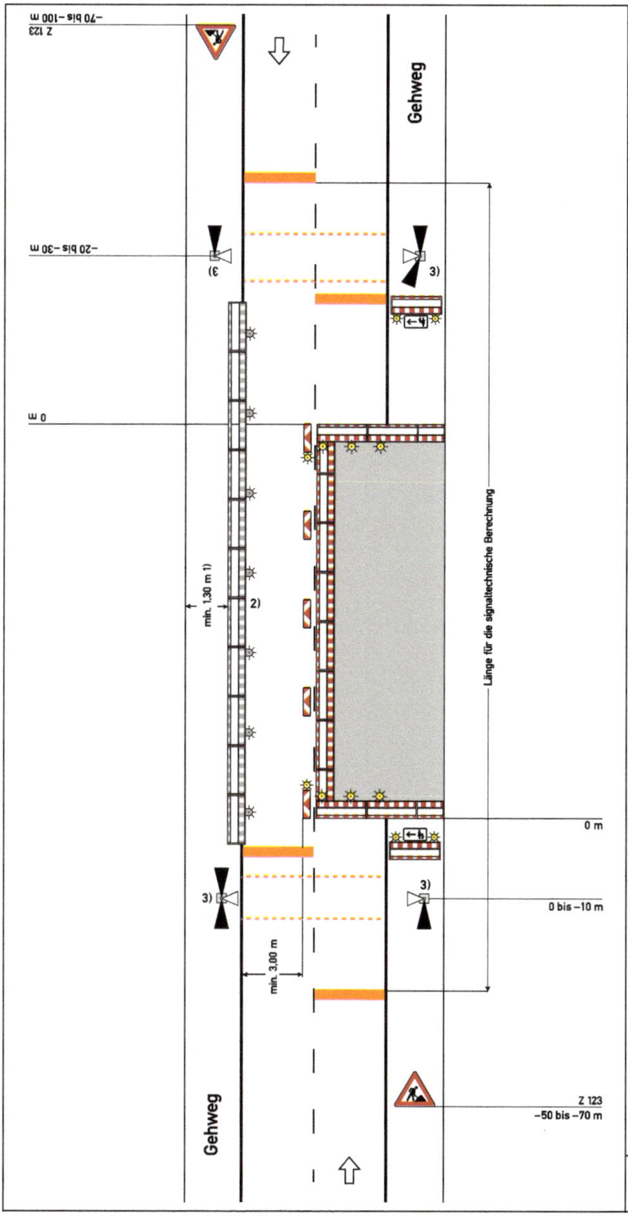

Regelplan B I/6

Zweistreifige Fahrbahn mit halbseitiger Sperrung

Verkehrsregelung durch Lichtzeichenanlage mit Fußgängerführung

Querabsperrung auf dem Gehweg
durch Absperrschrankengitter (zur Anbringung von Zusatzzeichen 1000-12/22 siehe Teil B, Abschnitt 2.4.5)

Querabsperrung
durch Absperrschrankengitter mit mindestens 3 einseitigen gelben Warnleuchten und doppelseitige Leitbake mit doppelseitiger gelber Warnleuchte

Längsabsperrung zur Fahrbahn
durch doppelseitige Leitbaken Abstand max. 9 m
Absperrschrankengitter am fahrbahnseitigen Baufeldrand

Teil B, Abschnitt 2.2.5 Absatz 3 ist zu beachten

Längsabsperrung zum Gehweg
durch Absperrschrankengitter Warnleuchten gemäß RSA Teil B, Abschnitt 2.4.3 Absatz 2

1) andere Breiten siehe Teil B, Abschnitt 2.4.2

2) [ ] Absperrschrankengitter am Gehweg gegenüber anstatt zwischen Arbeitsbereich und Fahrbahn

[ ] erforderliche Länge und Lage gemäß beigefügtem Lageplan geprüft und angeordnet

3) [ ] Signalzeitenplan,
[ ] Signallageplan
[ ] Phasenfolgeplan

als Anlage beigefügt und angeordnet

möglichst verkehrsabhängige Schaltung anordnen

05.21

1) siehe dazu Korrektur Regelpläne Teil B I

B I/7 Zweistreifige Fahrbahn mit Arbeitsstelle in Fahrbahnmitte[1])

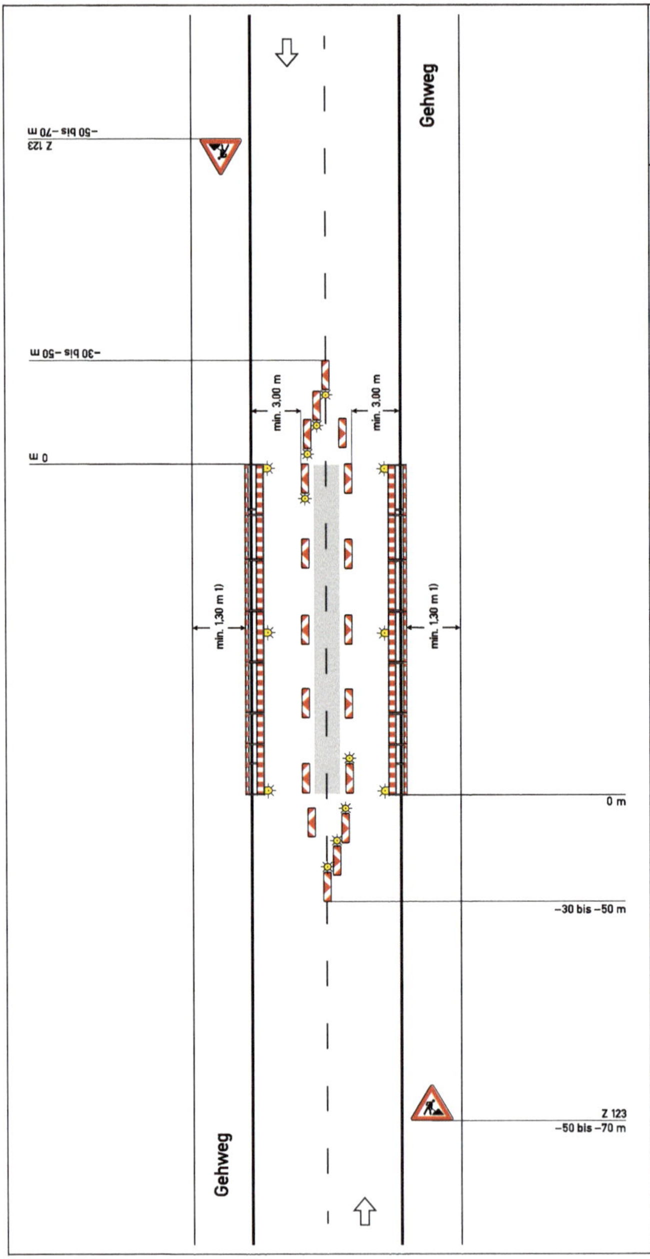

Regelplan B I/7

Zweistreifige Fahrbahn mit Arbeitsstelle in Fahrbahnmitte

Querabsperrung
durch einseitige Leitbaken

Abstand längs 1 - 2 m

quer 0,6 - 1 m

mit einseitiger gelber Warnleuchte auf jeder Leitbake

Längsabsperrung zur Fahrbahn
durch einseitige Leitbaken, Abstand max. 9 m

Längsabsperrung zum Gehweg
durch Absperrschrankengitter Warnleuchten gemäß RSA Teil B, Abschnitt 2.4.3 Absatz 2

Teil B, Abschnitt 2.2.5 Absatz 3 ist zu beachten

1) andere Breiten siehe Teil B, Abschnitt 2.4.2

05.21

[1]) siehe dazu Korrektur Regelpläne Teil B I

B I/8 Zweistreifige Fahrbahn mit beidseitiger Einengung mit geringer Verkehrsstärke, Verkehrsregelung durch Verkehrszeichen

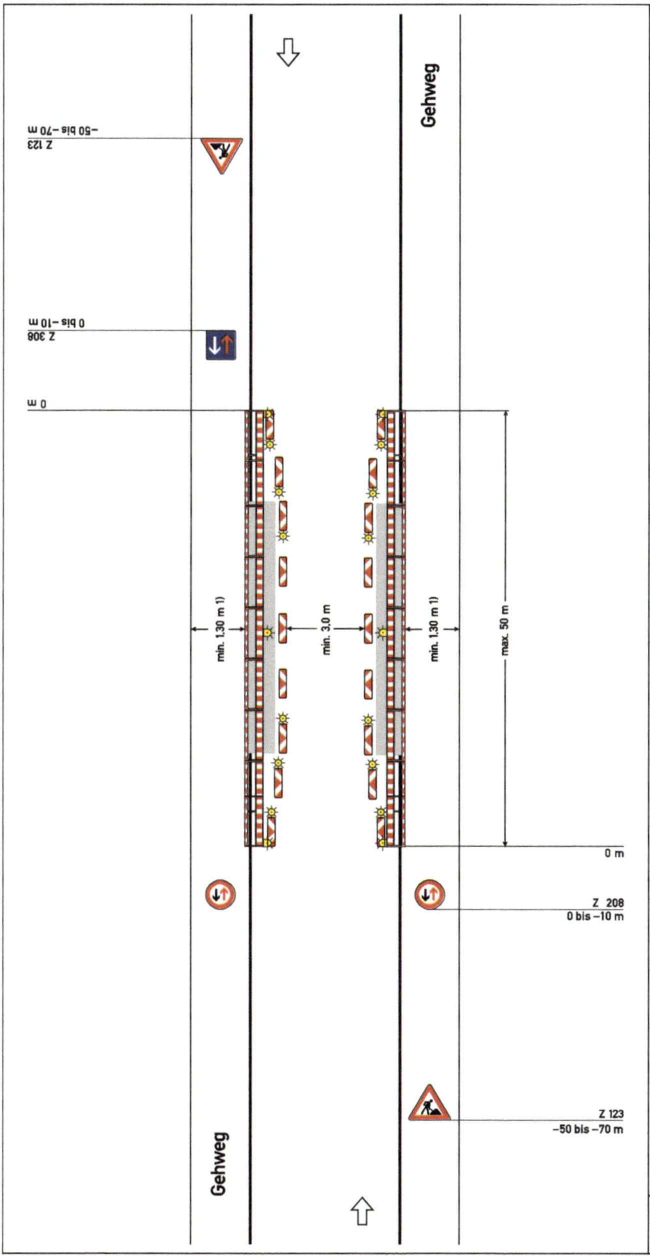

Regelplan B I/8

Zweistreifige Fahrbahn mit beidseitiger Einengung mit geringer Verkehrsstärke

Verkehrsregelung durch Verkehrszeichen

Querabsperrung
durch doppelseitige Leitbaken

Abstand längs 1 - 2 m

quer 0,6 - 1 m

mit doppelseitiger gelber Warnleuchte auf jeder Leitbake

Längsabsperrung zur Fahrbahn
durch doppelseitige Leitbaken, Abstand max. 9 m

Längsabsperrung zum Gehweg
durch Absperrschrankengitter Warnleuchten gemäß RSA Teil B, Abschnitt 2.4.3 Absatz 2

1) andere Breiten siehe Teil B, Abschnitt 2.4.2

05.21

B I/9 Vierstreifige Fahrbahn mit Sperrung eines rechten Fahrstreifens bzw. dreistreifige Fahrbahn mit Sperrung im Bereich der zweistreifigen Richtung, Führung über Seitenstreifen[1])

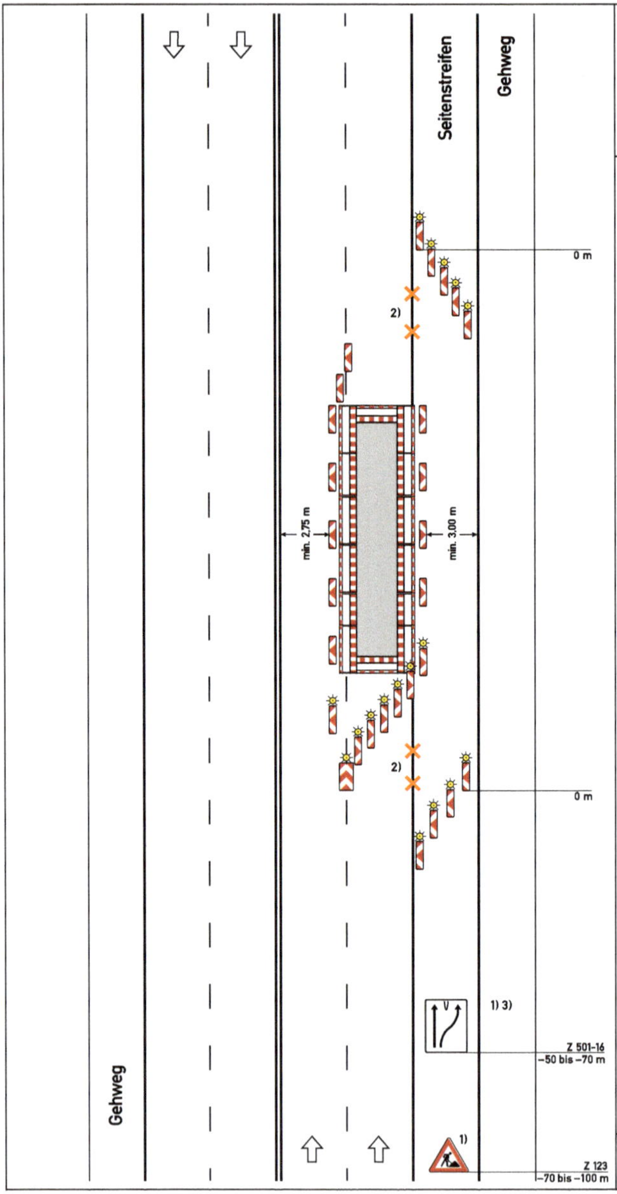

Regelplan B I/9

Vierstreifige Fahrbahn mit Sperrung eines rechten Fahrstreifens bzw. dreistreifige Fahrbahn mit Sperrung im Bereich der zweistreifigen Richtung
Führung über Seitenstreifen

Querabsperrung
durch einseitige Leitbaken
Verschwenkungsmaß 1:10
Querabstand 0,5 m

einseitige gelbe Warnleuchten auf jeder Leitbake

Längsabsperrung zur Fahrbahn
durch einseitige Leitbaken, Abstand max. 9 m
Absperrschrankengitter am fahrbahnseitigen Baufeldrand

Querabsperrungen
durch einseitige Leitbaken
Verschwenkungsmaß 1:10
Querabstand 0,5 m

mit einseitiger Warnleuchte auf jeder Leitbake

1) [ ] ausreichend breiter Mittelstreifen vorhanden; Verkehrszeichen sind beidseitig aufzustellen

2) [ ] Fahrbahnbegrenzung gelb auskreuzen

3) [ ] mit integriertem Z 264-2,2

05.21

1) siehe dazu Korrektur Regelpläne Teil B I

B I/10 Vierstreifige Fahrbahn mit Sperrung eines linken Fahrstreifens bzw. dreistreifige Fahrbahn mit Sperrung im Bereich der zweistreifigen Richtung, Führung über Seitenstreifen[1])

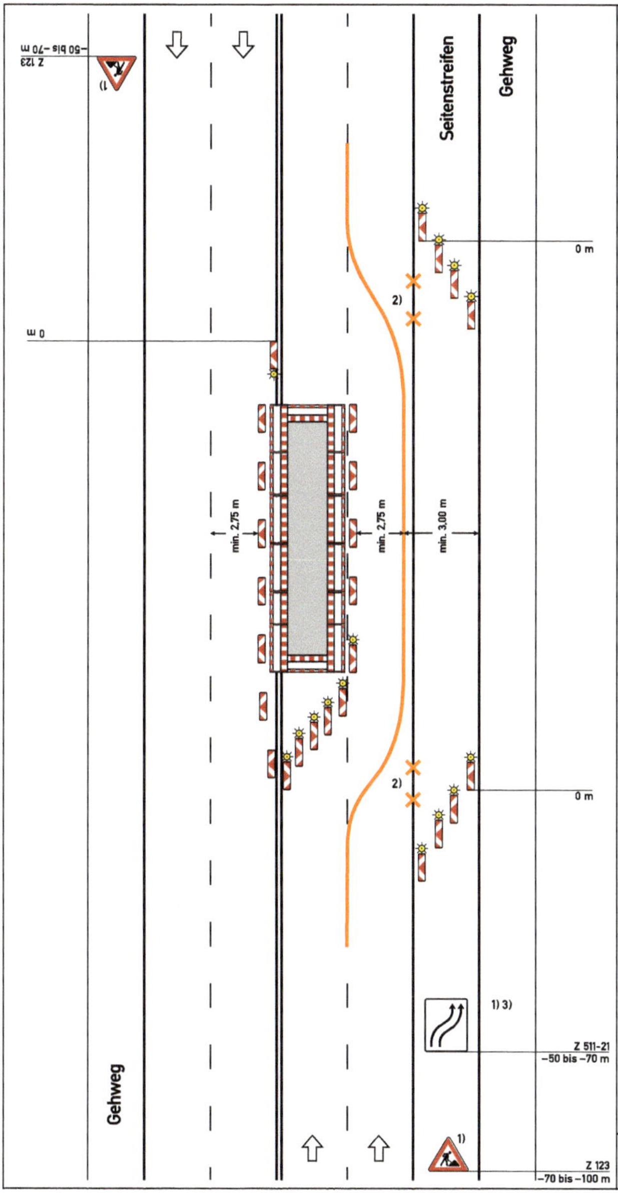

Regelplan B I/10

Vierstreifige Fahrbahn mit Sperrung eines linken Fahrstreifens bzw. dreistreifige Fahrbahn mit Sperrung im Bereich der zweistreifigen Richtung
Führung über Seitenstreifen

Querabsperrung
durch einseitige Leitbaken
Verschwenkungsmaß 1:10
Querabstand 0,5 m

einseitige gelbe Warnleuchten auf jeder Leitbake

Längsabsperrung zur Fahrbahn
durch einseitige Leitbaken, Abstand max. 9 m
Absperrschrankengitter am Baufeldrand

Fahrstreifenbegrenzung
aus gelber Markierung oder baulichen Leitelementen

Querabsperrungen
durch einseitige Leitbaken
Verschwenkungsmaß 1:10
Querabstand 0,5 m

mit einseitiger gelber Warnleuchte auf jeder Leitbake

1) [ ] ausreichend breiter Mittelstreifen vorhanden; Verkehrszeichen sind beidseitig aufzustellen; Verzicht auf Leitbaken und Z 123 auf der Gegenfahrbahn

2) [ ] Fahrbahnbegrenzung gelb auskreuzen

3) [ ] mit integriertem Z 264-2,2

05.21

1) siehe dazu Korrektur Regelpläne Teil B I

B I/11 Vierstreifige Fahrbahn mit Sperrung eines rechten Fahrstreifens bzw. dreistreifige Fahrbahn mit Sperrung im Bereich der zweistreifigen Richtung

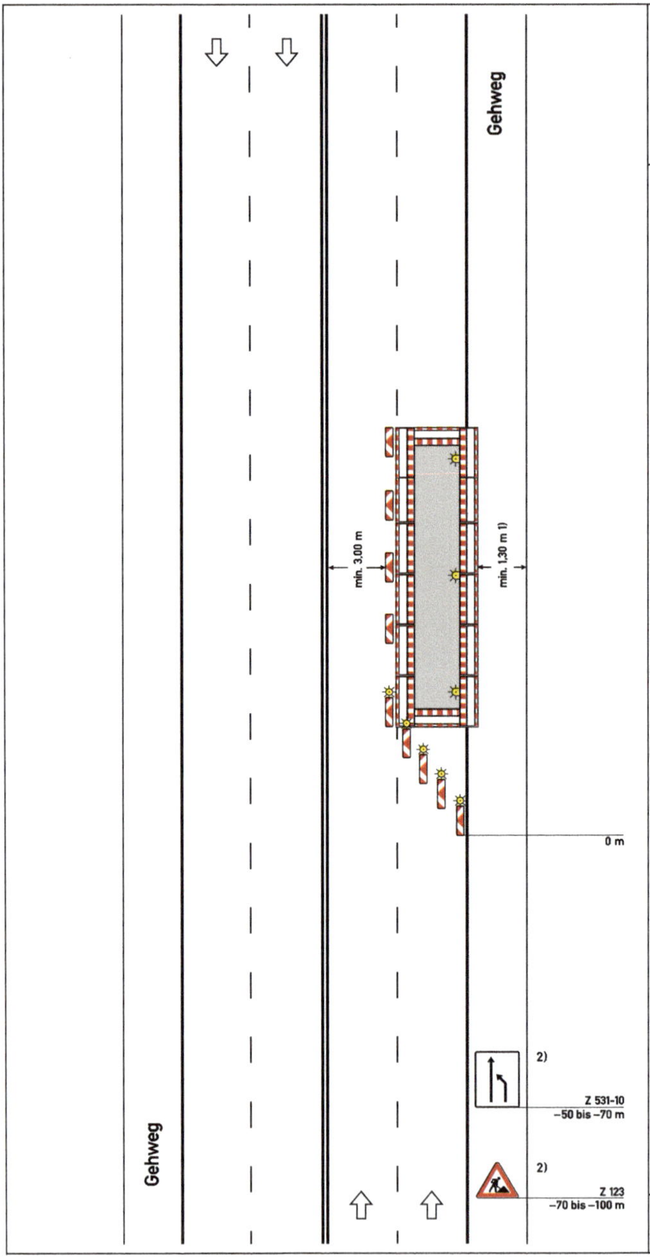

Regelplan B I/11

Vierstreifige Fahrbahn mit Sperrung eines rechten Fahrstreifens bzw. dreistreifige Fahrbahn mit Sperrung im Bereich der zweistreifigen Richtung

Querabsperrung
durch Absperrschrankengitter

Längsabsperrung zur Fahrbahn
durch einseitige Leitbaken, Abstand max. 9 m
Absperrschrankengitter am fahrbahnseitigen Baufeldrand

Querabsperrungen
durch einseitige Leitbaken

Abstand längs 1 – 2 m
quer 0,6 – 1 m

mit einseitiger gelber Warnleuchte auf jeder Leitbake

Längsabsperrung zum Gehweg
durch Absperrschrankengitter Warnleuchten gemäß Teil B, Abschnitt 2.4.3 Absatz 2

1) andere Breiten siehe Teil B, Abschnitt 2.4.2

2) [ ] Mittelstreifen in ausreichender Breite vorhanden; Verkehrszeichen beidseitig aufstellen

05.21

B I/12 Vierstreifige Fahrbahn mit Sperrung eines linken Fahrstreifens bzw. dreistreifige Fahrbahn mit Sperrung im Bereich der zweistreifigen Richtung[1])

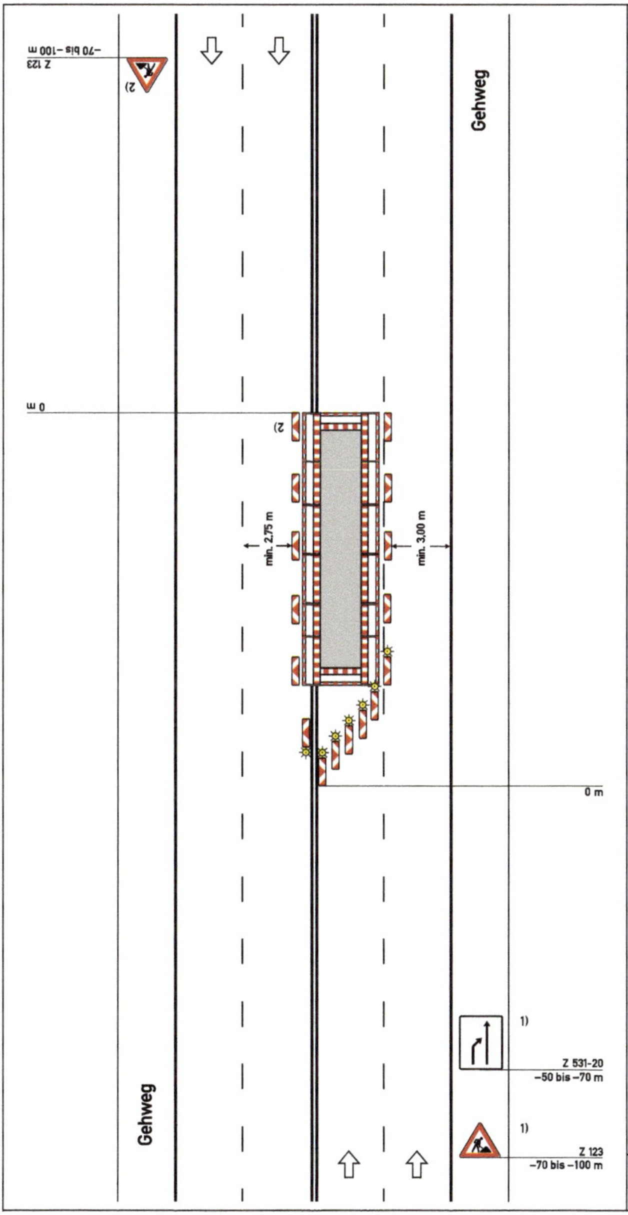

Regelplan B I/12

Vierstreifige Fahrbahn mit Sperrung eines linken Fahrstreifens bzw. dreistreifige Fahrbahn mit Sperrung im Bereich der zweistreifigen Richtung

Querabsperrung
durch Absperrschrankengitter

[ ] entfällt

Längsabsperrung zur Fahrbahn
durch einseitige Leitbaken, Abstand max. 9 m
Absperrschrankengitter am fahrbahnseitigen Baufeldrand

Querabsperrungen
durch einseitige Leitbaken

Abstand längs 1 – 2 m

quer 0,6 – 1 m

mit einseitiger gelber Warnleuchte auf jeder Leitbake

1) [ ] Mittelstreifen in ausreichender Breite vorhanden; Verkehrszeichen zu 1) beidseitig aufstellen; Leitbaken und Z 123 zu 2) auf der Gegenfahrbahn entfallen

05.21

---

1) siehe dazu Korrektur Regelpläne Teil B I

B I/13 Vierstreifige Fahrbahn mit Sperrung der Fahrstreifen einer Richtung[1])

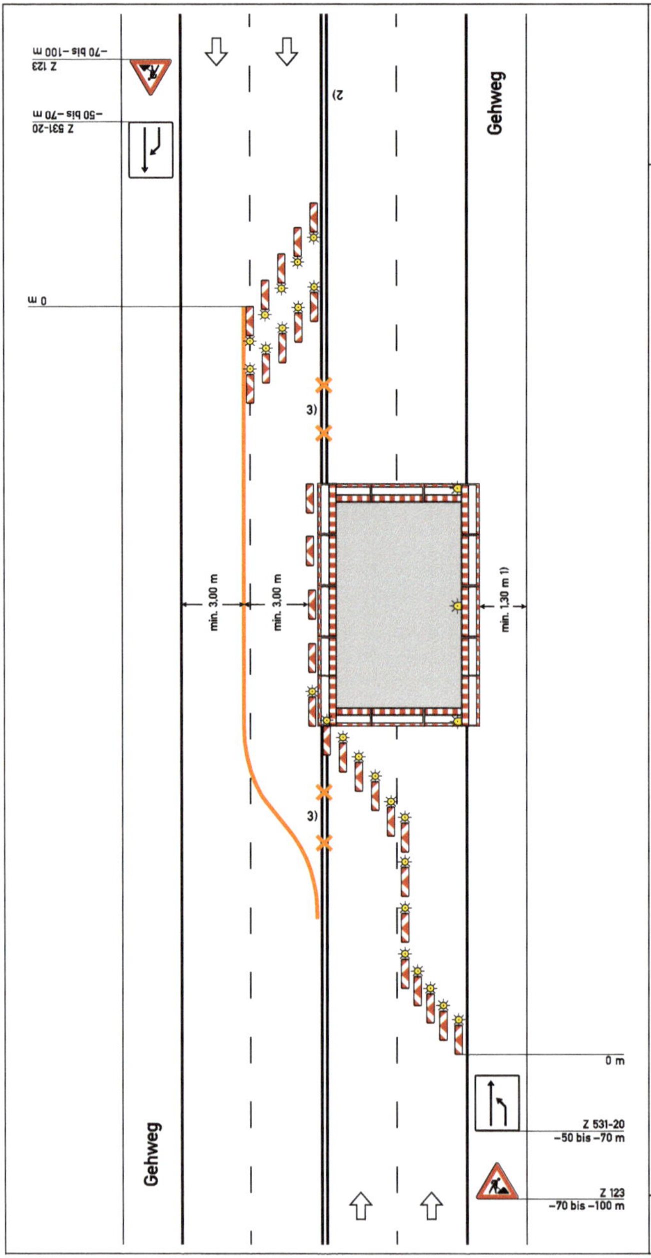

Regelplan B I/13

Vierstreifige Fahrbahn mit Sperrung der Fahrstreifen einer Richtung

Querabsperrung
durch Absperrschrankengitter

Längsabsperrung zur Fahrbahn
durch einseitige Leitbaken, Abstand max. 9 m
Absperrschrankengitter am fahrbahnseitigen Baufeldrand

Querabsperrung
durch einseitige Leitbaken

Abstand längs 1 - 2 m

quer 0,6 - 1 m

mit einseitiger gelber Warnleuchte auf jeder Leitbake

Fahrstreifenbegrenzung
[ ] gelbe Markierung
[ ] Leitschwellen
[ ] Leitborde

Verschwenkung und Rückverschwenkung
durch einseitige Leitbaken
Verschwenkungsmaß 1:10
Querabstand 0,5 m
mit einseitiger gelber Warnleuchte auf jeder Leitbake

Längsabsperrung zum Gehweg
durch Absperrschrankengitter
Warnleuchten gemäß RSA Teil B, Abschnitt 2.4.3 Absatz 2

1) andere Breiten siehe Teil B, Abschnitt 2.4.2

2) [ ] Mittelstreifen in ausreichender Breite vorhanden; Verkehrszeichen beidseitig aufstellen

3) [ ] Fahrbahnbegrenzung gelb auskreuzen

05.21

1) siehe dazu Korrektur Regelpläne Teil B I

B I/14 Zweistreifige Fahrbahn mit halbseitiger Sperrung, Einbahnstraßenregelung[1])

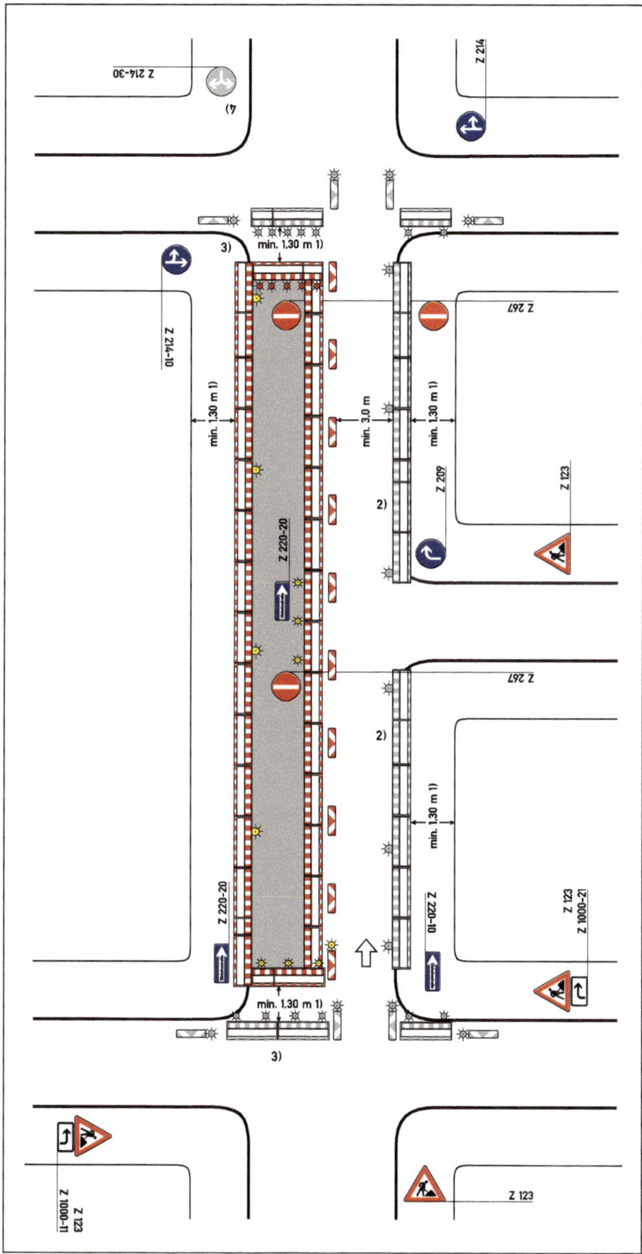

Regelplan B I/14

Zweistreifige Fahrbahn mit halbseitiger Sperrung

Einbahnstraßenregelung

[ ] Einrichtung einer Umleitung
[ ] Anpassung der vorhandenen Verkehrszeichen gemäß Eintragung

Querabsperrung auf Fahrbahn
durch Absperrschrankengitter mit min. 5 einseitigen roten Warnleuchten

Längsabsperrung zur Fahrbahn
durch einseitige Leitbaken, Abstand max. 9 m
Teil B, Abschnitt 2.2.5 Absatz 3 ist zu beachten

Querabsperrung auf Fahrbahn
durch Absperrschrankengitter mit min. 3 einseitigen gelben Warnleuchten

Längsabsperrung zum Gehweg
durch Absperrschrankengitter Warnleuchten gemäß Teil B, Abschnitt 2.4.3 Absatz 2
Radverkehr siehe Teil A, Abschnitt 2.5 Absatz 5

1) andere Breiten siehe Teil B, Abschnitt 2.4.2

2) [ ] Absperrschrankengitter am Gehweg gegenüber anstatt zwischen Baufeld und Fahrbahn
[ ] erforderliche Länge und Lage gemäß beigefügtem Lageplan geprüft und angeordnet

erforderliche Dimensionierung und Lage
[ ] gemäß beigefügtem Lageplan
[ ] gemäß Anzeichnung vor Ort

geprüft und angeordnet

3) [ ] Absperrschrankengitter mit einseitigen gelben (in gesperrter Richtung roten) Warnleuchten und doppelseitige Leitbaken mit doppelseitigen gelben Warnleuchten zwecks Herstellung eines Notgehweges angeordnet;
die entsprechenden Warnleuchten unmittelbar am Baufeld entfallen

4) [ ] wegen LZA angeordnet

05.21

1) siehe dazu Korrektur Regelpläne Teil B I

B I/15 Sperrung einer Straße[1])

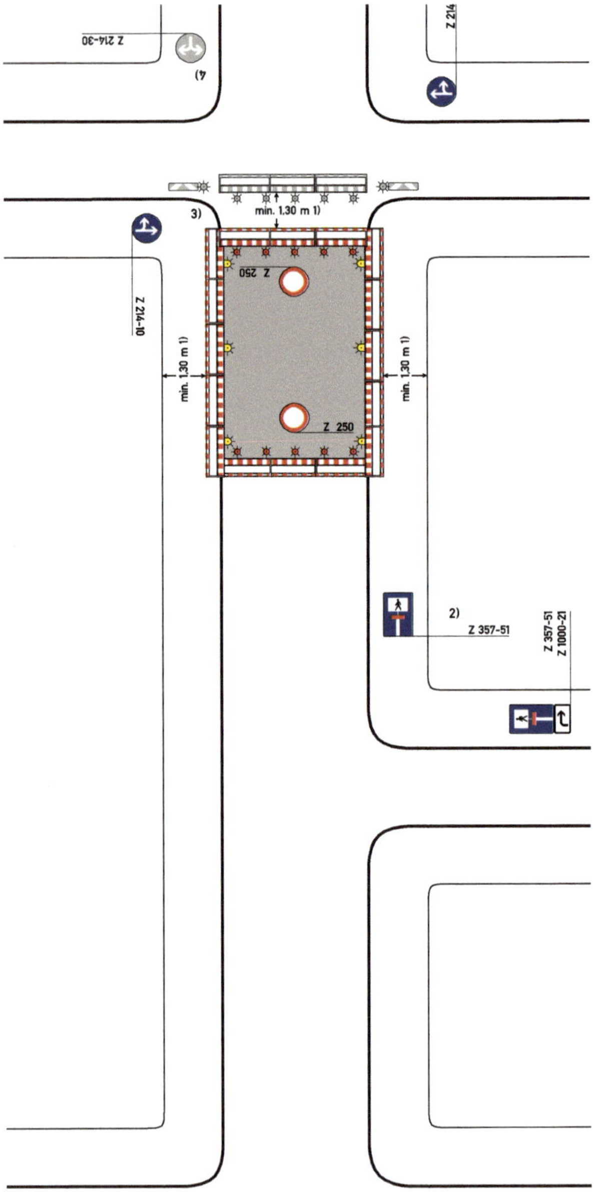

Regelplan B I/15

Sperrung einer Straße

[ ] Einrichtung einer Umleitung
[ ] Anpassung der vorhandenen Verkehrszeichen gemäß Eintragung

Querabsperrungen
im Bereich der Arbeitsstelle durch Absperrschrankengitter mit mindestens 5 einseitigen roten Warnleuchten

Längsabsperrung zum Gehweg
durch Absperrschrankengitter Warnleuchten gemäß Teil B, Abschnitt 2.4.3 Absatz 2

1) andere Breiten siehe Teil B, Abschnitt 2.4.2

2) [ ] Teilsperrung erforderlich;
[ ] Z 357
[ ] Z 357-50
[ ] Z 357-51
[ ] Z 357-52
entsprechend der tatsächlichen Durchlässigkeit angeordnet Aufstellung unmittelbar hinter dem Knotenpunkt

3) [ ] Absperrschrankengitter mit mindestens fünf einseitigen roten Warnleuchten sowie doppelseitige Leitbaken mit doppelseitigen gelben Warnleuchten zwecks Herstellung eines Notgehweges angeordnet; die entsprechenden Warnleuchten unmittelbar am Baufeld entfallen

erforderliche Dimensionierung und Lage

[ ] gemäß beigefügtem Lageplan

[ ] gemäß Anzeichnung vor Ort

geprüft und angeordnet

4) [ ] wegen LZA angeordnet

05.21

1) siehe dazu Korrektur Regelpläne Teil B I

B I/16 Zweistreifige Fahrbahn mit Kreisverkehr, Verkehrsregelung durch Lichtzeichenanlage mit Fußgängerquerung[1])

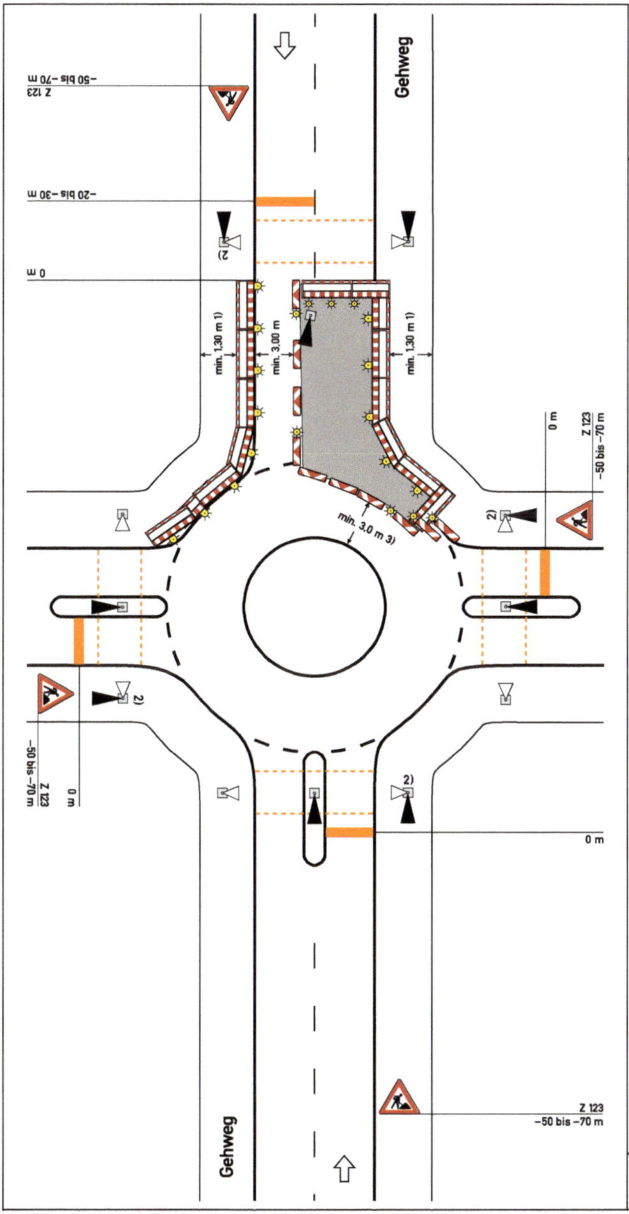

Regelplan B I/16

Zweistreifige Fahrbahn mit Kreisverkehr

Verkehrsregelung durch Lichtzeichenanlage mit Fußgängerquerung

[ ] Einrichtung einer Umleitung
[ ] Anpassung der vorhandenen Verkehrszeichen gemäß Eintragung

Querabsperrung
durch doppelseitige Leitbake mit doppelseitiger gelber Warnleuchte und Absperrschrankengitter mit mindestens 3 gelben einseitigen Warnleuchten

Längsabsperrung auf Fahrbahn des Knotenpunktarms
durch doppelseitige Leitbaken, Abstand max. 5 m

Querabsperrung auf Fahrbahn
einseitige Leitbaken

Abstand längs 1 – 2 m
quer 0,6 – 1 m

mit gelben einseitigen Warnleuchten

Längsabsperrung Kreisfahrbahn
einseitige Leitbaken

Querabsperrung auf Gehweg
Absperrschrankengitter

Längsabsperrung zum Gehweg
durch Absperrschrankengitter Warnleuchten gemäß Teil B, Abschnitt 2.4.3 Absatz 2

1) andere Breiten siehe Teil B, Abschnitt 2.4.2

2) [ ] Signalzeitenplan,
[ ] Signallageplan
[ ] Phasenfolgeplan

als Anlage beigefügt und angeordnet

möglichst verkehrsabhängige Schaltung anordnen

an den nicht unmittelbar von der Arbeitsstelle betroffenen Zufahrten kann sich (DUNKEL-GELB-ROT-DUNKEL) als Signalfolge empfehlen

3) [ ] Befahrbarkeit mittels Schleppkurven geprüft

05.21

1) siehe dazu Korrektur Regelpläne Teil B I

B I/17 Zweistreifige Fahrbahn mit Kreisverkehr, Verkehrsregelung durch Lichtzeichenanlage mit Fußgängerquerung[1])

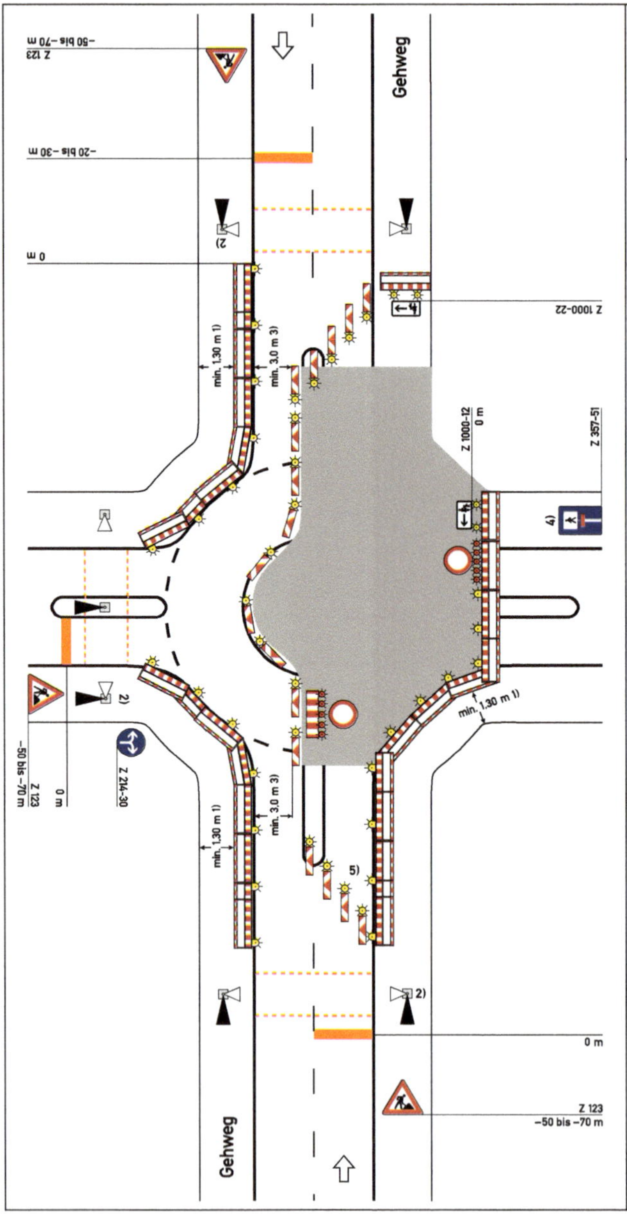

Regelplan B I/17

Zweistreifige Fahrbahn mit Kreisverkehr

Verkehrsregelung durch Lichtzeichenanlage mit Fußgängerquerung

[ ] Einrichtung einer Umleitung
[ ] Anpassung der vorhandenen Verkehrszeichen gemäß Eintragung

Querabsperrung auf Fahrbahn durch doppelseitige Leitbaken

Abstand längs 1 – 2 m

quer 0,6 – 1 m

mit doppelseitiger gelber Warnleuchte auf jeder Leitbake

Längsabsperrung auf Fahrbahn durch doppelseitige Leitbaken mit doppelseitigen gelben Warnleuchten, Abstand max. 5 m

Querabsperrung auf Fahrbahn durch Absperrschrankengitter mit 5 einseitigen roten Warnleuchten

Querabsperrung auf Gehweg Absperrschrankengitter mit mindestens 2 gelben Warnleuchten

Längsabsperrung zum Gehweg durch Absperrschrankengitter Warnleuchten gemäß Teil B, Abschnitt 2.4.3 Absatz 2

1) andere Breiten siehe Teil B, Abschnitt 2.4.2

2) [ ] Signalzeitenplan,
[ ] Signallageplan
[ ] Phasenfolgeplan
als Anlage beigefügt und angeordnet

möglichst verkehrsabhängige Schaltung anordnen

3) [ ] Befahrbarkeit mittels Schleppkurven geprüft

4) [ ] unmittelbar hinter der letzten vorgelagerten Kreuzung oder Einmündung Z 357 entsprechend der tatsächlichen Durchlässigkeit angeordnet

5) einseitige Leitbaken mit einseitiger gelber Warnleuchte

05.21

[1]) siehe dazu Korrektur Regelpläne Teil B I

B I/18 Zweistreifige Fahrbahn mit halbseitiger Sperrung und Einmündung, Verkehrsregelung durch Lichtzeichenanlage[1])

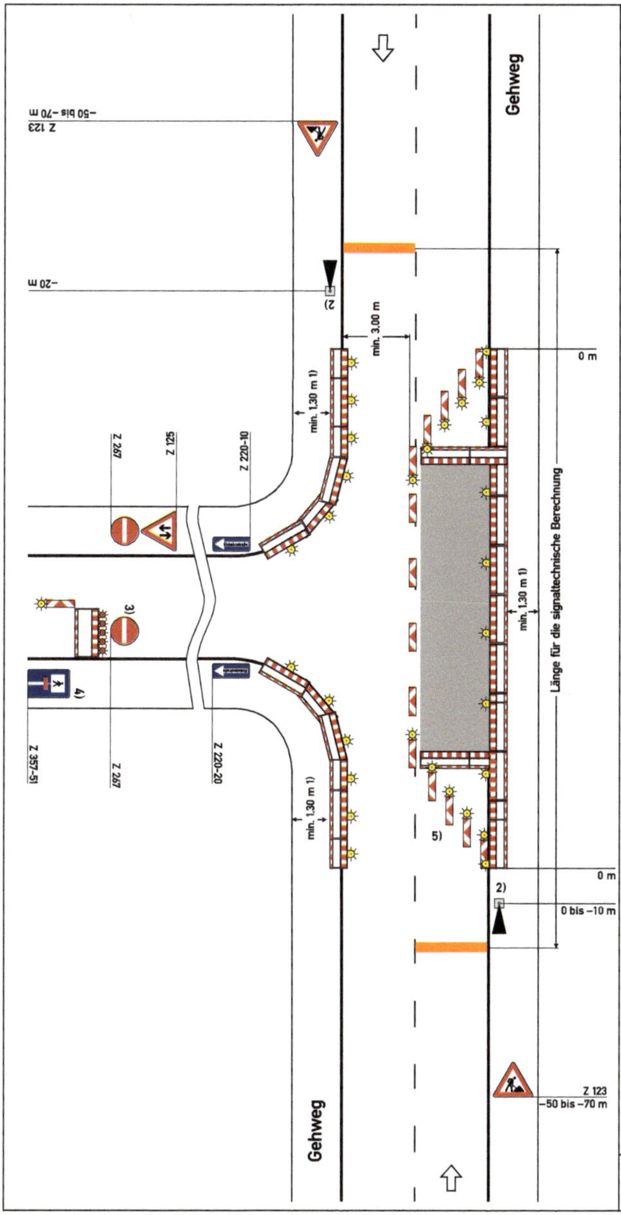

Regelplan B I/18

Zweistreifige Fahrbahn mit halbseitiger Sperrung und Einmündung

Verkehrsregelung durch Lichtzeichenanlage

[ ] Einrichtung einer Umleitung
[ ] Anpassung der vorhandenen Verkehrszeichen gemäß Eintragung

Querabsperrung auf Fahrbahn
durch doppelseitige Leitbaken

Abstand längs 1 – 2 m
quer 0,6 – 1 m

mit doppelseitiger gelber Warnleuchte auf jeder Leitbake

Längsabsperrung auf Fahrbahn
durch doppelseitige Leitbaken, Abstand max. 9 m

Querabsperrung vor der Einmündung
durch Absperrschrankengitter mit mindestens 5 roten Warnleuchten und einseitiger Leitbake mit einseitiger gelber Warnleuchte

Querabsperrung auf Gehweg
Absperrschrankengitter

Längsabsperrung zum Gehweg
durch Absperrschrankengitter Warnleuchten gemäß Teil B, Abschnitt 2.4.3 Absatz 2

1) andere Breiten siehe Teil B, Abschnitt 2.4.2

2) [ ] Signalzeitenplan,
[ ] Signallageplan
[ ] Phasenfolgeplan
als Anlage beigefügt und angeordnet

möglichst verkehrsabhängige Schaltung anordnen

3) in der Regel hinter der letzten Grundstückszufahrt

4) an der letzten vorgelagerten Kreuzung oder Einmündung, Z 357 entsprechend der tatsächlichen Durchlässigkeit

5) einseitige Leitbaken mit einseitiger gelber Warnleuchte

05.21

---

1) siehe dazu Korrektur Regelpläne Teil B I

B I/19 Zweistreifige Fahrbahn mit halbseitiger Sperrung und Einmündung, Verkehrsregelung durch Lichtzeichenanlage mit Fußgängerquerung[1])

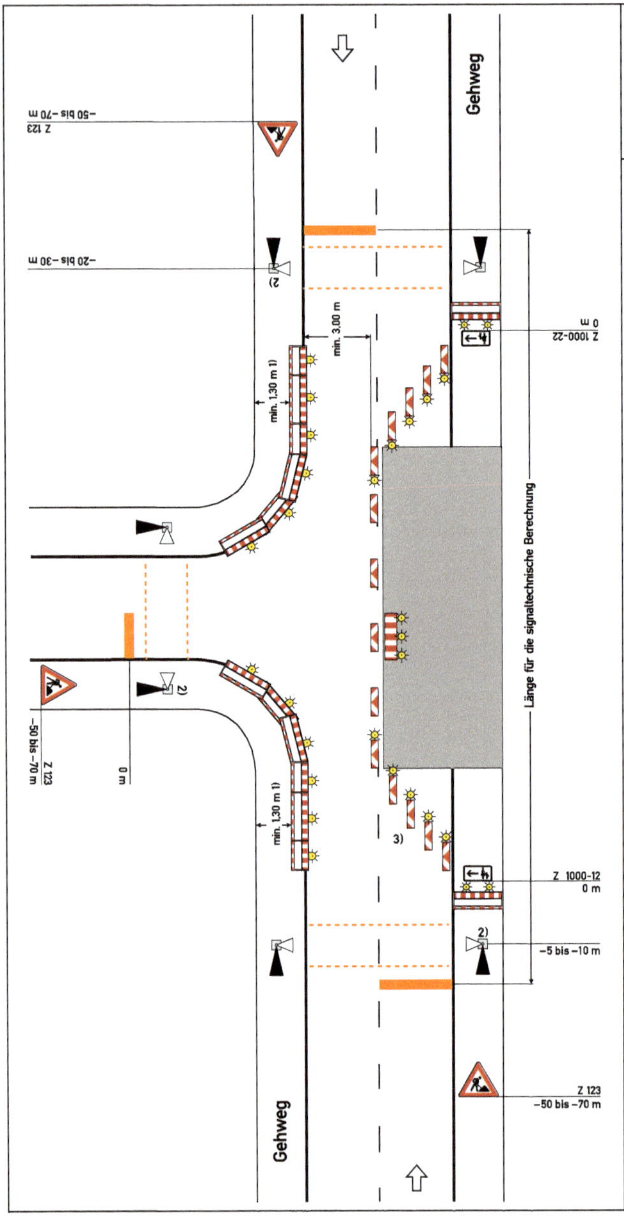

Regelplan B I/19

Zweistreifige Fahrbahn mit halbseitiger Sperrung und Einmündung

Verkehrsregelung durch Lichtzeichenanlage mit Fußgängerquerung

Querabsperrung auf Fahrbahn durch doppelseitige Leitbaken

Abstand längs 1 – 2 m

quer 0,6 – 1 m

mit doppelseitiger gelber Warnleuchte auf jeder Leitbake

Längsabsperrung auf Fahrbahn durch doppelseitige Leitbaken, Abstand max. 9 m

Querabsperrung auf Fahrbahn durch Absperrschrankengitter mit mindestens 3 gelben einseitigen Warnleuchten

Querabsperrung auf Gehweg Absperrschrankengitter mit mindestens 2 gelben einseitigen Warnleuchten

1) andere Breiten siehe Teil B, Abschnitt 2.4.2

2) [ ] Signalzeitenplan,
[ ] Signallageplan
[ ] Phasenfolgeplan
als Anlage beigefügt und angeordnet

möglichst verkehrsabhängige Schaltung anordnen

3) einseitige Leitbaken mit einseitiger gelber Warnleuchte

05.21

1) siehe dazu Korrektur Regelpläne Teil B I

Korrektur Regelpläne Teil B I

Regelplan	Korrekturen
B I/6	Die Warnleuchten am Absperrschrankengitter im Bereich der Gehwegsperrung müssen als Rundstrahler (WL 8) ausgeführt sein.
B I/7	Die angegebene Länge der Verschwenkung (–30 bis –50 m) stimmt nicht mit den Angaben im Seitentext (Abstand längs 1–2 m, quer 0,6–1 m) überein. Im unmittelbaren Anschluss an die Verschwenkung muss bereits die Längsabsperrung einsetzen (noch im Bereich –30 bis –50 m), oder es muss jeweils eine Reihe aus doppelseitig rechtsweisenden Leitbaken im Zulaufbereich angeordnet werden (Fahrbahnmitte), an welche dann die eigentliche Verschwenkung kurz vor der Arbeitsstelle anknüpft. Alternativ kann sich im Zulaufbereich eine gelbe Fahrbahnmarkierung (Zeichen 295 als Fahrstreifenbegrenzung) empfehlen.
B I/9	Die abgebildete Verschwenkungstafel entspricht nicht dem Zeichen 501-16 gemäß VzKat, da sie spiegelbildlich dargestellt ist und die untere Darstellung des Mittelstreifens fehlt. Es handelt sich daher um eine Sonderanfertigung. Das amtliche Zeichen 501-16 kann (im Original) an dieser Stelle nicht eingesetzt werden. Soll Zeichen 264 als Bestandteil dieser Tafel angeordnet werden (Seitentext, Ankreuz-Option unter 3)), ist eine entsprechende Vorankündigung auf einer weiteren Tafel mit Entfernungsangabe (Zusatzzeichen 1004-30) anzuordnen. Die für den linken Fahrstreifen angegebene Fahrstreifenbreite (2,75 m) beträgt im Regelfall 3,00 m.
B I/10	Soll Zeichen 264 als Bestandteil von Zeichen 511-21 angeordnet werden (Seitentext, Ankreuz-Option unter 3)), ist eine entsprechende Vorankündigung auf einer weiteren Tafel mit Entfernungsangabe (Zusatzzeichen 1004-30) anzuordnen. Die für den linken Fahrstreifen und die Gegenrichtung angegebene Fahrstreifenbreite (2,75 m) beträgt im Regelfall 3,00 m.
B I/12	Die für den linken Fahrstreifen der Gegenrichtung angegebene Fahrstreifenbreite (2,75 m) beträgt im Regelfall 3,00 m. Die in dieser Fahrtrichtung erste Leitbake (0m-Marke, Kennung 2)) benötigt eine gelbe Warnleuchte, die letzte Leitbake benötigt hingegen keine Warnleuchte (vgl. Darstellung in B I/10).
B I/13	Die als Zeichen 531-20 benannte Einengungstafel hat die Unternummer -10.
B I/14	Sofern die Notweg-Option gewählt wird, sind im Zulaufbereich (oben) Zeichen 123 erforderlich. Im unteren Bereich des Planes entfallen dann die Zusatzzeichen 1000-11 und -21. Zeichen 214-30 (Gegenrichtung oben im Plan, Seitentext Ankreuz-Option unter 4)) kann auch unabhängig von einer Lichtzeichenanlage angeordnet werden.
B I/15	Sofern die Notweg-Option gewählt wird, sind im Zulaufbereich (oben) Zeichen 123 erforderlich. Zeichen 214-30 (Gegenrichtung oben im Plan, Seitentext Ankreuz-Option unter 4)) kann auch unabhängig von einer Lichtzeichenanlage angeordnet werden.
B I/16	Die Ausbildung der Querabsperrung am oberen Ende der Arbeitsstelle sollte nach dem Vorbild von Regelplan B I/17 als spitzwinklige Querabsperrung mit Leitbaken erfolgen, damit die durch den Zusatzsignalgeber vor der Furt aufgehaltenen Fahrzeuge sich nicht in den einstreifigen Bereich zurückstauen. Entsprechend ist ein angemessener Abstand zwischen dem Ende der Querabsperrung und der Lichtzeichenanlage vorzusehen. Die Furten unmittelbar am Kreisverkehr sollten für die jeweilige Ausfahrt aus dem Kreisverkehr mit einem gelben LZA-Blinklicht (300 mm Signalgeber mit Fußgänger-Sinnbild gemäß RiLSA) ausgestattet werden – auch im Hinblick auf einen ggf. gebotenen Anforderungsbetrieb an dieser Stelle. Die Furtmarkierung beschränkt sich auf die Fahrbahn und ist nicht wie dargestellt über die Mittelinsel hinweg zu führen. Ob dieser Regelplan überhaupt angeordnet werden kann, ist maßgeblich von den baulichen Voraussetzungen abhängig – daher sind insbesondere die Schleppkurven sehr sorgfältig zu prüfen. Es empfiehlt sich speziell bei Kreisverkehren im Regelfall einen eigenen Verkehrszeichenplan zu erstellen, welcher auch die Problematik eventuell vorhandener Fußgängerüberwege (Zeichen 293) im Bereich der Zufahrten hinreichend berücksichtigt (vgl. Verbot LZA in Kombination mit FGÜ gemäß R-FGÜ). Des Weiteren ist die Vorfahrtregelung im Falle eines LSA-defekts hinreichend zu klären, insbesondere mit Blick auf den Sonderfall Kreisverkehr (§ 8 Abs. 1a StVO). Dies gilt auch für den Fall, dass sich innerhalb des Arbeitsstellenbereichs Grundstückszufahrten usw. befinden, aus denen Verkehr – unsignalisiert – in den Kreisverkehr (Zeichen 205 und 215) einfahren kann, womit diese Fahrzeuge dann Vorfahrt gegenüber den mittels LSA signalisierten Kreisverkehr-Zufahrten hätten (Vorfahrt auf der Kreisfahrbahn und gleichzeitig durch LSA signalisiertes Grün an der Zufahrt des Kreisels)

Regelplan	Korrekturen
B I/17	**Im Bereich der Fußgängerfurt oben und unten im Plan ist zwingend ein Zusatzsignalgeber für den Verkehr auf der Fahrbahn erforderlich (vgl. Regelplan B I/6). Ohne diese Ergänzung darf dieser Regelplan nicht angeordnet werden!** Die Furt unmittelbar am Kreisverkehr (links im Plan) sollte für die Ausfahrt aus dem Kreisverkehr beidseitig mit einem gelben Blinklicht (Fußgänger-Sinnbild gemäß RiLSA) ausgestattet werden – auch im Hinblick auf einen ggf. gebotenen Anforderungsbetrieb an dieser Stelle. Die Furtmarkierung beschränkt sich auf die Fahrbahn und ist nicht wie dargestellt über die Mittelinsel hinweg zu führen. Die Längsabsperrung im Bereich der Kreisfahrbahn ist zumindest an neuralgischen Punkten (von links kommend) zusätzlich mit Absperrschrankengittern abzusichern, da der Verkehr nur die Seiten der Leitbaken sieht und ggf. durch die Lücken zwischen den Leitbaken in den Arbeitsbereich fährt. Bei reinen Längsabsperrungen sind keine gelben Warnleuchten auf den Leitbaken erforderlich (Bereich außerhalb der Kreisfahrbahn). Anstelle der Absperrschranke mit fünf roten Leuchten und Zeichen 250 (Kreisfahrbahn unten) empfiehlt sich der Einsatz von Absperrschrankengittern mit gelben Warnleuchten. Dies gilt auch für den oberen Teil der Kreisfahrbahn, welche zum Arbeitsbereich hin zusätzlich gesichert werden muss. Die Warnleuchten am Absperrschrankengitter im Bereich der Gehwegsperrung (rechts und oben im Plan) müssen als Rundstrahler (WL 8) ausgeführt sein. Ob dieser Regelplan überhaupt angeordnet werden kann, ist maßgeblich von den baulichen Voraussetzungen abhängig – daher sind insbesondere die Schleppkurven sehr sorgfältig zu prüfen (in diesem Fall nach links abbiegend). Es empfiehlt sich speziell bei Kreisverkehren im Regelfall einen eigenen Verkehrszeichenplan zu erstellen, welcher auch die Problematik eventuell vorhandener Fußgängerüberwege (Zeichen 293) im Bereich der Zufahrten hinreichend berücksichtigt (vgl. Verbot LZA und FGÜ gemäß R-FGÜ). Des Weiteren ist die Vorfahrtregelung im Falle eines LSA-defekts hinreichend zu klären, insbesondere mit Blick auf den Sonderfall Kreisverkehr (§ 8 Abs. 1a StVO). Dies gilt auch für den Fall, dass sich innerhalb des Arbeitsstellenbereichs Grundstückszufahrten usw. befinden, aus denen Verkehr – unsignalisiert – in den Kreisverkehr (Zeichen 205 und 215) einfahren kann, womit diese Fahrzeuge dann Vorfahrt gegenüber den mittels LSA signalisierten Kreisverkehr-Zufahrten hätten (Vorfahrt auf der Kreisfahrbahn und gleichzeitig durch LSA signalisiertes Grün an der Zufahrt des Kreisels).
B I/18	Die Leitbaken und Warnleuchten der Querabsperrung sind einseitig, mit Ausnahme der jeweils äußeren Leitbake, die gleichzeitig der Längsabsperrung dient.
B I/19	**Im Bereich der Fußgängerfurt oben und unten im Plan ist zwingend ein Zusatzsignalgeber für den Verkehr auf der Fahrbahn erforderlich (vgl. Regelplan B I/6). Ohne diese Ergänzung darf dieser Regelplan nicht angeordnet werden!** Die Warnleuchten am Absperrschrankengitter im Bereich der Gehwegsperrung (Querabsperrung) müssen als Rundstrahler (WL 8) ausgeführt sein. Die Leitbaken und Warnleuchten der Querabsperrung sind einseitig, mit Ausnahme der jeweils äußeren Leitbake, die gleichzeitig der Längsabsperrung dient.

Regelpläne B II
Innerörtliche Straßen – Arbeitsstellen von längerer Dauer im Geh- und Radwegbereich
(Regelpläne B II)

Inhaltsübersicht

Hinweise für die Nutzung der Regelpläne

Die nachfolgenden Regelpläne stellen Standardsituationen dar. Sie werden erst mit ihrer Aufnahme in die verkehrsrechtliche Anordnung verbindlich. Soweit erforderlich, sind sie an die konkrete örtliche und verkehrliche Situation der zu sichernden Arbeitsstelle anzupassen. Um diese Anpassung für häufig auftretende Fälle zu vereinfachen, sehen zahlreiche Regelpläne Auswahlfelder vor, mit denen alternative oder ergänzende Maßnahmen beantragt und angeordnet werden können.

Soweit die Unternehmer bei der Erstellung des für die Beantragung der verkehrsrechtlichen Anordnung vorzulegenden Verkehrszeichenplans auf der Grundlage eines Regelplans von angebotenen Modifizierungen Gebrauch machen wollen, nutzen sie die hierfür vorgesehenen Auswahlfelder. Verbindlich werden die Maßnahmen erst mit der Bestätigung durch die Behörde im Rahmen der verkehrsrechtlichen Anordnung.

Die Aktualisierung und Weiterentwicklung der Regelpläne entbindet die anordnenden Behörden nicht von ihrer Verpflichtung, entsprechend den Vorgaben im Teil A Abschnitt 1.5 Absatz 3 stets sorgfältig zu prüfen, ob der durch den Antragsteller auf der Basis eines Regelplans eingereichte Verkehrszeichenplan der jeweiligen örtlichen und verkehrlichen Situation gerecht wird. Ist das nicht der Fall, hat der Antragsteller den Plan zu ergänzen oder zu ändern, soweit die Behörde die erforderlichen Anpassungen nicht selbst vornimmt.

B II/1 Paralleler Geh- und Radweg mit Sperrung des Radweges (bei Sperrung des Gehweges analog), geringe Einengung der Fahrbahn (bei Richtungsfahrbahn analog)[1])

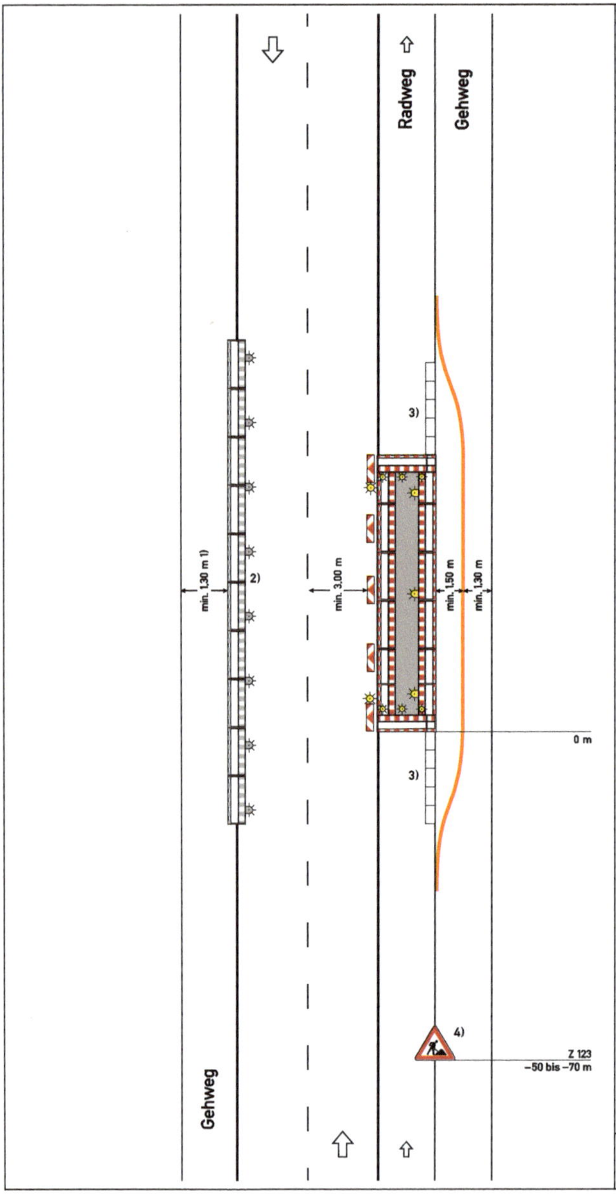

Regelplan B II/1

Paralleler Geh- und Radweg mit Sperrung des Radweges (bei Sperrung des Gehweges analog)

geringe Einengung der Fahrbahn (bei Richtungsfahrbahn analog)

Querabsperrung
durch Absperrschrankengitter mit mindestens 3 gelben einseitigen Warnleuchten und doppelseitige Leitbake mit doppelseitiger gelber Warnleuchte;
bei Einbahnstraße oder Richtungsfahrbahn einseitige Leitbake mit einseitiger gelber Warnleuchte

Wegbegrenzungen
in gelber Markierung

Längsabsperrung zur Fahrbahn
durch doppelseitige Leitbaken, Abstand max. 9 m
Absperrschrankengitter am fahrbahnseitigen Baufeldrand;
bei Einbahnstraße oder Richtungsfahrbahn einseitige Leitbaken

Teil B, Abschnitt 2.2.5 Absatz 3 ist zu beachten

Längsabsperrung zum Gehweg
durch Absperrschrankengitter Warnleuchten gemäß RSA Teil B, Abschnitt 2.4.3 Absatz 2

1) andere Breiten siehe Teil B, Abschnitt 2.4.2

2) [ ] Absperrschrankengitter am Gehweg gegenüber anstatt zwischen Baufeld und Fahrbahn

[ ] erforderliche Länge und Lage gemäß beigefügtem Lageplan geprüft und angeordnet

3) [ ] angerampt

4) [ ] geringe Verkehrsstärke: 30 – 50 m

[ ] Richtungsfahrbahn: 70 – 100 m

05.21

[1]) siehe dazu Korrektur Regelpläne Teil B II

B II/2 Paralleler Geh- und Radweg mit Sperrung des Radweges (bei Sperrung des Gehweges analog), geringe Einengung der Fahrbahn (bei Richtungsfahrbahn analog)[1])

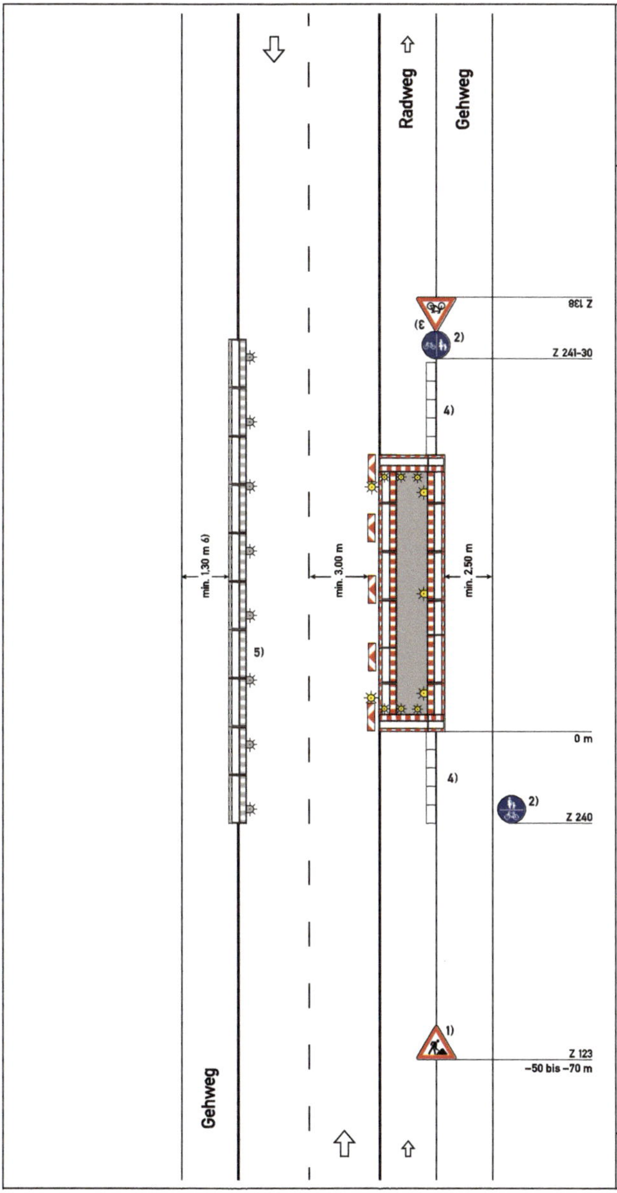

Regelplan B II/2

Paralleler Geh- und Radweg mit Sperrung des Radweges (bei Sperrung des Gehweges analog)

geringe Einengung der Fahrbahn (bei Richtungsfahrbahn analog)

Querabsperrung
durch Absperrschrankengitter mit mindestens 3 gelben einseitigen Warnleuchten und doppelseitige Leitbake mit doppelseitiger gelber Warnleuchte;
bei Einbahnstraße oder Richtungsfahrbahn einseitige Leitbake mit einseitiger gelber Warnleuchte

Längsabsperrung zur Fahrbahn
durch doppelseitige Leitbaken, Abstand max. 9 m
Absperrschrankengitter am fahrbahnseitigen Baufeldrand;
bei Einbahnstraße oder Richtungsfahrbahn einseitige Leitbaken

Längsabsperrung zum Gehweg
durch Absperrschrankengitter Warnleuchten gemäß RSA Teil B, Abschnitt 2.4.3 Absatz 2

1) [ ] geringe Verkehrsstärke: 30 – 50 m

[ ] Richtungsfahrbahn: 70 – 100 m

2) Bei anderen Radwegen Z 239 + 1022-10 (siehe RSA Teil B, Abschnitt 2.4.1 Absatz 5)

3) [ ] Z 138 angeordnet

4) [ ] angerampt

5) [ ] Absperrschrankengitter am Gehweg gegenüber anstatt zwischen Baufeld und Fahrbahn

[ ] erforderliche Länge und Lage gemäß beigefügtem Lageplan geprüft und angeordnet

6) andere Breiten siehe Teil B, Abschnitt 2.4.2

05.21

1) siehe dazu Korrektur Regelpläne Teil B II

B II/3 Nicht benutzungspflichtiger getrennter Geh- und Radweg mit Sperrung des Radweges (bei Sperrung des Gehweges analog), geringe Einengung der Fahrbahn (bei Richtungsfahrbahn analog)[1]

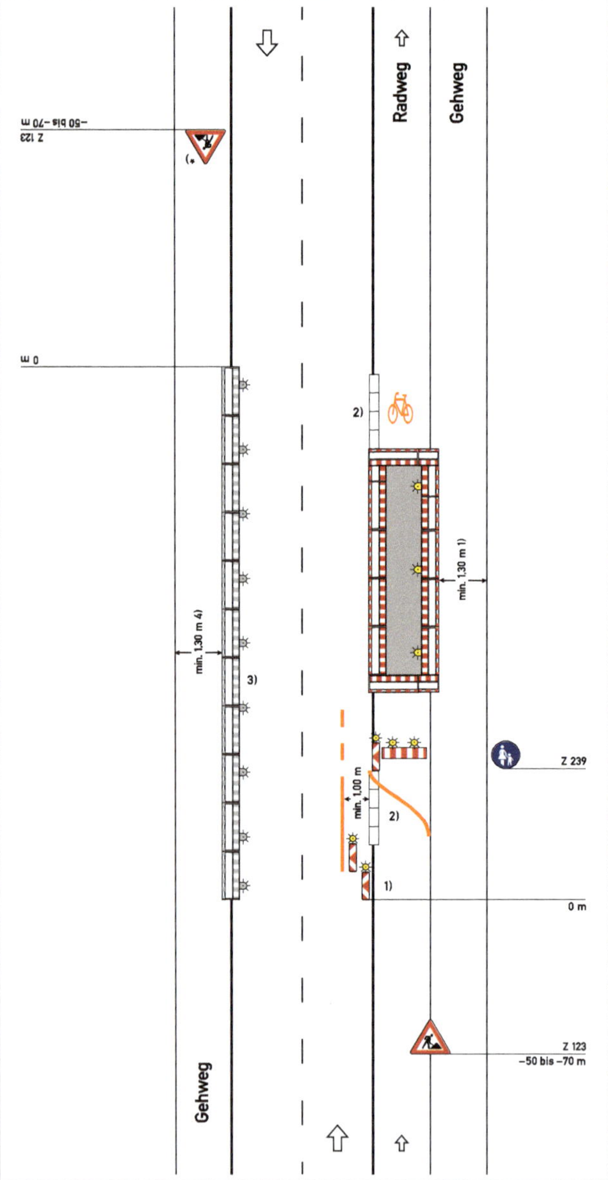

Regelplan B II/3

Nicht benutzungspflichtiger getrennter Geh- und Radweg mit Sperrung des Radweges (bei Sperrung des Gehweges analog)

geringe Einengung der Fahrbahn (bei Richtungsfahrbahn analog)

Längsabsperrung zur Fahrbahn
durch Absperrschrankengitter

Absperrschrankengitter, gegebenenfalls am Gehweg gegenüber
Teil B, Abschnitt 2.2.5 Absatz 3 ist zu beachten

Längsabsperrung zum Gehweg
durch Absperrschrankengitter
Warnleuchten gemäß RSA Teil B, Abschnitt 2.4.3 Absatz 2

Querabsperrung des Radweges
durch Absperrschranke mit 2 einseitigen gelben Warnleuchten und einseitiger Leitbake mit einseitiger gelber Warnleuchte

Zur vorhandenen Leitlinie vgl. zu VwV-StVO zu Z 340 Rn. 3

1) einseitige Leitbaken mit einseitigen Warnleuchten zusätzlich bei Einleitung außerhalb von Kreuzungen und Einmündungen

2) [ ] angerampt

3) [ ] Absperrschrankengitter am Gehweg gegenüber anstatt zwischen Baufeld und Fahrbahn

[ ] erforderliche Länge und Lage gemäß beigefügtem Lageplan geprüft und angeordnet

4) andere Breiten siehe Teil B, Abschnitt 2.4.2

*) Entfällt bei Einbahnstraßen und Richtungsfahrbahnen

05.21

1) siehe dazu Korrektur Regelpläne Teil B II

B II/4 Gehwegsperrung, Notweg auf der Fahrbahn, Straße mit geringer Verkehrsstärke oder in geschwindigkeitsreduziertem Bereich und mit geringer Einengung[1])

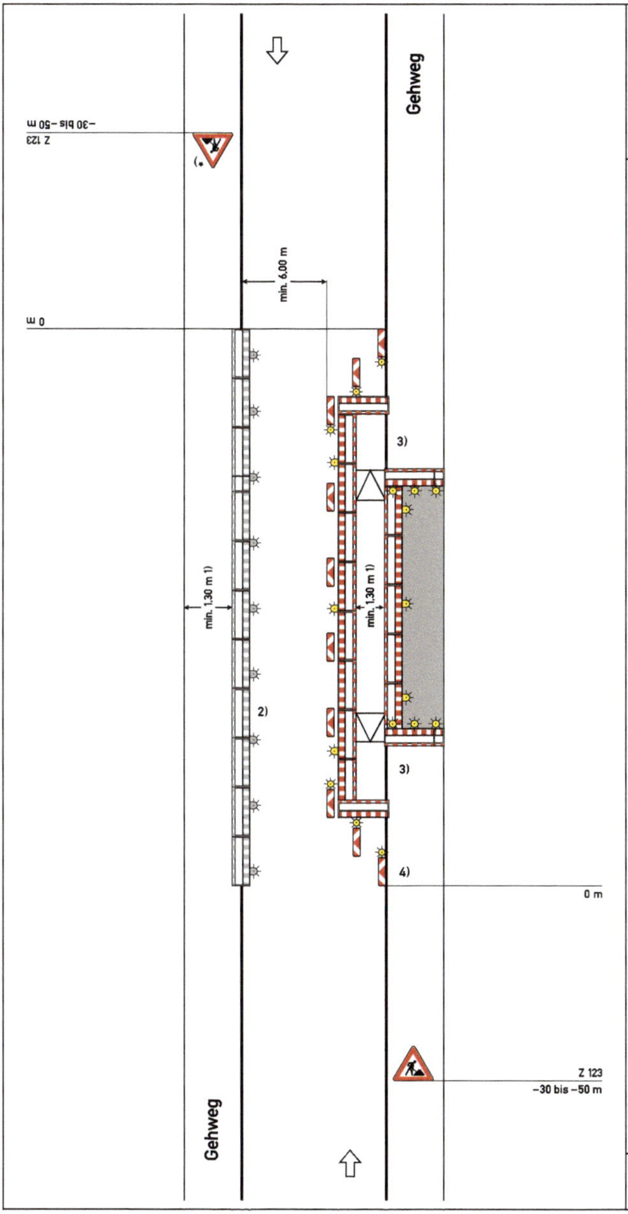

Regelplan B II/4

Gehwegsperrung

Notweg auf der Fahrbahn

Straße mit geringer Verkehrsstärke oder in geschwindigkeitsreduziertem Bereich und mit geringer Einengung

Querabsperrung zur Fahrbahn durch mindestens 3 doppelseitige Leitbaken, mit doppelseitiger gelber Warnleuchte auf jeder Leitbake

Abstand längs 1 – 2 m

quer 0,6 – 1 m

Querabsperrung zum Gehweg durch Absperrschrankengitter

Längsabsperrung zum Gehweg durch Absperrschrankengitter

Warnleuchten gemäß Teil B, Abschnitt 2.4.3 Absatz 2

Längsabsperrung zur Fahrbahn durch doppelseitige Leitbaken, Abstand max. 9 m; bei Einbahnstraße und Richtungsfahrbahn einseitige Leitbaken

Teil B, Abschnitt 2.2.5 Absatz 3 ist zu beachten

1) andere Breiten siehe Teil B, Abschnitt 2.4.2

2) [ ] zusätzlich Absperrschrankengitter am Gehweg gegenüber

[ ] erforderliche Länge und Lage gemäß beigefügtem Lageplan geprüft und angeordnet

3) [ ] Podest und Rollstuhlrampen sind vorhanden

Podest und Rollstuhlrampen sind Voraussetzung für die Anordnung dieses Plans, wenn die Bordsteinhöhe mehr als 3 cm beträgt.

4) einseitige Leitbaken mit einseitiger gelber Warnleuchte

*) entfällt bei Einbahnstraße oder Richtungsfahrbahn

05.21

1) siehe dazu Korrektur Regelpläne Teil B II

B II/5 Zweistreifige Fahrbahn mit halbseitiger Sperrung und teilweiser Sperrung eines Gehweges, Verkehrsregelung durch Lichtzeichenanlage

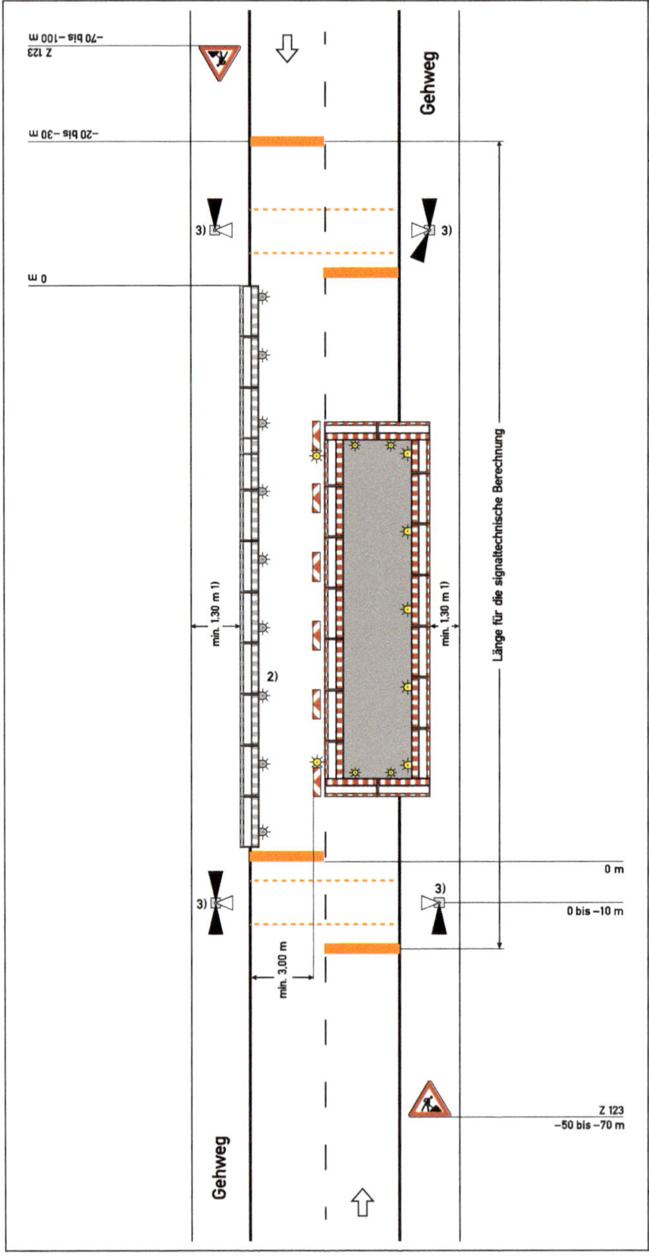

Regelplan B II/5

Zweistreifige Fahrbahn mit halbseitiger Sperrung und teilweiser Sperrung eines Gehweges

Verkehrsregelung durch Lichtzeichenanlage

Querabsperrung
durch doppelseitige Leitbake mit doppelseitiger gelber Warnleuchte und Absperrschrankengitter mit mindestens 3 doppelseitigen gelben Warnleuchten

Längsabsperrung zum Gehweg
durch Absperrschrankengitter Warnleuchten gemäß Teil B, Abschnitt 2.4.3 Absatz 2

Längsabsperrung zur Fahrbahn
durch doppelseitige Leitbaken, Abstand max. 9 m

Teil B, Abschnitt 2.2.5 Absatz 3 ist zu beachten

1) andere Breiten siehe Teil B, Abschnitt 2.4.2

2) [ ] Absperrschrankengitter am Gehweg gegenüber anstatt zwischen Baufeld und Fahrbahn

[ ] erforderliche Länge und Lage gemäß beigefügtem Lageplan geprüft und angeordnet

3) [ ] Signalzeitenplan,
[ ] Signallageplan
[ ] Phasenfolgeplan

als Anlage beigefügt und angeordnet

möglichst verkehrsabhängige Schaltung anordnen

05.21

B II/6 Zweistreifige Fahrbahn mit halbseitiger Sperrung, Verkehrsregelung durch Lichtzeichenanlage mit Fußgängerführung[1])

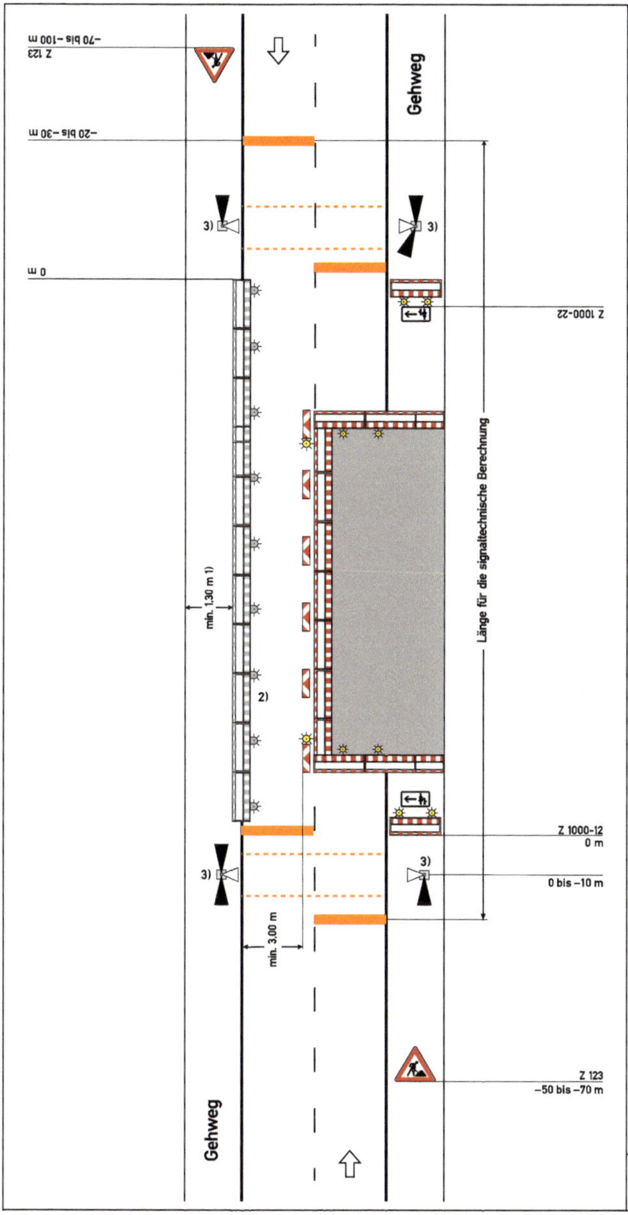

Regelplan B II/6

Zweistreifige Fahrbahn mit halbseitiger Sperrung

Verkehrsregelung durch Lichtzeichenanlage mit Fußgängerführung

Querabsperrung auf dem Gehweg
durch Absperrschrankengitter (zur Anbringung von Zusatzzeichen 1000-12/22 siehe Teil B, Abschnitt 2.4.5)

Querabsperrung
durch doppelseitige Leitbake und Absperrschrankengitter mit mindestens 3 gelben doppelseitigen Warnleuchten

Längsabsperrung
durch doppelseitige Leitbaken, Abstand max. 9 m

Längsabsperrung zum Gehweg
durch Absperrschrankengitter

Warnleuchten gemäß Teil B, Abschnitt 2.4.3 Absatz 2

Teil B, Abschnitt 2.2.5 Absatz 3 ist zu beachten

1) andere Breiten siehe Teil B, Abschnitt 2.4.2

2) [ ] Absperrschrankengitter am Gehweg gegenüber anstatt zwischen Baufeld und Fahrbahn

[ ] erforderliche Länge und Lage gemäß beigefügtem Lageplan geprüft und angeordnet

3) [ ] Signalzeitenplan,
[ ] Signallageplan
[ ] Phasenfolgeplan
als Anlage beigefügt und angeordnet

möglichst verkehrsabhängige Schaltung anordnen

05.21

1) siehe dazu Korrektur Regelpläne Teil B II

B II/7 Sperrung des nicht benutzungspflichtigen getrennten Geh- und Radweges. Notweg über Fahrbahn – Verkehrsführung über Behelfsfahrstreifen, zweistreifige Fahrbahn mit Verschwenkung beider Fahrstreifen (bei Richtungsfahrbahnen analog)[1]

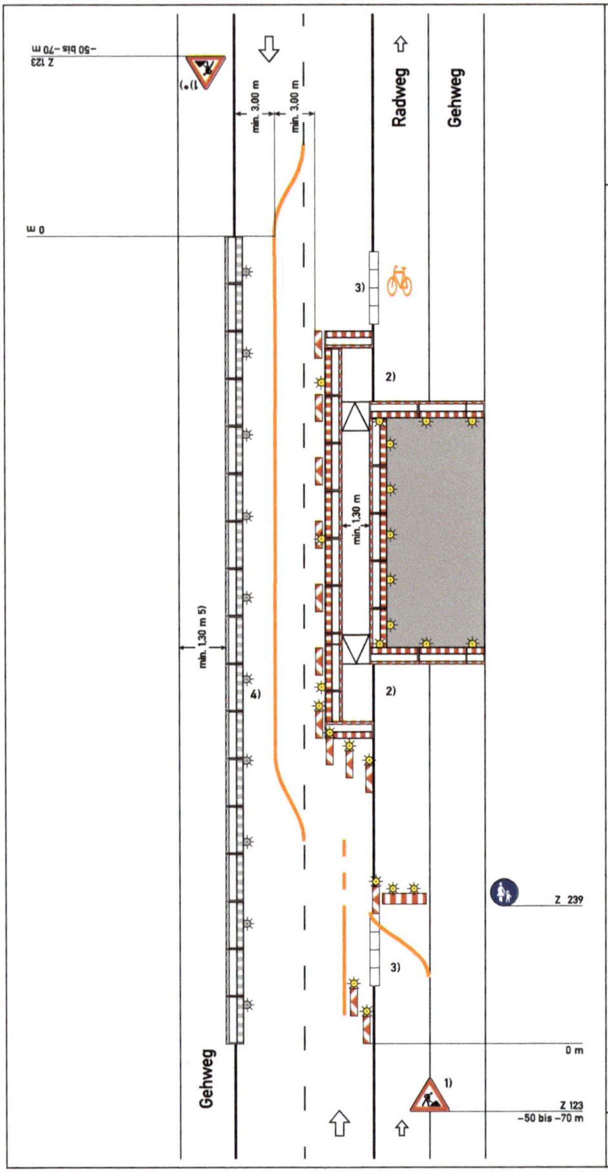

Regelplan B II/7

Sperrung des nicht benutzungspflichtigen getrennten Geh- und Radweges. Notweg über Fahrbahn Verkehrsführung über Behelfsfahrstreifen

Zweistreifige Fahrbahn mit Verschwenkung beider Fahrstreifen (bei Richtungsfahrbahnen analog)

Querabsperrung zur Fahrbahn durch mindestens 3 einseitige Leitbaken, mit gelben einseitigen Warnleuchten auf jeder Leitbake

Abstand längs 1 - 2 m
quer 0,6 - 1 m

Absperrschrankengitter zum Fußgängernotweg ausgerichtet

Querabsperrung zum Radweg durch Absperrschrankengitter mit zwei einseitigen gelben Warnleuchten und einseitiger Leitbake mit einseitiger gelber Warnleuchte

Längsabsperrung zum Gehweg durch Absperrschrankengitter

Warnleuchten gemäß Teil B, Abschnitt 2.4.3 Absatz 2

Querabsperrung zum Gehweg durch Absperrschrankengitter

Längsabsperrung zur Fahrbahn durch einseitige Leitbaken Abstand max. 9 m

Teil B, Abschnitt 2.2.5 Absatz 3 ist zu beachten

Fahrstreifenbegrenzung
[ ] gelbe Markierung
[ ] Leitschwelle
[ ] Leitbord

1) [ ] geringe Verkehrsstärke: 30 - 50 m
[ ] bei Richtungsfahrbahn: 70 - 100 m

2) [ ] Podest und Rollstuhlrampen sind vorhanden
Podest und Rollstuhlrampen sind Voraussetzung für die Anordnung dieses Plans, wenn die Bordsteinhöhe mehr als 3 cm beträgt.

3) [ ] angerampt

4) [ ] zusätzlich Absperrschrankengitter am Gehweg gegenüber
[ ] erforderliche Länge und Lage gemäß beigefügtem Lageplan geprüft und angeordnet

5) andere Breiten siehe Teil B, Abschnitt 2.4.2

*) Entfällt bei Einbahnstraßen und Richtungsfahrbahnen

05.21

[1]) siehe dazu Korrektur Regelpläne Teil B II

B II/8 Sperrung des getrennten Geh- und Radweges. Notweg über Fahrbahn, halbseitige Sperrung der Fahrbahn, Verkehrsregelung durch Verkehrszeichen (bei Richtungsfahrbahnen analog)[1]

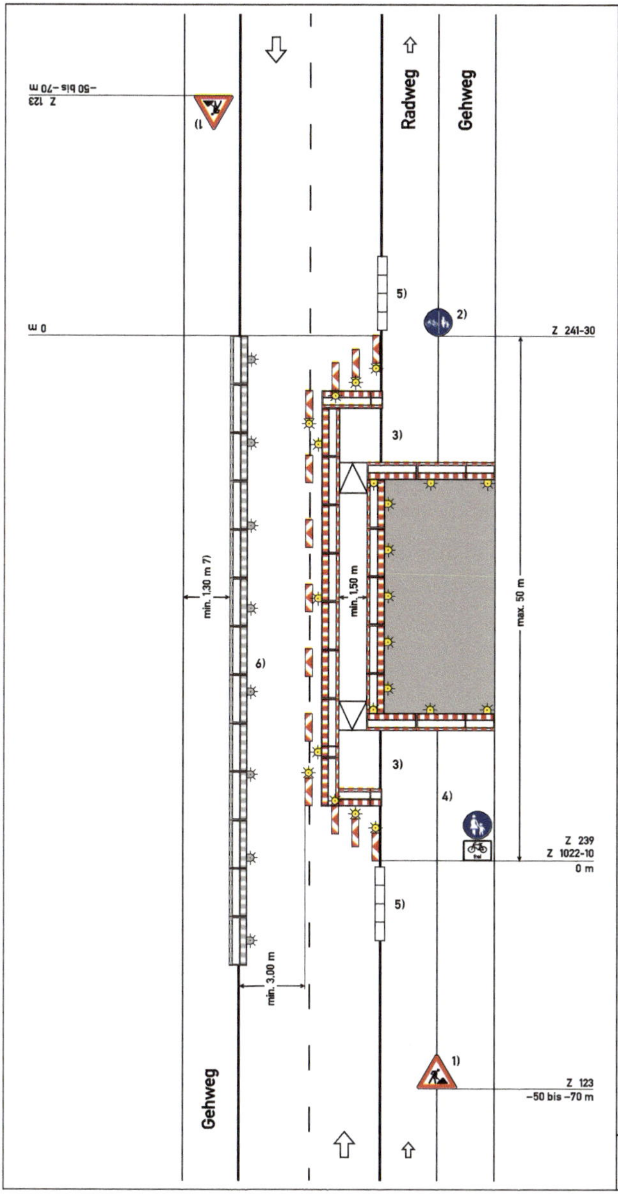

Regelplan B II/8

Sperrung des getrennten Geh- und Radweges

Notweg über Fahrbahn

Halbseitige Sperrung der Fahrbahn

Verkehrsregelung durch Verkehrszeichen

(bei Richtungsfahrbahnen analog)

Querabsperrung zur Fahrbahn durch doppelseitige Leitbaken mit doppelseitigen gelben Warnleuchten; bei Richtungsfahrbahn einseitige Leitbaken mit einseitigen gelben Warnleuchten

Querabsperrung zum Gehweg durch Absperrschrankengitter

Längsabsperrung zum Gehweg durch Absperrschrankengitter

Warnleuchten gemäß Teil B, Abschnitt 2.4.3 Absatz 2

Längsabsperrung zur Fahrbahn durch doppelseitige Leitbaken Abstand max. 9 m; bei Einbahnstraße oder Richtungsfahrbahn einseitige Leitbaken

Teil B, Abschnitt 2.2.5 Absatz 3 ist zu beachten

1) [ ] geringe Verkehrsstärke: 30 - 50 m

[ ] bei Richtungsfahrbahn: 70 - 100 m

2) nur bei benutzungspflichtigen Radwegen

3) [ ] Podest und Rollstuhlrampen vorhanden

Podest und Rollstuhlrampen sind Voraussetzung für die Anordnung dieses Plans, wenn die Bordsteinhöhe mehr als 3 cm beträgt.

4) [ ] vorhandene durchgezogene Linie zur Trennung des Geh- und Radweges auszukreuzen

5) [ ] angerampt

6) [ ] zusätzlich Absperrschrankengitter am Gehweg gegenüber

[ ] erforderliche Länge und Lage gemäß beigefügtem Lageplan geprüft und angeordnet

7) andere Breiten siehe Teil B, Abschnitt 2.4.2

05.21

1) siehe dazu Korrektur Regelpläne Teil B II

B II/9 Sperrung des Gehweges. Notweg über Fahrbahn geführt, Straße mit geringer Verkehrsstärke oder in geschwindigkeitsreduziertem Bereich und mit deutlicher Einengung (bei Seitenstreifen analog)

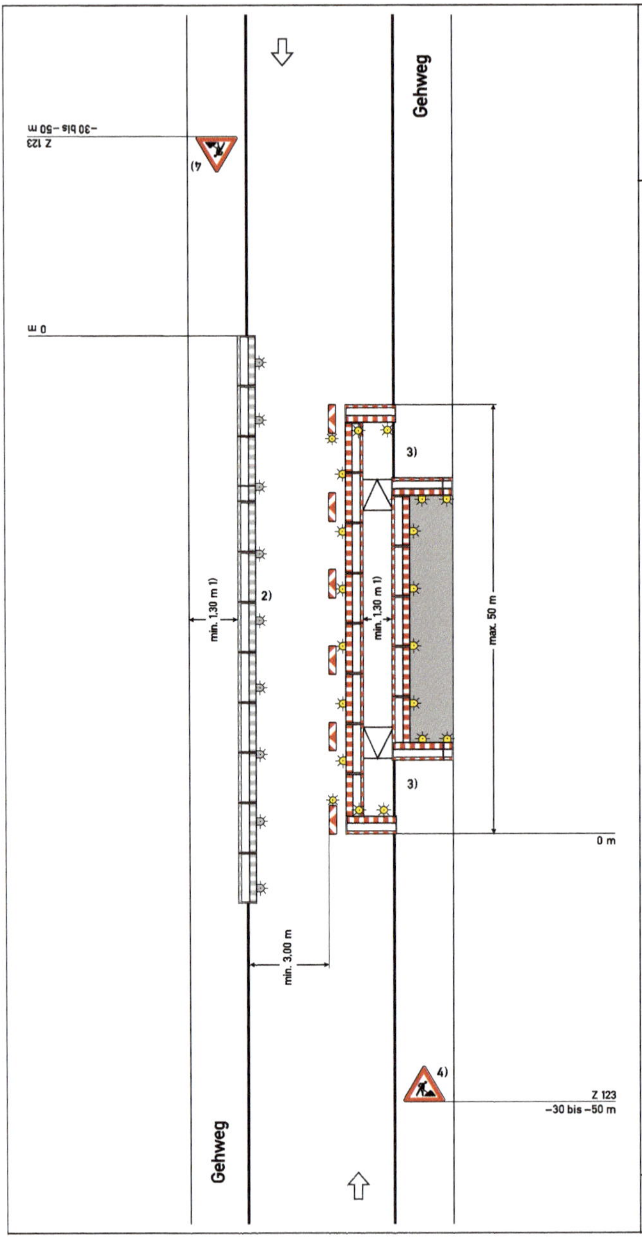

Regelplan B II/9

Sperrung des Gehweges

Notweg über Fahrbahn geführt

Straße mit geringer Verkehrsstärke oder in geschwindigkeitsreduziertem Bereich und mit deutlicher Einengung (bei Seitenstreifen analog)

Querabsperrung zur Fahrbahn durch doppelseitige Leitbake mit doppelseitiger gelber Warnleuchte und doppelseitigem Absperrschrankengitter mit mindestens drei doppelseitigen gelben Warnleuchten

Längsabsperrung zur Fahrbahn durch doppelseitige Leitbaken Abstand max. 9 m

Querabsperrung zum Gehweg durch Absperrschrankengitter

Längsabsperrung zum Gehweg durch Absperrschrankengitter

Warnleuchten gemäß Teil B, Abschnitt 2.4.3 Absatz 2

Teil B, Abschnitt 2.2.5 Absatz 3 ist zu beachten

1) andere Breiten siehe Teil B, Abschnitt 2.4.2

2) [ ] zusätzlich Absperrschrankengitter am Gehweg gegenüber

[ ] erforderliche Länge und Lage gemäß beigefügtem Lageplan geprüft und angeordnet

3) [ ] Podest und Rollstuhlrampen vorhanden

Podest und Rollstuhlrampen sind Voraussetzung für die Anordnung dieses Plans, wenn die Bordsteinhöhe mehr als 3 cm beträgt.

4) Außerhalb eines geschwindigkeitsreduzierten Bereiches
- Z 121 bei 30 – 50 m
- Z 123 bei 50 – 70 m

05.21

B II/10 Fußgängerschutztunnel und Baustelleneinrichtung[1])

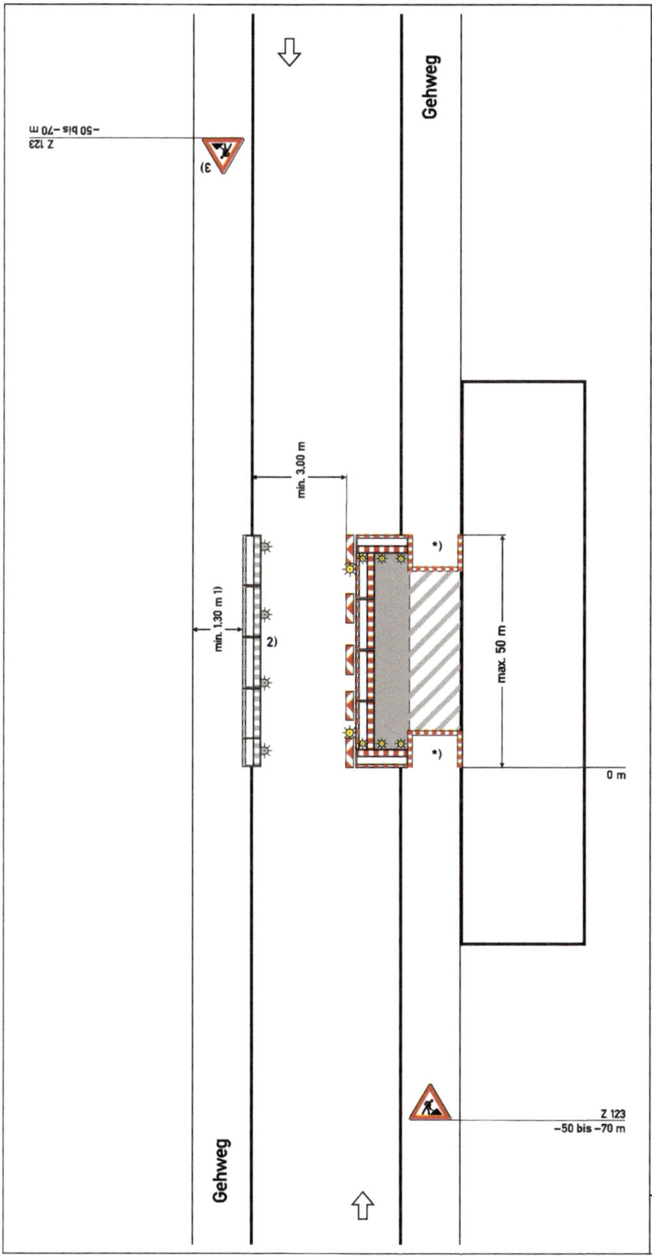

Regelplan B II/10

Fußgängerschutztunnel und Baustelleneinrichtung

Querabsperrungen
durch Absperrschrankengitter mit mindestens 3 einseitigen gelben Warnleuchten und doppelseitiger Leitbake mit doppelseitiger gelber Warnleuchte

Längsabsperrung
durch doppelseitige Leitbaken, Abstand max. 9 m

Teil B, Abschnitt 2.2.5 Absatz 3 ist zu beachten

1) andere Breiten siehe Teil B, Abschnitt 2.4.2

2) [ ] Absperrschrankengitter am Gehweg gegenüber anstatt zwischen Baufeld und Fahrbahn

[ ] erforderliche Länge und Lage gemäß beigefügtem Lageplan geprüft und angeordnet

3) entfällt bei Richtungsfahrbahn

*) Eingangsbereich Fußgängertunnel

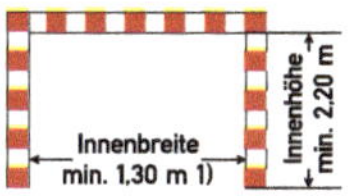

05.21

1) siehe dazu Korrektur Regelpläne Teil B II

Korrektur Regelpläne Teil B II

Regelplan	Korrekturen
B II/1	Die Warnleuchten an den Absperrschrankengittern im Bereich der Radwegsperrung (Querabsperrung) müssen als Rundstrahler (WL 8) ausgeführt sein.
B II/2	Das Zeichen 138 in der Gegenrichtung ist ggf. sinnvoll (Warnung der Fußgänger vor entgegenkommenden Radfahrern) entspricht aber nicht den Festlegungen der VwV-StVO zu Zeichen 138. Die Warnleuchten an den Absperrschrankengittern im Bereich der Radwegsperrung (Querabsperrung) müssen als Rundstrahler (WL 8) ausgeführt sein.
B II/3	Die Warnleuchten an der Absperrschranke im Bereich der Radwegsperrung (Querabsperrung) müssen als Rundstrahler (WL 8) ausgeführt sein. Da Radwege in der Praxis auch von Fußgängern genutzt werden empfiehlt sich an dieser Stelle der Einsatz eines Absperrschrankengitters (auf Grund der integrierten Blindentastleiste). Im Bereich der Fahrbahn fehlt eine Längsabsperrung durch Leitbaken. Auf diese Leitbaken kann nur verzichtet werden, wenn sich die Absperrung insgesamt (inkl. Aufstellvorrichtung) ausschließlich auf den Radweg erstreckt (Lichtraumprofil Fahrbahn und Sicherheitsraum beachten). Am Ende der Arbeitsstelle fehlen gelbe Warnleuchten (Rundstrahler WL 8) – vgl. Regelplan B II/2.
B II/4	Die Warnleuchten am Absperrschrankengitter im Bereich der Gehwegsperrung müssen als Rundstrahler (WL 8) ausgeführt sein. Die Leitbaken und Warnleuchten der Querabsperrung sind einseitig, mit Ausnahme der jeweils äußeren Leitbake, die gleichzeitig der Längsabsperrung dient.
B II/6	Der Regelplan entspricht dem Regelplan B I/6 – er ist fälschlicherweise doppelt in den RSA enthalten. Die Warnleuchten am Absperrschrankengitter im Bereich der Gehwegsperrung müssen als Rundstrahler (WL 8) ausgeführt sein.
B II/7	Da Radwege in der Praxis auch von Fußgängern genutzt werden empfiehlt sich im Bereich der Radwegsperrung der Einsatz eines Absperrschrankengitters (auf Grund der integrierten Blindentastleiste). Dieses Absperrschrankengitter ist doppelseitig auszuführen (oder zwei Elemente Rücken an Rücken), da es gleichzeitig für die aus der Gegenrichtung (auf dem Radweg) kommenden Fußgänger wirksam sein muss. Die Warnleuchten an diesem Absperrschrankengitter müssen als Rundstrahler (WL 8) ausgeführt sein.
B II/8	Die Leitbaken und Warnleuchten der Querabsperrung sind einseitig, mit Ausnahme der jeweils äußeren Leitbake, die gleichzeitig der Längsabsperrung dient. Ob eine Freigabe für den Radverkehr bei einer Notwegbreite von lediglich 1,50 m (lichte Breite) sinnvoll ist, darf bezweifelt werden. Allenfalls ist dies wirklich nur bei einem sehr geringen Radverkehrsaufkommen realisierbar – ansonsten sollten die Breiten für gemeinsame Geh- und Radwege (min. 2,00 m) angestrebt werden. Das Auskreuzen der ggf. vorhandenen durchgezogenen Linie zwischen Radweg und Gehweg (Option unter 4)) ist im Regelfall nicht erforderlich.
B II/10	An den beiden vertikalen Absperrschranken der Eingangsbereiche sollte jeweils eine Rundstrahler-Warnleuchte (WL 8) angeordnet werden.

Regelpläne B III
Innerörtliche Straßen, Arbeitsstellen von längerer Dauer im Bereich von Schienenbahnen
(Regelpläne B III)

Inhaltsübersicht

Hinweise für die Nutzung der Regelpläne

Die nachfolgenden Regelpläne stellen Standardsituationen dar. Sie werden erst mit ihrer Aufnahme in die verkehrsrechtliche Anordnung verbindlich. Soweit erforderlich, sind sie an die konkrete örtliche und verkehrliche Situation der zu sichernden Arbeitsstelle anzupassen. Um diese Anpassung für häufig auftretende Fälle zu vereinfachen, sehen zahlreiche Regelpläne Auswahlfelder vor, mit denen alternative oder ergänzende Maßnahmen beantragt und angeordnet werden können.

Soweit die Unternehmer bei der Erstellung des für die Beantragung der verkehrsrechtlichen Anordnung vorzulegenden Verkehrszeichenplans auf der Grundlage eines Regelplans von angebotenen Modifizierungen Gebrauch machen wollen, nutzen sie die hierfür vorgesehenen Auswahlfelder. Verbindlich werden die Maßnahmen erst mit der Bestätigung durch die Behörde im Rahmen der verkehrsrechtlichen Anordnung.

Die Aktualisierung und Weiterentwicklung der Regelpläne entbindet die anordnenden Behörden nicht von ihrer Verpflichtung, entsprechend den Vorgaben im Teil A Abschnitt 1.5 Absatz 3 stets sorgfältig zu prüfen, ob der durch den Antragsteller auf der Basis eines Regelplans eingereichte Verkehrszeichenplan der jeweiligen örtlichen und verkehrlichen Situation gerecht wird. Ist das nicht der Fall, hat der Antragsteller den Plan zu ergänzen oder zu ändern, soweit die Behörde die erforderlichen Anpassungen nicht selbst vornimmt.

Regelplan B III/1 Vierstreifige Fahrbahn mit Schienenbahn, Sperrung des Schienenbahnbereiches einer Fahrtrichtung

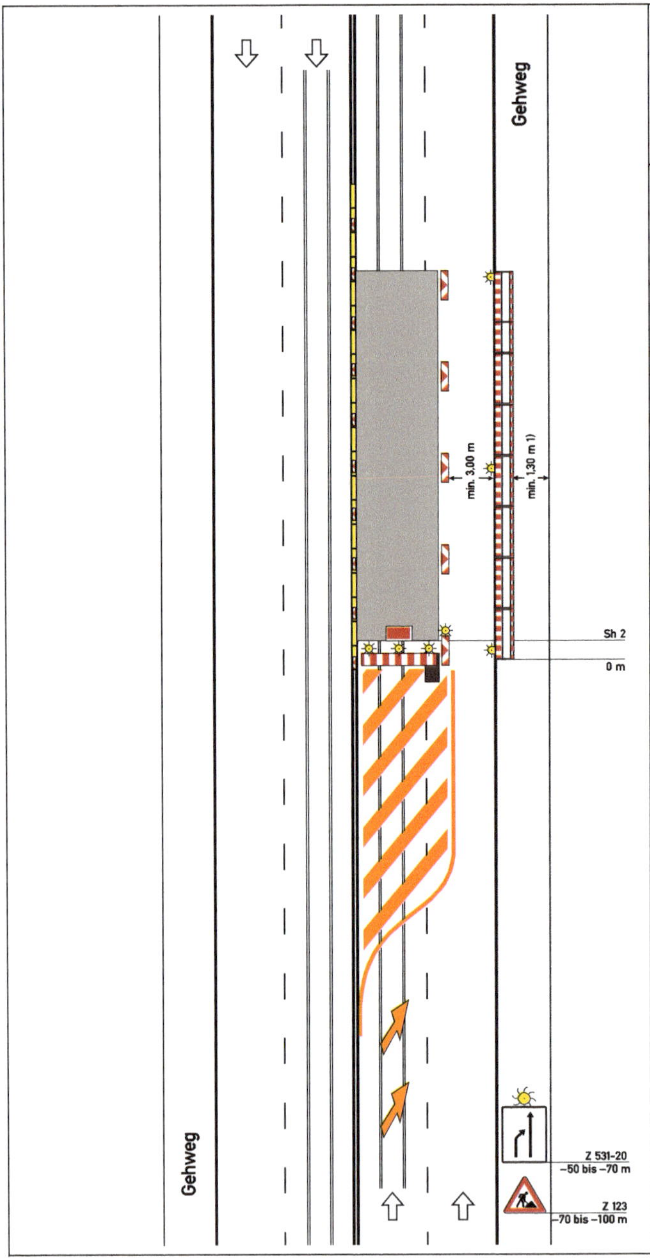

Regelplan B III/1

Vierstreifige Fahrbahn mit Schienenbahn

Sperrung des Schienenbahnbereiches einer Fahrtrichtung

Längsabsperrung
[ ] gelbe Markierung
[ ] Leitschwelle
[ ] Leitbord
[ ] einseitige Leitbaken Abstand max. 9 m

Leitschwellen mit einseitigen Leitbaken

Längsabsperrung zum Gehweg
durch Absperrschrankengitter Warnleuchten gemäß RSA Teil B, Abschnitt 2.4.3 Absatz 2

Querabsperrung
durch Straßenbahnschranke mit mindestens 3 gelben einseitigen Warnleuchten und Leitbake mit gelber einseitiger Warnleuchte

[ ] Signal Sh 2 (Schutzhalt, vgl. § 45 Absatz 2 Satz 3) auf der Straßenbahnschranke nach Festlegung des Verkehrsbetriebs

Fahrstreifenbegrenzung
[ ] gelbe Markierung
[ ] Leitschwelle
[ ] Leitbord

Sperrflächen
aus gelber Markierung,
Länge [ ] m
(Längenempfehlung: > 50 m)

[ ] ausreichend breiter Mittelstreifen vorhanden; Verkehrszeichen sind beidseitig aufzustellen

1) andere Breiten siehe Teil B, Abschnitt 2.4.2

05.21

Regelpläne B IV
Innerörtliche Straßen, Arbeitsstellen von kürzerer Dauer
(Regelpläne B IV)

Inhaltsübersicht

Hinweise für die Nutzung der Regelpläne

Die nachfolgenden Regelpläne stellen Standardsituationen dar. Sie werden erst mit ihrer Aufnahme in die verkehrsrechtliche Anordnung verbindlich. Soweit erforderlich, sind sie an die konkrete örtliche und verkehrliche Situation der zu sichernden Arbeitsstelle anzupassen. Um diese Anpassung für häufig auftretende Fälle zu vereinfachen, sehen zahlreiche Regelpläne Auswahlfelder vor, mit denen alternative oder ergänzende Maßnahmen beantragt und angeordnet werden können.

Soweit die Unternehmer bei der Erstellung des für die Beantragung der verkehrsrechtlichen Anordnung vorzulegenden Verkehrszeichenplans auf der Grundlage eines Regelplans von angebotenen Modifizierungen Gebrauch machen wollen, nutzen sie die hierfür vorgesehenen Auswahlfelder. Verbindlich werden die Maßnahmen erst mit der Bestätigung durch die Behörde im Rahmen der verkehrsrechtlichen Anordnung.

Die Aktualisierung und Weiterentwicklung der Regelpläne entbindet die anordnenden Behörden nicht von ihrer Verpflichtung, entsprechend den Vorgaben im Teil A Abschnitt 1.5 Absatz 3 stets sorgfältig zu prüfen, ob der durch den Antragsteller auf der Basis eines Regelplans eingereichte Verkehrszeichenplan der jeweiligen örtlichen und verkehrlichen Situation gerecht wird. Ist das nicht der Fall, hat der Antragsteller den Plan zu ergänzen oder zu ändern, soweit die Behörde die erforderlichen Anpassungen nicht selbst vornimmt.

B IV/1 Arbeitsstelle von kürzerer Dauer mit Einengung eines Fahrstreifens[1])

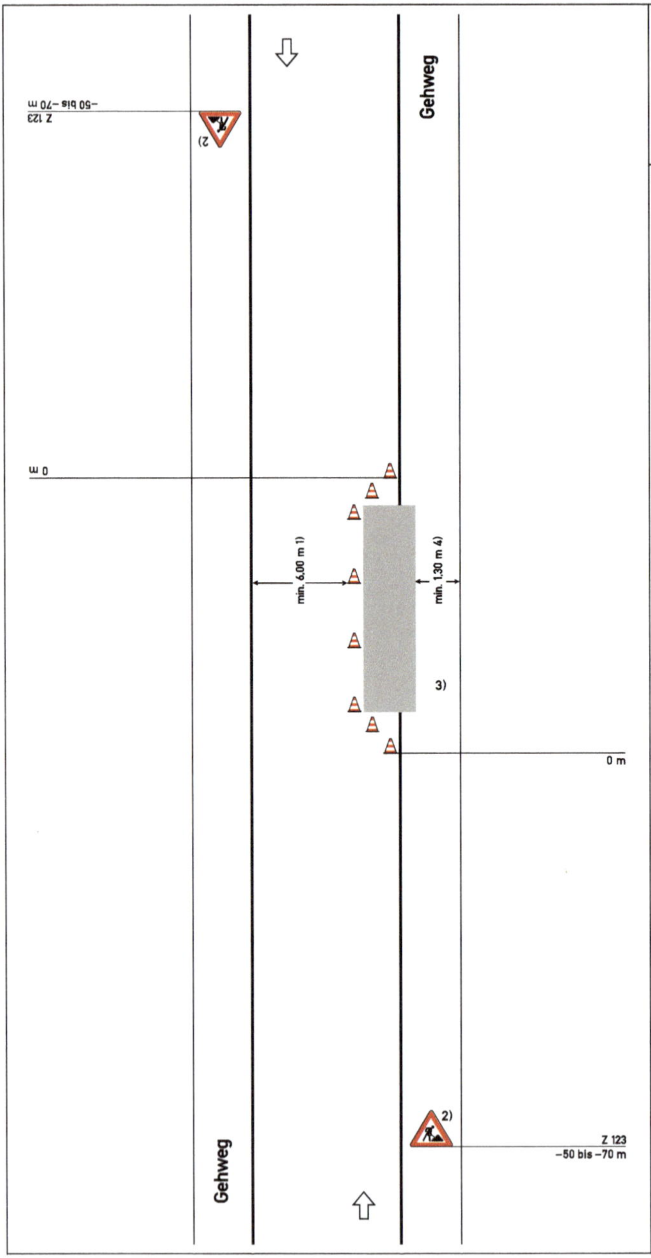

Regelplan B IV/1

Arbeitsstelle von kürzerer Dauer mit Einengung eines Fahrstreifens

Längsabsperrung zur Fahrbahn
durch Leitkegel
(Höhe min. 0,5 m)
Abstand längs max. 9 m

Querabsperrung zur Fahrbahn
durch Leitkegel
(Höhe min. 0,5 m)
Leitkegelabstand 1 m

1) kann bei geringer Verkehrsstärke unterschritten werden (siehe Teil B, Abschnitt 2.2.1)

2) [ ] geschwindigkeitsreduzierter Bereich
   [ ] geringe Verkehrsstärke: 30 – 50 m

3) Wenn Fußgänger gefährdet werden, sind weitere Verkehrseinrichtungen anzuordnen.
   [ ] Absperrschrankengitter angeordnet

   Es können zusätzliche Sicherungsmaßnahmen festgelegt werden.

   Teil B, Abschnitt 2.2.5 Absatz 3 ist zu beachten.

4) andere Breiten siehe Teil B, Abschnitt 2.4.2

05.21

1) siehe dazu Korrektur Regelpläne Teil B IV

B IV/2 Arbeitsstelle von kürzerer Dauer auf Straßen mit Vzul ≤ 50 km/h

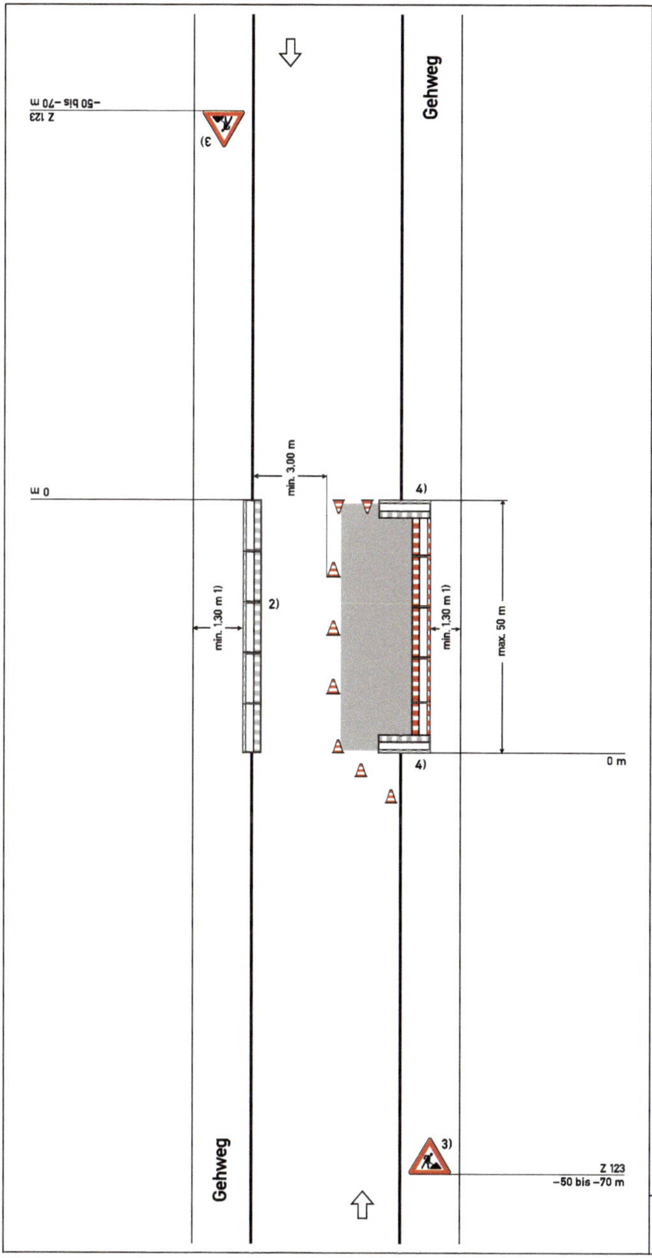

Regelplan B IV/2

Arbeitsstelle von kürzerer Dauer auf Straßen mit V_{zul} ≤ 50 km/h

Querabsperrung
durch Leitkegel
(Höhe min. 0,5 m)
Leitkegelabstand 1 m

Längsabsperrung zur Fahrbahn
durch Leitkegel
(Höhe min. 0,5 m)
Abstand längs max. 9 m

Längsabsperrung zum Gehweg
durch Absperrschrankengitter
Warnleuchten gemäß Teil B, Abschnitt 2.4.3 Absatz 2

Teil B, Abschnitt 2.2.5 Absatz 3 ist zu beachten

Querabsperrung
durch mindestens 3 Leitkegel
(Höhe min. 0,5 m)
Leitkegelabstand 1 m

1) andere Breiten siehe Teil B, Abschnitt 2.4.2

2) [ ] zusätzlich Absperrschrankengitter am Gehweg gegenüber

[ ] erforderliche Länge und Lage gemäß beigefügtem Lageplan geprüft und angeordnet

3) [ ] geschwindigkeitsreduzierter Bereich

[ ] geringe Verkehrsstärke: 30 – 50 m

4) [ ] Absperrschrankengitter am Baufeld

siehe Teil B, Abschnitt 3.3 Absatz 1

05.21

B IV/3 Arbeitsstelle von kürzerer Dauer mit Sperrung des Schienenbahnbereiches[1])

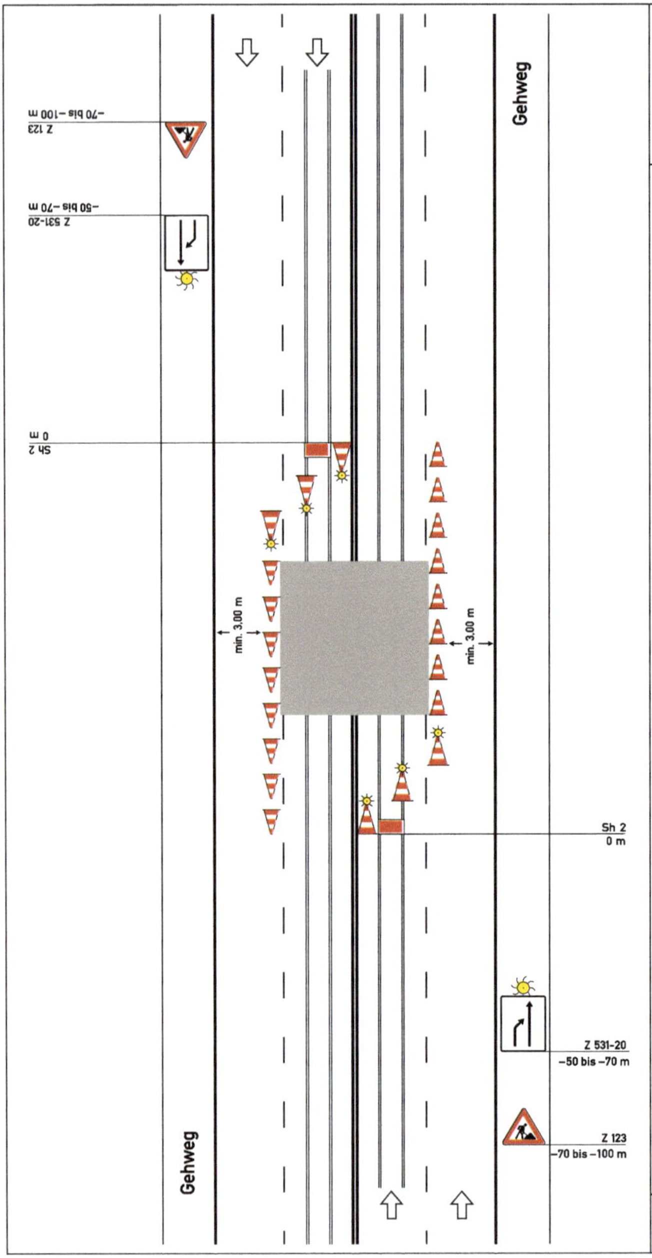

Regelplan B IV/3

Arbeitsstelle von kürzerer Dauer mit Sperrung des Schienenbahnbereiches

Längsabsperrung
durch Leitkegel
(Höhe min. 0,50 m)
Abstand längs max. 6 m

Querabsperrung
durch 3 Leitkegel
(Höhe min. 1,00 m),
zusätzlich Warnleuchten mit synchronisiertem Blinklicht
Abstand 1 m

nachrichtlich Signal Sh 2 (Schutzhalt, vgl. § 45 Absatz 2 Satz 3) nach Festlegung des Verkehrsbetriebs

05.21

1) siehe dazu Korrektur Regelpläne Teil B IV

B IV/4 Zweistreifige Fahrbahn mit Kreisverkehr, Arbeitsstelle kürzerer Dauer (nur bei Tageslicht)[1]

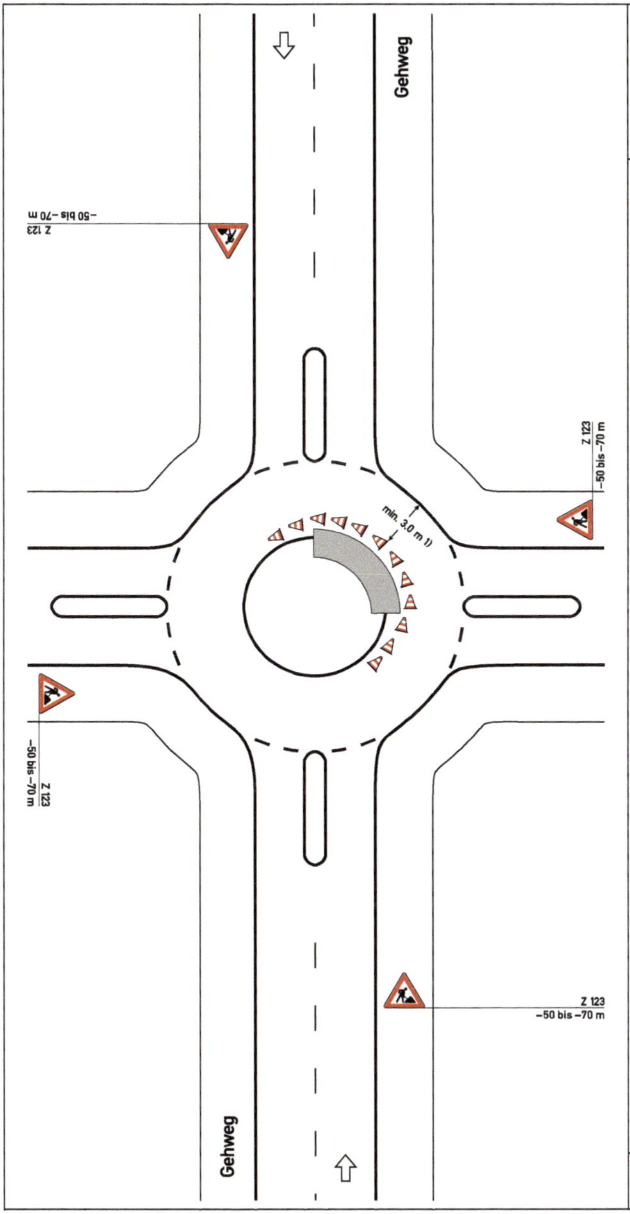

Regelplan B IV/4

Zweistreifige Fahrbahn mit Kreisverkehr

Arbeitsstelle kürzerer Dauer

(nur bei Tageslicht)

Längsabsperrung
durch Leitkegel
(Höhe min. 0,5 m)
Abstand längs max. 2 m

1) [ ] Befahrbarkeit mittels Schleppkurven geprüft

05.21

---

1) siehe dazu Korrektur Regelpläne Teil B IV

Korrektur Regelpläne Teil B IV

Regelplan	Korrekturen
B IV/1	Im Regelfall wird eine zusätzliche Absicherung gegenüber dem Gehweg erforderlich sein (Option unter 3) im Seitentext). Entsprechend wird eher der Regelplan B IV/2 zur Anwendung kommen.
B IV/3	Bei den Warnleuchten auf den Leitkegeln der Querabsperrung handelt es sich um Blitzleuchten (Blinklicht in blitzender Ausführung) gemäß RSA Teil A 3.4.4 (3). Aktuell (April 2022) existieren keine TL-konformen Leitkegel-Leuchten, die wie im Seitentext gefordert synchron blitzen können.
B IV/4	Die Anforderungen der ASR A5.2 stehen der dargestellten Absicherung in der Regel entgegen.

RSA Teil C – Landstraßen

Inhaltsübersicht

1 Allgemeines

(1) Landstraßen im Sinne dieser Richtlinien sind alle einbahnigen Straßen mit Gegenverkehr und mehrbahnigen Straßen mit höhengleichen Kreuzungen außerhalb von geschlossenen Ortschaften, auch wenn sie mit Zeichen 330.1 als Autobahn oder mit Zeichen 331.1 als Kraftfahrstraße gekennzeichnet sind.

(2) Grundsätzlich gelten alle Regelungen und Festlegungen des Teiles A dieser Richtlinien. Auf die besonderen Verhältnisse des Verkehrs auf Landstraßen abgestimmte, ergänzende Regelungen und Festlegungen sind in diesem Teil der Richtlinien zusammengestellt. Insbesondere bei zulässiger Höchstgeschwindigkeit bis 50 km/h können zweckmäßige Regelungen aus Teil B (Innerörtliche Straßen), bei mehrbahnigen Straßen Regelungen aus Teil D übernommen werden.

2 Arbeitsstellen von längerer Dauer (AlD)

2.1 Aufstellentfernungen von Verkehrszeichen

(1) Die Arbeitsstelle wird in der Regel in 400 m Entfernung mit Zeichen 123 angekündigt. Danach folgen im Abstand von jeweils 100 m die notwendigen Gefahr-, Vorschrift- und Richtzeichen. Sollte die Arbeitsstelle zu häufigen Staus führen, so sollte in größerer Entfernung zusätzlich mit Zeichen 123 und Zusatzzeichen 1004-30 oder -31 auf die Arbeitsstelle hingewiesen werden.

(2) Die Entfernungsangaben beziehen sich auf den Beginn einer Einengung bzw. Verschwenkung der Fahrstreifen (Bezugspunkt).

2.2 Verkehrsführung

2.2.1 Allgemeines

(1) Im Bereich von Arbeitsstellen ist grundsätzlich die vorhandene Fahrstreifenanzahl zu erhalten. Dabei ist eine Verkehrsführung anzustreben, die noch einen Begegnungsverkehr möglich macht.

(2) Verbleibt nur 1 Fahrstreifen, so ist entsprechend der örtlichen Situation und Verkehrsstärke zu prüfen, ob der Verkehr im Wechselbetrieb (siehe Abschnitt 2.3.3) oder über Umleitungen (siehe Teil A, Abschnitt 11.1) abgewickelt werden kann.

(3) Bei hohen Verkehrsstärken und fehlenden Umleitungsmöglichkeiten ist die Einrichtung einer provisorischen Umfahrung der Arbeitsstelle im Begegnungsverkehr anzustreben.

(4) Der Führung des Fuß- und Radverkehrs ist besondere Sorgfalt zu widmen. Fußverkehr ist nicht auf der Fahrbahn zu führen oder zum Überqueren der Fahrbahn aufzufordern. Gehwege sind weiterzuführen und gemäß Teil B zu sichern. Erforderlichenfalls sollte beim Baulastträger angeregt werden, die Begehbarkeit des Banketts (unbefestigter Seitenstreifen) zu verbessern.

(5) Geh- und Radwege sollen nach Möglichkeit in voller Breite fortgeführt werden, gegebenenfalls über Notwege. Auch bei beengten Verhältnissen sollte eine Breite von 2,00 m angestrebt werden (Rn. 16 bis 20 VwV-StVO zu § 2 zu Absatz 4 Satz 2).

2.2.2 Fahrstreifenbreiten

(1) Im Regelfall ist eine Fahrstreifenbreite von mindestens 3,00 m einzuhalten. Damit ist gegebenenfalls durch Markierung von Behelfsfahrstreifen bei einer Restfahrbahnbreite von 6,00 m noch Begegnungsverkehr möglich. Teil A, Abschnitt 1.1 Absatz 10 ist besonders zu beachten.

(2) Grundsätzlich ist zu prüfen, ob der Seitenraum standfest auszubilden ist.

(3) Sind im Bereich von Behelfsverkehrsführungen Fahrbahnbegrenzungslinien vorhanden, ist deren Breite in die Breite des angrenzenden Behelfsfahrstreifens einzurechnen, auch wenn die Fahrbahnbegrenzungslinie als weiße dauerhafte Markierung ausgeführt ist.

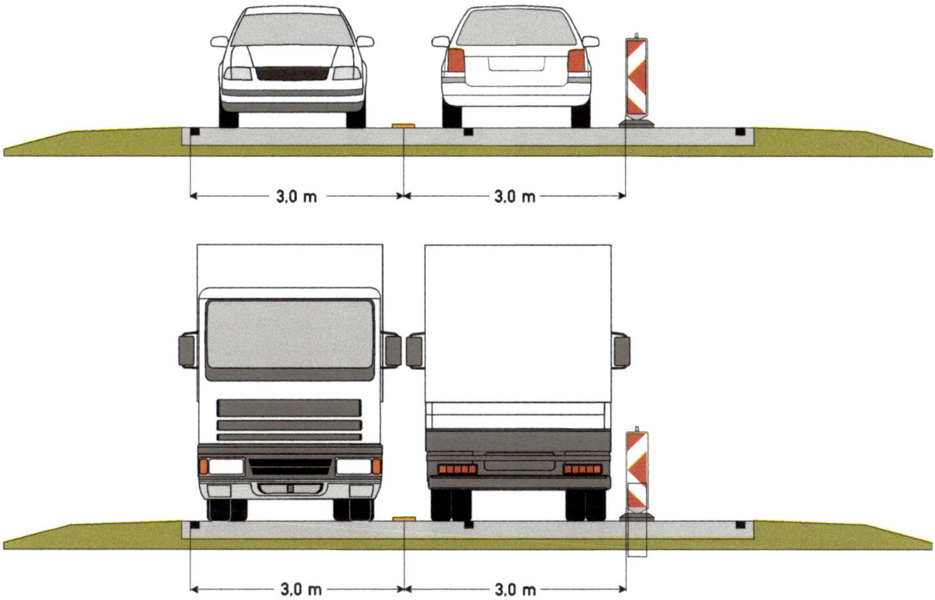

Bild C-1: Beispiel eines Querschnittes für Verkehrsraumbreite 6,00 m

2.2.3 Absperrungen

(1) In der Regel wird die Arbeitsstelle in Quer- und Längsrichtung durch Leitbaken (Zeichen 605) abgesichert.

(2) In Längsrichtung werden die Leitbaken in einem Abstand von maximal 12 m aufgestellt.

(3) In Querrichtung erfolgt die Absperrung spitzwinklig, und zwar am Beginn der Arbeitsstelle in der Regel mit einer Neigung der Absperrung gegenüber der Fahrbahnachse (Verziehungsmaß) von 1:3. Es sollten mindestens drei Leitbaken angeordnet werden. Der Abstand quer zur Fahrbahnachse beträgt maximal 0,6 m. Bei beengten Verhältnissen und unmittelbar hinter Kreuzungen oder Einmündungen sollen Absperrschranken (Zeichen 600) angeordnet werden.

(4) Bei Verschwenkungen beträgt das Verschwenkungsmaß mindestens 1:10.

(5) Müssen mehrere Fahrstreifen in einer Fahrtrichtung gesperrt werden, so sollen getrennte spitzwinklige Querabsperrungen vorgenommen werden, wobei die Einengung von links vorgenommen werden soll. Zwischen ihnen sollten jeweils längere Übergangsstrecken liegen (versetzte Fahrstreifenreduzierung).

(6) Aufbaulicht (siehe Teil A, Abschnitt 3.4.3 Absatz 9) soll nur bei ungewöhnlich starken Verschwenkungen an unübersichtlichen Stellen eingesetzt werden.

2.2.4 Markierungen

(1) Vor Verkehrseinrichtungen werden auf Landstraßen grundsätzlich keine vorübergehend gültigen Fahrbahnbegrenzungen angeordnet (zu lfd. Nr. 1 bis 7 Anlage 4 zu § 43: Die Verkehrseinrichtungen lösen das Verbot des Befahrens der dahinter liegenden Straßenteile aus).

(2) Vorübergehend gültige Fahrbahnbegrenzungen sollen vor Verkehrseinrichtungen bei Insellagen der Arbeitsstellen und bei Behelfsfahrstreifenführungen über Seitenstreifen sowie bei mehr als zweistreifigen Fahrbahnen im Gegenverkehrsbereich und unübersichtlichen Verkehrsführungen angeordnet werden.

2.3 Verkehrsregelung

2.3.1 Regelpläne

(1) Wie Arbeitsstellen auf Landstraßen abgesperrt, beschildert, markiert und beleuchtet werden können, wird in den Regelplänen C I/1 bis C I/13 verdeutlicht. Im Übrigen wird zur Anwendung der Regelpläne auf Teil A, Abschnitt 1.5 verwiesen.

(2) Liegen Arbeitsstellen im Fahrbahnbereich unmittelbar neben einem Verkehrsbereich des Fuß- oder Radverkehrs, sind die Regelungen im Teil B, Abschnitt 2.4 analog anzuwenden.

2.3.2 Höchstgeschwindigkeiten

(1) Die zulässige Höchstgeschwindigkeit sollte in der Regel auf 50 km/h beschränkt werden.

(2) Bei besonderen Gefährdungen für Verkehrsteilnehmer kann die Höchstgeschwindigkeit ausnahmsweise weiter herabgesetzt werden. Dies ist anhand der besonderen Umstände des Einzelfalls sorgfältig zu begründen. Im Übrigen ist Rn. 1 VwV-StVO zu Zeichen 274 zu beachten.

(3) Beträgt die Breite der Behelfsfahrstreifen mindestens 3,25 m und wird die Fahrbahn nicht oder nur unwesentlich verschwenkt oder liegt zwischen den Verschwenkungen eine Strecke von mindestens einem Kilometer, kann eine zulässige Höchstgeschwindigkeit von 70 km/h angeordnet werden.

2.3.3 Vorrangregelung in Engstellen

(1) Unter Beachtung der Verhaltensvorschrift des § 6 erfolgt keine Beschilderung. Es ist deshalb anzustreben, die Engstelle so zu gestalten, dass die Wartepflicht eindeutig einer Fahrtrichtung zuzuordnen ist. Muss in Abweichung davon der anderen Richtung Vorrang gewährt werden oder ergibt sich aus der Örtlichkeit nicht eindeutig, welche Fahrtrichtung wartepflichtig ist, sind Zeichen 208 und 308 anzuordnen (Rn. 1 und 2 VwV-StVO zu Zeichen 208).

(2) Auf Fahrbahnen mit mehr als einem Fahrstreifen je Richtung und auf Straßen mit schienengebundenen Fahrzeugen darf grundsätzlich keine Verkehrsregelung durch Zeichen 208 und 308 vorgenommen werden.

(3) Wenn,

- die Verkehrsstärke in beiden Richtungen zusammen rd. 500 Kfz/h überschreitet,
- die Engstelle länger als 50 m einschließlich der Querabsperrungen ist,
- die gesamte Engstelle nicht aus beiden Fahrtrichtungen voll überschaubar ist oder
- in der wartepflichtigen Zufahrt der Engstelle nennenswerter Rückstau entstehen könnte und der Kfz-Verkehr in beiden Fahrtrichtungen aufrechterhalten werden muss,

muss eine Lichtzeichenanlage angeordnet werden.

Wenn die vorhandenen Sichtweiten einen sicheren Verkehr unter Beachtung von § 6 ermöglichen, kann ausnahmsweise auch dann von der Anordnung einer Lichtzeichenanlage abgesehen werden, wenn die Engstelle länger als 50 m ist.

3 Arbeitsstellen von kürzerer Dauer (AkD)

(1) Die Arbeiten an Arbeitsstellen von kürzerer Dauer erfolgen in der Regel mit geringem Absperr- und Beschilderungsaufwand (Regelpläne C II/1 bis C II AmS 3). Im Übrigen wird zur Anwendung der Regelpläne auf Teil A, Abschnitt 1.5 verwiesen.

(2) Bewegliche Arbeitsstellen sind wegen der möglichen Änderung der Sichtweiten hinsichtlich der daraus resultierenden, unterschiedlichen Anforderungen an die Absicherung problematisch. Den unterschiedlichen Sichtweiten muss durch geeignete Abstände zwischen Arbeitsstelle und Absperrtafel/Vorwarneinrichtung Rechnung getragen werden. Gegebenenfalls ist einer kurzzeitig stationären Arbeitsstelle der Vorzug zu geben.

(3) Bei Arbeitsstellen von kürzerer Dauer können bei Tageslicht Leitkegel (Zeichen 610-41) statt Leitbaken zur Sicherung angeordnet werden. Für die Querabsperrung sollten mindestens drei Stück im Abstand von höchstens 1 m vorgesehen werden. Der Längsabstand der Leitkegel in der Längsabsperrung untereinander sollte nicht mehr als 12 m betragen. Die Länge der Engstelle bei Regelung des Verkehrs gemäß § 6 soll auch bei ausreichender Sicht 50 m nicht überschreiten.

(4) Zur Sicherung von Arbeitsstellen von kürzerer Dauer wird in der Regel die fahrbare Absperrtafel (Zeichen 616-31) eingesetzt. Der Einsatz von fahrbaren Absperrtafeln ohne Zugfahrzeug ist nicht zulässig.

(5) Sind die Absperrtafeln nicht aus einer Mindestentfernung von 200 m zu erkennen, so genügt es, zusätzlich in entsprechender Entfernung einen Leitkegel (Zeichen 610-42) mit Blinklicht in blitzender Ausführung als Vorwarneinrichtung oder Zeichen 123 anzuordnen. Nur in besonderen Ausnahmefällen kann ein Warnposten angeordnet werden.

(6) Zur Warnung vor Arbeitsstellen von kürzerer Dauer können auch Arbeitsfahrzeuge eingesetzt werden, die gemäß Teil A, Abschnitt 7.1 mit zusätzlichen Warneinrichtungen ausgestattet sind. Im Übrigen gelten dieselben Anforderungen wie für eine fahrbare Absperrtafel (z. B. rechtzeitige Erkennbarkeit).

(7) Stationäre Arbeitsstellen sind durch Zeichen 123 anzukündigen, wenn keine fahrbare Absperrtafel angeordnet wird. Bei beweglichen Arbeitsstellen kann das Zeichen 123 mit Zusatzzeichen 1001-30 oder -31 angeordnet werden. Die Entfernung zur Arbeitsstelle darf in diesem Falle höchstens 1.000 m betragen. Münden in diesem Bereich Straßen ein, muss der einbiegende Verkehr ebenfalls gewarnt oder das Zeichen 123 entsprechend versetzt werden.

(8) Bei der Durchführung von Unterhaltungsarbeiten kann im Rahmen der Inanspruchnahme von Sonderrechten gemäß § 35 Absatz 6 unter folgenden Voraussetzungen auf Zeichen 123 verzichtet werden:

- Das Arbeitsfahrzeug hat eine zusätzliche Sicherheitsausstattung gemäß Teil A, Abschnitt 7.1.
- Es handelt sich um bewegliche oder kurzzeitig stationäre Arbeitsstellen (z. B. Mähen, Leitpfosten reinigen).
- Die vorhandenen Sichtweiten sind überwiegend größer als 200 m.

(9) Wenn bei der Durchführung von Arbeiten von kürzerer Dauer die Sicherheit oder eine leistungsfähige Verkehrsabwicklung nicht ausreichend gewährleistet ist, muss die Arbeitsstelle wie eine Arbeitsstelle von längerer Dauer beschildert und abgesperrt werden. Für die Längsabsperrung können in diesen Fällen auch Leitkegel (Zeichen 610) eingesetzt werden.

Regelpläne C I
Landstraßen Arbeitsstellen von längerer Dauer
(Regelpläne C I)

Inhaltsübersicht

Hinweise für die Nutzung der Regelpläne

Die nachfolgenden Regelpläne stellen Standardsituationen dar. Sie werden erst mit ihrer Aufnahme in die verkehrsrechtliche Anordnung verbindlich. Soweit erforderlich, sind sie an die konkrete örtliche und verkehrliche Situation der zu sichernden Arbeitsstelle anzupassen. Um diese Anpassung für häufig auftretende Fälle zu vereinfachen, sehen zahlreiche Regelpläne Auswahlfelder vor, mit denen alternative oder ergänzende Maßnahmen beantragt und angeordnet werden können.

Soweit die Unternehmer bei der Erstellung des für die Beantragung der verkehrsrechtlichen Anordnung vorzulegenden Verkehrszeichenplans auf der Grundlage eines Regelplans von angebotenen Modifizierungen Gebrauch machen wollen, nutzen sie die hierfür vorgesehenen Auswahlfelder. Verbindlich werden die Maßnahmen erst mit der Bestätigung durch die Behörde im Rahmen der verkehrsrechtlichen Anordnung.

Die Aktualisierung und Weiterentwicklung der Regelpläne entbindet die anordnenden Behörden nicht von ihrer Verpflichtung, entsprechend den Vorgaben im Teil A Abschnitt 1.5 Absatz 3 stets sorgfältig zu prüfen, ob der durch den Antragsteller auf der Basis eines Regelplans eingereichte Verkehrszeichenplan der jeweiligen örtlichen und verkehrlichen Situation gerecht wird. Ist das nicht der Fall, hat der Antragsteller den Plan zu ergänzen oder zu ändern, soweit die Behörde die erforderlichen Anpassungen nicht selbst vornimmt.

C I/1 Bei befestigtem Seitenstreifen und ohne Einengung der Fahrbahn[1])

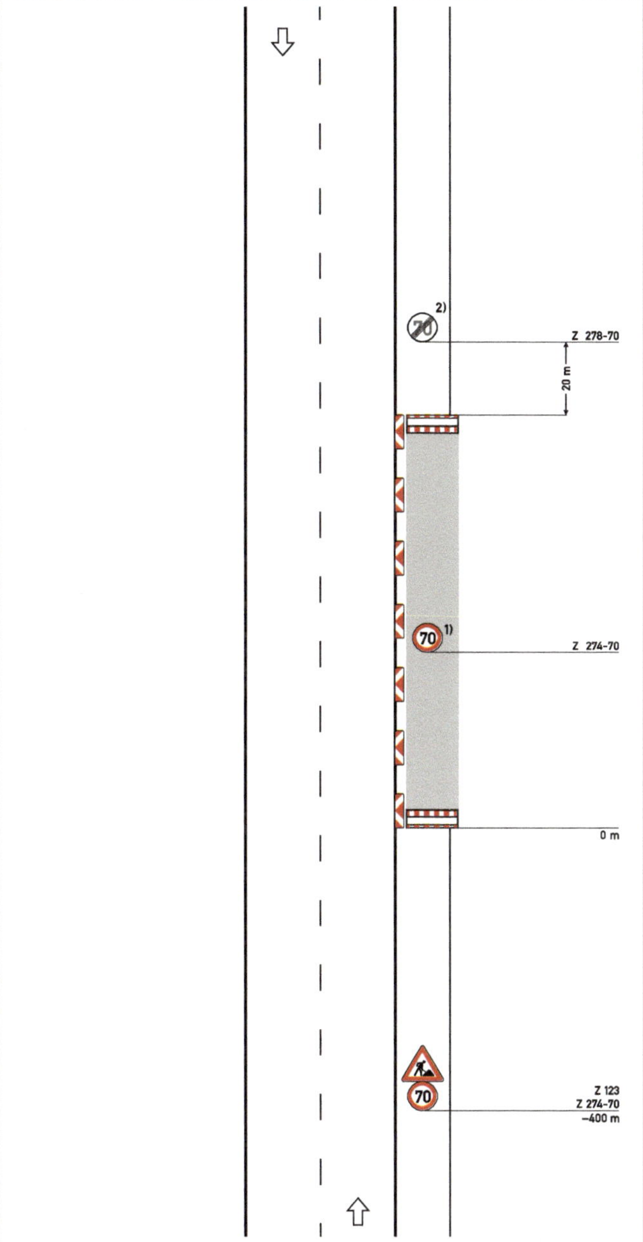

Regelplan C I/1

Bei befestigtem Seitenstreifen und ohne Einengung der Fahrbahn

Längsabsperrung
durch doppelseitige Leitbaken
Abstand max. 12 m

1) [ ] Arbeitsstelle länger als 1000 m: Wiederholung alle 500 m

2) nur wenn Z 274-70 wiederholt wird

05.21

1) siehe dazu Korrektur Regelpläne Teil C I

C I/2 Bei befestigtem Seitenstreifen und ohne Einengung der Fahrbahn auf einen Fahrstreifen[1])

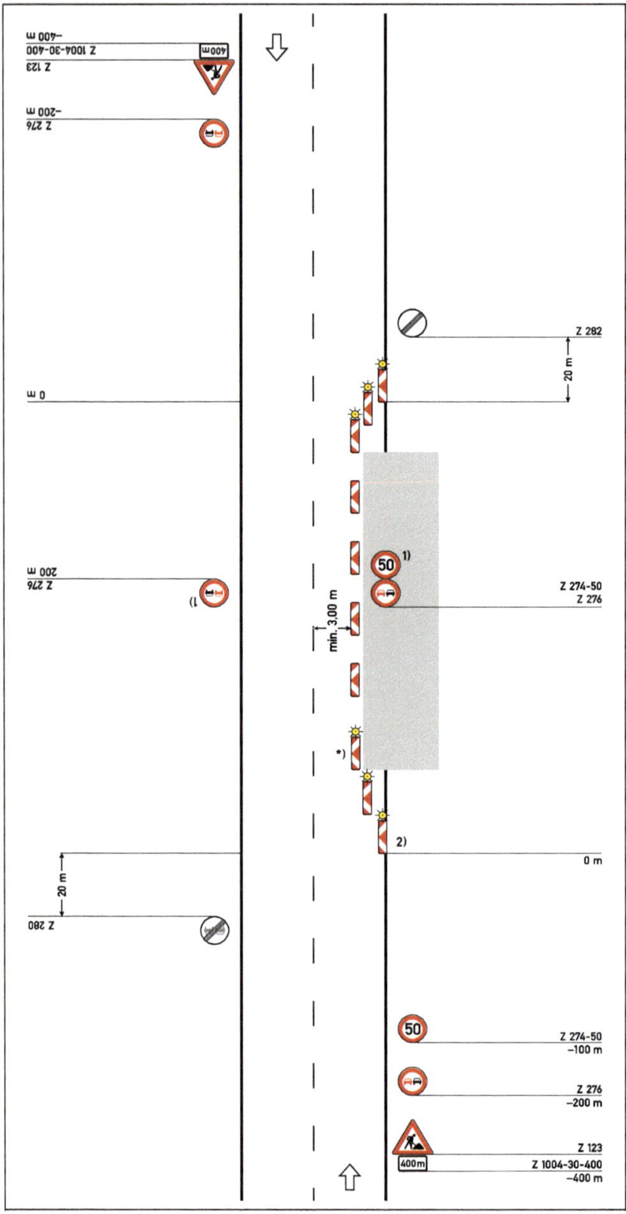

Regelplan C I/2

Bei befestigtem Seitenstreifen und ohne Einengung der Fahrbahn auf einen Fahrstreifen

Querabsperrung
durch doppelseitige Leitbaken (min. 3)
Verziehungsmaß ca. 1:3
Abstand quer max. 0,6 m
doppelseitige gelbe Warnleuchte auf jeder Leitbake

[ ] Statt Leitbaken Absperrschranken am Ende der Arbeitsstelle angeordnet

Längsabsperrung
durch doppelseitige Leitbaken
Abstand max. 12 m

1) [ ] Arbeitsstelle länger als 1000 m: Wiederholung alle 500 m

2) einseitige Leitbaken mit einseitiger gelber Warnleuchte

*) doppelseitige Leitbake mit doppelseitiger gelber Warnleuchte

05.21

---

1) siehe dazu Korrektur Regelpläne Teil C I

C I/3 Verkehrsführung über Behelfsfahrstreifen[1])

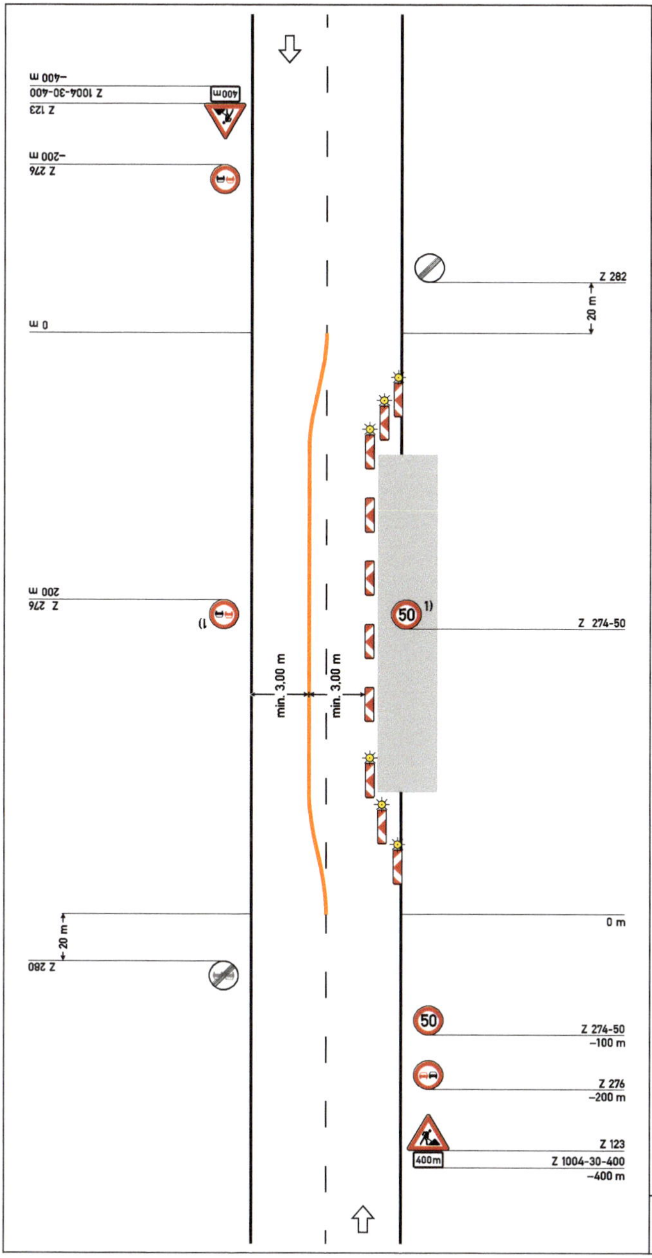

Regelplan C I/3

Verkehrsführung über Behelfsfahrstreifen

Querabsperrung
durch einseitige Leitbaken
(min. 3)
Verziehungsmaß ca. 1:3
Abstand quer max. 0,6 m
einseitige gelbe Warnleuchte auf jeder Leitbake

[ ] Statt Leitbaken Absperrschranken am Ende der Arbeitsstelle angeordnet

Längsabsperrung
durch einseitige Leitbaken
Abstand max. 12 m

1) Wiederholen bei Arbeitsstellen über 1000 m Länge im Abstand von 500 m

05.21

1) siehe dazu Korrektur Regelpläne Teil C I

C I/4 Fahrbahn halbseitig gesperrt, Verkehrsregelung durch Verkehrszeichen[1])

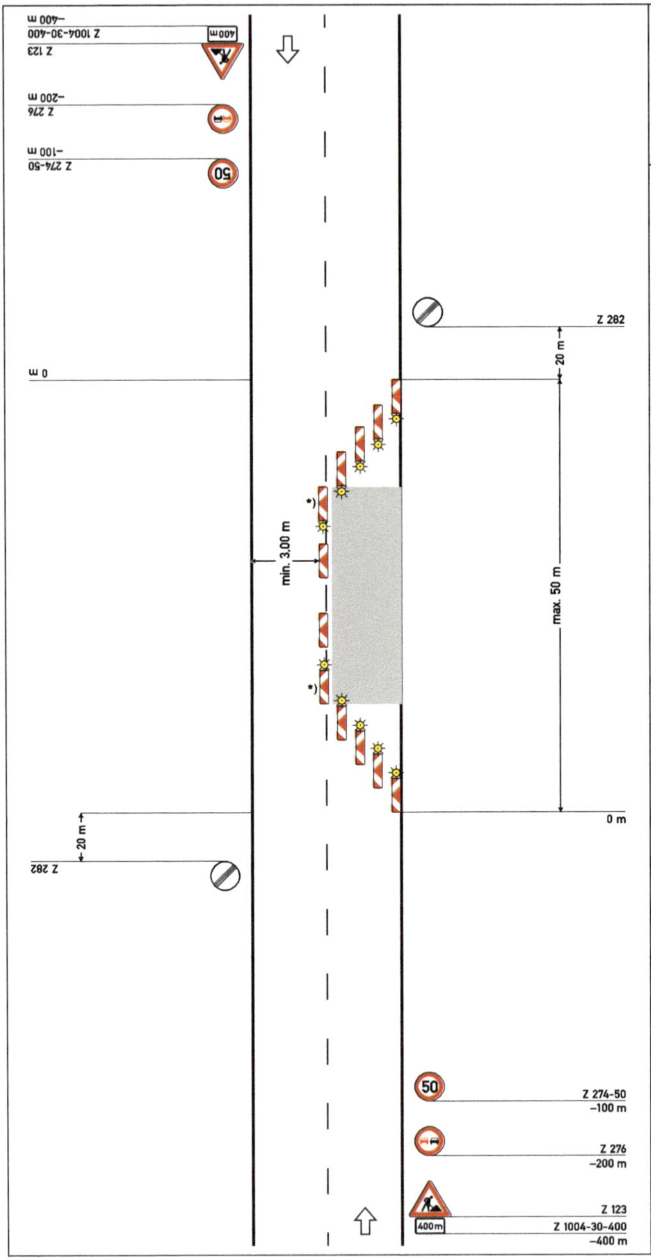

Regelplan C I/4

Fahrbahn halbseitig gesperrt

Verkehrsregelung durch Verkehrszeichen

Querabsperrung
durch doppelseitige Leitbaken (min. 3)
Verziehungsmaß ca. 1:3
Abstand quer max. 0,6 m
doppelseitige gelbe Warnleuchte auf jeder Leitbake

Längsabsperrung
durch doppelseitige Leitbaken
Abstand max. 12 m

Querabsperrung
durch einseitige Leitbaken (min. 3)
Verziehungsmaß ca. 1:3
Abstand quer max. 0,6 m
Einseitige gelbe Warnleuchte auf jeder Leitbake

*) doppelseitige Leitbake und Warnleuchte

05.21

1) siehe dazu Korrektur Regelpläne Teil C I

C I/5 Fahrbahn halbseitig gesperrt, Verkehrsregelung durch Lichtzeichenanlage[1])

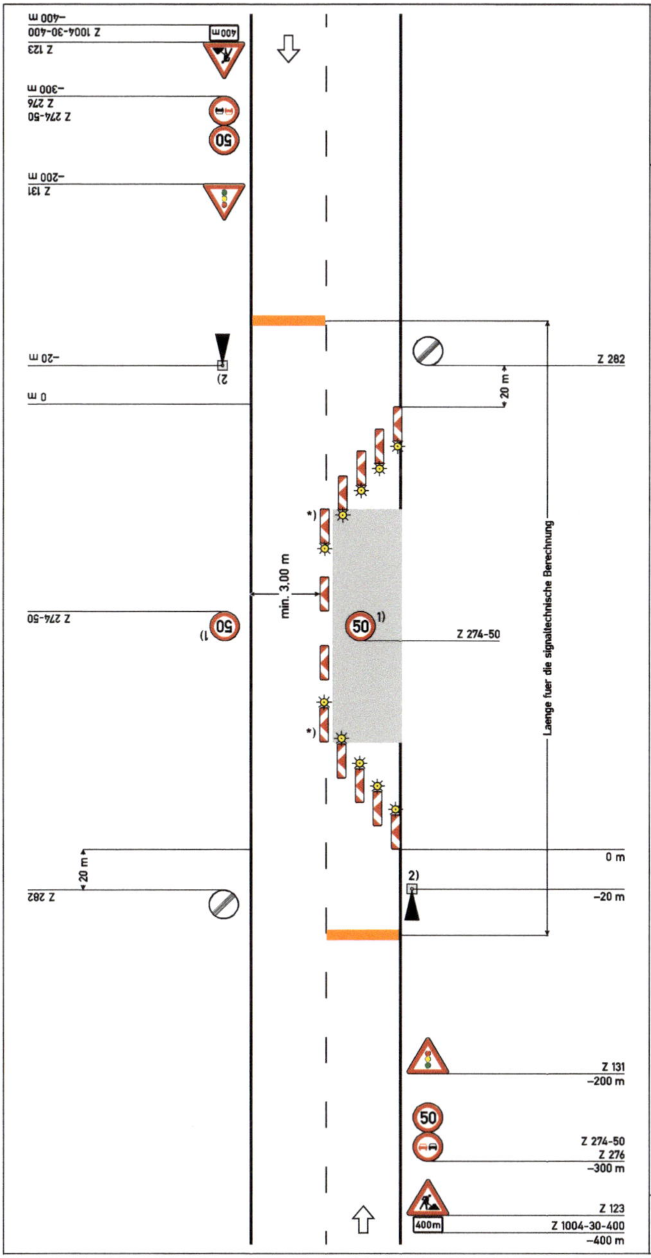

Regelplan C I/5

Fahrbahn halbseitig gesperrt

Verkehrsregelung durch Lichtzeichenanlage

Querabsperrung
durch doppelseitige Leitbaken (min. 3)
Verziehungsmaß ca. 1:3
Abstand quer max. 0,6 m
doppelseitige gelbe Warnleuchte auf jeder Leitbake

Längsabsperrung
durch einseitige Leitbaken
Abstand max. 12 m

Querabsperrung
durch einseitige Leitbaken (min. 3)
Verziehungsmaß ca. 1:3
Abstand quer max. 0,6 m
Einseitige gelbe Warnleuchte auf jeder Leitbake

*) doppelseitige Leitbake und Warnleuchte

1) Wiederholen bei Arbeitsstellen über 1000 m Länge im Abstand von 500 m

2) [ ] Signalzeitenplan,
[ ] Signallageplan
[ ] Phasenfolgeplan
als Anlage beigefügt und angeordnet

möglichst verkehrsabhängige Schaltung anordnen

05.21

1) siehe dazu Korrektur Regelpläne Teil C I

C I/6 Arbeitsstelle am Übergang vom Außer- in den Innerortsbereich, Fahrbahn halbseitig gesperrt[1])

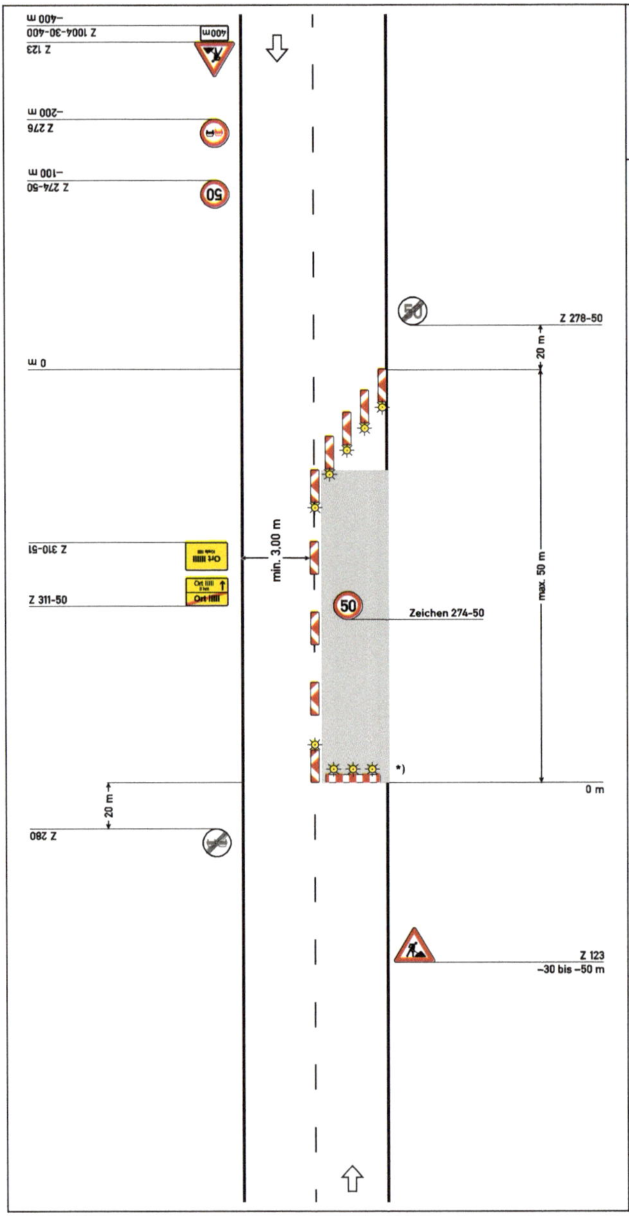

Regelplan C I/6

Arbeitsstelle am Übergang vom Außer- in den Innerortsbereich

Fahrbahn halbseitig gesperrt

Querabsperrung
durch doppelseitige Leitbaken (min. 3) mit doppelseitigen gelben Warnleuchten
Verziehungsmaß ca. 1:3
Abstand quer max. 0,6 m

Längsabsperrung
durch doppelseitige Leitbaken
Abstand max. 12 m, innerorts 9 m

Querabsperrung
durch doppelseitige Leitbake mit doppelseitiger gelber Warnleuchte und Absperrschranken mit mindestens 3 einseitigen gelben Warnleuchten

*) entsprechend Teil B bei Fußverkehr

05.21

1) siehe dazu Korrektur Regelpläne Teil C I

C I/7 Dreistreifige Fahrbahn, Sperrung des rechten Fahrstreifens der zweistreifigen Richtung

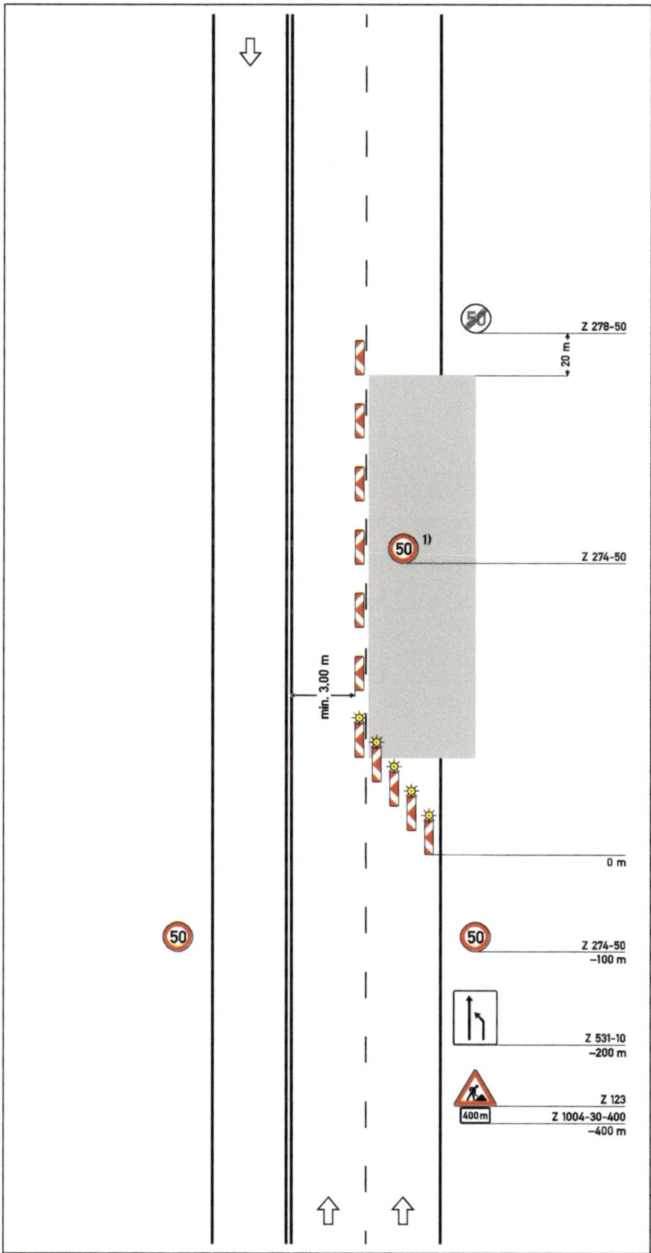

Regelplan C I/7

Dreistreifige Fahrbahn

Sperrung des rechten Fahrstreifens der zweistreifigen Richtung

Längsabsperrung
durch einseitige Leitbaken
Abstand max. 12 m

Querabsperrung
durch einseitige Leitbaken (min. 3) mit einseitigen gelben Warnleuchten
Verziehungsmaß ca. 1:3
Abstand quer max. 0,6 m

1) Wiederholen bei Arbeitsstellen über 1000 m Länge im Abstand von 500 m

05.21

C I/8 Dreistreifige Fahrbahn, Sperrung des linken Fahrstreifens der zweistreifigen Richtung[1])

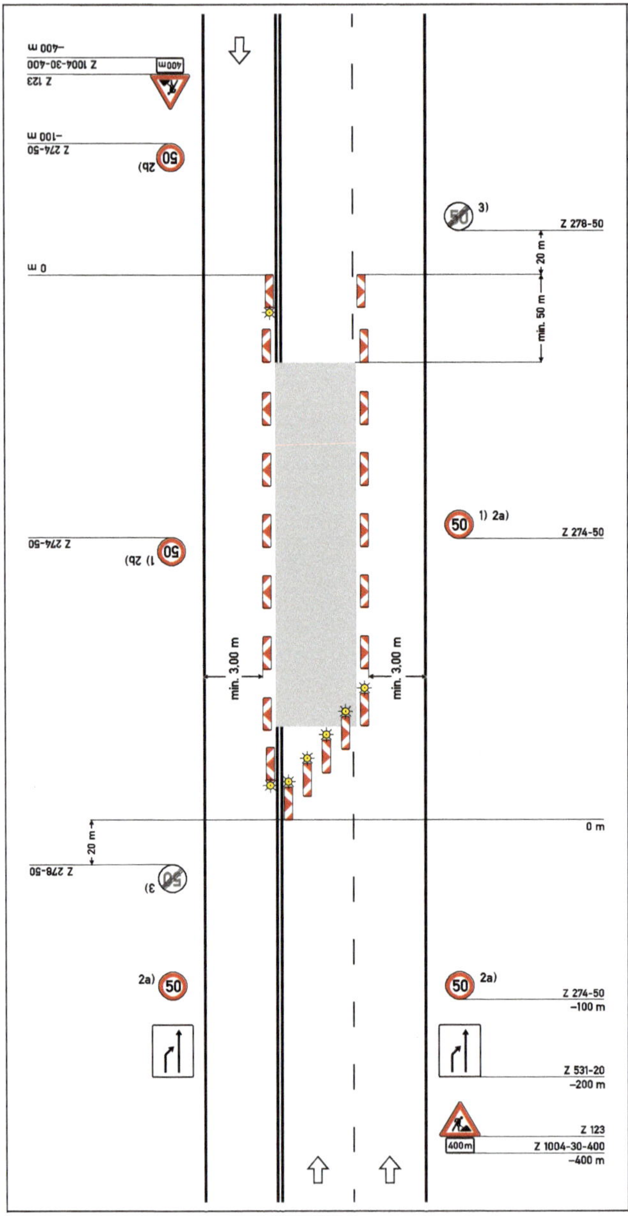

Regelplan C I/8

Dreistreifige Fahrbahn

Sperrung des linken Fahrstreifens der zweistreifigen Richtung

Längsabsperrung
durch einseitige Leitbaken
Abstand max. 12 m

Querabsperrung
durch einseitige Leitbaken
(min. 3) einseitige gelbe Warnleuchte auf jeder Leitbake
Verziehungsmaß ca. 1:3
Abstand quer max. 0,6 m

1) Wiederholen bei Arbeitsstellen über 1000 m Länge im Abstand von 500 m

2a) [ ] 70 km/h
2b) [ ] 70 km/h

i.d.R. anzuordnen, wenn die Fahrstreifenbreite mindestens 3,25 m beträgt und zwischen den Verschwenkungen mehr als 1000 m liegen; Prüfung ist für jede Fahrtrichtung getrennt vorzunehmen

3) Z 278-70, wenn Z 274-70 angeordnet ist

05.21

[1]) siehe dazu Korrektur Regelpläne Teil C I

C I/9 Dreistreifige Fahrbahn, Sperrung der einstreifigen Richtung[1])

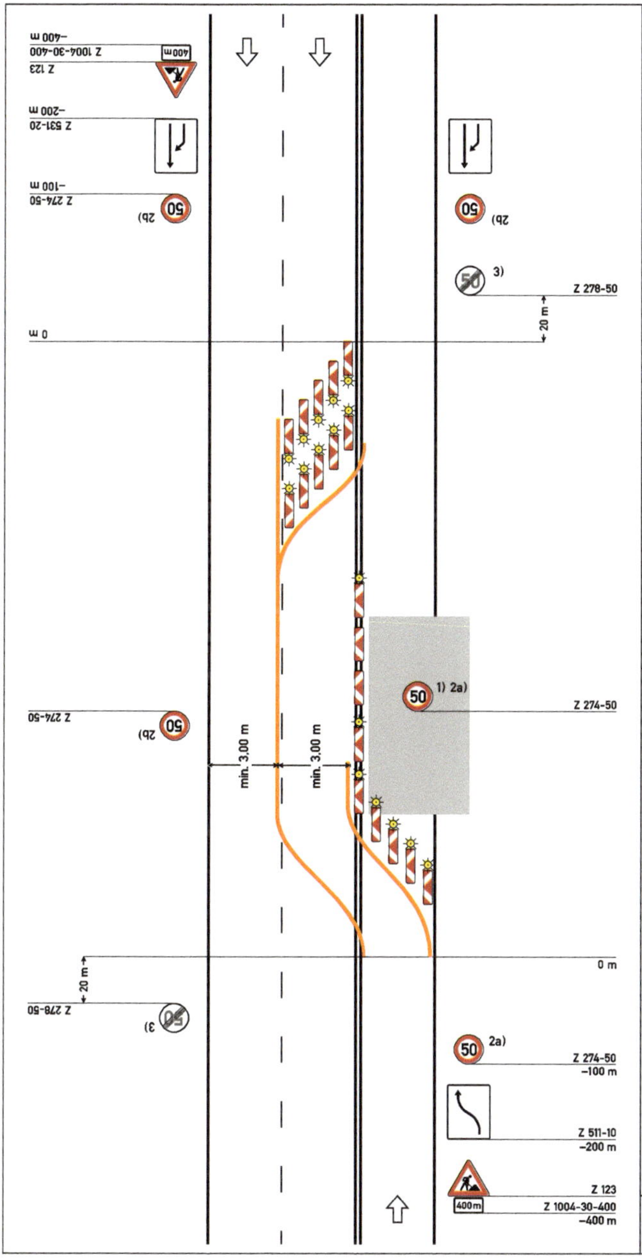

Regelplan C I/9

Dreistreifige Fahrbahn

Sperrung der einstreifigen Richtung

Querabsperrung
durch einseitige Leitbaken (min. 3)
Verziehungsmaß ca. 1:3
Abstand max. quer 0,6 m
mit einseitiger gelber Warnleuchte auf jeder Leitbake

Längsabsperrung
durch einseitige Leitbaken
Abstand max. 12 m

Verschwenkung und Rückverschwenkung
durch einseitige Leitbaken (min. 3)
Verschwenkungsmaß ca. 1:10
Abstand max. quer 0,6 m
mit einseitiger gelber Warnleuchte auf jeder Leitbake

Fahrstreifenbegrenzung
[ ] durch gelbe Markierung
[ ] durch Leitschwellen

1) Wiederholen bei Arbeitsstellen über 1000 m Länge im Abstand von 500 m

2a) [ ] 70 km/h
2b) [ ] 70 km/h

i.d.R. anzuordnen, wenn die Fahrstreifenbreite mindestens 3,25 m beträgt und zwischen den Verschwenkungen mehr als 1000 m liegen; Prüfung ist für jede Fahrtrichtung getrennt vorzunehmen

3) Z 278-70, wenn Z 274-70 angeordnet ist

05.21

[1]) siehe dazu Korrektur Regelpläne Teil C I

C I/10 Arbeitsstellenumfahrung mit Behelfsfahrbahn[1])

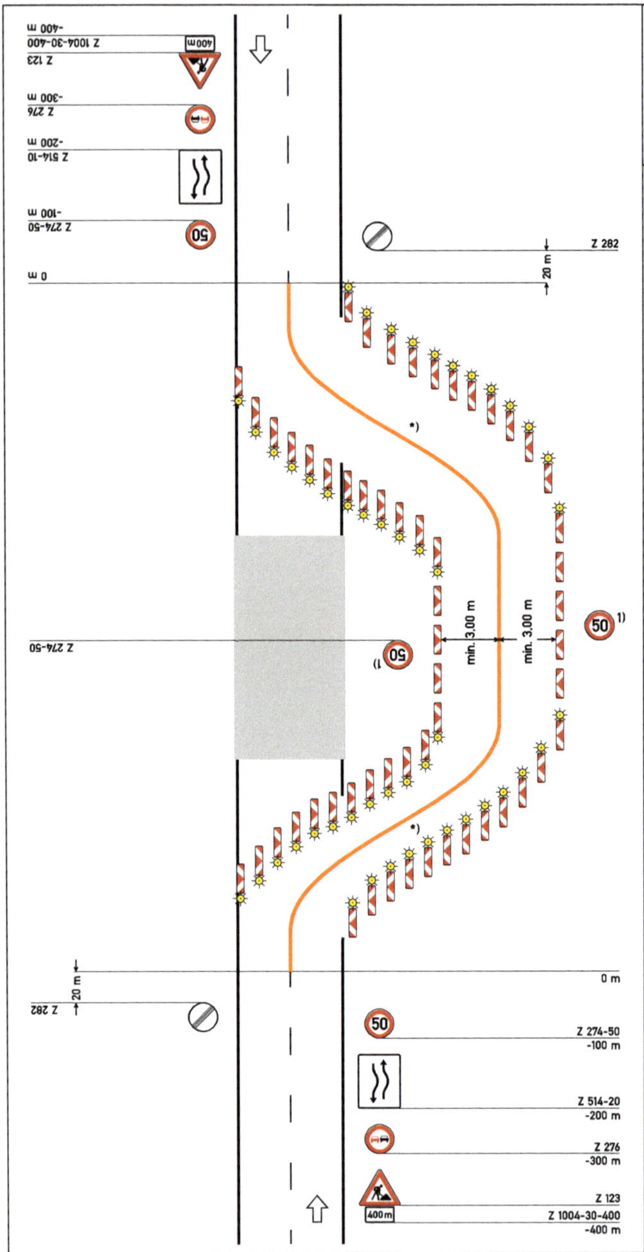

Regelplan C I/10

Arbeitsstellenumfahrung mit Behelfsfahrbahn

Querabsperrung
durch einseitige Leitbaken mit einseitigen gelben Warnleuchten auf jeder Leitbake
Verschwenkungsmaß ca. 1:10
Abstand quer max. 0,6 m

Fahrstreifenbegrenzung
[ ] durch gelbe Markierung
[ ] durch Leitschwellen

Längsabsperrung
durch einseitige Leitbaken

1) Wiederholen bei Umfahrungen von über 1000 m Länge im Abstand von 500 m

*) die Verschwenkungen sind mittels Schleppkurven zu bemessen, bei Bedarf sind linsenförmige Trennbereiche einzurichten

05.21

1) siehe dazu Korrektur Regelpläne Teil C I

C I/11 Dreistreifige Fahrbahn, Sperrung des rechten Fahrstreifens der zweistreifigen Richtung[1])

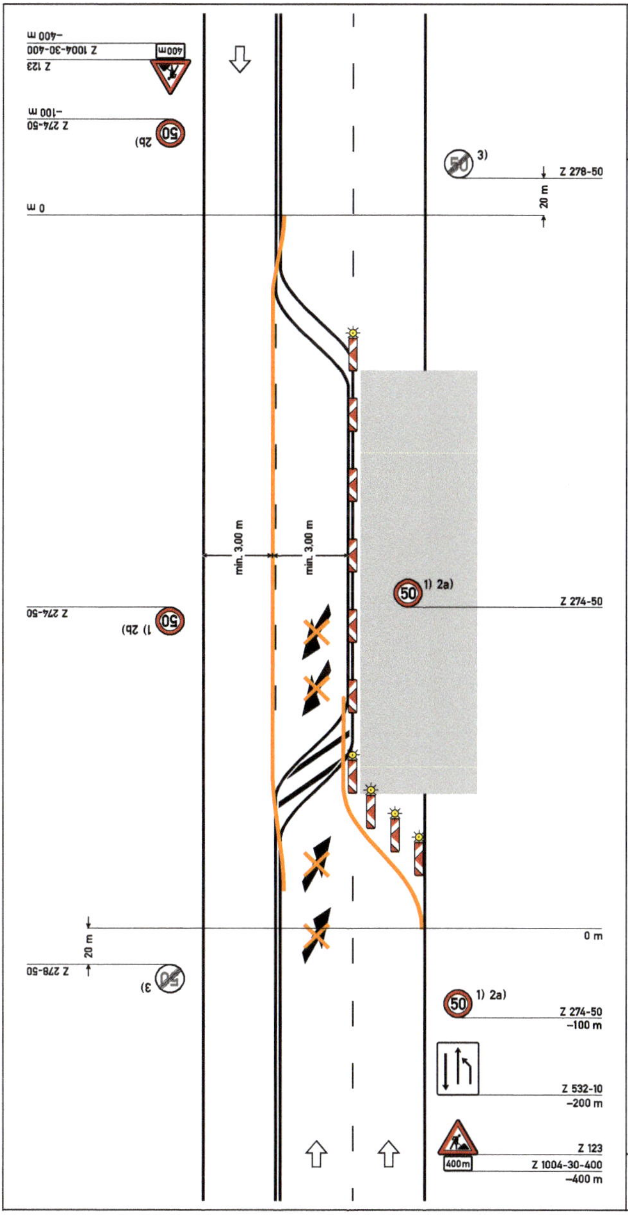

Regelplan C I/11

Dreistreifige Fahrbahn

Sperrung des rechten Fahrstreifens der zweistreifigen Richtung

Querabsperrung
durch einseitige Leitbaken (min. 3)
Verziehungsmaß ca. 1:3
Abstand quer max. 0,6 m
einseitige gelbe Warnleuchte auf jeder Leitbake

Längsabsperrung
durch einseitige Leitbaken
Abstand max. 12 m

Fahrstreifenbegrenzung
durch
[ ] gelbe Markierung
[ ] Leitschwellen
[ ] Leitborde

1) Wiederholen bei Arbeitsstellen über 1000 m Länge im Abstand von 500 m

2a) [ ] 70 km/h
2b) [ ] 70 km/h

i.d.R. anzuordnen, wenn die Fahrstreifenbreite mindestens 3,25 m beträgt; Prüfung ist für jede Fahrtrichtung getrennt vorzunehmen

3) Z 278-70, wenn Z 274-70 angeordnet ist

05.21

1) siehe dazu Korrektur Regelpläne Teil C I

C I/12 Zweistreifige Fahrbahn mit Kreisverkehr, Verkehrsregelung durch Lichtzeichenanlage[1])

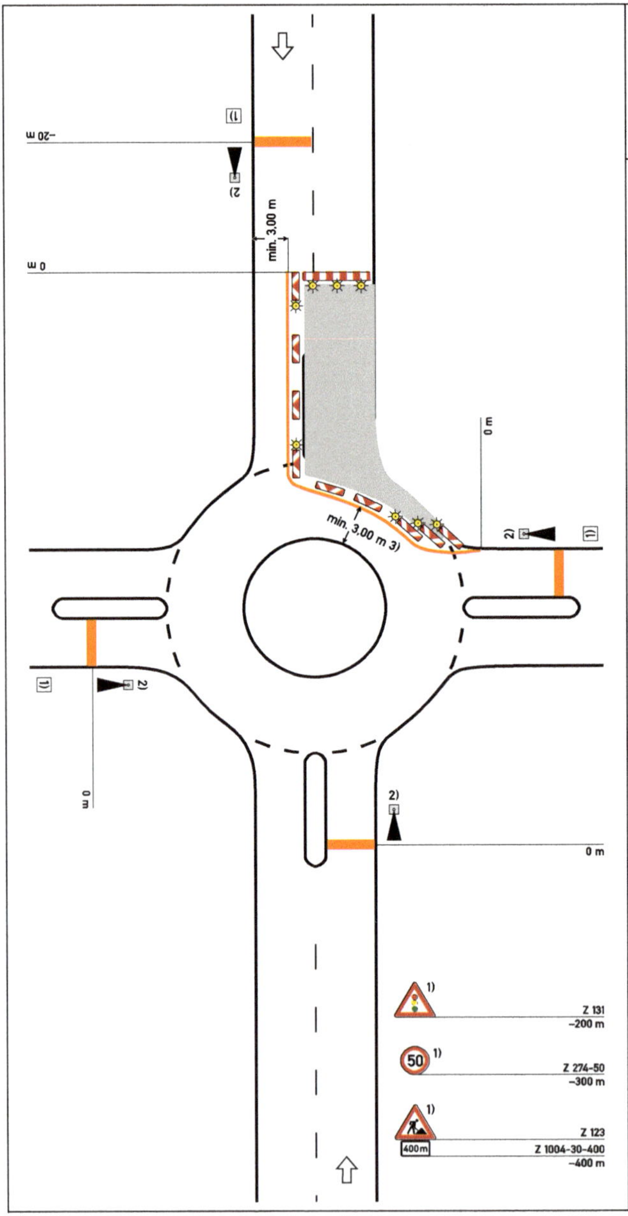

Regelplan C I/12

Zweistreifige Fahrbahn mit Kreisverkehr

Verkehrsregelung durch Lichtzeichenanlage

[ ] Einrichtung einer Umleitung
[ ] Anpassung der vorhandenen Verkehrszeichen gemäß Eintragung

Querabsperrung
durch Absperrschranken mit mindestens 3 einseitigen gelben Warnleuchten und doppelseitige Leitbake mit doppelseitiger gelber Warnleuchte

Längsabsperrung auf Fahrbahn des Knotenpunktarms
doppelseitige Leitbaken, Abstand max. 12 m

Längsabsperrung auf Kreisfahrbahn
durch einseitige Leitbaken, Abstand max. 5 m

Querabsperrung auf Kreisfahrbahn
einseitige Leitbaken mit einseitigen gelben Warnleuchten
Verziehungsmaß 1:3
Abstand quer max. 0,6 m

1) Beschilderung für alle anderen Zufahrten analog

2) [ ] Signalzeitenplan,
[ ] Signallageplan
[ ] Phasenfolgeplan

als Anlage beigefügt und angeordnet

möglichst verkehrsabhängige Schaltung anordnen

an den nicht unmittelbar von der Arbeitsstelle betroffenen Zufahrten kann sich (DUNKEL-GELB-ROT-DUNKEL) als Signalfolge empfehlen

3) [ ] Befahrbarkeit mittels Schleppkurven geprüft

05.21

[1]) siehe dazu Korrektur Regelpläne Teil C I

C I/13 Zweistreifige Fahrbahn mit Kreisverkehr, Verkehrsregelung durch Lichtzeichenanlage[1])

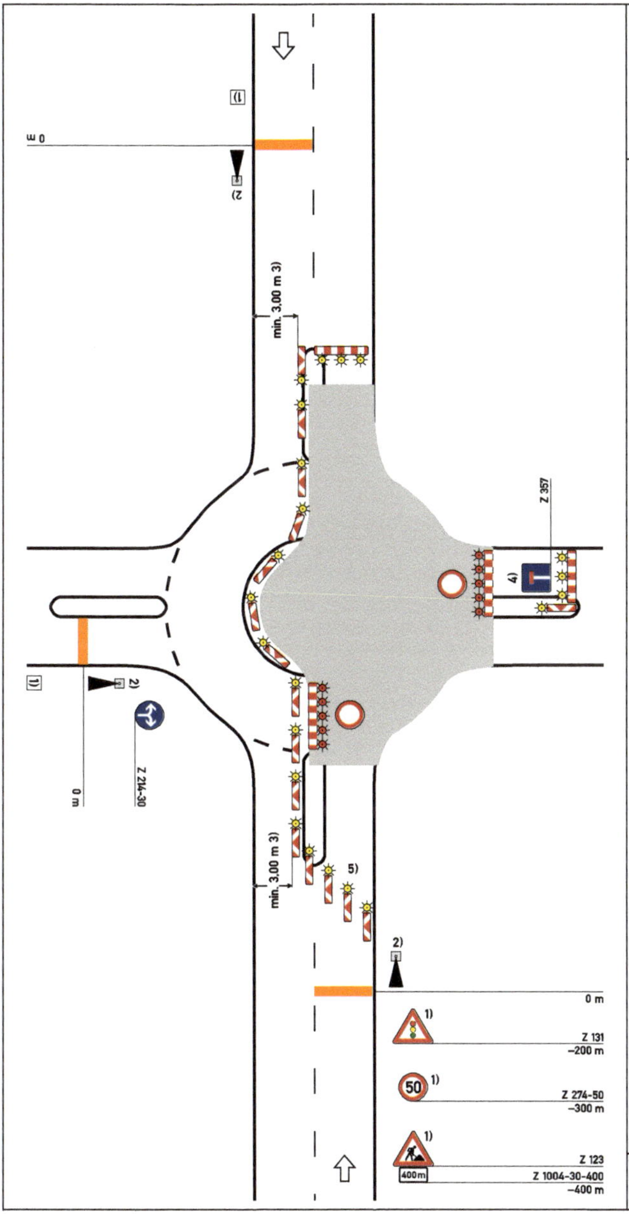

Regelplan C I/13

Zweistreifige Fahrbahn mit Kreisverkehr

Verkehrsregelung durch Lichtzeichenanlage

[ ] Einrichtung einer Umleitung
[ ] Anpassung der vorhandenen Verkehrszeichen gemäß Eintragung

Querabsperrung
durch Absperrschranken mit mindestens 3 einseitigen gelben Warnleuchten und doppelseitige Leitbake mit doppelseitiger gelber Warnleuchte

Längsabsperrung auf Fahrbahn
durch doppelseitige Leitbaken mit doppelseitigen gelben Warnleuchten,
Abstand max. 3 m

Querabsperrung auf Fahrbahn
durch Absperrschranken mit 5 roten Warnleuchten

1) Anordnung für alle anderen Zufahrten analog

2) [ ] Signalzeitenplan,
[ ] Signallageplan
[ ] Phasenfolgeplan
als Anlage beigefügt und angeordnet

möglichst verkehrsabhängige Schaltung anordnen

3) [ ] Befahrbarkeit mittels Schleppkurven geprüft

4) [ ] unmittelbar hinter der letzten vorgelagerten Kreuzung oder Einmündung
Z 357 entsprechend der tatsächlichen Durchlässigkeit angeordnet

5) einseitige Leitbaken mit einseitiger gelber Warnleuchte
Verziehungsmaß 1:3

05.21

---

1) siehe dazu Korrektur Regelpläne Teil C I

Korrektur Regelpläne Teil C I

Regelplan	Korrekturen
C I/1	Da Seitenstreifen außerhalb von Autobahnen zum Vorbeilassen überholender Fahrzeuge genutzt werden dürfen (§ 5 Abs. 6 StVO), sowie von langsamen Fahrzeugen befahren werden müssen (Ge- oder Verbot zu Zeichen 295, lfd. Nr. 68 – 1c, Anlage 2 StVO), sind die Verkehrseinrichtungen im Bereich der Querabsperrung zumindest in Fahrtrichtung mit gelben Warnleuchten zu ergänzen. Die Ankündigung via Zeichen 123 muss auf Grund des abweichenden Abstandes zur Arbeitsstelle (400 m) mit dem Zusatzzeichen 1004-30-400 ergänzt werden. Zeichen 274 ist dann 100 m vor der Arbeitsstelle separat anzuordnen. Zeichen 278 ist in jedem Fall erforderlich, auch wenn Zeichen 274 nicht wiederholt wird – die Option unter 2) im Seitentext entfällt.
C I/2	Die Leitbaken und Warnleuchten an der Querabsperrung am Ende der Arbeitsstelle sind einseitig, mit Ausnahme der äußeren Leitbake, die gleichzeitig der Längsabsperrung dient. Diese Leitbaken müssen für die Gegenrichtung wirksam sein (vgl. Regelplan C I/4).
C I/3	Die Absicherung am Ende der Arbeitsstelle endet mit der letzten Leitbake der Längsabsperrung. Eine spitzwinklige Querabsperrung ist in diesem Fall nicht erforderlich. Ggf. kann ein Absperrschrankengitter angeordnet werden, bei welchem das Verkehrszeichenbild in die Gegenrichtung zeigt (vgl. Regelplan C I/1). Das wiederholte Zeichen 276 in der Gegenrichtung entfällt, da das Überholen bereits durch die gelbe Fahrstreifenbegrenzung unterbunden ist (vgl. VwV-StVO zu Zeichen 276). Die Aufhebung des im Zulaufbereich angeordneten Überholverbotes durch Zeichen 280 am Ende der Arbeitsstelle bleibt hiervon unberührt. Im Seitentext fehlt die Option zum Einsatz von Leitschwelle oder Leitbord anstelle einer gelben Markierung (vgl. Regelplan B I/4 bzw. B II/7).
C I/4	Die Leitbaken und Warnleuchten an der Querabsperrung sind einseitig, mit Ausnahme der jeweils äußeren Leitbake, die gleichzeitig der Längsabsperrung dient (mit *) gekennzeichnet).
C I/5	Die Leitbaken und Warnleuchten an der Querabsperrung sind einseitig, mit Ausnahme der jeweils äußeren Leitbake, die gleichzeitig der Längsabsperrung dient (mit *) gekennzeichnet). Die Leitbaken der Längsabsperrung sind doppelseitig, nicht einseitig. (Fehler im Seitentext).
C I/6	Die Leitbaken und Warnleuchten an der Querabsperrung am Ende der Arbeitsstelle sind einseitig, mit Ausnahme der äußeren Leitbake, die gleichzeitig der Längsabsperrung dient. Die Absperrschranke am Beginn der Arbeitsstelle wird im Regelfall ein Absperrschrankengitter sein.
C I/8	Die unter 2a, 2b und 3 benannten Optionen zur Anordnung von Zeichen 274-70 bzw. 278-70 sollten stets als grafische Änderung im Plan erfolgen (Abbildung Zeichen 274-70 und 278-70). In der Gegenrichtung kann auf die Warnleuchte auf der letzten Leitbake am Ende der Arbeitsstelle verzichtet werden.
C I/9	Die unter 2a, 2b und 3 benannten Optionen zur Anordnung von Zeichen 274-70 bzw. 278-70 sollten stets als grafische Änderung im Plan erfolgen (Abbildung Zeichen 274-70 und 278-70). Im Seitentext fehlt die Option zum Einsatz von Leitbord.
C I/10	Die Leitbaken in der unteren Bildhälfte sind falsch eingezeichnet. Sie müssen jeweils für die Richtung sichtbar sein, die unmittelbar auf die jeweilige Querabsperrung zufährt (vgl. Regelplan C I/9 RSA 95). Dies ist in diesem besonderen Fall notwendig, auch wenn es der Festlegung im Teil A unter 3.4.2 (1) widerspricht. Die Leitbaken am rechten Fahrbahnrand der Verschwenkung (untere Planhälfte) müssen daher vornehmlich für die Gegenrichtung (auf der Umfahrung von oben kommend) sichtbar sein. Die Verschwenkung auf der ursprünglichen Fahrbahn muss für den von unten kommenden Verkehr sichtbar sein. Da es sich um einseitige Leitbaken mit einseitigen Leuchten handelt, sollte zur Kennzeichnung des Fahrbahnverlaufs im Verschwenkungsbereich eine gelbe Markierung am Fahrbahnrand vorgesehen werden. Zur Vermeidung einer Irritierenden Gesamtsituation sollte die Behelfsfahrbahn abseits der Verschwenkungsbereiche vollständig markiert werden (inkl. Fahrbahnrand – vorzugsweise in Weiß) und anstelle von Leitbaken sollten Leitpfosten zur Anwendung kommen. Leitbaken und gelbe Markierungen sollten hingegen nur dem unmittelbaren Verschwenkungsbereich vorbehalten sein.
C I/11	Die unter 2a, 2b und 3 benannten Optionen zur Anordnung von Zeichen 274-70 bzw. 278-70 sollten stets als grafische Änderung im Plan erfolgen (Abbildung Zeichen 274-70 und 278-70). Auf die Warnleuchte auf der letzten Leitbake am Ende der Arbeitsstelle kann verzichtet werden (vgl. Regelplan C I/7).
C I/12	Die gelbe Fahrbahnbegrenzung ist überflüssig (vgl. Regelplan B I/16).

Regelplan	Korrekturen
C I/13	Die Längsabsperrung im Bereich der Kreisfahrbahn ist zumindest an neuralgischen Punkten (von links kommend) zusätzlich mit Absperrschrankengittern abzusichern, da der Verkehr nur die Seiten der Leitbaken sieht und ggf. durch die Lücken zwischen den Leitbaken in den Arbeitsbereich fährt (Anmerkung: In Regelplan B I/17 beträgt der Längsabstand der Leitbaken max. 5 m, in Regelplan C I/13 max. 3 m – trotz identischer Situation). Bei reinen Längsabsperrungen sind keine gelben Warnleuchten auf den Leitbaken erforderlich (Bereich außerhalb der Kreisfahrbahn). Anstelle der Absperrschranke mit fünf roten Leuchten und Zeichen 250 (Kreisfahrbahn unten) empfiehlt sich der Einsatz von Absperrschrankengittern mit gelben Warnleuchten. Dies gilt auch für den oberen Teil der Kreisfahrbahn, welche zum Arbeitsbereich hin zusätzlich gesichert werden muss. Ob dieser Regelplan überhaupt angeordnet werden kann, ist maßgeblich von den baulichen Voraussetzungen abhängig – daher sind insbesondere die Schleppkurven sehr sorgfältig zu prüfen (in diesem Fall nach links abbiegend). Des Weiteren ist die Vorfahrtregelung im Falle eines LSA-defekts hinreichend zu klären, insbesondere mit Blick auf den Sonderfall Kreisverkehr (§ 8 Abs. 1a StVO) und die Beschilderung durch Zeichen 205 und 215.

Hinweise für die Nutzung der Regelpläne

Die nachfolgenden Regelpläne stellen Standardsituationen dar. Sie werden erst mit ihrer Aufnahme in die verkehrsrechtliche Anordnung verbindlich. Soweit erforderlich, sind sie an die konkrete örtliche und verkehrliche Situation der zu sichernden Arbeitsstelle anzupassen. Um diese Anpassung für häufig auftretende Fälle zu vereinfachen, sehen zahlreiche Regelpläne Auswahlfelder vor, mit denen alternative oder ergänzende Maßnahmen beantragt und angeordnet werden können.

Soweit die Unternehmer bei der Erstellung des für die Beantragung der verkehrsrechtlichen Anordnung vorzulegenden Verkehrszeichenplans auf der Grundlage eines Regelplans von angebotenen Modifizierungen Gebrauch machen wollen, nutzen sie die hierfür vorgesehenen Auswahlfelder. Verbindlich werden die Maßnahmen erst mit der Bestätigung durch die Behörde im Rahmen der verkehrsrechtlichen Anordnung.

Die Aktualisierung und Weiterentwicklung der Regelpläne entbindet die anordnenden Behörden nicht von ihrer Verpflichtung, entsprechend den Vorgaben im Teil A Abschnitt 1.5 Absatz 3 stets sorgfältig zu prüfen, ob der durch den Antragsteller auf der Basis eines Regelplans eingereichte Verkehrszeichenplan der jeweiligen örtlichen und verkehrlichen Situation gerecht wird. Ist das nicht der Fall, hat der Antragsteller den Plan zu ergänzen oder zu ändern, soweit die Behörde die erforderlichen Anpassungen nicht selbst vornimmt.

C II/1 Arbeitsstelle von kürzerer Dauer mit Beschilderung auf Straßen mit geringer Verkehrsstärke (nur bei Tageslicht)

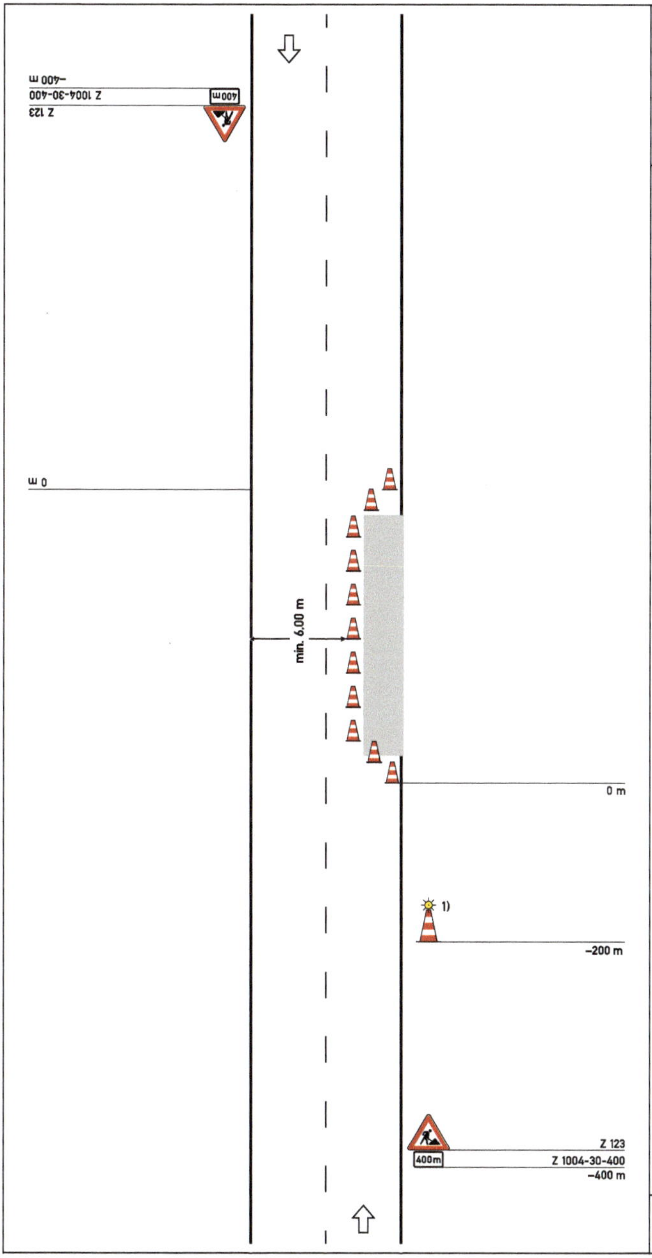

Regelplan C II/1

Arbeitsstelle von kürzerer Dauer mit Beschilderung auf Straßen mit geringer Verkehrsstärke

(nur bei Tageslicht)

Längsabsperrung
durch Leitkegel
(Höhe min. 0,5 m)
Abstand längs max. 12 m

Querabsperrung
durch min. 3 Leitkegel
(Höhe min. 0,5 m)
Abstand quer max. 0,6 m
Verziehungsmaß 1:3

1) Zusätzlich angeordnet:

[ ] Leitkegel (Höhe min. 0,75 m) mit gelber Warnleuchte in blitzender Ausführung als Vorwarneinrichtung

oder

[ ] Warnposten

Anordnung nur in Ausnahmefällen

05.21

C II/2 Arbeitsstelle von kürzerer Dauer mit fahrbarer Absperrtafel (nur bei Tageslicht)[1]

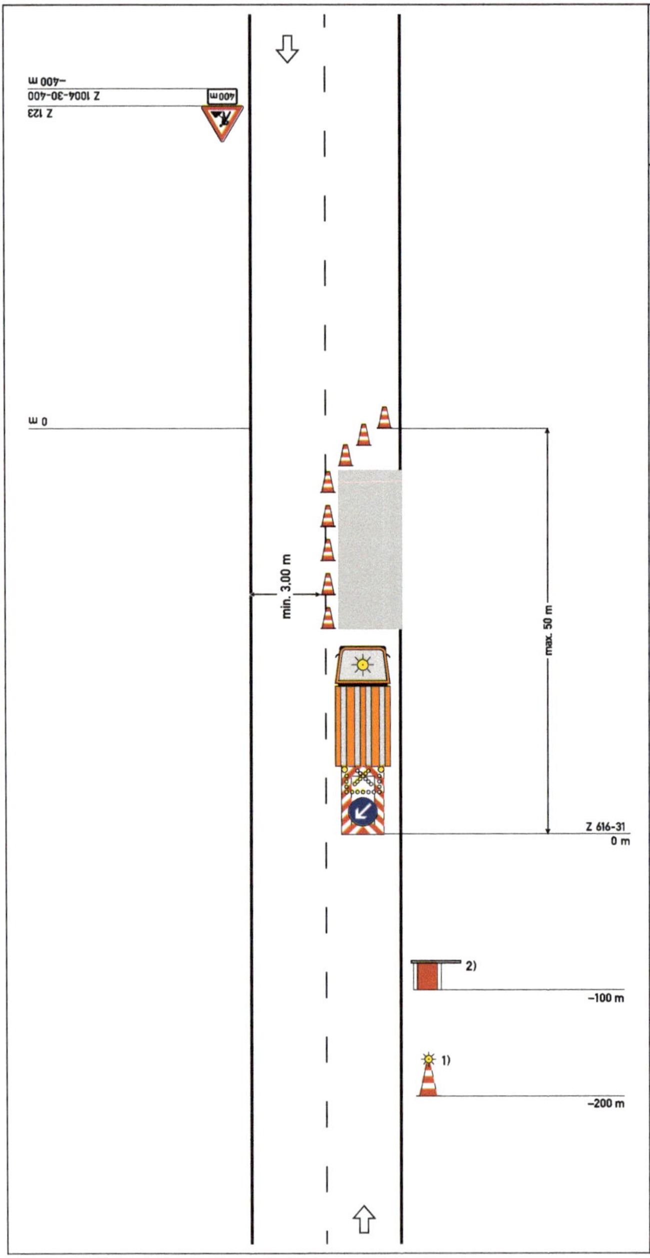

Regelplan C II/2

Arbeitsstelle von kürzerer Dauer mit fahrbarer Absperrtafel

(nur bei Tageslicht)

Querabsperrung
durch min. 3 Leitkegel
(Höhe min. 0,5 m)
Abstand quer max. 0,6 m
Verziehungsmaß 1:3

Längsabsperrung
durch Leitkegel
(Höhe min. 0,5 m)
Abstand längs max. 12 m

Querabsperrung
durch fahrbare Absperrtafel

1) Zusätzlich angeordnet:

[ ] Leitkegel (Höhe min. 0,75 m) mit gelber Warnleuchte in blitzender Ausführung

Nur anzuordnen, wenn die Absperrtafel nicht aus einer Entfernung von mindestens 200 m zu erkennen ist (siehe Teil C, Abschnitt 3 Absatz 5)

2) Zusätzlich angeordnet:

[ ] Warnposten

Anordnung nur in Ausnahmefällen

05.21

1) siehe dazu Korrektur Regelpläne Teil C II

C II/3 Bewegliche Arbeitsstelle (nur bei Tageslicht und guten Sichtverhältnissen)[1])

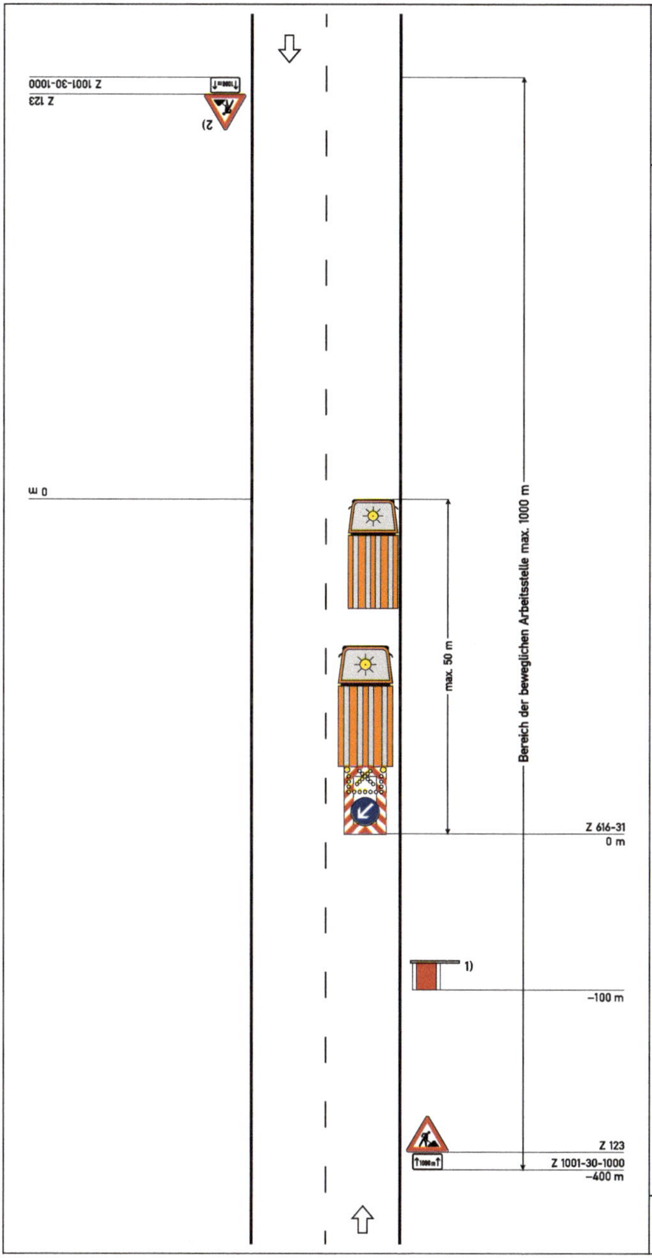

Regelplan C II/3

Bewegliche Arbeitsstelle

(nur bei Tageslicht und guten Sichtverhältnissen)

Querabsperrung
durch fahrbare Absperrtafel

1) Zusätzlich angeordnet:

[ ] Leitkegel (Höhe min. 0,75 m) mit gelber Warnleuchte in blitzender Ausführung als Vorwarneinrichtung

oder

[ ] Warnposten

Anordnung nur in Ausnahmefällen

2) [ ] angeordnet

Anordnung zu prüfen bei schnell befahrenen oder unübersichtlichen Strecken (siehe Teil C, Abschnitt 3 Absatz 7 bis 9)

05.21

1) siehe dazu Korrektur Regelpläne Teil C II

C II/4 Fahrbahn halbseitig gesperrt – Verkehrsregelung durch Lichtzeichenanlage (nur bei Tageslicht und erhöhten Anforderungen nach RSA Teil C Abschnitt 3 Absatz 9)

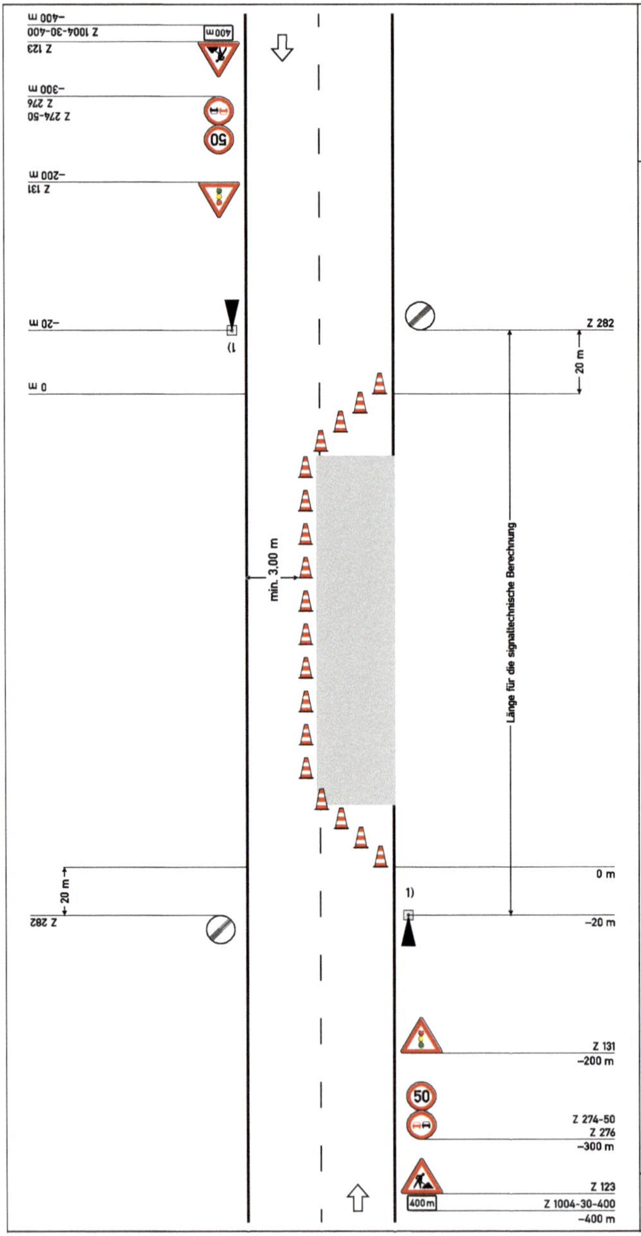

Regelplan C II/4

Fahrbahn halbseitig gesperrt

Verkehrsregelung durch Lichtzeichenanlage

(nur bei Tageslicht und erhöhten Anforderungen nach RSA Teil C Abschnitt 3 Absatz 9)

Querabsperrung
durch min. 3 Leitkegel
(Höhe min. 0,5 m)
Abstand quer max. 0,5 m
Verziehungsmaß 1:3

Längsabsperrung
durch Leitkegel
(Höhe min. 0,5 m)
Abstand längs max. 12 m

1) [ ] Signalzeitenplan,
[ ] Signallageplan
[ ] Phasenfolgeplan

als Anlage beigefügt und angeordnet

möglichst verkehrsabhängige Schaltung anordnen

05.21

C II/5 Arbeitsstelle von kürzerer Dauer dreistreifige Fahrbahn Sperrung der einstreifigen Richtung (nur bei Tageslicht)[1]

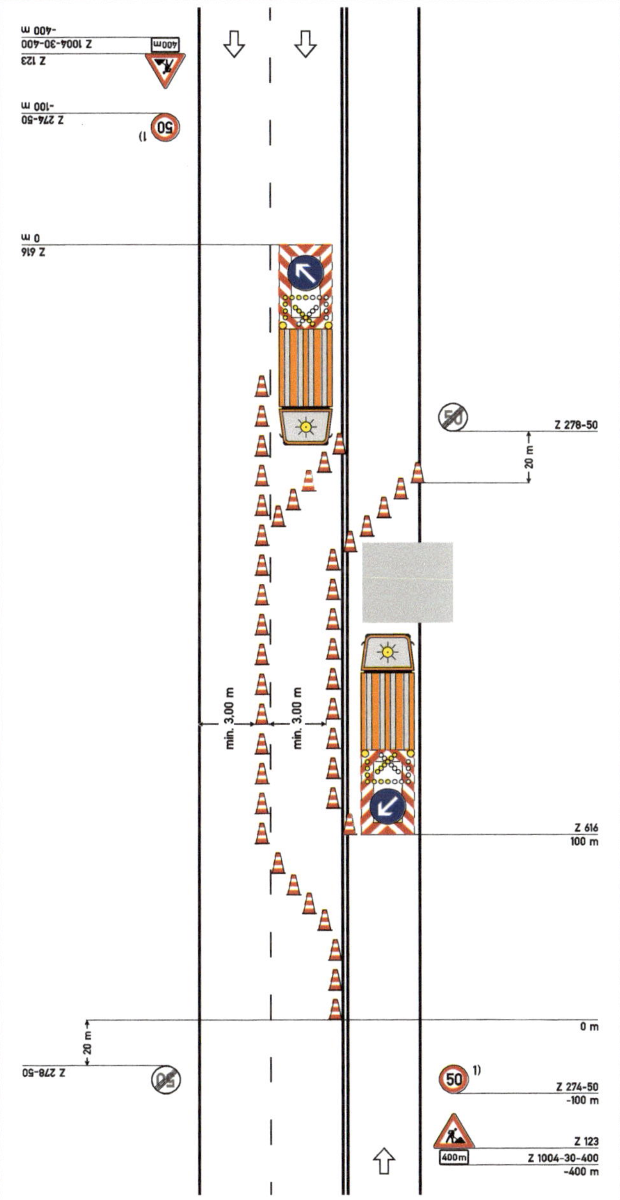

Regelplan C II/5

Arbeitsstelle von kürzerer Dauer dreistreifige Fahrbahn

Sperrung der einstreifigen Richtung

(nur bei Tageslicht)

Querabsperrung
durch fahrbare Absperrtafel
(Z 616)

Querabsperrung
durch Leitkegel
(Höhe min. 0,5 m)
Verschwenkungsmaß ca. 1:10
Abstand quer max. 0,6 m

Längsabsperrung
durch Leitkegel
(Höhe min. 0,5 m)
Abstand max. 6 m

1) Wiederholen bei Arbeitsstellen über 1000 m Länge im Abstand von 500 m

05.21

[1]) siehe dazu Korrektur Regelpläne Teil C II

C II/6 Arbeitsstelle von kürzerer Dauer auf dreistreifiger Fahrbahn Sperrung des linken Fahrstreifens der zweistreifigen Richtung bei Sperrung des rechten Fahrstreifens analog (nur bei Tageslicht)

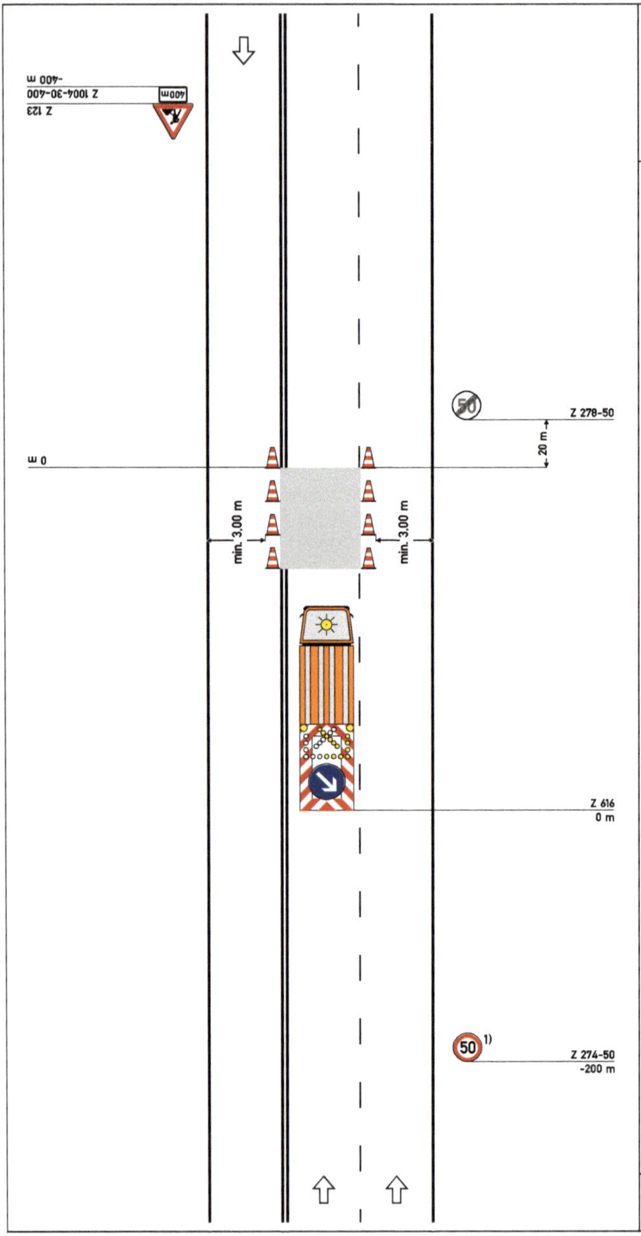

Regelplan C II/6

Arbeitsstelle von kürzerer Dauer auf dreistreifiger Fahrbahn Sperrung des linken Fahrstreifens der zweistreifigen Richtung bei Sperrung des rechten Fahrstreifens analog (nur bei Tageslicht)

Längsabsperrung
durch Leitkegel (Höhe min. 0,5 m) Abstand max. 12 m

Querabsperrung
durch fahrbare Absperrtafel (Z 616)

1) Wiederholen bei Arbeitsstellen über 1000 m Länge im Abstand von 500 m

05.21

C II/7 Arbeitsstelle von kürzerer Dauer auf dreistreifiger Fahrbahn Sperrung der einstreifigen Richtung (nur bei Tageslicht)[1]

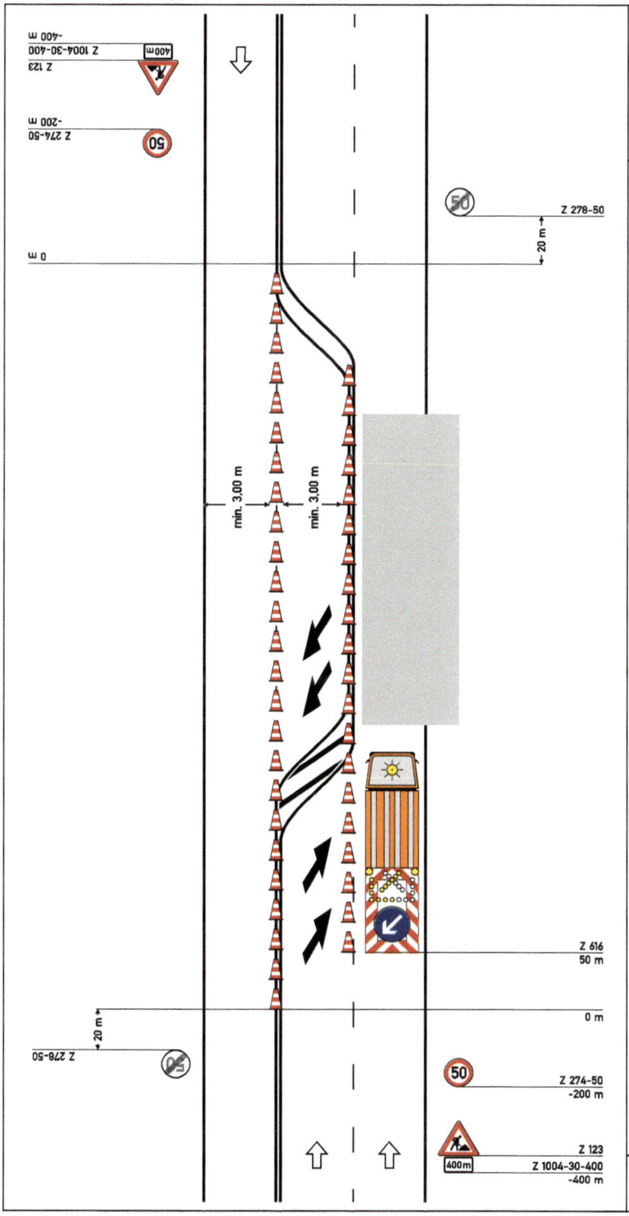

Regelplan C II/7

Arbeitsstelle von kürzerer Dauer auf dreistreifiger Fahrbahn

Sperrung der einstreifigen Richtung

(nur bei Tageslicht)

Längsabsperrung
durch Leitkegel
(Höhe min. 0,5 m)
Abstand max. 6 m

Querabsperrung
durch fahrbare Absperrtafel
(Z 616)

05.21

1) siehe dazu Korrektur Regelpläne Teil C II

C II/8 Arbeitsstelle kürzerer Dauer auf zweistreifiger Fahrbahn mit Kreisverkehr (nur bei Tageslicht)[1])

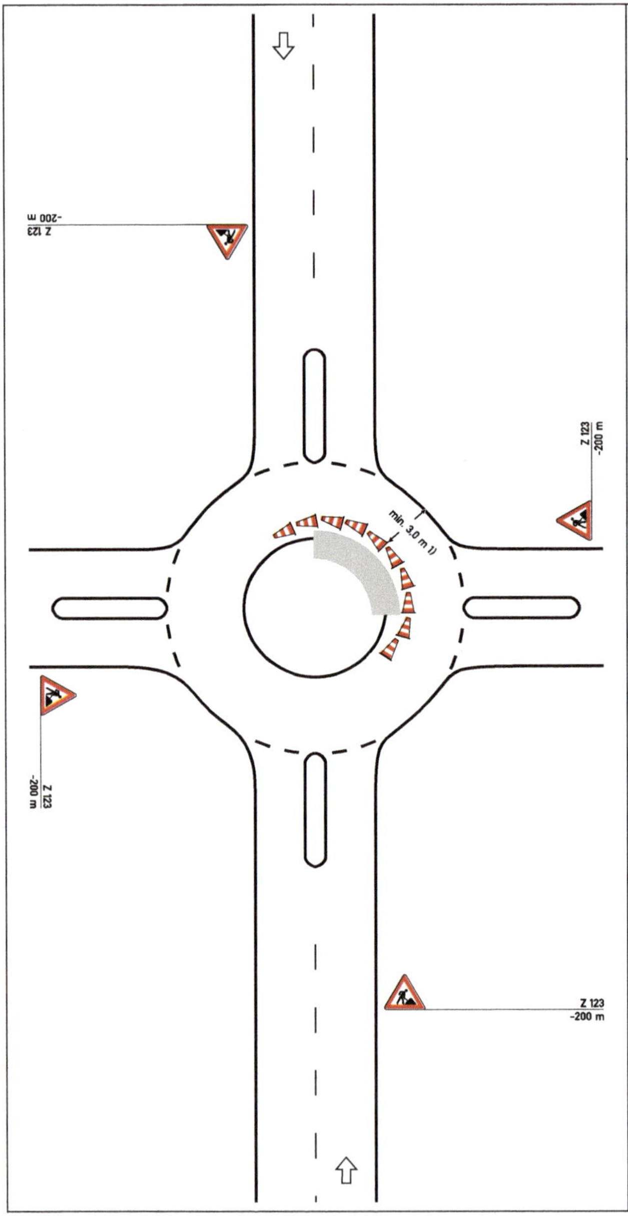

Regelplan C II/8

Arbeitsstelle kürzerer Dauer auf zweistreifiger Fahrbahn mit Kreisverkehr

(nur bei Tageslicht)

Längsabsperrung

durch Leitkegel
(Höhe min. 0,5 m)
Abstand max. 2 m

1) [ ] Befahrbarkeit mittels Schleppkurven geprüft

05.21

1) siehe dazu Korrektur Regelpläne Teil C II

C II/AmS 1 Arbeitsstelle mit nicht befahrbarer Fläche in Fahrbahnmitte und Arbeitsfahrzeug mit Sonderrechten[1])

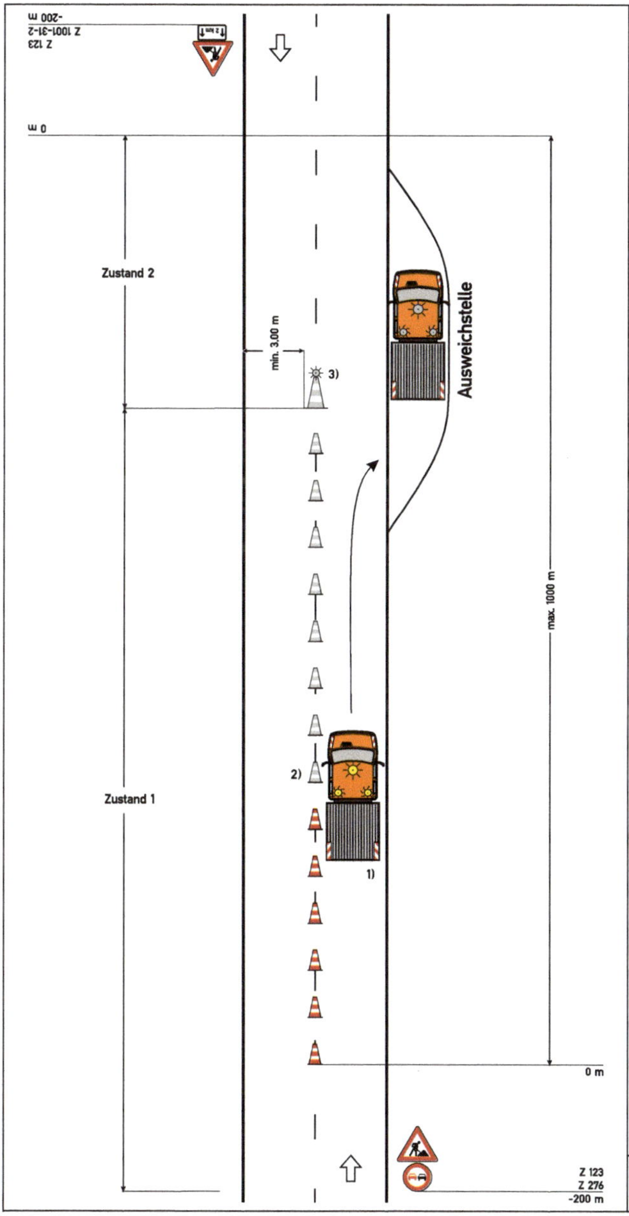

Regelplan C II/AmS 1

Arbeitsstelle mit nicht befahrbarer Fläche in Fahrbahnmitte und Arbeitsfahrzeug mit Sonderrechten

Arbeitsfahrzeug
mit Sonderrechten (siehe Teil A, Abschnitt 7)

Längsabsperrung
durch Leitkegel
Höhe min. 0,5 m
auf einer dem Zeitraum der Nichtbefahrbarkeit entsprechenden Länge (siehe Teil C, Abschnitt 3 Absatz 3)

1) Sicherheitskennzeichnung nach DIN 30710 (siehe Teil A Abschnitt 7.1 Absatz 3) an Front- und Heckseite

   Am Fahrzeugheck sollte ein nichtamtlicher Hinweis gezeigt werden, der die voraussichtlich verbleibende Zeit bis zur ungehinderten Weiterfahrt angibt. Alternativ kann auch der verbleibende Weg angegeben werden.

2) Leitkegel werden dem Arbeitsfortschritt entsprechend fortlaufend aufgestellt

3) Leitkegel (Höhe min. 0,75 m) mit gelber Warnleuchte in blitzender Ausführung (angeordnet wenn Fahrzeug in Warteposition)

05.21

[1]) siehe dazu Korrektur Regelpläne Teil C II

C II/AmS 2 Arbeitsstelle mit nicht befahrbarer Fläche in Fahrbahnmitte und Arbeitsfahrzeug mit Sonderrechten unter Anhalten einer Fahrtrichtung[1])

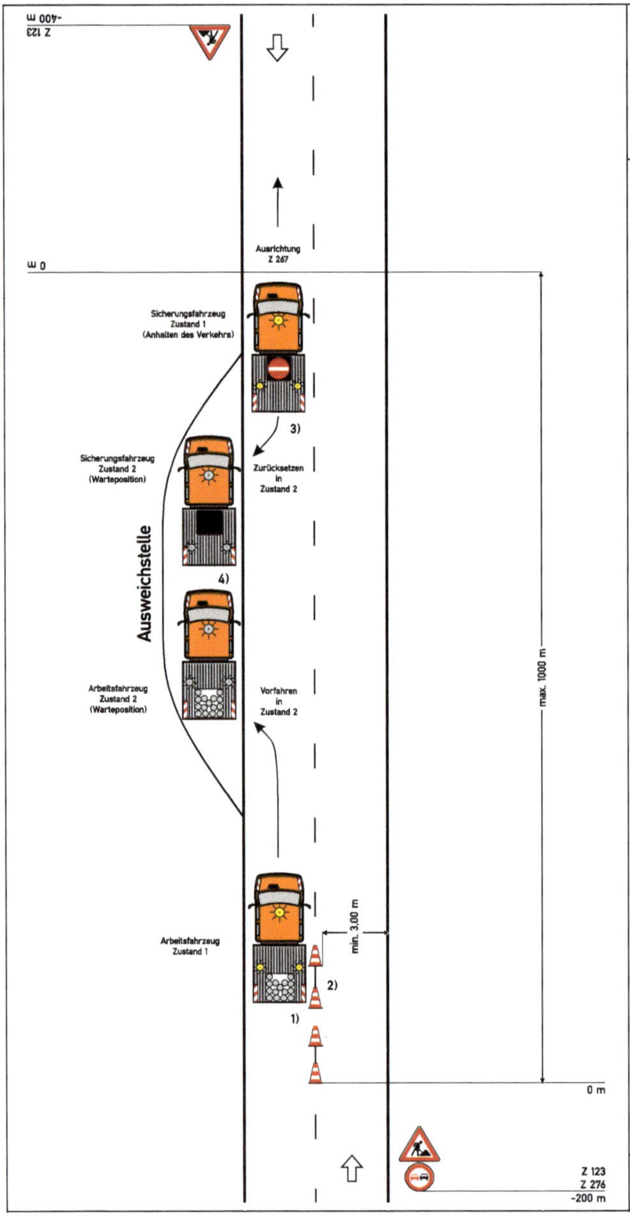

Regelplan C II/AmS 2

Arbeitsstelle mit nicht befahrbarer Fläche in Fahrbahnmitte und Arbeitsfahrzeug mit Sonderrechten unter Anhalten einer Fahrtrichtung

Arbeitsfahrzeug
mit Sonderrechten (siehe Teil A, Abschnitt 7)

Längsabsperrung
durch Leitkegel
Höhe min. 0,5 m auf einer dem Zeitraum der Nichtbefahrbarkeit entsprechenden Länge (siehe Teil C, Abschnitt 3 Absatz 3)

1) Sicherheitskennzeichnung nach DIN 30710 (siehe Teil A Abschnitt 7.1 Absatz 3) an Front- und Heckseite

2) Leitkegel werden dem Arbeitsfortschritt entsprechend fortlaufend aufgestellt

3) Z 267 ist gegen die Fahrtrichtung des Fahrstreifens gerichtet.
Wartende Verkehrsteilnehmer sollten auf geeignete Weise über die verbleibende Wartezeit informiert werden.

4) Warteposition der beiden Fahrzeuge (Sperrung aufgehoben) zum Abfluss des wartenden Verkehrs

05.21

1) siehe dazu Korrektur Regelpläne Teil C II

C II/AmS 3 Arbeitsstelle mit örtlich fortschreitenden Arbeiten am Fahrbahnrand[1])

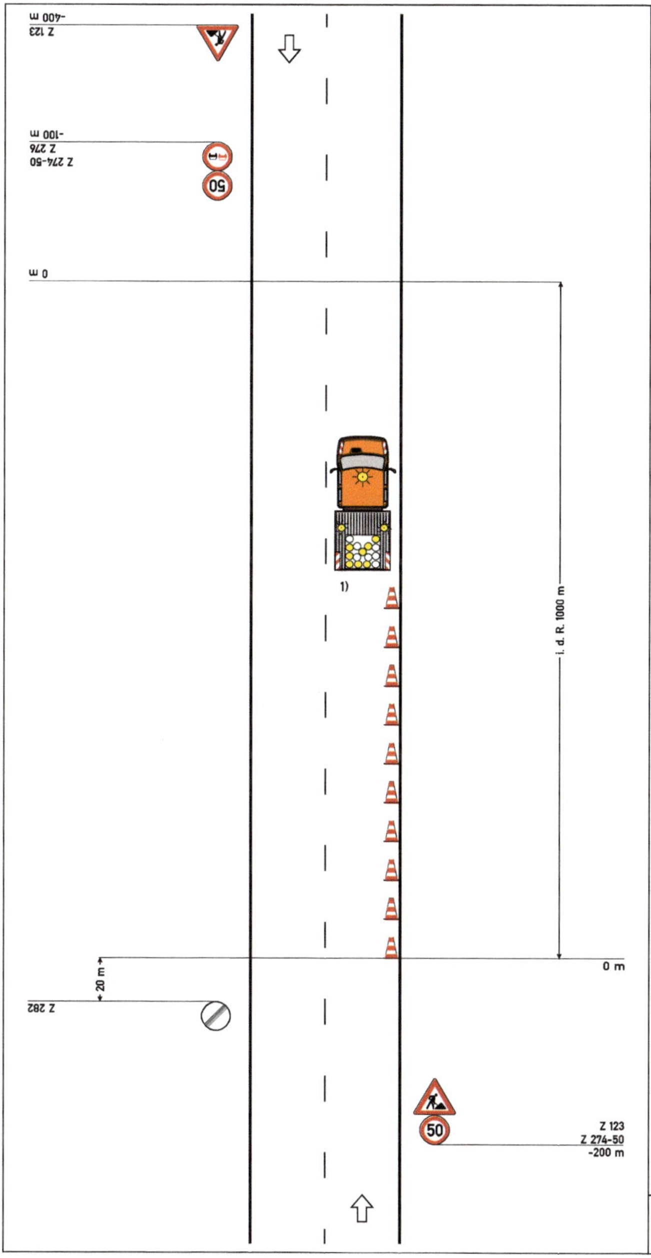

Regelplan C II/AmS 3

Arbeitsstelle mit örtlich fortschreitenden Arbeiten am Fahrbahnrand

Arbeitsfahrzeug
mit Sonderrechten (siehe Teil A, Abschnitt 7)

Längsabsperrung
durch Leitkegel (Höhe min. 0,3 m) auf einer der Nichtbefahrbarkeit entsprechenden Länge (siehe Teil C, Abschnitt 3 Absatz 3)

1) Sicherheitskennzeichnung nach DIN 30710 (siehe Teil A, Abschnitt 7.1 Absatz 3)

In Abhängigkeit vom Arbeitsfortschritt (in der Regel alle 1000 m) ist die Längsabsperrung und die Beschilderung anzupassen.

05.21

[1]) siehe dazu Korrektur Regelpläne Teil C II

Korrektur Regelpläne Teil C II

Regelplan	Korrekturen
C II/2	Die Darstellung der kleinen Variante der Absperrtafel (Zeichen 616-31) entspricht nicht der Ausführung dieser Tafeln in der Realität (tatsächlich besteht die Leuchtpfeil-Anlage aus insgesamt 15 Leuchten vgl. Bild A-12 RSA 21).
C II/3	Der Bereich der Arbeitsstelle kann sich nicht auf die gesamte Länge zwischen den Zeichen 123 beschränken, da Gefahrzeichen außerorts im Allgemeinen 150 bis 250 m vor der Gefahrstelle stehen (§ 39 Abs. 2 StVO). Würde der Bereich der beweglichen Arbeitsstelle wie dargestellt unmittelbar an den Zeichen 123 beginnen, gäbe es keine Vorwarnung. Die Darstellung der kleinen Variante der Absperrtafel (Zeichen 616-31) entspricht nicht der Ausführung dieser Tafeln in der Realität (tatsächlich besteht die Leuchtpfeil-Anlage aus insgesamt 15 Leuchten vgl. Bild A-12 RSA 21).
C II/5	Obgleich diese Verkehrsführung in der Praxis problemlos funktioniert, sei auf die verkehrsrechtlich erforderliche Aufhebung der weißen Fahrstreifenbegrenzung hingewiesen (vgl. Regelplan B I/13, C I/9 und C I/11). Seit der StVO Änderung im Jahr 2009 heben nur noch gelbe Markierungen die weißen Markierungen auf. Die früher in der StVO enthaltenen „rotweißen Leitmarken", denen u. a. Leitbaken und Leitkegel zuzuordnen waren, wurden gestrichen.
C II/7	Siehe Hinweis zu Regelplan C II/5.
C II/8	Die Anforderungen der ASR A5.2 stehen der dargestellten Absicherung in der Regel entgegen.
C II/AmS	Die Regelpläne C II/AmS bedürfen einer genauen Abstimmung mit der jeweiligen Örtlichkeit, insbesondere im Hinblick auf die im Plan vorgesehenen Ausweichstellen. Unklar ist, warum im Regelplan C II/AmS 3 eine Geschwindigkeitsbeschränkung enthalten ist, während sie in den anderen Plänen fehlt. Bei den Zeichen 123 in den Plänen AmS 2 und 3 im oberen Planteil (Gegenrichtung) fehlt das Zusatzzeichen 1004-30-400 (400 m). Die im Seitentext zu Regelplan C II/AmS 3 vorgesehenen Leitkegel mit min. 0,3 m Höhe gibt es nicht in einer „TL-geprüften" Ausführung (vgl. Anforderung in Teil A 3.1 (3)). Zudem wird die Markierungskolonne mit Blick auf die Regelpläne AmS 1 und AmS 2 (Erfordernis 0,5 m-Leitkegel) keine unterschiedlichen Leitkegel an derselben Arbeitsstelle vorhalten. Im Falle des Regelplanes C II/AmS 2 wäre im Zustand 2 auch ein 75 cm-Leitkegel mit Blitzleuchte erforderlich (vgl. C II/AmS 1).

RSA Teil D – Autobahnen

Inhaltsübersicht

1 Allgemeines

(1) Unter Autobahnen im Sinne dieser Richtlinien werden alle nachfolgend aufgeführten Straßenarten verstanden, soweit sie mindestens 2 Fahrstreifen je Richtung haben:

a) Autobahnen (Zeichen 330.1),

b) Kraftfahrstraßen (Zeichen 331.1), sofern sie frei von höhengleichen Kreuzungen und mit besonderen Anschlussstellen für Zu- und Ausfahrten ausgestattet sind.

c) Autobahnähnliche Straßen, sofern sie frei von höhengleichen Kreuzungen und mit besonderen Anschlussstellen für Zu- und Ausfahrten ausgestattet sind.

(2) Grundsätzlich gelten alle Regelungen und Festlegungen des Teiles A dieser Richtlinien. Auf die besonderen Verhältnisse des Verkehrs auf Autobahnen abgestimmte, ergänzende Regelungen und Festlegungen sind im vorliegenden Teil D zusammengestellt.

(3) Die zulässige Höchstgeschwindigkeit sollte, falls Absperrungen im Bereich der Fahrbahn erfolgen, nicht mehr als 120 km/h betragen.

2 Arbeitsstellen von längerer Dauer (AlD)

2.1 Aufstellentfernungen von Verkehrszeichen

(1) Die Arbeitsstelle wird in der Regel in 2 km und 800 m Entfernung mit Zeichen 123 und Zusatzzeichen 1004-30/31 angekündigt. Ab 800 m folgen im Regelfall im 100-m-Abstand die notwendigen Gefahr-, Vorschrift- und Richtzeichen. Bei Beschränkungen der Höchstgeschwindigkeit soll wegen der besonderen Verkehrslage die Absenkung stufenweise um je 20 km/h und in einem jeweiligen Mindestabstand von 200 m erfolgen (vgl. Rn. 6 VwV-StVO zu § 41 zu Zeichen 274). Aufgrund der vorgelagerten Anordnung von Gefahrzeichen beträgt die erste Geschwindigkeitsbeschränkung in der Regel 100 km/h.

(2) Sind vor einer Arbeitsstelle häufiger Staus zu erwarten, so ist zu prüfen, ob und durch welche Maßnahme (Verkehrszeichen, mobile Stauwarnanlage etc.) mit dem Ziel der Gefahrenreduzierung auf die bevorstehende Arbeitsstelle hingewiesen werden kann. Soweit eine datenbasierte Abschätzung der regelmäßig auftretenden Staulängen nicht möglich ist, wird ein Abstand von 4 km und gegebenenfalls 6 km vor der Arbeitsstelle empfohlen.

(3) Die Entfernungsangaben beziehen sich auf den Beginn einer Verengung bzw. Verschwenkung der Fahrstreifen (Bezugspunkt).

(4) Wegen der besonderen Anforderungen einer Arbeitsstelle auf der Autobahn ist hinsichtlich der beidseitigen Aufstellung von Verkehrszeichen Teil A, Abschnitt 2.3 Absatz 1 zu beachten. Gemäß Rn. 2 VwV-StVO zu § 42 zu den Zeichen 501 bis 546 sind Verkehrslenkungstafeln im Zulaufbereich beidseitig der Fahrbahn aufzustellen.

2.2 Verkehrsführung

2.2.1 Allgemeines

(1) Der Verkehr kann im Bereich von Arbeitsstellen unter Ausnutzung der befestigten Straßenbreite, auch nach Verbreiterung durch Ansetzen eines entsprechenden Streifens oder auf Behelfsfahrbahnen abgewickelt werden.

(2) Zur Entschärfung der Konfliktsituation im Bereich von Verschwenkungen und Überleitungen soll die Fahrstreifenverengung 600 m vor dem Anfang der Verschwenkung oder Überleitung beginnen. Der Abstand von Leitbaken in Verschwenkungen und Überleitungen beträgt 9 m.

(3) Werden der Hauptfahrstreifen und mindestens ein weiterer Fahrstreifen auf die Gegenfahrbahn übergeleitet, sollen die Fahrstreifenbegrenzungen zwischen dem Hauptfahrstreifen und dem ersten Überholfahrstreifen voneinander abgesetzt werden („Linse"). Die Konstruktion dieser Markierung erfolgt nach den ZTV-SA.

(4) Bei Rückleitungen ist eine räumliche Trennung des Rückleitungs- und des Verengungsbereiches auf der mitbeanspruchten Gegenfahrbahn vorzusehen.

(5) Werden mehrere Behelfsfahrstreifen in gleicher Fahrtrichtung im Bereich einer Arbeitsstelle mit einer Länge unter 500 m geführt, empfiehlt sich zwischen den Fahrstreifen eine Fahrstreifenbegrenzung (Zeichen 295) über die gesamte Länge der arbeitsstellenbedingten Verkehrsführung.

(6) Eine Arbeitsstelle darf erst 100 m hinter dem Ende einer Verschwenkung oder Überleitung von Behelfsfahrstreifen eingerichtet werden (Freiraum; keine Baustelleneinrichtungen oder Geräte usw.).

(7) Zur Verminderung der Unfallfolgen infolge des Abkommens von Fahrzeugen sollten temporäre Schutzeinrichtungen dort vorgesehen werden, wo dies aufgrund der zur Verfügung stehenden Breite des Gesamtquerschnittes möglich ist und das zusätzliche Gefahrenpotenzial für Auf- und Abbau in einem angemessenen Verhältnis zur Dauer der Verkehrsführung steht.

2.2.2 Zahl der Fahrstreifen

(1) Im Bereich von Arbeitsstellen ist grundsätzlich die vorhandene Fahrstreifenanzahl zu erhalten.

(2) Die Anzahl der Fahrstreifen kann im Bereich der Arbeitsstelle ausnahmsweise verringert werden, wenn durch geeignete Bewertungsverfahren nachgewiesen wurde, dass vor der Arbeitsstelle keine nennenswerten Staus zu erwarten sind. Im Rahmen einer überschlägigen Betrachtung kann dies in der Regel als gegeben angenommen werden, wenn bei zwei Fahrstreifen je Richtung die zu erwartenden Verkehrsspitzen im gewählten Zeitfenster weniger als 1.500 Kfz/h je Richtungsfahrbahn oder bei drei Fahrstreifen weniger als 3.000 Kfz/h je Richtung betragen. Die genannten Zahlenangaben gelten unter der Voraussetzung eines durchschnittlichen Schwerverkehrsanteiles und einer geringen Längsneigung.

(3) Muss die Fahrstreifenanzahl reduziert werden, so hat die Straßenbaubehörde in Zusammenarbeit mit der Straßenverkehrsbehörde sowie der Polizei zu untersuchen, wie ein Verkehrsstau vermieden werden kann, wie z. B.:

a) Verlagerung der Arbeiten in verkehrsschwache Zeiten,
b) Ausnutzung aller Möglichkeiten zur Bauzeitverkürzung,
c) vorsorgliche Umleitungsempfehlungen über den Verkehrsfunk,
d) Sicherstellung der Eignung der vorhandenen Bedarfsumleitungsstrecken (z. B. Freihalten von Arbeitsstellen, Vorfahrtregelungen oder Programme an Lichtzeichenanlagen; siehe Teil A, Abschnitt 11.2).
e) Einsatz einer Wechselverkehrsführung: Weist das Verkehrsaufkommen deutlich richtungsbezogene Verkehrsspitzen (z. B. Morgen- bzw. Abendspitze) auf, so kann der Verkehr auf dem zusätzlich benötigten Fahrstreifen im Wechselrichtungsbetrieb (vgl. Abschnitt 2.2.9) geführt werden (z. B. Morgen- bzw. Abendspitze). Es empfiehlt sich, im Vorfeld eine verkehrstechnische Bewertung vorzunehmen.

Zur Vermeidung von arbeitsstellenbedingten Verkehrsstauungen können auch Hinweise auf Staugefahren gegeben oder Stauwarnanlagen angeordnet werden. Die Stauhinweise sind möglichst mit Entfernungsangaben so aufzustellen, dass die Verkehrsteilnehmer rechtzeitig auf andere Straßen ausweichen können, die gegebenenfalls als Umleitungen zu beschildern sind.

2.2.3 Breite von Behelfsfahrstreifen

(1) Wegen der besonderen Verkehrsverhältnisse werden Fahrbahnbegrenzungen mit einem Abstand von 0,25 m zur verkehrsseitigen Kante von Verkehrseinrichtungen (z. B. Leitbaken) bzw. Fahrzeug-Rückhaltesystemen angeordnet (Bild D-1). Ausnahmefälle sind nur anzuordnen, wenn aus räumlichen Verhältnissen andere Lösungen nicht realisiert werden können.

Wenn vor einem Fahrzeug-Rückhaltesystem eine Fahrbahnbegrenzung auf der Straßenoberfläche angeordnet werden soll und aufgrund der Bauweise des Fahrzeug-Rückhaltesystems (z. B. „geschlossene" Systeme) mit verstärkter Verschmutzung der Markierung zu rechnen ist, sind geeignete Maßnahmen zur Vermeidung von Verschmutzung zu ergreifen. Dies kann z. B. durch einen ausreichenden Abstand zwischen Fahrzeug-Rückhaltesystem und Markierung erfolgen (z. B. 0,25 m).

(2) Sind im Bereich von Behelfsverkehrsführungen Fahrbahnbegrenzungslinien vorhanden, ist deren Breite in die Breite des angrenzenden Behelfsfahrstreifens einzurechnen, auch wenn die Fahrbahnbegrenzungslinie als weiße dauerhafte Markierung ausgeführt ist.

(3) Durch einen entsprechenden vorherigen Fahrbahnanbau bzw. eine Verbreiterung sollten geringe Behelfsfahrstreifenbreiten vermieden werden.

(4) Wird bei Arbeitsstellen, die nicht länger als eine Woche andauern und in denen die Fahrstreifen nicht in ihrer Lage verschoben werden (vgl. Regelpläne D I/1 und D I/3), unter Abwägung der Aufwände und Gefahren auf die Anordnung der Fahrbahnbegrenzung (Zeichen 295) verzichtet, ist die Fahrstreifenbreite ab der dem Verkehr zugewandten Kante der Leitbake zu messen. Die Mindestbreite von Hauptfahrstreifen beträgt dann 3,50 m, die Mindestbreite von Überholfahrstreifen 2,85 m.

(5) Bei Fahrstreifen ohne Breitenbeschränkung sollen die Fahrstreifen bereits vor dem Beginn der Verschwenkung oder Überleitung durch Gelbmarkierung und Leitbaken auf die nach der Verschwenkung oder Überleitung vorhandene Fahrstreifenbreite eingeengt werden. Bei Überholfahrstreifen, für die eine Beschränkung der

zulässigen Fahrzeugbreite angeordnet ist, soll die Fahrstreifenbreite vor der Verschwenkung oder Überleitung mindestens 2,75 m betragen.

(6) Die Mindestmaße von Behelfsfahrstreifen enthält die Tabelle D-1.

Tabelle D-1: Mindestbreite von Behelfsfahrstreifen in Abhängigkeit von der Länge der Arbeitsstelle

	Länge der Arbeitsstelle in km		
	bis zu 6	mehr als 6 bis zu 9	mehr als 9
Erster Fahrstreifen (Hauptfahrstreifen)	3,25 m[1]		
Erster Fahrstreifen (Hauptfahrstreifen) mit temporärer Schutzeinrichtung unmittelbar rechts davon und mit Überholfahrstreifen unmittelbar links davon	3,50 m		
Einzelne [übergeleitete] Fahrstreifen	3,25 m		
Weitere Fahrstreifen einer Fahrtrichtung	2,60 m[2],[3]	3,00 m	3,25 m

[1] In Arbeitsstellen von kürzerer Dauer innerhalb von Arbeitsstellen von längerer Dauer darf die Fahrstreifenbreite vorübergehend durch Leitkegel oder kleine Leitbaken auf einer Länge von höchstens 100 m auf nicht weniger als 3,0 m eingeengt werden. Auch bei Arbeitsstellenlängen unter 9 km soll der erste Überholfahrstreifen mit einer Breite von 3,25 m angeordnet werden.

[2] Ausnahme gemäß Abschnitt 2.2.3 Absatz 9

[3] Die Anordnung mehrerer Fahrstreifen mit dieser Breite nebeneinander sollte vermieden werden.

	Begrenzung 1	Begrenzung 2

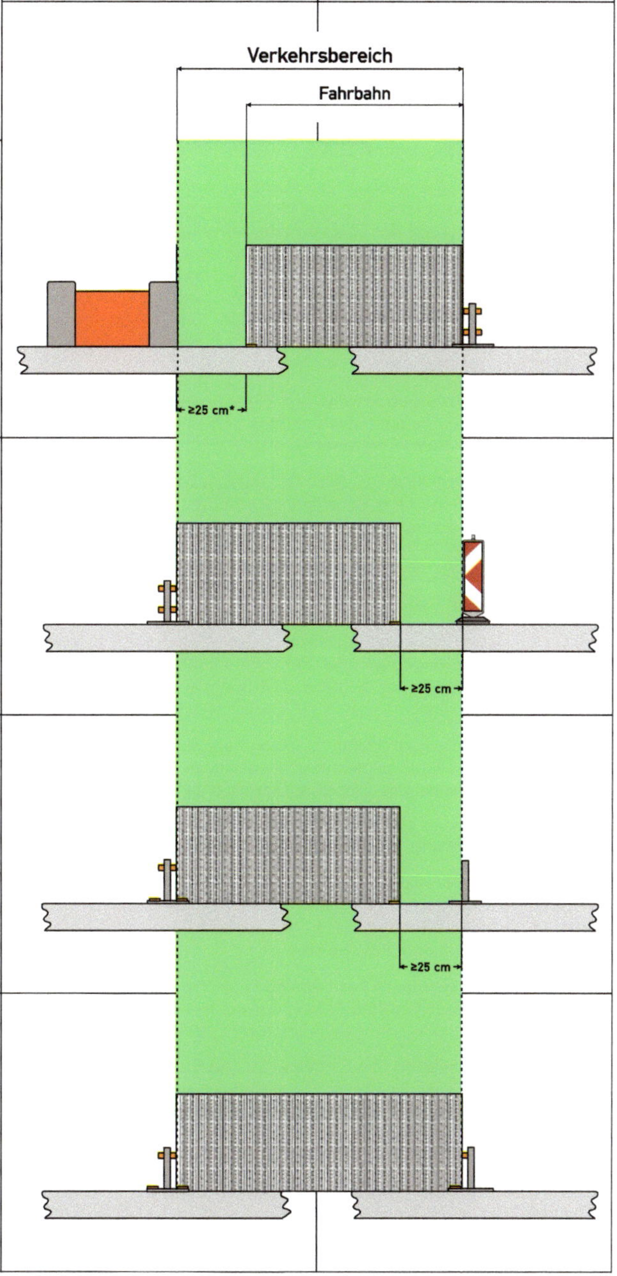

Beispielkombination 1:

Begrenzung 1
- bestehendes FRS und vorübergehend gültige Markierung auf der Fahrbahn
- * bei Überholfahrstreifen vorübergehend gültige Markierung auf der Fahrbahn unmittelbar neben dem FRS zulässig

Begrenzung 2
- TSE mit Reflektoren

Beispielkombination 2:

Begrenzung 1
- TSE mit Reflektoren (beidseitig)

Begrenzung 2
- Leitbake und vorübergehend gültige Markierung auf der Fahrbahn

Beispielkombination 3:

Begrenzung 1
- TSE mit vorübergehend gültiger Markierung im Fußbereich (beidseitig)

Begrenzung 2
- TSE und vorübergehend gültige Markierung auf der Fahrbahn

Beispielkombination 4:

Begrenzung 1
- TSE mit vorübergehend gültiger Markierung im Fußbereich (beidseitig)

Begrenzung 2
- TSE mit vorübergehend gültiger Markierung im Fußbereich (einseitig)

Bild D-1: Varianten der Abgrenzung von Behelfsfahrstreifen am linken und rechten Fahrbahnrand

(7) Die zulässige Fahrzeugbreite soll auf Überholfahrstreifen beschränkt werden (Zeichen 264), wenn die Breite dieser Fahrstreifen weniger als 3,25 m beträgt. Die Fahrzeugbreite soll auf das Maß beschränkt werden, das sich aus der Fahrstreifenbreite abzüglich 0,50 m, abgerundet auf volle 0,10 m ergibt. Für einzelne übergeleitete Überholfahrstreifen wird empfohlen, die zulässige Fahrzeugbreite auf nicht mehr als 2,20 m zu beschränken. Die zugelassene Fahrzeugbreite einzelner Fahrstreifen darf nicht größer sein als die für die Fahrstreifen rechts davon. Die für die einzelnen Fahrstreifen angeordneten Breitenbeschränkungen sollen über die gesamte Länge der Behelfsverkehrsführung aufrechterhalten werden.

(8) Mögliche Verkehrsführungen für Arbeitsstellen ohne Überleitung sind in den Regelplänen D I zu finden, mit Überleitung in den Regelplänen D II.

(9) Reicht die Fahrbahnfläche zur Einrichtung einer Verkehrsführung mit Mindestfahrstreifenbreiten und Aufstellung einer temporären Schutzeinrichtung nicht aus, können die Mindestmaße in begründeten Ausnahmefällen, wenn es aufgrund der örtlichen oder verkehrlichen Verhältnisse erforderlich und verhältnismäßig ist, an kurzen Abschnitten (z. B. kurze Engstelle) reduziert werden. Die Realisierung dieser Behelfsfahrstreifenbreiten kommt nur infrage, wenn alle anderen Alternativen (z. B. temporäre Verbreiterung der Fahrbahn, Wahl einer Verkehrsführung mit Überleitung) nicht realisiert werden können. Hierbei muss sorgfältig abgewogen werden, welche Fahrstreifenbreite verringert wird; dabei darf die Breite des rechten Fahrstreifens 3,0 m und die der Überholfahrstreifen 2,6 m nicht unterschreiten. Außerdem sollen beide Fahrstreifen nicht gleichzeitig auf 3,0 m bzw. 2,6 m reduziert werden.

(10) Bei Verkehrsführungen mit drei und mehr Fahrstreifen in einer Richtung und sehr hohen Schwerverkehrsanteilen ist zu prüfen, ob die beiden rechten Fahrstreifen mit einer Breite von 3,25 m und 3,5 m geführt werden können und auf die Anordnung eines Überholverbotes verzichtet werden kann.

(11) In Bereichen mit ausgeprägten richtungsbezogenen Verkehrsspitzen sollte geprüft werden, ob bei einer ungeraden Anzahl möglicher Behelfsfahrstreifen der mittlere Fahrstreifen in Wechselrichtungsbetrieb betrieben werden kann. Die Fahrstreifenzuteilung erfolgt vor und hinter den Überleitungsbereichen in der Regel mit Vorwarntafeln mit lichttechnischem Informationsteil und fahrbaren Absperrtafeln.

2.2.4 Sperrung von Fahrbahnteilen

(1) Eine Sperrung von Fahrbahnteilen ist als spitzwinklige Querabsperrung mit Leitbaken auszuführen. Die Neigung der Absperrung gegenüber der Fahrbahnachse (Verziehungsmaß) beträgt in der Regel etwa 1:20. Der Abstand der Leitbaken untereinander darf höchstens 9 m, der Abstand quer zur Fahrbahnachse sollte etwa 0,50 m betragen.

(2) Müssen mehrere Fahrstreifen in einer Fahrtrichtung gesperrt werden, so sollen getrennte spitzwinklige Querabsperrungen vorgenommen werden, wobei die Einengung von links vorgenommen werden soll. Zwischen ihnen können jeweils längere Übergangsstrecken liegen (versetzte Fahrstreifenreduzierung).

2.2.5 Längsabsperrung

(1) Für Längsabsperrungen zwischen Verkehrs- und Arbeitsbereich werden in der Regel Leitbaken eingesetzt. Der Abstand der Leitbaken untereinander beträgt in der Regel 18 m. Liegen besondere Verhältnisse vor oder sind besondere Sichtbehinderungen (z. B. vor starkfrequentierten Ausfahrten, dichter Nebel) zu befürchten, können geringere Abstände erforderlich werden.

(2) Zur besseren Erkennbarkeit von Ausfahrten ist die rechte Leitbakenreihe durch Leitschwellen zu unterbrechen, beginnend etwa 100 m vor dem Anfang der Ausfahrrampe. Bei einer provisorischen Führung der Ausfahrrampe über den Mittelstreifen ist mindestens der rechte Rand der Ausfahrt entsprechend zu kennzeichnen.

(3) Um in Anschlussstellen das Einfahren zu erleichtern, ist die Leitbakenreihe am rechten Rand der Hauptfahrbahn etwa 100 m vor der Zuführung der Einfädelungsstreifen durch Leitschwellen mit Leitbaken der Größe 50 cm \x 12,5 cm zu ersetzen. Damit ist eine bessere Orientierung des einfahrenden Verkehrs auf den bevorrechtigten Verkehr der Hauptfahrbahn möglich.

(4) Bei langen Absperrungen mit gestreckter Linienführung können außerhalb von Arbeitsbereichen im Regelfall auch Abstände zwischen den Leitbaken von bis zu 54 m ausreichend sein. Gegebenenfalls können neben den Arbeitsbereichen vorübergehend zusätzlich Leitkegel (Zeichen 610-42) zwischen den Leitbaken, in Nachtbaustellen auch kleine Leitbaken gemäß den „Technischen Lieferbedingungen für Leit- und Warnbaken“ (TL-Leitbaken) (50 cm \x 12,5 cm, Zeichen 605) angeordnet werden.

(5) Ebenso können Leitelemente nach Teil A, Abschnitt 5, oder temporäre Schutzeinrichtungen aufgestellt werden.

2.2.6 Fahrtrichtungs- und Anschlussstellensperrungen

(1) Die vollständige Sperrung einer Fahrtrichtung bedingt das Ausleiten des Verkehrs an einer Anschlussstelle. Die Sperrung selbst erfolgt durch eine spitzwinklige Querabsperrung.

(2) Bei Sperrung von Anschlussstellen ist die wegweisende Beschilderung bzw. sind die Zielangaben der Ausfahrt gemäß Teil A, Abschnitt 11.2 Absatz 5, auszukreuzen (Bilder D-2 und D-3). Die Aufstellung der zusätzlichen Zeichen nach RUB erfolgt in der Regel nur rechts. Bei starkem Verkehr, insbesondere bei starkem Lkw-Verkehr, kann auch eine zusätzliche Aufstellung links erforderlich sein. Wichtige Zielangaben sollen auch in der Wegweisung der Anschlussstelle, an der ausgefahren werden soll, ergänzt werden.

(3) Die vollständige Sperrung einer Fahrtrichtung und die Sperrung von Anschlussstellen sollte mindestens zwei Wochen vorher auf der Autobahn und an geeigneter Stelle im nachgeordneten Straßennetz angekündigt werden.

2.2.7 Ein- und Ausfädelungsstreifen im Bereich von Behelfsverkehrsführungen

(1) Bei Ein- und Ausfahrten im Bereich von Verkehrsführungen mit Behelfsfahrstreifen sind grundsätzlich Ein- und Ausfädelungsstreifen vorzusehen, gegebenenfalls mit reduzierter Länge (mindestens 100 m bei Einfädelungsstreifen bzw. 70 m bei Ausfädelungsstreifen). Der Einsatz von Leitschwellen erfolgt gemäß den Absätzen 2.2.5 (2) und (3). Das Ende des Einfädelungsstreifens ist mit Leitbaken zu kennzeichnen (Verziehungsmaß 1:3; Leitbakenabstand 3 Meter; Warnleuchten auf jeder Leitbake).

(2) Kann der Einfädelungsstreifen nicht in einer Länge von mindestens 100 m hergestellt werden, ist eine Sperrung der Einfahrt zu erwägen.

(3) Ist die Sperrung ebenfalls nicht möglich, so kommt ausnahmsweise eine sogenannte stumpfe Lösung (Zeichen 206) in Betracht. Auf die Rn. 4 VwV-StVO zu Zeichen 206 und Rn. 2 VwV-StVO zu den Zeichen 205 und 206 wird hingewiesen.

2.2.8 Einrichtung von Nothaltebuchten

Bei Arbeitsstellen mit einer Länge über 1 km sollten nach Möglichkeit im Abstand von 1.000 m Nothaltebuchten angeordnet werden. Mit Zeichen 328 und Entfernungsangabe (Zeichen 1004-30) sollten die Nothaltebuchten in angemessener Entfernung angekündigt werden.

2.2.9 Wechselverkehrsführung

Bei Wechselverkehrsführungen wird ein Behelfsfahrstreifen zeit- oder verkehrsabhängig wechselweise für eine der beiden Fahrtrichtungen freigegeben. Für eine sichere Führung des Verkehrs ist eine klare Gestaltung der Zulaufbereiche sowie der Übergänge einschließlich ihrer Richtungstrennung erforderlich. Hierzu sind insbesondere die unterschiedlichen Verkehrsführungszustände und die Übergänge zwischen diesen Zuständen sorgfältig zu planen.

Grundsätzlich gibt es drei Verkehrsführungszustände:

1) Wechselfahrstreifen in Richtung 1 freigegeben,
2) Wechselfahrstreifen für beide Richtungen gesperrt,
3) Wechselfahrstreifen in Richtung 2 freigegeben.

Vor der Freigabe des Wechselfahrstreifens für eine Fahrtrichtung muss der Wechselfahrstreifen für die Gegenrichtung gesperrt sein; es ist sicherzustellen, dass der Verkehr aus der Gegenrichtung vollständig abgeflossen ist.

Jede Phase der Wechselverkehrsführung und die Übergänge sind verkehrsrechtlich anzuordnen. In diesem Rahmen ist auch festzulegen, wie bei Anlagenstörung ein sicherer Verkehrsablauf gewährleistet wird. Der Wechsel der Verkehrsführung sollte ferngesteuert möglich sein.

2.3 Verkehrsregelung

2.3.1 Regelpläne

(1) Wie Arbeitsstellen auf Autobahnen abgesperrt, beschildert, markiert und beleuchtet werden sollten, wird in Regelplänen verdeutlicht. Im Übrigen wird zur Anwendung der Regelpläne auf Teil A, Abschnitt 1.5 verwiesen.

(2) Die Kurzbezeichnung für die Art der Verkehrsführung wird durch Angabe der Zahl der Fahrstreifen im Verkehrsbereich, bezogen auf die Richtungsfahrbahnen, gebildet. Dabei erfolgt keine Unterscheidung der Fahrtrichtung, in der die Fahrstreifen auf einer Fahrbahn benutzt werden.

(3) Im Einzelnen gelten die Pläne für folgende Anwendungsfälle:

a) Arbeitsstellen ohne Überleitung des Verkehrs auf die Gegenfahrbahn: Pläne D I/1 bis D I/7,

b) Arbeitsstellen mit Verkehrsführungen an Anschlussstellen: Pläne D AS/1 und D AS/2.

(4) Fahrstreifentafeln (Zeichen 521, 522 u. a.) sollten mit dem Zusatzzeichen 1001-31 „↑ ... km ↑" versehen werden. Sie sind in Abständen von 1.000 bis 2.000 m zu wiederholen (Rn. 4 VwV-StVO zu § 42 zu den Zeichen 501 bis 546).

(5) Sind die entgegengesetzten Verkehrsströme durch Schutzeinrichtungen getrennt, sind Fahrstreifentafeln nur anzuordnen, wenn sie für die Anordnung fahrstreifenbezogener Verkehrsbeschränkungen oder -verbote erforderlich sind. Die Längenangabe durch Zusatzzeichen 1001-31 „↑ ... km ↑" sollte in diesem Fall an anderer geeigneter Stelle, vorzugsweise zusammen mit Zeichen 274, gezeigt werden. Auf die Rn. 5 VwV-StVO zu Zeichen 274, 276 und 277 wird verwiesen.

(6) Es ist möglich, z. B. zur besseren Wahrnehmbarkeit bei ungünstigen Umfeldbedingungen, einzelne Verkehrszeichen auf eine Trägertafel aufzubringen (vgl. § 39 Absatz 4 Satz 1).

(7) Bei der Festlegung der Anbringungsorte der Verkehrszeichen sind die örtlichen Gegebenheiten hinsichtlich Wahrnehmbarkeit und Sichtbarkeit der Verkehrszeichen zu berücksichtigen.

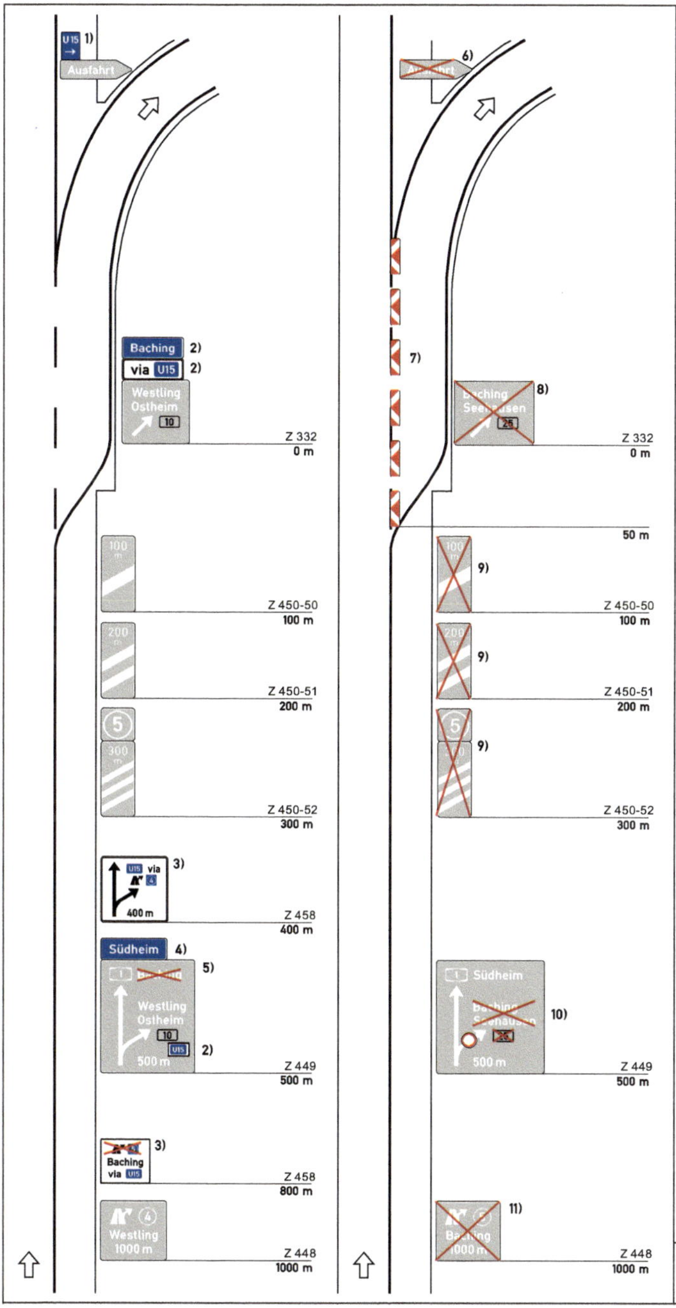

U-Plan 1: Umleitung über vorherige AS

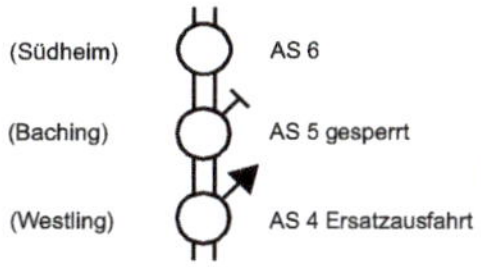

1) Zeichen 460 als Aufsetzer
2) Zusatztafel weiß/schwarz, Beschriftung: Nummer der Umleitung
3) Zusatztafel weiß/schwarz, Hinweis auf Sperrung mit Zeichen 250 Beschriftung Name der gesperrten Anschlussstelle und „via" und Nummer der Umleitung, bei Bedarf Blinklicht
4) Name der Anschlussstelle nach der gesperrten Anschlussstelle
5) Name der gesperrten Anschlussstelle rot auskreuzen
6) Pfeilzeichen Z 333 rot auskreuzen
7) Längsabsperrung der Ausfahrt durch Leitbaken Abstand max. 9 m
8) Wegweiser rot auskreuzen
9) Ankündigungsbaken Ausfahrt rot auskreuzen
10) Vorwegweiser sind mit Zeichen 250 auf dem Pfeilschaft des abweisenden Astes anzubringen, Name der gesperrten Anschlussstelle rot auskreuzen
11) Ankündigungstafel rot auskreuzen

05.21

Bild D-2: Umleitungsplan 1: Umleitung über vorherige Anschlussstelle

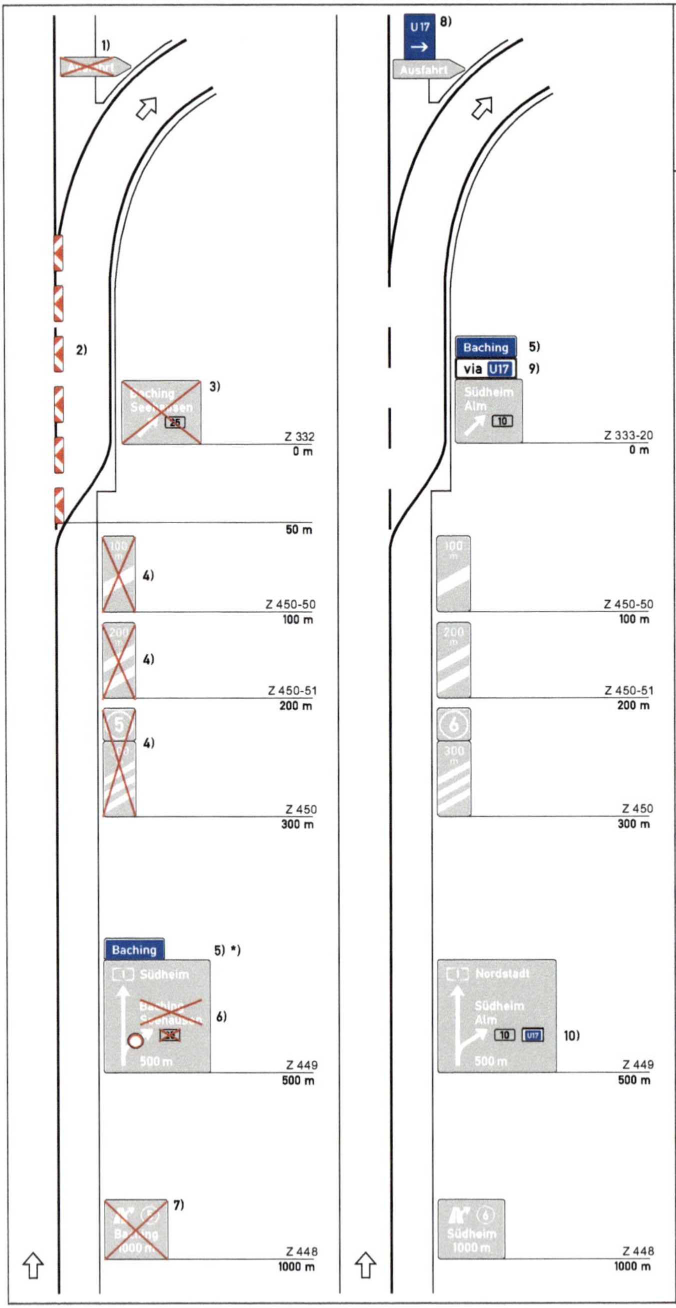

U-Plan 2: Umleitung über folgende AS

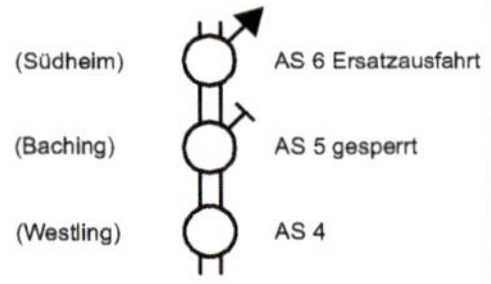

1) Pfeilzeichen Z 333 rot auskreuzen
2) Längsabsperrung der Ausfahrt durch Leitbaken Abstand max. 9 m
3) Wegweiser rot auskreuzen
4) Ankündigungsbaken Ausfahrt rot auskreuzen
5) Aufsetzer blau/weiß mit Name der gesperrten Anschlussstelle
6) Vorwegweiser sind mit Zeichen 250 auf dem Pfeilschaft des abweisenden Astes anzubringen, Name der gesperrten Anschluss-stelle rot auskreuzen
7) Ankündigungstafel rot auskreuzen
8) Zeichen 460 als Aufsetzer
9) Zusatztafel weiß/schwarz, Beschriftung „via“ und Nummer der Umleitung
10) Zusatztafel weiß/schwarz, Beschriftung: Nummer der Umleitung

*) bei Bedarf

05.21

Bild D-3: Umleitungsplan 2: Umleitung über nachfolgende Anschlussstelle

Fernbedienbare Wechselverkehrsführung

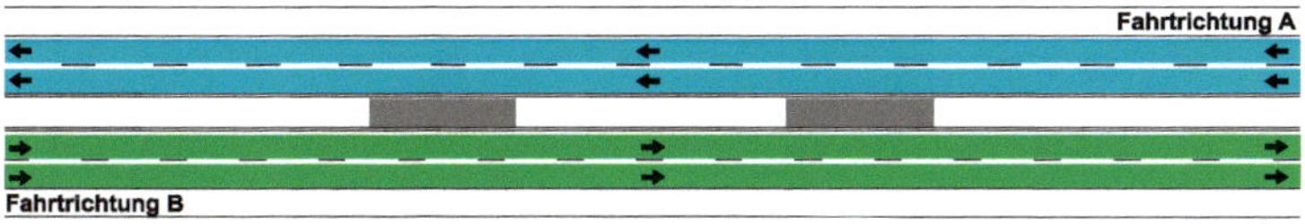

Bild 1: normale Verkehrsführung

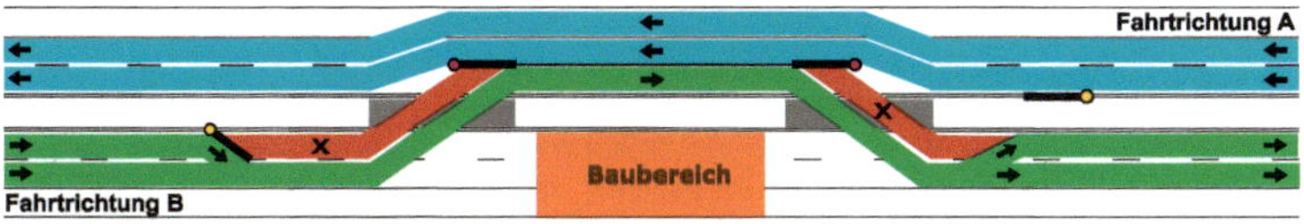

Bild 2: Wechselverkehrsführung - Phase 1

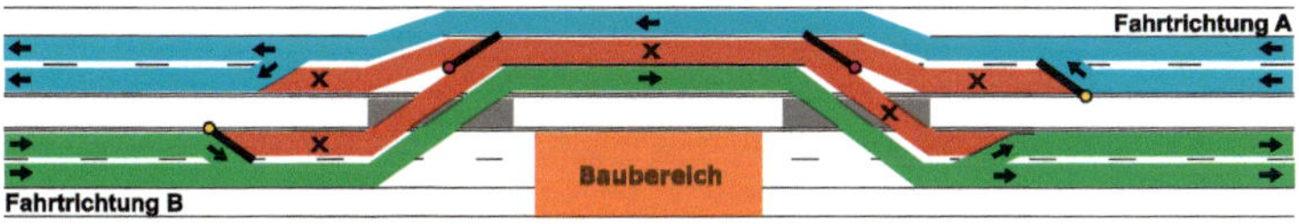

Bild 3: Wechselverkehrsführung - Zwischenphase für Richtungswechsel

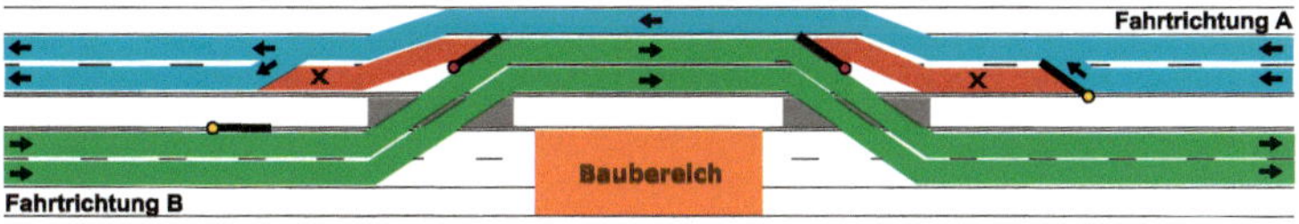

Bild 4: Wechselverkehrsführung - Phase 2

Bei Bedarf kann durch die fernbedienbare Wechselverkehrsführung mehrfach täglich die Richtung der Befahrung des mittleren Fahrstreifens an das Verkehrsaufkommen angepasst werden.

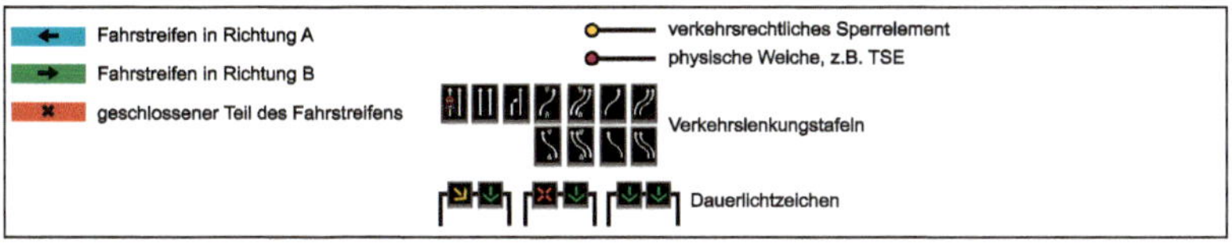

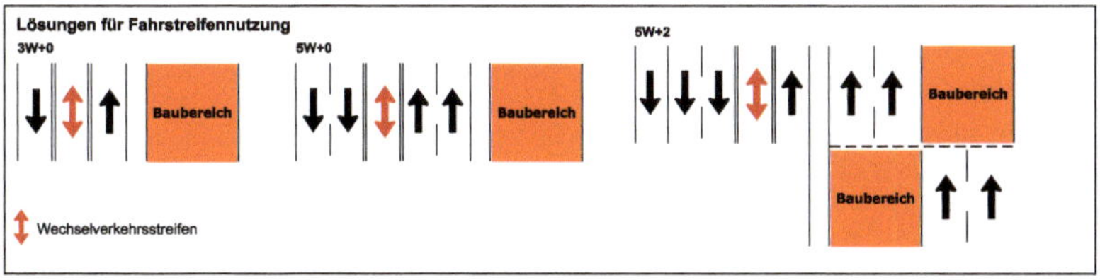

Bild D-4: Fernbedienbare Wechselverkehrsführung

2.3.2 Höchstgeschwindigkeiten

(1) Die zulässige Höchstgeschwindigkeit beträgt in der Regel 80 km/h. Dies gilt auch für Verschwenkungsbereiche, Einziehungsbereiche und Überleitungen auf Richtungsfahrbahnen (Mittelstreifenüberfahrten).

(2) Ob eine weitere Reduzierung der zulässigen Höchstgeschwindigkeit – gegebenenfalls nur für bestimmte Fahrzeugarten, eingeschränkte zeitliche Geltungsbereiche, Streckenabschnitte oder einzelne Fahrstreifen – erforderlich ist, sollte insbesondere in folgenden Fällen geprüft werden:

a) Die Breite der Fahrstreifen, die von Lkw befahren werden dürfen, beträgt weniger als 3,25 m.

b) Im Bereich von Ein- und Ausfahrten liegen deutlich erschwerte Bedingungen vor.

c) Die Fahrbahndecke im Verkehrsbereich (z. B. Seitenstreifenoberfläche) ist in einem schlechten Zustand.

d) Es existieren besondere Gefahren im Arbeitsstellenbereich, z. B. durch ungünstige Situationen an Baustellenzufahrten, Abgrabungen mit Absturzgefahr unmittelbar am Rand der Fahrbahn, oder Auffahrten auf Behelfsbrücken.

e) Ungünstige Verhältnisse in der Überfahrt, die baulich nicht beseitigt werden können (vgl. Absatz 3). Wegen der besonderen Kippgefahr bei hoher Schwerpunktlage beladener Fahrzeuge kann dabei für den Fall größerer Querneigungswechsel eine Herabsetzung der zulässigen Höchstgeschwindigkeit allein für einzelne Fahrzeugarten erwogen werden. Gegebenenfalls reicht aber auch ein entsprechendes Gefahrzeichen aus.

Insofern ist der Verhältnismäßigkeitsgrundsatz zu beachten.

(3) Soweit bauliche Defizite für eine weitere Herabsetzung der Geschwindigkeit sprechen, sollte der Straßenbaulastträger diese vor Beginn der eigentlichen Baumaßnahme beseitigen. Dies betrifft insbesondere die Überleitungsbereiche, z. B. Sägezahnprofil mit ausgeprägter gegenläufiger Querneigung im Mittelstreifen.

(4) Die Absenkung der zulässigen Höchstgeschwindigkeit auf 40 km/h kommt nur in seltenen, anhand des örtlichen Einzelfalls sorgfältig zu begründenden Fällen in Betracht, weil sie auf Autobahnen zu einer erhöhten Gefahr von Auffahrunfällen führen kann (z. B. Auffahrt auf Behelfsbrücken oder Abgrabungen mit Absturzgefahr unmittelbar am Rand der Fahrbahn).

(5) Wenn die Breite der linken Behelfsfahrstreifen mindestens je 3,00 m und des rechten 3,50 m beträgt und wenn die vorgenannten Gesichtspunkte nicht entgegenstehen, ist fahrstreifenbezogen zu prüfen, ob die zulässige Höchstgeschwindigkeit auf 100 km/h festgesetzt werden kann. Auf der Seite zur Arbeitsstelle hin muss außerdem eine Abtrennung durch dauerhafte oder temporäre Schutzeinrichtungen vorhanden sein.

2.3.3 Nebenanlagen und Nebenbetriebe

Für die Verkehrsregelungen bei Arbeitsstellen in Nebenanlagen und Verkehrsflächen der Nebenbetriebe sollte örtlich geprüft werden, welche Regelungen der Teile B, C und D dieser Richtlinien zweckmäßig angewendet werden können.

2.4 Arbeitsstellen unter besonderen Bedingungen

(1) Wären die Einrichtung und der Abbau der Arbeitsstelle mit mehr Gefahren für die Sicherheit und Ordnung des Verkehrs verbunden, als es der zeitliche Umfang der erforderlichen Arbeiten rechtfertigen würde, oder ist es aus Gründen der Sicherheit und Ordnung des Verkehrs erforderlich, die Arbeiten innerhalb weniger Tage durchzuführen (z. B. über ein Wochenende, in der Regel nicht länger als 4 Tage), so kann auf Teile der ansonsten für Arbeitsstellen von längerer Dauer erforderlichen Sicherungsmaßnahmen verzichtet werden. Dies erfordert eine sorgfältige Prüfung der verkehrlichen und baubetrieblichen Voraussetzungen und eine sorgfältige Planung der vorzusehenden verkehrssichernden Maßnahmen.

(2) Soweit möglich, sind die von dieser Richtlinie für den Regelfall vorgesehenen, aber nur mit großem zeitlichen Aufwand und Verkehrseinschränkungen anzubringenden Verkehrszeichen und Verkehrseinrichtungen, insbesondere Fahrbahnmarkierung, durch Verkehrszeichen oder Verkehrseinrichtungen zu ersetzen, welche mit geringerem zeitlichen Aufwand und Verkehrseinschränkungen anzubringen sind, z. B. Leitbaken.

3 Arbeitsstellen von kürzerer Dauer (AkD)

(1) Im Zulauf auf Tagesbaustellen werden in der Regel die in der Tabelle D-2 beschriebenen sichernden Maßnahmen getroffen. Für Nachtbaustellen kommt Tabelle D-3 zur Anwendung. Im Übrigen wird zur Anwendung der Regelpläne auf Teil A, Abschnitt 1.5 verwiesen.

(2) In Abhängigkeit von den örtlichen Gegebenheiten und den verkehrlichen Verhältnissen sollte geprüft werden, ob zusätzliche Geschwindigkeitsbeschränkungen – speziell im Fall von Nachtbaustellen, siehe Teil A, Abschnitt 10 Absatz 5 –, Gefahrzeichen, Warneinrichtungen oder Leitkegel (Zeichen 610-42) erforderlich sind. Die Wiederholung von Zeichen 274 im Mittelstreifen sollte zumindest dann erfolgen, wenn in Abhängigkeit von den örtlichen Verhältnissen der zu erwartende Sicherheitsgewinn größer ist als die mit der Anbringung und Entfernung verbundenen Gefahren.

(3) Anordnungen von Verkehrszeichen mittels Verkehrsbeeinflussungsanlagen sollten in die Sicherung von Arbeitsstellen einbezogen werden, soweit ihre Funktionalitäten dies zulassen und die Regelungen dieser Richtlinie damit umgesetzt werden können. Es ist erforderlichenfalls durch Dunkelschaltung sicherzustellen, dass es nicht zu widersprüchlichen Anordnungen kommt. Zur Einbeziehung von Streckenbeeinflussungsanlagen in Arbeitsstellen kürzerer Dauer vgl. RWVZ. Bei ausreichend dichter Abfolge der Anzeigequerschnitte können Streckenbeeinflussungsanlagen die Funktion der Vorwarnung vollständig übernehmen.

(4) Zur Sicherung von Arbeitsstellen von kürzerer Dauer sollten bei Arbeiten auf der Fahrbahn grundsätzlich fahrbare Absperrtafeln mit gelbem Blinkpfeil (Zeichen 616) eingesetzt werden, deren Abstand von der Arbeitsstelle in der Regel 100 m, mindestens jedoch 50 m betragen muss. Der Einsatz von fahrbaren Absperrtafeln ohne Zugfahrzeug ist nicht zulässig. Beim Baulastträger sollte angeregt werden, ausschließlich Zugfahrzeuge mit einer zulässigen Gesamtmasse von mindestens 7,49 t zu verwenden.

Der Standort von Zeichen 616 ist so zu wählen, dass das vollständige Verkehrszeichenbild für den herannahenden Pkw-Verkehr spätestens aus einer Entfernung von 500 m zu sehen ist. Erforderlichenfalls ist die Arbeitsstelle entgegen der Verkehrsrichtung zu verlängern.

(5) Die Sperrung mehrerer Fahrstreifen soll gestaffelt erfolgen, beginnend mit einem der beiden äußersten Fahrstreifen der betroffenen Fahrbahn. Die dabei eingesetzten fahrbaren Absperrtafeln sollen mit einem Abstand von 500 m voneinander aufgestellt werden.

(6) In Rampen von Anschlussstellen und Knotenpunkten dürfen die in Absatz 4 genannten Abstände unterschritten werden, jedoch sollen sie 20 m nicht unterschreiten.

(7) Nur in Ausnahmefällen und wenn sich die Arbeitsstelle mit einer Geschwindigkeit von mehr als 5 km/h, aber weniger als 60 km/h bewegt, kann eine fahrbare Absperrtafel vom Arbeitsfahrzeug selbst gezogen oder das Arbeitsfahrzeug selbst mit einer der fahrbaren Absperrtafel (Zeichen 616) entsprechenden, besonderen Sicherheitskennzeichnung ausgestattet werden.

(8) Bei Arbeitsstellen in Bereichen, die nicht von Fahrzeugen genutzt werden dürfen (Seitenstreifen, Sperrflächen) ist die fahrbare Absperrtafel mit Blinkkreuz als verkehrstechnische Absicherung der Arbeitsstelle einzusetzen. Die Gestaltung einer Arbeitsstelle auf dem Seitenstreifen zeigt das Bild D-5.

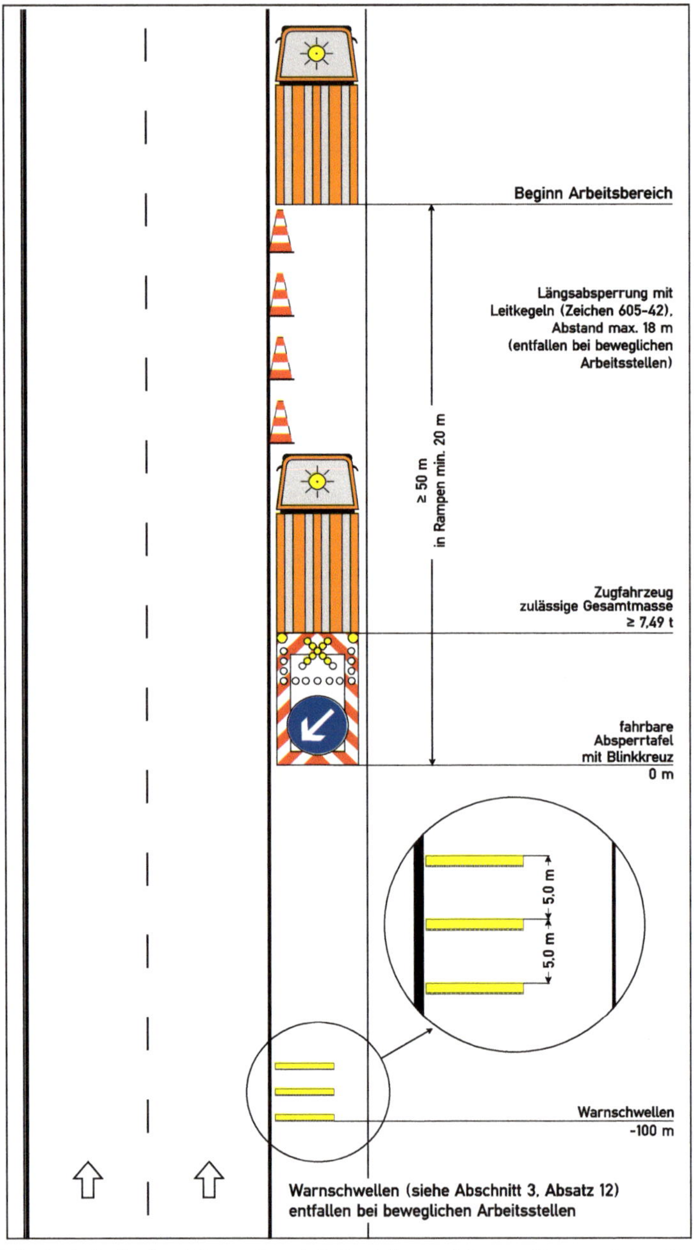

Bild D-5: Verkehrstechnische Gestaltung einer Arbeitsstelle von kürzerer Dauer auf dem Seitenstreifen

(9) Vor dem Beginn der Arbeiten auf dem Seitenstreifen ist zu prüfen, ob sich diese auf den Verkehr auswirken und Gefahrzeichen, Verbote oder Beschränkungen erfordern. Dann sind diese Maßnahmen verkehrsrechtlich anzuordnen.

(10) Bei stationären Arbeitsstellen kürzerer Dauer sollten mindestens Leitkegel (Zeichen 610-42) als Abgrenzung zur Fahrbahn angeordnet werden. In Nachtbaustellen sollten Leitbaken (mindestens der Größe 75 cm \x 18,75 cm) angeordnet werden. Beide Einrichtungen sollten im Abstand von 18 m angeordnet werden.

(11) In Ergänzung zu Zeichen 616 können Dauerlichtzeichen (§ 37 Absatz 3; Gelb blinkender, schräg nach unten gerichteter Pfeil) angeordnet werden. Nur wenn Dauerlichtzeichen nicht zur Verfügung stehen oder deren Einsatz technisch nicht möglich ist, soll in diesen Fällen der blinkende Ankündigungspfeil gemäß Teil A, Abschnitt 3.3.4 Absatz 9, eingesetzt werden. Darüber hinaus sind Vorwarnanzeiger in Einsatzbereichen zu empfehlen, in denen sonst Geschwindigkeiten von mehr als 120 km/h zugelassen sind. Bei Sperrung des linken bzw. des linken und mittleren Fahrstreifens oder bei Nachtbaustellen sollte ein zweiter Vorwarnanzeiger angeordnet werden, wenn die Sichtweite auf die Absperrtafel weniger als 500 m beträgt und Maßnahmen nach Absatz 4 aufgrund der örtlichen Verhältnisse nicht umsetzbar sind. Die Kombinationen von Absperrtafeln und Warneinrichtungen sind den Tabellen D-2 und D-3 zu entnehmen.

(12) Bei Sperrung des Seitenstreifens oder des rechten Fahrstreifens wird bei stationären Arbeitsstellen von kürzerer Dauer insbesondere zum Schutz vor Lkw-Aufprall auf die Absperrtafel die Anordnung von Warnschwellen 100 m vor der fahrbaren Absperrtafel empfohlen. Hierbei ist der Aufwand für den Einsatz der Warnschwellen mit dem Aufwand der jeweiligen Arbeitsstelle abzuwägen. Auf den übrigen Fahrstreifen sind Warnschwellen nur anzuordnen, wenn in Abhängigkeit von den örtlichen Verhältnissen Einrichtung und Abbau verkehrssicher zu leisten sind. Bei beweglichen und ganz kurzzeitigen stationären Arbeitsstellen sollten Warnschwellen und blinkender Ankündigungspfeil nicht angeordnet werden. In allen Fällen sollten Warnschwellen nur angeordnet werden, solange nicht davon auszugehen ist, dass der angestrebte Schutzzweck in vergleichbarer oder mit geringeren Gefährdungen behafteter Weise durch andere Vorkehrungen, insbesondere durch Vernetzung von Fahrzeugen mit der Infrastruktur erreicht wird (z. B. Fahrerassistenzsysteme mit gezielter Warnung vor Arbeitsstellen).

(13) Wird für Arbeitsstellen von kürzerer Dauer der linke Fahrstreifen gesperrt, und ist die Anbringung des blinkenden Ankündigungspfeils links neben der Fahrbahn nicht möglich, oder ist die Unfallgefahr beim Anbringen größer als der angestrebte Sicherheitsgewinn, empfiehlt sich stattdessen die Aufstellung einer zweiten Absperrtafel (Zeichen 616) als zusätzliche verkehrstechnische Absicherung auf dem linken Fahrstreifen. Der Raum zwischen dieser Tafel und der Absperrtafel vor der eigentlichen Arbeitsstelle sollte zur Verhinderung wieder nach links wechselnden Fahrzeugen abgesperrt werden (z. B. mit Leitkegeln, Zeichen 610-42). Die Regelungen über den Abstand der Vorwarnanzeiger auf dem Seitenstreifen sind dann auf die in Fahrtrichtung erste Absperrtafel zu beziehen.

(14) Bei Arbeitsstellen von kürzerer Dauer auf dem rechten Fahrstreifen kann eine zusätzliche Absperrtafel auf dem linken Fahrstreifen angeordnet werden, die 150 m bis 350 m vor der Absperrtafel auf dem rechten Fahrstreifen aufgestellt wird, um gegebenenfalls den Verkehrsablauf bei hohen Schwerverkehrsanteilen und an Steigungsstrecken zu verstetigen. Die Vorwarnung und Beschilderung erfolgt dabei nach der Systematik des Regelplans D IV/1r.

(15) Bei beweglichen Arbeitsstellen wird der Vorwarnanzeiger in der Regel auf dem Seitenstreifen mitgeführt. Auf Fahrbahnen ohne ausreichend breiten befestigten Seitenstreifen sollten die Vorwarneinrichtungen ebenfalls neben der Fahrbahn aufgestellt werden.

(16) Auf Richtungsfahrbahnen mit mehr als zwei Fahrstreifen darf der Verkehr an Arbeitsstellen von kürzerer Dauer nur an einer Seite vorbeigeführt werden. Ist mehr als ein Fahrstreifen zu sperren, so ist die Einziehung jedes Fahrstreifens gestaffelt vorzunehmen. Dabei ist jeder Fahrstreifen mit einer fahrbaren Absperrtafel zu sperren. Der Abstand der Absperrtafeln voneinander sollte dann 500 m betragen (siehe Regelpläne D III/3 und D III/4).

(17) Müssen Arbeiten von kürzerer Dauer im Bereich des linken oder mittleren Fahrstreifens durchgeführt werden, so sollte der Verkehr grundsätzlich zweistreifig an der Arbeitsstelle unter Benutzung des Seitenstreifens vorbeigeführt werden. Hierzu ist 800 m bis 1.200 m vor der fahrbaren Absperrtafel ein Vorwarnanzeiger mit Entfernungsangabe (Zeichen 1004-30) auf dem Seitenstreifen anzuordnen. Etwa 500 m bis 800 m vor der fahrbaren Absperrtafel ist dann Zeichen 511 anzuordnen.

(18) Fahrstreifenreduktionen dürfen in der Regel nur vorgenommen werden, wenn eine Verkehrsstärke von weniger als 1.500 Kfz/h pro verbleibendem Fahrstreifen zu erwarten ist.

(19) Zur Trennung entgegengesetzt gerichteter Fahrstreifen in Nachtbaustellen mit Überleitung einer Fahrtrichtung auf die Gegenfahrbahn können Leitbaken mit einer Größe von 75 cm \x 18,75 cm verwendet werden.

Tabelle D-2: Standortübersicht AkD bei Tage

Abstand zur ersten fahrbaren Absperrtafel in Metern	Standort der Verkehrszeichen, Verkehrseinrichtungen und Vorwarnanzeiger auf dem Mittel- bzw. Seitenstreifen bei Tageslicht ( ) = Empfehlung					
	Mittelstreifen	Fahrbahn	Seitenstreifen	Mittelstreifen	Fahrbahn	Seitenstreifen
Ende			 6) 9)			 6) 9)
500		 2)			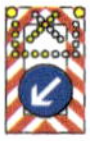 2)	
0		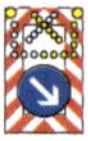 1)	 5)		 1)	
–100					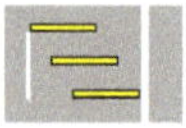 1) 6)	
–300						 6) 7)
–800 bis –500	 6)		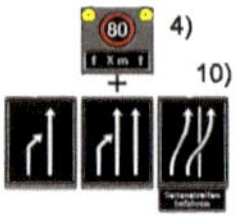 4) 10)	 6)		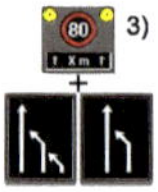 3)
–1000 bis –650	 6) 7) 8)					
–1200 bis –800	 6)		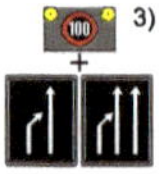 3)	 6)		

1) Auf dem ersten zu sperrenden Fahrstreifen

2) Bei Sperrung eines weiteren Fahrstreifens: Zeichen 616 auf dem weiteren zu sperrenden Fahrstreifen

3) Vorwarnanzeiger mit Zeichen 531 in der erforderlichen Variante; abhängig von der Fahrstreifenanzahl im Zulauf und der Anzahl an Fahrstreifenreduzierungen

4) Vorwarnanzeiger mit Zeichen 531 in der erforderlichen Variante; abhängig von der Fahrstreifenanzahl im Zulauf, der Anzahl an Fahrstreifenreduzierungen und ob die Mitbenutzung des Seitenstreifens vorgesehen ist. Bei Mitbenutzung des Seitenstreifens Zusatzzeichen mit Erläuterungstext

5) Nur bei Mitbenutzung des Seitenstreifens in Verbindung mit der Wegnahme von zwei linken Fahrstreifen (D III/4). Dann wird die Längenangabe (Zeichen 1001-30) ausschließlich an diesem Standort angezeigt.

6) Entfällt bei beweglichen Arbeitsstellen sowie bei ganz kurzzeitigen stationären Arbeitsstellen mit erhöhtem Aufwand

7) Als Dauerlichtzeichen oder blinkender Ankündigungspfeil (Ankündigungspfeil rechts in Verbindung mit Zusatzzeichen 1004)

8) Nur bei Erkennbarkeit des Zeichen 616 aus einer Entfernung von weniger als 400 m

9) Anzuordnen, wenn Vorwarnanzeiger kein Zusatzzeichen 1001-30/31 (Langenangabe) enthält

10) Nur bei zweistreifigen Richtungsfahrbahnen

Tabelle D-3: Standortübersicht AkD in der Nacht

Abstand zur ersten fahrbaren Absperrtafel in Metern	Standort der Verkehrszeichen, Verkehrseinrichtungen und Vorwarnanzeiger auf dem Mittel- bzw. Seitenstreifen ohne Tageslicht ( ) = Empfehlung					
	Mittelstreifen	Fahrbahn	Seitenstreifen	Mittelstreifen	Fahrbahn	Seitenstreifen
Ende			 9)			 9)
1050			 8)			 8)
500		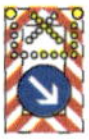 2)			 2)	
50			 8)			 8)
0		 1)			 1)	
–100					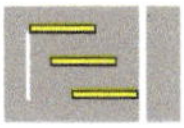 1) 4)	
–300						 4) 5)
–800 bis –500			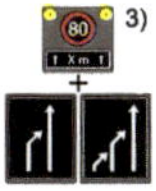 3)			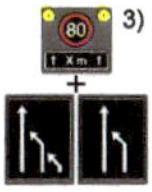 3)
–1000 bis –650	 4) 5) 6)					
–1200 bis –800			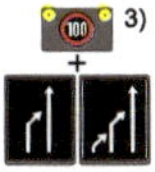 3)			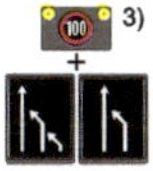 3)
–1600 bis –1200						

1) Auf dem ersten zu sperrenden Fahrstreifen

2) Bei Sperrung eines weiteren Fahrstreifens: Zeichen 616 auf dem weiteren zu sperrenden Fahrstreifen

3) Vorwarnanzeiger mit Zeichen 531 in der erforderlichen Variante; abhängig von der Fahrstreifenanzahl im Zulauf und der Anzahl an Fahrstreifenreduzierungen

4) Entfällt bei beweglichen Arbeitsstellen sowie bei ganz kurzzeitigen stationären Arbeitsstellen mit erhöhtem Aufwand

5) Als Dauerlichtzeichen oder blinkender Ankündigungspfeil (Ankündigungspfeil rechts in Verbindung mit Zusatzzeichen 1004; darf nur während der Arbeiten aktiv sein)

6) Nur bei Erkennbarkeil des Zeichen 616 aus einer Entfernung von weniger als 400m

7) Wenn Vorwarnanzeiger kein Zusatzzeichen 1001-30131 (Längenangabe) enthält

8) Zeichen 274 nach dem letzten Zeichen 616; Zeichen 274 ist bei Arbeitsstellen über 2000m Länge im Abstand von 1000m zu wiederholen

9) Anzuordnen, wenn Vorwarnanzeiger kein Zusatzzeichen 1001-30/31 (Längenangabe) enthält

Regelpläne D I
Arbeitsstellen von längerer Dauer ohne Überleitung auf die Gegenfahrbahn (Regelpläne D I)

Inhaltsübersicht

Hinweise für die Nutzung der Regelpläne

Die nachfolgenden Regelpläne stellen Standardsituationen dar. Sie werden erst mit ihrer Aufnahme in die verkehrsrechtliche Anordnung verbindlich. Soweit erforderlich, sind sie an die konkrete örtliche und verkehrliche Situation der zu sichernden Arbeitsstelle anzupassen. Um diese Anpassung für häufig auftretende Fälle zu vereinfachen, sehen zahlreiche Regelpläne Auswahlfelder vor, mit denen alternative oder ergänzende Maßnahmen beantragt und angeordnet werden können.

Soweit die Unternehmer bei der Erstellung des für die Beantragung der verkehrsrechtlichen Anordnung vorzulegenden Verkehrszeichenplans auf der Grundlage eines Regelplans von angebotenen Modifizierungen Gebrauch machen wollen, nutzen sie die hierfür vorgesehenen Auswahlfelder. Verbindlich werden die Maßnahmen erst mit der Bestätigung durch die Behörde im Rahmen der verkehrsrechtlichen Anordnung.

Die Aktualisierung und Weiterentwicklung der Regelpläne entbindet die anordnenden Behörden nicht von ihrer Verpflichtung, entsprechend den Vorgaben im Teil A Abschnitt 1.5 Absatz 3 stets sorgfältig zu prüfen, ob der durch den Antragsteller auf der Basis eines Regelplans eingereichte Verkehrszeichenplan der jeweiligen örtlichen und verkehrlichen Situation gerecht wird. Ist das nicht der Fall, hat der Antragsteller den Plan zu ergänzen oder zu ändern, soweit die Behörde die erforderlichen Anpassungen nicht selbst vornimmt.

D I/1l Verkehrsführung x+2 – ein Fahrstreifen und ein Behelfsfahrstreifen auf eingeschränkter zweistreifiger Fahrbahn[1])

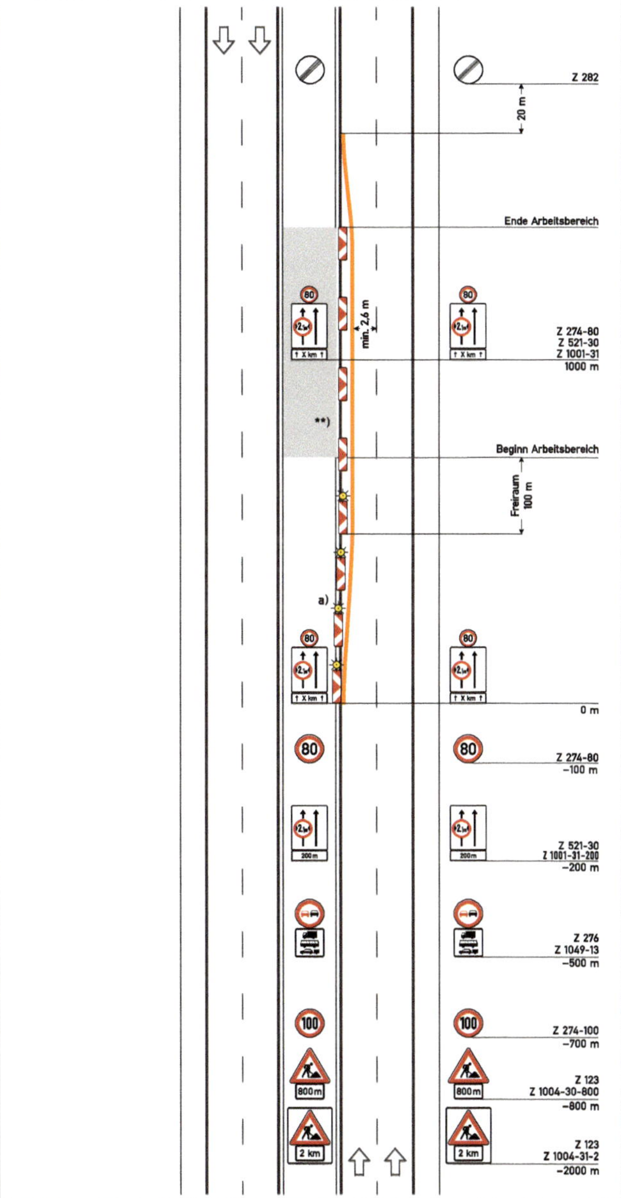

Regelplan D I/1l

Verkehrsführung x+2

ein Fahrstreifen und ein Behelfsfahrstreifen auf eingeschränkter zweistreifiger Fahrbahn

a) Querabsperrung
durch Leitbaken Abstand 9 m
Verziehungsmaß 1:20
Warnleuchte auf jeder Leitbake

[ ] Anordnung von Abweichungen von diesem Regelplan gemäß beiliegendem Anordnungstext

Wiederholung der Fahrstreifentafeln in Kombination mit Zeichen 274 alle 1000 m ist nur anzuordnen, wenn Arbeitsstellenlänge > 2000 m

****) Längsabsperrung**
Leitbaken Abstand 18 m
[ ] Leitbaken entfallen, weil TSE bauzeitlich vorhanden

05.21

1) siehe dazu Korrektur Regelpläne Teil D I

D I/1r Verkehrsführung x+2 – ein Fahrstreifen und ein Behelfsfahrstreifen auf eingeschränkter zweistreifiger Fahrbahn[1])

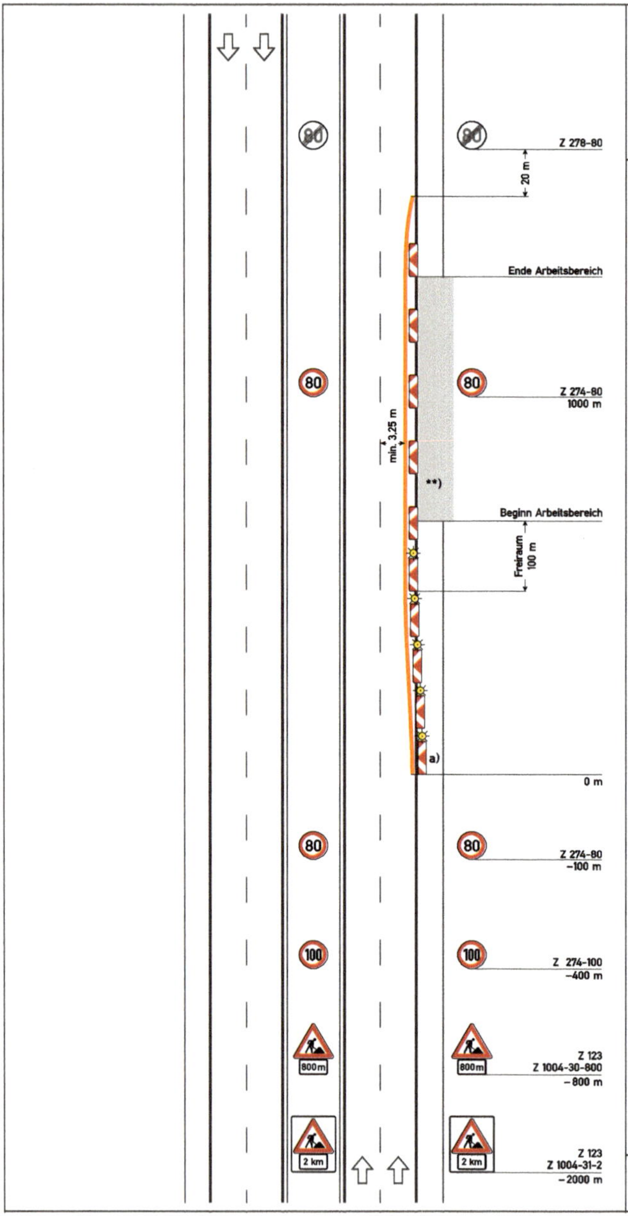

Regelplan D I/1r

Verkehrsführung x+2

ein Fahrstreifen und ein Behelfsfahrstreifen auf eingeschränkter zweistreifiger Fahrbahn

a) Querabsperrung
durch Leitbaken Abstand 9 m
Verziehungsmaß 1:20
Warnleuchte auf jeder Leitbake

b) Längsabsperrung
durch Leitbaken Abstand 18 m

[ ] Anordnung von Abweichungen von diesem Regelplan gemäß beiliegendem Anordnungstext

Wiederholung von Zeichen 274 alle 1000 m ist nur anzuordnen, wenn Arbeitsstellenlänge > 2000 m

****) Längsabsperrung**
Leitbaken Abstand 18 m
[ ] Leitbaken entfallen, weil TSE bauzeitlich vorhanden

05.21

[1]) siehe dazu Korrektur Regelpläne Teil D I

D I/2 Verkehrsführung x+2 – zwei Behelfsfahrstreifen auf eingeschränkter zweistreifiger Fahrbahn[1])

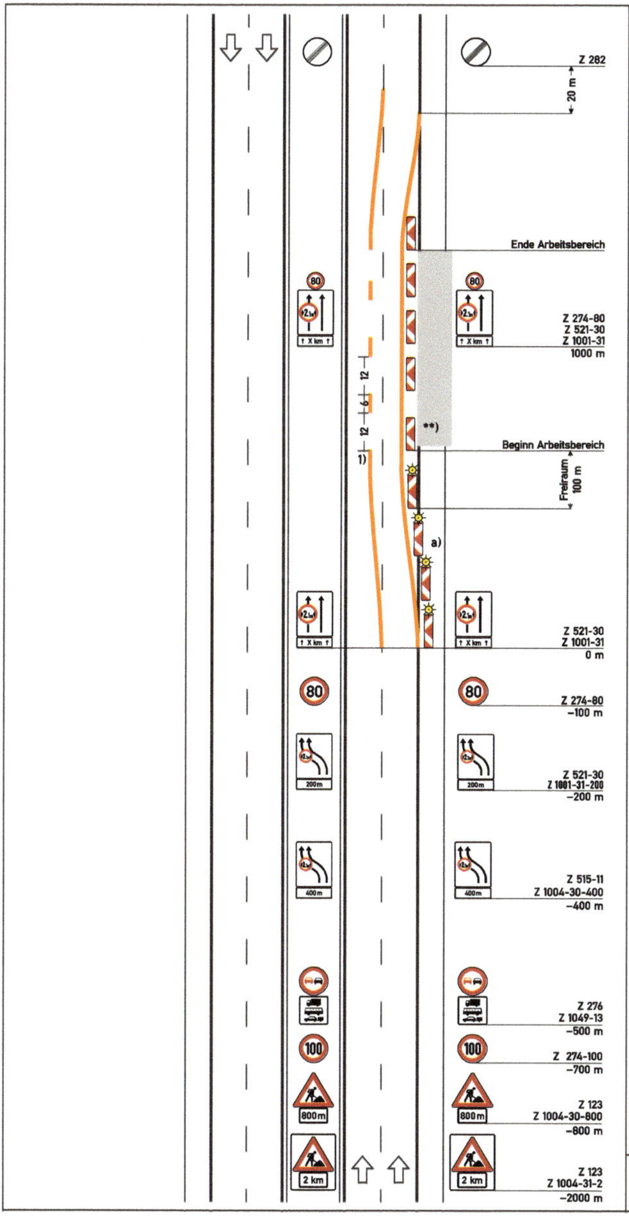

Regelplan D I/2

Verkehrsführung x+2

zwei Behelfsfahrstreifen auf eingeschränkter zweistreifiger Fahrbahn

a) Querabsperrung
durch Leitbaken Abstand 9 m
Verschwenkungsmaß 1:20
Warnleuchte auf jeder Leitbake

[ ] Anordnung von Abweichungen von diesem Regelplan gemäß beiliegendem Anordnungstext

Wiederholung der Fahrstreifentafeln in Kombination mit Zeichen 274 alle 1000 m ist nur anzuordnen, wenn Arbeitsstellenlänge > 2000 m

****) Längsabsperrung**
Leitbaken Abstand 18 m
[ ] Leitbaken entfallen, weil TSE bauzeitlich vorhanden

1) Beträgt der Abstand zwischen dem Ende der Verschwenkung am Beginn der Arbeitsstelle und dem Beginn der Verschwenkung am Ende der Arbeitsstelle weniger als 400 m: Fahrstreifenbegrenzung statt Leitlinie

05.21

1) siehe dazu Korrektur Regelpläne Teil D I

D I/3I Verkehrsführung x+1 – ein Fahrstreifen auf eingeschränkter zweistreifiger Fahrbahn bei Arbeiten am Mittelstreifen, wenn kein geeigneter Seitenstreifen vorhanden ist[1])

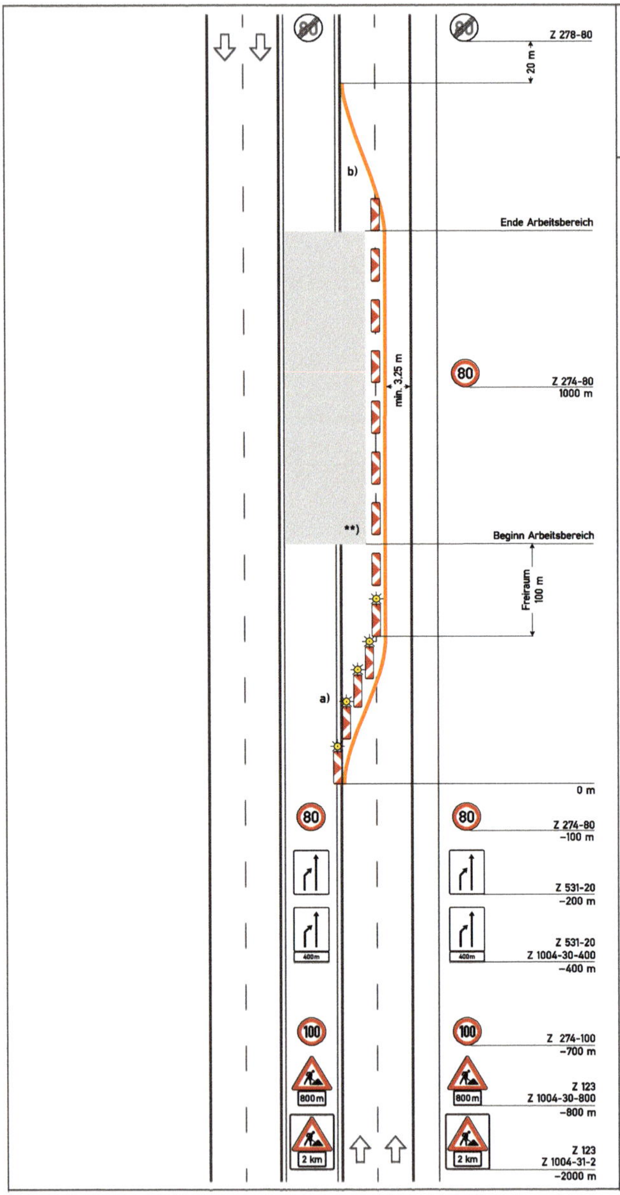

Regelplan D I/3l

Verkehrsführung x+1

ein Fahrstreifen auf eingeschränkter zweistreifiger Fahrbahn bei Arbeiten am Mittelstreifen, wenn kein geeigneter Seitenstreifen vorhanden ist

a) Querabsperrung
durch Leitbaken Abstand 9 m
Verziehungsmaß 1:20
Warnleuchte auf jeder Leitbake

b) Verschwenkung: 1:20 links

****) Längsabsperrung**
Leitbaken Abstand 18 m
[ ] Leitbaken entfallen, weil TSE bauzeitlich vorhanden

[ ] Anordnung von Abweichungen von diesem Regelplan gemäß beiliegendem Anordnungstext

Wiederholung von Zeichen 274 alle 1000 m ist nur anzuordnen, wenn Arbeitsstellenlänge > 2000 m

05.21

1) siehe dazu Korrektur Regelpläne Teil D I

D I/3r Verkehrsführung x+1 – ein Behelfsfahrstreifen auf eingeschränkter zweistreifiger Fahrbahn[1])

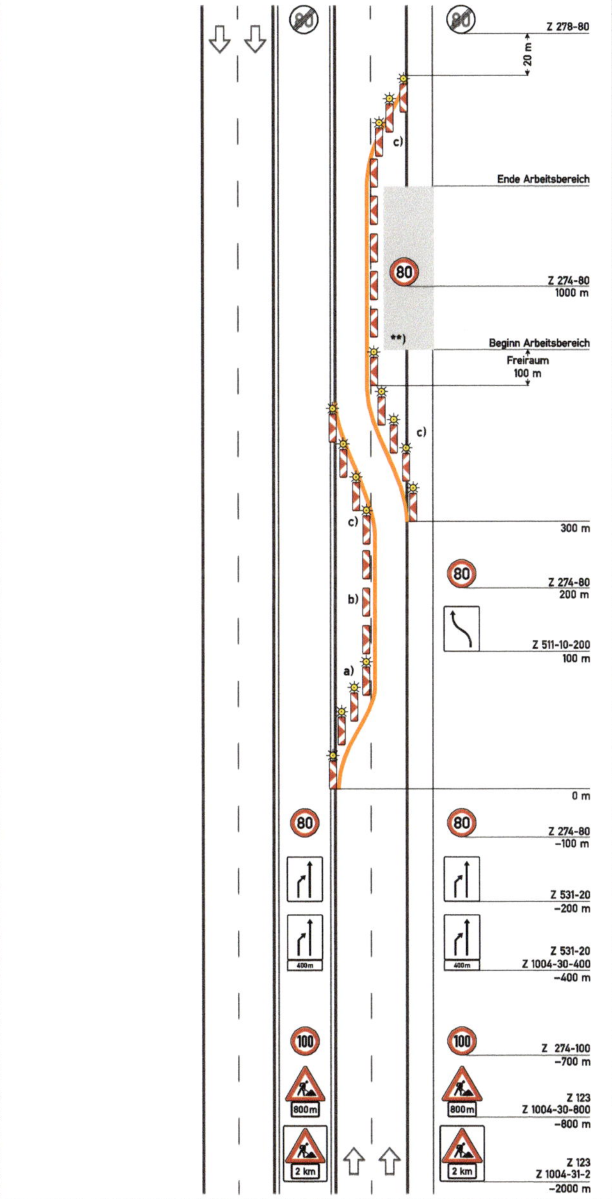

Regelplan D I/3r

Verkehrsführung x+1

ein Behelfsfahrstreifen auf eingeschränkter zweistreifiger Fahrbahn

a) Querabsperrung
durch Leitbaken Abstand 9 m
Verziehungsmaß 1:20
Warnleuchte auf jeder Leitbake

b) Längsabsperrung
durch Leitbaken Abstand 18 m

c) Verschwenkung
durch Leitbaken Abstand 9 m
Verschwenkungsmaß 1:20
Warnleuchte auf jeder Leitbake

****) Längsabsperrung**
Leitbaken Abstand 18 m
[ ] Leitbaken entfallen, weil TSE bauzeitlich vorhanden

[ ] Anordnung von Abweichungen von diesem Regelplan gemäß beiliegendem Anordnungstext

Wiederholung von Zeichen 274 alle 1000 m ist nur anzuordnen, wenn Arbeitsstellenlänge > 2000 m

05.21

1) siehe dazu Korrektur Regelpläne Teil D I

D I/4 Verkehrsführung x+2 – zwei Behelfsfahrstreifen bei Arbeiten am Mittelstreifen und vorhandenem Seitenstreifen

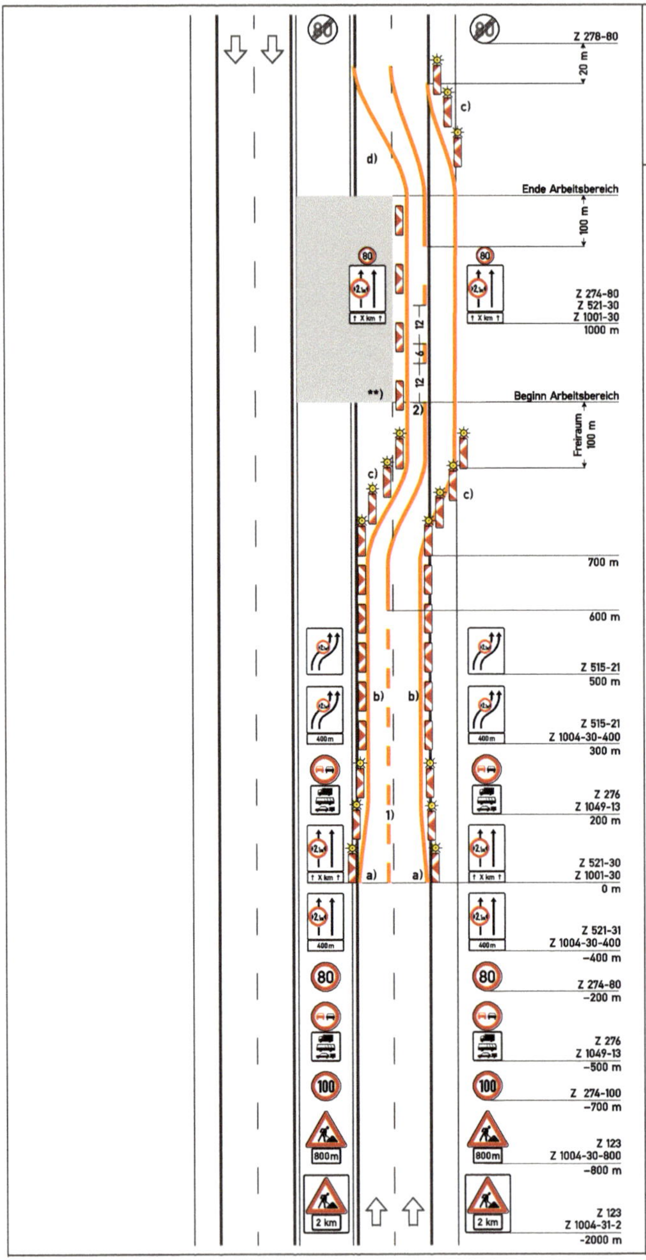

Regelplan D I/4

Verkehrsführung x+2

zwei Behelfsfahrstreifen bei Arbeiten am Mittelstreifen und vorhandenem Seitenstreifen

a) Querabsperrung
durch Leitbaken Abstand 5 m
Verziehungsmaß 1:20
Warnleuchte auf jeder Leitbake
Einengung auf Breite des Behelfsfahrstreifens

b) Längsabsperrung
durch Leitbaken Abstand 18 m

c) Verschwenkung
durch Leitbaken Abstand 9 m
Verschwenkungsmaß 1:20
Warnleuchte auf jeder Leitbake

d) Verschwenkung
1:20 links

****) Längsabsperrung**
Leitbaken Abstand 18 m
[ ] Leitbaken entfallen, weil TSE bauzeitlich vorhanden

1) Warnlinie gemäß Rn. 1 VwV-StVO zu Z 295

2) Beträgt der Abstand zwischen dem Ende der Verschwenkung am Beginn der Arbeitsstelle und dem Beginn der Verschwenkung am Ende der Arbeitsstelle weniger als 400 m: Fahrstreifenbegrenzung statt Leitlinie

[ ] Anordnung von Abweichungen von diesem Regelplan gemäß beiliegendem Anordnungstext

Wiederholung der Fahrstreifentafeln in Kombination mit Zeichen 274 und des Zeichens 276 in Kombination mit 1049-13 alle 1000 m ist nur anzuordnen, wenn Arbeitsstellenlänge > 2000 m; Abstand der Kombinationen untereinander mindestens 200 m

05.21

D I/5l Verkehrsführung x+3 – drei Behelfsfahrstreifen auf eingeschränkter dreistreifiger Fahrbahn bei Arbeiten am Mittelstreifen

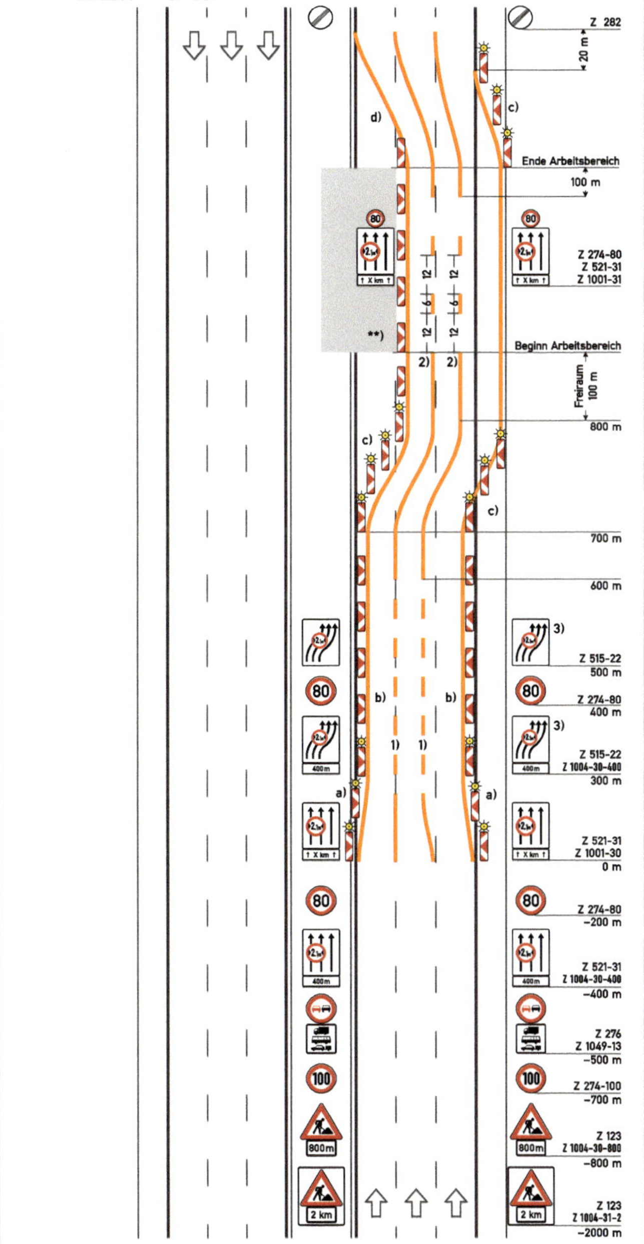

Regelplan D I/5l

Verkehrsführung x+3

drei Behelfsfahrstreifen auf eingeschränkter dreistreifiger Fahrbahn bei Arbeiten am Mittelstreifen

a) Querabsperrung
durch Leitbaken Abstand 5 m
Verziehungsmaß 1:20
Warnleuchte auf jeder Leitbake
Einengung auf Breite des Behelfsfahrstreifens

b) Längsabsperrung
durch Leitbaken Abstand 18 m

c) Verschwenkung
durch Leitbaken Abstand 9 m
Verschwenkungsmaß 1:20
Warnleuchte auf jeder Leitbake

d) Verschwenkung:
1:20 links

****) Längsabsperrung**
Leitbaken Abstand 18 m
[ ] Leitbaken entfallen, weil TSE bauzeitlich vorhanden

1) Warnlinie gemäß Rn. 1 VwV-StVO zu Z 295

2) Beträgt der Abstand zwischen dem Ende der Verschwenkung am Beginn der Arbeitsstelle und dem Beginn der Verschwenkung am Ende der Arbeitsstelle weniger als 400 m: Fahrstreifenbegrenzung statt Leitlinie

3) [ ] keine Verschwenkungstafeln angeordnet; Beginn der Verschwenkung bei +300 m

Wenn die Verschwenkung in Querrichtung weniger als 3 m beträgt, soll auf die Ankündigung mit Verschwenkungstafeln verzichtet werden.

[ ] Anordnung von Abweichungen von diesem Regelplan gemäß beiliegendem Anordnungstext

Wiederholung der Fahrstreifentafeln in Kombination mit Zeichen 274 und des Zeichens 276 in Kombination mit 1049-13 alle 1000 m ist nur anzuordnen, wenn Arbeitsstellenlänge > 2000 m; Abstand der Kombinationen untereinander mindestens 200 m

05.21

D I/5r Verkehrsführung x+3 – drei Behelfsfahrstreifen auf eingeschränkter dreistreifiger Fahrbahn

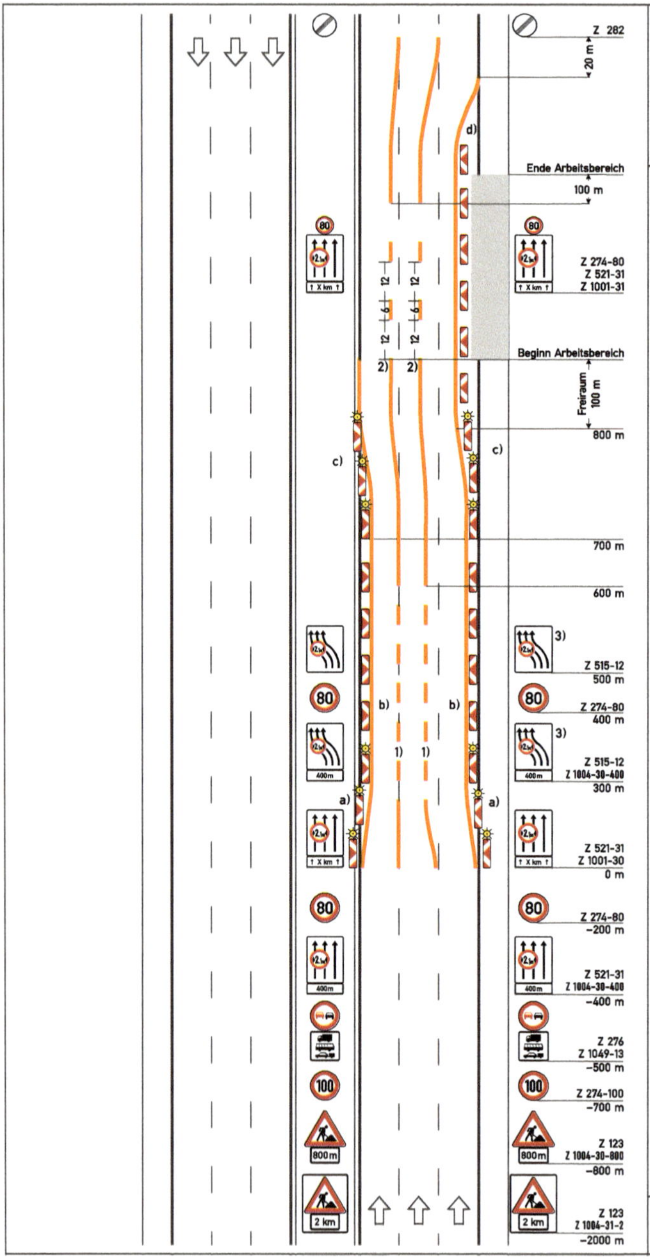

Regelplan D I/5r

Verkehrsführung x+3

drei Behelfsfahrstreifen auf eingeschränkter dreistreifiger Fahrbahn

a) Querabsperrung
durch Leitbaken Abstand 5 m
Verziehungsmaß 1:20
Warnleuchte auf jeder Leitbake
Einengung auf Breite des Behelfsfahrstreifens

b) Längsabsperrung
durch Leitbaken Abstand 18 m

c) Verschwenkung
durch Leitbaken Abstand 9 m
Verschwenkungsmaß 1:20
Warnleuchte auf jeder Leitbake

d) Verschwenkung: 1:20 rechts

****) Längsabsperrung**
Leitbaken Abstand 18 m
[ ] Leitbaken entfallen, weil TSE bauzeitlich vorhanden

1) Warnlinie gemäß Rn. 1 VwV-StVO zu Z 295

2) Beträgt der Abstand zwischen dem Ende der Verschwenkung am Beginn der Arbeitsstelle und dem Beginn der Verschwenkung am Ende der Arbeitsstelle weniger als 400 m: Fahrstreifenbegrenzung statt Leitlinie

3) [ ] keine Verschwenkungstafeln angeordnet; Beginn der Verschwenkung bei +300 m

Wenn die Verschwenkung in Querrichtung weniger als 3 m beträgt, soll auf die Ankündigung mit Verschwenkungstafeln verzichtet werden.

[ ] Anordnung von Abweichungen von diesem Regelplan gemäß beiliegendem Anordnungstext

Wiederholung der Fahrstreifentafeln in Kombination mit Zeichen 274 und des Zeichens 276 in Kombination mit 1049-13 alle 1000 m ist nur anzuordnen, wenn Arbeitsstellenlänge > 2000 m; Abstand der Kombinationen untereinander mindestens 200 m

06.21

D I/6I Verkehrsführung x+2 – zwei Behelfsfahrstreifen auf eingeschränkter dreistreifiger Fahrbahn bei Arbeiten am Mittelstreifen, wenn kein geeigneter Seitenstreifen vorhanden ist[1])

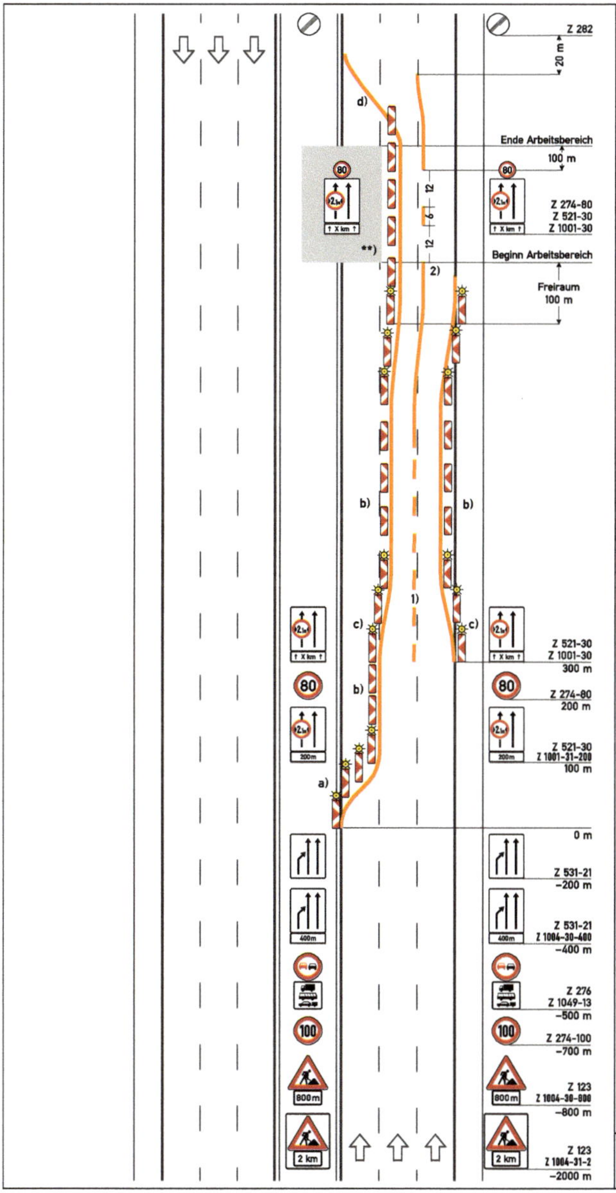

Regelplan D I/6L

Verkehrsführung x+2

zwei Behelfsfahrstreifen auf eingeschränkter dreistreifiger Fahrbahn bei Arbeiten am Mittelstreifen, wenn kein geeigneter Seitenstreifen vorhanden ist

a) Querabsperrung
durch Leitbaken Abstand 5 m
Verziehungsmaß 1:20
Warnleuchte auf jeder Leitbake

b) Längsabsperrung
durch Leitbaken Abstand 18 m

c) Querabsperrung
durch Leitbaken Abstand 5 m
Verziehungsmaß 1:20
Warnleuchte auf jeder Leitbake
Einengung auf Breite des Behelfsfahrstreifens

d) Verschwenkung: links 1:10

****) Längsabsperrung**
Leitbaken Abstand 18 m
[ ] Leitbaken entfallen, weil TSE bauzeitlich vorhanden

1) Warnlinie gemäß Rn. 1 VwV-StVO zu Z 295

2) Beträgt der Abstand zwischen dem Ende der Verschwenkung am Beginn der Arbeitsstelle und dem Beginn der Verschwenkung am Ende der Arbeitsstelle weniger als 400 m: Fahrstreifenbegrenzung statt Leitlinie

[ ] Anordnung von Abweichungen von diesem Regelplan gemäß beiliegendem Anordnungstext

Wiederholung der Fahrstreifentafeln in Kombination mit Zeichen 274 und des Zeichens 276 in Kombination mit 1049-13 alle 1000 m ist nur anzuordnen, wenn Arbeitsstellenlänge > 2000 m; Abstand der Kombinationen untereinander mindestens 200 m

05.21

1) siehe dazu Korrektur Regelpläne Teil D I

D I/6r Verkehrsführung x+2 – zwei Behelfsfahrstreifen auf eingeschränkter dreistreifiger Fahrbahn[1])

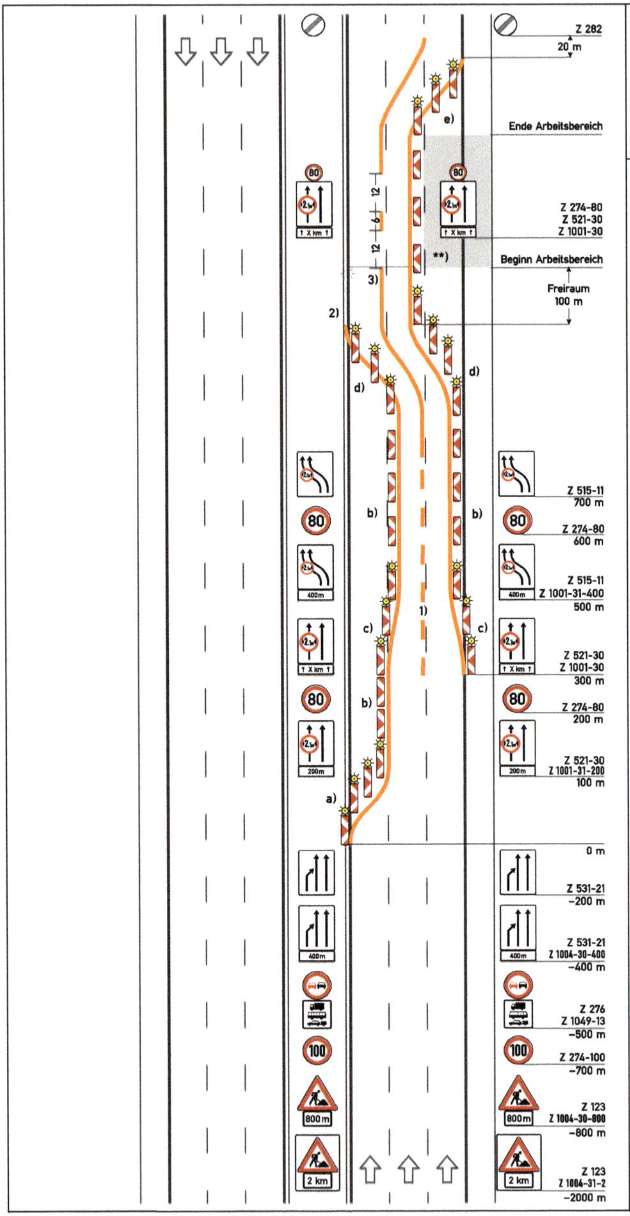

Regelplan D I/6r

Verkehrsführung x+2

zwei Behelfsfahrstreifen auf eingeschränkter dreistreifiger Fahrbahn

a) Querabsperrung
durch Leitbaken Abstand 5 m
Verziehungsmaß 1:20
Warnleuchte auf jeder Leitbake

b) Längsabsperrung
durch Leitbaken Abstand 18 m

c) Querabsperrung
durch Leitbaken Abstand 5 m
Verziehungsmaß 1:20
Warnleuchte auf jeder Leitbake
Einengung auf Breite des Behelfsfahrstreifens

d) Verschwenkung
durch Leitbaken Abstand 9 m
Verschwenkungsmaß 1:20
Warnleuchte auf jeder Leitbake

e) Verschwenkung: 1:20

****) Längsabsperrung**
Leitbaken Abstand 18 m
[ ] Leitbaken entfallen, weil TSE bauzeitlich vorhanden

1) Warnlinie gemäß Rn. 1 VwV-StVO zu Z 295

2) [ ] linke Fahrbahnbegrenzungslinie links von der weißen Fahrbahnbegrenzungslinie in Gelb markieren
Anordnung nur erforderlich, wenn sonst keine ausreichende Fahrbahnbreite gegeben ist

3) Beträgt der Abstand zwischen dem Ende der Verschwenkung am Beginn der Arbeitsstelle und dem Beginn der Verschwenkung am Ende der Arbeitsstelle weniger als 400 m: Fahrstreifenbegrenzung statt Leitlinie

[ ] Anordnung von Abweichungen von diesem Regelplan gemäß beiliegendem Anordnungstext

Wiederholung der Fahrstreifentafeln in Kombination mit Zeichen 274 und des Zeichens 276 in Kombination mit 1049-13 alle 1000 m ist nur anzuordnen, wenn Arbeitsstellenlänge > 2000 m; Abstand der Kombinationen untereinander mindestens 200 m

05.21

[1]) siehe dazu Korrektur Regelpläne Teil D I

D I/7 Verkehrsführung x+2 – zwei Behelfsfahrstreifen auf eingeschränkter dreistreifiger Fahrbahn[1])

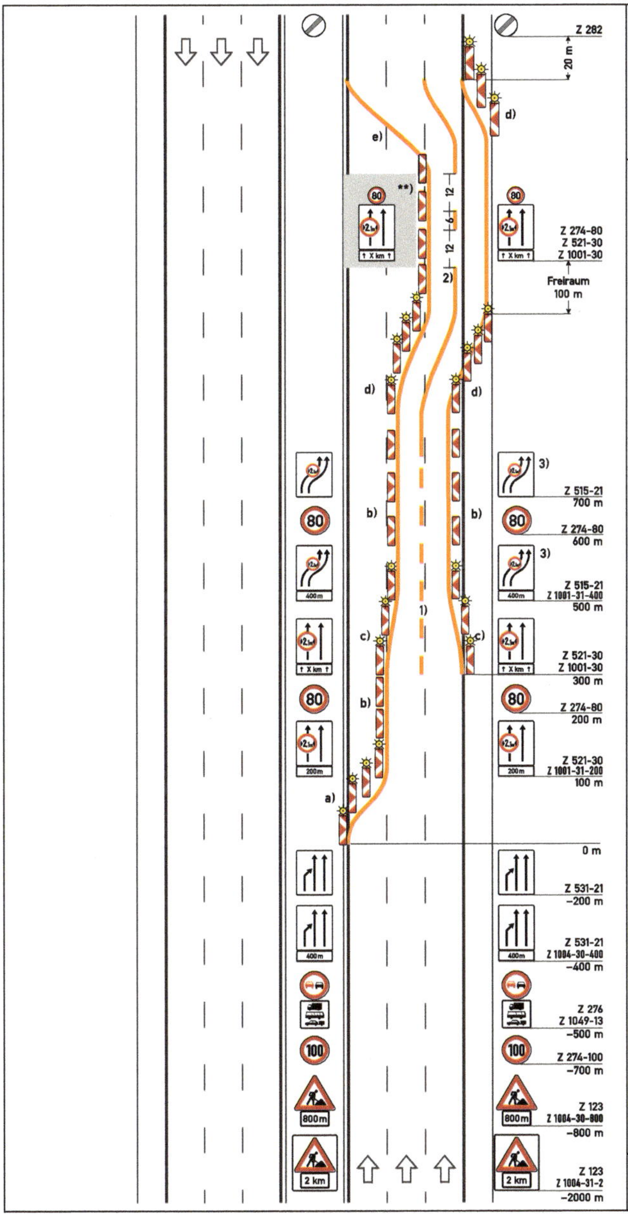

Regelplan D I/7

Verkehrsführung x+2

zwei Behelfsfahrstreifen auf eingeschränkter dreistreifiger Fahrbahn

a) Querabsperrung
durch Leitbaken Abstand 5 m
Verziehungmaß 1:20
Warnleuchte auf jeder Leitbake

b) Längsabsperrung
durch Leitbaken Abstand 18 m

c) Querabsperrung
durch Leitbaken Abstand 5 m
Verziehungsmaß 1:20
Warnleuchte auf jeder Leitbake
Einengung auf Breite des Behelfsfahrstreifens

d) Verschwenkung
durch Leitbaken Abstand 9 m
Verschwenkungsmaß 1:20
Warnleuchte auf jeder Leitbake

e) Verschwenkung: links 1:10

****) Längsabsperrung**
Leitbaken Abstand 18 m
[ ] Leitbaken entfallen, weil TSE bauzeitlich vorhanden

1) Warnlinie gemäß Rn. 1 VwV-StVO zu Z 295

2) Beträgt der Abstand zwischen dem Ende der Verschwenkung am Beginn der Arbeitsstelle und dem Beginn der Verschwenkung am Ende der Arbeitsstelle weniger als 400 m: Fahrstreifenbegrenzung statt Leitlinie

3) [ ] keine Verschwenkungstafeln angeordnet; Beginn der Verschwenkung bei +700 m

Wenn die Verschwenkung in Querrichtung weniger als 3 m beträgt, soll auf die Ankündigung mit Verschwenkungstafeln verzichtet werden.

[ ] Anordnung von Abweichungen von diesem Regelplan gemäß beiliegendem Anordnungstext

05.21

1) siehe dazu Korrektur Regelpläne Teil D I

Korrektur Regelpläne Teil D I

Regelplan	Korrekturen
D I/1l	Die Maßangabe zur Fahrstreifenbreite (2,6 m) versteht sich inkl. der gelben Markierung (vgl. Teil A 11.1 (2)). Anmerkung: Da gelbe Markierungen weiße Markierungen aufheben, ist die dargestellte Variante (Mischverkehrsführung aus gleichzeitig gültigen gelben und weißen Markierungen) verkehrsrechtlich nicht korrekt. An der 0 m Marke fehlen die Nummern der Verkehrszeichen. Bei der -200 m Marke handelt es sich um Zusatzzeichen 1004-30-200.
D I/1r	Die Maßangabe zur Fahrstreifenbreite (3,25 m) versteht sich inkl. der gelben Markierung (vgl. Teil A 11.1 (2)). Anmerkung: Da gelbe Markierungen weiße Markierungen aufheben, ist die dargestellte Variante (Mischverkehrsführung aus gleichzeitig gültigen gelben und weißen Markierungen) verkehrsrechtlich nicht korrekt.
D I/2	Bei der -200 m Marke handelt es sich bei der Verschwenkungstafel um Zeichen 515-11 mit Zusatzzeichen 1004-30-200.
D I/3l	Die Maßangabe zur Fahrstreifenbreite (3,25 m) versteht sich inkl. der gelben Markierung (vgl. Teil A 11.1 (2)). Anmerkung: Da gelbe Markierungen weiße Markierungen aufheben, ist die dargestellte Variante (Mischverkehrsführung aus gleichzeitig gültigen gelben und weißen Markierungen) verkehrsrechtlich nicht korrekt.
D I/3r	Anmerkung: Da gelbe Markierungen weiße Markierungen aufheben, ist die dargestellte Variante (Mischverkehrsführung aus gleichzeitig gültigen gelben und weißen Markierungen) verkehrsrechtlich nicht korrekt.
D I/6l	Bei der 100 m Marke handelt es sich um Zusatzzeichen 1004-30-200. Anmerkung: Da gelbe Markierungen weiße Markierungen aufheben, ist die dargestellte Variante (Mischverkehrsführung aus gleichzeitig gültigen gelben und weißen Markierungen) verkehrsrechtlich nicht korrekt.
D I/6r	Bei der 100 m Marke handelt es sich um Zusatzzeichen 1004-30-200. Anmerkung: Da gelbe Markierungen weiße Markierungen aufheben, ist die dargestellte Variante (Mischverkehrsführung aus gleichzeitig gültigen gelben und weißen Markierungen) verkehrsrechtlich nicht korrekt.
D I/7	Bei der 100 m Marke handelt es sich um Zusatzzeichen 1004-30-200. Anmerkung: Da gelbe Markierungen weiße Markierungen aufheben, ist die dargestellte Variante (Mischverkehrsführung aus gleichzeitig gültigen gelben und weißen Markierungen) verkehrsrechtlich nicht korrekt.

Regelpläne D II
Arbeitsstellen von längerer Dauer mit Überleitung auf die Gegenfahrbahn (Regelpläne D II)

Inhaltsübersicht

Hinweise für die Nutzung der Regelpläne

Die nachfolgenden Regelpläne stellen Standardsituationen dar. Sie werden erst mit ihrer Aufnahme in die verkehrsrechtliche Anordnung verbindlich. Soweit erforderlich, sind sie an die konkrete örtliche und verkehrliche Situation der zu sichernden Arbeitsstelle anzupassen. Um diese Anpassung für häufig auftretende Fälle zu vereinfachen, sehen zahlreiche Regelpläne Auswahlfelder vor, mit denen alternative oder ergänzende Maßnahmen beantragt und angeordnet werden können.

Soweit die Unternehmer bei der Erstellung des für die Beantragung der verkehrsrechtlichen Anordnung vorzulegenden Verkehrszeichenplans auf der Grundlage eines Regelplans von angebotenen Modifizierungen Gebrauch machen wollen, nutzen sie die hierfür vorgesehenen Auswahlfelder. Verbindlich werden die Maßnahmen erst mit der Bestätigung durch die Behörde im Rahmen der verkehrsrechtlichen Anordnung.

Die Aktualisierung und Weiterentwicklung der Regelpläne entbindet die anordnenden Behörden nicht von ihrer Verpflichtung, entsprechend den Vorgaben im Teil A Abschnitt 1.5 Absatz 3 stets sorgfältig zu prüfen, ob der durch den Antragsteller auf der Basis eines Regelplans eingereichte Verkehrszeichenplan der jeweiligen örtlichen und verkehrlichen Situation gerecht wird. Ist das nicht der Fall, hat der Antragsteller den Plan zu ergänzen oder zu ändern, soweit die Behörde die erforderlichen Anpassungen nicht selbst vornimmt.

D II/1a Verkehrsführung 3+1 – drei Behelfsfahrstreifen auf einer Richtungsfahrbahn ein Behelfsfahrstreifen auf eingeschränkter Fahrbahn

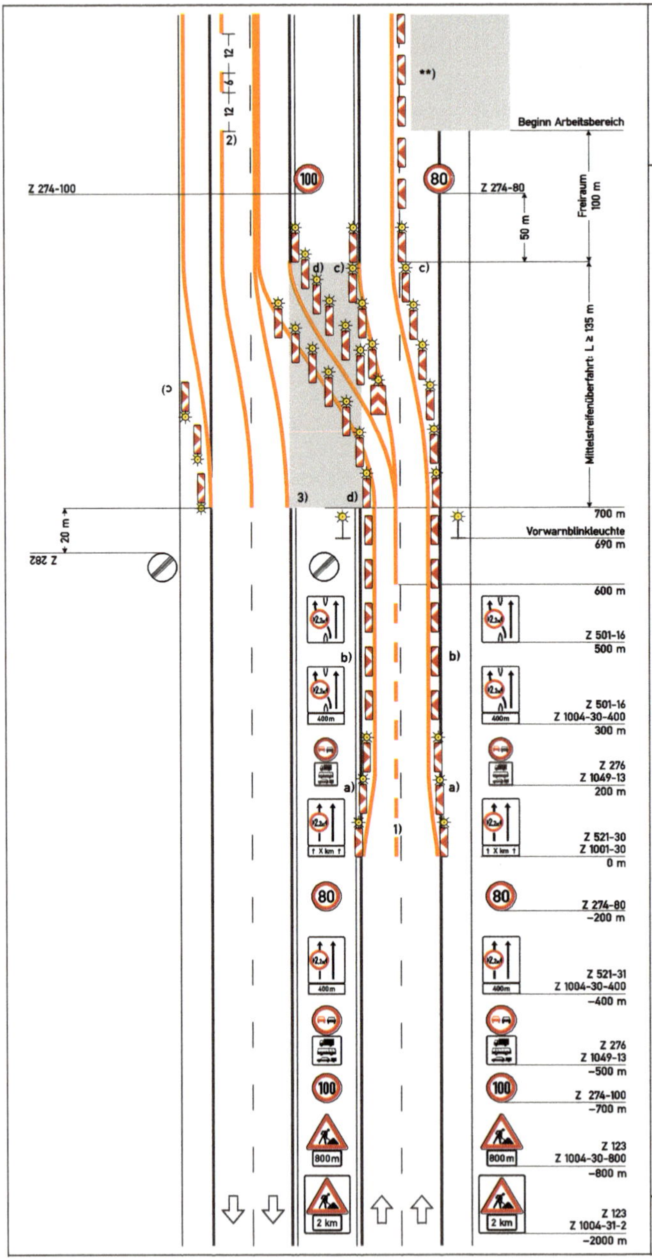

Regelplan D II/1a

Verkehrsführung 3+1

drei Behelfsfahrstreifen auf einer Richtungsfahrbahn

ein Behelfsfahrstreifen auf eingeschränkter Fahrbahn

Anschluss an Regelplan D II/1b

a) Querabsperrung
durch Leitbaken Abstand 5 m
Verziehungsmaß 1:20
Warnleuchte auf jeder Leitbake
Einengung auf Breite des Behelfsfahrstreifens

b) Längsabsperrung
durch Leitbaken Abstand 18 m

c) Verschwenkung
Leitbaken Abstand 9 m
Verschwenkungsmaß 1:20
Warnleuchte auf jeder Leitbake

d) Überleitung
Leitbaken Abstand 9 m
Warnleuchte auf jeder Leitbake

****) Längsabsperrung**
Leitbaken Abstand 18 m
[ ] Leitbaken entfallen, weil TSE bauzeitlich vorhanden

1) Warnlinie gemäß Rn. 1 VwV-StVO zu Z 295

2) Beträgt der Abstand zwischen dem Ende der Überleitung am Beginn der Arbeitsstelle und dem Beginn der Überleitung am Ende der Arbeitsstelle weniger als 400 m: Fahrstreifenbegrenzung statt Leitlinie

3) Wenn keine TSE eingesetzt wird: Leitbaken Abstand 9 m mit gelber Warnleuchte auf jeder Leitbake

[ ] Anordnung von Abweichungen von diesem Regelplan gemäß beiliegendem Anordnungstext

Wiederholung Zeichen 274 alle 1000 m ist nur anzuordnen, wenn Arbeitsstellenlänge > 2000 m; Abstand der Kombinationen untereinander mindestens 200 m

05.21

D II/1b Verkehrsführung 3+1 – drei Behelfsfahrstreifen auf einer Richtungsfahrbahn ein Behelfsfahrstreifen auf eingeschränkter Fahrbahn[1])

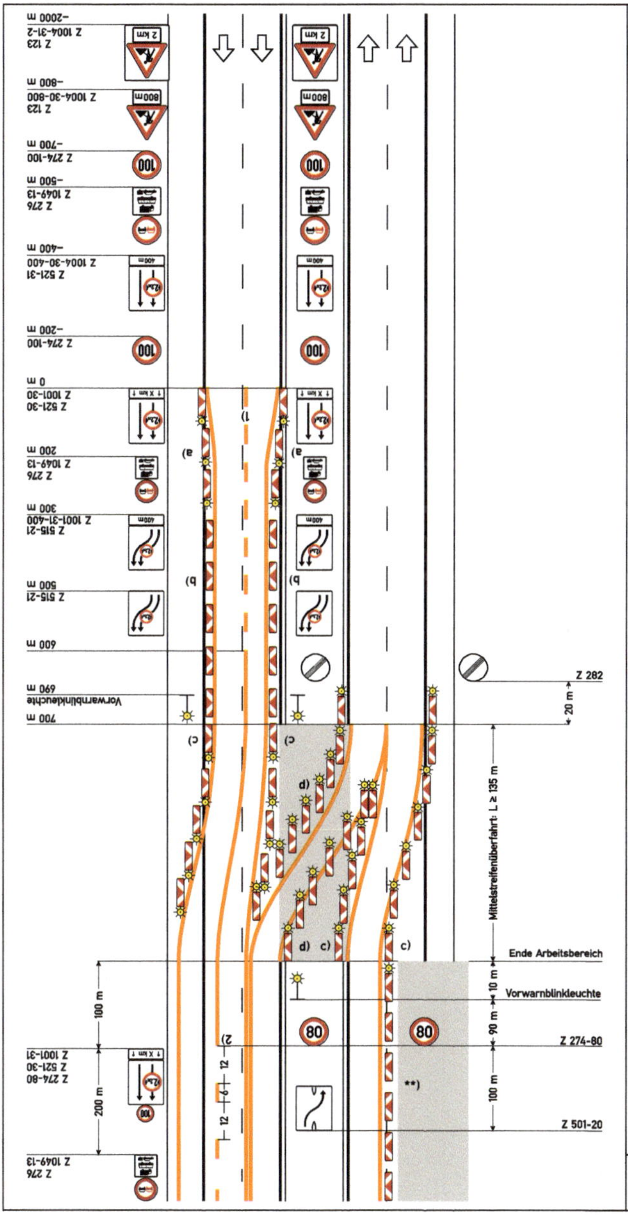

Regelplan D II/1b

Verkehrsführung 3+1

drei Behelfsfahrstreifen auf einer Richtungsfahrbahn

ein Behelfsfahrstreifen auf eingeschränkter Fahrbahn

a) Querabsperrung
durch Leitbaken Abstand 5 m
Verziehungsmaß 1:20
Warnleuchte auf jeder Leitbake
Einengung auf Breite des Behelfsfahrstreifens

b) Längsabsperrung
durch Leitbaken Abstand 18 m

c) Verschwenkung
Leitbaken Abstand 9 m
Verschwenkungsmaß 1:20
Warnleuchte auf jeder Leitbake

d) Überleitung
Leitbaken Abstand 9 m
Warnleuchte auf jeder Leitbake

****) Längsabsperrung**
Leitbaken Abstand 18 m
[ ] Leitbaken entfallen, weil TSE bauzeitlich vorhanden

1) Warnlinie gemäß Rn. 1 VwV-StVO zu Z 295

2) Beträgt der Abstand zwischen dem Ende der Verschwenkung am Beginn der Arbeitsstelle und dem Beginn der Verschwenkung am Ende der Arbeitsstelle weniger als 400 m: Fahrstreifenbegrenzung statt Leitlinie

[ ] Anordnung von Abweichungen von diesem Regelplan gemäß beiliegendem Anordnungstext

Wiederholung der Fahrstreifentafeln in Kombination mit Zeichen 274 und des Zeichens 276 in Kombination mit 1049-13 alle 1000 m ist nur anzuordnen, wenn Arbeitsstellenlänge > 2000 m; Abstand der Kombinationen untereinander mindestens 200 m

Anschluss an Regelplan D II/1a

05.21

1) siehe dazu Korrektur Regelpläne Teil D II

D II/2a Verkehrsführung 4+0 – vier Behelfsfahrstreifen auf einer Richtungsfahrbahn

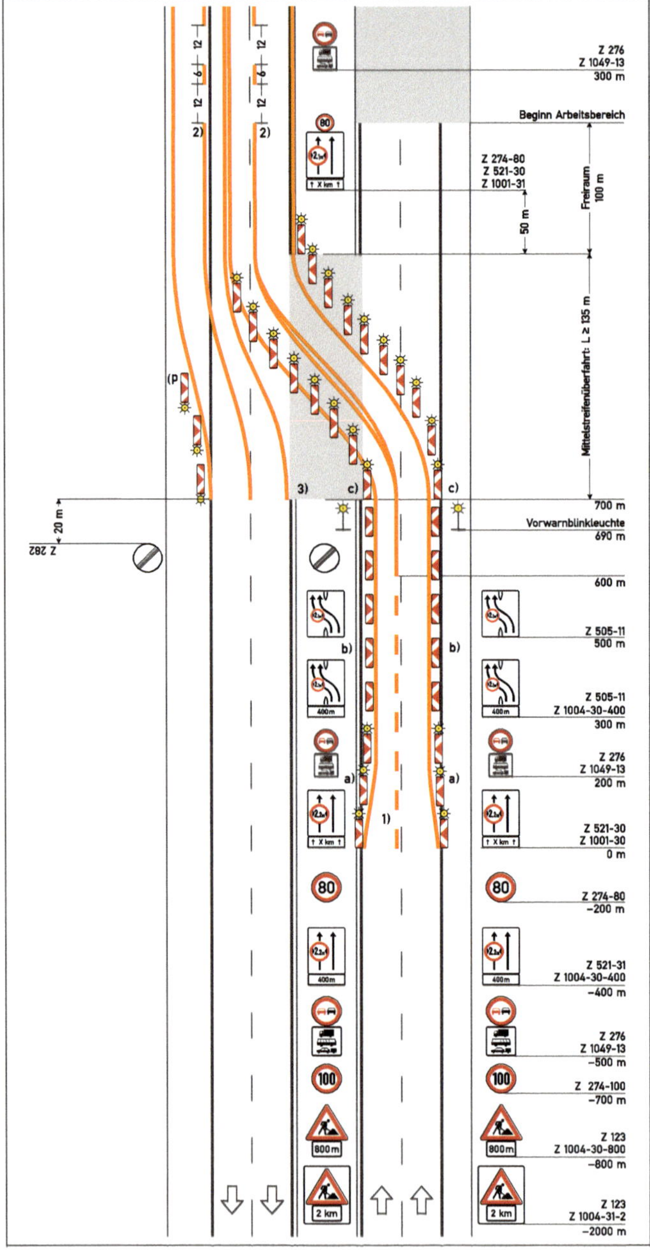

Regelplan D II/2a

Verkehrsführung 4+0

vier Behelfsfahrstreifen auf einer Richtungsfahrbahn

Anschluss an Regelplan D II/2b

a) Querabsperrung
durch Leitbaken Abstand 5 m
Verziehungsmaß 1:20
Warnleuchte auf jeder Leitbake
Einengung auf Breite des Behelfsfahrstreifens

b) Längsabsperrung
durch Leitbaken Abstand 18 m

c) Überleitung
Leitbaken Abstand 9 m
Verschwenkungsmaß 1:20
Warnleuchte auf jeder Leitbake

d) Verschwenkung
Leitbaken Abstand 9 m
Verschwenkungsmaß 1:20
Warnleuchte auf jeder Leitbake

1) Warnlinie gemäß Rn. 1 VwV-StVO zu Z 295

2) Beträgt der Abstand zwischen dem Ende der Überleitung am Beginn der Arbeitsstelle und dem Beginn der Überleitung am Ende der Arbeitsstelle weniger als 400 m: Fahrstreifenbegrenzung statt Leitlinie

3) Wenn keine TSE eingesetzt wird: Leitbaken Abstand 9 m mit gelber Warnleuchte auf jeder Leitbake

[ ] Anordnung von Abweichungen von diesem Regelplan gemäß beiliegendem Anordnungstext

Wiederholung der Fahrstreifentafeln in Kombination mit Zeichen 274 und des Zeichens 276 in Kombination mit 1049-13 alle 1000 m ist nur anzuordnen, wenn Arbeitsstellenlänge > 2000 m; Abstand der Kombinationen untereinander mindestens 200 m

05.21

D II/2b Verkehrsführung 4+0 – vier Behelfsfahrstreifen auf einer Richtungsfahrbahn[1])

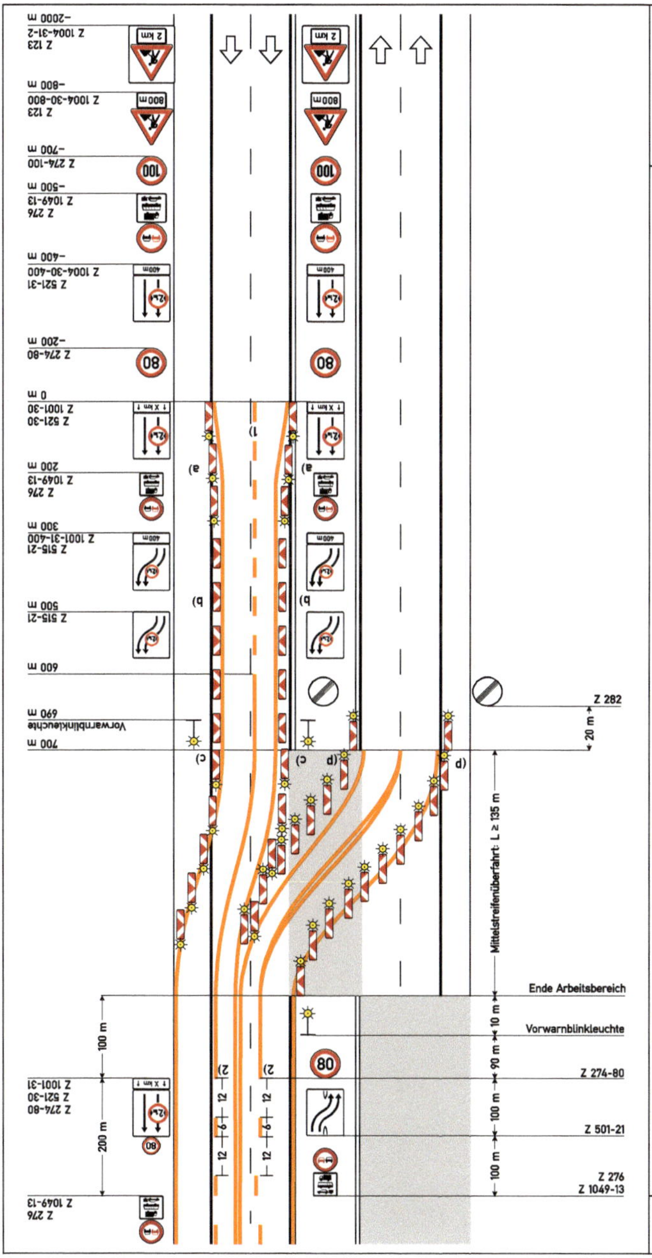

Regelplan D II/2b

Verkehrsführung 4+0

vier Behelfsfahrstreifen auf einer Richtungsfahrbahn

a) Querabsperrung
durch Leitbaken Abstand 5 m
Verziehungsmaß 1:20
Warnleuchte auf jeder Leitbake
Einengung auf Breite des Behelfsfahrstreifens

b) Längsabsperrung
durch Leitbaken Abstand 18 m

c) Verschwenkung
Leitbaken Abstand 9 m
Verschwenkungsmaß 1:20
Warnleuchte auf jeder Leitbake

d) Überleitung
Leitbaken Abstand 9 m
Warnleuchte auf jeder Leitbake

1) Warnlinie gemäß Rn. 1 VwV-StVO zu Z 295

2) Beträgt der Abstand zwischen dem Ende der Verschwenkung am Beginn der Arbeitsstelle und dem Beginn der Verschwenkung am Ende der Arbeitsstelle weniger als 400 m: Fahrstreifenbegrenzung statt Leitlinie

[ ] Anordnung von Abweichungen von diesem Regelplan gemäß beiliegendem Anordnungstext

Wiederholung der Fahrstreifentafeln in Kombination mit Zeichen 274 und des Zeichens 276 in Kombination mit 1049-13 alle 1000 m ist nur anzuordnen, wenn Arbeitsstellenlänge > 2000 m; Abstand der Kombinationen untereinander mindestens 200 m

Anschluss an Regelplan D II/2a

05.21

[1]) siehe dazu Korrektur Regelpläne Teil D II

D II/3a Verkehrsführung 2+0 – zwei Fahrstreifen auf einer Richtungsfahrbahn[1])

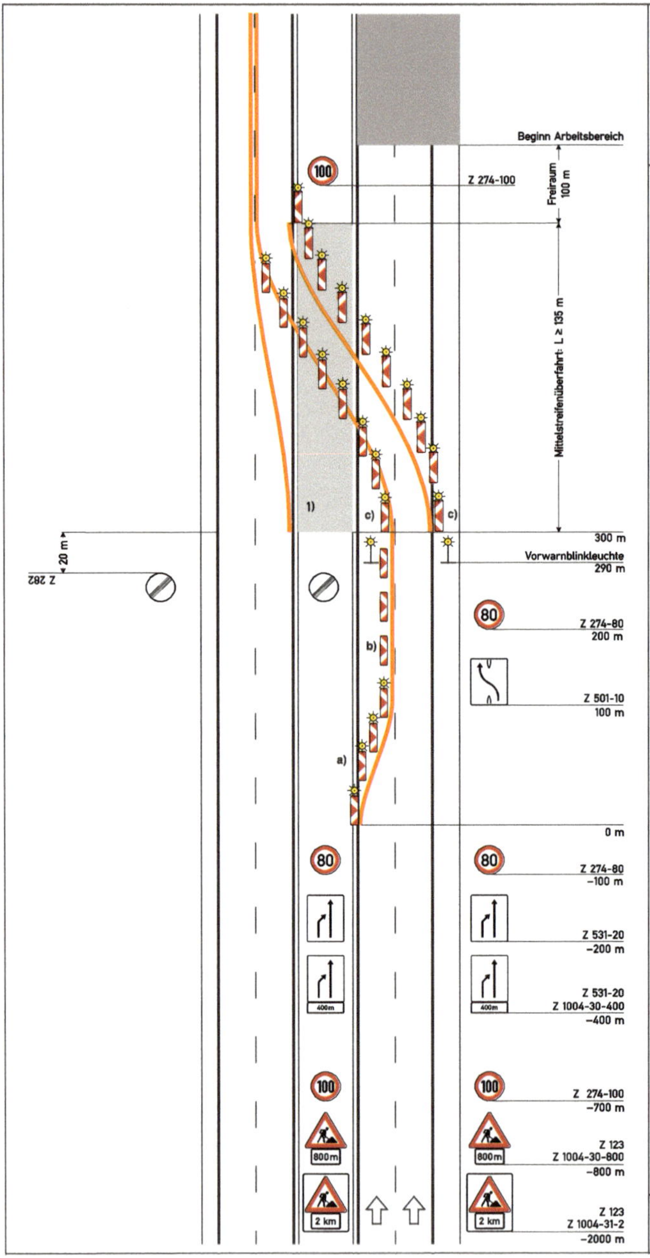

Regelplan D II/3a

Verkehrsführung 2+0

zwei Fahrstreifen auf einer Richtungsfahrbahn

Anschluss an Regelplan D II/3b

a) Querabsperrung
durch Leitbaken Abstand 9 m
Verziehungsmaß 1:20
gelbe Warnleuchte auf jeder Leitbake
Einengung auf Breite des Behelfsfahrstreifens

b) Längsabsperrung
durch Leitbaken Abstand 18 m

c) Überleitung
Leitbaken Abstand 9 m mit gelber Warnleuchte auf jeder Leitbake

1) Wenn keine TSE eingesetzt wird: Leitbaken Abstand 9 m gelbe Warnleuchte auf jeder Leitbake

[ ] Anordnung von Abweichungen von diesem Regelplan gemäß beiliegendem Anordnungstext

Wiederholung von Zeichen 274 alle 1000 m ist nur anzuordnen, wenn Arbeitsstellenlänge > 2000 m

05.21

1) siehe dazu Korrektur Regelpläne Teil D II

D II/3b Verkehrsführung 2+0 – zwei Fahrstreifen auf einer Richtungsfahrbahn[1])

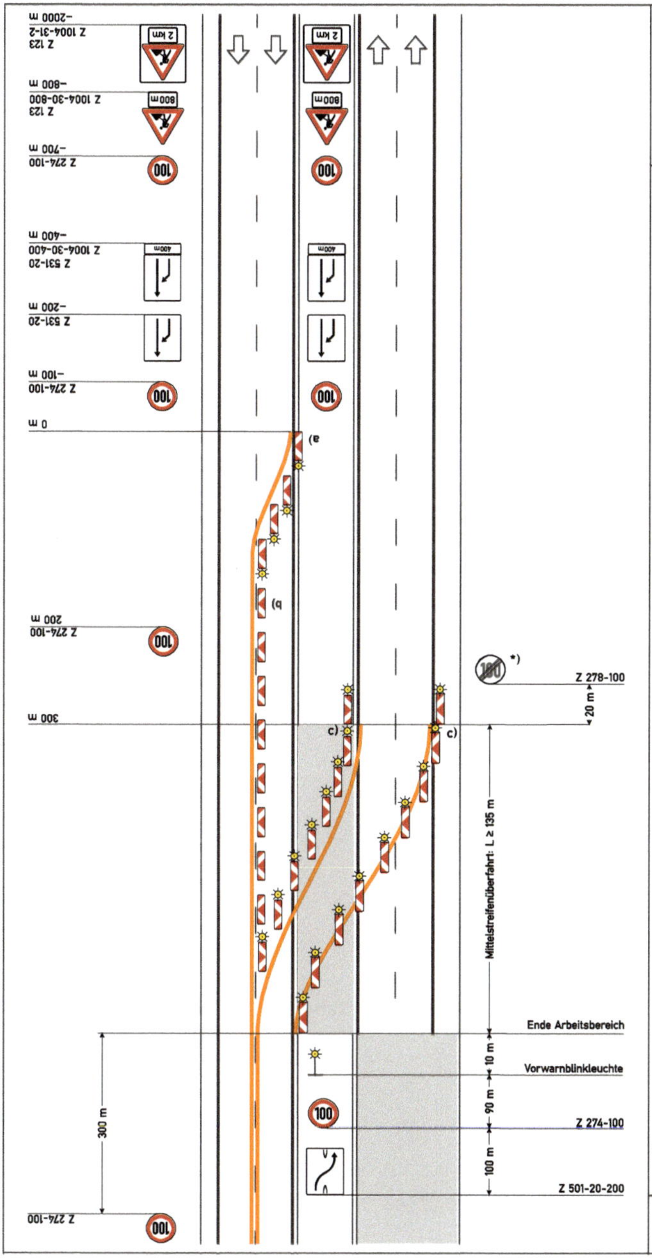

Regelplan D II/3b

Verkehrsführung 2+0

Zwei Fahrstreifen auf einer Richtungsfahrbahn

a) Querabsperrung
durch Leitbaken Abstand 9 m
Verziehungsmaß 1:20
gelbe Warnleuchte auf jeder Leitbake
Einengung auf Breite des Behelfsfahrstreifens

b) Längsabsperrung
durch Leitbaken Abstand 18 m

c) Überleitung
Leitbaken Abstand 9 m
gelbe Warnleuchte auf jeder Leitbake

*) beidseitige Aufstellung

[ ] Anordnung von Abweichungen von diesem Regelplan gemäß beiliegendem Anordnungstext

Wiederholung von Zeichen 274 alle 1000 m ist nur anzuordnen, wenn Arbeitsstellenlänge > 2000 m

Anschluss an Regelplan D II/3a

05.21

---

1) siehe dazu Korrektur Regelpläne Teil D II

D II/4a Verkehrsführung 3+0 – drei Fahrstreifen auf einer Richtungsfahrbahn[1])

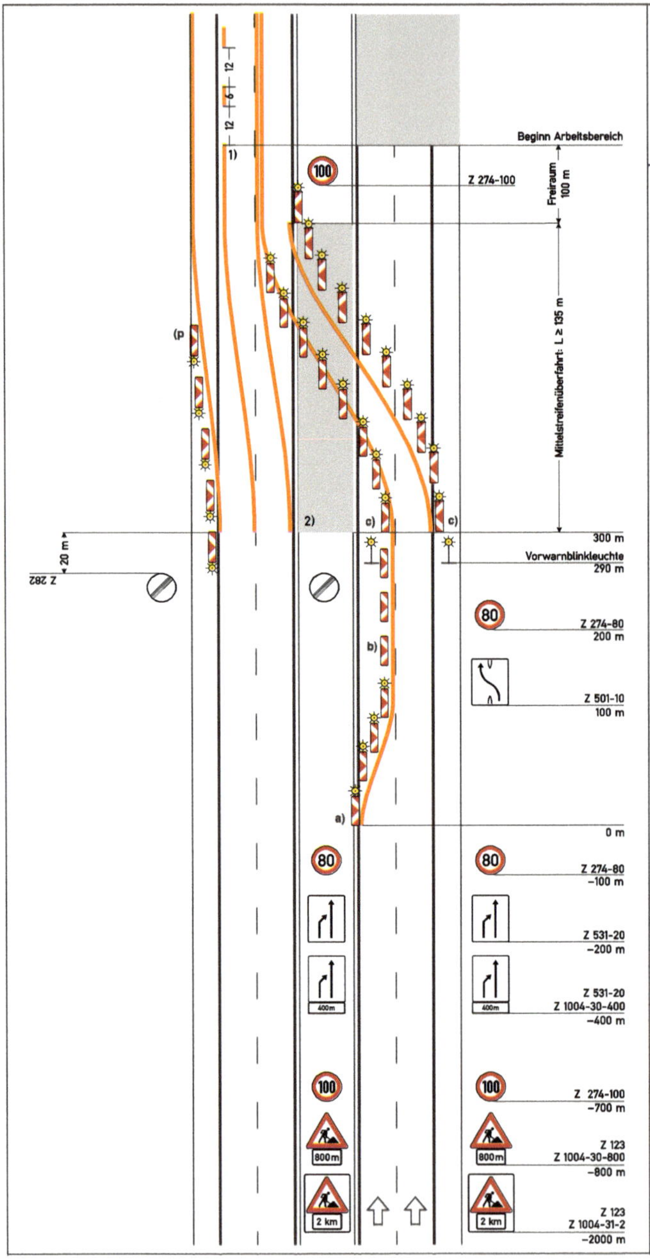

Regelplan D II/4a

Verkehrsführung 3+0

drei Fahrstreifen auf einer Richtungsfahrbahn

Anschluss an Regelplan D II/4b

a) Querabsperrung
durch Leitbaken Abstand 9 m
Verziehungsmaß 1:20
gelbe Warnleuchte auf jeder Leitbake
Einengung auf Breite des Behelfsfahrstreifens

b) Längsabsperrung
durch Leitbaken Abstand 18 m

c) Überleitung
Leitbaken Abstand 9 m
gelbe Warnleuchte auf jeder Leitbake

d) Verschwenkung
Leitbaken Abstand 9 m
Verschwenkungsmaß 1:20
gelbe Warnleuchte auf jeder Leitbake

1) Beträgt der Abstand zwischen dem Ende der Überleitung am Beginn der Arbeitsstelle und dem Beginn der Überleitung am Ende der Arbeitsstelle weniger als 400 m: Fahrstreifenbegrenzung statt Leitlinie

2) Wenn keine TSE eingesetzt wird: Leitbaken Abstand 9 m gelbe Warnleuchte auf jeder Leitbake

[ ] Anordnung von Abweichungen von diesem Regelplan gemäß beiliegendem Anordnungstext

Wiederholung von Zeichen 274 alle 1000 m ist nur anzuordnen, wenn Arbeitsstellenlänge > 2000 m

05.21

[1]) siehe dazu Korrektur Regelpläne Teil D II

D II/4b Verkehrsführung 3+0 – drei Fahrstreifen auf einer Richtungsfahrbahn[1])

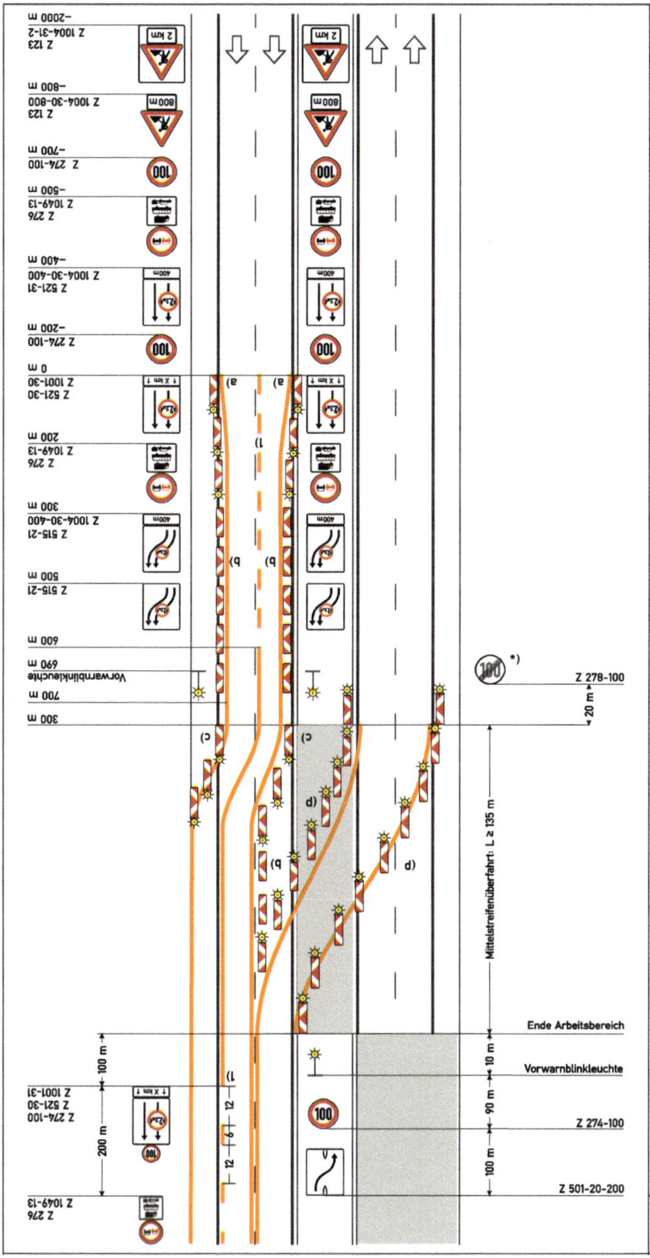

Regelplan D II/4b

Verkehrsführung 3+0

drei Fahrstreifen auf einer Richtungsfahrbahn

a) Querabsperrung
durch Leitbaken Abstand 9 m
Verziehungsmaß 1:20
gelbe Warnleuchte auf jeder Leitbake
Einengung auf Breite des Behelfsfahrstreifens

b) Längsabsperrung
durch Leitbaken Abstand 18 m

c) Verschwenkung
Leitbaken Abstand 9 m
Verschwenkungsmaß 1:20
gelbe Warnleuchte auf jeder Leitbake

d) Überleitung
Leitbaken Abstand 9 m
gelbe Warnleuchte auf jeder Leitbake

*) beidseitige Aufstellung

1) Beträgt der Abstand zwischen dem Ende der Verschwenkung am Beginn der Arbeitsstelle und dem Beginn der Verschwenkung am Ende der Arbeitsstelle weniger als 400 m: Fahrstreifenbegrenzung statt Leitlinie

Wiederholung der Fahrstreifentafeln in Kombination mit Zeichen 274 und des Zeichens 276 in Kombination mit 1049-13 alle 1000 m ist nur anzuordnen, wenn Arbeitsstellenlänge > 2000 m; Abstand der Kombinationen untereinander mindestens 200 m

Anschluss an Regelplan D II/4a

05.21

1) siehe dazu Korrektur Regelpläne Teil D II

D II/5a Verkehrsführung 4+2 – vier Behelfsfahrstreifen auf einer Richtungsfahrbahn zwei Behelfsfahrstreifen auf eingeschränkter Fahrbahn

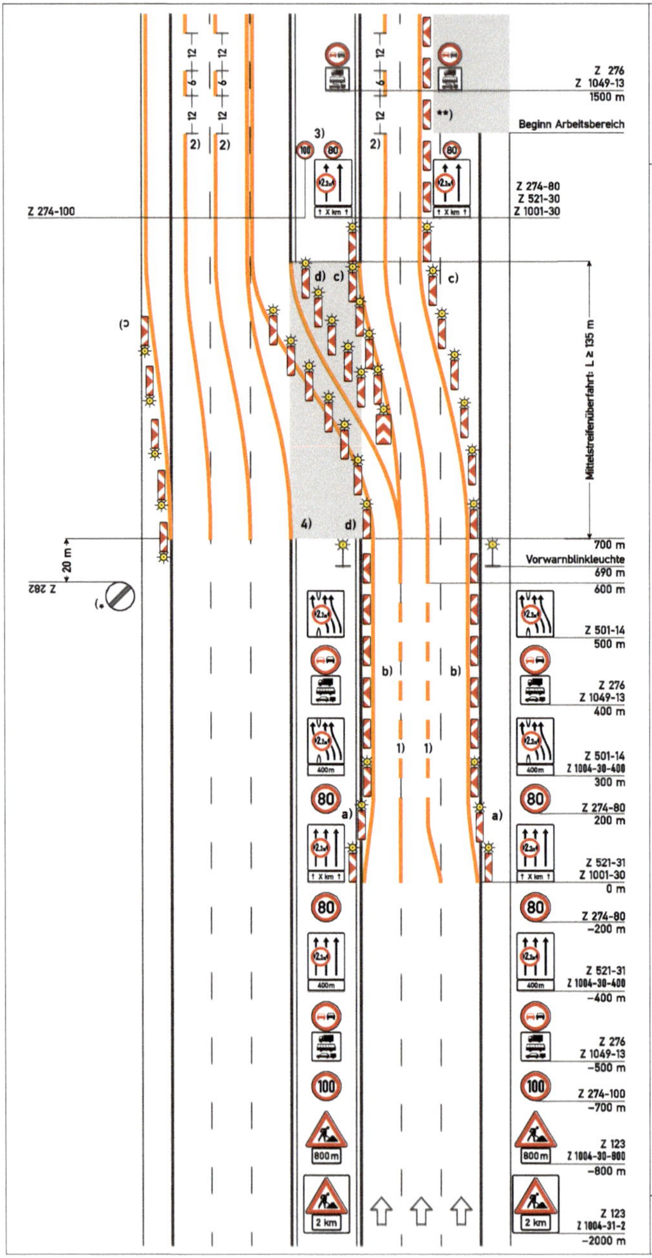

Regelplan D II/5a

Verkehrsführung 4+2

vier Behelfsfahrstreifen auf einer Richtungsfahrbahn

zwei Behelfsfahrstreifen auf eingeschränkter Fahrbahn

Anschluss an Regelplan D II/5b

a) Querabsperrung
durch Leitbaken Abstand 5 m
Versziehungsmaß 1:20
Warnleuchte auf jeder Leitbake
Einengung auf Breite des Behelfsfahrstreifens

b) Längsabsperrung
durch Leitbaken Abstand 18 m

c) Verschwenkung
Leitbaken Abstand 9 m
Verschwenkungsmaß 1:20
Warnleuchte auf jeder Leitbake

d) Überleitung
Leitbaken Abstand 9 m
Warnleuchte auf jeder Leitbake

***)** beidseitige Aufstellung

****) Längsabsperrung**
Leitbaken Abstand 18 m
[ ] Leitbaken entfallen, weil TSE bauzeitlich vorhanden

1) Warnlinie gemäß Rn. 1 VwV-StVO zu Z 295

2) Beträgt der Abstand zwischen dem Ende der Überleitung am Beginn der Arbeitsstelle und dem Beginn der Überleitung am Ende der Arbeitsstelle weniger als 400 m: Fahrstreifenbegrenzung statt Leitlinie

3) Die Zeichen 274 sind deutlich in Richtung des betroffenen Fahrstreifens auszurichten

4) Wenn keine TSE eingesetzt wird: Leitbaken, Abstand 9 m im Überleitungsbereich mit gelber Warnleuchte auf jeder Leitbake

[ ] Anordnung von Abweichungen von diesem Regelplan gemäß beiliegendem Anordnungstext

Wiederholung der Fahrstreifentafeln in Kombination mit Zeichen 274 und des Zeichens 276 in Kombination mit 1049-13 alle 1000 m ist nur anzuordnen, wenn Arbeitsstellenlänge > 2000 m; Abstand der Kombinationen untereinander mindestens 200 m

05.21

D II/5b Verkehrsführung 4+2 – vier Behelfsfahrstreifen auf einer Richtungsfahrbahn zwei Behelfsfahrstreifen auf eingeschränkter Fahrbahn[1])

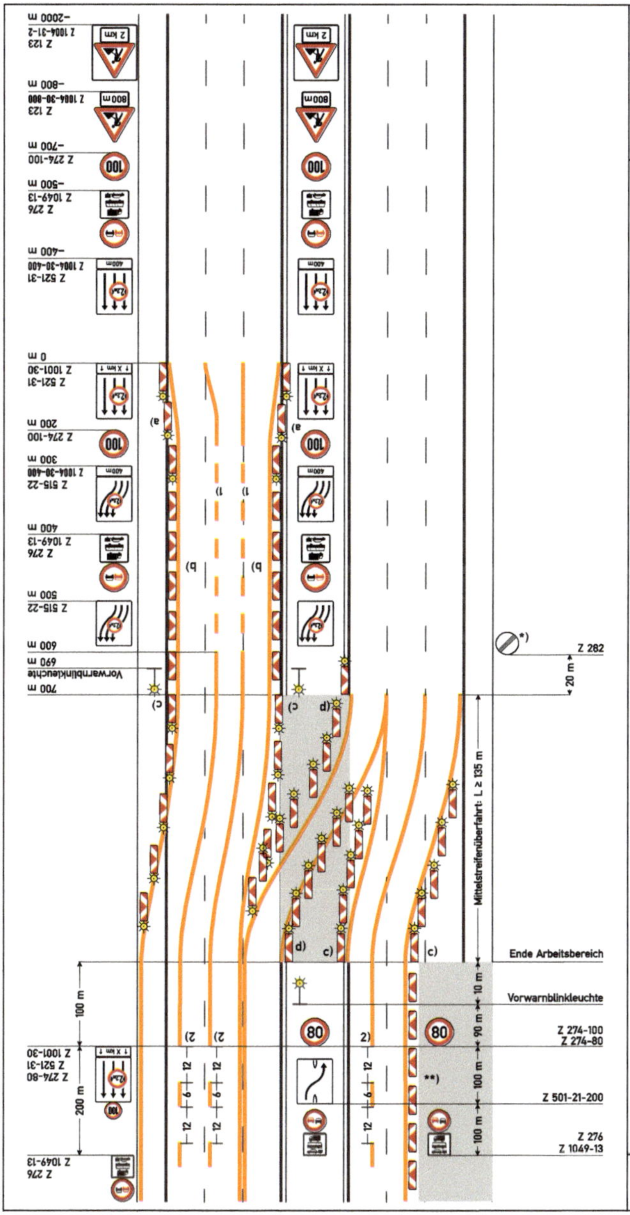

Regelplan D II/5b

Verkehrsführung 4+2

vier Behelfsfahrstreifen auf einer Richtungsfahrbahn

zwei Behelfsfahrstreifen auf eingeschränkter Fahrbahn

a) Querabsperrung
durch Leitbaken Abstand 5 m
Verziehungsmaß 1:20
Warnleuchte auf jeder Leitbake
Einengung auf Breite des Behelfsfahrstreifens

b) Längsabsperrung
durch Leitbaken Abstand 18 m

c) Verschwenkung
Leitbaken Abstand 9 m
Verschwenkungsmaß 1:20
Warnleuchte auf jeder Leitbake

d) Überleitung
Leitbaken Abstand 9 m
Warnleuchte auf jeder Leitbake

1) Warnlinie gemäß Rn. 1 VwV-StVO zu Z 295

2) Beträgt der Abstand zwischen dem Ende der Verschwenkung am Beginn der Arbeitsstelle und dem Beginn der Verschwenkung am Ende der Arbeitsstelle weniger als 400 m: Fahrstreifenbegrenzung statt Leitlinie

****) Längsabsperrung**
Leitbaken Abstand 18 m
[ ] Leitbaken entfallen, weil TSE bauzeitlich vorhanden

***) beidseitige Aufstellung**

[ ] Anordnung von Abweichungen von diesem Regelplan gemäß beiliegendem Anordnungstext

Wiederholung der Fahrstreifentafeln in Kombination mit Zeichen 274 und des Zeichens 276 in Kombination mit 1049-13 alle 1000 m ist nur anzuordnen, wenn Arbeitsstellenlänge > 2000 m; Abstand der Kombinationen untereinander mindestens 200 m

Anschluss an Regelplan D II/5a

05.21

---

1) siehe dazu Korrektur Regelpläne Teil D II

D II/6a Verkehrsführung 5+1 – fünf Behelfsfahrstreifen auf einer Richtungsfahrbahn ein Behelfsfahrstreifen auf eingeschränkter Fahrbahn

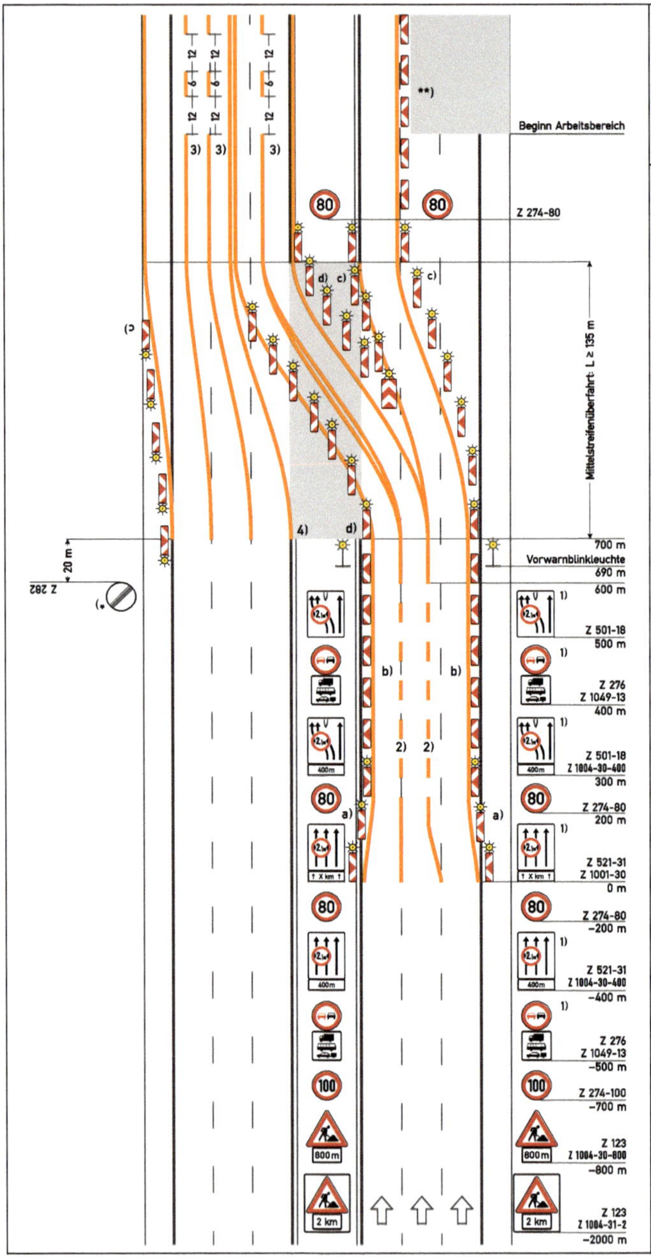

Regelplan D II/6a

Verkehrsführung 5+1

fünf Behelfsfahrstreifen auf einer Richtungsfahrbahn

ein Behelfsfahrstreifen auf eingeschränkter Fahrbahn

Anschluss an Regelplan D II/6b

a) Querabsperrung
durch Leitbaken Abstand 5 m
Verziehungsmaß 1:20
Warnleuchte auf jeder Leitbake
Einengung auf Breite des Behelfsfahrstreifens

b) Längsabsperrung
durch Leitbaken Abstand 18 m

c) Verschwenkung
Leitbaken Abstand 9 m
Verschwenkungsmaß 1:20
Warnleuchte auf jeder Leitbake

d) Überleitung
Leitbaken Abstand 9 m
Warnleuchte auf jeder Leitbake

****) Längsabsperrung**
Leitbaken Abstand 18 m
[ ] Leitbaken entfallen, weil TSE bauzeitlich vorhanden

1) Entfall des Überholverbotes und Anpassung Z 501 ff. bei Nutzung des mittleren Fahrstreifens durch Lkw, Kom und Kombinationen

2) Warnlinie gemäß Rn. 1 VwV-StVO zu Z 295

3) Beträgt der Abstand zwischen dem Ende der Überleitung am Beginn der Arbeitsstelle und dem Beginn der Überleitung am Ende der Arbeitsstelle weniger als 400 m: Fahrstreifenbegrenzung statt Leitlinie

4) Wenn keine TSE eingesetzt wird: Leitbaken Abstand 9 m Warnleuchte auf jeder Leitbake

[ ] Anordnung von Abweichungen von diesem Regelplan gemäß beiliegendem Anordnungstext

Wiederholung der Fahrstreifentafeln in Kombination mit Zeichen 274 und des Zeichens 276 in Kombination mit 1049-13 alle 1000 m ist nur anzuordnen, wenn Arbeitsstellenlänge > 2000 m; Abstand der Kombinationen untereinander mindestens 200 m

05.21

D II/6b Verkehrsführung 5+1 – fünf Behelfsfahrstreifen auf einer Richtungsfahrbahn ein Behelfsfahrstreifen auf eingeschränkter Fahrbahn[1])

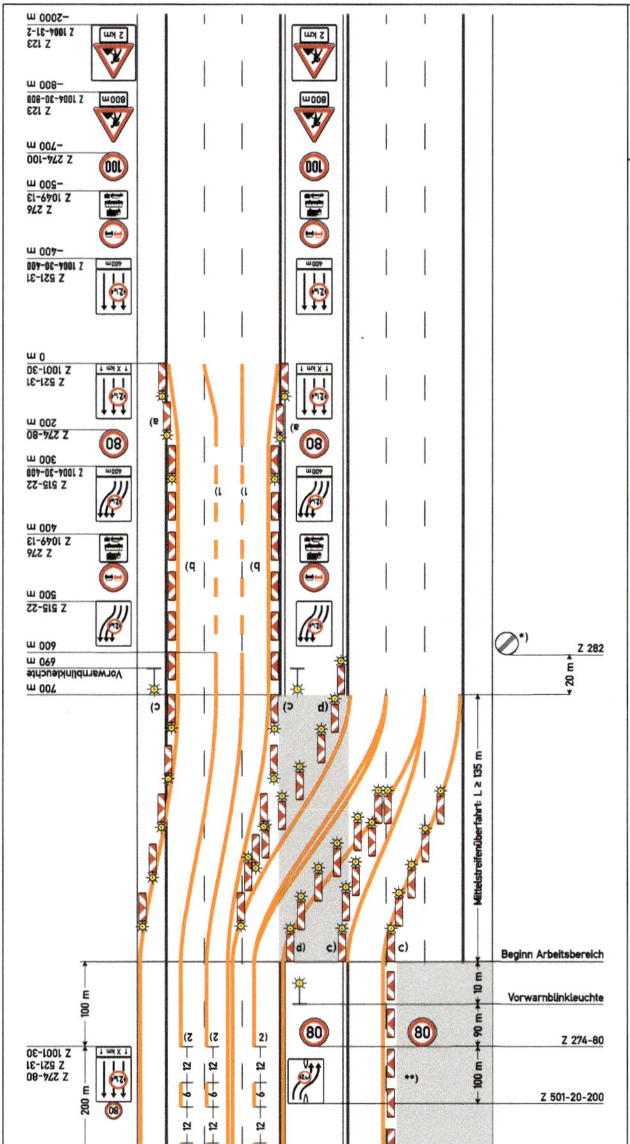

Regelplan D II/6b

Verkehrsführung 5+1

fünf Behelfsfahrstreifen auf einer Richtungsfahrbahn

ein Behelfsfahrstreifen auf eingeschränkter Fahrbahn

a) Querabsperrung
durch Leitbaken Abstand 5 m
Verziehungsmaß 1:20
Warnleuchte auf jeder Leitbake
Einengung auf Breite des Behelfsfahrstreifens

b) Längsabsperrung
durch Leitbaken Abstand 18 m

c) Verschwenkung
Leitbaken Abstand 9 m
Verschwenkungsmaß 1:20
Warnleuchte auf jeder Leitbake

d) Überleitung
Leitbaken Abstand 9 m
Warnleuchte auf jeder Leitbake

1) Warnlinie gemäß Rn. 1 VwV-StVO zu Z 295

2) Beträgt der Abstand zwischen dem Ende der Verschwenkung am Beginn der Arbeitsstelle und dem Beginn der Verschwenkung am Ende der Arbeitsstelle weniger als 400 m: Fahrstreifenbegrenzung statt Leitlinie

****) Längsabsperrung**
Leitbaken Abstand 18 m
[ ] Leitbaken entfallen, weil TSE bauzeitlich vorhanden

***)** beidseitige Aufstellung

[ ] Anordnung von Abweichungen von diesem Regelplan gemäß beiliegendem Anordnungstext

Wiederholung der Fahrstreifentafeln in Kombination mit Zeichen 274 und des Zeichens 276 in Kombination mit 1049-13 alle 1000 m ist nur anzuordnen, wenn Arbeitsstellenlänge > 2000 m; Abstand der Kombinationen untereinander mindestens 200 m

Anschluss an Regelplan D II/6a

05.21

1) siehe dazu Korrektur Regelpläne Teil D II

D II/7a Verkehrsführung 4+0 – vier Behelfsfahrstreifen auf einer Richtungsfahrbahn[1])

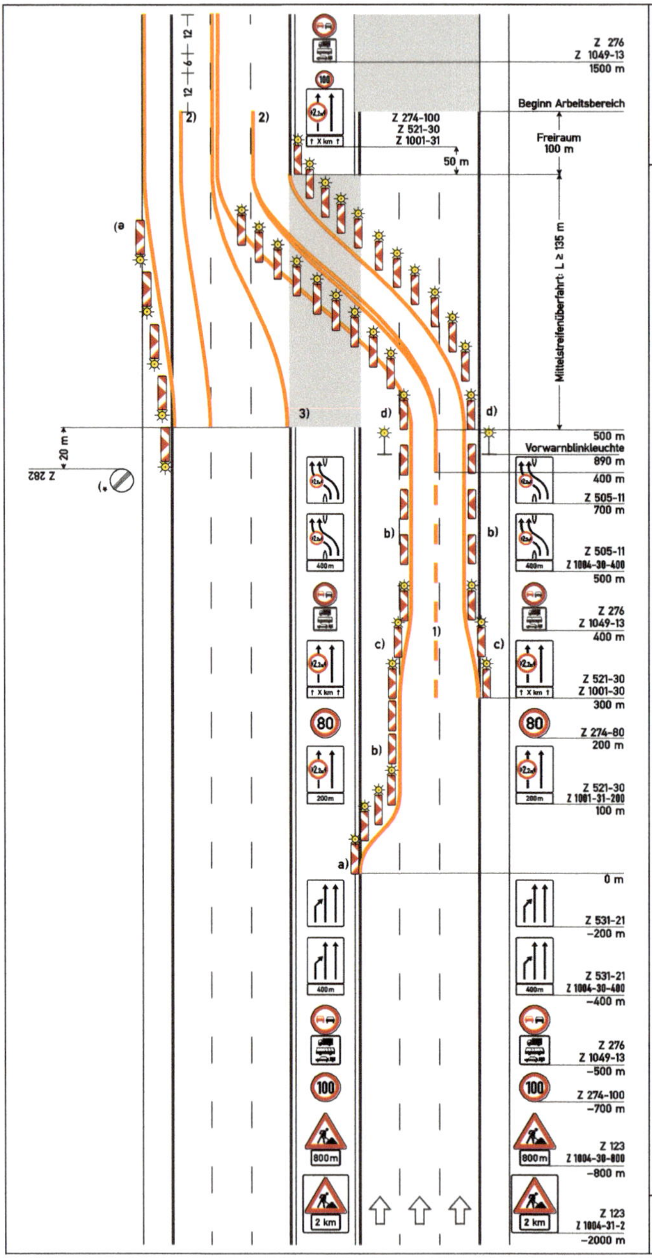

Regelplan D II/7a

Verkehrsführung 4+0

vier Behelfsfahrstreifen auf einer Richtungsfahrbahn

Anschluss an Regelplan D II/7b

a) Querabsperrung
durch Leitbaken Abstand 5 m
Verziehungsmaß 1:20
Warnleuchte auf jeder Leitbake

b) Längsabsperrung
durch Leitbaken Abstand 18 m

c) Querabsperrung
durch Leitbaken Abstand 5 m
Verziehungsmaß 1:20
Warnleuchte auf jeder Leitbake
Einengung auf Breite des Behelfsfahrstreifens

d) Überleitung
Leitbaken Abstand 9 m
Warnleuchte auf jeder Leitbake

e) Verschwenkung
Leitbaken Abstand 9 m
Verschwenkungsmaß 1:20
Warnleuchte auf jeder Leitbake

1) Warnlinie gemäß Rn. 1 VwV-StVO zu Z 295

2) Beträgt der Abstand zwischen dem Ende der Überleitung am Beginn der Arbeitsstelle und dem Beginn der Überleitung am Ende der Arbeitsstelle weniger als 400 m: Fahrstreifenbegrenzung statt Leitlinie

3) Wenn keine TSE eingesetzt wird: Leitbaken Abstand 9 m Warnleuchte auf jeder Leitbake

[ ] Anordnung von Abweichungen von diesem Regelplan gemäß beiliegendem Anordnungstext

Wiederholung der Fahrstreifentafeln in Kombination mit Zeichen 274 und des Zeichens 276 in Kombination mit 1049-13 alle 1000 m ist nur anzuordnen, wenn Arbeitsstellenlänge > 2000 m; Abstand der Kombinationen untereinander mindestens 200 m

*) beidseitige Aufstellung

05.21

1) siehe dazu Korrektur Regelpläne Teil D II

D II/7b Verkehrsführung 4+0 – vier Behelfsfahrstreifen auf einer Richtungsfahrbahn[1])

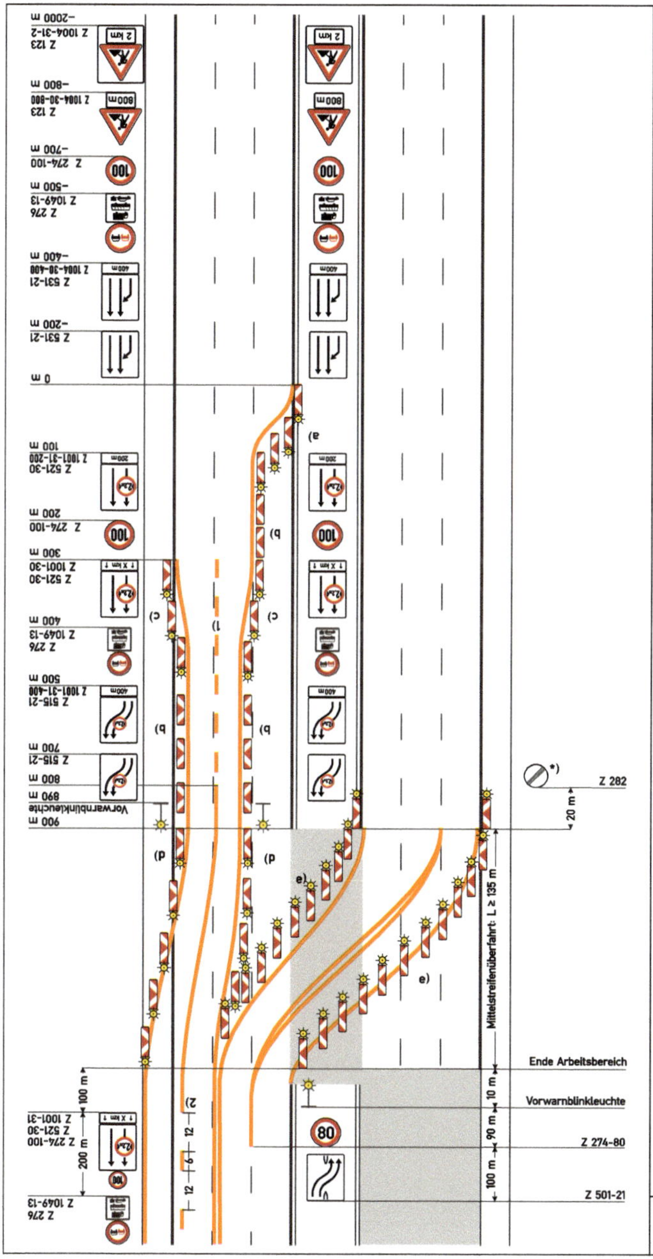

Regelplan D II/7b

Verkehrsführung 4+0

vier Behelfsfahrstreifen auf einer Richtungsfahrbahn

a) **Querabsperrung**
durch Leitbaken Abstand 5 m
Verziehungsmaß 1:20
Warnleuchte auf jeder Leitbake

b) **Längsabsperrung**
durch einseitige Leitbaken
Abstand 18 m

c) **Querabsperrung**
durch Leitbaken Abstand 5 m
Verziehungsmaß 1:20
Warnleuchte auf jeder Leitbake
Einengung auf Breite des Behelfsfahrstreifens

d) **Verschwenkung**
Leitbaken Abstand 9 m
Verschwenkungsmaß 1:20
gelbe Warnleuchte auf jeder Leitbake

e) **Überleitung**
Leitbaken Abstand 9 m
gelbe Warnleuchte auf jeder Leitbake

1) Warnlinie gemäß Rn. 1 VwV-StVO zu Z 295

2) Beträgt der Abstand zwischen dem Ende der Verschwenkung am Beginn der Arbeitsstelle und dem Beginn der Verschwenkung am Ende der Arbeitsstelle weniger als 400 m: Fahrstreifenbegrenzung statt Leitlinie

***)** beidseitige Aufstellung

[ ] Anordnung von Abweichungen von diesem Regelplan gemäß beiliegendem Anordnungstext

Wiederholung der Fahrstreifentafeln in Kombination mit Zeichen 274 und des Zeichens 276 in Kombination mit 1049-13 alle 1000 m ist nur anzuordnen, wenn Arbeitsstellenlänge > 2000 m; Abstand der Kombinationen untereinander mindestens 200 m

Anschluss an Regelplan D II/7a

05.21

[1]) siehe dazu Korrektur Regelpläne Teil D II

D II/8a Verkehrsführung 5+0 – fünf Behelfsfahrstreifen auf einer Richtungsfahrbahn[1])

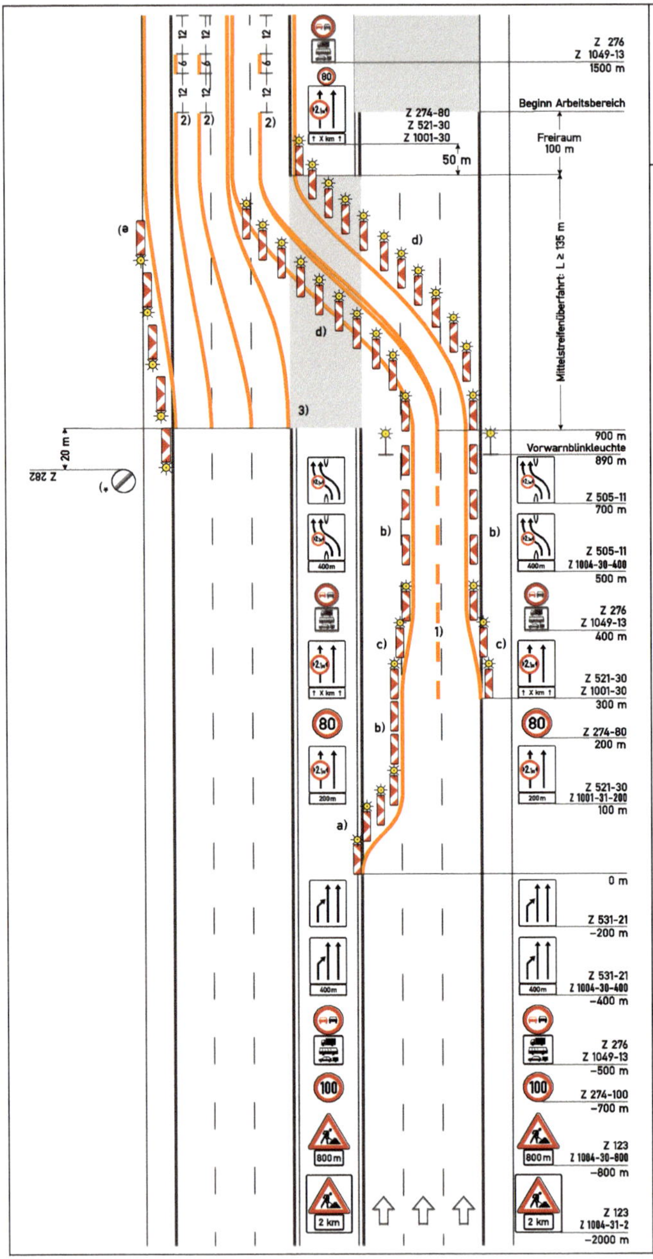

Regelplan D II/8a

Verkehrsführung 5+0

fünf Behelfsfahrstreifen auf einer Richtungsfahrbahn

Anschluss an Regelplan D II/8b

a) Querabsperrung
durch Leitbaken Abstand 5 m
Verziehungsmaß 1:20
Warnleuchte auf jeder Leitbake
Einengung auf Breite des Behelfsfahrstreifens

b) Längsabsperrung
durch Leitbaken Abstand 18 m

c) Querabsperrung
durch Leitbaken Abstand 5 m
Verziehungsmaß 1:20
Warnleuchte auf jeder Leitbake
Einengung auf Breite des Behelfsfahrstreifens

d) Überleitung
Leitbaken Abstand 9 m
Warnleuchte auf jeder Leitbake

e) Verschwenkung
Leitbaken Abstand 9 m
Verschwenkungsmaß 1:20
Warnleuchte auf jeder Leitbake

1) Warnlinie gemäß Rn. 1 VwV-StVO zu Z 295

2) Beträgt der Abstand zwischen dem Ende der Überleitung am Beginn der Arbeitsstelle und dem Beginn der Überleitung am Ende der Arbeitsstelle weniger als 400 m: Fahrstreifenbegrenzung statt Leitlinie

3) Wenn keine TSE eingesetzt wird: Leitbaken Abstand 9 m Warnleuchte auf jeder Leitbake

[ ] Anordnung von Abweichungen von diesem Regelplan gemäß beiliegendem Anordnungstext

Wiederholung der Fahrstreifentafeln in Kombination mit Zeichen 274 und des Zeichens 276 in Kombination mit 1049-13 alle 1000 m ist nur anzuordnen, wenn Arbeitsstellenlänge > 2000 m; Abstand der Kombinationen untereinander mindestens 200 m

*) beidseitige Aufstellung

05.21

1) siehe dazu Korrektur Regelpläne Teil D II

D II/8b Verkehrsführung 5+0 – fünf Behelfsfahrstreifen auf einer Richtungsfahrbahn[1])

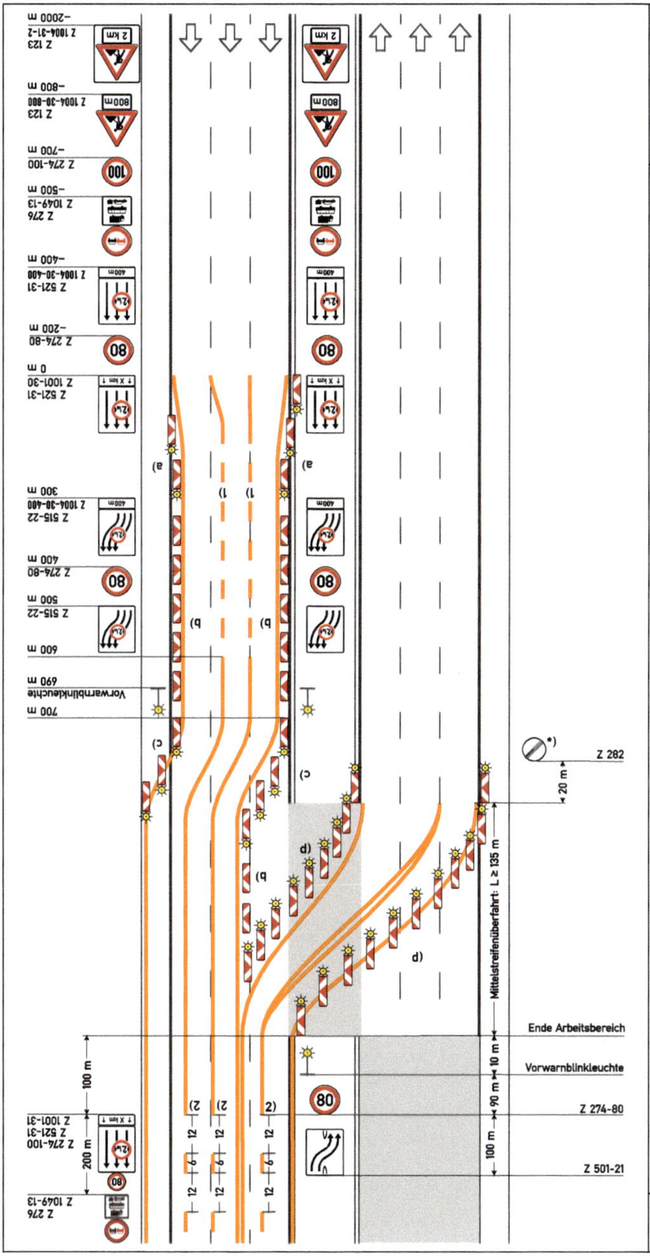

Regelplan D II/8b

Verkehrsführung 5+0

fünf Behelfsfahrstreifen auf einer Richtungsfahrbahn

a) **Querabsperrung**
durch Leitbaken Abstand 5 m
Verziehungsmaß 1:20
Warnleuchte auf jeder Leitbake
Einengung auf Breite des Behelfsfahrstreifens

b) **Längsabsperrung**
durch Leitbaken Abstand 18 m

c) **Verschwenkung**
durch Leitbaken Abstand 5 m
Verschwenkungsmaß 1:20
Warnleuchte auf jeder Leitbake

d) **Überleitung**
Leitbaken Abstand 9 m
gelbe Warnleuchte auf jeder Leitbake

1) Warnlinie gemäß Rn. 1 VwV-StVO zu Z 295

2) Beträgt der Abstand zwischen dem Ende der Verschwenkung am Beginn der Arbeitsstelle und dem Beginn der Verschwenkung am Ende der Arbeitsstelle weniger als 400 m: Fahrstreifenbegrenzung statt Leitlinie

*) beidseitige Aufstellung

[ ] Anordnung von Abweichungen von diesem Regelplan gemäß beiliegendem Anordnungstext

Wiederholung der Fahrstreifentafeln in Kombination mit Zeichen 274 und des Zeichens 276 in Kombination mit 1049-13 alle 1000 m ist nur anzuordnen, wenn Arbeitsstellenlänge > 2000 m; Abstand der Kombinationen untereinander mindestens 200 m

Anschluss an Regelplan D II/8a

05.21

1) siehe dazu Korrektur Regelpläne Teil D II

D II/9a Verkehrsführung 5+0 – fünf Behelfsfahrstreifen auf einer Richtungsfahrbahn mit Überleitung von drei Fahrstreifen

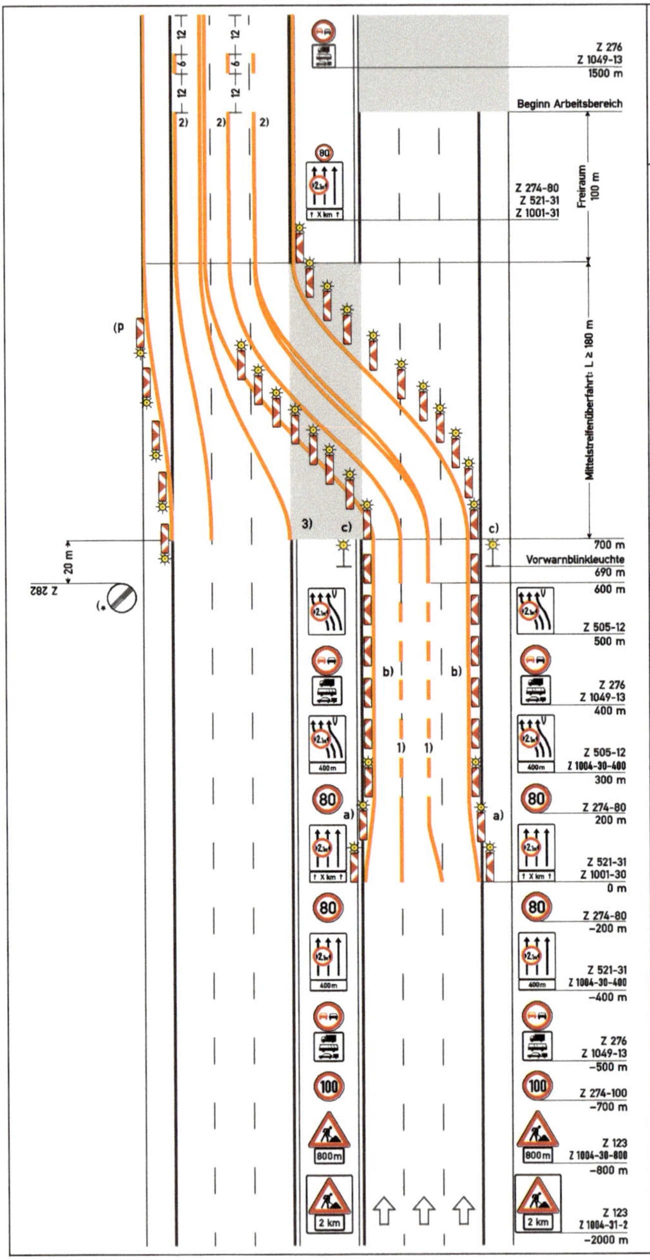

Regelplan D II/9a

Verkehrsführung 5+0

fünf Behelfsfahrstreifen auf einer Richtungsfahrbahn mit Überleitung von drei Fahrstreifen

Anschluss an Regelplan D II/9b

a) Querabsperrung
durch Leitbaken Abstand 5 m
Verziehungsmaß 1:20
Warnleuchte auf jeder Leitbake
Einengung auf Breite des Behelfsfahrstreifens

b) Längsabsperrung
durch Leitbaken Abstand 18 m

c) Überleitung
Leitbaken Abstand 9 m
Warnleuchte auf jeder Leitbake

d) Verschwenkung
Leitbaken Abstand 9 m
Verschwenkungsmaß 1:20
Warnleuchte auf jeder Leitbake

1) Warnlinie gemäß Rn. 1 VwV-StVO zu Z 295

2) Beträgt der Abstand zwischen dem Ende der Überleitung am Beginn der Arbeitsstelle und dem Beginn der Überleitung am Ende der Arbeitsstelle weniger als 400 m: Fahrstreifenbegrenzung statt Leitlinie

3) Wenn keine TSE eingesetzt wird: Leitbaken Abstand 9 m Warnleuchte auf jeder Leitbake

[ ] Anordnung von Abweichungen von diesem Regelplan gemäß beiliegendem Anordnungstext

Wiederholung der Fahrstreifentafeln in Kombination mit Zeichen 274 und des Zeichens 276 in Kombination mit 1049-13 alle 1000 m ist nur anzuordnen, wenn Arbeitsstellenlänge > 2000 m; Abstand der Kombinationen untereinander mindestens 200 m

05.21

D II/9b Verkehrsführung 5+0 – fünf Behelfsfahrstreifen auf einer Richtungsfahrbahn mit Überleitung von drei Fahrstreifen[1])

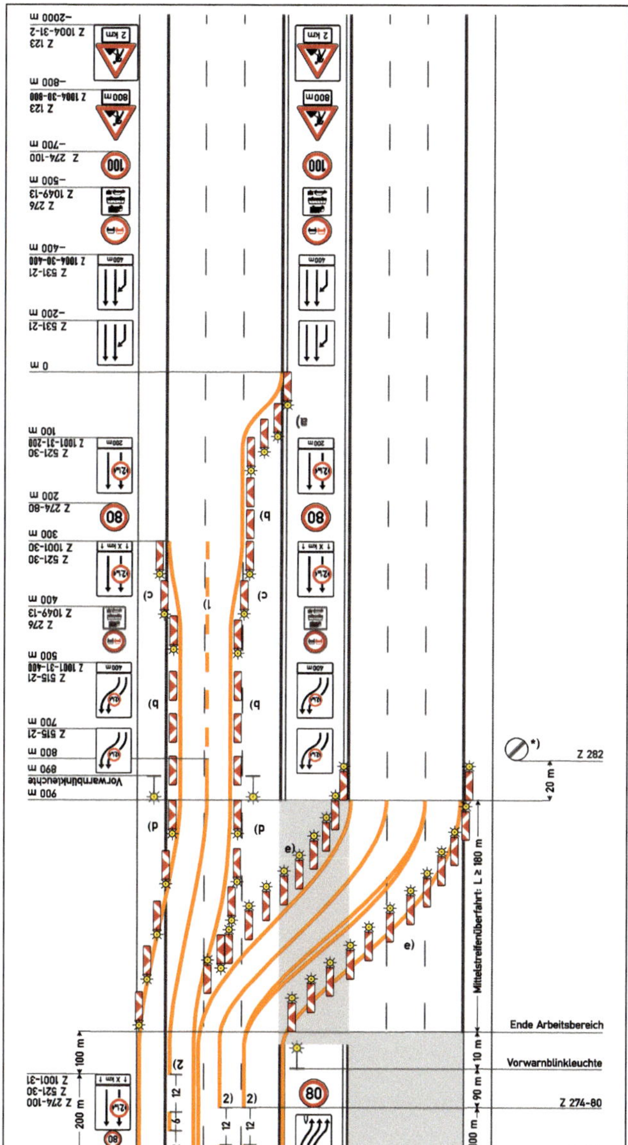

Regelplan D II/9b

Verkehrsführung 5+0

fünf Behelfsfahrstreifen auf einer Richtungsfahrbahn mit Überleitung von drei Fahrstreifen

a) Querabsperrung
durch Leitbaken Abstand 5 m
Verziehungsmaß 1:20
Warnleuchte auf jeder Leitbake

b) Längsabsperrung
durch Leitbaken Abstand 18 m

c) Querabsperrung
durch Leitbaken Abstand 5 m
Verziehungsmaß 1:20
Warnleuchte auf jeder Leitbake
Einengung auf Breite des Behelfsfahrstreifens

d) Verschwenkung
Leitbaken Abstand 9 m
Verschwenkungsmaß 1:20
gelbe Warnleuchte auf jeder Leitbake

e) Überleitung
Leitbaken Abstand 9 m
gelbe Warnleuchte auf jeder Leitbake

1) Warnlinie gemäß Rn. 1 VwV-StVO zu Z 295

2) Beträgt der Abstand zwischen dem Ende der Verschwenkung am Beginn der Arbeitsstelle und dem Beginn der Verschwenkung am Ende der Arbeitsstelle weniger als 400 m: Fahrstreifenbegrenzung statt Leitlinie

*) beidseitige Aufstellung

[ ] Anordnung von Abweichungen von diesem Regelplan gemäß beiliegendem Anordnungstext

Wiederholung der Fahrstreifentafeln in Kombination mit Zeichen 274 und des Zeichens 276 in Kombination mit 1049-13 alle 1000 m ist nur anzuordnen, wenn Arbeitsstellenlänge > 2000 m; Abstand der Kombinationen untereinander mindestens 200 m

Anschluss an Regelplan D II/9a

05.21

1) siehe dazu Korrektur Regelpläne Teil D II

Korrektur Regelpläne Teil D II

Regelplan	Korrekturen
D II/1b	Bei der 300 m Marke handelt es sich um Zusatzzeichen 1004-30-400. Im Bereich der Behelfsverkehrsführung (von oben kommend) ist Zeichen 274-100 über der Fahrstreifentafel abgebildet, jedoch Zeichen 274-80 benannt. Analog zur Beschilderung im Zulaufbereich (-200 m Marke) dürfte 100 km/h gemeint sein, allerdings werden in vergleichbaren Regelplänen (z. B. D II/2b) 80 km/h angeordnet.
D II/2b	Bei der 300 m Marke handelt es sich um Zusatzzeichen 1004-30-400. Bei der Verschwenkungstafel vor der Überleitung (von unten kommend) fehlt auf dem linken Fahrstreifen Zeichen 264-2,1. Es handelt sich daher um Zeichen 505-21-2,1.
D II/3a D II/3b	Anmerkung: Da gelbe Markierungen weiße Markierungen aufheben, ist die dargestellte Variante (Mischverkehrsführung aus gleichzeitig gültigen gelben und weißen Markierungen) verkehrsrechtlich nicht korrekt.
D II/4a	Anmerkung: Da gelbe Markierungen weiße Markierungen aufheben, ist die dargestellte Variante (Mischverkehrsführung aus gleichzeitig gültigen gelben und weißen Markierungen) verkehrsrechtlich nicht korrekt.
D II/4b	Die 300 m Marke in Fahrtrichtung von oben nach unten (nach der Vorwarnblinkleuchte bei 690 m und der 700 m Marke) hat keine Funktion.
D II/5b	Die Zeichen 274-80 vor der Überleitung/Verschwenkung in Fahrtrichtung von unten nach oben sind als Zeichen 274-100 und 274-80 benannt. Welche Zeichen damit konkret bezeichnet werden, bleibt ebenso unklar, wie die Frage, welche Varianten (100 oder 80) gemeint ist. Analog Regelplan D II/1b dürfte aber 80 km/h gemeint sein. Im Bereich der Behelfsverkehrsführung (von oben kommend) ist Zeichen 274-100 über der Fahrstreifentafel abgebildet, jedoch Zeichen 274-80 benannt. Analog zur Beschilderung im Zulaufbereich (200 m Marke) dürfte 100 km/h gemeint sein, allerdings werden in vergleichbaren Regelplänen (z. B. D II/6b) 80 km/h angeordnet.
D II/6b	Bei der Verschwenkungstafel vor der Überleitung (von unten kommend) ist Zeichen 264 auf dem linken Fahrstreifenpfeil nicht notwendig, da beide Fahrstreifen dieser Behelfsfahrbahn bereits im Zulaufbereich mit Zeichen 264-2,1 beschränkt sind. Es handelt sich daher unmittelbar vor der Überleitung um Zeichen 511-21.
D II/7a	Bei der 100 m Marke handelt es sich um Zusatzzeichen 1004-30-200. Im Bereich der Behelfsverkehrsführung fehlt auf beiden Fahrbahnen die gelbe Leitlinie. Anmerkung: Da gelbe Markierungen weiße Markierungen aufheben, ist die dargestellte Variante (Mischverkehrsführung aus gleichzeitig gültigen gelben und weißen Markierungen) verkehrsrechtlich nicht korrekt.
D II/7b	Bei der 100 m Marke handelt es sich um Zusatzzeichen 1004-30-200. Bei der 500 m Marke handelt es sich um Zusatzzeichen 1004-30-400. Bei der Verschwenkungstafel vor der Überleitung (von unten kommend) fehlt auf dem linken Fahrstreifen Zeichen 264-2,2. Es handelt sich daher um Zeichen 505-21-2,2. Im Bereich der Behelfsverkehrsführung fehlt der rechten Fahrbahn (im Plan unten) die gelbe Leitlinie. Anmerkung: Da gelbe Markierungen weiße Markierungen aufheben, ist die dargestellte Variante (Mischverkehrsführung aus gleichzeitig gültigen gelben und weißen Markierungen) verkehrsrechtlich nicht korrekt.
D II/8a	Bei der 100 m Marke handelt es sich um Zusatzzeichen 1004-30-200. Anmerkung: Da gelbe Markierungen weiße Markierungen aufheben, ist die dargestellte Variante (Mischverkehrsführung aus gleichzeitig gültigen gelben und weißen Markierungen) verkehrsrechtlich nicht korrekt.
D II/8b	Im Bereich der Behelfsverkehrsführung (von oben kommend) ist Zeichen 274-80 über der Fahrstreifentafel abgebildet, jedoch Zeichen 274-100 benannt. Analog zur Beschilderung im Zulaufbereich (400 m Marke) dürfte 80 km/h gemeint sein. Bei der Verschwenkungstafel vor der Überleitung (von unten kommend) fehlt auf dem linken Fahrstreifen Zeichen 264-2,1. Es handelt sich daher um Zeichen 505-21-2,1.
D II/9b	Bei der 100 m Marke handelt es sich um Zusatzzeichen 1004-30-200. Bei der 500 m Marke handelt es sich um Zusatzzeichen 1004-30-400. Im Bereich der Behelfsverkehrsführung (von oben kommend) ist Zeichen 274-80 über der Fahrstreifentafel abgebildet, jedoch Zeichen 274-100 benannt. Analog zur Beschilderung im Zulaufbereich (200 m Marke) dürfte 80 km/h gemeint sein. Bei der Verschwenkungstafel vor der Überleitung (von unten kommend) fehlt auf den beiden linken Fahrstreifen Zeichen 264-2,1. Es handelt sich daher um Zeichen 505-22-2,1.

Regelpläne D III
Arbeitsstellen von kürzerer Dauer während der Tageshelligkeit – Tagesbaustellen (Regelpläne D III)

Hinweise für die Nutzung der Regelpläne

Die nachfolgenden Regelpläne stellen Standardsituationen dar. Sie werden erst mit ihrer Aufnahme in die verkehrsrechtliche Anordnung verbindlich. Soweit erforderlich, sind sie an die konkrete örtliche und verkehrliche Situation der zu sichernden Arbeitsstelle anzupassen. Um diese Anpassung für häufig auftretende Fälle zu vereinfachen, sehen zahlreiche Regelpläne Auswahlfelder vor, mit denen alternative oder ergänzende Maßnahmen beantragt und angeordnet werden können.

Soweit die Unternehmer bei der Erstellung des für die Beantragung der verkehrsrechtlichen Anordnung vorzulegenden Verkehrszeichenplans auf der Grundlage eines Regelplans von angebotenen Modifizierungen Gebrauch machen wollen, nutzen sie die hierfür vorgesehenen Auswahlfelder. Verbindlich werden die Maßnahmen erst mit der Bestätigung durch die Behörde im Rahmen der verkehrsrechtlichen Anordnung.

Die Aktualisierung und Weiterentwicklung der Regelpläne entbindet die anordnenden Behörden nicht von ihrer Verpflichtung, entsprechend den Vorgaben im Teil A Abschnitt 1.5 Absatz 3 stets sorgfältig zu prüfen, ob der durch den Antragsteller auf der Basis eines Regelplans eingereichte Verkehrszeichenplan der jeweiligen örtlichen und verkehrlichen Situation gerecht wird. Ist das nicht der Fall, hat der Antragsteller den Plan zu ergänzen oder zu ändern, soweit die Behörde die erforderlichen Anpassungen nicht selbst vornimmt.

D III/1l Arbeitsstelle von kürzerer Dauer auf dem linken Fahrstreifen einer Richtungsfahrbahn[1])

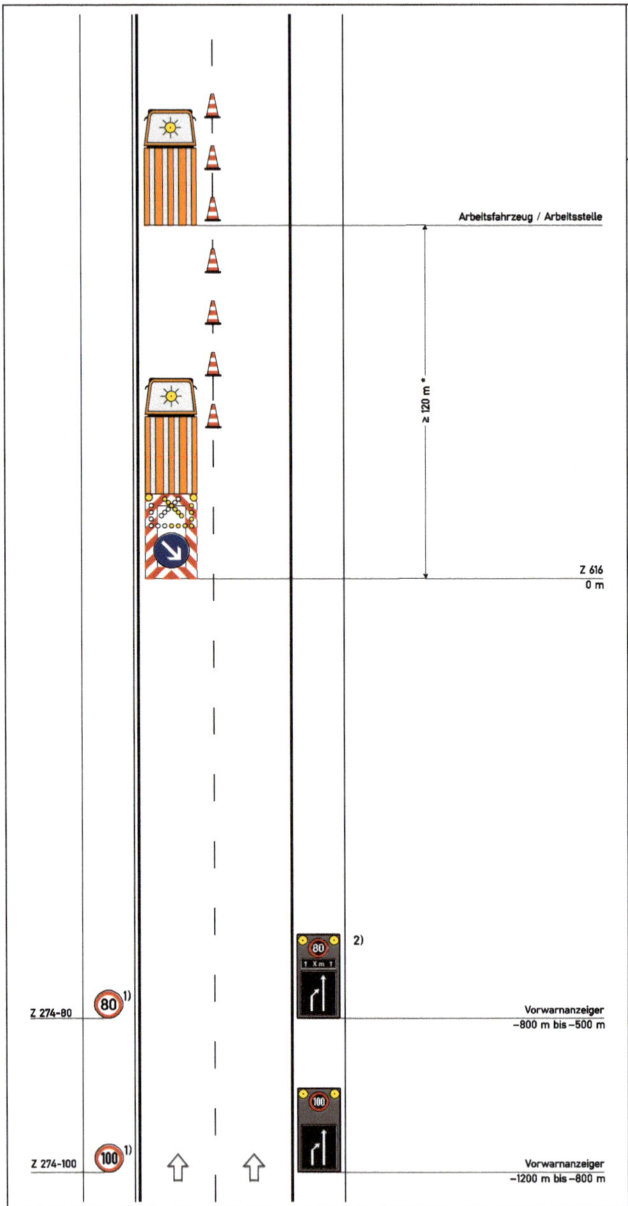

Regelplan D III/1l

Arbeitsstelle von kürzerer Dauer auf dem linken Fahrstreifen einer Richtungsfahrbahn

Zugfahrzeuge ≥ 7,49 t zulässige Gesamtmasse

Zugfahrzeuge dürfen nicht abgekoppelt werden

Längsabsperrung:
Leitkegel [Höhe 0,75 m]
Abstand max. 18 m
(können bei beweglichen Arbeitsstellen entfallen)

* ≥ 20 m in Rampen

1) [ ] entfällt
bei beweglichen Arbeitsstellen und ganz kurzzeitigen stationären Arbeitsstellen und erhöhtem Aufwand

2) [ ] Ende Arbeitsbereich +20 m: Z 278-80 anstatt Längenangabe auf zweitem Vorwarnanzeiger angeordnet

05.21

1) siehe dazu Korrektur Regelpläne Teil D III

D III/1r Arbeitsstelle von kürzerer Dauer auf dem rechten Fahrstreifen einer Richtungsfahrbahn[1])

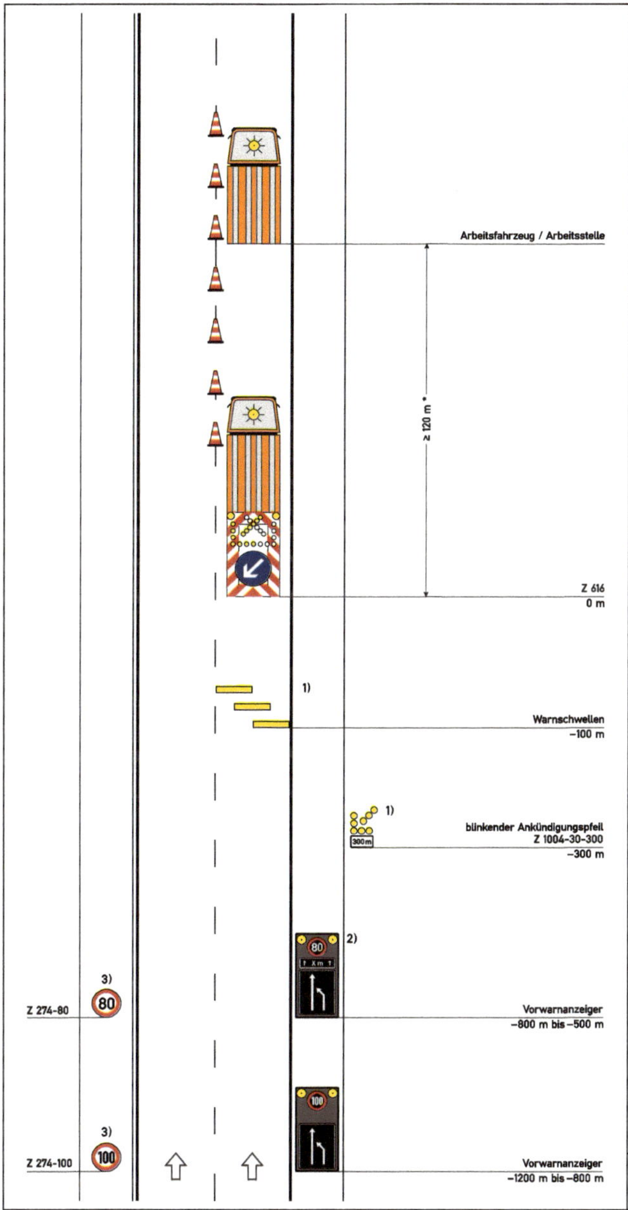

Regelplan D III/1r

Arbeitsstelle von kürzerer Dauer auf dem rechten Fahrstreifen einer Richtungsfahrbahn

Zugfahrzeuge ≥ 7,49 t zulässige Gesamtmasse

Zugfahrzeuge dürfen nicht abgekoppelt werden

Längsabsperrung:
Leitkegel (Höhe 0,75 m)
Abstand max. 18 m
(können bei beweglichen Arbeitsstellen entfallen)

* ≥ 20 m in Rampen

1) [ ] Warnschwellen und blinkender Vorankündigungspfeil mit Entfernungsangabe angeordnet

Anordnungsvoraussetzungen siehe Teil D, Abschnitt 3 (12)

2) [ ] Ende Arbeitsbereich +20 m: Z 278-80 anstatt Längenangabe auf zweitem Vorwarnanzeiger angeordnet

3) [ ] entfällt

bei beweglichen Arbeitsstellen und ganz kurzzeitigen stationären Arbeitsstellen und erhöhtem Aufwand

05.21

1) siehe dazu Korrektur Regelpläne Teil D III

D III/2 Arbeitsstelle von kürzerer Dauer auf dem linken Fahrstreifen einer Richtungsfahrbahn Zweistreifige Verkehrsführung unter Mitnutzung des Seitenstreifens[1])

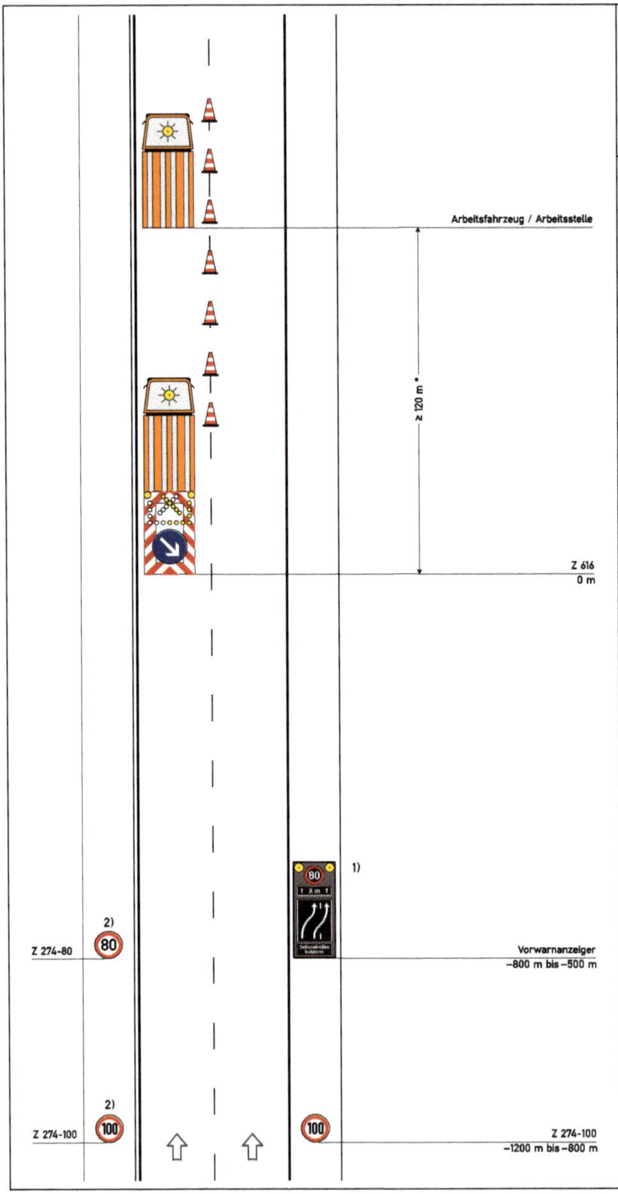

Regelplan D III/2

Arbeitsstelle von kürzerer Dauer auf dem linken Fahrstreifen einer Richtungsfahrbahn

Zweistreifige Verkehrsführung unter Mitnutzung des Seitenstreifens

Zugfahrzeuge ≥ 7,49 t zulässige Gesamtmasse

Zugfahrzeuge dürfen nicht abgekoppelt werden

Längsabsperrung:
Leitkegel [Höhe 0,75 m]
Abstand max. 18 m
[können bei beweglichen Arbeitsstellen entfallen]

* ≥ 20 m in Rampen

1] [ ] Ende Arbeitsbereich +20 m: Z 278-80 anstatt Längenangabe auf zweitem Vorwarnanzeiger angeordnet

2] [ ] entfällt

bei beweglichen Arbeitsstellen und ganz kurzzeitigen stationären Arbeitsstellen und erhöhtem Aufwand

05.21

1) siehe dazu Korrektur Regelpläne Teil D III

D III/3 Arbeitsstelle von kürzerer Dauer bei Sperrung des mittleren und rechten Fahrstreifens einer Richtungsfahrbahn[1])

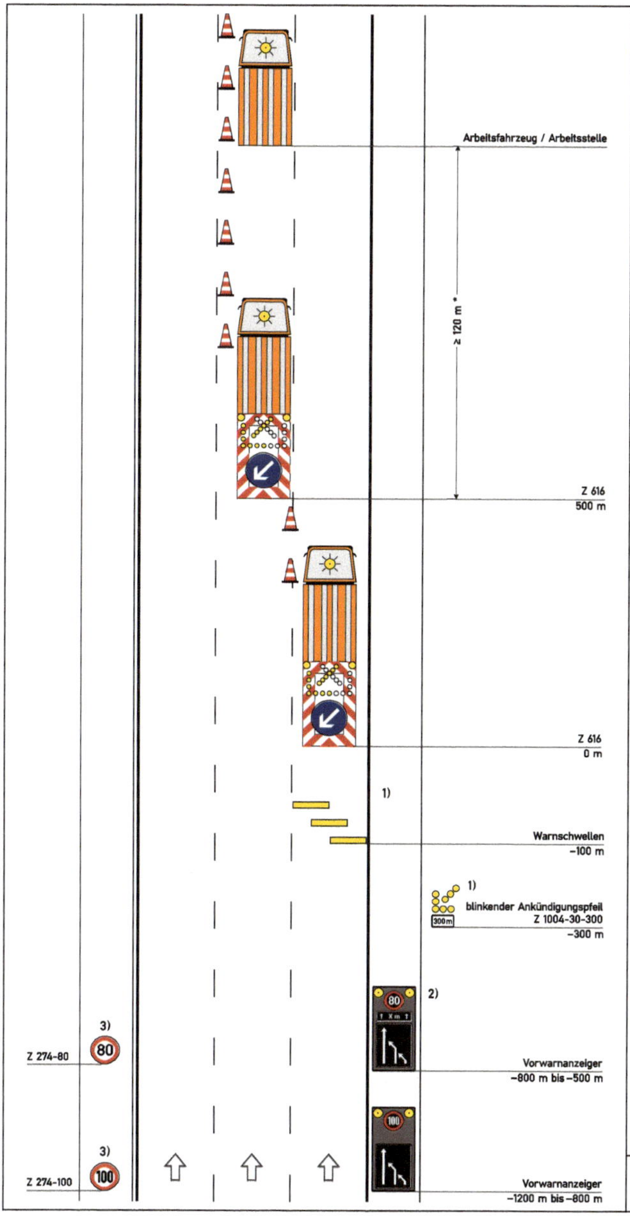

Regelplan D III/3

Arbeitsstelle von kürzerer Dauer bei Sperrung des mittleren und rechten Fahrstreifens einer Richtungsfahrbahn

Zugfahrzeuge ≥ 7,49 t zulässige Gesamtmasse

Zugfahrzeuge dürfen nicht abgekoppelt werden

Längsabsperrung:
Leitkegel (Höhe 75 cm)
Abstand max. 18 m

* ≥ 20 m in Rampen

1) [ ] Warnschwellen und blinkender Vorankündigungspfeil mit Entfernungsangabe angeordnet

Anordnungsvoraussetzungen siehe Teil D, Abschnitt 3 (12)

2) [ ] Ende Arbeitsbereich +20 m: Z 278-80 anstatt Längenangabe auf zweitem Vorwarnanzeiger angeordnet

3) [ ] entfällt

bei beweglichen Arbeitsstellen und ganz kurzzeitigen stationären Arbeitsstellen und erhöhtem Aufwand

05.21

1) siehe dazu Korrektur Regelpläne Teil D III

D III/4 Arbeitsstelle von kürzerer Dauer bei Sperrung des mittleren und linken Fahrstreifens einer Richtungsfahrbahn[1])

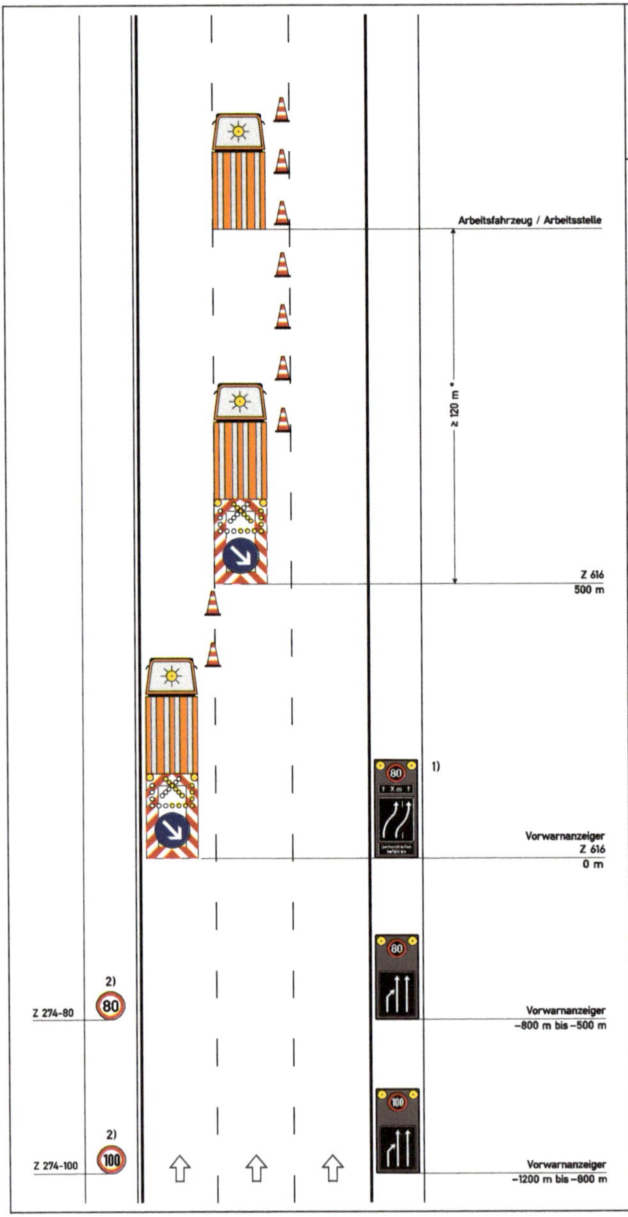

Regelplan D III/4

Arbeitsstelle von kürzerer Dauer bei Sperrung des mittleren und linken Fahrstreifens einer Richtungsfahrbahn

Zugfahrzeuge ≥ 7,49 t zulässige Gesamtmasse

Zugfahrzeuge dürfen nicht abgekoppelt werden

Längsabsperrung:
Leitkegel (Höhe 0,75 m)
Abstand max. 18 m
(können bei beweglichen Arbeitsstellen entfallen)

* ≥ 20 m in Rampen

1) [ ] Ende Arbeitsbereich +20 m: Z 278-80 anstatt Längenangabe auf zweitem Vorwarnanzeiger angeordnet

2) [ ] entfällt

bei beweglichen Arbeitsstellen und ganz kurzzeitigen stationären Arbeitsstellen und erhöhtem Aufwand

05.21

1) siehe dazu Korrektur Regelpläne Teil D III

Korrektur Regelpläne Teil D III

Regelplan	Korrekturen
D III/1l	Die Längenangabe auf dem zweiten Vorwarnanzeiger ist auch am benachbarten Zeichen 274-80 im Mittelstreifen anzuordnen. Auf Strecken mit dauerhaft vorhandener Geschwindigkeitsbeschränkung ist diese am Ende der Arbeitsstelle neu anzuordnen (z. B. Zeichen 274-120). Dies gilt auch für die im Seitentext unter 2) benannte Option – daher ist dann anstelle von Zeichen 278-80 ebenfalls Zeichen 274 neu anzuordnen.
D III/1r	Die Längenangabe auf dem zweiten Vorwarnanzeiger ist auch am benachbarten Zeichen 274-80 im Mittelstreifen anzuordnen. Auf Strecken mit dauerhaft vorhandener Geschwindigkeitsbeschränkung ist diese am Ende der Arbeitsstelle neu anzuordnen (z. B. Zeichen 274-120). Dies gilt auch für die im Seitentext unter 2) benannte Option – daher ist dann anstelle von Zeichen 278-80 ebenfalls Zeichen 274 neu anzuordnen.
D III/2	Die Längenangabe auf dem Vorwarnanzeiger ist auch am benachbarten Zeichen 274-80 im Mittelstreifen anzuordnen. Auf Strecken mit dauerhaft vorhandener Geschwindigkeitsbeschränkung ist diese am Ende der Arbeitsstelle neu anzuordnen (z. B. Zeichen 274-120). Dies gilt auch für die im Seitentext unter 2) benannte Option – daher ist dann anstelle von Zeichen 278-80 ebenfalls Zeichen 274 neu anzuordnen. Der in diesem Zusammenhang benannte „zweite Vorwarnanzeiger" ist tatsächlich der einzige Vorwarnanzeiger.
D III/3	Die Längenangabe auf dem zweiten Vorwarnanzeiger ist auch am benachbarten Zeichen 274-80 im Mittelstreifen anzuordnen. Auf Strecken mit dauerhaft vorhandener Geschwindigkeitsbeschränkung ist diese am Ende der Arbeitsstelle neu anzuordnen (z. B. Zeichen 274-120). Dies gilt auch für die im Seitentext unter 2) benannte Option – daher ist dann anstelle von Zeichen 278-80 ebenfalls Zeichen 274 neu anzuordnen.
D III/4	Auf Strecken mit dauerhaft vorhandener Geschwindigkeitsbeschränkung ist diese am Ende der Arbeitsstelle neu anzuordnen (z. B. Zeichen 274-120). Dies gilt auch für die im Seitentext unter 2) benannte Option – daher ist dann anstelle von Zeichen 278-80 ebenfalls Zeichen 274 neu anzuordnen. Der in diesem Zusammenhang benannte „zweite Vorwarnanzeiger" ist tatsächlich der dritte Vorwarnanzeiger.

Regelpläne D IV
Arbeitsstellen von kürzerer Dauer während der Dunkelheit – Nachtbaustellen (Regelpläne D IV)

Inhaltsübersicht

Hinweise für die Nutzung der Regelpläne

Die nachfolgenden Regelpläne stellen Standardsituationen dar. Sie werden erst mit ihrer Aufnahme in die verkehrsrechtliche Anordnung verbindlich. Soweit erforderlich, sind sie an die konkrete örtliche und verkehrliche Situation der zu sichernden Arbeitsstelle anzupassen. Um diese Anpassung für häufig auftretende Fälle zu vereinfachen, sehen zahlreiche Regelpläne Auswahlfelder vor, mit denen alternative oder ergänzende Maßnahmen beantragt und angeordnet werden können.

Soweit die Unternehmer bei der Erstellung des für die Beantragung der verkehrsrechtlichen Anordnung vorzulegenden Verkehrszeichenplans auf der Grundlage eines Regelplans von angebotenen Modifizierungen Gebrauch machen wollen, nutzen sie die hierfür vorgesehenen Auswahlfelder. Verbindlich werden die Maßnahmen erst mit der Bestätigung durch die Behörde im Rahmen der verkehrsrechtlichen Anordnung.

Die Aktualisierung und Weiterentwicklung der Regelpläne entbindet die anordnenden Behörden nicht von ihrer Verpflichtung, entsprechend den Vorgaben im Teil A Abschnitt 1.5 Absatz 3 stets sorgfältig zu prüfen, ob der durch den Antragsteller auf der Basis eines Regelplans eingereichte Verkehrszeichenplan der jeweiligen örtlichen und verkehrlichen Situation gerecht wird. Ist das nicht der Fall, hat der Antragsteller den Plan zu ergänzen oder zu ändern, soweit die Behörde die erforderlichen Anpassungen nicht selbst vornimmt.

D IV/1I Nachtbaustelle
Arbeitsstelle von kürzerer Dauer auf dem linken Fahrstreifen einer Richtungsfahrbahn[1])

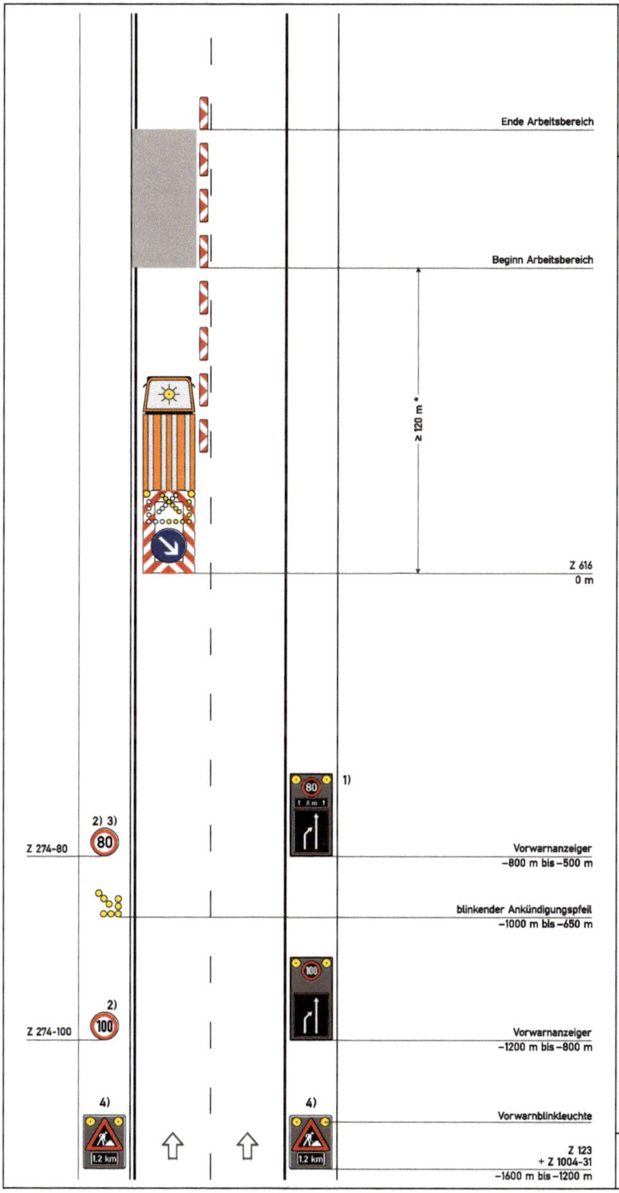

Regelplan D IV/1l

Nachtbaustelle

Arbeitsstelle von kürzerer Dauer auf dem linken Fahrstreifen einer Richtungsfahrbahn

Zugfahrzeuge ≥ 7,49 t zulässige Gesamtmasse

Zugfahrzeuge dürfen nicht abgekoppelt werden

Längsabsperrung:
Leitbaken (min. 75 %)
unbeleuchtet
Abstand 18 m

* ≥ 20 m in Rampen

1) [ ] Ende Arbeitsbereich +20 m: Z 278-80 anstatt Längenangabe auf zweitem Vorwarnanzeiger angeordnet

2) [ ] entfällt
bei beweglichen Arbeitsstellen und ganz kurzzeitigen stationären Arbeitsstellen und erhöhtem Aufwand

3) Wiederholen bei Arbeitsstellen über 2000 m Länge im Abstand von 1000 m; Aufstellung am rechten Fahrbahnrand

4) Entfernungsangabe an Aufstellort anpassen

05.21

1) siehe dazu Korrektur Regelpläne Teil D IV

D IV/1r Nachtbaustelle
Arbeitsstelle von kürzerer Dauer auf dem rechten Fahrstreifen einer Richtungsfahrbahn[1])

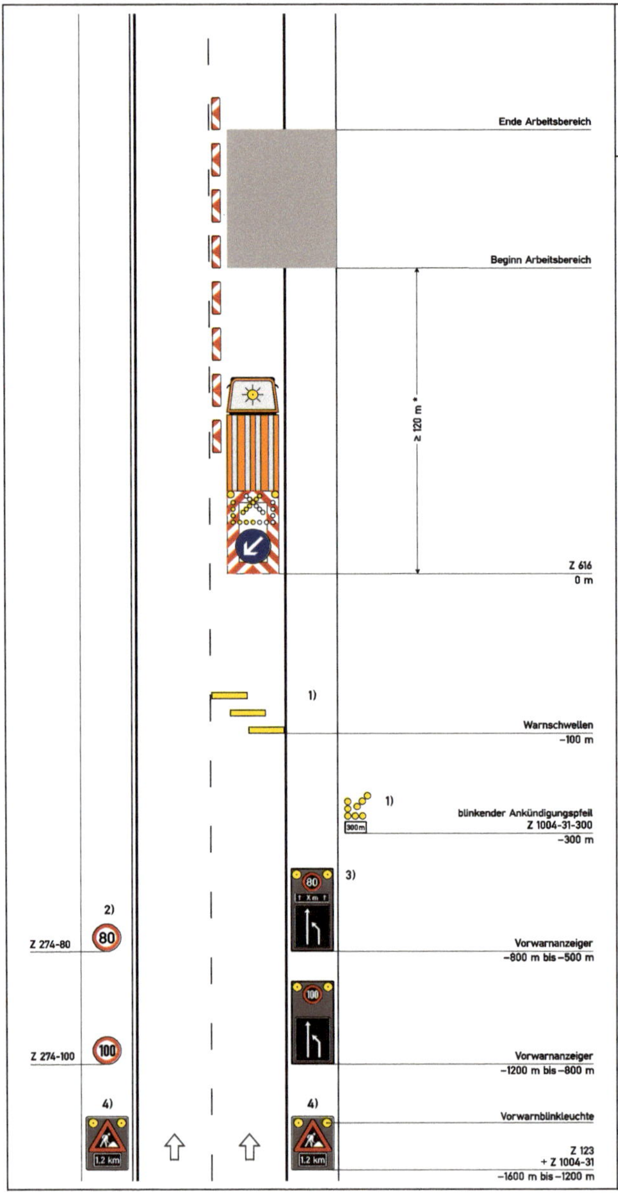

Regelplan D IV/1r

Nachtbaustelle

Arbeitsstelle von kürzerer Dauer auf dem rechten Fahrstreifen einer Richtungsfahrbahn

Zugfahrzeuge ≥ 7,49 t zulässige Gesamtmasse

Zugfahrzeuge dürfen nicht abgekoppelt werden

Längsabsperrung:
Leitbaken (min. 75 %) unbeleuchtet
Abstand 18 m

* ≥ 20 m in Rampen

1) [ ] Warnschwellen und blinkender Vorankündigungspfeil mit Entfernungsangabe angeordnet

Anordnungsvoraussetzungen siehe Teil D, Abschnitt 3 (12)

2) Wiederholen bei Arbeitsstellen über 2000 m Länge im Abstand von 1000 m; Aufstellung am rechten Fahrbahnrand

3) [ ] Z 278-80 20 m hinter dem Ende des Arbeitsbereiches anstatt Längenangabe auf zweitem Vorwarnanzeiger angeordnet

4) Entfernungsangabe an Aufstellort anpassen

05.21

1) siehe dazu Korrektur Regelpläne Teil D IV

D IV/2 Nachtbaustelle
Arbeitsstelle von kürzerer Dauer bei Sperrung des mittleren und rechten Fahrstreifens einer Richtungsfahrbahn[1])

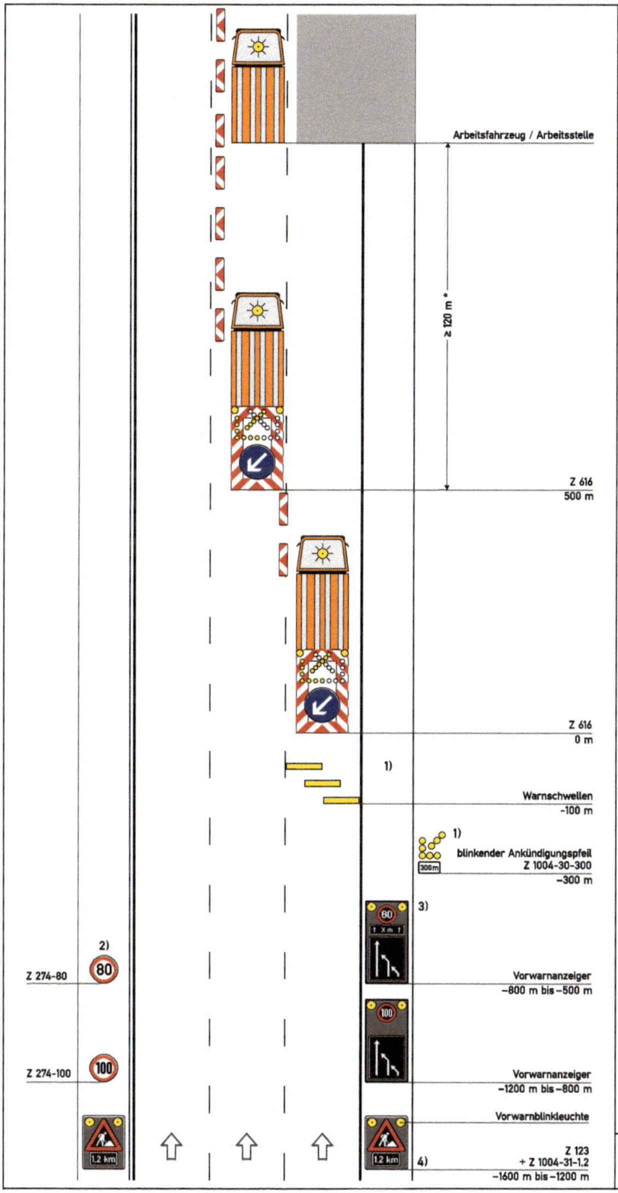

Regelplan D IV/2

Nachtbaustelle

Arbeitsstelle von kürzerer Dauer bei Sperrung des mittleren und rechten Fahrstreifens einer Richtungsfahrbahn

Zugfahrzeuge ≥ 7,49 t zulässige Gesamtmasse

Zugfahrzeuge dürfen nicht abgekoppelt werden

Längsabsperrung:
Leitbaken (min. 75 %) unbeleuchtet
Abstand 18 m

* ≥ 20 m in Rampen

1) [ ] Warnschwellen und blinkender Vorankündigungspfeil mit Entfernungsangabe angeordnet
Anordnungsvoraussetzungen siehe Teil D, Abschnitt 3 (12)

2) Wiederholen bei Arbeitsstellen über 2000 m Länge im Abstand von 1000 m; Aufstellung am rechten Fahrbahnrand

3) [ ] Ende Arbeitsbereich +20 m: Z 278-80 anstatt Längenangabe auf zweitem Vorwarnanzeiger angeordnet

4) Entfernungsangabe an Aufstellort anpassen

05.21

---

[1]) siehe dazu Korrektur Regelpläne Teil D IV

D IV/3 Nachtbaustelle
Arbeitsstelle von kürzerer Dauer bei Sperrung des mittleren und linken Fahrstreifens einer Richtungsfahrbahn[1])

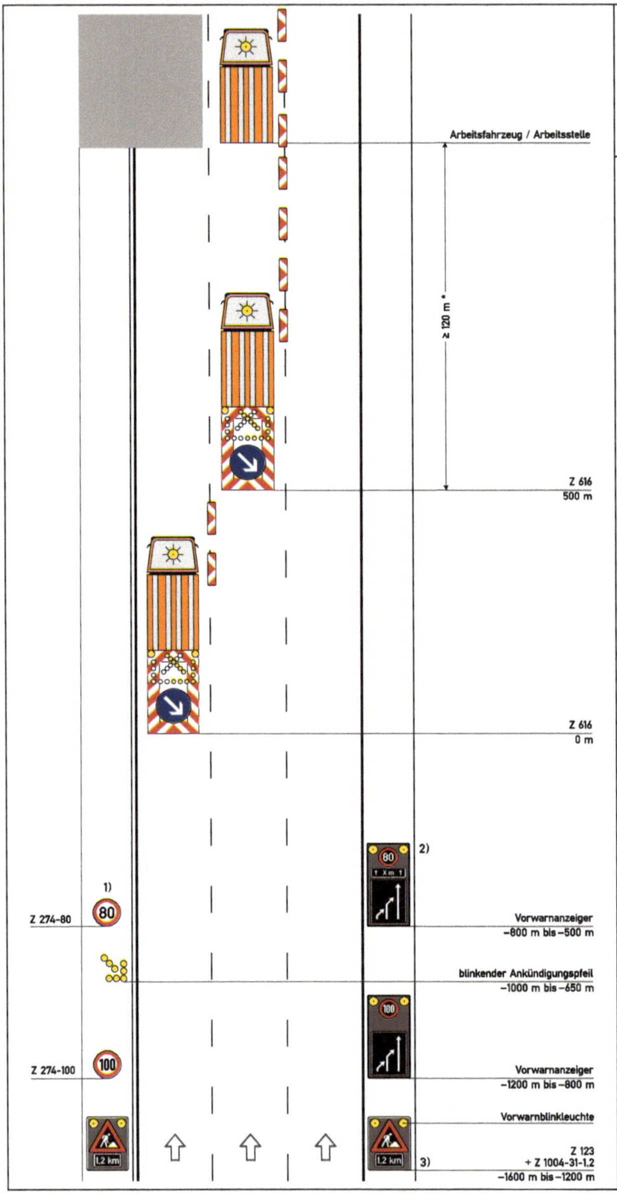

Regelplan D IV/3

Nachtbaustelle

Arbeitsstelle von kürzerer Dauer bei Sperrung des mittleren und linken Fahrstreifens einer Richtungsfahrbahn

Zugfahrzeuge ≥ 7,49 t zulässige Gesamtmasse

Zugfahrzeuge dürfen nicht abgekoppelt werden

Längsabsperrung:
Leitbaken (min. 75 %)
Abstand 18 m

* ≥ 20 m in Rampen

1) Wiederholen bei Arbeitsstellen über 2000 m Länge im Abstand von 1000 m; Aufstellung am rechten Fahrbahnrand

2) [ ] Ende Arbeitsbereich +20 m: Z 278-80 anstatt Längenangabe auf zweitem Vorwarnanzeiger angeordnet

3) Entfernungsangabe an Aufstellort anpassen

05.21

[1]) siehe dazu Korrektur Regelpläne Teil D IV

Korrektur Regelpläne Teil D IV

Regelplan	Korrekturen
D IV/1l	Die Längenangabe auf dem zweiten Vorwarnanzeiger ist auch am benachbarten Zeichen 274-80 im Mittelstreifen anzuordnen. Auf Strecken mit dauerhaft vorhandener Geschwindigkeitsbeschränkung ist diese am Ende der Arbeitsstelle neu anzuordnen (z. B. Zeichen 274-120). Dies gilt auch für die im Seitentext unter 2) benannte Option – daher ist dann anstelle von Zeichen 278-80 ebenfalls Zeichen 274 neu anzuordnen.
D IV/1r	Die Längenangabe auf dem zweiten Vorwarnanzeiger ist auch am benachbarten Zeichen 274-80 im Mittelstreifen anzuordnen. Auf Strecken mit dauerhaft vorhandener Geschwindigkeitsbeschränkung ist diese am Ende der Arbeitsstelle neu anzuordnen (z. B. Zeichen 274-120). Dies gilt auch für die im Seitentext unter 2) benannte Option – daher ist dann anstelle von Zeichen 278-80 ebenfalls Zeichen 274 neu anzuordnen.
D IV/2	Die Längenangabe auf dem zweiten Vorwarnanzeiger ist auch am benachbarten Zeichen 274-80 im Mittelstreifen anzuordnen. Auf Strecken mit dauerhaft vorhandener Geschwindigkeitsbeschränkung ist diese am Ende der Arbeitsstelle neu anzuordnen (z. B. Zeichen 274-120). Dies gilt auch für die im Seitentext unter 2) benannte Option – daher ist dann anstelle von Zeichen 278-80 ebenfalls Zeichen 274 neu anzuordnen.
D IV/3	Die Längenangabe auf dem zweiten Vorwarnanzeiger ist auch am benachbarten Zeichen 274-80 im Mittelstreifen anzuordnen. Auf Strecken mit dauerhaft vorhandener Geschwindigkeitsbeschränkung ist diese am Ende der Arbeitsstelle neu anzuordnen (z. B. Zeichen 274-120). Dies gilt auch für die im Seitentext unter 2) benannte Option – daher ist dann anstelle von Zeichen 278-80 ebenfalls Zeichen 274 neu anzuordnen.
D III/7 (RSA 95) D III/6 (ARS 6/2014)	Die Regelpläne zur Absicherung auf Seitenstreifen (Absperrtafel mit Blinkkreuz) wurden mit Verweis auf die rein verkehrstechnische Eigenschaft gestrichen. Diese Variante der Absicherung ist nur noch exemplarisch in Bild D5 enthalten, aber einer verkehrsrechtlichen Anordnung vermeintlich nicht zugänglich (kursiver Text in Teil D 3 (8)). Für die Anwendung in der Praxis wird jedoch in vielen Fällen weiterhin eine konkrete verkehrsrechtliche Anordnung notwendig sein, weshalb die dargestellte Absicherung zumindest als eigener Verkehrszeichenplan beibehalten werden sollte.

Richtlinien zur Baubetriebsplanung auf Bundesautobahnen (RBAP)

Vom 1. Juni 2023

Inhaltsübersicht

1 Grundlagen

1.1 Vorbemerkung

Eingriffe in den Verkehrsablauf auf Autobahnen können erhebliche verkehrliche Auswirkungen mit sich bringen. Beeinträchtigungen durch Arbeitsstellen zur Durchführung von Baumaßnahmen sind daher möglichst gering zu halten. Allerdings sind Arbeitsstellen an Bundesautobahnen – insbesondere für Erhaltungsaufgaben und Ausbau – auch in Zukunft unausweichlich. Um die verkehrlichen Auswirkungen von Arbeitsstellen möglichst gering zu halten, ist ein effizientes Arbeitsstellenmanagement erforderlich. Dadurch sollen das Eintrittsrisiko und die Auswirkungen von arbeitsstellenbedingten verkehrlichen Störungen unter Gewährleistung eines hohen Maßes an Verkehrssicherheit auf ein Minimum reduziert werden. Dabei werden nicht nur verkehrliche, sondern auch volkswirtschaftliche Aspekte berücksichtigt. Um dieses Ziel zu erreichen sind die nachfolgenden *Richtlinien zur Baubetriebsplanung auf Bundesautobahnen (RBAP)* aufgestellt worden, welche im Rahmen des Arbeitsstellenmanagements anzuwenden sind.

1.2 Inhalte des Arbeitsstellenmanagements im Rahmen der Baubetriebsplanung

Die RBAP enthalten Vorgaben für eine einheitliche Planung von meldepflichtigen Arbeitsstellen (vgl. ARS Nr. 02/2020) sowie Konkretisierungen zu einschlägigen Regelwerken. Meldepflichtig sind alle Arbeitsstellen, ab einer Dauer von vier Kalendertagen. Dies gilt auch für Arbeitsstellen, die zeitlich unterbrochen werden, sofern die Dauer nach Abzug der Unterbrechung(en) mindestens vier Kalendertage beträgt.

In den RBAP wird vor allem Bezug auf folgende Tätigkeiten genommen:

- Planung von Arbeitsstellen, insbesondere hinsichtlich deren verkehrlicher Wirkung und als Grundlage für die verkehrsrechtliche Anordnung von Behelfsverkehrsführungen
- Verpflichtende Meldung von Arbeitsstellen auf Bundesautobahnen mit erforderlichen Verkehrsbeschränkungen an 4 oder mehr Kalendertagen an das FBA
- Frühzeitige Information der Verkehrsteilnehmer über stattfindende Maßnahmen und deren mögliche Auswirkungen
- Koordination von Maßnahmen im Netzkontext (Strategische Arbeitsstellenplanung)

2 Planung von Arbeitsstellen

Bei der Planung von meldepflichtigen Arbeitsstellen werden die Ausführungszeiträume für alle Arbeitsphasen der Maßnahme sowie die dabei bestmögliche Verkehrsführung festgelegt. Ziel der Planung ist es, möglichst keine bzw. geringe verkehrliche Auswirkungen entstehen zu lassen. Dazu sind für jede Arbeitsstelle die verkehrlichen Auswirkungen zu bestimmen und zu bewerten. Es ist grundsätzlich die Variante mit den geringsten verkehrlichen Auswirkungen zu identifizieren; Abweichungen sind nachvollziehbar zu begründen.

Für eine erste grobe Ermittlung der verkehrlichen Auswirkungen können zur Hilfestellung Werkzeuge wie das Excel-Tool AVERAA (vgl. Kapitel 2.4) verwendet werden. Für die konkrete Planung von meldepflichtigen Arbeitsstellen im Rahmen der Baubetriebsplanung ist das VAS verpflichtend zu nutzen bzw., sofern die Planungen mit externen IT-gestützten Verfahren vorgenommen werden, vollumfänglich zu versorgen. Es ist zudem eine netzweite Koordination der Maßnahmen unter den Aspekten Verkehrsverträglichkeit sowie effizienter und wirtschaftlicher Nutzung der verfügbaren bautechnischen Ressourcen vorzunehmen.

2.1 Allgemeine Vorgaben zur Planung

Die Regelungen der jeweils gültigen RSA sind bei der Planung von Arbeitsstellen zugrunde zu legen. Darüber hinaus ist zu beachten:

- Grundsätzlich ist die Sperrung von Fahrbeziehungen zu vermeiden.
- Die Anzahl der Fahrstreifen ist grundsätzlich aufrecht zu erhalten. Ausnahmen sind möglich, wenn keine verkehrlichen Beeinträchtigungen zu erwarten sind bzw. im Einzelfall die Zweckmäßigkeit nachgewiesen wird.
- Im Interesse der Verkehrssicherheit und des Verkehrsflusses soll die Mindestbreite des Überholfahrstreifens für Arbeitsstellen mit einer Länge von weniger als 6 km gemäß RSA nur in Ausnahmefällen zur Anwendung kommen. Grundsätzlich ist die Realisierung breiterer Behelfsfahrstreifen anzustreben, ggf. unter Verwendung provisorischer Fahrbahnverbreiterungen.

- Sofern bei vierstreifigen Querschnitten die Einrichtung einer 4+0-Verkehrsführung unter Einhaltung der Maße der RSA auch mit provisorischen Fahrbahnverbeiterungen nicht möglich ist, sind die Überholfahrstreifen einer anderen Baustellenverkehrsführung bei Arbeitsstellen mit einer Länge von weniger als 6 km mit einer Behelfsfahrstreifenbreite von mindestens 3,00 m einzurichten.
- Bei Arbeitsstellenlängen bis 15 km sind bei ausreichend breiten Behelfsfahrstreifenbreiten keine negativen Auswirkungen auf die Verkehrssicherheit zu erwarten. Längere Arbeitsstellen sind in Abstimmung mit dem FBA im Einzelfall möglich, sofern die Zweckmäßigkeit belegt wird.
- Beträgt der Abstand zwischen zwei Arbeitsstellen weniger als 10 km, ist bei der Festlegung der Behelfsfahrstreifenbreite nach RSA von der Summe der Arbeitsstellenlängen auszugehen. Die arbeitsstellenbedingte Sperrung von zwei aufeinanderfolgenden Anschlussstellen ist grundsätzlich zu vermeiden, unabhängig davon, ob es sich um eine oder mehrere Arbeitsstellen handelt.

2.2 Einflussgrößen für verkehrliche Auswirkungen

Unabhängig von der Verkehrsbelastung ist eine verkehrliche Bewertung vorzunehmen. Auch weitere Randbedingungen wie kurze Knotenpunktabstände, fehlende Seitenstreifen, schmale Fahrstreifen, enge Radien, ein überdurchschnittliches Unfallgeschehen, ein hoher Anteil an Steigungsstrecken und ein hoher Schwerverkehrsanteil können einen Einfluss auf die Verkehrsqualität haben.

Bei der Identifikation geeigneter Zeiträume für die Durchführung der Maßnahme sind die Prognosen des Verkehrsaufkommens und volkswirtschaftlichen Kosten zu berücksichtigen. Großereignisse mit Einfluss auf das Verkehrsaufkommen sind zu berücksichtigen.

Besondere Randbedingungen von Pendlerstrecken oder Strecken mit Ferienreiseverkehr sind bei der Planung zu berücksichtigen.

2.3 Netzweite Koordination der Maßnahmen

Die Bewertung der verkehrlichen Auswirkungen soll neben den einzelnen Arbeitsstellen auch Netzabschnitte und Netzmaschen berücksichtigen. Dabei ist eine netzweite Arbeitsstellenplanung sicherzustellen.

Um die Einschränkung der Netzverfügbarkeit gering zu halten, ist es sinnvoll, eine Bündelung oder auch eine zeitliche Entzerrung der einzelnen Baumaßnahmen zu prüfen. Eine optimierte Koordination der Einzelmaßnahmen unter Gewährleistung der erforderlichen Kapazitäten im Netz ist bereits in einer frühen Planungsphase zu gewährleisten.

Alternative Routen zur Umleitung des Verkehrs innerhalb des Autobahnnetzes sind von Arbeitsstellen möglichst freizuhalten.

Bei Arbeiten über einen längeren Streckenbereich sollen die Längen der eingerichteten Arbeitsstellen dem tatsächlichen Arbeitsfortschritt angepasst werden.

2.4 Verwendung von AVERAA

Zur ersten groben Ermittlung der verkehrlichen Auswirkungen von Arbeitsstellen bereits in frühen Planungsphasen kann das Bewertungstool AVERAA herangezogen werden. AVERAA basiert auf dem Handrechenverfahren aus dem ehemaligen Leitfaden zum Arbeitsstellenmanagement auf Bundesautobahnen (2011) und ist als Download auf der Homepage der BASt verfügbar.

AVERAA stellt ein Angebot an die Arbeitsstellenplaner dar, mit vereinfachten Eingangsdaten in einem frühen Stadium der Erhaltungsplanung die verkehrlichen Wirkungen einer Arbeitsstelle ohne viel Aufwand abzuschätzen. Zu diesem Zweck kann AVERAA auch Auftragnehmern für deren Planungsschritte zur Verfügung gestellt werden.

AVERAA nutzt Daten der regelmäßig durchgeführten Straßenverkehrszählung und der Dauerzählstellen zur Ermittlung der Verkehrsnachfrage. Dies ermöglicht die frühzeitige Anwendung von AVERAA, da der genaue Ausführungszeitraum der Maßnahme nicht bekannt sein muss.

Da die Verkehrsnachfragedaten regelmäßig aktualisiert werden, ist ebenso regelmäßig zu prüfen, ob bei der Planung die derzeit aktuelle Version von AVERAA genutzt wird. Um AVERAA nutzen zu können, muss die Verwendung von Makros in Excel zugelassen werden.

2.5 Nutzung des VAS

Das VAS ist ein IT-System zur Unterstützung der Arbeitsstellenplanung und -koordination. Es automatisiert die Meldung der Autobahn GmbH des Bundes an das FBA im Rahmen der Baubetriebsplanung nach ARS Nr. 02/2020. Es steht allen Anwendern für statistische Auswertungen in ihrem jeweiligen Zuständigkeitsbereich zur Verfügung.

Die Bewertung der verkehrlichen Auswirkungen von Arbeitsstellen für Baumaßnahmen ab einer Dauer von vier Kalendertagen auf Bundesautobahnen ist verpflichtend durchzuführen.

3 Meldung von Arbeitsstellen

3.1 Organisatorische Vorgaben

Die Meldungen von Arbeitsstellen sind so frühzeitig wie möglich vorzunehmen, spätestens jedoch drei Monate vor Veröffentlichung der Ausschreibung und stets bevor konkrete Maßnahmenplanungen gegenüber Dritten – auch im Rahmen von örtlichen Abstimmungsprozessen – oder der Öffentlichkeit kommuniziert werden. Ausgenommen von der Dreimonatsfrist sind Notmaßnahmen.

Im Rahmen der Prüfung der Arbeitsstellen durch das FBA können Rückfragen auftreten, die innerhalb der jeweils genannten Fristsetzung über das VAS zu beantworten sind. In Ausnahmefällen von kurzfristig vorgelegten Arbeitsstellenmeldungen werden entsprechend kürzere Rückmeldefristen angesetzt, die gewährleisten, dass der Prüfungsprozess inkl. notwendiger Anpassungen vor Maßnahmenbeginn abgeschlossen werden kann.

Die Prüfkriterien richten sich nach der regelbasierten Bewertung des VAS unter Berücksichtigung der Verkehrsqualität sowie der unter Kapitel 2.1 genannten grundsätzlichen Vorgaben.

3.2 Zustimmungsvorbehalte

Ergänzend zur Meldung gemäß Kapitel 3.1 sind für nachfolgende Ausnahmetatbestände unter Angaben von Begründungen im Abwägungsprozess, insbesondere zu verkehrlichen Auswirkungen, Zustimmungen des FBA für die folgenden meldepflichtigen Arbeitsstellen spätestens drei Monate vor Veröffentlichung der Ausschreibung bzw. vor öffentlichkeitswirksamer Kommunikation einzuholen:

Arbeitsstellen,

- bei denen der Verkehr auf der Autobahn in mindestens einer Fahrtrichtung voll gesperrt werden soll,
- bei denen eine Sperrung von zwei aufeinanderfolgenden Anschlussstellen vorgesehen ist.
- mit einer geplanten Länge von mehr als 15 km,
- bei denen aufgrund der geplanten Verkehrsführung eine zulässige Höchstgeschwindigkeit von weniger als 60 km/h auf der durchgehenden Fahrbahn vorgesehen ist.

3.3 Berichtspflichten

Ergänzend zur Meldung gemäß Kapitel 3.1 sind für nachfolgende Ausnahmetatbestände Informationen und Begründungen zu konkreten Planungen für meldepflichtige Arbeitsstellen spätestens drei Monate vor Veröffentlichung der Ausschreibung bzw. vor öffentlichkeitswirksamer Kommunikation vorzulegen:

Arbeitsstellen,

- bei denen eine Fahrstreifenreduktion vorgesehen ist und die zu erwartende Verkehrsstärke je verbleibendem Behelfsfahrsteifen mehr als 1500 Pkw-E/h beträgt,
- bei denen die Mindestlängen von Ein- und Ausfädelungsstreifen im Bereich von Behelfsverkehrsführungen gemäß RSA nicht eingehalten werden können.

In Einzelfällen besonderer Bedeutung behält sich das FBA eine Zustimmung analog zu Kapitel 3.2 vor.

3.4 Ergänzende Begründungen im VAS

Im Rahmen der Meldung gemäß Kapitel 3.1 sind für nachfolgende Ausnahmetatbestände Informationen und Begründungen zu konkreten Planungen für die folgenden meldepflichtigen Arbeitsstellen im VAS vorzulegen:

Arbeitsstellen,

- in denen Überholfahrstreifen bei Arbeitsstellenlängen von weniger als 6 km mit einer Breite von weniger als 3,00 m, ausgenommen bei „kurzen Engstellen" bis 100 m, eingerichtet werden,
- bei denen aufgrund der geplanten Verkehrsführung eine zulässige Höchstgeschwindigkeit von weniger als 80 km/h, jedoch mindestens 60 km/h, auf der durchgehenden Fahrbahn (außerhalb des Verschwenkungsbereichs) vorgesehen ist,
- die auf einer Alternativroute oder Umleitungsstrecke innerhalb des Autobahnnetzes von anderen Arbeitsstellen liegen,
- bei denen nicht die Variante mit den geringsten verkehrlichen Auswirkungen gewählt wird.

4 Planungs- und Ausführungshinweise

Im Folgenden werden Empfehlungen zur Umsetzung der Vorgaben für eine effiziente und sichere Durchführung von Arbeitsstellen in Bezug auf die Wahl der Verkehrsführung und Ausgestaltung von Ausführungszeiträumen gegeben.

4.1 Wahl der Betriebsform

Für den Bauablauf werden folgende Betriebsformen definiert:

- Betriebsform 1: Normale Tagesschicht
- Betriebsform 2: Arbeiten an allen Werktagen unter vollständiger Ausnutzung des Tageslichts
- Betriebsform 3: Arbeiten nur nachts
- Betriebsform 4: Arbeiten an 24 Stunden des Tages
- Betriebsform 5: Betriebsform 2 mit Durchführung bestimmter Arbeiten rund um die Uhr.

Die Betriebsform 1 kann nur im Einzelfall zur Anwendung kommen, wenn die Bewertung der verkehrlichen Auswirkungen ergibt, dass keine überlastungsbedingten Störungen durch die Arbeitsstelle zu erwarten sind. Die Betriebsform 3 ist nur geeignet für Baumaßnahmen, bei denen tagsüber eine verkehrsverträgliche (Behelfs-)Verkehrsführung sichergestellt werden kann.

Auf besonders hoch- bzw. überlasteten Strecken sind Nacht- sowie Sonn- und Feiertagsarbeit anzustreben, wenn es die erforderlichen Arbeiten aus bautechnologischer und bauablauftechnischer Sicht zulassen und keine einschränkenden Vorgaben zum Schutz der anliegenden Bevölkerung bestehen.

4.2 Bündelung der Arbeiten zu „Wochenendmaßnahmen"

Sofern an Werktagen keine geeigneten Zeitfenster für die Durchführung der Arbeiten gefunden werden, soll die Durchführung in konzentrierter Form als „Wochenendbaustelle" geprüft werden. Bei größerem Zeitbedarf ist zu prüfen, ob Wochenenden mit angrenzenden Feiertagen (ggf. einschließlich sogenannter „Brückentage") als Zeitfenster geeignet sind.

Bei Wochenendmaßnahmen sollen die Arbeiten in der Zeit von Freitagabend nach Abflauen des Berufsverkehrs bis Montagmorgen vor Einsetzen des Berufsverkehrs durchgeführt werden. Genaue Zeitfenster sollen durch Bewertung der verkehrlichen Auswirkungen von Arbeitsstellen identifiziert werden.

4.3 Hochkonzentrierte Durchführung der Arbeitsstelle unter Vollsperrung

Sofern ein Zeitfenster mit ausreichender Kapazität auf groß- und kleinräumigen Alternativrouten vorhanden ist, ist die Möglichkeit zur hochkonzentrierten Durchführung von Bautätigkeiten rund um die Uhr unter Vollsperrung z. B. zur Vermeidung von langandauernden Fahrstreifenreduktionen zu prüfen. Dabei soll die Entscheidung hinsichtlich der Vollsperrung unter volkswirtschaftlichen Gesichtspunkten und der Berücksichtigung der verkehrlichen Rahmenbedingungen getroffen werden.

Vollsperrungen einer oder beider Richtungsfahrbahnen, z. B. aus vorstehend genanntem Anlass, bei Abrissarbeiten von Brücken oder Unterhaltungs- und Erhaltungsmaßnahmen in Tunneln, sind in verkehrsschwache Zeiten des Jahres zu legen. Hierfür kommen insbesondere die Nächte von Samstag auf Sonntag sowie Wochenenden mit vor- oder nachgelagerten gesetzlichen Feiertagen in Betracht.

Bei Vollsperrungen ist dafür Sorge zu tragen, dass die Ausführungsfristen zwingend eingehalten werden.

Die Verkehrsteilnehmer sind über Vollsperrungen rechtzeitig zu informieren.

4.4 Einbeziehung der Kapazität der Umleitungsstrecken in die Planung

In Netzbereichen ohne die Möglichkeit einer Umlenkung auf alternative Bundesautobahn-Strecken ist die Einbeziehung von Umleitungsstrecken mit ausreichender Kapazität im untergeordneten Straßennetz mit dem jeweils zuständigen Straßenbaulastträger abzustimmen. Es ist insbesondere sicherzustellen, dass die Kapazität der Umleitungsstrecken nicht durch Arbeitsstellen eingeschränkt wird. Es ist auf eine verkehrliche Optimierung der Umleitungsstrecken hinzuwirken, z. B. durch verkehrsrechtliche oder bauliche Maßnahmen. Diese sind mit den jeweils zuständigen Behörden abzustimmen. Hierzu sind entsprechend lange Vorlaufzeiten einzuplanen. In die Bewertung sollen planbare Ereignisse mit Einfluss auf den Verkehrsablauf und die Verkehrsnachfrage einbezogen werden. Ferner ist die auf den Umleitungsstrecken aktuell vorhandene Verkehrsnachfrage zu berücksichtigen.

5 Information der Verkehrsteilnehmer

Die Verkehrsteilnehmer sind frühzeitig und umfassend über Arbeitsstellen sowie die Verkehrsführungen in diesem Bereich zu informieren. Dies erfolgt sowohl über eine Beschilderung an der Autobahn selbst als auch über entsprechende Internetseiten bzw. für mobile Endgeräte geeignete Anwendungen (Apps). Die Unterstützung durch weitere öffentlichkeitswirksame Maßnahmen ist zu prüfen.

5.1 Beschilderung der Arbeitsstelle

Die Verkehrsteilnehmer sollen vor Arbeitsstellen mit einer Dauer von mehr als 4 Wochen durch Hinweistafeln (Arbeitsstellen-Informationsschild gemäß Anhang) informiert werden. Diese Tafeln sollen rechtzeitig vor Beginn der Arbeiten, d. h. mit mindestens 14 Tagen Vorlauf, aufgestellt werden.

Auch bei Arbeitsstellen mit einer Dauer von bis zu 4 Wochen kann das Aufstellen eines Arbeitsstellen-Informationsschildes sinnvoll sein, wenn durch die Baumaßnahme erhebliche verkehrliche Auswirkungen erwartet werden oder sich die Maßnahme auf einem Streckenabschnitt befindet, der sich durch einen hohen Pendleranteil (Ballungsraum) auszeichnet.

Innerhalb von Arbeitsstellen mit einer Länge von mehr als 6 km sollen regelmäßig, in der Regel alle 2 km, zusätzliche Informationen für die Verkehrsteilnehmer über die noch zu durchfahrende Länge der Arbeitsstelle gegeben werden, ggf. unterstützt durch einprägsame Piktogramme. Auf Autobahnen mit einem hohen Anteil ortsunkundiger Fahrer können diese Informationen auch bereits in kürzeren Arbeitsstellen sinnvoll sein.

Zusätzliche Hinweistafeln, mit denen die Verkehrsteilnehmer über die Art der Arbeiten informiert werden, können bei besonders in der Öffentlichkeit stehenden Baumaßnahmen oder bei von außen nicht ersichtlichen Tätigkeiten (z. B. „Arbeiten im Brückenhohlkasten") die Akzeptanz von arbeitsstellenbedingten Verkehrsbeeinträchtigungen erhöhen. In Einzelfällen kann es z. B. zur Sicherstellung des Arbeitsschutzes notwendig sein, während der Arbeitszeiten die zulässige Höchstgeschwindigkeit innerhalb der Arbeitsstelle zeitweise zu verringern. In diesen Fällen ist der Einsatz von dynamischen Geschwindigkeitsanzeigen zu prüfen, um bei Arbeiten außerhalb der kritischen Arbeitsbereiche gemäß ASR A5.2 die Auswirkungen auf den Verkehrsfluss zu minimieren.

Die Errichtung mobiler Stauwarnanlagen ist bei Arbeiten mit einer Dauer von mehr als 4 Wochen zu prüfen, sofern Stau zu erwarten ist oder wenn aufgrund der örtlichen Situation eine erhöhte Unfallgefahr besteht und keine SBA vorhanden ist.

5.2 Digitale Informationsbereitstellung

Es ist sicherzustellen, dass über ein browserbasiertes Baustelleninformationssystem den Verkehrsteilnehmern tagesaktuelle Informationen zu Baustellen bereitgestellt werden. Dabei sind die Vorgaben des jeweils aktuellen DATEX II-Baustellenprofils des nationalen Zugangspunktes (Mobilithek) bezüglich der bereit zu stellenden Informationen einzuhalten. Für mobile Endgeräte ist ein geeigneter Zugang zur Verfügung zu stellen, ggf. über eine eigenständige App.

Die Arbeitsstellen sind spätestens 14 Tage vor Beginn der Arbeitsstelle über die Mobilithek zu publizieren, damit Informationsdiensteanbieter diese Meldungen in ihren Diensten veröffentlichen können.

Glossar

Abkürzungen:

ARS	**A**llgemeines **R**und**s**chreiben
AVERAA	**A**bschätzung der **ver**kehrlichen **A**uswirkungen von **A**rbeitsstellen
BASt	**B**undes**a**nstalt für **St**raßenwesen
BMDV	**B**undes**m**inisterium für **D**igitales und **V**erkehr
dWiSta	**D**ynamische **W**egweiser mit **i**ntegrierten **Sta**uinformationen
FBA	**F**ernstraßen-**B**undes**a**mt
StVO	**St**raßen**v**erkehrs-**O**rdnung
RSA	**R**ichtlinien für die verkehrsrechtliche **S**icherung von **A**rbeitsstellen an Straßen
RBAP	**R**ichtlinien zur **Ba**ubetriebs**p**lanung auf Autobahnen
RPS	**R**ichtlinien für **p**assiven **S**chutz an Straßen durch Fahrzeug-Rückhaltesysteme
RWBA	**R**ichtlinien für die **w**egweisende **B**eschilderung auf **A**utobahnen
SBA	**S**trecken**b**eeinflussungs**a**nlage
VAS	**V**erkehrs**a**nalyse**s**ystem

DIN 67520	Retroreflektierende Materialien zur Verkehrssicherung – Lichttechnische Mindestanforderungen an Reflexstoffe
DIN 6171	Aufsichtfarben für Verkehrszeichen und Verkehrseinrichtungen
DIN 1451	Schriften, Serifenlose Linear-Antiqua (DIN-Schrift, Normschrift)

Anhang

Arbeitsstelleninformationsschild

Gemäß Kapitel 5.1 ist nachfolgendes Arbeitsstellen-Informationsschild als nichtamtliche Hinweisbeschilderung aufzustellen:

Abbildung 1: Arbeitsstellen-Informationsschild (Maße in mm)

Die optionale Angabe einer Internetadresse bzw. der Hinweis auf eine App ist grundsätzlich möglich. Die Angabe wird unterhalb des Zwecks der Baustelle mit Schrifthöhe 126 mm (jeweils 70 mm oberer und unterer Abstand) in schwarzer Ausführung ergänzt. Voraussetzung ist eine digitale Bereitstellung weitergehender Informationen über die jeweilige Baumaßnahme in geeigneter Art und Weise. Die Ergänzung bedarf der grundsätzlichen Zustimmung des BMDV.

Der Standort der Informationsschildes soll zwischen dem ersten und dem zweiten auf die Arbeitsstelle bezogenen amtlichen StVO-Zeichen liegen, also in der Regel zwischen den Zeichen 123 (Arbeitsstelle) 2000 m bzw. 800 m vor Beginn der Arbeitsstelle. Im Querschnitt soll der Standort (seitlicher Abstand, Höhe) gemäß RWBA gewählt werden.

Sind durch die Arbeitsstelle beide Fahrtrichtungen betroffen, so ist die Hinweisbeschilderung für beide Fahrtrichtungen erforderlich.

Bei der Aufstellung des Arbeitsstellen-Informationsschildes sollen bevorzugt Standorte hinter bereits bestehenden Schutzeinrichtungen gewählt werden; auf die Einhaltung des Wirkungsbereichs gemäß RPS ist zu achten. Auf die Errichtung neuer Schutzeinrichtungen für das Arbeitsstellen-Informationsschild ist zu verzichten. Sofern eine Aufstellung hinter bestehenden Schutzeinrichtungen nicht möglich ist, ist eine Ausführung der Tragkonstruktion nach den „Grundsätzen für die passiv sichere Aufstellung von Verkehrszeichen" (ARS Nr. 02/2022) zu prüfen. Sofern die dort beschriebenen Bedingungen eingehalten werden, kann die genannte Tragkonstruktion als passiv sicher eingestuft werden, so dass auf Fahrzeug-Rückhaltesysteme verzichtet werden kann. Alternativ ist ein abweichender Aufstellungsort zu prüfen, ggf. auch im Arbeitsstellenbereich, z. B. hinter einer transportablen Schutzeinrichtung.

Die Schildgröße beträgt 4,2 m x 3,0 m (Höhe x Breite). Für die Abmessungen innerhalb des Schildes gelten die Maßgaben nach Abbildung 1.

Das Schild ist voll retroreflektierend mit Verkehrszeichenfolien der Reflexionsklasse RA 1 nach DIN 67520 auszuführen. Die Grundfarbe des Schildes ist weiß, der Inhalt einschließlich Rand blau. Für die Farbbereiche gelten die Angaben der DIN 6171. Als Schriftart ist die Verkehrsschrift nach DIN 1451, Teil 2, zu verwenden und als Mittelschrift auszuführen. Die Angaben zu Farbe und Schriftart gelten nicht für die Logos des BMDV und der Autobahn GmbH des Bundes.

Im Interesse einer mehrfachen Wiederverwendbarkeit des Schildes werden mobile Aufstellvorrichtungen (z. B. Fertigteilfundamente) empfohlen. Bei einer passiv sicheren Ausführung der Tragkonstruktion ist zu beachten, dass dennoch alle Anforderungen an ortsfeste Verkehrszeichen eingehalten werden. Modifikationen der Textinhalte können durch entsprechende Abdeckplatten vorgenommen werden.

Die RSA 21 dienen Verkehrsführung und Verkehrssicherung – nicht dem Arbeitsschutz

Die RSA 21 stellen sowohl im Titel als auch in den weiterführenden Formulierungen klar, dass es sich im Wesentlichen um ein rein verkehrsrechtliches Regelwerk handelt. Aspekte des Arbeitsschutzes werden daher nicht mehr konkret betrachtet.

Allenfalls ergeben sie sich indirekt aus Anforderungen der Verkehrssicherheit oder es wurden hier und da notwendige Anpassungen auf Grund der ASR A5.2 vorgenommen. Die bisherigen Regelungen der RSA 95, welche auf Anforderungen des Arbeitsschutzes beruhten, wurden geändert bzw. gestrichen.

Damit bleibt es auch mit den RSA 21 bei dem Erfordernis, bereits bei der Planung von Arbeitsstellen viele verschiedene Regelwerke gleichzeitig zu berücksichtigen und eine umfassende Betrachtung aller relevanten Kriterien aus den unterschiedlichen Sachgebieten durchzuführen.

Bezüglich der Arbeitsschutzvorgaben ist hier in erster Linie die ASR A5.2 von besonderer Bedeutung, jedoch auch andere Anforderungen, die maßgeblich der Baupraxis bzw. dem Arbeitsschutz zuzuordnen sind (z. B. die einschlägigen Erfordernisse im Bereich von Aufgrabungen, wie etwa Abböschung oder Grabenverbau mit entsprechenden Vorgaben zur Standsicherheit sowie Abständen zu Verkehrslasten usw.).

Folglich stehen viele Regelungen der RSA 21 unter dem Vorbehalt der bautechnischen und baupraktischen Realisierbarkeit, vor allem im Hinblick auf die Anforderungen des Arbeitsschutzes.

Die jeweiligen Regelpläne der Teile B, C und D sind vor allem hinsichtlich der kritischen Seitenabstände S_Q gemäß ASR A5.2**nicht** harmonisiert – daher ist die Anwesenheit von Beschäftigten im Grenzbereich zum Straßenverkehr in den Regelplänen der RSA grundsätzlich nicht berücksichtigt. Wenn also ein bestimmter Regelplan vermeintlich zur geplanten Maßnahme passt, können insbesondere die Arbeitsschutzvorgaben schnell einen Strich durch die Rechnung machen.

Dem gegenüber stehen wiederum die Anforderungen an die Sicherheit und Leichtigkeit des Verkehrs, welche sich – gewissermaßen als Gegenpart zur ASR A5.2 – verstärkt in den RSA 21 wiederfinden. So wird u. a. in Teil A unter 1.2 (5) darauf verwiesen, dass bei räumlich längeren Arbeitsstellen – entsprechend dem Baufortschritt – die für den Verkehr wirksame Arbeitsstellenlänge und -breite möglichst gering gehalten und regelmäßig dem für die Arbeiten notwendigen Raum angepasst werden. Vergleichbare Hinweise finden sich an vielen weiteren Stellen der RSA 21.

Hierdurch soll u. a. sichergestellt werden, dass bauseits nicht pauschal eine Vollsperrung beantragt und durch die anordnende Behörde ohne weitere Prüfung genehmigt wird, obwohl das Unternehmen z. B. drei Wochen lang nur am Fahrbahnrand arbeitet und deshalb eine halbseitige Sperrung durchaus möglich wäre. Die Durchsetzung der verkehrlichen Interessen obliegt hierbei in erster Linie der Straßenverkehrsbehörde, welche die jeweiligen Anträge diesbezüglich zu prüfen hat.

Anforderungen an Verantwortliche – MVAS Nachweis ist Pflicht

Die RSA 21 konkretisieren die aus den RSA 95 übernommene Formulierung zum Verantwortlichen dahingehend, dass dieser nur benannt werden kann, wenn die definierten Voraussetzungen erfüllt werden. Die Einschränkung „nur" fehlte bisher. Neu ist der aus den ZTV-SA entnommene Verweis auf die deutsche Sprache als Voraussetzung, da es diesbezüglich insbesondere im Zuge von Baustellenkontrollen immer wieder zu Problemen kam bzw. kommt.

Mit den RSA 21 muss nun auch im Zuge der verkehrsrechtlichen Anordnung ein Schulungsnachweis nach MVAS vorliegen – also nicht wie bisher nur vertragsrechtlich, sondern auch verkehrsrechtlich. Das mögliche Absehen bei „Arbeiten mit geringen verkehrlichen Auswirkungen" liegt allein im Ermessen der zuständigen Behörde und kann daher beim Vorliegen entsprechender Sachgründe auch unterbleiben.

In diesem Zusammenhang sollten natürlich die anordnenden Behörden in den Fokus rücken, denn auch sie haben entsprechenden Schulungsbedarf und werden deshalb als eigene Schulungsgruppe im MVAS geführt. Seminare oder Weiterbildungen bleiben in diesem Bereich jedoch oftmals verwehrt, oder sie gelangen allenfalls dann zur Umsetzung, wenn die Angestellten eine solche Schulung gegenüber ihrem Dienstherrn mit Nachdruck einfordern.

Insofern muss klar sein, dass die neue verkehrsrechtliche Schulungsverpflichtung des Verantwortlichen ad absurdum geführt wird, wenn z. B. der Sachbearbeiter in der Verkehrsbehörde selbst über keine ausreichenden Fachkenntnisse insbesondere bezüglich der RSA 21 verfügt. Schulungen nach MVAS sollten daher ausdrücklich nicht auf die Verantwortlichen (i. S. d. VAO) beschränkt bleiben, sondern in erster Linie auch die anordnenden Behörden betreffen.

Arbeitsstellen allgemein

Die RSA 21 enthalten eine Konkretisierung der Arbeitsstellen bezüglich öffentlicher und tatsächlich öffentlicher Verkehrsflächen. Entsprechend sind die RSA als Bestandteil der VwV-StVO überall dort anzuwenden, wo die StVO gilt. Das kann z. B. auch ein Supermarktparkplatz oder ein Tankstellengelände sein und auch alle anderen Verkehrsflächen, auf welche die Definition „tatsächlich öffentlich" zutrifft.

Arbeitsstellen von kürzerer und längerer Dauer

Die Arbeitsstellen selbst werden wie bisher nach Arbeitsstellen von kürzerer und längerer Dauer unterschieden. Neu ist die Aufnahme von Arbeitsstellen längerer Dauer unter besonderen Bedingungen.

Hiervon sind u. a. sogenannte „Turbo-Baustellen" erfasst, also technisch und logistisch ausgeklügelte Maßnahmen, bei denen eine komplette Deckensanierung auf BAB insgesamt nicht länger als vier Tage dauert. Entsprechend wird zur Minimierung der Eingriffe in den fließenden Verkehr auf eine langwierige Einrichtung der sonst üblichen Behelfsverkehrsführung (Auf-, Um- und Abbau) verzichtet.

Tagesbaustellen und Nachtbaustellen

Die Arbeitsstellen von kürzerer Dauer werden jetzt in Tagesbaustellen (während der Tageshelligkeit) und Nachtbaustellen (bei Dunkelheit) unterschieden. Für die Abgrenzung von Arbeitsstellen längerer Dauer wurde ein Zeitraum von 24 Stunden definiert.

Hierbei ist das Bestehen der arbeitsstellenbedingten Verkehrsführung relevant und nicht die Dauer der reinen Bautätigkeit. Entsprechend sind die erforderlichen Zeiten für Auf-, Um- und Abbau der Verkehrssicherung zu berücksichtigen.

Bezüglich der Nachtbaustellen ist nicht allein die Uhrzeit (Nachtstunden) relevant, sondern Dunkelheit und die damit verbundenen Gefahren. Entsprechend kann es sich vor allem in der dunklen Jahreszeit auch dann um Nachtbaustellen i. S. d. RSA handeln, wenn diese z. B. vor der Morgendämmerung beginnen oder über die Abenddämmerung hinweg betrieben werden.

Kann z. B. nicht verlässlich abgeschätzt werden, wie lange die Arbeiten tatsächlich dauern bzw. ist der Weiterbetrieb einer Tagesbaustelle auch während der Dunkelheit vorprogrammiert, muss die Verkehrssicherung darauf abgestimmt werden.

Verkehrsbereich und Arbeitsbereich

Als Gegenpart zu den Vorgaben der ASR A5.2 (Arbeitsschutz) legen die RSA 21 die Definition des Verkehrsbereichs aus verkehrsrechtlicher Sicht fest. Dieser beschreibt die verkehrs- bzw. verwaltungsrechtliche Zuständigkeit der nach § 45 StVO anordnenden Behörde.

Der Verkehrsbereich endet z. B. an der dem Verkehr zugewandten Kante einer Leitbake oder temporären Schutzeinrichtung. Gleiches gilt für Absperrschrankengitter z. B. auf Geh- und Radwegen.

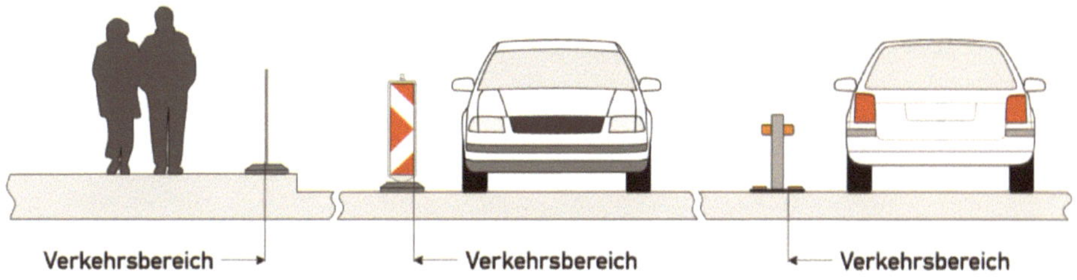

Abgrenzung des Verkehrsbereichs gemäß RSA (Bild A-1)

Der Verkehrsbereich endet zwar gemäß RSA 21 an der dem Verkehr zugewandten Kante einer Leitbake (gilt auch für Leitkegel, Absperrschrankengitter oder temporäre Schutzeinrichtungen), die Anordnungskompetenz der Behörde betrifft aber natürlich auch die Leitbake insgesamt.

Zudem sind bei der Bemessung des Verkehrsbereichs bzw. des Arbeitsbereichs die Aufstellflächen der jeweiligen Absperrgeräte oder temporären Schutzeinrichtungen zu berücksichtigen, denn diese Elemente sollen eben nicht wie oftmals üblich im Baufeld stehen, sondern auf der noch verbleibenden Fahrbahn. Der Trennschnitt bzw. die spätere Deckennaht darf sich also nicht unmittelbar an der Grenze zum definierten Verkehrsbereich befinden.

Zur Verdeutlichung der unterschiedlichen Bemessungskriterien stellt die nachfolgende Grafik den räumlichen Geltungsbereich der RSA 21 und der ASR A5.2 gemeinsam dar:

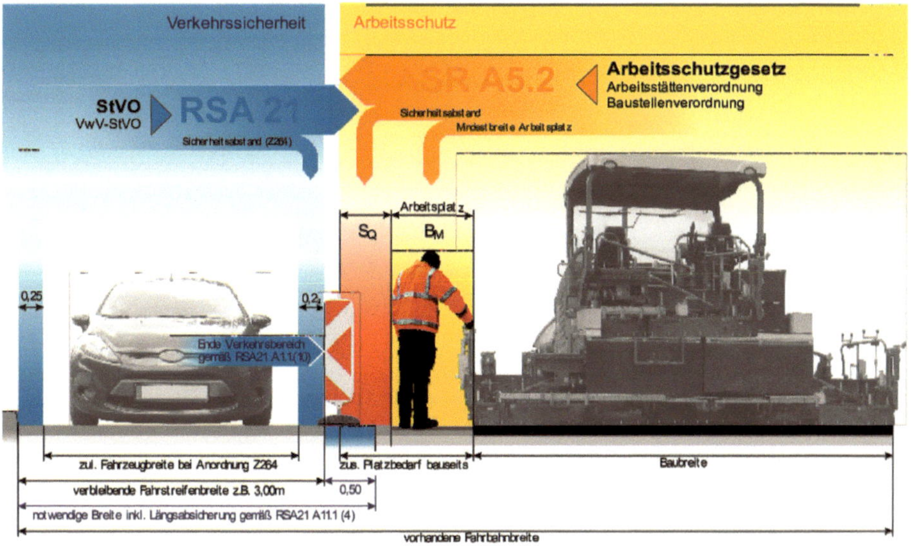

Hinsichtlich der Bemessung der verbleibenden Fahrstreifen ist im Falle einer Breitenbeschränkung durch Zeichen 264 ein seitlicher Sicherheitsabstand von mindestens 25 cm (beidseitig) zu berücksichtigen. Eine Beschränkung auf 2,20 m tatsächliche Breite bedarf also eines mindestens 2,70 m breiten Fahrstreifens (vom Fahrbahnrand bzw. Bordstein bis zur Leitbake).

Bedeutung der Handlungshilfe zu RSA und ASR 5.2

Die Handlungshilfe zur ASR A5.2 enthält im Falle beschränkter Fahrstreifenbreiten einige Fehler, denn dort ist die Fahrstreifenbreite mit 2,20 m angegeben:

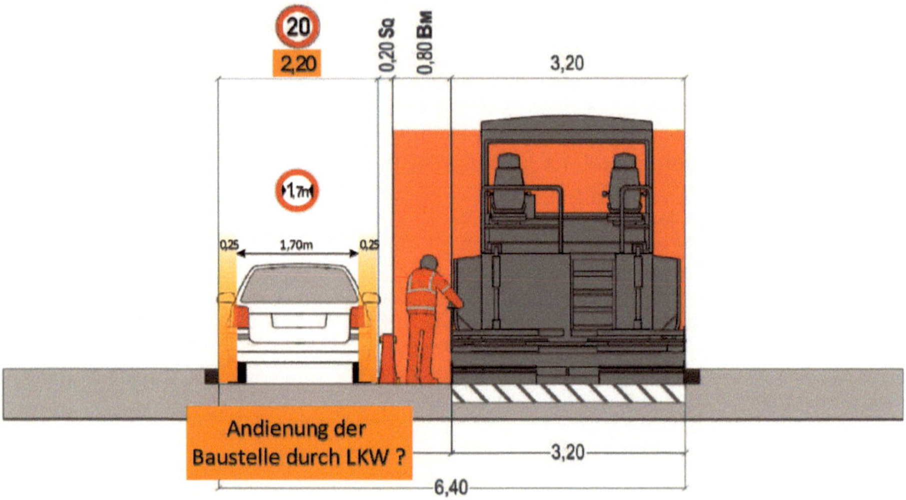

Handlungshilfe Abb. IO5

Abzüglich des seitlichen Sicherheitsabstandes dürften Fahrzeuge dann eigentlich nicht breiter als 1,70 m sein (Angabe auf Zeichen 264). Abgesehen davon kann auf einem 2,20 m breiten Fahrstreifen keine Andienung der Baustelle mittels LKW erfolgen (z. B. Abfuhr Fräsgut oder Anlieferung Asphaltmischgut).

Auch besteht in diesem Beispiel das Problem, dass die temporäre Schutzeinrichtung auf-, um- und abgebaut werden muss. Hierfür gelten ebenfalls die Anforderungen der ASR A5.2, weshalb die erforderliche Bewertung im Regelfall eine Vollsperrung (für die Ausführung der Verkehrssicherung) zur Folge haben wird. Entsprechend stellt sich zwangsläufig die Frage, ob man in diesem Fall nicht gleich unter Vollsperrung baut.

Die Handlungshilfe zu RSA und ASR A5.2 ist ein wichtiges Dokument, kann aber letztendlich nur ein Hilfsmittel bei der Bewertung sein, da sie noch auf den RSA 95 beruht und zudem viele Fehler enthält. Von einer 1:1 Umsetzung ist abzuraten.

Entsprechend bleibt als Fazit dieser Vorbetrachtung, dass RSA 21, ASR A5.2 und Handlungshilfe von der Planung bis zur Ausführung gemeinsam betrachtet werden müssen. Dies gilt selbstredend für alle weiteren Vorgaben und Regelwerke, welche sowohl die verkehrsrechtliche als auch die verkehrstechnische Sicherung von Arbeitsstellen an Straßen betreffen.

Neuer Abstand zu Aufgrabungen und Fräskanten

Die RSA 21 enthalten eine pauschale Festlegung zum Mindestabstand von Leitbaken und ähnlichen Einrichtungen zu einer Fräs- oder Grabenkante (bisher 30 cm innerorts und 50 cm außerorts) – wobei jetzt Bezug auf den Abstand zum Verkehrsbereich (z. B. Außenkante Leitbake) genommen wird (RSA 21, Teil A 11.1 (4)).

Dieser Mindestabstand beträgt einheitlich 50 cm und gilt auch beim Einsatz temporärer Schutzeinrichtungen, wobei hier natürlich noch deren Wirkungsbereiche (Verschiebung bei Kollision) relevant sind.

Der in den RSA 21 neu definierte Mindestabstand soll sicherstellen, dass ein entsprechender Sicherheitsraum für den Verkehr auch dann besteht, wenn die relevanten Werte nach ASR A5.2 nicht zur Anwendung kommen, weil z. B. keine Beschäftigten im Grenzbereich zum Verkehr tätig sind.

Situation in der Praxis: Leitbaken im Baufeld oder unmittelbar an der Fräskante

Da in der Praxis niemand exakt nachmessen wird, hilft die hier vorgestellte Faustregel (bzw. Fußregel): Zwischen der Fußplatte der Leitbake und einer Fräs- bzw. Grabenkante muss mindestens etwa eine Schuhbreite Platz sein. Es kommt dabei natürlich nicht auf die tatsächliche Schuhgröße an, sondern darauf, dass die Leitbake bzw. deren Fußplatte nicht bündig an der Kante steht und erst recht nicht halb oder ganz im Arbeitsbereich.

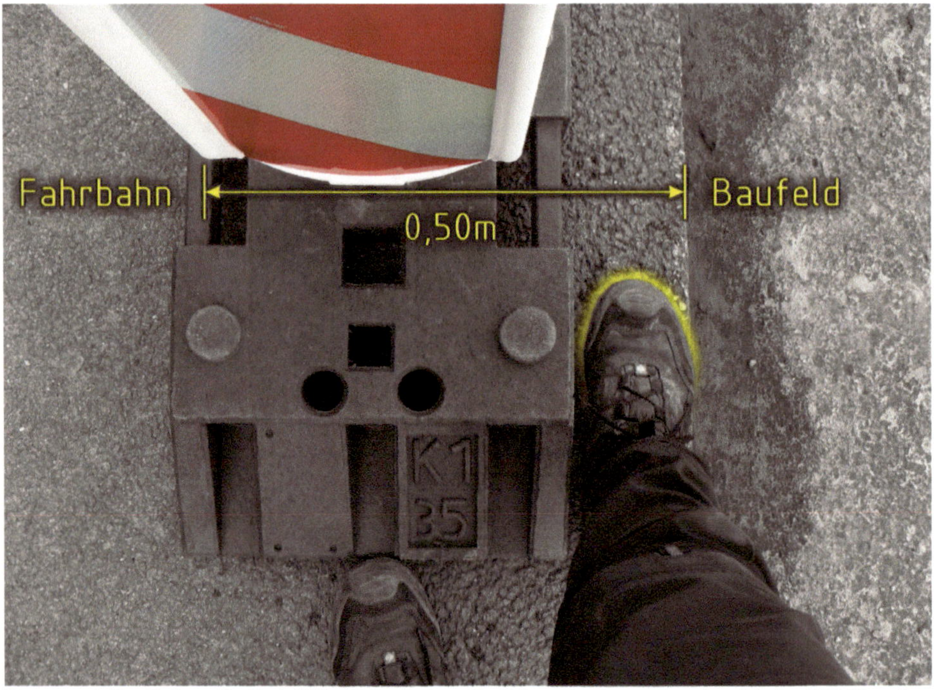

Die vorgestellte „Fußregel" gilt als Hilfsmittel selbstverständlich nur im Anwendungsbereich der RSA 21, sofern keine Personen im Grenzbereich zum Straßenverkehr tätig sind. Die Bemessung nach ASR A5.2 ist hiervon nicht erfasst. Die Begrifflichkeit „Mindestabstand" bedeutet natürlich, dass auch deutlich größere Maße erforderlich sein können.

Abstand von Absperrschrankengittern zu Aufgrabungen mindestens 0,30 m

Die bisher in den RSA 95 enthaltenen 15 cm Abstand zu Aufgrabungen auf Geh- und Radwegen wurden gestrichen. Stattdessen sind in den RSA 21 nun mindestens 0,30 m Abstand zwischen Absperrschrankengittern und Aufgrabungen vorgesehen.

Da eine standsichere Aufstellung im Regelfall die Ausrichtung der Fußplatten quer zum Absperrschrankengitter erfordert, kann sich der notwendige Abstand bereits deshalb entsprechend erhöhen. Dies ist bei der Bemessung der verbleibenden Mindestbreiten sowie der bauseitig benötigten Platzbedarfe zu berücksichtigen.

Typische Ausführung einer „Absicherung" im Bereich von Geh- und Radwegen. Insbesondere im Zuständigkeitsbereich der jeweiligen Versorgungsträger und beim Breitbandausbau sind derartige Nachlässigkeiten an der Tagesordnung.

Abgesichert wird meist „irgendwie" und in der Regel mit zu wenig Material. Vor allem das Weglassen jeder zweiten Fußplatte hat sich in der Praxis inzwischen etabliert, auch wenn dies ausdrücklich unzulässig ist.

Längsabstände von Leitbaken und Leitkegeln reduziert

Die bisher definierten Längsabstände von Leitbaken und Leitkegeln werden in der Praxis teilweise sehr großzügig bemessen – i. S. e. möglichst geringen Materialeinsatzes. Nicht selten entstehen dadurch viel zu große Lücken, welche der eigentlichen Funktion einer Längsabsicherung nicht gerecht werden.

In den RSA 21 wurden diese Maße reduziert, indem das Strich-Lücke-Verhältnis von Fahrbahnmarkierungen aufgegriffen wird. Damit kann diese – sofern als Leitlinie ausgeführt – als Orientierung dienen. Mindestens an jedem Markierungsstrich soll folglich eine Leitbake stehen, wobei es nicht darauf ankommt, ob dies am Beginn, in der Mitte oder am Ende ist, sondern dass die Abstände diesbezüglich einheitlich sind.

Während die Änderungen im innerörtlichen Bereich (Strich + Lücke 9 m, bisher max. 10 m Abstand) sowie auf Autobahnen (Strich + Lücke 18 m, bisher max. 20 m Abstand) moderat ausfallen, ergibt sich auf Landstraßen fast die doppelte Menge an Leitbaken oder Leitkegeln (Strich + Lücke 12 m, bisher max. 20 m Abstand). Hierzu ist allerdings zu sagen, dass die meisten Arbeitsstellen auf Landstraßen auf Grund der zulässigen Höchstgeschwindigkeit (50 km/h) eher mit innerörtlichen Verhältnissen vergleichbar sind als mit Autobahnen. Insofern sind die 12 m in Anlehnung an den Abstand an innerörtlichen Arbeitsstellen (9 m) durchaus sachgerecht.

Leitbaken und Leitkegel	**RSA 21**	**RSA 95**
innerorts	9 m	10 m
Landstraßen	12 m	20 m
Autobahnen	18 m	20 m
Kleine Leitbaken auf Leitschwelle und -bord		
innerorts	5 m	5 m
außerorts	10 m	10 m

Deutlich zu großer Abstand zwischen den Leitbaken einer Längsabsperrung. Auf Landstraßen waren bisher max. 20 m zulässig, jetzt sind es nur noch max. 12 m.

Insbesondere in Kurven müssen die Abstände der Leitbaken weiter reduziert werden, damit die Fahrbahnkante hinreichend verdeutlicht wird. Im gezeigten Beispiel müssen die Fußplatten der Leitbaken zudem etwa „eine Schuhbreite" von der Fräskante entfernt auf der Fahrbahn stehen (mindestens 50 cm bis zur linken Außenkante der Leitbaken bzw. zum Verkehrsbereich).

Jahresanordnung und Jahresgenehmigung

Die in der Praxis beliebten Jahresanordnungen sind regelmäßig nichtig und damit im Grunde „verboten". Der korrekte Begriff lautet „Jahresgenehmigung", welche wiederum im Rahmen von Jahresverträgen erteilt wird und bereits in den RSA 95 als „vereinfachtes Verfahren" definiert war. Diese Passage wurde in den RSA 21 unverändert übernommen (aus der damaligen „Bundespost" wurden lediglich „Betreiber von Versorgungs- und Telekommunikationsnetzen").

Wesentliche Änderung ist die Konkretisierung, dass für jeden Einzelfall ausdrücklich angeordnet wird. Das war aber im Grunde schon immer so und wird in den RSA 21 nur noch einmal explizit genannt bzw. konkretisiert.

Entsprechend muss auch bei Jahresverträgen bzw. Jahresgenehmigungen jede einzelne Arbeitsstelle gesondert beantragt und die jeweilige Absicherungsmaßnahme konkret angeordnet werden.

So sieht das Ergebnis aus, wenn es privaten Dritten überlassen bleibt, wie sie ihre Arbeitsstellen absichern (in diesem Fall ein privatisierter Straßenbetriebsdienst). Auf Grund der vorgeschriebenen Mindestgeschwindigkeit (Zeichen 275-50 im Bildhintergrund) muss der Verkehrsteilnehmer hier exakt 50 km/h fahren, nicht mehr (Zeichen 274), nicht weniger (Zeichen 275).

Wie gut, dass die zulässige Höchstgeschwindigkeit am Standort der Lichtzeichenanlage automatisch aufgehoben wird, bedingt durch die Kombination mit Zeichen 131. In der Arbeitsstelle darf man also wieder schneller fahren. Das ist für den Verkehrsteilnehmer praktisch, aber so sicherlich nicht beabsichtigt.

Auch an dieser Stelle wurde aus rein privatem Ermessen des beauftragten Unternehmens „irgendetwas" umgesetzt. Durch das Auskreuzen der ortsfesten Beschränkung auf 70 km/h gilt hier nun gar kein beschildertes Tempolimit mehr.

Allenfalls erwirkt Zeichen 123 eine Geschwindigkeitsreduzierung (§ 40 Abs. 1 StVO), welche aber nach der Arbeitsstelle endet. Im Übrigen ist das ein schönes Beispiel für die Unzulässigkeit der pauschalen Anforderung „entgegenstehende Verkehrszeichen sind auszukreuzen". Ohne konkrete Benennung, welche Verkehrszeichen oder Wegweiserinhalte wie auszukreuzen sind (Bestandteil Verkehrszeichenplan), ist die verkehrsrechtliche Anordnung unbestimmt.

Anwendung der Regelpläne – konkrete Prüfung der Örtlichkeit

Regelpläne werden deshalb „Regelpläne" genannt, weil sie in der Regel nie 1:1 angewandt werden können. Diese natürlich nicht ganz ernst gemeinte Aussage beschreibt das seit jeher bestehende Erfordernis, die konkrete Örtlichkeit hinsichtlich der Umsetzung eines zur Anordnung vorgesehenen Regel- bzw. Verkehrszeichenplanes sehr sorgfältig zu prüfen. Dies ist vor allem Aufgabe der anordnenden Behörde, welche sich diesbezüglich nicht blind auf die Vorarbeit des Antragstellers verlassen darf.

Es bedarf in der Praxis im Grunde immer kleinerer oder auch größerer Anpassungen der in Regelplänen abgebildeten Standardsituationen, weshalb die Erstellung eines gesonderten Verkehrszeichenplanes eigentlich den Regelfall darstellt. Hierzu dienen die in den Teilen B bis D der RSA enthaltenen Regelpläne lediglich als Grundlage und genauso ist es in den RSA 21 im Teil A unter 1.5 (3) formuliert.

Typische Situation in der Praxis: Die anordnende Behörde hat den beantragten Regelplan offensichtlich nur „durchgewunken", ohne die erforderliche Prüfung der Örtlichkeit vorzunehmen.

Diese Prüfung ist seitens des Antragstellers natürlich auch nicht erfolgt, sonst hätte er die überflüssigen Zeichen 274 nicht beantragt, sondern die bereits vorhandene Beschilderung als Bestand ausgewiesen. Die Mitarbeiter der hier zuständigen Verkehrssicherungsfirma haben wiederum „pflichtbewusst" ihren Auftrag ausgeführt und ziehen das Ergebnis offenbar nicht in Zweifel.

Hierzu ist allerdings auch zu sagen, dass den mit der Ausführung beauftragten Personen selbst bei solchen Situationen kein Ermessen verbleibt. Eigenmächtig dürfen sie die fälschlicherweise angeordneten Verkehrszeichen nicht weglassen. Sie sollten das Problem – sofern sie es denn überhaupt als solches erkennen –

zumindest gegenüber ihren Vorgesetzten bzw. dem Auftraggeber kommunizieren, damit die anordnende Behörde (die hier schlichtweg ihre Arbeit nicht gewissenhaft erledigt hat) entsprechende Änderungen veranlassen kann.

Während die gezeigte Doppelung zwar unsinnig, aber verkehrsrechtlich unschädlich ist, kann an anderer Stelle auch mal ein höheres Tempolimit gelten als ortsfest beschildert, oder es werden Geschwindigkeitsbeschränkungen aufgehoben, obwohl sie fortbestehen müssen:

Hier wurde im Zuge einer Baumaßnahme eine Geschwindigkeitsbeschränkung auf 50 km/h angeordnet und das ortsfeste Zeichen 274-70 weggedreht – soweit ist das auch erst einmal korrekt. Allerdings erfolgt die Aufhebung mittels Zeichen 282, obwohl auf der nachfolgenden Strecke eigentlich die Geschwindigkeitsbeschränkung auf 70 km/h gelten soll (weggedrehtes ortsfestes Zeichen 274).

Besonders interessant wird es, wenn die unbedarfte Anordnung von Zeichen 278 oder 282 auf baulich getrennten Fahrbahnen dafür sorgt, dass auf einer sonst geschwindigkeitsbeschränkten Strecke (im gezeigten Fall 80 km/h) plötzlich Richtgeschwindigkeit bzw. kein Tempolimit gilt (§ 3 StVO).

Dies ist übrigens auch dann der Fall, wenn im Zuge von Arbeitsstellen Vorschriftzeichen und Gefahrzeichen kombiniert werden (z. B. Zeichen 123 und 274-50). Mit deren automatischer Aufhebung am Ende der Arbeitsstelle gilt dann auf baulich getrennten Fahrbahnen ebenfalls Richtgeschwindigkeit. Stattdessen ist in solchen Fällen die ortsfest angeordnete Geschwindigkeitsbeschränkung wieder neu zu beschildern – im nachfolgenden Beispiel sind das 100 km/h.

Ankündigung einer Arbeitsstelle via Zeichen 123 und Zeichen 274-50. Dadurch greift die automatische Aufhebung am Ende der Arbeitsstelle gemäß StVO.

Die eigentliche Arbeitsstelle ist eindeutig erkennbar.

Ende der Arbeitsstelle. Hier müsste Zeichen 274-100 angeordnet werden. Da dies versäumt wurde, gilt nachfolgend Richtgeschwindigkeit bzw. gar kein Tempolimit (§ 3 StVO).

Regelpläne für Kreisverkehre und deren Anwendbarkeit

Wie alle Regelpläne stehen auch die Regelpläne für Kreisverkehre zunächst unter dem Vorbehalt der bautechnischen Realisierbarkeit; insbesondere den Arbeitsschutz und damit die Anforderungen der ASR A5.2 betreffend. Im Regelfall wird die Gefährdungsbeurteilung eine Vollsperrung zur Folge haben – und zwar sowohl beim Umbau einer Kreuzung zu einem Kreisverkehr, als auch bei der Sanierung vorhandener Kreisverkehre. Hierzu muss man wissen, dass die jeweiligen Kreisverkehr-Regelpläne der RSA 21 viele Jahre vor dem Inkrafttreten der ASR A5.2 entwickelt wurden. Ein weiteres Problem stellt die Berücksichtigung der erforderlichen Radien und Schleppkurven dar, insbesondere in den Plänen B I/16 und C I/12. Zwar enthalten die Pläne die Ankreuzoption

[ ] Befahrbarkeit mittels Schleppkurven geprüft,

jedoch dürfte dieses Feld in der Praxis meist leer bleiben. Damit wäre der Plan aber im Grunde nicht anordnungsfähig (mehr dazu in den Erläuterungen zu den Auswahlmöglichkeiten). Auch die Einhaltung einer Fahrbahnbreite von mind. 3 m dürfte vor allem im Bereich der Kreisfahrbahn und unter Berücksichtigung der genannten Schleppkurven in der Praxis eher schwierig werden.

Vorfahrt, Vorrang und Lichtzeichenanlage

Ein umfassender Anpassungsbedarf der vorliegenden Pläne ergibt sich aus dem Einsatz einer Lichtzeichenanlage in Kombination mit einem Kreisverkehr. Das beginnt bereits damit, dass viele Kreisverkehre mit Fußgängerüberwegen (Zeichen 293) in den jeweiligen Zufahrten ausgestattet sind, welche jedoch im Bereich von Lichtzeichenanlagen nicht angelegt werden dürfen (vgl. R-FGÜ).

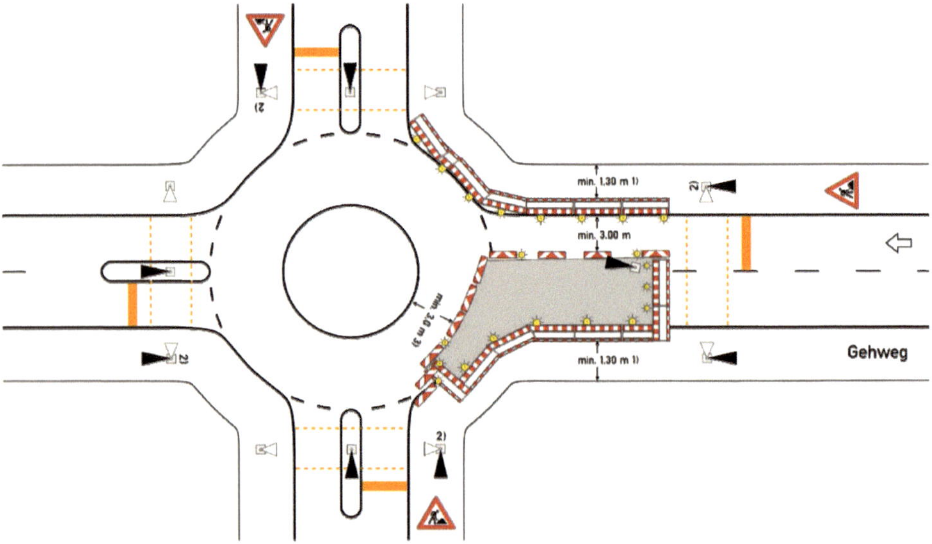

Kreisverkehr-Regelplan B I/16

Die Regelpläne zu Kreisverkehren bedürfen umfassender Anpassungen in verkehrsrechtlicher und verkehrstechnischer Hinsicht. Wie bei allen Regelplänen wurden die Anforderungen der ASR A5.2 nicht berücksichtigt.

Problematisch ist auch die besondere Vorfahrtsituation an Kreisverkehren (§ 8 Abs. 1a StVO), wonach der Verkehr auf der Kreisfahrbahn Vorfahrt hat, wenn Zeichen 215 unter Zeichen 205 angeordnet ist. Wer im Kreisverkehr unterwegs ist, weil er z. B. aus einer unsignalisierten Grundstücksausfahrt in den Arbeitsstellenbereich eingefahren ist, hat auf der Kreisfahrbahn Vorfahrt, während eine der Zufahrten „Grün" signalisiert bekommt. Dies gilt auch für den Fall, dass jemand mit seinem Fahrzeug im Kreisel einige Runden dreht und diesen dann abseits aller definierten Signalzeiten in eine beliebige Richtung verlässt.

Bloßes Entfernen der Zeichen 205 und 215 ist in der Regel unzureichend, da einerseits die Markierung auf der Kreisfahrbahn (Fahrbahnbegrenzung) weiterhin Vorfahrt suggeriert und andererseits auch eine „Rückfallebene" im Falle eines Defekts der Lichtzeichenanlage erforderlich ist. Entsprechend bedarf es insbesondere im Falle von Kreisverkehren immer eines individuellen Verkehrszeichenplanes, in welchem die beschriebenen verkehrsrechtlichen und verkehrspraktischen Konfliktsituationen umfassend und vor allem in Bezug auf die konkrete Örtlichkeit berücksichtigt sind. Hierzu dienen die Absicherungsvarianten der Kreisverkehr-Regelpläne allenfalls als Vorlage. Eigenständig lassen sich diese Regelpläne aber eigentlich nicht anordnen.

Auswahlmöglichkeiten in den Regelplänen ... und die Folgen

Die Regelpläne enthielten bereits in den RSA 95 einen Seiten- bzw. Randtext, in welchem wichtige Festlegungen oder Konkretisierungen enthalten waren. In der Praxis blieb dies meist unberücksichtigt, denn alle Beteiligten haben oftmals nur anhand der Abbildungen im Plan gearbeitet – von der Antragstellung über die Anordnung bis zu Ausführung und Kontrolle.

Die neuen Regelpläne der RSA 21 enthalten für bestimmte Situationen angepasste Auswahlmöglichkeiten im Seiten- bzw. Randtext:

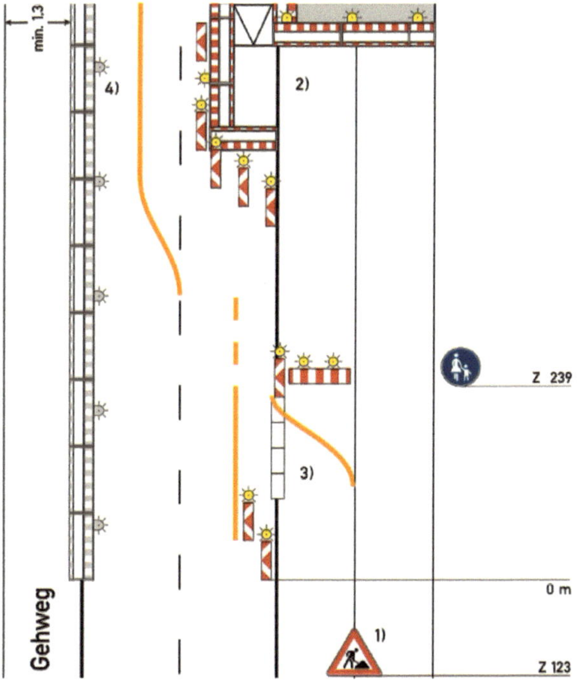

Fahrstreifenbegrenzung
[ ] gelbe Markierung
[ ] Leitschwelle
[ ] Leitbord
1) [ ] geringe Verkehrsstärke: 30 50 m
[ ] bei Richtungsfahrbahn: 70 100 m
2) [ ] Podest und Rollstuhlrampen sind vorhanden
Podest und Rollstuhl rampen sind Voraussetzung für die Anordnung dieses Plans, wenn die Bordsteinhöhe mehr als 3 cm beträgt.
3) [ ] angerampt
4) [ ] zusätzlich Absperrschrankengitter am Gehweg gegenüber
[ ] erforderliche Länge und Lage gemäß beigefügtem Lageplan geprüft und angeordnet
5) andere Breiten siehe Teil B, Abschnitt 2.4.2
*) Entfällt bei Einbahnstraßen und Richtungsfahrbahnen

Auswahlmöglichkeiten im Seitentext am Beispiel von Regelplan B II/7

Im Falle von Absperrgeräten sind die jeweiligen Elemente als Graustufen-Grafik in den Regelplänen enthalten – daher sind diese optional. Die Anordnung dieser abweichenden oder zusätzlichen Einrichtungen wird durch die benannten Ankreuzmöglichkeiten im Seiten- bzw. Randtext erleichtert.

Bei genauer Betrachtung ergeben sich durch diese Neuerung aber wesentliche Auswirkungen auf die bisherige Ausschreibungs- und Anordnungspraxis, die jetzt anders gehandhabt werden muss als bisher (wobei die bisherige Verfahrensweise meist falsch bzw. unzulässig war).

So genügt es im Zuge der Ausschreibung eben nicht, in einer LV-Position lediglich einen Regelplan zu benennen, da hierdurch nicht klar wird, welche der optionalen Möglichkeiten vorgesehen sind. Dies setzt sich bei der Antragstellung fort, da zu diesem Zeitpunkt noch unbekannt ist, welche Kreuze die anordnende Behörde setzen wird. Steht das nicht bereits im Vorfeld fest, wird die Maßnahme nur schwer bis gar nicht kalkulierbar.

Ähnlich verhält es sich bei der Vorbereitung der Antragstellung durch den (Bau-)Unternehmer, welcher die Beantragung der VAO ggf. in die Hände einer Verkehrssicherungsfirma gibt. Verfügt diese z. B. nicht über Leitschwellen, wird sie das Kreuz im nebenstehenden Auswahlfeld vermutlich bei [x] gelbe Markierung setzen. Auch der umgekehrte Fall ist möglich, wenn sich Bauunternehmer und ggf. Verkehrssicherungsfirma einig sind, dass sie z. B. aus technischen und wirtschaftlichen Gründen keine gelbe Markierung (Folie) applizieren wollen, sondern lieber wiederverwendbare [x] Leitschwellen einsetzen.

Wie auch immer die Auswahl der Antragsteller erfolgt: Die anordnende Behörde kann letztendlich ihr Kreuz bei [x] Leitbord setzen. Dies betrifft auch die in allen derartigen Regelplänen enthaltene Option zur Anordnung von Absperrschrankengittern auf dem Gehweg gegenüber. Während der Auftraggeber in seinem LV, oder der Bauunternehmer bzw. die Verkehrssicherungsfirma diese für nicht notwendig halten können, kann die anordnende Behörde aus ihrer eigenen fachlichen Bewertung heraus diese Position ankreuzen und damit anordnen. Insofern bieten die neuen Auswahloptionen zwar eine einfache Möglichkeit, zusätzliche Einrichtungen zu berücksichtigen, die Kalkulation der jeweiligen Absicherungsmaßnahme wird dadurch aber nicht einfacher.

Der Regelplan als wichtiges Dokument

Die neuen Auswahlmöglichkeiten im Seitentext haben letztendlich zur Konsequenz, dass der jeweilige Regelplan zum „Formular" wird, welcher mit den entsprechend angekreuzten Inhalten eigentlich schon im Zuge der Ausschreibung, mindestens aber ab der Beantragung und dann über die Anordnung bis zur Umsetzung und Bereithaltung (zwecks Kontrolle vor Ort) „weitergereicht" werden muss. Es ist damit notwendig, den angeordneten Regelplan mit Behördenstempel und Unterschrift zu versehen und dieses „amtliche" Dokument dann im weiteren Prozess allen Beteiligten zur Verfügung zu stellen.

Was jetzt natürlich nicht mehr funktioniert, ist die rein textliche Benennung eines Regelplanes in der verkehrsrechtlichen Anordnung, insbesondere gegenüber den mit der Ausführung befassten Stellen. Das Bauunternehmen kann also z. B. eine Verkehrssicherungsfirma nicht mit der Ausführung beauftragen, ohne den konkret angeordneten Regelplan (inkl. angekreuzter Optionen) beizufügen. Die bloße Benennung, z. B. „Regelplan CI/5", genügt folglich nicht.

Der Verkehrszeichenplan hat Priorität – Regelpläne sind nicht „all inclusive"

Bei genauer Betrachtung wird die in den RSA 21 enthaltene Maßgabe zur Einreichung eines Verkehrszeichenplanes durch die neuen Auswahlmöglichkeiten konterkariert, denn es entsteht der Eindruck, dass die einzelnen Regelpläne alle Eventualitäten abdecken – dem ist aber nicht so. Tatsächlich eröffnen sich bei der Betrachtung der einzelnen Auswahlmöglichkeiten viele weitere Optionen, die aber den Umfang des Seitentextes sprengen würden.

In einigen Plänen müssten zusätzliche Auswahlmöglichkeiten enthalten sein, sie fehlen aber. Letztendlich muss allen Beteiligten klar sein, dass die zum Ankreuzen vorgesehenen Optionen die erforderliche Bewertung der konkreten Örtlichkeit nicht ersetzen, sondern nur ausgewählte Kriterien enthalten. Es wird also auch bei einem vollständig „ausgefüllten" Regelplan immer noch weiteren Anpassungsbedarf geben, wodurch wieder das allgemeine Erfordernis zur Einreichung eines Verkehrszeichenplanes in den Vordergrund rückt.

Verantwortung und Haftung bei nachlässiger Behördenarbeit

Im Zusammenhang mit den neuen Auswahlmöglichkeiten stellt sich zwangsläufig die Frage, wie zu verfahren ist, wenn die anordnende Behörde ihre Befugnisse und Pflichten nicht kennt bzw. wissentlich nicht ausübt – indem sie z. B. im Regelplan keine Auswahl trifft, obwohl dies fachlich geboten und für die Anordnung notwendig wäre. Denn die enthaltenen Auswahlmöglichkeiten sind nicht immer nur optional („nice to have"), sondern sie umfassen an vielen Stellen eine verbindliche Festlegung der Kategorie „entweder – oder".

Die eingangs gestellte Frage nach der Verantwortung betrifft insbesondere die Auswahlmöglichkeiten in Regelplänen mit Lichtzeichenanlagen, da hier das Ankreuzen von Signalzeitenplan, Signallageplan und Phasenfolgeplan vorgesehen ist. Zur Anordnungsbedürftigkeit dieser Parameter vgl. RSA Teil A 1.4 (1) und (2) k), sowie RSA Teil A 3.2 (4).

2) [ ] Signalzeitenplan,
[ ] Signallageplan
[ ] Phasenfolgeplan

als Anlage beigefügt und angeordnet

möglichst verkehrsabhängige Schaltung anordnen

Auswahlmöglichkeiten im Falle eines Regelplanes mit Lichtzeichenanlage. Hier muss immer eine Eintragung erfolgen. Unterbleibt das, bekundet dies eine fehlerhafte Anordnung.

Das ist soweit nicht neu und war schon in den RSA 95 definiert, da es sich hierbei um die Wahrnehmung hoheitlicher Aufgaben der anordnenden Behörde handelt, die nicht dem privaten Ermessen des Ausführenden überlassen sein dürfen. Die übliche Verfahrensweise in der Praxis, bei welcher meist das Baustellenpersonal oder der Monteur einer Verkehrssicherungsfirma die Lichtzeichenanlage nach eigenen Gutdünken einstellen, ist seit jeher unzulässig.

Man könnte sogar im Falle eines vorgeworfenen Rotlichtverstoßes die etwas spitzfindige Argumentation ansetzen, dass keine behördliche Verkehrsregelung vorliegt, sondern nur die einer Privatperson – und die ist regelmäßig nichtig. Die zuständige Behörde hat via Verkehrszeichen- oder Regelplan lediglich eine stilisierte Lichtzeichenanlage „angeordnet" (typisches „Ampelsymbol" Rot-Gelb-Grün oder die Signalgeber-Darstellung gemäß RiLSA), mehr nicht.

Verantwortung des geschulten Verantwortlichen

Unbeschadet der vorgenannten Betrachtung bleibt die praxisrelevante Frage, wie insbesondere ein nach MVAS geschulter Verantwortlicher reagieren soll, wenn hinsichtlich der im Seitentext des Regelplanes benannten Kriterien (VTU) nichts angekreuzt ist und die jeweiligen Unterlagen auch nicht als Anlage beigefügt sind. Darf er dann aus seiner fachlichen Verantwortung heraus die Maßnahme umsetzen, sprich die Lichtzeichenanlage in Betrieb nehmen? Im Übrigen: Darf er dies, wenn die zuständige Behörde ihre Pflicht zur Abnahme jeder Lichtzeichenanlage vor Inbetriebnahme nicht wahrnimmt (vgl. RSA Teil A 1.6.2)? Wie verhält sich eine Verkehrssicherungsfirma, die im Zuge ihrer Beauftragung einen diesbezüglich nicht ausgefüllten Regelplan ohne VTU als Anlage erhält? Lehnt sie den Auftrag ab?

Vermutlich nicht. Letztendlich wird durch das fehlende Ankreuzen bekräftigt, dass die verhaltensrelevanten Parameter (StVO) der Lichtzeichenanlage nicht angeordnet sind – und zwar aktenkundig. Wie sich das im Falle eines Schadenseintritts später vor Gericht auswirkt, sollte klar sein, denn im Grunde ist es bei der hier vorliegenden Ausgangssituation von der Fahrlässigkeit zum Vorsatz nicht mehr weit.

Der Autor empfiehlt den jeweiligen Verantwortlichen daher ausdrücklich, die notwendigen VTU immer einzureichen bzw. deren explizite Anordnung einzufordern. Ergänzend dazu sollte auch auf die vorgeschriebene Abnahmepflicht der zuständigen Behörde bestanden werden.

Angenehmer Nebeneffekt des damit verbundenen planerischen Aufwandes: Es können am Montagmorgen eben nicht zehn Arbeitsstellen mit Lichtzeichenanlage gleichzeitig beginnen, sondern die Maßnahmen starten erst, wenn jede einzelne Lichtzeichenanlage auf Grundlage der angeordneten VTU abgenommen ist. Erst dann geht die Lichtzeichenanlage und damit die Arbeitsstelle in Betrieb. In der Praxis wird die Fräse zu diesem Zeitpunkt natürlich schon wieder aufgeladen, da die Straße bereits ohne Absicherung und temporäre LSA abgefräst wurde.

Abgestimmtes Verkehrskonzept vor Ausschreibung

In diesem Zusammenhang sei noch mal ausdrücklich angemerkt, dass die übliche Verfahrensweise „Verkehrssicherung 1 pauschal", in Kombination mit umfassenden planerischen Vorarbeiten der Bieter und einer zu diesem Zeitpunkt meist noch ungewissen Entscheidung der anordnenden Behörde, unzulässig bzw. vergabewidrig ist.

Die sachgerechte Kalkulation einer Pauschalposition zur Verkehrssicherung bedarf stets der Bereitstellung aussagefähiger Unterlagen wie Verkehrszeichen- und Umleitungsplänen, welche zumindest in wesentlichen Punkten mit der später anordnenden Behörde abgestimmt sind.

Dieses Erfordernis ergibt sich bereits aus der Anwendung der ASR A5.2, denn ohne eine entsprechende Vorbetrachtung bleibt unklar, ob und wie später gebaut werden kann. Als „Nebenprodukt" dieser notwendigen

Abstimmungsarbeit resultiert im Idealfall ein in allen wesentlichen Details abgestimmtes Verkehrskonzept, welches dann der Ausschreibung beigefügt wird. Erst dann funktioniert „1 pauschal", da sich die Bieter zur Kalkulation auf dieselbe, in allen Belangen aussagekräftige Grundlage stützen können.

In der Praxis kalkulieren stattdessen verschiedene Unternehmen vollkommen ins Blaue hinein, und erstellen hierzu in Vorleistung einen Verkehrszeichenplan (ebenfalls LV-Position) nach eigenen Gutdünken. Solche umfangreichen Vorarbeiten sind durch die VOB nicht vorgesehen und werden dem unterlegenen Bieter auch nicht vergütet. Letztendlich kommt das böse Erwachen, wenn sich die Situation vor Ort ganz anders darstellt und die Verkehrsbehörde vom Angebot abweichende Maßnahmen trifft. All dies entspricht seit jeher nicht den VOB.

Berücksichtigung der „schwächeren" Verkehrsteilnehmer

Die RSA 21 enthalten an verschiedenen Stellen Änderungen in Bezug auf die Interessen der „schwächeren" Verkehrsteilnehmer. Während in den RSA 95 noch der motorisierte Straßenverkehr im Vordergrund stand, erfahren die Bedürfnisse von behinderten Menschen, Fußgängern und Radfahrern eine deutlich höhere Gewichtung.

Beschilderungen der Kategorie „Radfahrer absteigen" gehören damit (theoretisch) ebenso der Vergangenheit an, wie lediglich 0,80 m breite Radverkehrsführungen oder fehlende Anrampungen im Bereich von Notwegen (die jetzt rollstuhlgerecht auszuführen sind).

Das Zusatzzeichen „Radfahrer absteigen" ist in der Regel ein Beleg dafür, dass sich die Verantwortlichen keinerlei Gedanken über eine sichere und vor allem praktisch nutzbare Verkehrsführung gemacht haben. Für „Autofahrer" wäre das Pendant „Autofahrer aussteigen" – dieses Prinzip erscheint natürlich wenig praktikabel, ist aber bei Radverkehrsführungen an der Tagesordnung.

Typische „Lösung" in der Praxis: Der gemeinsame Geh- und Radweg endet, ohne dass Fußgänger und Radfahrer sicher fortgeführt werden.

Arbeitsstelle mit beidseitig blockierten Gehwegen. Hier wäre der Einsatz von Fußgänger-Behelfsbrücken erforderlich und auch technisch problemlos realisierbar.

Gemeinsamer Geh- und Radweg, auf dem die Radfahrer nach dem Willen der Behörde aber nicht fahren dürfen. An solchen Stellen wäre der Radverkehr auf der Fahrbahn zu führen und der Gehweg mit einem Notweg auf dem Radweg (ähnlich Regelplan B II/7, nur als Einbahnstraße). Da es sich hier aber um einen (in dieser Form unzulässigen) Zweirichtungsradweg handelt, ergeben sich zahlreiche andere Probleme, die mittels „Radfahrer absteigen" kaschiert wurden.

Natürlich ist in der Praxis auch das Fehlverhalten von Fußgängern und Radfahrern an der Tagesordnung, denn der Mensch nimmt nun einmal nur sehr ungern Umwege in Kauf. Entsprechend werden Absperrungen mit Vorliebe beiseite geräumt bzw. an beliebigen Stellen geöffnet, damit der ursprüngliche Weg fortgesetzt werden kann.

Dennoch ist festzuhalten, dass die meisten Absperrungen im Bereich von Geh- und Radwegen der Kategorie „Dein Weg endet hier, sieh zu, wie du klarkommst" entsprechen. Hier sind insbesondere die beliebten „Gehwegwechsel" zu nennen, da diese Beschilderung meist ohne Rücksicht auf die Belange der Fußgänger angeordnet bzw. aufgestellt wird, obwohl die Verantwortlichen wegen eines z. B. 10 m langen gesperrten Teilstücks auch selbst nicht auf den gegenüberliegenden Gehweg und wieder zurück wechseln würden.

In erster Linie sollen Gehwege in Arbeitsstellen fortgeführt werden. Der Wechsel auf den gegenüberliegenden Gehweg wird bei entsprechender Verkehrsstärke und weiteren Anforderungen (z. B. Schulweg) im Regelfall immer durch eine entsprechende Querungshilfe, z. B. provisorische Mittelinsel, Fußgänger-Lichtzeichenanlage (gemäß Regelplan B I/6) oder ggf. auch einem Fußgängerüberweg (Ausstattungskriterien nach R-FGÜ beachten!) zu realisieren sein.

Der bloße Verweis auf den gegenüberliegenden Gehweg stellt hingegen keine hinreichende Ausübung der behördlichen Pflichten dar und kann im Schadensfall haftungsbegründend sein, insbesondere wenn das vermeintliche Fehlverhalten der Fußgänger (auf der Fahrbahn unmittelbar an der Arbeitsstelle vorbeilaufend) abzusehen war.

In diesem Zusammenhang der Hinweis, dass es sich bei solchen „Lösungen" um keine geeignete Querungshilfe handelt – insbesondere weil sie für Personen mit Kinderwagen viel zu schmal ist und die vielen Leitbaken zudem die Sichtbeziehung einschränken. Hierfür gibt es Querungshilfen aus Fertigteilen.

Andere Stelle, gleiches Problem: Die Sichtbeziehung ist eingeschränkt bzw. nicht gegeben. Querungswillige Kinder sind für den Fahrzeugverkehr „unsichtbar", zudem haben sie keine ausreichende Sicht auf den fließenden Verkehr. Zur Ausrichtung der Leitbaken erübrigt sich jeder Kommentar.

Änderung der Mindestbreiten von Geh- und Radwegen

Eine wesentliche Änderung wurde bei den Mindestbreiten von Geh- und Radwegen vorgenommen. Diese orientieren sich an den bereits bestehenden Vorgaben der VwV-StVO. Während in den RSA 95 die Mindestbreite von Radwegen mit sportlichen 0,80 m angegeben war, sind es jetzt mindestens 1,50 m, an kurzen Engstellen 1,30 m.

Auf Gehwegen beträgt die Mindestbreite 1,30 m, an kurzen Engstellen 1,0 m, wobei die Befahrbarkeit mit Rollstühlen gewährleistet sein muss. Entsprechend wird explizit auf die befahrbare Breite abgestellt, was insbesondere die Wahl der Aufstellvorrichtungen (Fußplatten) von Absperrschrankengittern beeinflusst.

	RSA 21	**RSA 95**
Gehweg	1,3 m (1,0 m)[1]	1,0 m
Gehweg, Radverkehr frei	1,5 m (1,3 m)[1]	–
gemeinsamer Geh- und Radweg	2,5 m (2,0 m)[2]	1,6 m
Radweg	1,5 m (1,3 m)[1]	0,8 m
Radfahrstreifen	1,5 m	–

Die Mindestbreite wird im Regelfall nicht als lichtes Maß zwischen den Absperrschrankengittern zu bemessen sein, sondern zwischen deren Fußplatten. Durch eine sorgfältige Produktauswahl (z. B. „Koffer-Fußplatten", schwere Bauzaunfüße oder spezielle Adapter) lassen sich Stolperfallen vermeiden und die befahrbaren Mindestbreiten gewährleisten.

Gemeinsame Geh- und Radwege müssen mindestens 2,50 m breit sein (bisher 1,60 m), wobei auch hier im – nicht weiter definierten – „Ausnahmefall" 2,00 m möglich sind. Vermutlich wird dieser Ausnahmefall in der Praxis eher den Regelfall darstellen. Bezüglich der Mindestbreiten, die sich in der Praxis oftmals schon ohne Arbeitsstelle nicht realisieren lassen (z. B. bei lediglich 1 m breiten Gehwegen), sei angemerkt, dass die anordnende Behörde auch größere Breiten fordern und auf die mögliche Reduzierung im Bereich „kurzer Engstellen" verzichten kann.

Für den Radverkehr freigegebene Gehwege

Etwas befremdlich wirkt in diesem Zusammenhang die Festlegung zu Gehwegen, die für den Radverkehr freigegeben sind. Diese müssen lediglich 1,50 m breit sein, im Bereich kurzer Engstellen genügen sogar 1,30 m. Hier stellt sich zwangsläufig die Frage, was (die erforderliche Mindestbreite betreffend) einen gemeinsamen Geh- und Radweg von einem für den Radverkehr freigegebenen Gehweg unterscheidet. Natürlich besteht auf freigegebenen Gehwegen für den Radverkehr nur ein Benutzungsrecht, aber keine Benutzungspflicht. Radfahrer sind gegenüber den Fußgängern untergeordnet und dürfen nur mit Schrittgeschwindigkeit fahren usw.

In letzter Konsequenz bleibt es aber bezüglich der Mindestbreite dabei, dass sich Fußgänger und Radfahrer vor Ort eine gemeinsame Verkehrsfläche teilen. Bereits Radwege müssen für sich allein genommen 1,50 m breit sein, gemeinsame Geh- und Radwege sogar 2,50 m – freigegebene Gehwege aber nur 1,50 m bzw. 1,30 m an kurzen Engstellen. Entsprechend ist zu befürchten, dass man sich in der Praxis aufgrund der meist beengten Platzverhältnisse auch bei starkem Fuß- und Radverkehrsaufkommen auf die Lösung eines lediglich freigegebenen Gehweges beschränkt und folglich eine Verkehrsführung anbietet, die den tatsächlichen Anforderungen nicht gerecht wird.

Mindestbreiten gelten auch für Aufstellvorrichtungen

Die jeweiligen Mindestbreiten gelten natürlich auch bei der Aufstellung von Verkehrszeichen oder Lichtzeichenanlagen. Im Bereich von Aufstellvorrichtungen dürfen daher die Mindestmaße nicht unterschritten werden, wobei hier natürlich die Werte für „kurze Engstellen" in Ansatz gebracht werden können, sofern die Verkehrsstärke vor Ort nicht größere Breiten erfordert.

Gerade im Zusammenhang mit temporären Lichtzeichenanlagen vom Typ D passiert es in der Praxis recht oft, dass Geh- und Radwege durch Aufstellvorrichtungen vollständig blockiert sind. Dabei ist festzuhalten, dass es

[1]) bei kurzen Engstellen

[2]) im Ausnahmefall

eben nicht – wie oft behauptet – „nicht anders geht", sondern dass die technischen Möglichkeiten in der Regel gar nicht voll ausgeschöpft werden.

So können z. B. Portalrahmen zur Fahrbahnquerung eingesetzt werden (ähnlich einer baulichen Kabelüberführung im Zuge von Baustellen), wodurch die Baubreite der Gründungsbauteile einer temporären Lichtzeichenanlage wesentlich reduziert werden kann. Das klingt beim ersten Lesen vielleicht etwas praxisfremd, ist aber letztendlich nur eine Frage der Kosten sowie der Bereitschaft, sich etwas mehr Gedanken über die sichere Führung von Fußgängern und Radfahrern zu machen.

Letztendlich sei an dieser Stelle auch auf § 5b Abs. 6 Satz 1 StVG verwiesen, wonach die Aufstellung auf privaten Anliegergrundstücken grundsätzlich möglich ist. Hierbei muss natürlich klar sein, dass der vom LSA-Fundamentblock zerstörte Vorgarten wiederhergestellt werden muss.

Bevor eine solche Option in Betracht kommt, müssen natürlich alle anderen technischen Möglichkeiten ausgeschöpft sein und hier bleibt die Praxis mit ihren typischen Aufstellkonstruktionen aus den 80er und 90er Jahren hinter dem eigentlichen Stand der Technik zurück.

Durch Aufstellvorrichtungen einer temporären LSA vollständig blockierter Gehweg.

Der rechte Gehweg ist baubedingt gesperrt, die Fußgänger sollen daher auf die andere Straßenseite wechseln.

Auch das nur teilweise Einschränken unter die Mindestbreite ist unzulässig, da Gehwege u. a. auch von Personen mit Rollstuhl, Rollator oder Kinderwagen genutzt werden. Neben einer zwar unpraktischen aber denkbaren Aufstellung der Masten im Baufeld, ist auch die Nutzung des angrenzenden Privatgrundstücks grundsätzlich möglich (mit entsprechender Zustimmung versteht sich).

Beispiel für einen LSA-Portalrahmen, welcher in verkleinerter Ausführung auch an anderen Arbeitsstellen zum Einsatz kommen kann. Da eine solche Konstruktion hinsichtlich der Kabelführung nicht quer zur Fahrbahn kippen kann, können die Gründungsbauteile deutlich schmaler ausfallen (z. B. nur 50 cm breit). Sie sind daher nur in Längsrichtung zur Fahrbahn entsprechend zu dimensionieren, damit die Konstruktion durch Windlasteinwirkung in diese Richtung nicht kippen kann. Im Vergleich zu den sonst üblichen quadratischen LSA-Aufstellvorrichtungen (z. B. 80x80 cm oder 120x120 cm) könnten daher rechteckige Gründungsbauteile (z. B. 50x300 cm) auf Geh- und Radwegen zum Einsatz kommen, und zwar auch dann, wenn Signalgeber über den jeweiligen Fahrstreifen positioniert werden müssen (Foto).

Verkehrszeichen mindestens in Reflexionsklasse RA 2

Bereits seit vielen Jahren wurde auf die Änderungen bezüglich der Retroreflexionsklassen hingewiesen. Es sollte also niemand überrascht sein, dass es jetzt tatsächlich so festgelegt ist. Mindestens RA 2 bedeutet für den Anwendungsbereich der RSA, dass natürlich auch die Klasse RA 3 erforderlich sein kann, wenn die Umstände vor Ort dies erfordern. Hierbei wird es sich aber meist um Ausnahmefälle handeln.

Auch in den RSA 21 bleibt es bei der Festlegung der VwV-StVO, dass die Ausführung von Verkehrszeichen nicht unter den Anforderungen anerkannter Gütebedingungen liegen darf (das sind üblicherweise „RAL-Güteverkehrszeichen"). Diese Festlegung gilt insbesondere für das in der Praxis übliche Anpassen temporär eingesetzter Verkehrszeichen, weshalb das inzwischen etablierte Autorisierungsverfahren (autorisierte Verarbeiter) weiterhin an Bedeutung gewinnt und in vielen Ausschreibungsunterlagen explizit gefordert wird.

Die Unternehmen werden langsam lernen müssen, dass solche „Verkehrszeichen" nicht mehr gebrauchstauglich sind.

Auch dieses „Verkehrszeichen" ist bereits seit vielen Jahren ablegereif.

Aufstellhöhe von Verkehrszeichen über Gehwegen mind. 2,20 m

Nachdem im Jahr 2017 in der StVO das Gehwegradeln zur Begleitung Rad fahrender Kinder gestattet wurde, welche bis zum Alter von acht Jahren auf dem Gehweg fahren müssen bzw. bis zum Alter von zehn Jahren dort fahren dürfen, sind Gehwege – hinsichtlich der Aufstellhöhe von Verkehrszeichen – Radwegen gleichgestellt. Damit gilt nunmehr auch auf Gehwegen eine Mindestaufstellhöhe von 2,20 m. Dies wurde in den RSA 21 berücksichtigt.

Die Aufstellung temporärer Verkehrszeichen folgt in der Praxis seit jeher eigenen Regeln, obwohl dieselben Anforderungen gelten wie für ortsfeste Beschilderung.

Die in den RSA 21 definierten Aufstellhöhen sind natürlich auch bei Planskizzen, Verkehrslenkungstafeln oder Hinweisschildern auf Geh- und Radwegen relevant.

Aufstellhöhe außerorts mindestens 1,50 m (1,00 m)

Außerorts bleibt es zunächst bei den bislang definierten 1,50 m, wobei es festzuhalten gilt, dass es sich dabei seit jeher nur um eine zulässige Reduzierung im Bereich von Arbeitsstellen handelt – daher gewissermaßen um ein Entgegenkommen im Anwendungsbereich temporärer Beschilderungen.

Neu ist die Differenzierung nach Gefahr- oder Vorschriftzeichen (Aufstellhöhe 1,50 m) sowie Richt- und Zusatzzeichen (Aufstellhöhe 1,00 m). Hinsichtlich der erhöhten Verschmutzungsgefahr bei der Aufstellhöhe 1,00 m, sollte diese zusätzliche Reduzierung aber eher die Ausnahme sein, z. B. bei Arbeitsstellen von kürzerer Dauer.

Die bisher definierte Aufstellhöhe 60 cm ist – den ursprünglichen Anwendungsfall betreffend – entfallen, da sie jetzt nur noch für die Anbringung von Verkehrszeichen an Fahrzeugen definiert ist. Damit muss die Aufstellhöhe neben der Fahrbahn auch bei Arbeitsstellen kürzerer Dauer mindestens 1,00 m betragen (Richtzeichen und Zusatzzeichen) bzw. im Regelfall 1,50 m (insbesondere Gefahrzeichen und Vorschriftzeichen).

Die bisher zulässige Aufstellhöhe von 60 cm gilt nur noch für Verkehrszeichen an Fahrzeugen. Auch bei Arbeitsstellen kürzerer Dauer (AkD) sind deshalb mind. 1,0 m bzw. 1,5 m erforderlich.

Dies gilt selbstredend für Arbeitsstellen längerer Dauer. In beiden Beispielen sind neben der Aufstellhöhe auch die Seitenabstände zur Fahrbahn viel zu gering.

In diesem Zusammenhang der Hinweis, dass mit der Festlegung zu 1,0 m Aufstellhöhe (Zusatzzeichen) so etwas nicht gemeint ist.

Zeichen 131 innerorts entbehrlich

Die neue Einschränkung („wenn die Lichtzeichenanlage nicht in ausreichender Entfernung erkennbar ist“) beruht auf der StVO-Schilderwaldnovelle von 2009 und ist seitdem anzuwenden. In der Praxis ist dies meist ausgeblieben, obwohl eigentlich alle Regelpläne der RSA 95 seit 2009 dahingehend angepasst werden mussten. Dies betrifft auch viele andere Verkehrszeichen, die nachfolgend aufgeführt sind. Die jeweiligen Vorgaben der VwV-StVO für einen restriktiveren Einsatz dieser Schilder sind in die Regelpläne der RSA 21 eingeflossen.

Beispiel für eine verzichtbare Beschilderung mit Zeichen 131, da die LZA rechtzeitig erkennbar ist. Steht das Zeichen 131 zu nah an der Lichtzeichenanlage, ist die gewünschte Warnwirkung des Gefahrzeichens nicht gegeben. Wird es nicht in einem entsprechend sinnvollen Abstand aufgestellt, kann man es auch weglassen. Im Übrigen sind Lichtzeichenanlagen im Bereich von Fußgängerüberwegen unzulässig (Bildhintergrund).

Ob der Verzicht auf Zeichen 131 vor temporären Lichtzeichenanlagen insbesondere abseits von Arbeitsstellen sinnvoll ist, steht natürlich auf einem anderen Blatt. In der Praxis ist zu beobachten, dass die Anlagen vor allem bei fehlenden Überkopf-Signalgebern meist nicht rechtzeitig sichtbar sind.

Dann fahren die Verkehrsteilnehmer auch gerne mal an einem an der roten LSA wartenden LKW oder Kraftomnibus einfach vorbei. Entsprechend kann gerade in solchen Fällen die Anordnung von Zeichen 131 weiterhin geboten sein.

Zeichen 208/308 nur bei Abweichung von § 6 StVO

Ebenfalls seit der StVO-Schilderwaldnovelle von 2009 entfällt die pauschale Beschilderung von „Vorrang und Wartepflicht“ an allen Engstellen, an denen sich der Vorrang bereits aus § 6 StVO ergibt (wer das Hindernis auf seiner Seite hat, muss dem Gegenverkehr Vorrang gewähren).

Nur wenn von dieser Regelung abgewichen werden muss (z. B. abfließender Verkehr im Bereich von Kreuzungen, Einmündungen oder Bahnübergängen; unzureichende Sichtbedingungen auf einer Seite, stärkeres Verkehrsaufkommen in einer Richtung usw.), wird der Richtung mit dem Hindernis der Vorrang eingeräumt und dies mit den Zeichen 308 und 208 (Gegenrichtung) beschildert. Eine Anordnung der Zeichen erfolgt auch, wenn es sich um eine beidseitige Verengung handelt (vgl. RSA 21, Regelplan B I/8).

Die Zeichen 208/308 werden nur bei Abweichung von § 6 StVO angeordnet. Fehlt wie hier die Einengung, sind die Verkehrszeichen natürlich zu entfernen.

Da mit den Zeichen 208/308 in der Praxis allerlei Unfug angestellt wurde (und wird), ist die neue Regelung ausdrücklich zu begrüßen.

Freigabe von Einbahnstraßen für den Radverkehr

Auf eine umfassende Würdigung dieser „Neuerung" verzichtet der Autor an dieser Stelle. Im Regelfall verbleibt bereits für den Arbeitsbereich und den Verkehr in Richtung der Einbahnstraße kein ausreichender Raum, weshalb die Freigabe von Einbahnstraßen für den Radverkehr in Gegenrichtung im Bereich von Arbeitsstellen eher die Ausnahme darstellen dürfte. Die Prüfung ist – unabhängig von deren Ausgang – aber erst einmal vorgeschrieben.

Es gibt übrigens Fälle, in denen die inzwischen gelebte Stärkung des Radverkehrs dazu führt, dass – im Falle einer nicht möglichen Freigabe der Einbahnstraße – der betroffene Bereich für den Kraftfahrzeugverkehr komplett gesperrt wird, damit der Radverkehr auch in der Gegenrichtung aufrecht erhalten werden kann.

Zeichen 274 – keine Geschwindigkeitstrichter auf Landstraßen

In den Regelplänen für Landstraßen (Teil C) wurden die Geschwindigkeitstrichter entfernt. Diese Änderung geht ebenfalls auf die VwV-StVO zurück, welche seit 2009 Geschwindigkeitstrichter nur auf Autobahnen und autobahnähnlichen Straßen zulässt. Entsprechend entfällt im Zulaufbereich von Arbeitsstellen auf Landstraßen das Zeichen 274-70. Stattdessen erfolgt die Geschwindigkeitsbeschränkung allein durch Zeichen 274-50.

Die Zulässigkeit dieser vermeintlich „drastischen" Reduzierung (unmittelbar von 100 km/h auf 50 km/h) ergibt sich aus der Anordnung von Zeichen 123 und dem Zusatzzeichen „400 m" als erste Beschilderung vor der Arbeitsstelle. Folglich wird vor einer Gefahrstelle gewarnt, sodass die Verkehrsteilnehmer eben nicht ohne erhöhte Aufmerksamkeit und der gebotenen Verringerung der Geschwindigkeit weiterfahren dürfen (§ 40 Abs. 1 StVO).

VwV-StVO zu Zeichen 274

Auf Autobahnen und autobahnähnlichen Straßen dürfen nicht mehr als 130 km/h angeordnet werden. Nur dort darf die Geschwindigkeit stufenweise herabgesetzt werden. Eine Geschwindigkeitsstufe soll höchstens 40 km/h betragen. Der Mindestabstand in Metern zwischen den unterschiedlichen Höchstgeschwindigkeiten soll das 10-Fache der Geschwindigkeitsdifferenz in km/h betragen.

§ 40 Abs. 1 StVO

Gefahrzeichen mahnen zu erhöhter Aufmerksamkeit, insbesondere zur Verringerung der Geschwindigkeit im Hinblick auf eine Gefahrsituation (§ 3 Abs. 1).

In diesem Zusammenhang sei erwähnt, dass das Zeichen 274-50 (genau wie bisher das Zeichen 274-70) im Zulaufbereich einer Arbeitsstelle auf Landstraßen eigentlich der Größe 3 entsprechen muss (Grenze bei Ronden = 80 km/h). Diese Regelung sollte zwar seit Jahren angepasst werden, besteht aber immer noch unverändert.

Hier hat man es mit „Trichtern" etwas übertrieben: Es handelt sich allerdings um zwei verschiedene Baumaßnahmen, die nicht aufeinander abgestimmt sind.

Zeichen 274-50 auch vor Lichtzeichenanlagen

Auch vor Lichtzeichenanlagen erfolgt in den Regelplänen außerorts eine Beschränkung auf 50 km/h, obwohl die VwV-StVO explizit eine Beschränkung auf 70 km/h vorschreibt. Allerdings handelt es sich auf Grund der nachlässigen Formulierung um einen Fehler in der VwV-StVO, denn es soll sich natürlich um maximal 70 km/h handeln (siehe RiLSA).

VwV-StVO zu Zeichen 274

Außerhalb geschlossener Ortschaften ist die zulässige Höchstgeschwindigkeit vor Lichtzeichenanlagen auf 70 km/h zu beschränken.So wie die Festlegung derzeit formuliert ist, müsste die Geschwindigkeit vor Lichtzeichenanlagen außerorts auch dann auf 70 km/h beschränkt (erhöht) werden, wenn vor Ort bereits ein Tempolimit z. B. auf 50 km/h oder 60 km/h gilt. Das ist natürlich Unsinn.

Zeichen 276 bei „durchgezogener Linie" unzulässig

Auch diese Regelung gilt bereits seit dem Jahr 2009 und war seitdem bei allen Arbeitsstellen zu berücksichtigen. Die RSA 21 zitieren hier direkt die VwV-StVO, welche die Anordnung des Zeichen 276 im Falle einer vorhandenen Fahrstreifenbegrenzung (Zeichen 295) untersagt, da sich bereits durch die Markierung ein Überholverbot ergibt (betrifft auch Sperrflächen usw.).

Bei Anwendung der jeweiligen Regelpläne der RSA 21 ist daher die Örtlichkeit auf das Vorhandensein derartiger Fahrbahnmarkierungen zu prüfen. Entsprechend entfällt auch die Wiederholung eines ggf. im Zulaufbereich zulässigerweise angeordneten Zeichen 276 (zulässig da z. B. Leitlinie oder keine Markierung), wenn es sich im weiteren Verlauf um eine einstreifige Verkehrsführung handelt.

VwV-StVO zu Zeichen 276

I. *Das Zeichen ist nur dort anzuordnen, wo die Gefährlichkeit des Überholens für den Fahrzeugführer nicht ausreichend erkennbar ist.*

II. *Wo das Überholen bereits durch Zeichen 295 unterbunden ist, darf Zeichen 276 nicht angeordnet werden.*

Das Zeichen ist nur dort anzuordnen, wo die Gefährlichkeit des Überholens für den Fahrzeugführer nicht ausreichend erkennbar ist.

Wo das Überholen bereits durch Zeichen 295 unterbunden ist, darf Zeichen 276 nicht angeordnet werden.

Wo Zeichen 295 als Fahrstreifenbegrenzung das Überholen unterbindet, darf Zeichen 276 seit 2009 nicht angeordnet werden.

Das gilt für weiße und gelbe Markierungen gleichermaßen und betrifft auch die bislang übliche Wiederholung im Verlauf der Arbeitsstelle bzw. einer Behelfsverkehrsführung.

Das Verbot zur Anordnung von Zeichen 276 gilt auch im Verlauf einer einstreifigen Verkehrsführung, insbesondere auch auf Autobahnen z. B. bei Trennung des Gegenverkehrs durch temporäre Schutzeinrichtungen bzw. im Falle einstreifiger Verkehrsführungen.

Entsprechend ist vor Ort konkret zu prüfen, ob die in den Regelplänen der RSA 21 enthaltenen Zeichen 276 angeordnet werden oder ob darauf verzichtet wird.

Beispiel für die unzweckmäßige Anwendung von Zeichen 276 auf einer Richtungsfahrbahn. Das Zeichen 276 verbietet lediglich das Überholen, jedoch nicht das bloße Nebeneinanderfahren in derselben Richtung – z. B. bei entsprechender Verkehrsstärke.

Folglich verhindert diese Beschilderung nicht, dass beide Fahrstreifen von Fahrzeugen genutzt werden bzw. sie zwingt die Verkehrsteilnehmer nicht dazu, nur den rechten Fahrstreifen zu befahren. Weitaus sinnvoller wäre in diesem Fall eine adäquate Ankündigung der Absperrtafel, die hier hinter der Kurve zu erahnen ist. Eine solche Ankündigung (z. B. kleiner Blinkpfeil am Fahrbahnrand) fehlt aber.

Zeichen 277.1 in RSA 21 bislang nicht enthalten

Das Zeichen 277.1 ist nicht nur hinsichtlich der grafischen Gestaltung ein weiterer Tiefpunkt der jüngsten „Innovationen" aus dem Bundesverkehrsministerium, sondern beinhaltet auch zahlreiche Fallstricke bezüglich einer korrekten verkehrsrechtlichen Anordnung. So stimmt zunächst die amtliche Bezeichnung nicht mit dem entsprechenden Ge- oder Verbot der Spalte 3 in Anlage 2 StVO überein, da das Zeichen 277.1 tatsächlich das Überholen von ein- und mehrspurigen Fahrzeugen verbietet, obwohl die amtliche Bezeichnung nur vom verbotenen Überholen einspuriger Fahrzeuge spricht. Letzteres ist auch dem Sinnbild zu entnehmen.

Da es eine gesetzliche Regelung zum Überholabstand u. a. zu Radfahrern gibt (§ 5 Abs. 4 StVO), darf das Zeichen 277.1 z. B. an schmalen Straßenstellen eigentlich nicht angeordnet werden, da es dort letztendlich nur die gesetzliche Regelung wiedergeben bzw. unterstützen würde (vgl. Rn. 2 VwV-StVO zu den §§ 39 bis 43). Das Zeichen 277.1 käme daher vornehmlich dort zum Einsatz, wo die gesetzlich definierten Seitenabstände aufgrund der Fahrbahnbreite eingehalten werden und darüber hinaus ein Überholverbot angeordnet werden soll. In diesem Fall wird sich jedoch zwangsläufig die Frage nach dem „Warum" stellen. Kann das nicht sachgerecht begründet werden, ist Zeichen 277.1 unzulässig.

Zeichen 283 und 286 – mobile vorübergehende Haltverbote

Die Vorgaben der StVO zu mobilen vorübergehenden Haltverboten werden in der Praxis weitgehend umgesetzt – mit Ausnahme der vielfach angewandten Zusatzzettel anstelle von „echten" Zusatzzeichen. Wichtig ist der Hinweis, dass vor Ort ggf. bestehende Parkbeschränkungen (z. B. Bewohnerparkplätze, Parkscheibenpflicht usw.) im Anschluss an eine temporäre Haltverbotsbeschilderung wieder neu angeordnet werden müssen.

Die nachlässig formulierte Regelung in der StVO führt nämlich dazu, dass mobile vorübergehende Haltverbote eine „das Parken erlaubende Beschilderung" nicht wie eigentlich gewünscht „unterbrechen" bzw. dieser „vorgehen", sondern diese gänzlich aufheben. Sie setzen dem Wortlaut nach eben nicht die durch das Verkehrszeichen getroffene Regelung außer Kraft, sondern heben das Verkehrszeichen selbst auf. Im Anschluss an ein z. B. 10 m langes Haltverbot für einen Umzug oder eine Baumaßnahme gilt folglich „nichts" bzw. nur die Regelung des § 12 StVO.

Im Übrigen existiert bislang keine rechtssichere Lösung zu temporären Haltverboten im Bereich von erlaubtem Gehwegparken, denn die grundsätzlich nur auf der Fahrbahn oder ggf. dem Seitenstreifen gültigen Haltverbote der Zeichen 283 und 286 haben formell betrachtet keine Auswirkung im räumlichen Geltungsbereich von Zeichen 315 (bei erlaubtem Parken ganz auf dem Gehweg).

Vorlaufzeit bei temporären Haltverboten jetzt drei volle Tage

Die bisher in den RSA 95 angeführten 72 Stunden wurden durch die Rechtsprechung inzwischen auf drei volle Tage korrigiert. Das bedeutet, dass die Vorlaufzeit eben nicht „stundenscharf" bemessen werden kann, sondern dass mindestens drei volle Tage (jeweils von 0-24h) vergehen müssen. Ein Haltverbot, das in den Morgenstunden eines Montags wirksam werden soll, kann also nicht exakt 72 Stunden vorher am Freitag angeordnet bzw. aufgestellt werden, sondern es muss mit einer Vorlaufzeit von mindestens drei vollen Tagen (Sonntag, Samstag, Freitag) angeordnet werden. Das Verkehrszeichen ist daher schon am Donnerstag aufzustellen. Teilweise werden Sonn- und Feiertage von den anordnenden Behörden gesondert berücksichtigt, sodass sich die Vorlaufzeit entsprechend erhöhen kann. Auch an dieser Stelle der ausdrückliche Hinweis, dass es sich bei der Zeitangabe zum Beginn um ein amtliches Zusatzzeichen i. S. d. StVO und nicht um irgendwelche Zettel, bemalte Pappen oder anderweitige „kreative" Lösungen handelt.

Verzicht auf vorübergehend gültige (gelbe) Markierungen

Im innerörtlichen Bereich (Teil B) und auf Landstraßen (Teil C) wird auf eine gelbe Markierung vor den Leitbaken im Regelfall verzichtet. Diese Markierung wurde durch Anwendung der bisherigen Regelpläne nach RSA 95 automatisch mit angeordnet, aber tatsächlich nie appliziert. Die konsequente Streichung dieser Markierung aus den Regelplänen wird daher der Praxis gerecht.

Gelbe Markierungen sind im Regelfall nur dort erforderlich, wo weiße Markierungen aufgehoben werden müssen bzw. wo diese der Arbeitsstellenverkehrsführung entgegenstehen. Das gilt auch für temporär angelegte Behelfsstraßen (z. B. Umfahrungen gemäß Regelplan C I/10) – diese sind eigentlich konsequent in Weiß zu markieren – mit Ausnahme der unmittelbaren Überleitungsbereiche.

Der grundsätzliche Verzicht auf gelbe Markierungen kann in der Praxis auch ein Segen sein, wenn die Verkehrsführung – wie hier – einfach umgebaut wird, ohne die gelbe Fahrbahnbegrenzung anzupassen.

Gelbe Fahrbahnmarkierungen vor Absperrgeräten sind weiterhin erforderlich, wenn sie – wie hier – die weißen Markierungen aufheben sollen. Es empfiehlt sich natürlich, im Verlauf der Baumaßnahme die Funktionsfähigkeit sicherzustellen.

Temporäre Markierungen in Typ II (Bundesfernstraßen)

Dass eine temporäre Markierung (im Neuzustand) nicht unter der lichttechnischen Qualität der vorhandenen Markierung liegt, ist oftmals kein Kunststück, denn die vor Ort befindliche weiße Markierung ist meist bereits seit vielen Jahren verschlissen.

Dort, wo vorhandene weiße Markierungen tatsächlich funktionsfähig sind, muss eine temporäre gelbe Markierung vor allem lichttechnisch mit der weißen Markierung mithalten können. Technisch betrachtet ist das so eine Sache, aber das bleibt an dieser Stelle unberücksichtigt.

Natürlich muss z. B. im Bereich von weißer Agglomerat-Markierung nicht zwingend eine vorübergehend gültige Markierung aus gelben Agglomeraten appliziert werden. Es sollte dann aber zumindest eine profilierte Markierungsfolie vom Typ II eingesetzt werden, um weitgehend vergleichbare Eigenschaften insbesondere bei Nacht und Nässe zu gewährleisten.

Natürlich nützt die Festlegung zur lichttechnischen Qualität von gelben Markierungen nichts, wenn diese in der Praxis nicht funktionsfähig sind.

Wie es um die Qualität sowohl von weißen als auch von gelben Markierungen bestellt ist, zeigt sich durch das Auflegen eines Musters im Neuzustand.

Markierungen abdecken oder ergänzen ist unzulässig

Die bisher in den RSA 95 enthaltenen Optionen (abdecken oder ergänzen) sind entfallen. Das Ergänzen weißer Markierungen in Gelb verbietet sich bereits aufgrund der StVO, denn Gelb hebt Weiß auf.

Wenn z. B. an einen weißen Geradeauspfeil ein gelbes Pfeilelement angefügt wird, bleibt verkehrsrechtlich betrachtet nur dieses gelbe Element übrig. Genauso verhält es sich bei dem hanebüchenen Versuch, aus einer weißen Leitlinie durch „Auffüllen" der Lücken mit gelben Strichen ein Zeichen 295 zu zaubern.

Durch Übermalen entstandene Phantommarkierung, die insbesondere bei Gegenlicht spiegelt und den Eindruck einer „echten" Markierung erwirken kann.

Versuch, aus einer weißen Leitlinie eine Fahrstreifenbegrenzung zu bilden. Da Gelb Weiß aufhebt, haben wir im Ergebnis nun eine gelbe Leitlinie.

Auskreuzen und Ersetzen von weißen Markierungspfeilen

Bei Markierungspfeilen ist das Auskreuzen einzelner Teile weiterhin zulässig, wobei es sich dann formell nicht mehr um einen Markierungspfeil i. S. d. StVO handelt – daher schreibt ein teilweise ausgekreuzter weißer Markierungspfeil dem Verkehrsteilnehmer nichts vor, sondern dient allenfalls als unverbindlicher Hinweis.

Entsprechend gewinnt das in den RSA 21 benannte Ersetzen eine wesentliche Bedeutung, da in diesem Fall nur die komplett gelben Pfeile verkehrsrechtlich relevant sind. Das beinhaltet aber auch, dass ggf. benachbarte Fahrstreifen ebenfalls komplett in Gelb markiert werden müssen, da die in der Praxis gerne angewandten „Mischverkehrsführungen" aus Gelb und Weiß formell unzulässig sind – denn Gelb hebt Weiß auf.

Etwas unglücklich erscheint die Formulierung des „Verbotes" zum Ergänzen der weißen Pfeilzeichen. In Bezug auf das Ergänzen durch gelbe Pfeilelemente ist diese Festlegung korrekt – die Erläuterung hierzu wurde bereits gegeben. Es wäre aber in vielen Fällen auch möglich, die Änderung von Fahrtrichtungspfeilen durch angefügte weiße Elemente zu realisieren, wenn die restliche Verkehrsführung ansonsten in Weiß erhalten bleibt.

Damit ließen sich viele fragwürdige Lösungen in der Praxis vermeiden. Allerdings besteht in diesem Fall immer auch ein Unterschied in der lichttechnischen Qualität zwischen der vorhandenen Markierung und dem neu angefügten weißen Element. Insofern ist das „Verbot" des Ergänzens konsequent und aus technischer Sicht nachvollziehbar.

Da weiße Markierungen durch gelbe Markierungen aufgehoben werden, ist das Ergänzen von Fahrtrichtungspfeilen unwirksam und nicht mehr vorgesehen.

Weiße Pfeile sind Gelb auszukreuzen und durch vollständig gelbe Pfeile zu ersetzen. Aber natürlich in der Gestaltung nach RMS und nicht wie abgebildet.

Material gemäß der Technischen Lieferbedingungen

Der Verweis auf die Technischen Lieferbedingungen in ihrer Funktion als anerkannte Gütebedingungen war bislang nur vertragsrechtlich konkret definiert und insbesondere hinsichtlich der passiven Sicherheit von Leitbaken auch nur im Rahmen der technischen Verkehrssicherungspflicht von Bedeutung.

Die Aufnahme dieser Kriterien in die RSA 21 hat bei konsequenter Anwendung weitreichende Auswirkungen auf die Materialbeschaffung bzw. dessen Einsatz, denn es kommt nunmehr auch abseits bauvertraglicher Regelungen – allein durch die Anwendung der RSA 21 – nur Material zum Einsatz, welches den jeweiligen Technischen Lieferbedingungen entspricht.

Der Verweis auf die Technischen Lieferbedingungen betrifft alle diesbezüglich erfassten verkehrsrechtlich relevanten Einrichtungen, also u. a. Leitkegel, Leitbaken und Warnleuchten, aber auch Lichtzeichenanlagen oder fahrbare Absperrtafeln.

Die Technischen Lieferbedingungen gelten in ihrer Funktion als „anerkannte Gütebedingungen" auch im Anwendungsbereich der RSA 21. Entsprechende Produkte mit verkehrsrechtlicher Bedeutung (u. a. Leitbaken, Leitkegel, Warnleuchten usw.) können daher losgelöst vom Vertragsverhältnis eingefordert werden. Mit Lösungen wie abgebildet bekommt man dann natürlich ein Problem.

Absperrgeräte mindestens in Retroreflexionsklasse RA 2

Alle Absperrgeräte sind im Anwendungsbereich der RSA 21 mindestens in der Retroreflexionsklasse RA 2 auszuführen. Ausgenommen davon sind lediglich Absperrschranken bzw. Absperrschrankengitter in der Längsabsperrung, bei denen die Klasse RA 1 genügt. Die zuständige Behörde kann aber auch in diesem Fall die Klasse RA 2 fordern, wobei das lichttechnisch betrachtet nicht notwendig ist bzw. keinen Vorteil bietet. Zudem können auch pauschale Festlegungen des Auftraggebers (z. B. im LV) den Einsatz der Klasse RA 2 auch in Längsrichtung erforderlich werden lassen.

Diesbezüglich ist zu beachten, dass Absperrschrankengitter in Längsrichtung im Falle von Kreuzungen und Einmündungen gleichzeitig Querabsperrungen sind und daher in diesem Bereich ebenfalls in RA 2 ausgeführt werden müssen. Mindestens RA 2 bedeutet natürlich, dass – genau wie bei den Verkehrszeichen – auch die Klasse RA 3 erforderlich sein kann.

Grundfarbe von Absperrschrankengittern ist Ermessenssache

Egal ob Schrankenzaun, Absperrgitter, mobile Absturzsicherung oder Arbeitsstellenzaun: Die hiermit beschriebenen Elemente werden in den RSA 21 einheitlich als Absperrschrankengitter bezeichnet. Dies ist u. a. darauf zurückzuführen, dass der Einsatz dieser Absperrgeräte nicht ausschließlich auf Arbeitsstellen mit Absturzgefahr bzw. Aufgrabungen beschränkt ist.

Die seit vielen Jahren angekündigte Festlegung einer ausschließlich weißen oder grauen Grundfarbe wurde in den RSA 21 letztendlich doch nicht umgesetzt. Stattdessen wird ausgeführt, dass Rahmen und Gitter das

Verkehrszeichenbild nicht beeinträchtigen dürfen. Anstelle der bisher angestrebten klaren Festlegung (nur Weiß oder Grau) besteht nunmehr ein Ermessenspielraum.

Folglich legt im Zweifelsfall allein die örtlich zuständige Behörde fest, welche Farbgestaltung das Verkehrszeichenbild ggf. beeinträchtigt. Das kann sich in der Praxis als deutlich problematischer erweisen, als die ursprünglich angestrebte einheitliche Grundfarbe – denn was in Stadt A geduldet wird, kann in Stadt B unzulässig sein.

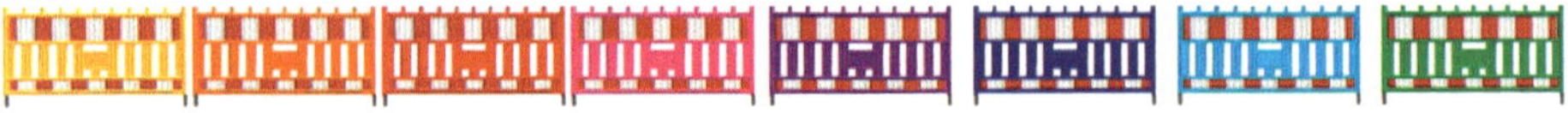

Ob die Grundfarbe des Absperrschrankengitters das eigentliche Verkehrszeichenbild (Zeichen 600) beeinträchtigt, liegt im Ermessen der anordnenden Behörde.

Wer hinsichtlich des behördlichen Ermessensspielraums keine Überraschungen erleben will, sollte sich auf eine graue oder weiße Grundfarbe festlegen.

Vollständige Einzäunung des Arbeitsbereichs bzw. Baufeldes

Bereits in den RSA 95 war die Maßgabe enthalten, dass auch bei Arbeitsstellen auf der Fahrbahn stets eine Absperrung gegenüber Geh- und Radwegen erforderlich ist – mindestens durch Absperrschranken mit einer Bauhöhe von 10 cm. Daran gehalten hat sich so gut wie niemand, was vielerorts auch heute noch der Fall ist – insbesondere bei Fahrbahnsanierungen.

In den RSA 21 ist nun eine vollständige Einzäunung des Arbeitsbereichs durch Absperrschrankengitter vorgesehen (geschlossene Absperrung). Alternativ kann die Einzäunung neben dem Fahrstreifen entfallen und stattdessen auf dem Gehweg gegenüber angeordnet werden (vgl. Auswahlmöglichkeiten in den Regelplänen).

Da der Arbeitsbereich aber insbesondere bei vorhandenen Aufgrabungen auch gegenüber dem Verkehr auf der Fahrbahn zu sichern ist (z. B. Radverkehr bzw. Anforderungen aus der allgemeinen Verkehrssicherungspflicht auch gegenüber Fußgängern auf der Fahrbahn), wird es sich meist um eine vollständige Einzäunung unmittelbar am Arbeitsbereich handeln.

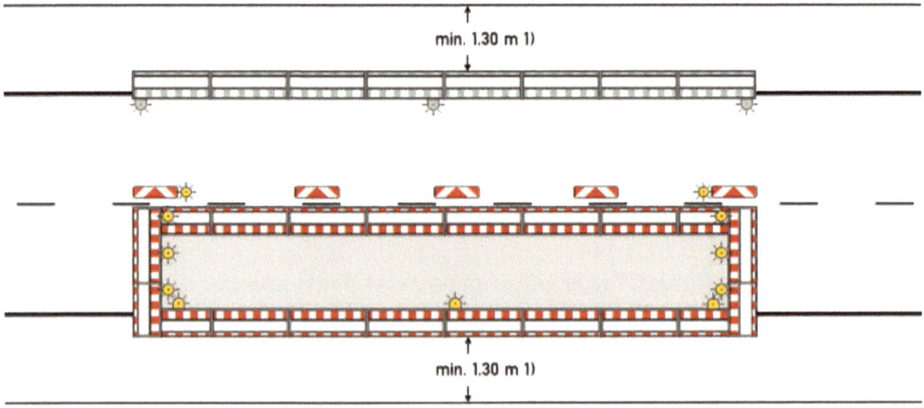

Geschlossene Absperrung als Regelfall (unten) und optionale Längsabsperrung auf dem Gehweg gegenüber. Innerhalb des eingezäunten Arbeitsbereichs (unten) müssen alle benötigten Fahrzeuge, Baumaschinen, Materiallagerungen usw. Platz finden. Der Arbeitsbereich muss so bemessen werden, dass alle Arbeiten innerhalb dieser Absperrung ausführbar sind.

Doch auch in diesem Fall kann auf dem gegenüberliegenden Gehweg eine zusätzliche Längsabsperrung angeordnet werden, damit insbesondere blinde oder sehbehinderte Menschen nicht erst auf der Fahrbahn durch die Absperrung unmittelbar am Baufeld aufgehalten werden.

Die vorhandene Auswahlmöglichkeit in den jeweiligen Regelplänen ist daher unzureichend, da sie nur die Option „anstatt zwischen Arbeitsbereich und Fahrbahn" enthält. Gemäß Teil B 2.2.5 (3) sollten diese Absperrungen zum Schutz blinder und sehbehinderter Menschen auch auf dem gegenüberliegenden Gehweg angeordnet werden. Diese Auswahloption (zusätzlich zur Absperrung am eigentlichen Arbeitsbereich) fehlt in den Regelplänen.

2) [ ] Absperrschrankengitter am Gehweg gegenüber anstatt zwischen Arbeitsbereich und Fahrbahn

[ ] erforderliche Länge und Lage gemäß beigefügtem Lageplan geprüft und angeordnet

Bei den Auswahlmöglichkeiten fehlt die Option, Absperrschrankengitter am Gehweg gegenüber auch ergänzend (zusätzlich) zur Längsabsperrung auf der Fahrbahn anzuordnen (vgl. Teil B,2.2.5 (3), Satz 3, RSA 21)

Arbeitsbereiche sind mit einer geschlossenen Absperrung abzusichern. Im Bereich von Kreuzungen und Einmündungen sind als Sicherung gegenüber der Fahrbahn Notwege vorzusehen (vgl. Regelplan B I/15).

Auch hier sind auf der gesamten Länge Absperrschrankengitter (beidseitig vom Arbeitsbereich) erforderlich. Ob diese in der Praxis immer sachgerecht aufgestellt werden können, steht natürlich auf einem anderen Blatt.

Die Absicherung von Arbeitsstellen auf der Fahrbahn gegenüber Geh- und Radwegen war schon in den RSA 95 vorgeschrieben – damals noch mit Absperrschranken. Beachtet wurde das in der Praxis eher selten.

Beim Aufstellen von Absperrschrankengittern sind natürlich die Mindestbreiten sowie die Befahrbarkeit mit Rollstühlen zu gewährleisten. Entsprechend müssen die Aufstellvorrichtungen für diese Anforderung geeignet sein.

In diesem Zusammenhang der Hinweis, dass Absperrschrankengitter mit drehbaren Füßen keine ausreichende Standsicherheit bieten und deshalb vor allem zur Absicherung von Aufgrabungen ungeeignet sind.

Zudem sind viele dieser Produkte von unzureichender Qualität, insbesondere im Bereich der Verbindungselemente. Trotz solcher Beschädigungen werden sie in der Praxis weiter eingesetzt. Auch dies ist seitens der Behörde zu beanstanden.

Falsch ausgerichtete Fußplatten. Die Ausrichtung muss in der Regel quer zum Absperrschrankengitter erfolgen, damit eine hinreichende Standsicherheit gewährleistet ist (längs zur Windlast/Krafteinwirkung durch Personen).

Leichte Bauzaunfüße aus Kunststoff bieten keine ausreichende Standsicherheit. Es empfiehlt sich der Einsatz von so genannte „Koffer-Fußplatten“ (ohne abgeschrägte Stirnseiten) mit einem Gewicht ab 35 kg.

Fußgängernotwege nur mit Podesten und Rollstuhlrampen

Bei der Anlage von Fußgängernotwegen wird in der Regel die Benutzbarkeit durch Personen mit Rollstuhl oder Rollator vollkommen ausgeblendet. Üblicherweise führt deren Weg über ein Hochbord auf die Fahrbahn, was den Anforderungen an eine barrierefreie Verkehrsraumgestaltung natürlich nicht gerecht wird.

In den RSA 21 ist deshalb die Maßgabe enthalten, dass alle Notweg-Regelpläne nur dann angeordnet werden dürfen, wenn entsprechende Rampen vorhanden sind. Hierbei handelt es sich nicht um einen lediglich provisorisch angefügten „Keil“ aus Frostschutz-Schotter, Asphalt oder Beton, sondern um ein Podest mit rollstuhlgerechter Rampe.

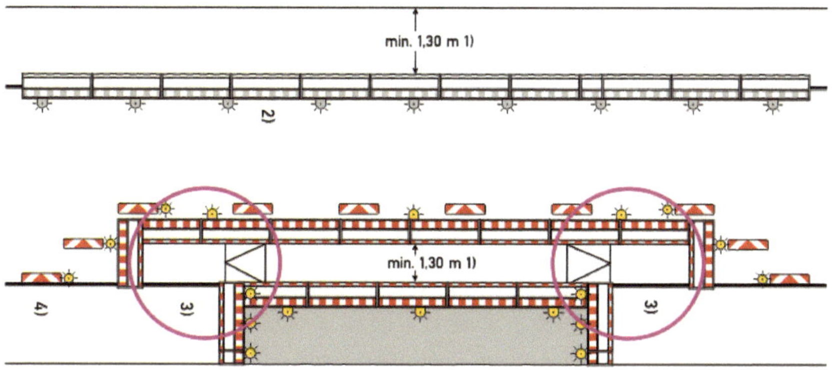

Prinzipdarstellung eines Fußgängernotweges mit Podest und Rollstuhlrampe – Regelplan B II/4

Das bedeutet, dass der Rollstuhlfahrer zunächst höhengleich vom Gehweg auf die Fahrbahn geführt wird (Podest), um anschließend über eine Rampe (Steigung max. 6 % – vgl. DIN 18040) auf das Fahrbahnniveau zu gelangen. Bei einer typischen Bordsteinhöhe von 15 cm ergibt sich eine Rampenlänge von mindestens 2,50 m. Auf der anderen Seite des Notweges ist dieselbe Konstruktion erforderlich. Auf solche Einrichtungen kann nur verzichtet werden, wenn eine Bordsteinabsenkung bzw. eine niedrige Bordsteinhöhe von max. 3 cm vorhanden ist. Entsprechend sorgfältig muss die Vorbetrachtung derartiger Maßnahmen erfolgen (Vorort-Termin).

Die Podeste und Rampen selbst sind nicht anordnungsfähig, denn es handelt sich um bauseitige Einrichtungen. Sind diese nicht vorhanden bzw. geplant, obwohl sie erforderlich sind, muss die Behörde die Anordnung dieser Verkehrsführung letztendlich versagen. Entsprechend enthalten alle diesbezüglichen Regelpläne einen Vermerk im Seitentext.

Rollstuhlgerechte Anrampungen wurden bei Notwegen bislang nicht berücksichtigt.

Andere Örtlichkeit, gleiche Situation: Keine rollstuhlgerechten Übergänge und keine wirksame Absicherung gegenüber der Fahrbahn durch Absperrschrankengitter.

Die konstruktive Abtrennung gegenüber der Fahrbahn durch Absperrschrankengitter ist bei Notwegen immer erforderlich. Eine Längsabsperrung durch Leitbaken genügt nicht. Das Zeichen 1000-22 ist zudem falsch, da kein Gehwegwechsel vorliegt.

Auch hier fehlt eine wirksame Absicherung sowohl gegenüber der Arbeitsstelle als auch gegenüber der Fahrbahn. Derartige Situationen sind in der Praxis keine Seltenheit, obwohl sie bereits nach RSA 95 unzulässig waren.

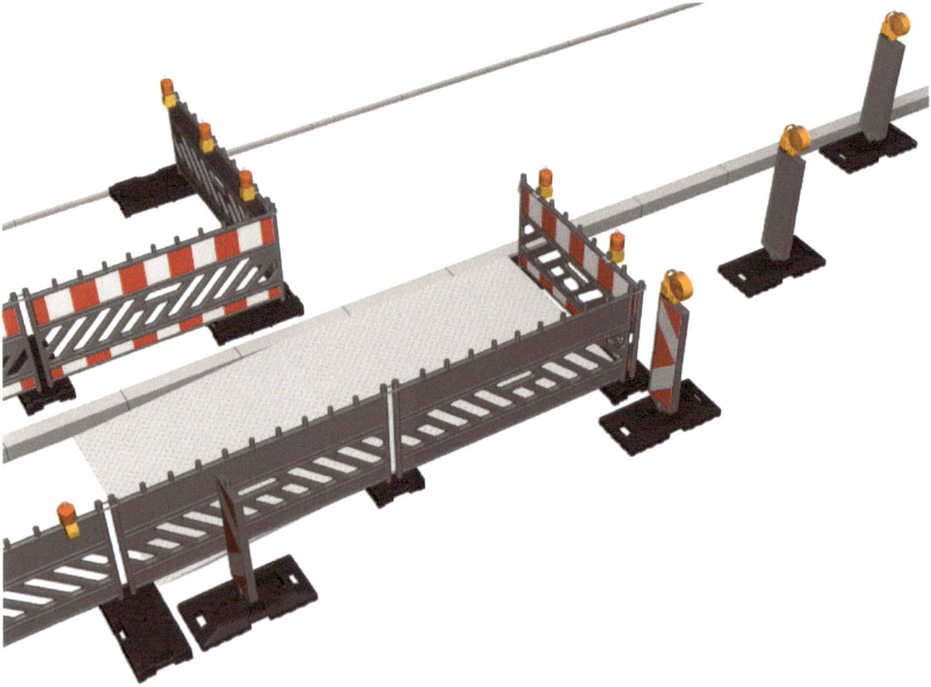

Prinzipdarstellung von Podest und Rollstuhlrampe. Der Rollstuhlfahrer fährt höhengleich auf ein Podest und von dort über eine Rampe auf den Notweg.

Das Verkehrszeichenbild (Zeichen 600) zeigt stets zum Notweg – sowohl gegenüber dem Arbeitsbereich als auch gegenüber der Fahrbahn.

Notwege müssen auch während der Arbeitszeit funktionieren

Ein großes Problem besteht darin, dass Notwege eigentlich so zu planen sind, dass sich Baumaschinen, Fahrzeuge und Material innerhalb der Absicherung der eigentlichen Arbeitsstelle befinden. Dieser Anspruch gilt übrigens bei allen verkehrssichernden Maßnahmen und daher insbesondere bei der Anwendung von Regelplänen.

Bei Notwegen ist es hingegen an der Tagesordnung, dass das Baustellenpersonal die angeordnete Absperrung zum Arbeitsbeginn entfernt, um dann auf dem eigentlichen Notweg z. B. mit dem Bagger einen LKW zu beladen.

Diese baupraktische Notwendigkeit ist bereits bei der Antragstellung relevant, weshalb die baulichen Platzbedarfe zusätzlich zu berücksichtigen sind (innerhalb des abgesperrten Baufeldes bzw. Arbeitsbereichs).

Hier ist insbesondere die anordnende Behörde gefragt, welche diesbezügliche Fehleinschätzungen des Antragstellers hinterfragen bzw. korrigieren muss. Eine angeordnete Absicherung besteht im Regelfall 24/7, sofern sie nicht außerhalb der Arbeitszeit zurückgebaut werden kann. Keinesfalls repräsentieren Verkehrszeichen- bzw. Regelpläne nur den Zustand nach Feierabend.

Typische Situation in der Praxis. Bereits bei der Anordnung der Lichtzeichenanlage wurde die konkrete Örtlichkeit (vorhandene Einmündung) nicht berücksichtigt. Die vorgeschriebene Abnahme der Lichtzeichenanlage ist vermutlich nicht erfolgt, sonst wäre diese Verkehrsführung so nicht in Betrieb.

Der einzige Gehweg ist im weiteren Verlauf gesperrt bzw. aufgegraben (fehlende Längsabsicherung durch Absperrschrankengitter). Es gibt weder einen Notweg auf der Fahrbahn, noch einen Gehweg gegenüber. Wäre an dieser Arbeitsstelle ein Notweg eingerichtet, würde der LKW diesen blockieren.

Fehlende Absicherung einer Arbeitsstelle während der Arbeitszeit (Geh- und Radweg).

Situation nach Feierabend. Abgesichert wurde „irgendwas" – eine auf die Örtlichkeit abgestimmte Lösung (Problematik Geh- und Radweg) fehlt.

Regelplan B II/1 nach RSA 95 nicht mehr vorgesehen

Der Regelplan B II/1 nach RSA 95 wurde in der Praxis meist pauschal angeordnet, ohne auf die einzelnen Varianten (1.1 bis 1.5) konkret Bezug zu nehmen. Der Antragsteller bzw. der Bauunternehmer konnte sich damit aussuchen, wann und wo er welche Art der Absicherung einsetzt.

Diese Verfahrensweise ist pragmatisch aber unzulässig, da die Behörde ihre Regelungskompetenz aus der Hand gibt und stattdessen eine Privatperson aus eigenem Ermessen vor Ort bestimmt, wie die Absicherung bzw. Verkehrsführung gestaltet wird. Die verkehrsrechtliche Anordnung gleicht daher eher einem Freibrief als einer konkreten Handlungsanleitung.

Bereits nach RSA 95 wäre es erforderlich gewesen, die einzelnen Varianten konkret anzuordnen, also z. B. B II/1.4, wenn der Radweg betroffen ist. Natürlich bedarf eine entsprechende Festlegung zur jeweiligen Absicherung auch einer detaillierten Vorplanung auf Seite des Bauunternehmers, denn er kann eben nicht

„einfach mal so" einen Geh- oder Radweg aufgraben, sondern muss dies bei der verkehrsrechtlichen Anordnung – vorab – berücksichtigen.

Wie gut (oder wie schlecht) das in der Praxis funktioniert, zeigt sich insbesondere beim Breitbandausbau und bei Arbeitsstellen von Versorgungsträgern, da hier im Regelfall keine konkrete Anordnung für die jeweilige Örtlichkeit vorliegt. Stattdessen werden die Arbeitsstellen nach Belieben eröffnet, ohne dass die Erfordernisse insbesondere von Fußgängern und Radfahrern berücksichtigt werden.

Anstelle des ehemaligen Regelplanes B II/1 (der aktuelle Regelplan B II/1 entspricht wiederum dem Regelplan B II/2 nach RSA 95), wurden die Elemente in den textlichen Teil B der RSA 21 als Bilder B 2-a bis B 2-e aufgenommen:

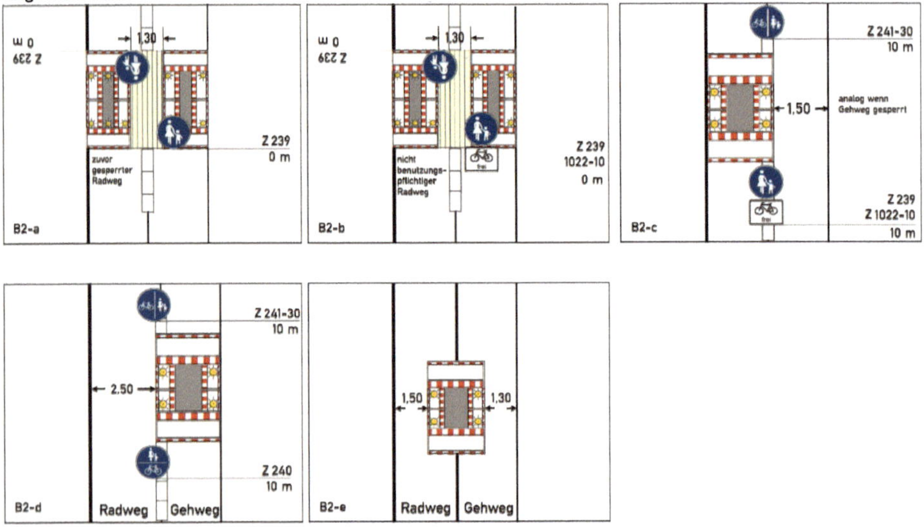

Hierbei handelt es sich um Prinzipdarstellungen, die in dieser Form (natürlich angepasst) in eigene Verkehrszeichenpläne übernommen werden müssen. Der Antragsteller muss also detailliert planen und gegenüber der Behörde darlegen, wie die Absicherung vor Ort erfolgt.

Wie bereits zu den Notwegen ausgeführt, gilt die Maßgabe, dass die angeordnete Absicherung auch während der aktiven Bautätigkeit bestehen bleiben muss. Es ist daher unzulässig, die Abbildungen B 2-a bis B 2-e nur für die Absperrung nach Feierabend bzw. der arbeitsfreien Zeit zu beantragen und während der eigentlichen Ausführung der Arbeiten alles beiseite zu räumen.

Es wird daher erforderlich sein, einen deutlich umfangreicheren Verkehrszeichenplan anzuordnen, welcher die Absperrung des benötigten Arbeitsbereichs (inkl. Baumaschinen, LKW, Baumaterial usw.) berücksichtigt. Alternativ kann auch zwischen der Absicherung während der Arbeitszeit und der Situation in der arbeitsfreien Zeit unterschieden werden, daher ist die Verkehrssicherung nach Arbeitsende auf das notwendige Maß zurückzubauen (vgl. Teil A 1.2 (2) RSA 21).

Zur Gestaltung von Notwegen (vermutlich soll dies einer sein, auch wenn die fahrbahnseitigen Absperrschrankengitter fehlen), noch der Hinweis, dass die amtliche Bezeichnung der Zeichen 1000-12 und -22 „Fußgänger Gehweg gegenüber benutzen" lautet. Die Zeichen bedeuten nicht „Fußgänger bitte hier entlang".

Auf Geh- und Radwegen ausschließlich Rundstrahler (WL8)

Sowohl im Teil A als auch im Teil B der RSA 21 sind für Absperrungen im Bereich von Geh- und Radwegen Rundstrahler-Warnleuchten (WL8) vorgesehen. Diese Leuchten strahlen das Licht 360° um die vertikale Achse ab und sind daher insbesondere bei Längsabsperrungen auf Geh- und Radwegen besser geeignet als Richtstrahler vom Typ WL 1 oder WL 2.

Letztere werden in der Praxis insbesondere an Absperrschrankengittern, Bauzäunen oder Gerüsten oft falsch montiert, sodass die Warnwirkung in der relevanten Bezugsrichtung völlig verloren geht. Da die RSA 21 nunmehr auf die technischen Lieferbedingungen verweisen, sei an dieser Stelle angemerkt, dass es mit Stand Mai 2022 lediglich eine Rundstrahler-Warnleuchte auf dem Markt gibt, die über eine Zulassung der Leuchtenklasse WL 8 nach TL-Warnleuchten verfügt.

Richtstrahler-Warnleuchten vom Typ WL 1 und WL 2 sind (wie hier montiert) in Längsrichtung auf Geh- und Radwegen meist ungeeignet, da sich die Optik nicht oder nur unzureichend auf den Verkehr ausrichten lässt. Das betrifft insbesondere den Einsatz an Absperrschrankengittern, Bauzäunen und Gerüsten.

Rundstrahler (Nr. 1 und 2) sind aufgrund der 360° Wirkung gleichzeitig für Quer- und Längsrichtung geeignet und daher für Geh- und Radwege prädestiniert. Richtstrahler ohne drehbare Optik (Nr. 3) sind – so montiert – in Längsrichtung unwirksam. Richtstrahler mit drehbarer Optik (Nr. 4) wirken entweder nur in Quer- oder nur in Längsrichtung.

Container auf Gehwegen nur mit Absperrschrankengittern

Gleich vorab die Korrektur der kurz gehaltenen Überschrift: Container mit abgeschrägten Seiten sind im Bereich von Gehwegen mit Absperrschrankengittern zu sichern. Diese Anforderung ergibt sich aus dem Problem, dass Sehbehinderte und Blinde einen solchen Container erst zu spät als Hindernis wahrnehmen – daher trifft der Blindenstock erst dann auf die (zurückgesetzte) Unterkante, wenn die Person bereits mit dem Kopf bzw. Körper gegen den Container prallt.

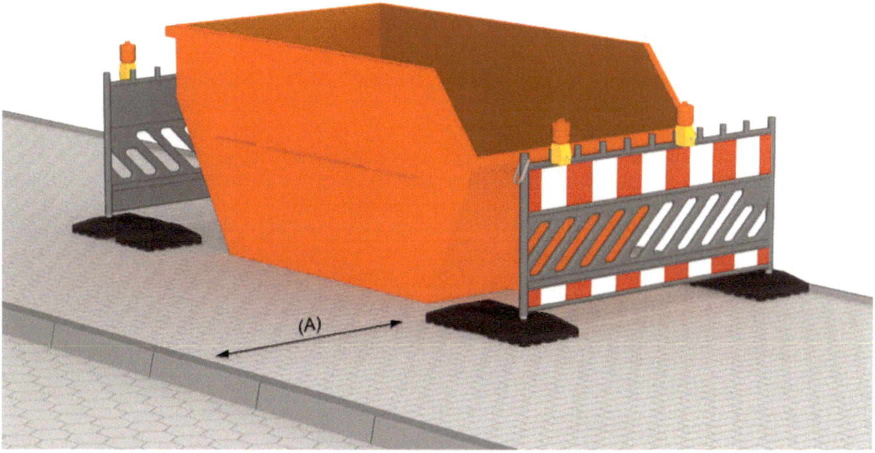

Container auf Gehweg – Mindestanforderung ist die Sicherung der Schrägseiten.

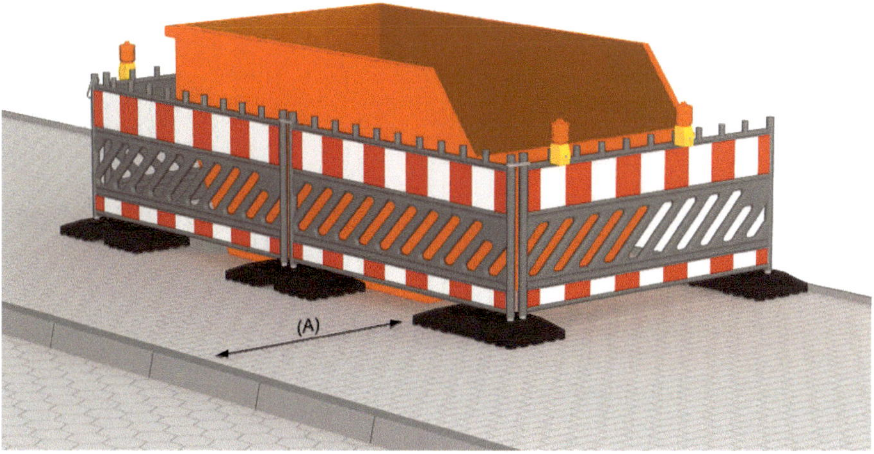

Vollständige Absicherung wie Arbeitsstelle.

Ergänzend dazu die persönliche Meinung des Autors, dass grundsätzlich jede Containerstellung auf Geh- und Radwegen sowie auf Fahrbahnen und Seitenstreifen wie eine Arbeitsstelle gesichert werden muss.

Dies ergibt sich u. a. aus der allgegenwärtigen Praxis, dass die seit Jahrzehnten vorgeschriebene Containerwarnmarkierung (trotz konkreter behördlicher Auflage in der jeweiligen Genehmigung zur Containerstellung) entweder nicht normgerecht, stark beschädigt oder gar nicht vorhanden ist.

Sowohl gegenüber dem Antragsteller als auch gegenüber der genehmigenden Behörde kann im Regelfall nicht sichergestellt werden, dass ein Container mit fachgerecht applizierter und funktionsfähiger Warnmarkierung geliefert wird. Ebenso wird sich die Wahl des Containers nicht nach verkehrsrechtlichen Aspekten bemessen, sondern nach dessen Verfügbarkeit.

Wer also ggf. extra einen rechteckigen Container ohne Schrägseiten bestellt, um den Einsatz von Absperrschrankengittern zu vermeiden, bekommt entweder gleich oder spätestens beim ersten Wechsel womöglich doch einen mit Schrägseiten geliefert.

Oder man bestellt ausdrücklich einen Container mit fachgerecht ausgeführter Warnmarkierung, bekommt diesen auch geliefert, aber nach dem ersten Tausch steht plötzlich eine rostige zerschrammte Blechwanne auf der Fahrbahn, die eigentlich selbst in den Schrott gehört.

Vor diesem Hintergrund ist das „Gieskannenprinzip" hier angebracht – daher Container nur mit Absperrschrankengittern bzw. auf der Fahrbahn mit Absperrschrankengittern und Leitbaken (abgesichert wie Arbeitsstelle).

Container auf der Fahrbahn – rechtwinklige Querabsperrung.

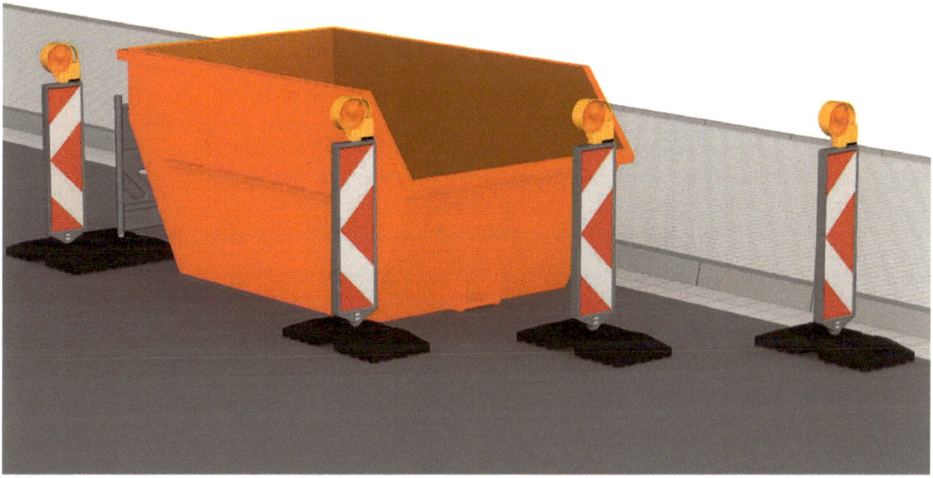

Container auf der Fahrbahn – spitzwinklige Querabsperrung in Fahrtrichtung.

MVAS-Nachweis bei Container- und Gerüststellung?

Wie beschrieben muss der in der verkehrsrechtlichen Anordnung benannte Verantwortliche über einen Schulungsnachweis gemäß MVAS verfügen, damit er überhaupt als Verantwortlicher benannt werden kann. Entsprechend würde also auch eine Privatperson einen MVAS-Nachweis benötigen, wenn sie einen Container bestellt und diesen mit Absperrschrankengittern absichern muss (!).

Dies wäre aus Sicht des Autors ein Fall, bei dem man durchaus vom Erfordernis des Schulungsnachweises abweichen kann (geringe verkehrliche Auswirkungen gemäß RSA Teil A 1.4 (3), soweit die Behörde selbst konkrete Vorgaben macht, wie der Container abzusichern ist und welche Restbreiten vorhanden sein müssen (mit entsprechender Kontrolle vor Ort versteht sich).

Natürlich kann die Behörde trotz dieser zulässigen Abweichung auf einem Schulungsnachweis bestehen, was insbesondere bei Unternehmen, die wiederkehrend Container bzw. Gerüste stellen, auch sinnvoll ist – insbesondere mit Blick auf die zahlreichen Verfehlungen, die im Zusammenhang mit Container- oder Gerüststellung an der Tagesordnung sind.

Die Privatperson könnte sich natürlich hilfsweise eines Dritten bedienen, welcher im Besitz eines Schulungsnachweises gemäß MVAS ist – z. B. eine Verkehrssicherungsfirma. Aber: Inwieweit ein ansonsten unbeteiligter Dritter die Kriterien zum Verantwortlichen erfüllt (jederzeit Zugriff, hinreichende Entscheidungsvollmacht usw.), darf bezweifelt werden.

Zudem stellt sich zwangsläufig die Frage, ob dieser vermeintlich Verantwortliche überhaupt für etwas verantwortlich sein will (und darf), was er letztendlich gar nicht beeinflussen kann (z. B. wenn zum Beladen des Containers die Absperrschrankengitter einfach entfernt werden und kurz darauf ein Radfahrer im Container liegt). Insofern sollte von der Konstellation eines „Dritten" als Verantwortlichen Abstand genommen werden (betrifft im Übrigen alle Arbeitsstellen).

Warnbänder (Flatterband) nicht mehr vorgesehen

Nachdem Warnbänder in der Praxis über Jahrzehnte hinweg nicht fachgerecht eingesetzt wurden, sind sie als logische Konsequenz nicht mehr in den RSA 21 enthalten. Sie durften bereits im Anwendungsbereich der RSA 95 nur innerorts, nur als zusätzliches Element der optischen Führung und Kennzeichnung und nur außerhalb der Fahrbahn angebracht werden. Bereits diese Anforderungen wurden bei nahezu jeder Arbeitsstelle missachtet.

Auf Geh- und Radwegen waren sie nur zur Längsführung (wie beschrieben nur als zusätzliches Element der optischen Führung und Kennzeichnung) zulässig, jedoch nicht als Querabsperrung. Sie durften insbesondere nicht zur „Absicherung" von Aufgrabungen eingesetzt werden – doch genau das war bzw. ist in der Praxis der Regelfall.

RSA 95 Teil A 3.2.4 Warnbänder

(1) Rot-weiße Bänder (Warnbänder) dürfen nur an innerörtlichen Arbeitsstellen als zusätzliches Element der optischen Führung und Kennzeichnung verwendet und nur außerhalb von Fahrbahnen angebracht werden:

a) *Auf Geh- und Radwegen zur Längsführung, wenn keine Aufgrabungen vorhanden sind*

b) *Zur Kenntlichmachung von Arbeitsgeräten und Materiallagerungen innerorts*

(2) Die Warnbänder müssen so befestigt werden, dass sie weitestgehend in voller Breite erkennbar sind.

Nicht zuletzt erfolgt die Anbringung in der Praxis auch nicht in „weitestgehend voller Breite" (gemeint war die Bauhöhe), sondern sie werden meist nachlässig bzw. liederlich gespannt, wobei durch die Einwirkung von Wind und Regen eine zusätzliche Verschlechterung der Situation eintritt. Am Ende sind von den vermeintlichen „Warnbändern" nur zerrissene Fetzen übrig, oder sie sind als schlecht erkennbare und damit gefährliche „Wäscheleinen" zusammengerollt.

Warnbänder werden mit Vorliebe an Aufgrabungen eingesetzt, obwohl genau das bereits im Anwendungsbereich der RSA 95 unzulässig war. Die Aufnahmen könnten durchaus aus den 80er oder 90er Jahren stammen – sie wurden jedoch im Jahr 2021 angefertigt. „Das haben wir schon immer so gemacht."

Bereits in den RSA 95 (also seit 1995) waren Warnbänder zur Querabsperrung unzulässig – unabhängig davon, ob Aufgrabungen vorhanden waren oder nicht.

In der Praxis gibt es praktisch keine Baustelle ohne Warnband, schließlich ist es preiswert und einfach anzuwenden. Das Ergebnis ist allerdings meist fragwürdig.

Auch tiefe Aufgrabungen oder Absturzstellen werden mit Vorliebe durch Warnbänder „gesichert". Tatsächlich müssen solche Stellen mindestens mit Absperrschrankengittern gesichert werden, welche lückenlos und standsicher aufzustellen sind.

Warnbänder werden in der Praxis natürlich auch im Bereich der Fahrbahn eingesetzt, um anstelle einer ausreichenden Anzahl von Leitbaken oder Absperrschrankengittern das Befahren des Arbeitsbereichs zu unterbinden. Auch das war bereits gemäß RSA 95 unzulässig.

Teilweise zeigen aber auch die verantwortlichen Behörden, wie gut sie die Einsatzkriterien von Warnbändern kennen – in diesem Fall die Polizei. Zwar kann diese gemäß § 44 Abs. 2 StVO hilfsweise auch Warnband einsetzen – das Ergebnis ist im gezeigten Fall aber eher fragwürdiger Natur.

„Schutzbake" jetzt als Sperrpfosten enthalten

Obwohl die „Schutzbake" (kein amtlicher Begriff) zunächst nicht in die RSA 21 übernommen werden sollte, ist sie nun in einer neu getroffenen Formulierung zu „Sperrpfosten" enthalten. Diese Systematik beruht auf der fragwürdigen Eingliederung des Sperrpfostens unter den Absperrschranken (vgl. VzKat).

Zeichen 600-60
Sperrpfosten

„Schutzbake"
gemäß RSA 21

„Schutzbake"
empfohlene Gestaltung

Da Absperrschranken und damit nunmehr auch der Sperrpfosten gemäß § 25 Abs. 4 StVO das Betreten der so abgesperrten Straßenfläche verbieten, bleibt in der Praxis für den Verkehrsteilnehmer meist unklar, wann sich ein „Sperrpfosten" regelnd, sichernd oder verbietend auf den Verkehr auswirken soll – denn daran vorbeilaufen kann man im Grunde immer. Hierbei handelt es sich allerdings um ein verkehrsrechtliches Problem, das auf der Ebene von StVO und VzKat geklärt werden muss.

„Schutzbaken" ersetzen ausdrücklich nicht die sorgfältige Planung und fachgerechte Aufstellung von Verkehrszeichen oder Masten von temporären Lichtsignalanlagen. Sie rechtfertigen nicht das gedankenlose Blockieren von Geh- und Radwegen durch Aufstellvorrichtungen jedweder Art. An erster Stelle steht die Wahrung der vorgeschriebenen Mindestbreiten und Aufstellhöhen. Daran ändert auch die „Schutzbake" nichts.

Leitbake zur Kaschierung einer zu niedrigen Aufstellhöhe auf einem Radweg (unzulässig).

Leitbake zur Kennzeichnung einer Aufstellvorrichtung auf einem Gehweg (unzulässig).

Gedankenlose Aufstellung auf dem Radweg. Hier hilft auch eine Schutzbake nicht weiter.

Leitbaken auf Gehwegen unzulässig

Bereits in den RSA 95 waren Leitbaken für den Einsatz auf der Fahrbahn beschränkt. Zur Verkehrsführung, Absicherung und Kennzeichnung auf Geh- und Radwegen waren sie hingegen unzulässig (betrifft auch Gerüste auf diesen Verkehrsflächen).

Das „Verbot" zum Einsatz von Leitbaken auf Gehwegen ist in den RSA 21 erhalten geblieben (Pfeil- und Schraffenbaken). Neu ist die Ausnahme, dass auf Sonderwegen für Radfahrer kleine Leitbaken zulässig sind. Ansonsten bleiben Leitbaken aber weiterhin der Verkehrsführung auf der Fahrbahn vorbehalten.

Entsprechend werden auch zur Absicherung von Gerüsten, insbesondere von Fußgängerschutzgängen bzw. Durchgangsgerüsten, Verkehrseinrichtungen eingesetzt, die das Bild der Absperrschranke (Zeichen 600) tragen (ggf. auch Schutzbake).

Leitbaken dienen nur der Verkehrsführung auf der Fahrbahn. Auf Gehwegen sind sie unzulässig.

Gerüste auf Geh- und Radwegen werden nicht mit Leitbaken, sondern mit Absperrschrankengittern abgesichert.

Solche Stellen können künftig mit der „Schutzbake" gekennzeichnet werden. Pfeil- und Schraffenbaken sind auch dafür unzulässig.

Einseitige Leitbaken

Auch in den RSA 21 bleibt es bei der bereits in den RSA 95 enthaltenen Maßgabe, dass doppelseitige Leitbaken nur dann verwendet werden, wenn die gleiche Fahrbahn auch vom Gegenverkehr benutzt wird und dieser nicht durch entsprechende Markierungen (z. B. Zeichen 295) abgetrennt ist.

Überall wo der Verkehr nur in eine Richtung fließt, z. B. in Einbahnstraßen, auf Richtungsfahrbahnen sowie an Stellen, an denen der Gegenverkehr bereits durch Fahrstreifenbegrenzungen abgetrennt ist (z. B. Abbiegespuren), sind hingegen einseitige Leitbaken einzusetzen.

Der Einsatz von Pfeilbaken ermöglicht im Falle einseitiger Wendebaken einen Richtungswechsel durch – konstruktiv zulässiges – auf den Kopf stellen, sodass die bisher übliche Argumentation der doppelten Lagerhaltung von einseitigen Schraffenbaken (links- oder rechtsweisend) inzwischen hinfällig ist. Verkehrsrechtlich betrachtet waren solche Einwände ohnehin substanzlos.

Fragwürdige Verkehr(t)führung mit doppelseitigen Leitbaken auf einer Landstraße. Die Leitbaken mit linksweisendem Bakenblatt (die Längsabsperrung betrifft nur die Gegenrichtung) müssen einseitig ausgeführt sein. Das gilt auch für die Warnleuchten.

Irritierende Verkehrsführung mit doppelseitigen Leitbaken (Abbiegespur).

Fachgerechte Ausführung mit einseitigen Leitbaken (einseitig, da durch Zeichen 295/Zeichen 298 abgetrennter Gegenverkehr). Die letzte Leitbake im Bereich der Abbiegespur im Bildhintergrund sollte doppelseitig rechts-/rechtsweisend ausgeführt werden.

Doppelseitige Leitbaken erwirken eine Fahrgasse in der verkehrten Richtung.

Chaos aus rot-weißen Schraffen im Überleitungsbereich einer Autobahn.

Chaos aus rot-weißen Schraffen im Bereich eines gesperrten Fahrstreifens.

Man muss in dieser Sache natürlich festhalten, dass sich insbesondere die Verkehrssicherungsfirmen in der Regel schwer damit tun, die seit jeher geltenden Anforderungen zu einseitigen Leitbaken umzusetzen.

In der Folge wird die „richtungsweisende" Wirkung von Leitbaken verwässert, da in sehr vielen Fällen das falsche Bakenblatt gezeigt wird bzw. weil Leitbaken auch für eine Verkehrsrichtung sichtbar sind, für welche sie gar nicht bestimmt sind. Folglich obliegt es den zuständigen Behörden, auf den fachgerechten Einsatz von Leitbaken zu achten.

Leitkegel an Aufgrabungen und Schachtzugängen unzulässig

Mit der StVO-Änderung aus dem Jahr 2009 bzw. dem StVO-Neuerlass von 2013 wurde im Zuge der Ausgliederung der Verkehrseinrichtungen in die Anlage 4 nochmals konkretisiert, dass diese (nur) das Befahren der so gekennzeichneten Straßenfläche verbieten. Das hat zur Folge, dass man mit Leitkegeln keine rechtswirksame Sperrung für Fußgänger erwirken kann (!).

Auf Geh- und Radwegen sind Leitkegel gemäß RSA 21 als bloße Kennzeichnung ausnahmsweise zulässig, z. B. bei einer offenen Schaltschranktür. Ausdrücklich unzulässig sind Leitkegel zur Sicherung von Aufgrabungen und folglich auch bei vergleichbaren Arbeitsstellen mit Absturzgefahr, wie etwa bei offenen Schachtzugängen. In solchen und ähnlichen Fällen sind stattdessen standsichere Absperrschrankengitter einzusetzen.

Leitkegel sind gemäß StVO als Sperrung auf Gehwegen unwirksam.

Zur Absicherung von Schachtzugängen sind Leitkegel nicht zulässig.

In allen Punkten unzulässige „Absperrung" durch Leitkegel und Warnband.

Anstelle der gezeigten „Lösung“ sind Absperrschrankengitter erforderlich.

Die Sache mit dem 30 cm hohen Leitkegel

In den 27 Jahren nach Inkrafttreten der RSA 95 sowie den 21 Jahren Überarbeitungszeit der RSA 21, war es offenbar nicht möglich, die seit Jahrzehnten übliche Gestaltung des 30 cm hohen Leitkegels (mit nur einem weißen Ring) als Abbildung in die StVO bzw. den VzKat zu übernehmen.

Die in den RSA 21 benannten 30 cm hohen Leitkegel (nur für Markierungsarbeiten bei Tageshelligkeit) können genau genommen nie eingesetzt werden, da die am Markt verfügbaren Produkte nicht mit der abgebildeten Darstellung (gemäß StVO und VzKat) übereinstimmen. Zudem ist keine 30 cm-Variante gemäß TL-Leitkegel erhältlich. Die RSA 21 schränken sich diesbezüglich mit der Festlegung zu TL-Material unter A 3.1 (3) selbst ein.

Von den abgebildeten Kegeln wäre tatsächlich nur die Variante ganz rechts zulässig – dabei handelt es sich jedoch um eine Fotomontage. Der Kegel links daneben repräsentiert die übliche Gestaltung 30 cm hoher Leitkegel. Am ehesten entspricht der Kegel ganz links im Bild den Anforderungen der RSA 21 – dieser stammt allerdings aus dem Spielzeugladen.

Fahrbahre Absperrtafeln

Das Zeichen 615 (Absperrtafel mit drei gelben Blitzleuchten) ist in den RSA 21 nicht mehr enthalten. In der StVO und dem VzKat ist es aber noch vorgesehen, weshalb diese Ausführung anordnungsfähig bleibt.

Im Anwendungsbereich der RSA 21 kommt aber (vorbehaltlich der Einführungserlasse der Bundesländer) ausschließlich die große oder kleine Variante mit Blinkpfeil (Zeichen 616-30 und -31) zur Anwendung.

Soll z. B. auf Landstraßen anstelle von Zeichen 616-31 das Zeichen 615 zur Anwendung kommen, muss dies ausdrücklich angeordnet werden. In der Abbildung A-8 bzw. A-9 ist dabei ein bewusster Fehlgriff erfolgt, denn die verkleinerte Variante (Zeichen 616-31) wird tatsächlich nur proportional verkleinert dargestellt. Eine solche Absperrtafel gibt es aber bislang nicht, da die verkleinerte Ausführung in der Praxis mit einer Leuchtpfeil-Kombination aus 15 (früher auch 13) Leuchten ausgestattet ist und das seit Jahrzehnten.

Die technische Umsetzung der nunmehr abgebildeten Variante würde bereits an den verwendeten Warnleuchten scheitern, denn diese haben festgelegte Maße, auf welche die RSA 21 unter Bezugnahme auf die Technischen Lieferbedingungen (hier TL-Warnleuchten bzw. TL Fahrbare Absperrtafeln) letztendlich selbst verweisen.

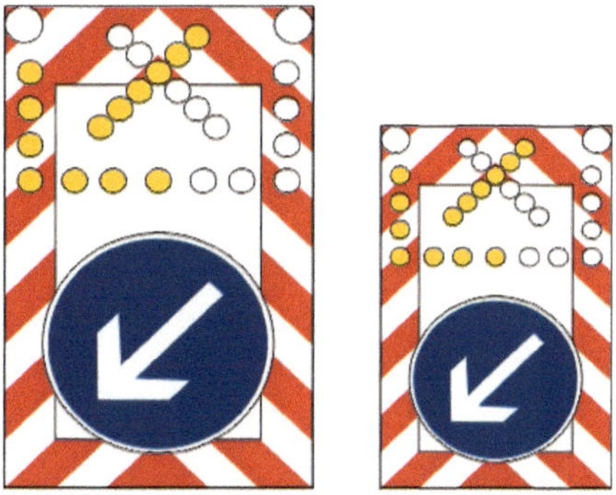

Fragwürdige Darstellung gemäß RSA 21 Bild A-8

Die großen Blitzleuchten (300 mm) hätten bei der verkleinerten Tafel tatsächlich einen Durchmesser von nur ca. 210 mm, während die Leuchtpfeilleuchten anstelle von 180 mm nur 140 mm Durchmesser aufweisen würden. Solche Leuchten gibt es nicht als TL-konforme Ausführung.

Abgesehen davon entspricht die abgebildete Darstellung auch insgesamt nicht der üblichen Gestaltung von fahrbaren Absperrtafeln, da z. B. der rot-weiß-schraffierte Rahmen an den Seiten sowie unten schmaler ist als an der Oberkante (Bild A-8 und A-9). Tatsächlich beträgt die Breite dieses Rahmens einheitlich 50 cm bei der großen Ausführung (Zeichen 616-30) sowie 30 cm bei der kleinen Variante (Zeichen 616-31).

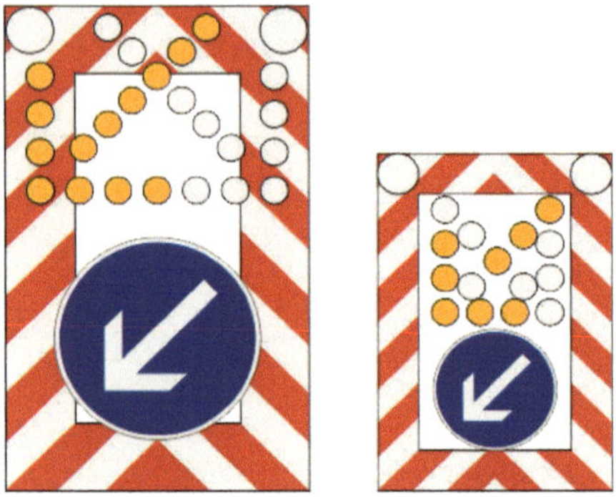

Tatsächliche Gestaltung fahrbarer Absperrtafeln

Ähnlich wie beim 30 cm-Leitkegel ist es also auch in diesem Fall nicht gelungen, die in der Praxis übliche und bewährte Gestaltung fahrbarer Absperrtafeln in die StVO bzw. den VzKat aufzunehmen. Stattdessen wurden die dort enthaltenen Unzulänglichkeiten unreflektiert in die RSA 21 übernommen.

Kleiner Blinkpfeil nur mit acht oder 15 Leuchten

Die seit den 80er Jahren gebräuchliche Variante des kleinen Blinkpfeils mit 13 Leuchten (Produktbezeichnung z. B. LP13/HLPK13) kann ein Leuchtkreuz nur unzureichend darstellen. Das Ergebnis entspricht eher der 5 auf einem Würfel als einem Kreuz. Entsprechend ist in den RSA 21 nur noch die Variante mit insgesamt 15 Leuchten vorgesehen, bei welchem das Leuchtkreuz aus neun Leuchten gebildet wird.

Sofern tatsächlich nur der Blinkpfeil gezeigt werden soll, wären die alten Varianten ausreichend – dies betrifft natürlich auch die kleinen Blinkpfeile mit acht Leuchten, welche gar kein Kreuz darstellen können. Da aber die Schaltung als Leuchtkreuz in sehr vielen Fällen notwendig ist und davon ausgegangen werden muss, dass sie in der Praxis auch aktiviert wird, sollten kleine Blinkpfeile mit 13 Leuchten nicht mehr eingesetzt werden.

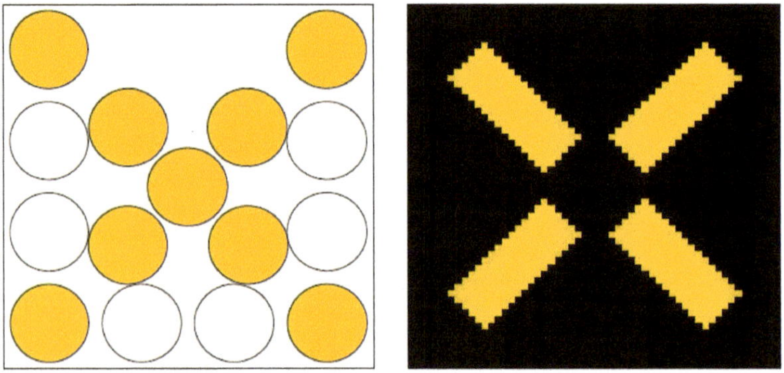

Darstellung einer Kreuzschaltung mit insgesamt neun Leuchten (LP 15) gemäß RSA 21 Bild A-17. Die rechte Abbildung verdeutlicht die Möglichkeit, das Leuchtkreuz auch per LED-Matrix darzustellen.

Tatsächliche Darstellung auf LED-Wechselverkehrszeichen analog der Leuchtkreuz-Variante beim Einsatz von Warnleuchten. Natürlich ist in diesem Fall auch die Darstellung mit neun gelben Kreisen möglich.

Leuchtpfeil-Anlage mit insgesamt 15 Leuchten, wobei neun Leuchten das Kreuz bilden. In diesem Fall ist der Einsatz des Leuchtkreuzes aber falsch, da das Fahrzeug auf dem rechten Fahrstreifen unterwegs ist. Hier ist der Blinkpfeil zu zeigen. Das Leuchtkreuz kommt hingegen auf dem Seitenstreifen zum Einsatz.

Leuchtpfeil-Anlagen mit nur 13 Leuchten können durch das fehlende untere Leuchtenpaar das Kreuz nur schemenhaft darstellen. Während sie in den RSA 95 noch enthalten waren, ist der Einsatz in den RSA 21 nicht mehr vorgesehen.

Warum im Falle der Darstellung als LED-Matrix der Mittelteil ausgespart wurde, ist unklar. Vermutlich aber, weil die typische grafische Darstellung von roten Dauerlichtzeichen übernommen wurde. Dort ist das aber nur deshalb notwendig, weil es sich in der Praxis meist um eine Schablone innerhalb eines Lichtzeichen-Signalgebers handelt.

Dies wurde in die jeweiligen Regelwerke übernommen und findet daher auch in der aktuellen LED-Technik Anwendung. Notwendig ist das aber im Falle des gelben Leuchtkreuzes nach RSA nicht.

Leuchtpfeil auch bei Gegenverkehr

Eine immer wieder geführte Diskussion dreht sich um die Frage, ob der Leuchtpfeil auf Straßen mit Gegenverkehr gezeigt werden darf. Dies betrifft sowohl die Leuchtpfeil-Anlage von fahrbaren Absperrtafeln (Zeichen 616), als auch den kleinen Blinkpfeil, der z. B. als zusätzliche Sicherheitsausrüstung an Arbeits- bzw. Sicherungsfahrzeugen oder Markiermaschinen zum Einsatz kommt.

Bereits im Anwendungsbereich der RSA 95 war der Sachverhalt klar geregelt: Das Leuchtkreuz ist nur auf Seitenstreifen zu zeigen – sonst ist die Schaltung „Blinkpfeil" zu wählen. In den RSA 21 wurde der Anwendungsbereich des Leuchtkreuzes dahingehend konkretisiert, dass z. B. auch Sperrflächen und ähnliche, nicht befahrene Straßenteile am Fahrbahnrand erfasst sind – also überall dort, wo keine aktiven Fahrstreifenreduzierungen usw. vorgenommen werden.

Bedenken gegen den Einsatz des Blinkpfeils auf Straßen mit Gegenverkehr zielen in der Regel darauf ab, dass die Verkehrsteilnehmer ohne Nachzudenken dem Pfeil folgen und mit dem Gegenverkehr kollidieren könnten. Was zunächst durchaus nachvollziehbar klingt, relativiert sich allerdings, wenn man den Einsatz des Blinkpfeils auf Richtungsfahrbahnen und insbesondere auf Autobahnen in gleicher Weise hinterfragt.

Das Vorbeifahren an Hindernissen auf Straßen mit Gegenverkehr ist in § 6 StVO geregelt und wird durch eine Absperrtafel mit Blinkpfeil genauso wenig außer Kraft gesetzt, wie die Sorgfaltspflichten aus § 7 Abs. 4 und 5 StVO. Wer auf der Autobahn im Bereich einer fahrbaren Absperrtafel einen Fahrstreifenwechsel vollzieht, muss Rücksicht auf den benachbarten bzw. rückwärtigen Verkehr nehmen. Wäre dies bei der Absperrtafel anders, dürften Blinkpfeile aufgrund der zu erwartenden Gefährdung auch nicht auf Autobahnen zum Einsatz kommen.

Das Leuchtkreuz ist nur für den Einsatz auf Seitenstreifen vorgesehen. Die gezeigte Absicherung entspricht daher nicht den Anforderungen der RSA 21.

Auch auf Straßen mit Gegenverkehr wird der Blinkpfeil gezeigt. Bedenken, die Verkehrsteilnehmer könnten in den Gegenverkehr fahren, sind unbegründet.

Absperrtafel abkoppeln auf Landstraßen und BAB unzulässig

Was bereits in der ASR A5.2 geregelt ist, findet sich nun auch in den RSA 21 wieder, obwohl diese ja eigentlich keine Arbeitsschutzvorgaben enthalten sollen. Das Gefährdungspotenzial ist beim händischen Abkoppeln von fahrbaren Absperrtafeln aber vergleichsweise hoch, sodass die Übernahme dieser Regelung in die RSA 21 konsequent ist.

Hinsichtlich der Gesamtmasse bleibt es in den RSA weiterhin bei der Empfehlung zu Fahrzeugen von mindestens 7,49 t, wobei dies verkehrsrechtlich gar nicht relevant ist – hier passt tatsächlich die Formulierung „sollte".

Ansonsten werden in dieser Hinsicht aber immer die Regelungen der ASR A5.2 Vorrang haben oder gesonderte Vorgaben der jeweiligen Straßenbauverwaltungen. In jedem Fall muss klar sein, dass das Zugfahrzeug an die Absperrtafel gekoppelt ist und deshalb nicht wie bisher als eigenständiges Arbeitsfahrzeug getrennt genutzt werden kann.

Der Einsatz von fahrbaren Absperrtafeln ohne Zugfahrzeug ist auf Landstraßen und Autobahnen bzw. autobahnähnlichen Straßen nicht mehr zulässig.

Das Zugfahrzeug bildet mit der fahrbaren Absperrtafel eine Einheit und kann deshalb nicht unabhängig davon genutzt werden – z. B. als Arbeitsfahrzeug.

LED Vorwarnanzeiger (LED-Vorwarner)

Zunächst eine Erläuterung, warum der „Vorwarner" bzw. die „Vorwarntafel" jetzt „Vorwarnanzeiger" heißt: Gemäß der Auffassung von Verkehrsjuristen aus dem Verkehrsministerium haben „Trägertafeln" gemäß § 39 Abs. 4 eine weiße Grundfarbe. Da die Vorwarntafel aber eine graue Grundfarbe hat, handelt es sich nicht um eine Tafel im Sinne der StVO, weshalb sie auch nicht so benannt werden darf. Entsprechend wurde die Begrifflichkeit „Vorwarnanzeiger" gewählt.

Vorwarnanzeiger in LED-Technik stellen in der Praxis seit vielen Jahren den Regelfall dar, was sich auch in den RSA 21 widerspiegelt. Die klassischen Vorwarntafeln aus Blech bzw. mit Prismenwendern sind zwar weiterhin zulässig, jedoch nur in der Retroreflexionsklasse RA 2.

Da die Vorwarnanzeiger in den jeweiligen Regelplänen durchweg invertiert dargestellt sind (vgl. § 39 Abs. 4 StVO), handelt es sich hierbei immer um solche mit „lichttechnischem Informationsteil" (LED Vorwarnanzeiger). Erforderliche Abweichungen, z. B. Blechtafeln mit Schutzplankenhalter bei fehlendem Seitenstreifen, bedürfen daher einer gesonderten Anordnung bzw. Genehmigung durch die zuständige Behörde.

Grafische Gestaltung und Darstellungsprobleme in der Praxis

Die grafische Darstellung des Vorwarnanzeigers in Bild A-10 zieht sich seit den ersten Entwürfen zur damaligen RSA-Teilfortschreibung durch den gesamten Überarbeitungsprozess der neuen RSA und ist auch in der Endfassung exakt so erhalten geblieben.

Tatsächlich gibt es in dieser Weise ausgeführte Vorwarnanzeiger praktisch nicht, da sich insbesondere die beiden Vorwarnleuchten eben nicht innerhalb der LED-Matrix befinden bzw. im Regelfall auch nicht durch die LED-Matrix lichttechnisch erzeugt werden. Vielmehr handelt es sich dabei um „echte" Warnleuchten, welche über oder neben der LED-Anzeigefläche positioniert sind. Die in den neuen Regelplänen genutzten Abbildungen stimmen wiederum nicht mit der Grafik in Bild A-10 überein. Hier hätte man sich für eine grafische Variante entscheiden sollen.

Ein in der Praxis viel bedeutsameres Problem ergibt sich aus der nunmehr enthaltenen Längenangabe (Zeichen 1001-30), welche in Kombination mit Zeichen 274 (Durchmesser ca. 700 – 750 mm, entsprechend VZ-Größe 3) auf der oberen Anzeigefläche in der Regel nicht sinnvoll darstellbar ist – schon gar nicht bei einer Auflösung von lediglich 48x48 Pixeln.

Bereits diese Anforderung ist in der Praxis nicht umsetzbar. Bei der Variante in den Regelplänen D III/2 und D III/4 (Mitbenutzung des Seitenstreifens) hat man das graue Grundelement einfach in der Höhe vergrößert und das Zusatzzeichen 1013-50 „Seitenstreifen befahren" hinzugefügt.

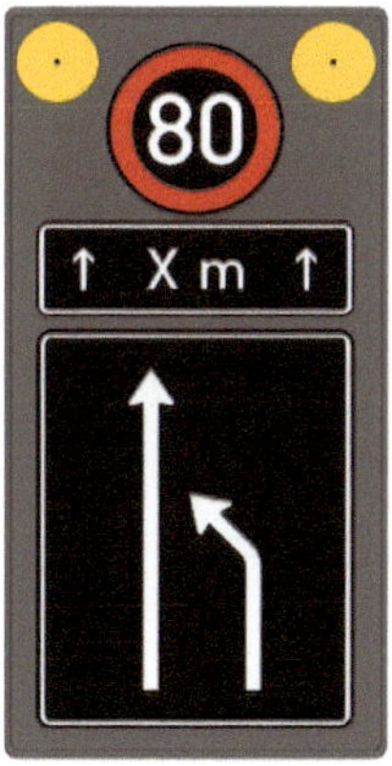

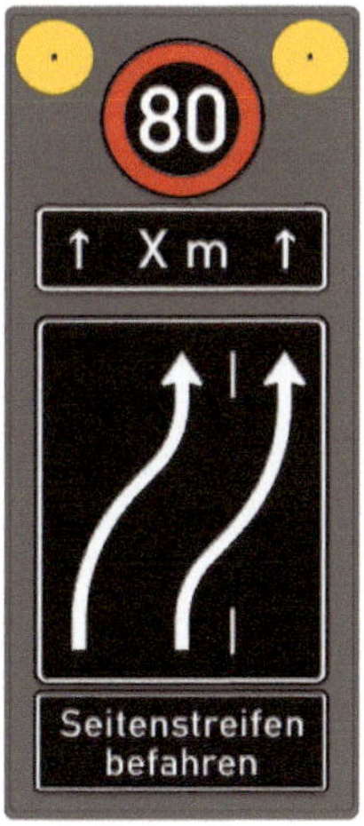

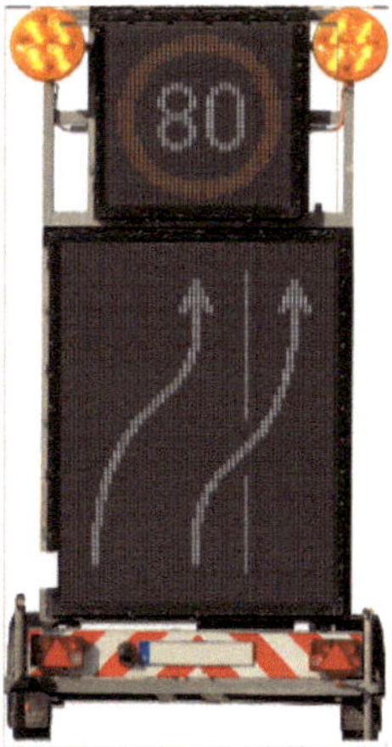

Wie ein LED-Vorwarnanzeiger in der Praxis üblicherweise aussieht, verdeutlicht die ganz rechte Abbildung. Alle oben abgebildeten Vorwarnanzeiger sind so positioniert, dass sich die unteren Anzeigeflächen auf einer Linie befinden und etwa dieselbe Größe aufweisen.

Mit Stand Mai 2022 sind keine marktüblichen Vorwarnanzeiger bekannt, welche die gemäß RSA 21 definierte Darstellung sinnvoll anzeigen können. Dies beinhaltet gemäß der Abbildungen in den Regelplänen D III/2 und D III/4 die vollständige Anzeige der Verkehrslenkungstafel (ca. 1250x1600 mm) sowie zusätzlich dazu die statische zweizeilige Wiedergabe des Zusatzzeichens „Seitenstreifen befahren" (also nicht im Wechsel blinkend).

Natürlich müssten die Vorwarnanzeiger auch den jeweils abgebildeten weißen Rand der Zusatzzeichen und Lenkungstafeln durch Licht darstellen, weshalb allein hierfür viele Pixel verloren gehen. Auf einer Anzeigefläche mit 48 Pixeln in der Breite ist das Wort „Seitenstreifen" im Grunde nicht sachgerecht darstellbar. Praxistauglich sind die neuen Varianten folglich nicht.

Seitenstreifenfreigabe nach RSA bislang nicht StVO-konform

Die Seitenstreifenfreigabe in den Regelplänen D III/2 und D III/4 wird in dieser Form seit Jahrzehnten erfolgreich praktiziert, ist bislang aber nicht von der StVO gedeckt. Entsprechende Regelungen finden sich derzeit nur zur ortsfesten Seitenstreifenfreigabe durch die Zeichen 223.1 bis 223.3.

Weder heben Verkehrslenkungstafeln als bloße Richtzeichen das gesetzliche Verbot zum Befahren des Seitenstreifens auf, noch darf die weiße Fahrbahnbegrenzung (die dann Fahrstreifenbegrenzung wäre) am Ende der Arbeitsstelle überfahren werden. Daran ändert auch das der regulären Seitenstreifenfreigabe entliehene Zusatzzeichen 1013-50 „Seitenstreifen befahren" nichts – zumal es bei den Regelplänen der RSA 21 an der Aufforderung „Seitenstreifen räumen" mangelt.

Man dürfte (müsste) daher den Seitenstreifen auch nach der Arbeitsstelle weiter befahren, denn eine gegenteilige Anordnung wird – formell – nicht getroffen. Diese Problematik sollte man bei nächster Gelegenheit nun endlich einmal in der StVO (möglichst pragmatisch) aufgreifen, damit die RSA-Regelpläne in dieser Hinsicht Rechtssicherheit bieten.

Ankündigung Nachtbaustelle – grafische Besonderheiten

Eine besondere grafische Gestaltung besteht bei der Ankündigung von Nachtbaustellen, welche ebenfalls invertiert dargestellt ist und daher grundsätzlich als LED-Wechselverkehrszeichen auszuführen ist. In diesem Zusammenhang der Hinweis, dass die in den ursprünglichen Entwürfen vorgesehene verbale Bezeichnung „Nachtbaustelle" als nicht notwendig erachtet wurde.

Beim Betrachten der Abbildung offenbaren sich gleich mehrere zeichnerische Kuriositäten, die im Zweifelsfall aber anordnungsrelevant sind. Zunächst stellt sich die Frage, welche Bewandtnis der umlaufende weiße Rand der „Trägertafel" hat. Sollte es sich dabei um die Umrahmung der LED-Matrix insgesamt handeln, wäre die Grundfläche nicht grau, sondern schwarz darzustellen.

Andernfalls ergibt sich das Problem, dass LED-Wechselverkehrszeichen bislang nicht in dreieckiger Form erhältlich sind (Zeichen 123) – zumindest ist das nicht marktüblich. Ergänzend dazu wurden die gelben Warnleuchten, genau wie bei der einst vorgesehenen „Blech-Variante" (vgl. Regelpläne gemäß ARS 06/2014), innerhalb der Tafelfläche eingezeichnet und damit in diesem Fall als Bestandteil der LED-Matrix. Tatsächlich wird es sich aber in der Praxis sinnvollerweise um TL-Warnleuchten handeln, die über dieser Tafel angebracht sind.

Die Ankündigung von Nachtbaustellen enthält viele grafische „Besonderheiten".

Beidseitige Aufstellung erforderlich

Die in den Regelplänen zu Nachtbaustellen vorgesehene beidseitige Aufstellung der Ankündigung dürfte in der Praxis nur mit entsprechendem Aufwand realisierbar sein, insbesondere weil es sich bei LED-Wechselverkehrszeichen um Einrichtungen mit einem vergleichsweise hohen Gewicht handelt.

Während die Ankündigung einer Nachtbaustelle auf der rechten Straßenseite alternativ mit einem LED-Vorwarnanzeiger realisiert werden kann, bedarf es im Mittestreifen angepasster Technik und entsprechenden Überlegungen zur fachgerechten Montage.

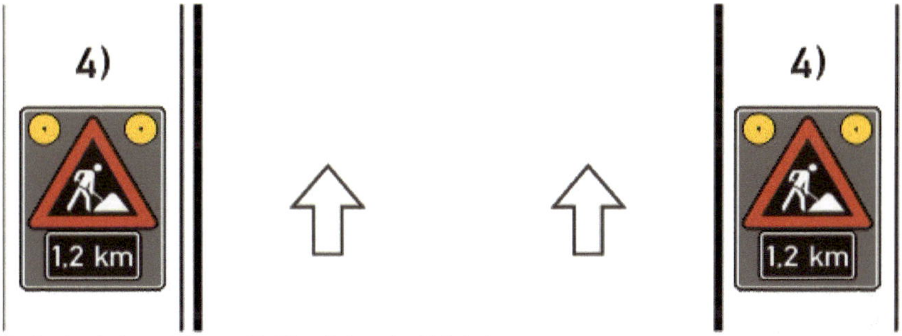

LED-Wechselverkehrszeichen auf beiden Seiten der Fahrbahn.

Fotomontage: So sollte künftig die Ankündigung einer Nachtbaustelle ausgeführt sein. Die Vorwarnleuchten (hier über der Tafel angebracht) sollen sich gemäß der Abbildung in den Regelplänen innerhalb der Anzeigefläche befinden. Das ist alles andere als praktikabel und zudem unnötig. Die Aufstellung der Ankündigung im Mittelstreifen ist natürlich mit entsprechendem Aufwand verbunden.

Arbeitsstellen planen – Regelpläne anwenden

Die Anwendung von Regelplänen gemäß RSA gehört bei der Sicherung von Arbeitsstellen an Straßen zum Tagesgeschäft. Die vergleichsweise einfache Handhabung sorgt dafür, dass Regelpläne im Planungswesen, bei den (Bau-)Unternehmen bzw. Antragstellern und den anordnenden Behörden gleichermaßen beliebt sind.

In der vermeintlich einfachen Handhabung liegt aber auch ein entscheidendes Problem:
Regelpläne behandeln Standardsituationen. Sie stellen in erster Linie das Grundprinzip der erforderlichen Absicherung nebst Beschilderung dar, lassen sich aber in den meisten Fällen nicht ohne Änderungen anwenden bzw. anordnen.

Für eine sachgemäße verkehrsrechtliche Anordnung ist es regelmäßig erforderlich, entsprechende Anpassungen der Regelpläne an die konkrete Örtlichkeit vorzunehmen. Die mit den RSA 21 neu eingeführten Auswahlfelder im Seitentext sollen einige dieser Anpassungen erleichtern, sie können die erforderliche Bewertung aller relevanten Kriterien aber nicht ersetzen. Anstelle eines Standard-Regelplanes ist daher meist ein eigener Verkehrszeichenplan erforderlich, hilfsweise auch ein sorgfältig modifizierter Regelplan. Zur Erstellung eines eigenen Verkehrszeichenplanes sollen geeignete Regelpläne als Grundlage bzw. Baustein genutzt werden.

Bei der Auswahl der Regelpläne bzw. der jeweiligen Art der Absicherung werden in der Praxis viele Fehler gemacht. Insbesondere die korrekte Bemessung der jeweiligen Platzbedarfe stellt seit jeher ein großes Problem dar. Planung und Ausführung berücksichtigen nur selten die baupraktischen bzw. bautechnischen Erfordernisse. Wenn die Bauseite dann den tatsächlich benötigten Arbeitsraum beansprucht, geht dies meist zu Lasten der Verkehrssicherung: Sie wird einfach entfernt oder gar nicht erst aufgebaut.

In diesem Beitrag werden die notwendigen Kriterien zur Anwendung von Regelplänen erläutert und typische Fehler bei der Anordnung und Ausführung dargestellt.

Arbeitsstelle mit einer „Absicherung“ in Anlehnung an Regelplan B I/5 (Engstellensignalisierung), jedoch ohne hinreichende Berücksichtigung der Örtlichkeit. Da Fußgängerüberwege und Lichtzeichenanlagen unverträglich sind (§ 37 Abs. 1 StVO), hätte der Fußgängerüberweg gesperrt werden müssen. Dies erfordert das Abdecken der

Z 350 (auch die innenbeleuchteten Zeichen über der Fahrbahn), das Auskreuzen des Zebrastreifens Z 293 und das Deaktivieren der Beleuchtung.

Auf Grund der Örtlichkeit (rechter Gehweg durch Bepflanzung von der Fahrbahn getrennt, sowie Einmündung im Bildhintergrund links), bedarf es hier eines eigenen Verkehrszeichenplanes z. B. auf Grundlage von Regelplan B I/6 (gesicherte Fußgängerquerung via LSA). Bei der Bewertung kann auch der Bahnübergang im Bildhintergrund eine Rolle spielen. Natürlich wird bei der Anlage der Querungsstellen die Hecke zu entfernen sein und es sind barrierefreie Übergänge zu errichten. All dies ist normalerweise Gegenstand einer sorgfältigen Planung, anhand derer dann auch die Kosten für eine fachgerechte Verkehrssicherung zu kalkulieren sind.

Konkrete Festlegungen in der VAO erforderlich

Eine ordnungsgemäße verkehrsrechtliche Anordnung muss stets so konkret abgefasst sein, dass dem Adressaten **kein Ermessen** bei der Ausführung verbleibt (RSA 21 Teil A, Abschnitt 1.4 Absatz 1, letzter Satz). Allgemein gehaltene Formulierungen wie *„Absicherung nach Regelplan B I/5 – örtlich angepasst"* (ohne beigefügten und tatsächlich angepassten Regelplan), sind ebenso unzulässig, wie der nichts sagende Satz *„Die Absicherung erfolgt nach RSA 21"* (ohne dass darüber hinaus weitere bzw. konkrete Festlegungen getroffen werden).

Alle gemäß RSA 21 (und natürlich StVO, VwV-StVO usw.) relevanten Anforderungen sind im Zuge der verkehrsrechtlichen Anordnung von der zuständigen Behörde konkret und einzelfallbezogen anzuordnen. Die Dokumente, die einer solchen Anordnung zu Grunde liegen (eigene Verkehrszeichenpläne bzw. Regelpläne), müssen deshalb alle anordnungsrelevanten Informationen enthalten.

Entsprechend sind pauschale Festlegungen wie *„die entgegenstehende Beschilderung ist auszukreuzen"* unzulässig, da in diesem Fall die endgültige Entscheidung, welche Verkehrszeichen vor Ort deaktiviert werden sollen, einem privaten Dritten (betrifft auch Verkehrssicherungsfirmen) überlassen wird. Dies gilt auch für das Auskreuzen von Wegweisern oder Fahrbahnmarkierungen. Folglich sind diese Elemente in den Verkehrszeichenplan bzw. einen modifizierten Regelplan aufzunehmen.

Dagegen sind Verkehrszeichenpläne bzw. angepasste Regelpläne, die nur pauschale Vorgaben enthalten, unzureichend bzw. fehlerhaft. Sobald dem (Bau-)Unternehmer bzw. den mit der Ausführung befassten Personen (betrifft auch Verkehrssicherungsfirmen) „freie Hand" bei der Umsetzung der Beschilderung bzw. Absicherung von Arbeitsstellen gelassen wird, liegt verkehrs- bzw. verwaltungsrechtlich ein grober Fehler vor:

2. Die Kennzeichnung Verkehrsführung, Verkehrsregelung geschieht nach	Beschilderungs-/Umleitungsplan ☐ -innerorts- Regelplan-Nr. -außerorts- Regelplan-Nr. Verkehrssicherungseinrichtung	**B I/5 (örtlich angepasst)**	Datum: [redacted]**2022**
3. Verkehr wird umgeleitet Anliegerverkehr frei bis			
4. Weitere Maßnahmen zur Sicherung des Verkehrs	**- Anwendung Regelplan B I/5 mit Anpassung an örtl. vorh. Beschilderung und Bauablauf. - Der Anordnung widersprechende Beschilderung ist abzudecken. - Sicherung der Gefahrenstelle gemäß VzKat, RSA 21, ZTV-SA 97, TL 97 und ASR 5.2.**		
Verantwortlicher Bauleiter Telefon / Handy	[redacted] [redacted]	[redacted]	Bauleiter ist Zertifikat-Inhaber gemäß MVAS 99 bzw. ZTV-SA 97: ☐
Verantw. Verkehrssicherer Telefon		/	Verkehrssicherer ist Zertifikat-Inhaber gemäß MVAS 99 bzw. ZTV-SA 97: ☐

Beispiel für eine unzulässige verkehrsrechtliche Anordnung. Wenn ein Regelplan *„örtlich angepasst"* werden muss, sind die jeweiligen Änderungen bereits im Rahmen der Beantragung bzw. Anordnung konkret darzulegen. Das heißt, dass anstelle eines Standard-Regelplanes (hier B I/5), ein in allen relevanten Punkten an die Örtlichkeit angepasster Regelplan, bzw. ein eigener Verkehrszeichenplan eingereicht wird, auf dessen Grundlage später die verkehrsrechtliche Anordnung ergeht.

Im konkreten Beispiel wurde aber nur ein unveränderter Regelplan B I/5 beantragt und der finalen Anordnung beigefügt, weshalb die örtlich notwendigen Änderungen letztendlich überhaupt nicht angeordnet wurden. Alles was dann in der Praxis durch den Unternehmer tatsächlich *„örtlich angepasst"* wird, hat folglich keine rechtliche Grundlage. Vielmehr gibt die zuständige Behörde in unzulässiger Weise ihre Regelungskompetenz aus der Hand (Stichwort: Verkehrsregelungspflicht). Dies betrifft auch das im Anordnungstext benannte Abdecken der widersprechenden Beschilderung.

Im Übrigen ist die Benennung der ZTV-SA 97, der TL 97 (welche?) und der ASR A 5.2 in einer verkehrsrechtlichen Anordnung nicht vorgesehen, da es sich hierbei um vertragliche, technische oder arbeitsschutzrechtliche Anforderungen handelt.

Die erwähnte unzulässige Ermessensausübung durch private Dritte betrifft natürlich die fertig ausgestellte verkehrsrechtliche Anordnung – hier besteht dann bei der konkreten Umsetzung kein Ermessen. Im Zuge der Planung bzw. Beantragung üben die Antragsteller jedoch selbstverständlich ein eigenes Ermessen aus, indem sie die anordnungsrelevanten Unterlagen selbst erstellen und sich entsprechende Gedanken über die konkrete Umsetzung machen (Vorlage eines Verkehrszeichenplanes gemäß § 45 Abs. 6 StVO). Die anordnende Behörde muss diese Unterlagen (Verkehrszeichen- bzw. Regelpläne sowie signaltechnische Unterlagen) jedoch sorgfältig prüfen. Zudem muss sie Änderungen einfordern, wenn die eingereichten Unterlagen unvollständig, fachlich unzureichend oder fehlerhaft sind. Entsprechend sind umfassende Absprachen bereits im Vorfeld der Planung erforderlich.

Die hier durchgeführten Arbeiten (Breitbandausbau, ein Thema für sich) erfordern zumindest zeitweise die Sperrung beider Gehwege, auch wenn auf einer Seite nur „harmlose" Kopflöcher z. B. für Grundstücksanschlüsse hergestellt werden. Das Ergebnis einer unzureichenden (wohl eher gar keiner) Planung ist eine darauf aufbauende fehlerhafte verkehrsrechtliche Anordnung. Zusätzlich dazu werden vor Ort dann noch eigenmächtige – nicht angeordnete – Änderungen vorgenommen.

Bleiben die erforderlichen Kontrollen durch Behörde und Polizei aus (genau wie die gemäß RSA vorgeschriebene Überprüfung der LSA vor deren Inbetriebnahme), ergeben sich Zustände wie abgebildet. Auf Grund des Umfangs der Arbeiten auf der gesamten Straßenbreite (z. B. Start- und Zielgrube beim Einsatz von „Erdraketen") und den Anforderungen für eine sichere Fußgängerführung, hätte hier eine Vollsperrung angeordnet werden müssen. Ist dies nicht möglich, müssen die Arbeiten sowie die dazugehörige Verkehrssicherung grundsätzlich anders geplant und ausgeführt werden.

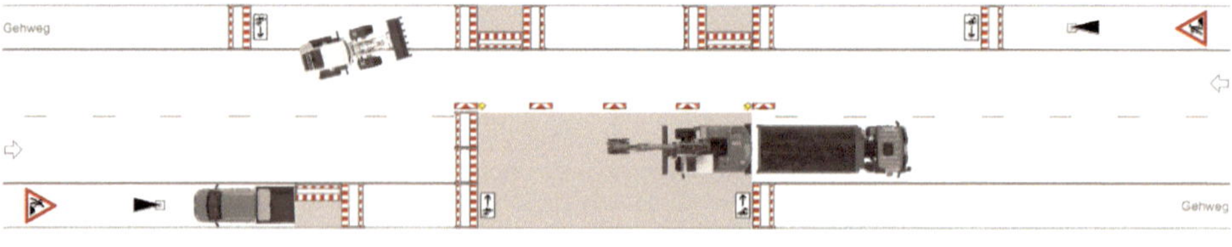

Regelplan 08/15 – Breitbandausbau. Eine Verkehrsbehörde würde so etwas vermutlich nicht anordnen, doch genau so sieht vielerorts die Praxis aus.

Gegenrichtung: Dass der Antragsteller offensichtlich keine hinreichenden Kenntnisse der einschlägigen Vorschriften besitzt, sei dahingestellt. Zumindest die anordnende Behörde hätte auf Grund des vorhandenen Bahnüberganges und dessen Vorsignal die „geplante" Verkehrsführung versagen müssen. Hier wird klar, wozu Anhörungsverfahren eigentlich da sind. Die fachgerechte Bewertung der Örtlichkeit kann in solchen Fällen dazu führen, dass die Baustellen-LSA in die Steuerung des Bahnübergangs bzw. der nachgelagerten Kreuzungs-LSA eingebunden werden muss. Welcher Aufwand dahinter steht, sollte klar sein.

Da eine fachliche Bewertung seitens der Behörde offensichtlich ausgeblieben ist, kam es an der gezeigten Stelle zu entsprechenden Problemen, wenn das Vorsignal des BÜ auf Rot geschaltet hat und sich die Fahrzeuge dieser Fahrtrichtung zurück in die Arbeitsstelle stauten. Die Gegenrichtung konnte dann trotz Grün der Baustellen-LSA nicht abfließen, was einen Rückstau bis zum eigentlichen Bahnübergang zur Folge hatte und letztendlich auch den Verkehr am nachfolgenden Kreuzungsbereich zum Erliegen brachte. Dieses Beispiel zeigt, dass Regelpläne (hier B I/5) eben nicht 1:1 umgesetzt werden können, sondern dass immer die konkrete Örtlichkeit vorgibt, was wirklich notwendig ist.

Inhalt bzw. Umfang der verkehrsrechtlichen Anordnung

Eine korrekt abgefasste verkehrsrechtliche Anordnung muss gemäß RSA viele Angaben enthalten (RSA 21 Teil A, Abschnitt 1.4 Absatz 2 a) bis m)). Auf eine vollständige inhaltliche Wiedergabe dieses Abschnitts wird aus urheberrechtlichen Gründen verzichtet. Einige der wesentlichen Anforderungen werden nachfolgend kommentiert. Mit Ausnahme der Vorgaben zu Verkehrsbeeinflussungsanlagen sind die einzelnen Punkte nicht neu, denn sie waren bereits in den RSA 95 definiert.

- **Nähere Angaben zur Lage der Arbeitsstelle**
  Es genügt nicht, eine nur grob gefasste Angabe wie „B 85" anzugeben, oder eine Straße zwischen zwei Ortschaften zu benennen, auf der sich dann an beliebiger Stelle eine Arbeitsstelle befindet. Zusätzlich zu der großräumigen Beschreibung der Örtlichkeit sind deshalb genaue Angaben zur Lage der Arbeitsstelle erforderlich, z. B. durch Benennung von Hausnummern oder der örtlich vorhandenen Kilometrierung. In vielen Fällen sind maßstäbliche Unterlagen sinnvoll bzw. erforderlich, um den konkreten örtlichen Bezug – nachprüfbar – zu gewährleisten.
- **Breiten der Straßenteile**
  Mit dem Begriff „Straße" ist umgangssprachlich meist die Fahrbahn gemeint. Im Verkehrsrecht umfasst „Straße" jedoch nicht nur die Fahrbahn, sondern u. a. auch Seitenstreifen sowie Geh- und Radwege. Entsprechend sind für eine korrekte Bewertung bemaßte Straßenquerschnitte erforderlich, die dann die Grundlage für die Maßangaben in Regel- oder Verkehrszeichenplänen bilden. In diesem Zusammenhang

spielt neben dem Verkehrs- und Arbeitsbereich (Stichwort: ASR A 5.2) auch der Platzbedarf für die Verkehrssicherung eine wesentliche Rolle. Genau dieses Erfordernis wird aber oftmals ausgeblendet.

- **Angaben zum zeitlichen Rahmen der Arbeiten**
  Hier gibt es vor allem im Zuge von Jahresverträgen häufig den Fall, dass Unternehmen für Arbeitsstellen kürzerer Dauer eine Anordnung für einen Zeitraum von z. B. drei Monaten beantragen und auch genehmigt bekommen, um dann (ohne weitere Rücksprache mit der zuständigen Behörde) eigenmächtig zu entscheiden, wann die beantragte Arbeitsstelle tatsächlich eröffnet wird. Bei Markierungsfirmen ist das z. B. der Fall, wenn das Wetter passt. Diese Verfahrensweise ist – genau wie die beliebten Jahresanordnungen – unzulässig. Weitere Hinweise finden sich in den RSA 21 Teil A, Abschnitt 1.3.1 Absatz 7 (vereinfachtes Verfahren).
- **Detailangaben zum zeitlichen Ablauf**
  Insbesondere zur Wahrung definierter Ausschlusszeiten muss klar sein, wann die Arbeiten konkret beginnen (dürfen) bzw. beendet sind (sein müssen). Natürlich können sich in der Praxis immer unvorhergesehene Abweichungen ergeben – entgegen jeder auch noch so sorgfältigen Planung. Dennoch müssen insbesondere zur Stauvermeidung und Aufrechterhaltung des ÖPNV, einschließlich Schulbusverkehr, entsprechende Auflagen erteilt und eingehalten werden.
- **Beschilderung, Markierung, Absperrgeräte**
  Die Planung der Beschilderung und Absperrung erfordert genaue Angaben und eine exakte Anpassung der Anordnung an die Erfordernisse vor Ort. Neben „normalen" Verkehrszeichen dürfen auch Leitbaken, Leitkegel oder Absperrschrankengitter nicht ohne konkrete Anordnung aufgestellt werden. Dies betrifft auch temporäre Markierungen, Leitschwellen sowie Leitborde und natürlich Lichtzeichenanlagen. Ergeben sich an der Arbeitsstelle notwendige Änderungen (was in der Praxis arbeitstäglich der Fall sein kann), bedürfen diese ebenfalls einer (geänderten oder erweiterten) verkehrsrechtlichen Anordnung. Hierbei sind einzelne Bauphasen bzw. Teilabschnitte jeweils gesondert zu bewerten, da hierfür ggf. andere Anforderungen gelten.
- **zu ändernde Verkehrszeichen im Verlauf der Arbeiten**
  In diesem Punkt geht es insbesondere um erforderliche Anpassungen der angeordneten „Baustellenbeschilderung". Dies ist z. B. der Fall, wenn gemäß ASR A 5.2 „Tempo 20" angeordnet werden muss, obwohl in der arbeitsfreien Zeit, bzw. ohne Personal im Grenzbereich zum Straßenverkehr, eine Beschränkung auf „Tempo 50" genügt. Auch solche Änderungen sind konkret anzuordnen. Dies betrifft auch einen möglichen bzw. erforderlichen Teilrückbau am Wochenende. Eigenmächtig darf dies nicht erfolgen, auch wenn es noch so sinnvoll erscheint. Die Anordnung muss natürlich auch den zurück zu bauenden Zustand detailliert definieren. In der Praxis wird z. B. im Falle des Regelplanes C I/5 oftmals nur die LSA weggedreht oder ausgeschaltet, die Beschilderung im Zulauf der Arbeitsstelle bleibt aber unverändert. Wenn jedoch der Grund für ein Tempolimit entfallen ist (Zeichen 123 + ZZ 1004-30-400 kann gemäß § 40 Abs. 1 StVO in solchen Fällen genügen), dann ist Zeichen 274-50 in der arbeitsfreien Zeit wegzudrehen – genau wie das Zeichen 131. Anstelle einer bloßen textlichen Benennung kann hierzu ein zweiter modifizierter Regelplan sinnvoll sein.
- **vorhandene Verkehrszeichen und Verkehrseinrichtungen (Deaktivieren oder Ändern)**
  Pauschale Formulierungen sind hierfür unzulässig. Es muss in der Anordnung genau festgelegt werden, welche Verkehrszeichen deaktiviert werden und wie dies erfolgt. So ist z. B. bei Verkehrszeichen ein vollflächiges Abdecken in der Regel einem bloßen Auskreuzen vorzuziehen, da der Verkehrsteilnehmer sonst auch das ausgekreuzte Schild mit erfassen muss (Wahrnehmungskonkurrenz). Zudem werten Fahrerassistenzsysteme ausgekreuzte Schilder ggf. als gültig. Wichtig ist insbesondere, dass nicht das Personal vor Ort entscheidet, was deaktiviert oder geändert wird, sondern dass die Anordnung dies für jedes einzelne Verkehrszeichen konkret vorgibt.
- **Schaltungen einer vorhandenen oder anlässlich der Arbeitsstelle angebrachten Verkehrsbeeinflussungsanlage**
  Weder das Personal vor Ort, noch die Beschäftigten einer (privaten) Verkehrsleitzentrale legen im Falle von Arbeitsstellen eigenmächtig oder auf Zuruf durch das Baustellenpersonal fest, welche Geschwindigkeitsbegrenzungen oder Dauerlichtzeichen gezeigt werden. Die notwendigen Vorgaben enthält auch hier die verkehrsrechtliche Anordnung – für alle erforderlichen Signalisierungszustände. Es genügt daher nicht ein Anruf der Kategorie *„Sperr mir mal die linke Spur und schalte die Z 274 auf Tempo 40"*. Diese Vorgabe ist insbesondere im Falle temporär errichteter Verkehrsbeeinflussungsanlagen relevant, da diese im Regelfall von Privatunternehmen betrieben werden.
- **Signallageplan, Signalzeitenplan, VTU**
  Ohne einen exakt vermaßten Signallageplan lassen sich die Signalzeiten nicht fachgerecht bemessen bzw. nachprüfen. Der darauf aufbauende Signalzeitenplan sowie alle weiteren verkehrsrechtlich relevanten Betriebsparameter einer Lichtzeichenanlage (Verkehrstechnische Unterlagen – VTU), sind von der **Verkehrsbehörde** konkret anzuordnen. Fehlen diese Angaben, darf die Lichtzeichenanlage nicht in Betrieb genommen werden. Nicht die Beschäftigten eines Bauunternehmens oder einer Verkehrssicherungsfirma entscheiden, wie die LSA arbeitet, sondern die Verkehrsbehörde gibt dies in der verkehrsrechtlichen Anordnung vor. Hierfür

sind die einem Regel- bzw. Verkehrszeichenplan beizufügenden VTU wesentlicher Bestandteil des Antrages auf VAO. Die bloße Abbildung eines Signalgebers in einem Verkehrszeichen- oder Regelplan genügt nicht. Nimmt die zuständige Verkehrsbehörde die ihr obliegende Amtspflicht nicht wahr, liegt keine behördlich angeordnete Verkehrsregelung durch eine Lichtzeichenanlage vor. Dies kann entsprechende Konsequenzen im Zuge eines LSA-bedingten Verkehrsunfalls nach sich ziehen, betrifft aber ggf. auch die Ahndung von Rotlichtverstößen.

Besichtigung der Örtlichkeit ist elementare Planungsgrundlage

Wie die vorbenannten Erläuterungen zeigen, müssen bei der Planung von Arbeitsstellen viele verschiedene Aspekte berücksichtigt werden. Dies gilt für den Antragsteller ebenso, wie für die anordnende Behörde sowie für alle im Anhörungsverfahren zu beteiligenden Stellen.

Mithilfe der heutzutage üblichen Online-Kartendienste, einschließlich Foto-Straßenansicht, lässt sich durchaus eine erste Bewertung per Fernerkundung vornehmen. Sobald es aber um das Erfassen konkreter Maße zur Abbildung in entsprechenden Straßenquerschnitten geht, ergeben sich Grenzen dieser Anwendungen. Je nach gewähltem Maßstab und Mausklick kann z. B. eine online gemessene Gehwegbreite mal 1,5 m oder 1,7 m betragen – und diese Abweichung ist hinsichtlich der Umsetzbarkeit möglicherweise bereits entscheidend.

Auch sind die online verfügbaren Daten einer Foto-Straßenansicht nicht immer aktuell (gilt auch für behördeninterne Daten z. B. aus der Videobefahrung). Entsprechend lassen sich auf diese Weise vorhandene Verkehrszeichen oder Fahrbahnmarkierungen in der Regel nicht verlässlich erfassen. Deren Aufnahme in die Planung (einschließlich relevanter Wegweisung) ist jedoch zwingend erforderlich, um widersprüchliche oder irritierende Beschilderungen auszuschließen bzw. um notwendige Änderungen konkret vorgeben zu können.

Bemessung der erforderlichen Platzbedarfe

Schlecht abgesicherte Arbeitsstellen sind meistens die Folge unzureichender Planung – wobei diese oftmals vorsätzlich so erfolgt. Das Grundproblem besteht in der Regel darin, dass sich sowohl Planer als auch Antragsteller nicht darüber im Klaren sind (oder sein wollen), welcher Platz für die Ausführung der Arbeiten tatsächlich benötigt wird. Hierbei geht es nicht allein um die allgegenwärtige Problematik des Arbeitsschutzes gemäß ASR A 5.2, sondern um grundlegende Dinge aus der täglichen Baustellenpraxis. Das sind insbesondere freie Bewegungsflächen für Personal und Maschinen (auch abseits des Grenzbereiches zum Straßenverkehr), notwendige Sicherheitsabstände zu Aufgrabungen z. B. Abböschung der Grabenwände, sowie erforderliche Verkehrswege und Flächen zur Lagerung des eingesetzten Materials oder weiterer Hilfsmittel. Auch die notwendige Andienung der Arbeitsstelle wird häufig ausgeblendet.

Typische Situation beim Breitbandausbau: Gehweg blockiert, ohne jede Absicherung oder sichere Fußgängerführung, keinerlei Absperrung des Arbeitsbereiches zur Fahrbahn. Das Foto verdeutlicht, welcher Platz vor Ort tatsächlich notwendig ist. So viel zur Aussage: *„Wir brauchen nur den Platz für ein Kopfloch"*.

Arbeitsstelle eines Energieversorgers: Fräsarbeiten auf der Fahrbahn, Rohrleitungsmontage mitten auf dem Gehweg. Natürlich alles ohne Absicherung.

Fuhrpark eines Tiefbauunternehmens, aufgereiht auf Gehweg und Fahrbahn. Immerhin hat man es vollbracht, eine Leitbake aufzustellen.

Platzbedarf für Baumaschinen und Material

Vielen Verantwortlichen (sowohl auf Planungs-, Ausführungs- und Behördenseite) ist nicht bewusst, dass sich im Regelfall alle erforderlichen Baumaschinen, Baumaterialien usw. innerhalb des abgesperrten Arbeitsbereiches befinden müssen. Innerorts muss der Arbeitsbereich in der Regel vollständig mit Absperrschrankengittern eingezäunt werden.

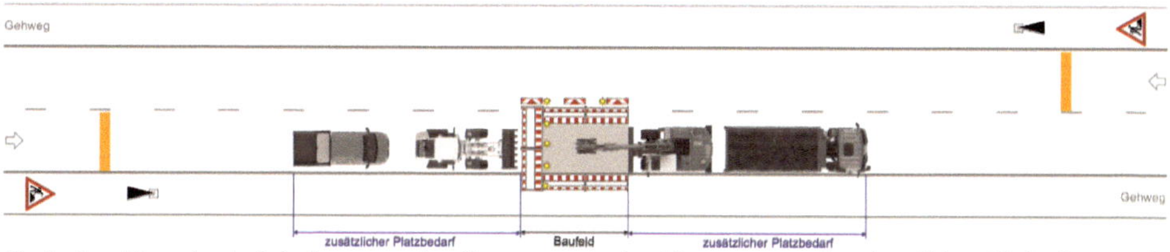

Geplant und beantragt wird oft nur nur eine Absperrung in den Abmessungen der eigentlichen Maßnahme, z. B. ein Rohrleitungsgraben mit 60 cm Breite oder ein kleines Kopfloch. Das hierfür zumindest ein Bagger nebst LKW die gesamte Fahrstreifen-, Geh- oder Radwegbreite einnehmen, bleibt dabei ebenso unberücksichtigt, wie der erforderliche Abstand für diese Fahrzeuge vor und hinter der Aufgrabung. Natürlich wird in diesem Zusammenhang auch nicht bedacht, dass der Bagger ggf. über den verbleibenden Fahrstreifen bzw. Geh- oder Radweg schwenkt, oder dass der Oberwagen in den Verkehrsbereich hineinragt. Diese und weitere Fehleinschätzungen sind an der Tagesordnung und betreffen kleine Tiefbaufirmen genauso, wie von großen Baukonzernen betreute Millionenprojekte.

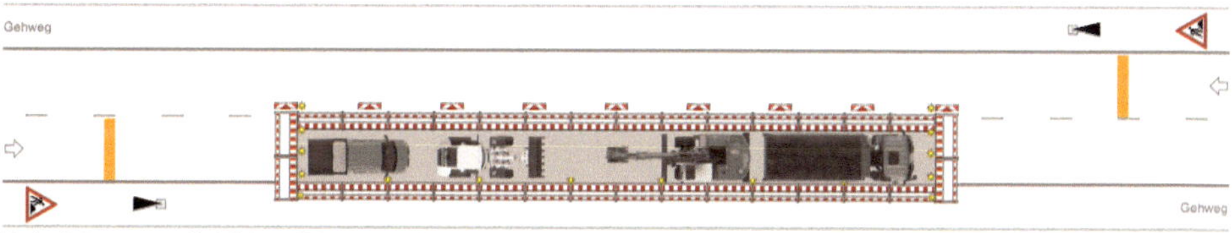

Beispiel zum tatsächlichen Platzbedarf für Baumaschinen und Baustellenfahrzeuge – wohlgemerkt innerhalb des abgesperrten Arbeitsbereiches.

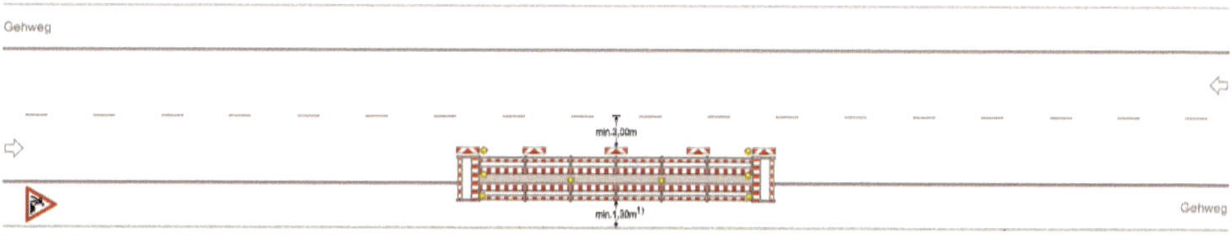

Beispiel Regelplan B I/3: Dieser Regelplan könnte z. B. beantragt werden, wenn eine Bordsteinabsenkung hergestellt werden soll. Der Antragsteller gibt hierzu bei der anordnenden Behörde an, dass er nur den vorhandenen Hochbord aufnimmt, um anschließend die Absenkung einzubauen und die Anschlüsse an Gehweg und Fahrbahn wiederherzustellen. Die hierzu benötigte Baubreite beträgt nach Auskunft des Antragstellers maximal 50–60 cm. Natürlich geht er dabei nicht davon aus, dass er die gezeigte Absicherung vor Beginn der Arbeiten aufzubauen hat und alle Tätigkeiten innerhalb des allseitig geschlossenen Arbeitsbereiches ausführen muss. Tatsächlich wird in solchen Fällen eine halbseitige Sperrung (bis zur Fahrbahnmitte) erforderlich sein, die allenfalls zum Feierabend auf die gezeigte Variante zurückgebaut werden kann. Dabei ist zu beachten, dass z. B. der eingesetzte Minibagger ebenfalls in den abgesperrten Arbeitsbereich gehört.

Hier wurde auf die eigentlich notwendige Anordnung eines Fußgängernotweges verzichtet, weil die Tiefbauarbeiten zum Rückbau eines Stromverteilerkastens in Handschachtung sowie unter Einsatz eines Klein-LKW (Multicar) erfolgen sollten (aufgestellt dicht an der Mauer rechts im Bild). Auf Grund der kurzen Engstelle wurde für die Fußgänger der wassergebundene Bereich zwischen den Leitbaken und den Absperrschrankengittern vorgesehen. Bereits die Tiefbauarbeiten wurden entgegen der eigentlichen Absprache mit einem Bagger durchgeführt. Der anschließend tätige Energieversorger parkte sein Montagefahrzeug wie abgebildet. Theorie und Praxis.

Beispiel für eine Situation nach Regelplan B I/14 oder B I/15: Die (Voll-)Sperrung einer Straße kann eben nicht nur mit Zeichen 250 und einer Absperrschranke mit fünf roten Leuchten erfolgen. Ein Klassiker ist z. B. das ungesicherte Einfahren einer Fräse nebst LKW in Kreuzungs- oder Einmündungsbereiche, da bei der Planung nur die eigentliche Vollsperrung der zu sanierenden Straße berücksichtigt wird, jedoch nicht der zusätzliche

Platzbedarf für Baumaschinen außerhalb des eigentlichen Baufeldes. Auch die notwendigen Aufstellflächen für wartende LKW werden meist nicht vorgehalten – die Fahrer müssen sich irgendwo im öffentlichen Verkehrsraum einen Platz suchen (vom üblichen Rückwärtsfahren ohne Einweiser mal ganz abgesehen).

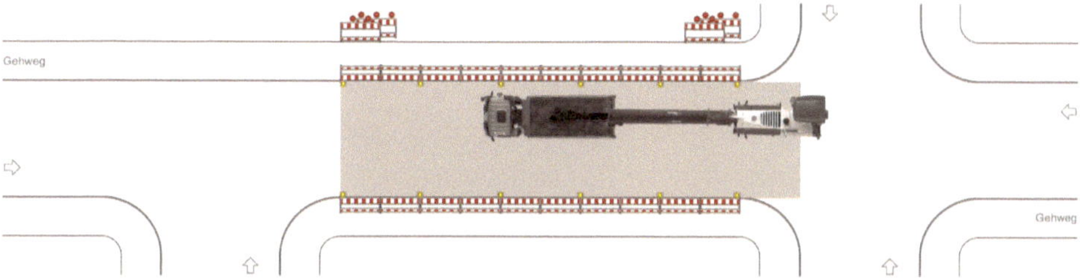

Beispiel Regelplan B I/15: Die Fräse fährt ungesichert in den Kreuzungsbereich ein, die Absperrung wird hierfür vorschriftswidrig entfernt. Da sich der tatsächliche Fräsbereich bis in die jeweiligen Knotenpunkte erstreckt, müssen zusätzliche Verkehrssicherungsmaßnahmen geplant werden. Der Original-Plan genügt nicht.

Mit dem Fortschreiten der Arbeiten fährt die Fräse dann auch in den linken Knotenpunkt ein, der LKW vorne weg. Auch dieser Arbeitsgang muss wie der eigentliche Arbeitsbereich <u>vollständig</u> abgesperrt werden. Es ist also für die Fräsarbeiten eine gesonderte Planung der Verkehrssicherung erforderlich, auf der dann die verkehrsrechtliche Anordnung aufbaut. Mit Fertigstellung der Fräsarbeiten kann die Absperrung auf den eigentlichen Arbeitsbereich zurückgebaut werden.

Situationen wie diese sind in der Praxis völlig „normal". Auch hier zeigt sich der tatsächlich notwendige Platzbedarf, den alle Beteiligten gerne ausblenden.

Im Laufe einer Baumaßnahme sind dann z. B. Kanal- bzw. Leitungsanschlüsse im angrenzenden Kreuzungsbereich erforderlich. Hierfür werden dann „mal schnell" ein paar vorhandene Leitbaken etwas verrutscht. Am Ende der Sanierung fährt dann beim Deckeneinbau der Fertiger nebst LKW ebenfalls in den Kreuzungsbereich ein, weil man auch diesen Arbeitsgang ausgeblendet hat – genau wie den zusätzlichen Platzbedarf für die Asphaltkolonne, die ihre Fahrzeuge und Maschinen irgendwo abstellt. Wie schon bei den Fräsarbeiten warten nun die LKW mit dem Asphaltmischgut außerhalb der eigentlichen Baustelle im öffentlichen Verkehrsraum – meist in Bereichen, in denen das nach StVO verboten ist.

Typische Situation bei Fahrbahnsanierungen: Abstellen von Baufahrzeugen außerhalb des Arbeitsbereiches ohne jede Absicherung. Der eigentliche Bauanfang befindet sich in Höhe des PKW im Bildhintergrund. Die für Baumaschinen und Baufahrzeuge notwendigen Flächen sind zusätzlich zum eigentlichen Baufeld bei der Planung zu berücksichtigen. Entsprechend verlängert sich die erforderliche Absicherung mindestens um diesen Bereich – im Regelfall auf beiden Seiten der Arbeitsstelle. Dies wirkt sich natürlich auf die Standorte der LSA und die Bemessung der Signalzeiten aus. Auch hier sind eigenmächtige Anpassungen vor Ort üblich, aber schon immer unzulässig.

Materiallagerungen

Im Rahmen der Planung von Arbeitsstellen müssen die notwendigen Bereiche für Materiallagerungen berücksichtigt werden. Dies beinhaltet Flächen für Aushub, aufgenommenes Pflaster, Paletten, Rungengestelle, Rohrleitungen, Kabeltrommeln einschließlich Anhänger, Grabenverbaugeräte usw. – also alles, was im Zuge der Baumaßnahmen benötigt wird. Auch weitere Bestandteile der Baustelleneinrichtung wie Kippmulden, mobile Tankanlagen usw. stellen Hindernisse dar, die wie Arbeitsstellen abgesichert werden müssen. In der Praxis werden diese Einrichtungen oft sorglos im öffentlichen Verkehrsraum abgestellt.

Materiallagerungen sind sorgfältig zu planen. Sie müssen wie Arbeitsstellen abgesichert werden, dürfen Geh- und Radwege aber nicht blockieren (Mindestbreite).

Planung von Baustellenzufahrten

Im Zusammenhang mit den Ausführungen zum Platzbedarf muss klar sein, dass die beantragte bzw. angeordnete Absicherung in der Regel 24/7 bestehen bleiben muss, soweit die verkehrsrechtliche Anordnung nicht den (Teil-)Rückbau für die arbeitsfreie Zeit vorsieht. Entsprechend ist im Rahmen der verkehrsrechtlichen Anordnung auch die Andienung der Arbeitsstelle zu klären – daher sind notwendige Baustellenzufahrten vorab konkret festzulegen.

In der Praxis wird hierfür gern die Querabsperrung entfernt, was arbeitspraktisch meist die einfachste Lösung ist. Natürlich wird die entstandene Lücke dann nicht – wie eigentlich erforderlich – nach jeder Durchfahrt von Baustellenfahrzeugen wieder verschlossen. Die geöffnete bzw. vollständig entfernte Absperrung bleibt nicht selten auch nach Feierabend bestehen, teilweise auch über mehrere Tage oder Wochen.

Grundsätzlich gilt: Verschwenkungsbereiche sind als Baustellenzufahrt ungeeignet, denn sie dienen in erster Linie der Verkehrsführung. Baustellenzufahrten sind daher vorzugsweise im Bereich der Längsabsperrung anzulegen – wobei sich hier ggf. Konflikte mit den Anforderungen an temporäre Schutzeinrichtungen ergeben. Entsprechend ist auch hierfür eine sorgfältige Planung unerlässlich.

In der Praxis ist das unzulässige Entfernen der Querabsperrung völlig normal – in der Regel geduldet durch Auftraggeber bzw. dessen Bauüberwachung, Verkehrsbehörde und Polizei. Die Verkehrsteilnehmer sehen ja schließlich, wo die Baustelle ist und *„anders geht das ja nicht"*. Tatsächlich fehlt es hier an einer sachgemäßen Planung, welche die Notwendigkeit der Baustellenandienung hinreichend berücksichtigt, sowie einer darauf abgestimmten verkehrsrechtlichen Anordnung. Bei einem Bauprojekt wie diesem, mit einem Kostenumfang von zuletzt 50 Millionen Euro, darf man eigentlich etwas mehr erwarten.

Im Sinne der verkehrsrechtlichen Anordnung sowie der allgemeinen Anforderungen der RSA muss die Querabsperrung auch während der Arbeiten erhalten bleiben. Aus diesem Grund können Baustellenzufahrten nicht in diesem Bereich angelegt werden, sondern es sind dafür andere Stellen vorzusehen. Ist eine alternative

Anlage von Baustellenzufahrten nicht möglich, muss die Absicherung sofort nach jeder Durchfahrt von Baustellenfahrzeugen wieder hergestellt werden.

Tatsächlich erforderliche Querabsperrung, die auch während der Arbeitszeit so erhalten bleiben muss. Das dauerhafte Entfernen der Leitbaken ist unzulässig.

Unsinnige Beschilderung: Bei der Anlage von Baustellenzufahrten in der Längsabsperrung werden vor allem auf Autobahnen Zeichen 250 + ZZ angeordnet, um dem übrigen Verkehr das Einfahren in den Baustellenbereich zu untersagen. Verkehrsrechtlich gesehen wird damit die Autobahn in dieser Fahrtrichtung voll gesperrt. Das oft praktizierte Eindrehen der Verkehrszeichen um 45° bringt diesbezüglich keinerlei Vorteile, denn die Sichtbarkeit bleibt für den Geradeausverkehr trotzdem erhalten.

Korrekte Lösung: Soll an Baustellenzufahrten im Bereich der Längsabsperrung ein Abbiegeverbot für den übrigen Verkehr erwirkt werden, so erfolgt dies durch Zeichen 209-30 mit Zeichen 1028-30 und nicht durch Zeichen 250.

Absicherung während der Arbeitszeit und nach Feierabend

Die gebotene Anpassung der Absicherung an den tatsächlichen Bedarf wird zur Folge haben, dass getrennte Vorgaben für die eigentliche Arbeitszeit und die Zeit nach Feierabend zu treffen sind. Eigenständig (ohne verkehrsrechtliche Anordnung) dürfen solche Anpassungen nicht vorgenommen werden. Wenn also während der Arbeitszeit z. B. die Sperrung eines Fahrstreifens erforderlich ist (Platzbedarf für Baufahrzeuge, Material und Personal), nach Feierabend aber eine Geh- oder Radwegabsicherung gemäß RSA Teil B, Bild B-2 genügt, dann muss dies durch die verkehrsrechtliche Anordnung konkret vorgegeben werden. In der Regel werden immer gesonderte Vorgaben für die eigentliche Arbeitszeit und die arbeitsfreie Zeit zu treffen sein.

Sanierung einer Parkanlage sowie der angrenzenden Gehwege. Gemäß RSA 21 müsste der Arbeitsbereich vollständig mit Absperrschrankengittern eingezäunt werden. Als Längsabsperrung für den Verkehr auf der Fahrbahn sind zusätzlich Leitbaken anzuordnen (Längsabstand max. 9 m). Eine sichere Fußgängerführung war zum Zeitpunkt der Aufnahme nicht vorhanden.

Dieselbe Stelle einige Tage später. Die jeweils nur nach Feierabend aufgestellten Absperrschrankengitter werden arbeitstäglich vollständig entfernt. Gemäß RSA muss die angeordnete Absicherung aber auch während der Arbeitszeit erhalten bleiben. Die Position der Absperrgeräte (in der Regel angeordnet anhand eines gesonderten, ggf. maßstäblichen Lageplanes) muss also auch für den täglichen Bauablauf funktionieren. Eine verkehrsrechtliche Anordnung muss gewährleisten, dass die geplante Bautätigkeit innerhalb des abgesperrten Arbeitsbereiches durchführbar ist und gleichzeitig der Verkehr sicher an der Arbeitsstelle vorbeigeführt wird.

Platzbedarf gemäß ASR A 5.2 – in Querrichtung

Auf eine umfassende Erläuterung der ASR A 5.2 wird an dieser Stelle verzichtet. Eines muss jedoch klar sein: Die RSA 21 und insbesondere die jeweiligen Regelpläne berücksichtigen **nicht** die Anforderungen der ASR A 5.2. Alle Regelpläne dienen lediglich zur Verdeutlichung der verkehrsrechtlich erforderlichen Absicherung sowie der notwendigen Mindestbreiten für den Verkehr (einschließlich Geh- und Radwege). Wenn also aus rein verkehrsrechtlicher bzw. verkehrsplanerischer Sicht ein vermeintlich geeigneter Regelplan gefunden ist, bedeutet das nicht, dass damit auch die Anforderungen des Arbeitsschutzes gemäß ASR A 5.2 erfüllt sind.

Eher ist das Gegenteil der Fall: Wendet man die Anforderungen der ASR A 5.2 an, lassen sich viele Regelpläne nach RSA 21 überhaupt nicht umsetzen.

Natürlich sehen die RSA 21 die Anforderungen des Straßenverkehrs an erster Stelle und dementsprechend fallen auch die gewählten Formulierungen aus. Der Arbeitsschutz hingegen vertritt hierzu eine andere Auffassung, sprich die Vorgaben der ASR A 5.2 legen letztendlich fest, wie viel Platz für den Verkehr übrig bleibt bzw. ob überhaupt Verkehr an der Arbeitsstelle vorbeifahren darf. Die Wahrheit liegt wie üblich dazwischen bzw. die Durchführung von Baumaßnahmen bedarf immer einer einvernehmlichen Lösung, welche z. B. auch die Herstellung einer kostenintensiven Fahrzeug-Behelfsbrücke bzw. einer baulichen Behelfsumfahrung zur Aufrechterhaltung des Verkehrs erfordern kann. Ansonsten ist die Auflösung des Konfliktes recht simpel: Wird keine Lösung gefunden, kann nicht gebaut werden.

■ ***Variante 1: Die ASR A 5.2 legt die verbleibende Fahrstreifenbreite fest***

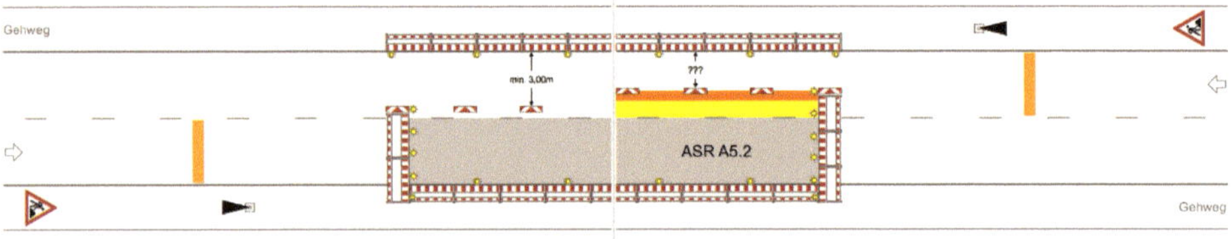

Die RSA 21 blenden die Sicherheitsabstände gemäß ASR A 5.2 vollständig aus (linke Planhälfte). Wendet man die jeweiligen Maße zu Arbeitsplatzbreite B_M und seitlichen Sicherheitsabstand S_Q an (rechte Planhälfte), ergibt sich der tatsächliche Platzbedarf und damit die Position der Leitbaken (S_Q bemessen bis Bakenmitte). Erst ab dem daraus resultierendem Standort der Leitbake (oder eines Leitkegels) kann die Fahrstreifenbreite bemessen werden. Diese Bewertung führt insbesondere bei halbseitigen Fahrbahnsanierungen und ähnlichen Maßnahmen dazu, dass der notwendige Verkehrsbereich nicht mehr gegeben ist:

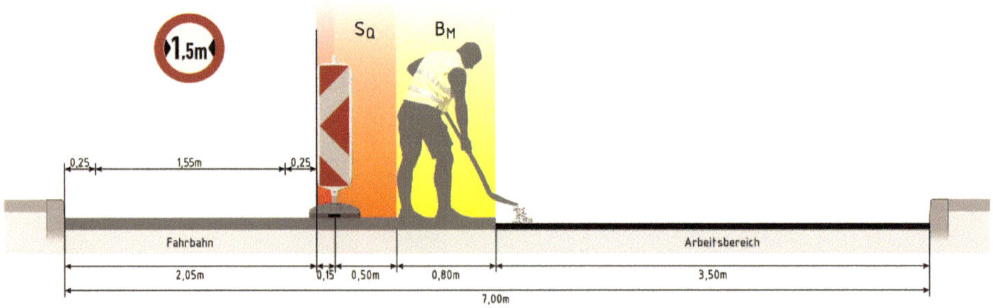

Querschnitt einer 7,00 m breiten Fahrbahn. Der Arbeitsplatz B_M im Grenzbereich zum Straßenverkehr und der seitliche Sicherheitsabstand S_Q sorgen dafür, dass die Leitbake so weit in den Verkehrsbereich abgerückt werden muss, dass nur noch eine Fahrstreifenbreite von 2,05 m übrig bleibt – also keinesfalls 3,00 m, wie im Regelplan dargestellt. Wenn als Konsequenz eine Breitenbeschränkung via Zeichen 264 angeordnet werden soll (z. B. 2,00 m), muss noch der beidseitige Sicherheitsabstand von 0,25 m berücksichtigt werden. Auf Zeichen 264 dürfte also nur die Angabe 1,50 m (gerundet) stehen – hier ist folglich selbst PKW-Verkehr nicht mehr möglich.

■ *Variante 2: Die RSA legen die mögliche Breite des Arbeitsbereiches fest*

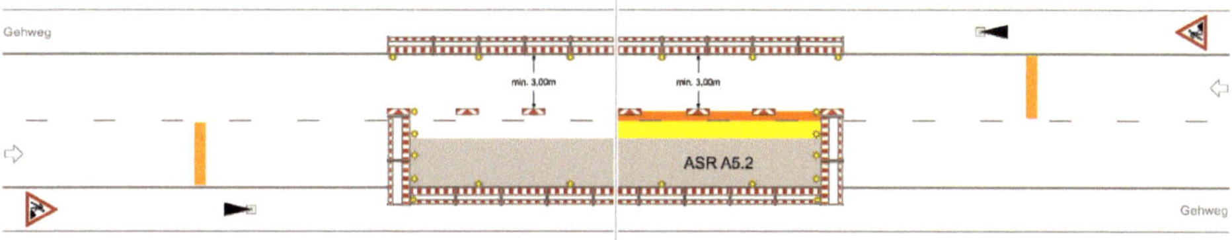

Auch die umgekehrte Bewertung ist möglich: Aus der erforderlichen Fahrstreifenbreite und der daraus resultierenden Position der Leitbaken ergibt sich nach Abzug des seitlichen Sicherheitsabstandes S_Q und der Arbeitsplatzbreite B_M, wie breit bzw. wie schmal der eigentliche Arbeitsbereich (z. B. eine zu asphaltierende Fläche) tatsächlich sein darf. Im konkreten Beispiel kann folglich nicht bis zur Fahrbahnmitte gebaut werden.

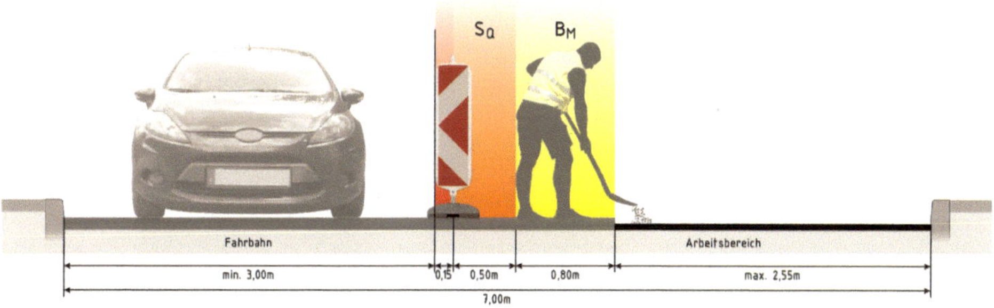

Wenn sich die Bauseite an den Voraussetzungen nach RSA 21 orientieren muss, verschiebt sich der eigentliche Arbeitsbereich. Es kann also im Regelfall nicht bis zur Fahrbahnmitte gebaut werden. Unter Abzug der Maße nach ASR A 5.2 verbleibt im gezeigten Beispiel eine mögliche Einbaubreite von 2,55 m.

Beispiel Regelplan C I/8:

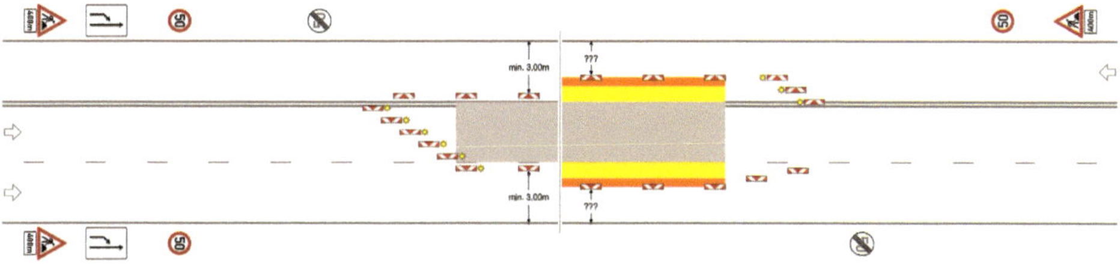

Bei einer Arbeitsstelle in „Insellage" sind die relevanten Abstände nach ASR A 5.2 im Regelfall beidseitig zu bemessen. Eine Deckensanierung in der gesamten Breite des mittleren Fahrstreifens (grauer Arbeitsbereich), mit Personaleinsatz im Grenzbereich zum Straßenverkehr, ist unter Anwendung dieses Regelplanes nicht möglich (es sei denn, es wird vorher die Befahrbarkeit des Banketts hergestellt, wobei dies auch wieder Anpassungen im Regelplan nach sich zieht).

Umsetzung eines Regelplanes C I/8 in der Praxis. Der Regelplan taugt (wie viele andere RSA-Regelpläne auch) allenfalls für die arbeitsfreie Zeit (Foto). Sobald Beschäftigte im Grenzbereich zum Straßenverkehr tätig sind, sind die Leitbaken um die Arbeitsplatzbreite B_M und den Sicherheitsabstand S_Q in Richtung Verkehrsbereich zu versetzen. In diesem Fall bleibt dann aber kein Platz für den fließenden Verkehr. Folglich muss für die Arbeitszeit eine andere Lösung gefunden werden, die dann natürlich ebenso angeordnet werden muss. Davon abgesehen sind im konkreten Beispiel ausschließlich einseitige Leitbaken und Warnleuchten einzusetzen, wobei auch die Art der Montage mehr als bemerkenswert ist. Zudem sind Leitkegel für Arbeitsstellen längerer Dauer nicht vorgesehen.

Platzbedarf gemäß ASR A 5.2 – in Längsrichtung

Der seitliche Platzbedarf zum fließenden Verkehr ist inzwischen weitestgehend bekannt – immerhin gilt die ASR A 5.2 bereits seit Dezember 2018. Ob die definierten Maße für B_M und S_Q in der Praxis auch eingehalten werden, steht natürlich auf einem anderen Blatt. Die BG Bau gibt hierzu weiterhin gern Nachhilfe, u. a. durch Stilllegung der jeweiligen Baustelle.

Die ASR A 5.2 enthält aber auch Angaben zum Sicherheitsabstand in Längsrichtung, welcher nicht nur für Arbeitsstellen kürzerer Dauer bzw. beim Einsatz von fahrbaren Absperrtafeln gilt, sondern auch bei Arbeitsstellen längerer Dauer anzuwenden ist. Auch in dieser Hinsicht blenden die RSA 21 die zusätzlichen Anforderungen des Arbeitsschutzes völlig aus, indem die in den Regelplänen eingezeichneten Arbeitsbereiche unmittelbar am Absperrschrankengitter beginnen. Die ASR A 5.2 hingegen sieht an dieser Stelle einen Abstand S_L von 10 m gegenüber dem ankommenden Verkehr vor:

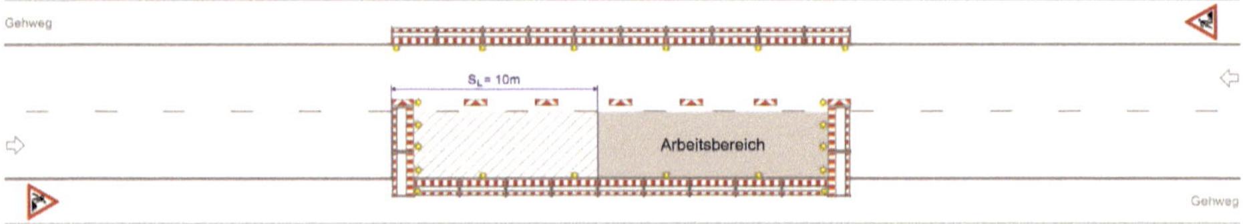

Gemäß ASR A 5.2 muss im Anschluss an die Querabsperrung durch Absperrschranken oder Absperrschrankengitter ein Freiraum von 10 m Länge bemessen werden, in welchem sich weder Arbeitsplätze noch Verkehrswege befinden dürfen (Sicherheitsabstand in Längsrichtung S_L). Im Falle einer spitzwinkligen Querabsperrung durch Leitbaken gilt das Verschwenkungsmaß, wobei hier die Werte nach RSA 21 anzuwenden sind.

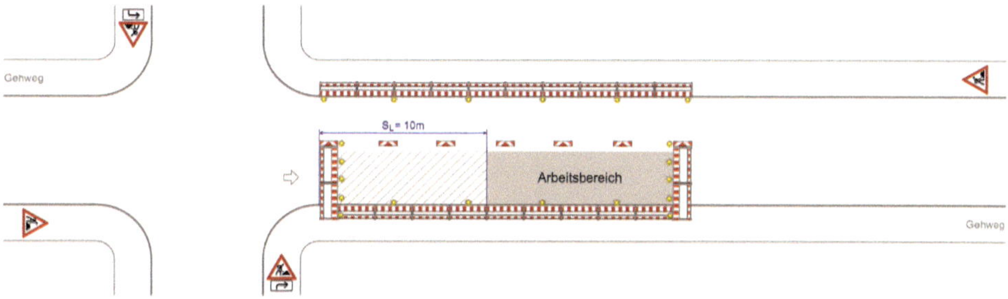

Besonders problematisch wird die Bemessung des Sicherheitsabstandes in Längsrichtung, wenn die Arbeitsstelle unmittelbar hinter einer Kreuzung oder Einmündung beginnt (Prinzipdarstellung). Auch in diesem Fall ist gegenüber dem ankommenden Verkehr (von links kommend) ein Sicherheitsabstand von 10 m nach der Querabsperrung einzuhalten. Das hat zur Konsequenz, dass der eigentliche Arbeitsbereich bzw. das Baufeld nicht unmittelbar im Kreuzungsbereich beginnen kann. Dies betrifft z. B. Situationen gemäß Regelplan B I/14, aber auch alle anderen Stellen, bei denen der Arbeitsbereich bzw. das Baufeld unmittelbar nach einer Kreuzung oder Einmündung beginnt.

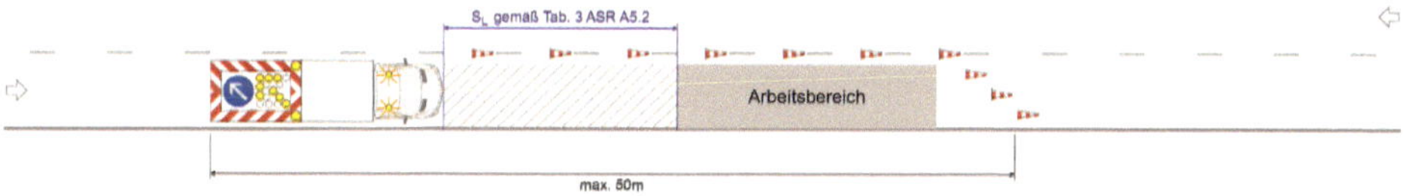

Der Sicherheitsabstand S_L betrifft natürlich auch Arbeitsstellen kürzerer Dauer. Im Falle des Regelplanes C II/2 muss z. B. klar sein, dass die definierte maximal zulässige Länge (50 m) den Anhänger mit der Absperrtafel, dessen Zugfahrzeug (das nicht abgekoppelt werden darf) und den daran anschließenden Sicherheitsabstand in Längsrichtung gemäß ASR A 5.2 Tabelle 3 umfasst. Zusätzlich dazu ist noch die Querabsperrung am Ende der Arbeitsstelle zu berücksichtigen. Es kann also durchaus sein, dass in der Praxis nur noch 5–10 m für den eigentlichen Arbeitsbereich verbleiben. Genügt dies für die Ausführung der Arbeiten nicht, kann dieser Regelplan nicht angewandt werden.

Platzbedarf für die Verkehrssicherung im Fahrbahnbereich

Wie beschrieben müssen sich Baufahrzeuge, Baumaschinen, Materiallagerungen usw. innerhalb der Absperrung befinden und die angeordnete Absicherung selbst darf auch nicht eigenmächtig verändert oder entfernt werden. Bereits dieses Erfordernis bedarf einer umfassenden Planung, die in der Praxis nur selten geleistet wird. Was seit jeher vollkommen unberücksichtigt bleibt, ist der Platzbedarf der eigentlichen Absperrung – insbesondere von Absperrschrankengittern und Leitbaken.

Wenn die RSA 21 in den Regelplänen im Teil B als Regellösung eine komplette Einzäunung des Arbeitsbereiches mit Absperrschrankengittern vorsehen, so beinhaltet die grafische Darstellung natürlich nicht die notwendigen Aufstellvorrichtungen, üblicherweise in Gestalt von Fußplatten. Wie Leitbaken und Absperrschrankengitter rein konstruktiv und vor allem standsicher aufgestellt werden, ist nicht Gegenstand der RSA 21, sondern regelt sich nach verkehrstechnischen bzw. vertragsrechtlichen Vorgaben (z. B. ZTV-SA, TL-Aufstellvorrichtungen, Stand der Technik usw.) und obliegt im Regelfall dem Unternehmer bzw. Ausführenden.

■ Platzbedarf einer Leitbake

Die RSA 21 bemessen bei Leitbaken nur die Breite des eigentlichen Bakenblattes, daher die Breite der Reflexfolie (0,25 m). Verkehrsrechtlich ist das korrekt, im Sinne der Planung von Querschnitten jedoch unzweckmäßig, da Leitbaken aus Kunststoff (insbesondere TL-Leitbaken) bis zu 0,30 m breit sind.

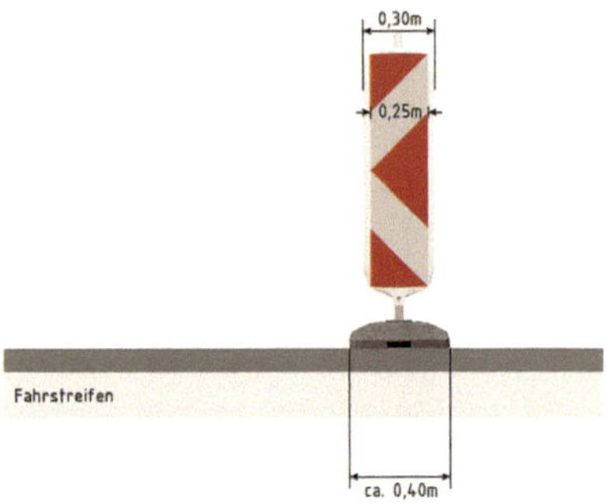

Wenn z. B. ein 3,00 m breiter Fahrstreifen mit Leitbaken auf beiden Seiten projektiert wird und hierbei die Reflexfolie den Bezugspunkt bildet, beträgt die tatsächliche Breite auf Grund der Kunststoff-Bakenkörper nur noch 2,95 m. Das hört sich kleinlich an, sorgt aber nun mal für Abweichungen in den jeweiligen Maßketten. Die dem Verkehr zugewandte Außenkante einer Kunststoff-Leitbake bildet der Bakenkörper und nicht die darauf befindliche Reflexfolie.

Die Breite einer Fußplatte beträgt typischerweise ca. 0,40 m, wobei es auch breitere Modelle gibt. Wichtig ist in jedem Fall, dass die erforderliche Standfläche auf der noch verbleibenden Fahrbahn vorgehalten wird.

■ Abstand zu Fräs- und Grabenkanten

Der Abstand einer Leitbake zu Fräs- und Grabenkanten sowie ähnlichen Absätzen beträgt gemäß RSA 21 mindestens 0,50 m, gemessen ab der dem Verkehr zugewandten Außenkante der Leitbake (RSA 21 Teil A, Abschnitt 11.1 Absatz 4). Dieses Maß berücksichtigt natürlich nicht die Vorgaben der ASR A 5.2 und erfüllt auch nicht die Anforderungen an die Verkehrssicherungspflicht im Bereich von Aufgrabungen gegenüber Fahrzeugen (vgl. Einsatzkriterien von Fahrzeug-Rückhaltesystemen bzw. temporären Schutzeinrichtungen).

Das Aufstellen von Leitbaken unmittelbar an der Fräskante, oder direkt im Baufeld, ggf. auf eigens aufgeschütteten „Aufstellhäufchen“ ist unzulässig.

An dieser Stelle sei bereits vorweggenommen, dass die notwendige Fahrbahnbreite für eine halbseitige Fahrbahnsanierung gemäß RSA 21 mindestens 7,00 m beträgt (ohne Berücksichtigung der ASR A 5.2). Dies ergibt sich aus der Regelfahrstreifenbreite von 3,00 m sowie dem Abstand der Bake zu Fräs- und Grabenkanten von mindestens 0,50 m.

■ Platzbedarf für Leitbaken und Absperrschrankengitter

Die RSA 21 sehen im innerörtlichen Bereich als Regellösung eine fahrbahnseitige Längsabsperrung aus Leitbaken und Absperrschrankengittern vor. Für eine weitgehend standsichere Aufstellung (Windlast) muss die lange Seite der Fußplatte so ausgerichtet sein, wie abgebildet (quer zum Absperrschrankengitter). Werden die Fußplatten hingegen so eingesetzt, dass die lange Seite längs zum Absperrschrankengitter liegt, reduziert sich die Standsicherheit etwa um die Hälfte.

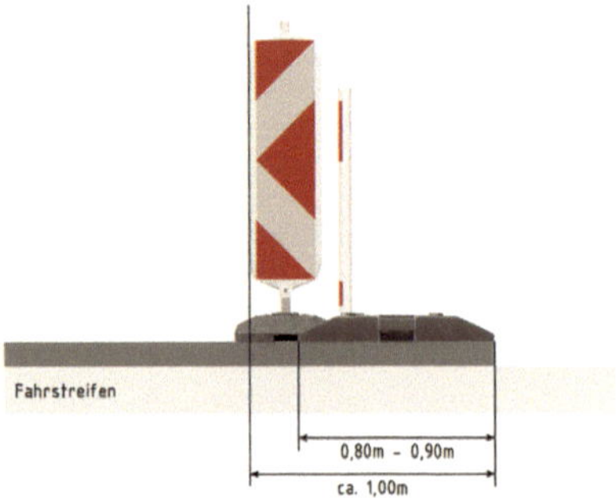

Die Leitbaken der Längsabsperrung müssen so aufgestellt werden wie abgebildet, damit das Bakenblatt in voller Breite sichtbar ist. Entsprechend ergibt sich ein gesamter Platzbedarf von ca. 1,00 m nur für die fahrbahnseitige Längsabsperrung.

Auch in diesem Fall ist der erforderliche Platzbedarf im Arbeitsbereich noch nicht berücksichtigt. Dies betrifft z. B. stolperfreie Verkehrswege entlang einer Grabenkante. Die Thematik der baustelleninternen Absturzsicherungen soll hier gar nicht erst aufgemacht werden.

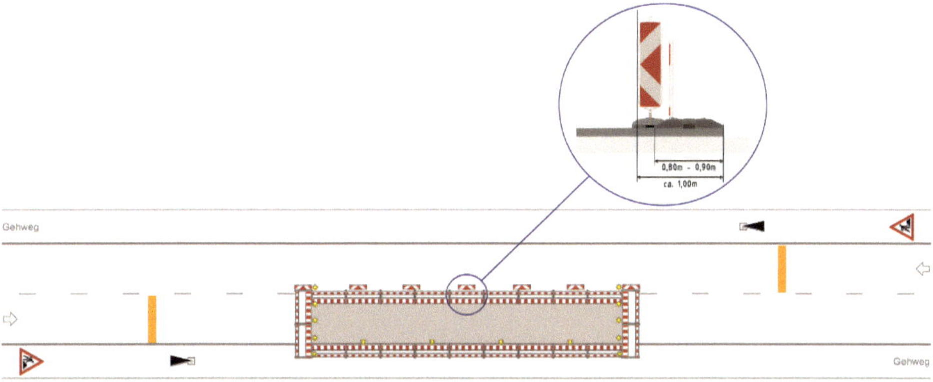

Die in der Grafik gezeigte Aufstellung der Absperrgeräte ist wie beschrieben 24/7 zu gewährleisten, soweit die verkehrsrechtliche Anordnung keine anderen Festlegungen trifft. Entsprechend muss der gezeigte Zustand (Absperrschrankengitter und Leitbaken als Längsabsperrung auf der Fahrbahn) auch während der Fräsarbeiten oder dem Asphalteinbau erhalten bleiben. Dies betrifft natürlich auch andere Arbeitsstellen – z. B. den Einsatz von Hubarbeitsbühnen, Betonpumpen oder eine Kranstellung. Der Platzbedarf für Absperrgeräte bzw. Verkehrseinrichtungen ist deshalb ein wesentliches Merkmal bei der Bewertung der jeweiligen Arbeitsstellen und kann dazu führen, dass eine Baumaßnahme nach Abklärung aller zuvor benannten Kriterien letztendlich doch nicht als halbseitige Sperrung realisiert werden kann.

Fräsarbeiten ohne jede Absicherung sind gewissermaßen branchenüblich und auch viele Behörden sehen hier überhaupt kein Problem. Bereits nach RSA 95 war eine solche Arbeitsweise unzulässig. Auch im Anwendungsbereich der RSA 21 haben wir es mit einem Arbeitsbereich zu tun, der mit Absperrschrankengittern gegenüber dem angrenzenden Gehweg abzusichern ist. Im Bereich der Fahrbahn sind zumindest Leitbaken erforderlich. Erfolgt am gegenüberliegenden Gehweg keine Absicherung durch Absperrschrankengitter, sind diese entlang der Längsabsperrung auf der Fahrbahn aufzustellen. All dies erfolgt natürlich auf der Grundlage einer an die Örtlichkeit angepassten verkehrsrechtlichen Anordnung.

Bei Längsabsperrungen im Fahrbahnbereich sind zusätzlich zu Absperrschrankengittern Leitbaken erforderlich (Abstand innerorts max. 9 m). Absperrschrankengitter allein genügen nicht. Natürlich muss auch auf eine ordnungsgemäße Ausrichtung der einzelnen Elemente geachtet werden.

Hier sieht man an der Position der gelben Markierung, dass die Maßnahme wohl ursprünglich anders geplant war bzw. eingerichtet wurde. Offensichtlich hat man dann die Markierung gleich als Hilfslinie zum Fräsen genutzt. Die gezeigte Ausrichtung der Fußplatten längs zum Absperrschrankengitter reduziert die Standsicherheit um die Hälfte, bei längs eingedrehten Bauzaunfüßen werden die Werte noch deutlicher vermindert. Die eigentlich erforderlichen Leitbaken wurden in diesem Bereich gar nicht erst aufgestellt, weil dann die erforderliche Breite für den Verkehr auf der Fahrbahn nicht gegeben wäre. Wie beschrieben ist für die Kombination aus Leitbaken und Absperrschrankengittern ein Platzbedarf von ca. 1,00 m vorzusehen. Dies erfordert bei einer geplanten

Fahrstreifenbreite von 3,00 m einen gesamten Platzbedarf von mindestens 4,00 m vom gegenüberliegenden Bordstein zur Grabenkante.

Praxisüblich aber bereits nach RSA 95 schon immer falsch und natürlich auch nicht gemäß RSA 21: Die Absicherung steht im eigentlichen Baufeld. Leitbaken und Absperrschrankengitter gehören auf die verbleibende Fahrbahn, die im konkreten Beispiel natürlich zu schmal ist. Dies betrifft auch den späteren Asphalteinbau, da hier zusätzlich die Werte nach ASR A 5.2 einzuhalten sind. Die Leitbaken der Längsabsperrung dürfen nicht durch die Absperrschrankengitter verdeckt werden. Auch hier wäre ein 1,00 m breiter Streifen für die Längsabsperrung vorzusehen – andernfalls kann nicht halbseitig gebaut werden.

Standsichere Aufstellung von Absperrschrankengittern

Absperrschrankengitter stellen im Anwendungsbereich der RSA 21 ein Standardelement dar. Sie werden insbesondere an innerörtlichen Arbeitsstellen zur vollständigen Einzäunung der Arbeitsbereiche eingesetzt. Das Prinzip des „Einhausens" ist neu und vor allem auf die Anforderungen sehbehinderter und blinder Menschen zurückzuführen. Offene, bzw. nur mit Leitbaken abgesicherte Arbeitsbereiche sind deshalb unzulässig – unabhängig davon, ob es sich um Aufgrabungen handelt oder nicht. Im Übrigen lässt sich durch Leitkegel oder Leitbaken das Betreten eines Arbeitsbereiches nicht verbieten, da diese Einrichtungen nur ein Verbot des Befahrens erwirken. Entsprechend kann nur mit Absperrschrankengittern eine rechtswirksame (und damit anordnungsfähige) Absperrung gegenüber Fußgängern erwirkt werden.

Absperrschrankengitter sind im Regelfall mit Fußplatten der Standsicherheitsklasse K1 aufzustellen, wobei der rechnerische Nachweis der Standsicherheit meist ernüchternd ist – vor allem bei mehreren Elementen im Verbund (insbesondere bei Längsabsperrungen). Hierbei geht es nicht nur um mögliches Umkippen durch Personenanprall oder Windlasteinwirkung, sondern auch um Verrutschen bzw. Gleiten. So manche Längsabsicherung wurde an exponierten Stellen schon auf die Fahrbahn geweht oder in einer Aufgrabung versenkt.

In der Praxis sehr beliebt, ja geradezu etabliert, ist das Weglassen jeder zweiten Fußplatte. Hierdurch ergibt sich eine Art „Gartentor", was dem Baustellenpersonal einen einfachen Zutritt zum Arbeitsbereich ermöglicht. Gleichzeitig wird die erforderliche Anzahl der Fußplatten um die Hälfte reduziert. Natürlich erfüllt diese baupraktische Errungenschaft nicht die Anforderungen an die Standsicherheit. An jede Verbindungsstelle gehört eine Fußplatte – auch wenn das im Baustellenalltag nervt. Bei einer fachgerecht geplanten Baumaßnahme gibt es eigentlich keinen Bedarf, die Absicherung an allen möglichen Stellen tagtäglich zu öffnen, sondern allenfalls an definierten Baustellenzufahrten oder Zugängen.

Die durch das Weglassen jeder zweiten Fußplatte reduzierte Standsicherheit lässt sich aber nochmals verringern, indem die Fußplatten längs zum Absperrschrankengitter ausgerichtet werden. Die Standsicherheit beträgt dann nur noch etwa 20–25 % – gemessen an der fachlich korrekten Aufstellung mit quer ausgerichteten Fußplatten an jeder Verbindungsstelle. Hinzu kommt das Problem, dass die Absperrschrankengitter jetzt versetzt zueinander stehen, was nicht nur unprofessionell aussieht, sondern die vorgesehene Verbindung der Elemente per Überwurfbügel verhindert.

Auch das ist natürlich keine standsichere Aufstellung: Im Baufeld liegen die Fußplatten auf dem Bordstein auf (dahinter ist ausgekoffert), im Verkehrsbereich wurden Holzklötze untergebaut. Korrekt wäre eine vollständige Aufstellung der Fußplatten auf der Fahrbahn. In der Längsabsperrung fehlen Leitbaken im Abstand von max. 9 m.

Die RSA 21 und das Problem mit den Fußplatten

Die RSA 21 zeigen im Teil A in Bild A-1 auf dem Gehweg ein Absperrschrankengitter, bei dem die Fußplatte längs ausgerichtet ist. Auch wenn es sich hierbei nur um eine beispielhafte Darstellung zur Definition des Verkehrsbereiches handelt, wäre in diesem Fall bei der Planung des erforderlichen Platzbedarfes nur eine Baubreite von 40 cm zu bemessen. Das Problem: Diese Aufstellung ist nicht standsicher. Tatsächlich ergeben sich bei der korrekten Ausrichtung von Fußplatten – je nach Produkt – zwischen 80 und 90 cm Platzbedarf. In den Regelplänen kommen die notwendigen Aufstellvorrichtungen gar nicht vor, weil diese anordnungsrechtlich keine Rolle spielen. In der Praxis müssen diese Einrichtungen aber logischerweise eingesetzt werden, weshalb sie zumindest in der Planung zu berücksichtigen sind.

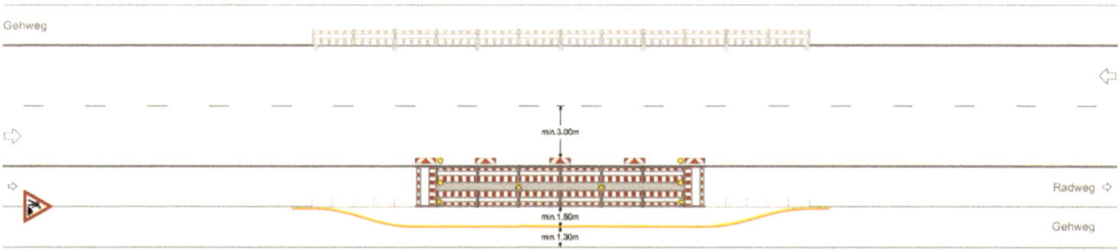

Beispiel Regelplan B II/1: In diesem Plan geht es um die Sperrung eines Radweges, wobei der Radverkehr – durch eine gelbe Markierung getrennt – auf dem angrenzenden Gehweg an der Arbeitsstelle vorbei geführt wird. Addiert man die hierzu angegebenen Mindestbreiten, ergibt sich für den Bestand eine erforderliche Gehwegbreite von mindestens 2,80 m, damit dieser Regelplan überhaupt umgesetzt werden kann. Die eingezeichnete Längsabsicherung aus Absperrschrankengittern grenzt auf der einen Seite unmittelbar an die Fahrbahn und verläuft auf der anderen Seite im Bereich der ursprünglichen Trennung zwischen Geh- und Radweg. Überträgt man die gezeigte Aufstellung in einen maßstäblichen Querschnitt, sieht das Ergebnis so aus:

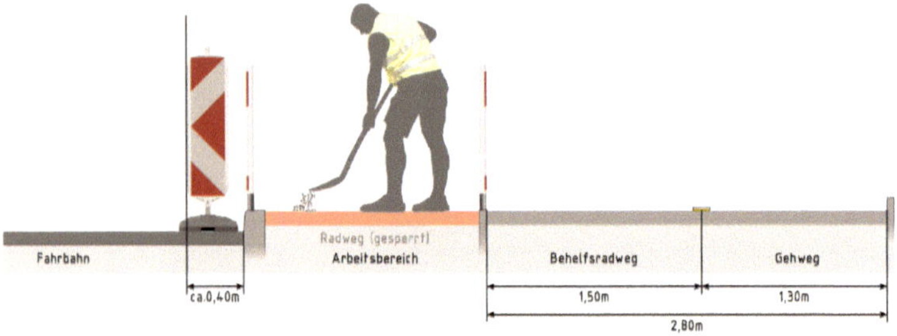

Die Grafik zeigt die Aufstellung von Absperrschrankengittern ohne Aufstellvorrichtungen – so wie es die Regelpläne nach RSA 21 naturgemäß vorsehen, denn Aufstellvorrichtungen sind rein verkehrsrechtlich gesehen nicht relevant. Abgesehen davon, dass die gezeigte Lösung natürlich Unsinn ist, verdeutlicht die Grafik das Problem, dass im Arbeitsbereich kein Platz für einen Bagger oder LKW ist, es sei denn, man nutzt Baustellenfahrzeuge aus dem Sandkasten.

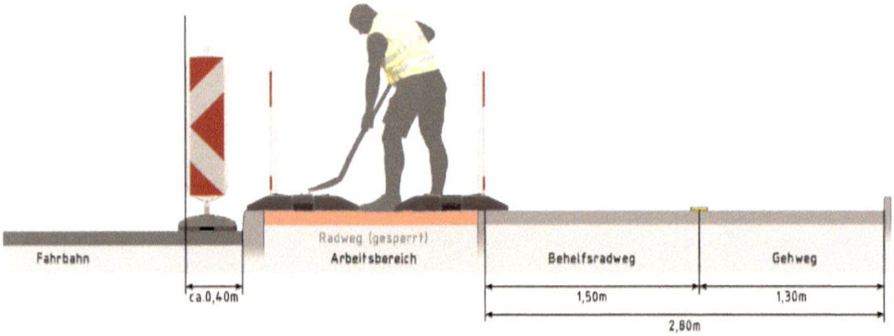

Werden die erforderlichen Fußplatten eingesetzt und standsicher ausgerichtet, ergibt sich dieses Bild. Für die Zeit nach Feierabend mag eine solche Lösung funktionieren, für die auszuführenden Arbeiten aber im Regelfall nicht. Genau diese Bewertung muss erfolgen, bevor eine verkehrsrechtliche Anordnung beantragt wird.

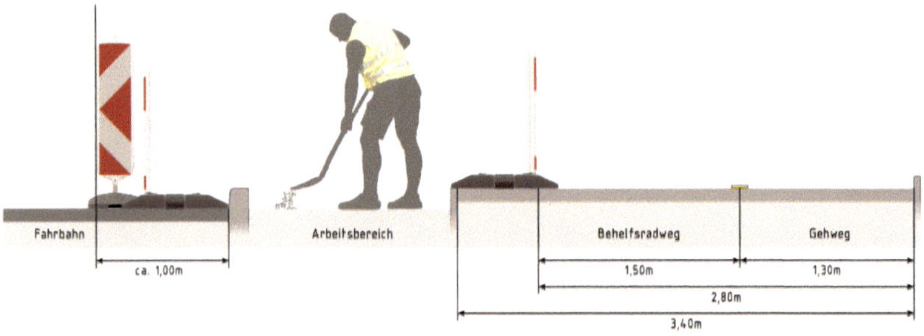

Diese Grafik zeigt, was in der Praxis eher der Fall sein wird: Das Auskoffern des Radweges in der gesamten Breite. Um die nötige Baufreiheit zu gewährleisten sind die Fußplatten der Absperrschrankengitter außerhalb des eigentlichen Baufeldes zu positionieren. Im Bereich der Fahrbahn ergibt sich dann ein Platzbedarf von ca. 1,00 m für die Längsabsperrung. Der vorhandene Gehweg müsste in diesem Fall zur Einhaltung der Mindestbreiten und zur Aufstellung der Längsabsperrung mindestens 3,40 m breit sein.

Natürlich werden die Praktiker jetzt mit dem Kopf schütteln und ggf. Überlegungen anstellen, wie man hier und da einige Zentimeter einsparen kann – möglicherweise sogar mit Erfolg. Die Grafiken sind aber bewusst so gewählt, damit allen Beteiligten klar wird, welcher Platz in der Praxis tatsächlich erforderlich ist. Hierbei ist z. B. der Schwenkbereich eines Baggers noch gar nicht berücksichtigt. Auch der üblicher Radlader, der z. B. Sand zum Verfüllen eines Leitungsgrabens bringt, ist in den Abbildungen nicht enthalten. Beispiele für zusätzliche Anforderungen gibt es viele – wichtig ist nur, dass sie Bestandteil der Planung sind.

Einsatz von Kofferfußplatten

Die Ausführungen zur standsicheren Aufstellung von Absperrschrankengittern verdeutlichen den Platzbedarf und gleichermaßen das Problem, dass der erforderliche Raum vor Ort meist nicht gegeben ist. Eine mögliche Lösung ist der Einsatz spezieller „Koffer-Fußplatten" anstelle von konventionellen Varianten:

Kofferfußplatten sind eigentlich die einzig sinnvollen Fußplatten zur standsicheren Aufstellung von Absperrschrankengittern (betrifft auch Querabsperrungen bzw. reine Fahrbahnsperrungen). Das abgebildete Produkt bietet auf Grund des besonderen Lochbildes eine sehr hohe Flexibilität im praktischen Einsatz und kann dabei helfen, den erforderlichen Platzbedarf auf ein Minimum zu beschränken und Stolpergefahren zu reduzieren.

Bereits bei der erforderlichen Ausrichtung quer zum Absperrschrankengitter wird die Stolpergefahr minimiert. Die Kofferfußplatte ragt lediglich 12 cm in den Gehweg, die konventionelle K1-Fußplatte hingegen ganze 26 cm.

Wird die Kofferfußplatte längs zum Absperrschrankengitter ausgerichtet und werden die äußeren Öffnungen genutzt, ergibt sich ein Überstand von nur ca. 5 cm (gerundet).

Die Ausrichtung längs zum Absperrschrankengitter reduziert allerdings die Standsicherheit, weshalb bei dieser Systemfußplatte ein passender Bauzaunfuß (24 kg) verrutschsicher aufgelegt werden kann. Dieser Zusatzaufwand lohnt sich, da im Vergleich zur konventionellen Fußplatte auch hinter der Absperrung mehr Platz zur Verfügung steht.

Natürlich ist rein konstruktiv auch eine Aufstellung ohne zusätzlichen Bauzaunfuß möglich, so wie es bei konventionellen K1-Fußplatten in der Praxis gehandhabt wird. Die erforderliche Standsicherheit ist dann jedoch nicht gewährleistet.

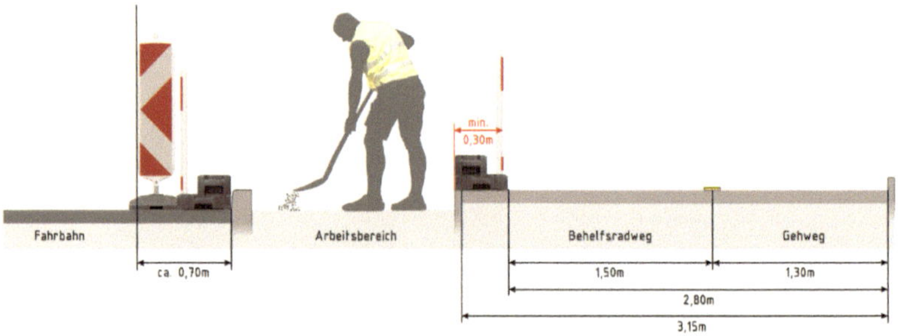

So würde die oben dargestellte Arbeitsstelle gemäß Regelplan B II/1 beim Einsatz von Kofferfußplatten mit zusätzlich aufgelegtem Bauzaunfuß (Standsicherheit) aussehen. Der erforderliche Platzbedarf für die Absicherung wird verringert. Wesentlich bei der Längsausrichtung von Fußplatten (auch von konventionellen K1-Fußplatten wie in der Praxis bislang üblich) ist die Anforderung der RSA 21, dass Absperrschrankengitter einen Abstand von mindestens 30 cm zu Aufgrabungen haben müssen (RSA 21 Teil A, Abschnitt 3.4.2 Absatz 4).

Darüber hinaus stellt sich natürlich die Frage zum erforderlichen Platzbedarf im Arbeitsbereich. Dass ein Radlader oder Bagger permanent über Fußplatten fährt, ist natürlich nicht zu vertreten. Entsprechend müssen notwendige

Fahrwege innerhalb des abgesperrten Arbeitsbereiches vorgehalten werden – danach bemisst sich die Position der Fußplatten – natürlich immer unter Wahrung der definierten Mindestbreiten im Verkehrsbereich.

■ ***Übersicht verschiedener Fußplatten***

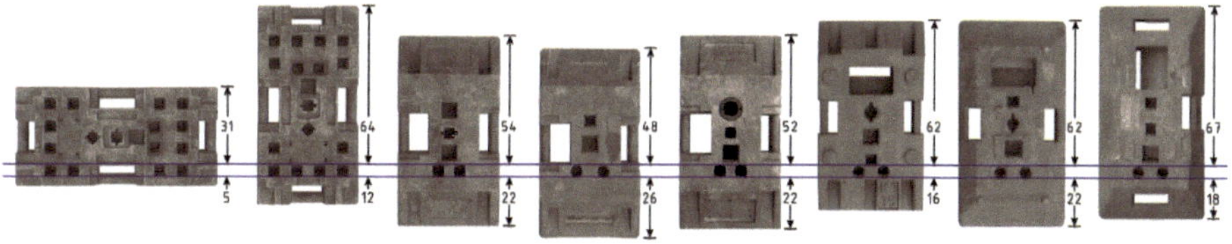

Angaben in cm, gerundet

Beim Einsatz von Fußplatten ergeben sich je nach Produkt und Lochbild verschiedene Maße zwischen Absperrschrankengittern und dem Verkehrs- bzw. Arbeitsbereich. Wie beschrieben kann die anordnende Behörde, mit Blick auf die Mindestbreiten nach RSA 21, keine bestimmte Art von Fußplatten vorschreiben. Dennoch verdeutlicht die Grafik, dass es durchaus technische Möglichkeiten gibt, den erforderlichen Platzbedarf auf ein Minimum zu beschränken, die befahrbare Breite für Rollstühle zu gewährleisten und Stolpergefahren zu vermeiden bzw. zu reduzieren.

Wahre Profis stellen Absperrschrankengitter natürlich so auf.

Fußgängernotwege und baupraktische Anforderungen

Die RSA 21 sehen in erster Linie die Fortführung von Gehwegen vor, weshalb die gern angewandten „Gehwegwechsel" (Zeichen 1000-12 und -22) auch nicht als Standardlösung definiert sind. In der Praxis ist das Gegenteil der Fall, denn hier werden Fußgänger auch an sehr kurzen Arbeitsstellen bzw. Hindernissen auf die gegenüberliegende Straßenseite verwiesen. Sowohl die Antragsteller als auch die anordnenden Behörden wähnen sich dann in dem Glauben, dass sie hiermit den Anforderungen an die Verkehrssicherungs- und Verkehrsregelungspflicht Genüge getan haben. Die Regellösung, die auch dem tatsächlichen Verhalten der Fußgänger gerecht wird (diese laufen natürlich auf der Fahrbahn an der Arbeitsstelle vorbei), ist üblicherweise die Anlage eines Fußgängernotweges auf der Fahrbahn.

Ist ein Regelplan mit Fußgängernotweg angeordnet, muss der Aufbau natürlich auch so erfolgen wie dargestellt – also auch während der eigentlichen Arbeitszeit. In der Praxis ist es stattdessen üblich, dass der eigentliche Notweg während der Arbeitszeit teilweise oder vollständig entfernt wird, bzw. durch Baufahrzeuge, Baumaschinen und Materiallagerungen blockiert ist – man benötigt den Platz ja schließlich um die Arbeiten auszuführen. Bestenfalls zum Feierabend wird der eigentlich angeordnete Zustand hergestellt und das Spiel beginnt am nächsten Tag von vorn. Natürlich ist das so nicht vorgesehen.

Gerade bei Notwegen besteht das bereits erwähnte Problem der Andienung – daher müssen notwendige Baustellenzufahrten vorab geklärt werden. Dies betrifft auch die Frage, wie man innerhalb des vollständig eingezäunten Arbeitsbereiches vernünftig arbeiten kann, ohne dass z. B. der Bagger über den Notweg schwenkt. Am Ende kann die sachgerechte Bewertung aller Gesamtumstände zur Folge haben, dass gar kein Notweg errichtet werden kann, sondern dass eine vollkommen andere Lösung notwendig ist – z. B. eine gesicherte Fußgängerquerung nach dem Vorbild von Regelplan B I/6.

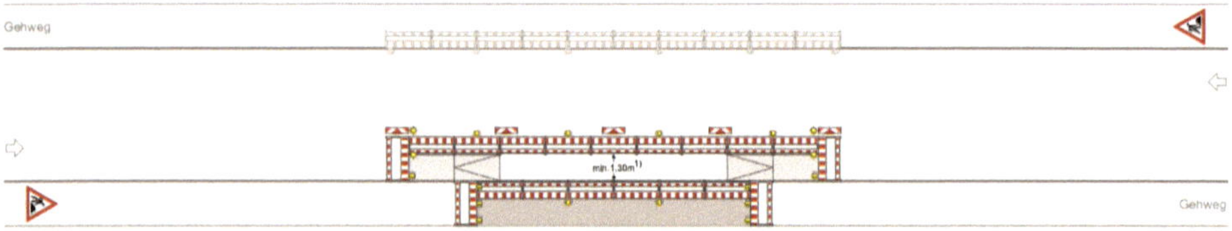

Notweg-Regelplan B II/9: In dem mit Absperrschrankengittern eingezäunten Arbeitsbereich müssen auch Baumaschinen, Materiallagerungen usw. Platz finden.

Platzbedarf für Fußgängernotwege

Die Anlage von Fußgängernotwegen erfordert bei der Verwendung von Standardkomponenten (Absperrschrankengitter und Fußplatten) den nachfolgend beschriebenen Platzbedarf – sowohl in der Planungsphase, als auch in der Ausführung. In den Grafiken wurde eine Mindestbreite von 1,30 m angesetzt, welche sich im Regelfall auf das lichte Maß zwischen den Absperrschrankengittern bezieht. Größere Breiten ergeben sich je nach Erfordernis. Die anordnende Behörde kann also auch eine Breite von 4,00 m fordern, wenn der Bedarf vor Ort besteht.

Ergänzend dazu muss die befahrbare Breite für Rollstuhlfahrer mindestens 1,00 m betragen – wobei die anordnende Behörde auch in diesem Fall größere Werte fordern kann (insbesondere zur Gewährleistung von Begegnungsverkehr mit Rollstühlen). Eine Reduzierung der lichten Mindestbreite zwischen den Absperrschrankengittern auf 1,00 m (zulässig bei kurzen Engstellen gemäß RSA Teil B, Abschnitt 2.4.2 a)), scheidet in der Regel aus, da der konstruktive Überstand der Fußplatten eine befahrbare Breite von 1,00 m nicht zulässt.

■ ***Planungsbreite bei Verwendung konventioneller Fußplatten***

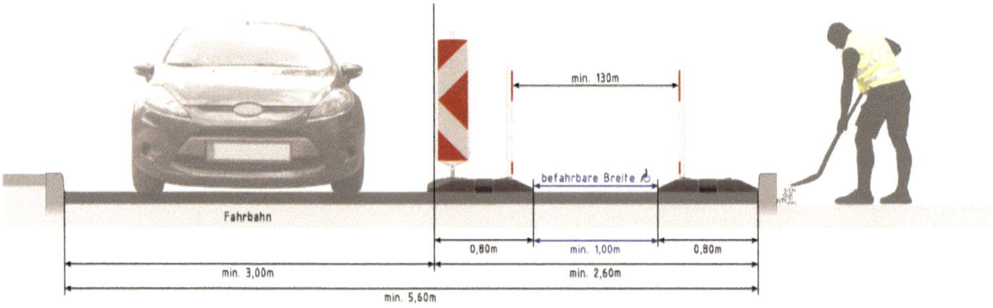

Die Planungs- bzw. Aufbaubreite für einen Fußgängernotweg beträgt gemäß Abbildung mindestens 2,60 m (abhängig vom eingesetzten Produkt). Die dargestellte Ausrichtung der Fußplatten quer zu den Absperrschrankengittern ist aus Gründen der Standsicherheit erforderlich. Da TL-Fußplatten bis zu 90 cm lang sind, kann sich die erforderliche Planungsbreite entsprechend erhöhen.

■ *Planungsbreite bei Verwendung spezieller Koffer-Fußplatten*

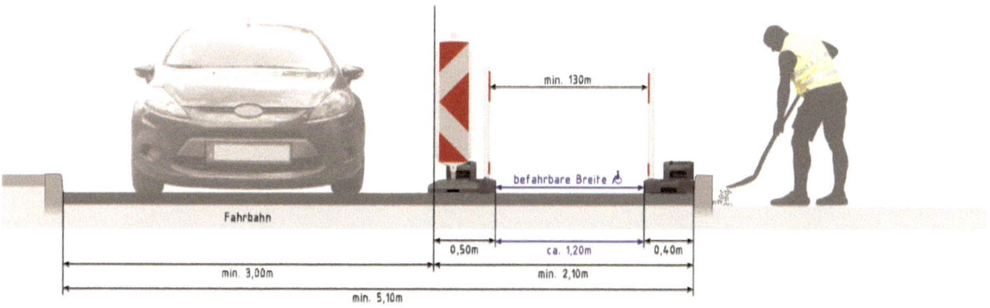

Beim Einsatz spezieller Koffer-Fußplatten reduziert sich die Planungsbreite im gezeigten Beispiel auf etwa 2,10 m. Die fahrbahnseitigen 50 cm bilden gleichzeitig den Sicherheitsabstand für die Fußgänger auf dem Notweg – ggf. können auch größere Werte erforderlich sein. Wie die Grafik zeigt, erhöht sich die befahrbare Breite im Notweg und die Stolpergefahr wird im Vergleich zu konventionellen Fußplatten erheblich reduziert.

■ *Planungsbreite unmittelbar neben Gehwegen*

Bei den eben gezeigten Grafiken wurden die Fußplatten jeweils auf der Fahrbahn aufgestellt, da der Gehweg in voller Breite ausgekoffert ist. Entsprechend muss klar sein, dass die Absperrschrankengitter in solchen Fällen nicht – wie in den Regelplänen dargestellt – unmittelbar am Bordstein aufgestellt werden können:

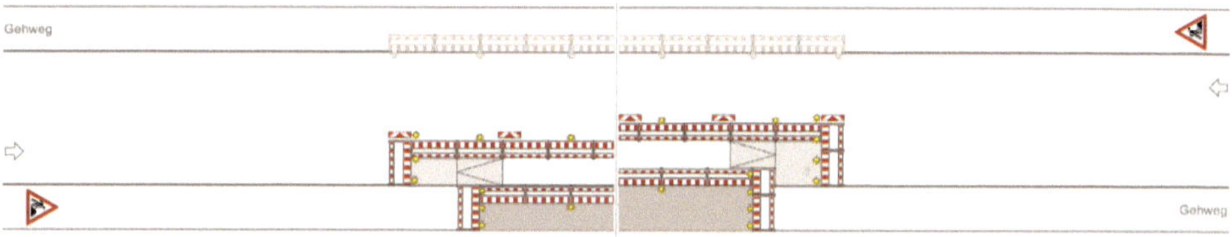

Beispiel Regelplan B II/9: Links die Standardsituation mit den baufeldseitigen Absperrschrankengittern direkt am Bordstein, rechts die Variante mit Fußplatten auf der Fahrbahn. Entsprechend verbreitert sich auch das Podest, an das die Rollstuhlrampe ansetzt. Die linke Variante könnte z. B. bei einer Gerüst- oder Containerstellung angewandt werden, bei Bautätigkeit am Gehweg selbst (in voller Breite) wird aber in der Regel die rechte Variante notwendig sein. Auch diese Problematik erfordert eine entsprechend sorgfältige Planung – sonst ist der Notweg in der Praxis nicht fachgerecht realisierbar.

■ *Sicherung von Notwegen gegenüber dem Fahrbahnverkehr*

Die Regelpläne gemäß RSA 21 enthalten auch bei Notwegen keine gelbe Fahrbahnbegrenzung entlang der Absperrung. In diesem Bereich ragen jedoch die Fußplatten der Absperrschrankengitter in die Fahrbahn. Das betrifft konventionelle K1-Fußplatten und Kofferfußplatten gleichermaßen. Auf Grund des üblichen Abstandes der Leitbaken (max. 9 m innerorts), sind folglich einzelne Fußplatten der Absperrschrankengitter ungesichert. Entsprechend wird es erforderlich sein, den Abstand der Leitbaken deutlich zu verkürzen (wenigstens an jeder zweiten Fußplatte der Absperrschrankengitter steht dann eine Leitbake), oder es ist eine gelbe Markierung (ggf. auch Leitschwelle oder Leitbord) anzuordnen.

Werden die Fußplatten von Absperrschrankengittern wie hier korrekt ausgerichtet (quer zum Absperrschrankengitter wegen der Standsicherheit), ragen diese zwangsläufig in die Fahrbahn. Entsprechend kann es erforderlich sein, eine zusätzliche Fahrbahnbegrenzung anzuordnen.

Keinesfalls dürfen die langen Seiten der Fußplatten wie hier in den Notweg ragen. Der Überstand der Fußplatten ist auf das technisch mögliche Minimum zu reduzieren, was natürlich mit einer entsprechenden Produktauswahl einhergeht. Im Übrigen muss das Verkehrszeichenbild der Absperrschrankengitter zum Notweg hin zeigen – auch wenn es gute Argumente für die gezeigte Ausrichtung zur Fahrbahn hin gibt.

Platzbedarf für Absperrschrankengitter auf Geh- und Radwegen

Bereits die Anforderungen an Fußgängernotwege machen deutlich, welcher Platzbedarf für die Absicherung tatsächlich benötigt wird. Beim Einsatz von Absperrschrankengittern auf Geh- und Radwegen ergeben sich auf Grund identischer Aufstellvorrichtungen und deren korrekter Ausrichtung ähnliche Werte. Dies gilt nicht nur für die Absperrung gegenüber dem eigentlichen Baufeld bzw. Arbeitsbereich, sondern auch auf dem Gehweg gegenüber, wenn dort Absperrschrankengitter angeordnet werden.

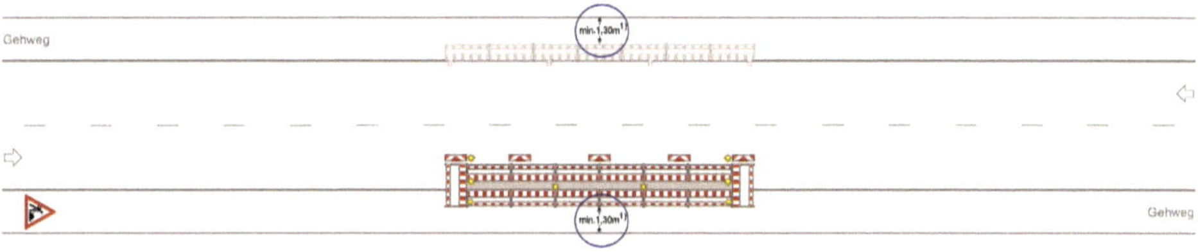

Die in den Regelplänen angegebenen Mindestbreiten berücksichtigen nicht die notwendigen Aufstellvorrichtungen der Absperrschrankengitter und auch nicht den Mindestabstand der Absperrschrankengitter zu Aufgrabungen (0,30 m). Die technische Realisierbarkeit ist deshalb bereits in der Planung von großer Bedeutung.

Um die in den Regelplänen enthaltenen Mindestmaße von 1,30 m für Gehwege einzuhalten, müsste der Gehweg im gezeigten Beispiel insgesamt 1,80 m breit sein (je nach Länge der Fußplatte). Dies erfordert bereits die Aufstellung der Fußplatten auf dem Hochbord. Wird dieser im Zuge der Baumaßnahme entfernt, ergeben sich natürlich größere Werte.

Beim Einsatz von Kofferfußplatten mit zusätzlich aufgelegtem Bauzaunfuß ist zumindest eine Gehwegbreite von 1,55 m erforderlich. Wichtig ist in jedem Fall der 0,30 m Mindestabstand von Absperrschrankengittern zu Aufgrabungen. Das gilt auch dann, wenn konventionelle K1-Fußplatten längs eingedreht verwendet werden, wobei diese Aufstellung natürlich nicht standsicher ist.

So soll das Ergebnis auf der Baustelle natürlich nicht aussehen – doch genau diese Art der Aufstellung ist in der Praxis fast überall anzutreffen.

Hier beträgt die verfügbare Breite nur noch 0,60 m, was natürlich nicht den Vorgaben der RSA 21 entspricht. Zusätzlich dazu müsste der Abstand zur Aufgrabung mindestens 0,30 m betragen, wodurch am Ende nur noch 0,30 m Gehweg übrig wären. Entsprechend ist auch hier eine andere Lösung erforderlich, um sowohl die Mindestbreite, als auch den erforderlichen Abstand zu Aufgrabungen einzuhalten.

Hier erübrigt sich jeder Kommentar.

Problemfall schmale Geh- und Radwege

Die in den RSA 21 definierten Mindestbreiten sind in vielen Fällen gar nicht einzuhalten, weil die vorhandenen Verkehrsflächen bereits ohne Arbeitsstelle zu schmal sind. Entsprechend sollte den Verantwortlichen klar sein, dass man z. B. auf einem 0,90 m breiten Gehweg kein Absperrschrankengitter aufstellen und gleichzeitig eine Mindestbreite von 1,30 m einhalten kann. Dies betrifft natürlich auch die Anforderungen an Radwege und ähnliche Verkehrsflächen.

In solchen Fällen besteht deshalb die Notwendigkeit, einen zur Anordnung vorgesehenen Regelplan abzuändern bzw. eine gänzlich andere Verkehrsführung vorzusehen (wohlgemerkt bevor die Anordnung erteilt wird). Abändern bedeutet natürlich nicht, dass man die Mindestbreite im Regelplan von 1,30 m einfach auf z. B. 0,60 m korrigiert, sondern dass z. B. anstelle eines Regelplanes B I/5, ein Regelplan B I/6 (gesicherte Fußgängerquerung) angeordnet wird, weil die Vollsperrung des Gehweges erforderlich ist.

Die Mindestbreiten spielen natürlich auch bei den in grau dargestellten Alternativpositionen eine Rolle – daher Absperrschrankengitter auf der gegenüberliegenden Seite, anstelle direkt am fahrbahnseitigen Baufeldrand. Auch in diesem Fall muss der Platzbedarf für die Aufstellvorrichtungen (Fußplatten) berücksichtigt werden. Die Bewertung der praktischen Realisierbarkeit der Regelpläne hat daher auch in dieser Hinsicht oberste Priorität.

Platzbedarf für spitzwinklige Querabsperrungen – Verschwenkungsmaß

Viele Regelpläne enthalten eine spitzwinklige Querabsperrung am Beginn und Ende der Arbeitsstelle – bestehend aus Leitbaken. Hierzu sind sowohl in den textlichen Teilen der RSA, als auch in den Seitentexten der Regelpläne entsprechende Angaben enthalten, die aber teilweise etwas missverständlich sind. Zudem werden die jeweiligen Verschwenkungsmaße in den Regelplänen systematisch nicht einheitlich angewandt. Grundsätzlich gelten folgende Werte:

■ **Innerorts:**	Abstand quer 0,6–1,0 m, Abstand längs 1,0–2,0 m	Verschwenkungen: 1:10
■ **Landstraßen:**	Abstand quer max. 0,6 m, Verziehungsmaß 1:3	Verschwenkungen: 1:10
■ **Autobahnen:**	Abstand quer etwa 0,5 m, Abstand längs max. 9 m, Verziehungsmaß 1:20	Verschwenkungen: 1:20

Das Verschwenkungs- bzw. Verziehungsmaß beschreibt die Aufbaulänge der Querabsperrung in Relation zur Fahrstreifenbreite. Bei einem Verhältnis von 1:3 (Landstraßen) ergibt sich bei einer Fahrstreifenbreite von z. B.

3,50 m eine Aufbaulänge von ca. 10 m. Dieser Bereich ist der Querabsperrung vorbehalten und darf gemäß ASR A 5.2 keine Arbeitsplätze und Verkehrswege beinhalten.

Wenn in den RSA 21 von „mindestens drei Leitbaken" die Rede ist, dann ist das wirklich nur als Mindestanforderung zu verstehen. Tatsächlich erfordert der maximal zulässige Querabstand von 0,6–1,0 m (bezogen auf die Bakenmitte) etwa 4 bis 5 Leitbaken pro Fahrstreifen (je nach Fahrstreifenbreite auch mehr).

Auch an dieser Stelle wären vier bis fünf Leitbaken in der Querabsperrung notwendig und eben nicht nur drei (Querabstand 0,6 bis 1,0 m).

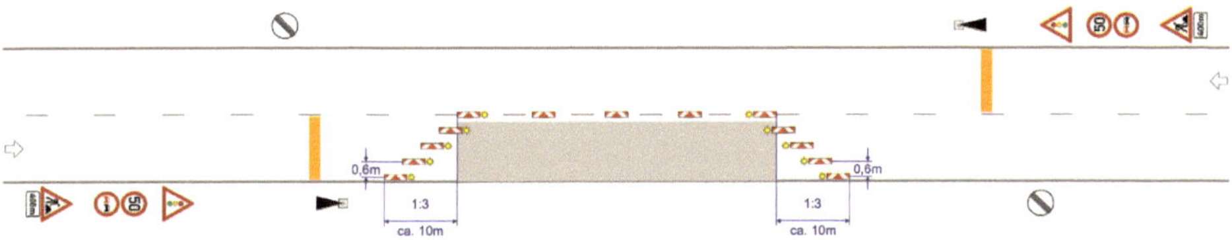

Beispiel Regelplan C I/5: Das Verschwenkungsmaß von 1:3 ergibt einen Platzbedarf von ca. 10 m für die Querabsperrung – sowohl am Beginn, als auch am Ende der Arbeitsstelle. Beträgt die Sperr- bzw. Fahrstreifenbreite 4 m, ergibt sich eine Aufbaulänge von ca. 12 m.

Auf Landstraßen beträgt der maximal zulässige Querabstand zwischen den Leitbaken 0,6 m, bei einem Verschwenkungsmaß von 1:3.

Entsprechend ergibt sich ein Bedarf von etwa 6 Leitbaken je gesperrten Fahrstreifen. Bei einer Sperrbreite von 4,00 m ergibt sich eine Aufbaulänge von etwa 12 m.

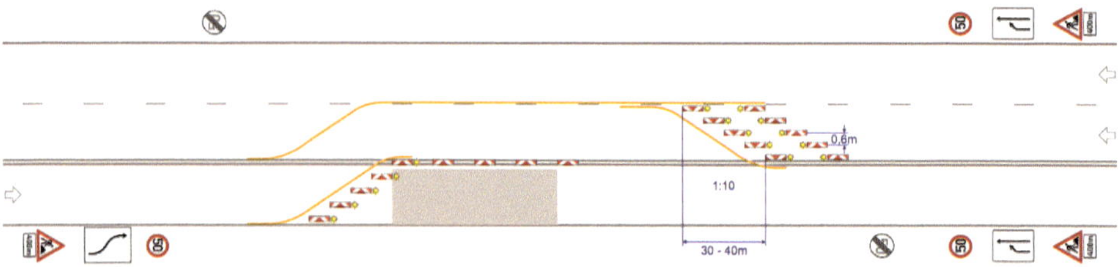

Beispiel Regelplan C I/9: Für den Bereich der Rückverschwenkung ist ein Verschwenkungsmaß von 1:10 definiert. Bei einer Fahrstreifenbreite von 3–4 m ergibt sich folglich eine Aufbaulänge von ca. 30–40 m für eine Bakenreihe. Dieser Wert ist eigentlich auch am Beginn der Arbeitsstelle (links im Plan) anzusetzen, da es sich hierbei ebenfalls um eine Verschwenkung handelt. Im Regelplan ist hier allerdings ein Verhältnis von 1:3 definiert – dies ist fehlerhaft.

An Verschwenkungen wie diesen ist ein Verschwenkungsmaß von 1:10 definiert. Entsprechend wird für die Querabsperrung (Rückverschwenkung) eine Aufbaulänge von etwa 30 bis 40 m benötigt. Auf Grund des maximal zulässigen Querabstandes von 0,6 m sind dann auch mehr Leitbaken einzusetzen. Im Übrigen kommen an solchen Stellen ausschließlich Leitbaken zur Anwendung.

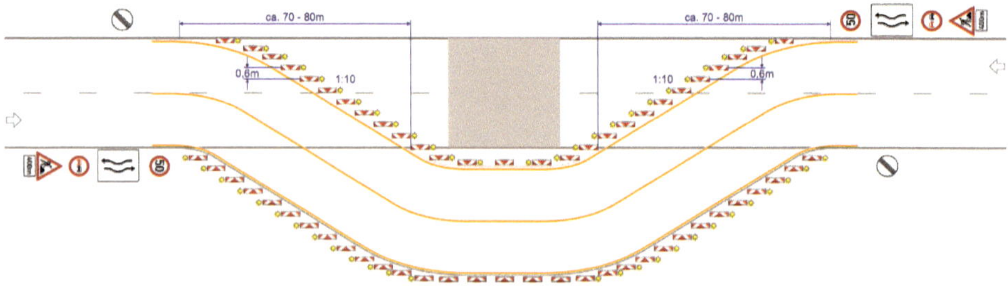

Beispiel Regelplan C I/10: Hier wird in den RSA 21 ebenfalls ein Verschwenkungsmaß von 1:10 definiert. Da nicht nur ein einzelner Fahrstreifen, sondern eine komplette Fahrbahn verschwenkt wird, ist eine Aufbaulänge von ca. 70–80 m allein für die Querabsperrung der ursprünglichen Fahrbahn erforderlich. Zusätzlich dazu ergibt sich ein weiterer Platzbedarf im Bereich der Behelfsfahrbahn. Die bauliche Verschwenkung kann daher durchaus eine

Länge von 100–120 m erfordern (je Seite versteht sich). Genau dies wird in der Praxis sowohl in der Planung als auch bei der baulichen Ausführung verkannt. In der Praxis werden solche Umfahrungen meist unzureichend angelegt, das heißt sie sind oftmals überhaupt nicht fahrbar, schon gar nicht mit 50 km/h.

Umfahrungen nach Regelplan C I/10 werden baulich meist unzureichend bis dilettantisch angelegt. Auf der mangelhaften baulichen Grundlage baut dann eine ebenso fragwürdige Verkehrsführung auf, die rein gar nichts mit dem eigentlichen Prinzip des Regelplanes zu tun hat. Üblicherweise werden die für alle Beteiligten offensichtlichen Mängel anschließend mit der Anordnung von Zeichen 274-30 kaschiert. Tatsächlich sind solche Umfahrungen viel großzügiger zu dimensionieren, als dies in der Praxis erfolgt. Der Anspruch ist eigentlich, dass man sie mit 50 km/h gefahrlos befahren kann.

Gerade bei Umfahrungen fragt man sich oft, wer so etwas plant, ausführt und offensichtlich auch noch abnimmt ...

Beispiel für eine ordnungsgemäße Querabsperrung auf einer BAB mit dem Verschwenkungsmaß 1:20.

Beim Verschwenkungsmaß 1:3 ergibt sich bei einer Sperrbreite von 4 m eine Aufbaulänge von ca. 12 m. Der Querabstand der Leitbaken beträgt max. 0,6 m.

Beim Verschwenkungsmaß 1:10 ergibt sich bei einer Sperrbreite von 4 m eine Aufbaulänge von ca. 40 m. Der Querabstand der Leitbaken beträgt max. 0,6 m.

Bei der Planung von Arbeitsstellen und insbesondere der Anwendung von Regelplänen sind die erforderlichen Aufbaulängen für die Querabsperrung zu berücksichtigen. Hierbei muss klar sein, dass die eigentliche „Sperrbreite" meist größer ausfällt, als z. B. die zu sanierende Fahrstreifenbreite. Sowohl die seitlichen Maße nach ASR A 5.2, als auch der Platzbedarf für die Längsabsperrung (Leitbake + Absperrschrankengitter innerorts = 1,00 m) sorgen dafür, dass bei einem 3,50 m breiten Fahrstreifen tatsächlich eine Gesamtbreite von 4,50 m und mehr abgesperrt werden muss. Dementsprechend erhöht sich auch die Aufbaulänge für die Querabsperrung.

Diese Problematik kann insbesondere dann von Bedeutung sein, wenn Arbeitsstellen unmittelbar vor bzw. hinter Kreuzungen und Einmündungen beginnen sollen. Es ist schließlich nicht Sinn einer spitzwinkligen Querabsperrung, dass man die Leitbaken nebeneinander auf einer Höhe aufstellt:

Rechtwinklige Absperrung aus Leitbaken – Thema verfehlt.

Dies wäre dann übrigens auch der Sicherheitsabstand in Längsrichtung gemäß ASR A 5.2, welcher sich am „Verschwenkungsmaß" nach RSA orientiert.

Platzbedarf für Lichtzeichenanlagen

Bei der Anordnung von Lichtzeichenanlagen z. B. gemäß Regelplan B I/6 muss klar sein, dass solche Anlagen verkabelt werden müssen. Dort wo kreuzende Verkehrsströme signalisiert werden, scheidet auf Grund der technischen Anforderungen eine Funkverbindung aus. Auch wenn die Hersteller der Signalanlagen oder Verkehrssicherungsfirmen gern etwas anderes behaupten: „Funkampeln" sind zur Signalisierung von Kreuzungen, Einmündungen und Fußgängerquerungen unzulässig.

Signalisierte Fußgängerquerung unter Einsatz einer „Funkampel". Was praktisch ist und in der Regel auch problemlos funktioniert, ist auf Grund der technisch definierten Sicherheitsanforderungen unzulässig (gilt auch bei reinem Fahrbahnverkehr z. B. klassische „Drei-Seiten-Ampel"). Die gezeigte Anlage müsste folglich verkabelt werden, was den Einsatz von Masten z. B. im Gehwegbereich erfordert. Deren Platzbedarf ist bei der Anwendung von Regelplänen sowie bei allen anderen Planungen von temporären Lichtzeichenanlagen zu berücksichtigen, da auch in diesem Fall eine Mindestbreite von 1,00 m (kurze Engstellen) zu gewährleisten ist.

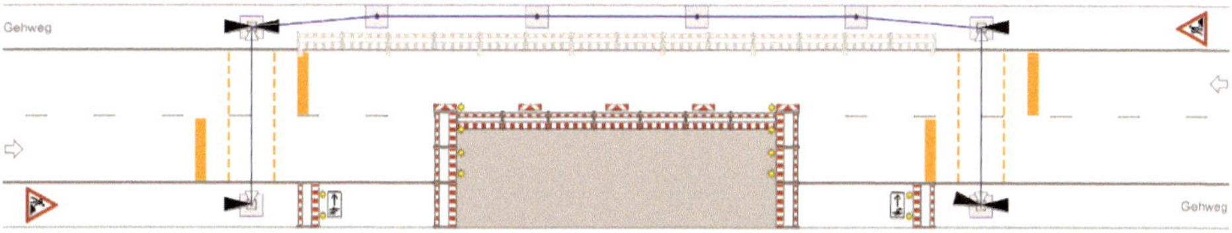

Beispiel für die erforderliche Verkabelung im Falle eines Regelplanes B I/6 (betrifft auch alle anderen Pläne mit LSA und kreuzenden Verkehrsströmen). Der Platzbedarf für die Aufstellvorrichtungen der Signalgeber und für die weitere Verkabelung ist bei der Bewertung zu berücksichtigen. Können die Leitungen nicht durch das Baufeld geführt werden, wird in der Praxis der gegenüberliegende Gehweg genutzt. Hier sind dann natürlich ebenfalls die Mindestbreiten zu gewährleisten.

Oft wird im Sinne der Verkehrssicherheit eine solche Verkehrsführung angeordnet, doch auf Grund der oft unzureichenden technischen Umsetzung entstehen neue Gefahren und Hindernisse durch die Aufstellvorrichtungen der Lichtzeichenanlage. Nicht selten müssen Fußgänger auf die Fahrbahn ausweichen, da die Gehwege sorglos mit Fundamentblöcken von Überspannungsmasten usw. blockiert sind. Entsprechend muss bei der Planung einer solchen Verkehrsführung auch die technische Realisierung berücksichtigt werden, denn die Verkabelung kann auch nicht per „Siemens Lufthaken" vorgenommen werden.

Vor allem in der Verkehrssicherungsbranche geradezu normal: Durch Aufstellvorrichtung einer Lichtzeichenanlage blockierter Gehweg. Die Bemessung der notwendigen Aufstellflächen bzw. die sorgfältige Wahl der Signalgeberstandorte und zusätzlicher Masten wird bei der Planung in der Regel nicht berücksichtigt. Im Rahmen der für Lichtzeichenanlagen vorgesehenen Überprüfung durch die anordnende Behörde (vor Inbetriebnahme) wäre die gezeigte Situation natürlich ein Grund zur Beanstandung. Davon abgesehen ist die Schüttgutlagerung der Bauzaunfüße bemerkenswert.

Barrierefreie Querungsstellen

Bei der Anlage von Querungsstellen, egal welcher Art (LSA, Fußgängerüberweg, provisorische Mittelinsel usw.) sind die Anforderungen von mobilitätseingeschränkten Menschen besonders zu berücksichtigen. Während bei den Regelplänen mit Fußgängernotwegen extra Podeste und Rollstuhlrampen vorgesehen sind (dies ist hinsichtlich der praktischen Ausführung ein Thema für sich), fehlen die notwendigen Anrampungen in allen Regelplänen mit signalisierten Fußgängerquerungen. Da bei Radweg-Regelplänen ebenfalls Anrampungen eingezeichnet bzw. im Seitentext benannt sind, könnte der Eindruck entstehen, dass solche Anrampungen an LSA nicht notwendig seien. Dies ist jedoch ein Trugschluss.

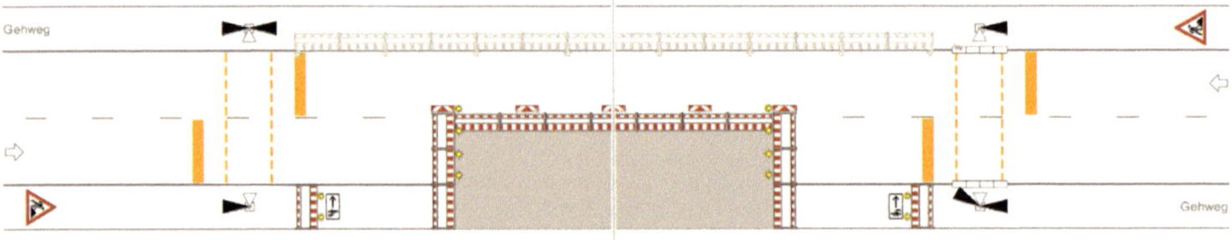

Regelplan B I/6 bzw. B II/6 im Original ohne Anrampungen (links) und mit erforderlichen Anrampungen bzw. Bordsteinabsenkungen (rechts).

Umsetzung eines angepassten Regelplanes B I/6 gemäß RSA 21, ohne Berücksichtigung mobilitätseingeschränkter Personen. Die Anforderungen an eine barrierefreie Verkehrsraumgestaltung sind auch an Arbeitsstellen zu berücksichtigen. Entsprechend sind hier zusätzliche bauliche Maßnahmen erforderlich, bzw. die Querungshilfe ist an einer Stelle vorzusehen, an der sich auf beiden Seiten bereits eine nutzbare Bordsteinabsenkung befindet.

Platzbedarf für den Verkehr auf der Fahrbahn

Soweit nicht bereits die bisher angeführten Platzbedarfe dafür sorgen, dass der Verkehr neben der Arbeitsstelle nicht mehr fahren kann, so gilt das Hauptaugenmerk gemäß RSA natürlich dem fließenden Verkehr auf der Fahrbahn. Die hierzu üblicherweise angegebenen mindestens 3,00 m sind tatsächlich nur ein Mindestmaß, welches ebenfalls von der Örtlichkeit (Radien, Kurven, Querneigung, Fahrbahnzustand usw.) abhängig ist.

Neben baulichen Aspekten sind auch die örtlich zulässigen bzw. üblichen Fahrzeugarten von Bedeutung. Wendet man insbesondere in landwirtschaftlich geprägten Gebieten das Mindestmaß von 3,00 m an, so sind Beschädigungen durch landwirtschaftliche Fahrzeuge (zulässige Breite 3,00 m ohne Sondergenehmigung) an der Absicherung vorprogrammiert. Entsprechend ergibt sich für den Verkehr auf der Fahrbahn aus diesen und weiteren Gründen meist ein größerer Platzbedarf, als in den Regelplänen gemäß RSA 21 vorgesehen ist.

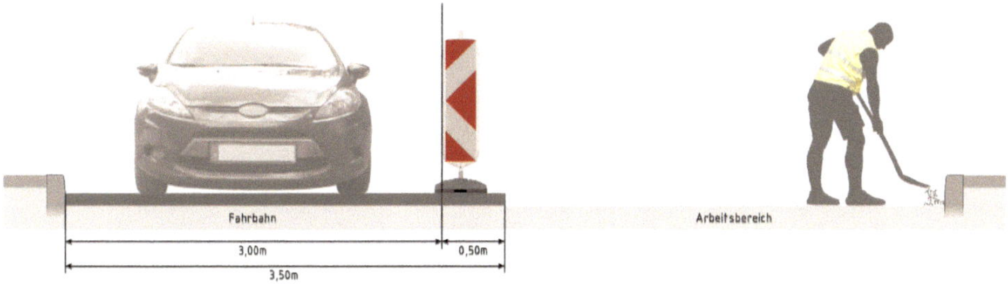

Die Mindestbreite eines Fahrstreifens beträgt gemäß RSA im Regelfall 3,00 m (Regelpläne Teil B und C). Ergänzend dazu ist der bereits erwähnte Platzbedarf für die Längsabsperrung zu bemessen – hier 0,50 m ab der fahrbahnseitigen Außenkante der Leitbake bis zur Fräskante (ohne Berücksichtigung der ASR A 5.2). Auf die Darstellung der erforderlichen Absperrschrankengitter wurde verzichtet. Nimmt man die Fräskante in der Mitte der Fahrbahn an, ergibt sich bereits nach RSA 21 eine Mindestbreite der Fahrbahn von 7,00 m.

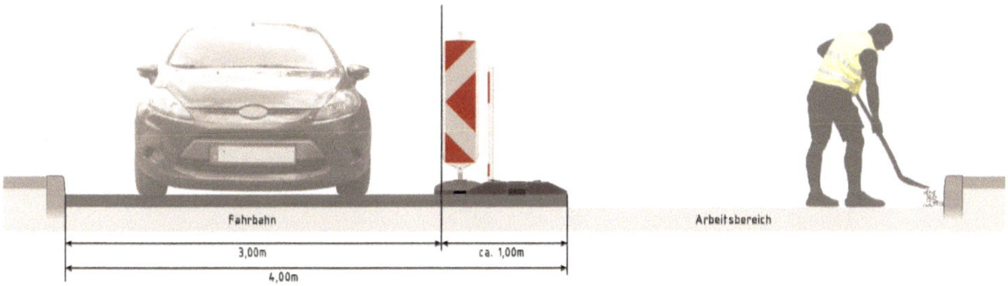

Sobald in der Längsabsperrung Absperrschrankengitter vorgesehen sind (Standardlösung Regelpläne Teil B), erhöht sich der Platzbedarf für die Längsabsperrung auf ca. 1,00 m. Die Absperrschrankengitter sind natürlich auch bei Fräsarbeiten oder dem Asphalteinbau erforderlich, wenn die Anordnung keine andere Absicherung (z. B. am Gehweg gegenüber) vorsieht. Die erforderliche Mindestbreite der gesamten Fahrbahn würde sich entsprechend auf 8,00 m erhöhen (hier nicht maßstäblich dargestellt).

Zusammenfassung zum Thema Platzbedarf

Die verschiedenen Kriterien zum jeweiligen Platzbedarf sind bereits bei der Planung von Arbeitsstellen zu berücksichtigen. Dies betrifft insbesondere das Planungs- und Ausschreibungswesen. Die Regelpläne nach RSA 21 sind nur dann anwendbar, wenn die definierten Mindestmaße für die jeweiligen Verkehrsflächen eingehalten werden. Zusätzlich dazu sind die Vorgaben der ASR A 5.2 zu berücksichtigen, wenn der Einsatz von Beschäftigten im Grenzbereich zum Straßenverkehr erforderlich ist. Weiterhin sind bautechnische Anforderungen, wie z. B. die DIN 4124 „Baugruben und Gräben", sowie Betriebsanweisungen für Arbeitsmaschinen (z. B. Sicherheitsabstände bzw. Aufenthaltsverbote in Gefahrenbereichen) zu beachten – auch hierdurch kann sich ein zusätzlicher Platzbedarf ergeben.

Insbesondere die Unternehmer, die den Antrag auf eine verkehrsrechtliche Anordnung stellen, müssen ihren Platzbedarf genau kennen und die erforderliche Absicherung sachgerecht auswählen. Der Platzbedarf der Absperrung selbst ist dabei ebenfalls zu berücksichtigen. Insbesondere die Planungsbreite der fahrbahnseitigen Längsabsperrung innerorts (Leitbake + Absperrschrankengitter = ca. 1,00 m) muss bei der Bewertung aller Arbeiten (auch Fräsen, Asphaltieren und Verdichten) in die Bemessung einfließen. Hinzu kommt die Absicherung gegenüber Geh- und Radwegen, wohlgemerkt unter Einhaltung der jeweiligen Mindestbreiten und bei standsicherer Aufstellung.

Diese und weitere Kriterien können bereits dazu führen, dass ein ausgewählter Regelplan gar nicht umgesetzt werden kann. Hierzu noch einmal der Hinweis, dass die angeordnete Absicherung auch während der Arbeitszeit bestehen bleiben muss. Alle Arbeiten müssen in den definierten Arbeitsbereichen sicher und bautechnisch sinnvoll ausführbar sein. Notwendige Änderungen in der Praxis bedürfen einer Anpassung der verkehrsrechtlichen Anordnung, bevor sie umgesetzt werden dürfen.

Anpassung der Regelpläne an die Situation vor Ort

Wenn die sorgfältige Bewertung der jeweiligen Platzbedarfe die Anwendung eines Regelplanes zulässt, so ist dennoch ein Abgleich mit der örtlichen Situation erforderlich. Regelpläne behandeln bis auf wenige Ausnahmen freie Strecken, daher ohne Kreuzungen oder Einmündungen. Eine Maßnahme, die auf „freier Strecke" unter Anwendung eines Regelplanes abgesichert werden kann, erfordert im Bereich von Knotenpunkten eine besondere Lösung, für die in der Regel ein eigener Verkehrszeichenplan erforderlich ist. Wenn also z. B. eine Fahrbahnsanierung aus verschiedenen Bauabschnitten besteht, bei denen zeitweise auch Knotenpunkte betroffen sind, so kann nicht ein einzelner Regelplan für die gesamte Baumaßnahme angeordnet werden.

Weitere Anforderungen ergeben sich u. a. durch:

- Seitenstreifen, Parkbuchten, Parkplätze
- Radverkehrsanlagen
- Fahrbahnteiler, Querungshilfen, Fußgängerüberwege
- Lichtzeichenanlagen, Verkehrsbeeinflussungsanlagen
- Bahnübergänge, Betriebsanlagen von Schienenbahnen, Oberleitungen
- Tunnel, Unterführungen, Straßen mit bestimmten Beschränkungen

Diese Auflistung ist natürlich nicht abschließend. Sie soll lediglich verdeutlichen, dass solche „Besonderheiten" (die eigentlich keine sind) stets in die Bewertung von Regelplänen einbezogen werden müssen. Die RSA 21 enthalten z. B. keinen Regelplan für eine signalisierte Engstelle außerorts mit Einmündung. Folglich ist hier ein geänderter Regelplan C I/5 oder ein eigener Verkehrszeichenplan erforderlich. Hierbei gilt: Lösungen der Kategorie „in Ampelverkehr einordnen" sind keine Lösungen.

Fahrbahnsanierung einer Landstraße mit Engstellensignalisierung, jedoch ohne sachgemäße Berücksichtigung der Kreuzung bzw. Einmündung. Der einmündende Verkehr soll sich an den vorbeifahrenden Fahrzeugen orientieren und diesen folgen – was insbesondere in verkehrsarmen Zeiten überhaupt nicht funktioniert. Solche „Hilfskonstrukte" sind keine Grundlage für eine sachgemäße verkehrsrechtliche Anordnung. Entweder wird die Einmündung in die Signalisierung einbezogen oder es wird eine „wegführende" Einbahnstraße nach dem Prinzip von Regelplan B I/18 angeordnet. Zur Ausführung der „Absicherung" erübrigt sich jeder Kommentar.

Arbeitsstelle eines Energieversorgers mit Aufgrabungen auf beiden Straßenseiten, unter Anwendung eines Regelplanes B I/5 – wobei dieser natürlich nicht gemäß RSA 21 umgesetzt wurde. Zudem ist die notwendige Anpassung an die Örtlichkeit offensichtlich ausgeblieben. Fußgänger sollen hier auf den gegenüberliegenden Gehweg wechseln, obwohl es sich dabei um eine Grünfläche handelt. Bereits aus diesem Grund würde ein Gehwegwechsel ausscheiden – es sei denn, die Fläche wird vorher als Gehweg ertüchtigt. Dies beinhaltet eine Bordsteinabsenkung im Bereich der Querungsstelle – abgesehen von einer gesicherten Querung gemäß Regelplan B I/6. Da jedoch auf dieser Straßenseite ebenfalls eine Aufgrabung vorhanden ist, laufen die Fußgänger weiterhin links durch das eigentliche Baufeld.

Problemfall Regelplan B I/15

Da es keinen Regelplan gibt, der nur eine einfache Sperrung (Zeichen 250 + Absperrschranke mit fünf roten Warnleuchten, ohne weiteres „Zubehör") beinhaltet, wird hilfsweise der Regelplan B I/15 überall dort angeordnet, wo eine Vollsperrung erfolgen soll, obwohl er in den meisten Fällen überhaupt nicht passt.

Anordnung eines Regelplanes B I/15 der Kategorie „örtlich angepasst". Im Gegensatz zum Original-Regelplan sind in dieser Straße seit jeher keine Gehwege vorhanden. Im Anschluss folgt auch keine Kreuzung, sondern nur eine Einmündung. Auf der anderen Seite (im Rücken des Fotografen) geht die Straße in einen gemeinsamen Geh- und Radweg über (mit Pollern) – sprich die Straße ist für den Kraftfahrzeugverkehr normalerweise eine Sackgasse.

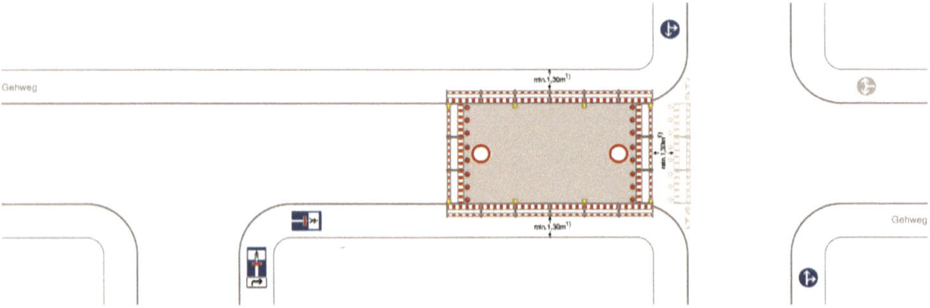

Beispiel Regelplan B I/15: Sind wie im oben gezeigten Foto gar keine Gehwege vorhanden, sind sie auch im Plan zu entfernen – andernfalls wäre dieser Bereich beidseitig passierbar zu halten (eben wie im Regelplan). Die im Foto vorhandene beidseitige Hecke macht eine Längsabsperrung aus Absperrschrankengittern und gelben Rundstrahlern überflüssig. Da im konkreten Fall eine Einmündung vorhanden ist, sind auch nicht die Zeichen 214, sondern Zeichen 209-30 anzuordnen (sofern diese überhaupt notwendig sind). Bei den Zeichen 357 ist stets zu prüfen, welche Verkehrsarten darauf abgebildet werden müssen. Zudem ist lt. Regelplan optional die Einrichtung eines Notweges im Bereich der Einmündung möglich. Hierzu sind entsprechende Eintragungen in den Auswahlfeldern im Seitentext des Regelplanes vorzunehmen, die dann Bestandteil der verkehrsrechtlichen Anordnung werden.

Typische Situation in der Praxis: Auf die sichere Führung von Fußgängern und Radfahrern im Bereich von Kreuzungen oder Einmündungen wird in der Praxis oft verzichtet. Genau dafür sind die optionalen Notwege in den Regelplänen B I/14 und B I/15 gedacht – wobei diese eigentlich nicht durch den Arbeitsbereich führen, denn hier wird ja hin und wieder gearbeitet. Folglich ist an solchen Stellen ein Notweg auf dem benachbarten Fahrstreifen vorzusehen.

Andere Stadt, andere Baustelle, dasselbe Problembewusstsein – nämlich gar keines. Die Vollsperrung von Straßen erfolgt im Rahmen der Planung meist nur aus Sicht des „Autofahrers" (Zeichen 250 oder 267 – ggf. mit Umleitung). Die Anforderungen aller anderen Verkehrsteilnehmer bleiben hingegen vollkommen unberücksichtigt, wobei in diesem Fall auch die „Absicherung" gegenüber dem Verkehr auf der Fahrbahn mehr als mangelhaft ist:

Ansicht aus der Gegenrichtung. Hierbei handelt es sich keinesfalls um einen „kurzzeitigen Zwischenstand" während der Fräsarbeiten (was im Übrigen auch dann unzulässig wäre), sondern um die „Absicherung" am Wochenende und natürlich auch während der Dunkelheit. Zeichen 123 waren nicht aufgestellt.

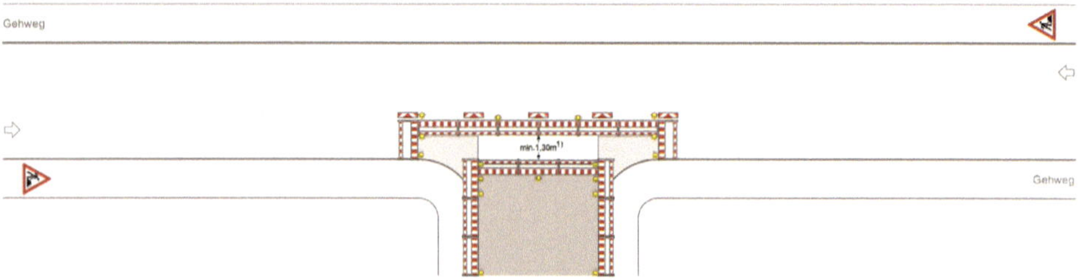

So in etwa müsste die Absicherung in Kreuzungs- und Einmündungsbereichen erfolgen, damit Fußgänger den Arbeitsbereich sicher passieren können. Der lediglich angedeutete Fußgängernotweg im Regelplan B I/15 wird im Regelfall als „echter" Notweg ausgeführt werden müssen, da der Arbeitsbereich in der Praxis direkt an die andere Fahrbahn angrenzt und nicht vorher aufhört, wie im Regelplan B I/15 dargestellt. Dies beinhaltet entsprechende Anrampungen bzw. Podeste und Rollstuhlrampen, sofern vor Ort nicht bereits eine Bordsteinabsenkung im Einmündungsbereich vorhanden ist. Beim gezeigten Beispiel muss natürlich klar sein, dass diese Absicherung für Fräs- und Asphaltierungsarbeiten in diesem Bereich nicht geeignet ist. In solchen und weiteren Fällen müssen also zusätzliche Maßnahmen geplant, beantragt und angeordnet werden, wodurch letztendlich auch eine Vollsperrung des gesamten Knotens erforderlich werden kann.

Anpassung der Regelpläne an vorhandene Verkehrszeichen

Bereits im Jahr 2009 wurde im Zusammenhang mit der StVO-Schilderwaldnovelle die VwV-StVO geändert. Viele dieser Änderungen enthalten restriktive Anforderungen und teilweise auch konkrete Anordnungsverbote. Die Verkehrs- und Straßenbaubehörden setzen diese Vorgaben in der Praxis nicht oder nur unzureichend um. Man kann zu den Änderungen auch durchaus eine geteilte Meinung haben – bloßes Aussitzen oder Ignorieren hilft am Ende aber auch nicht weiter. Diesbezüglich der Hinweis, dass es den gern angeführten „Bestandsschutz" so nicht gibt – das heißt neue Vorgaben sind auch umzusetzen und bestehende Regelungen sind ständig auf ihre Notwendigkeit hin zu überprüfen (Stichwort: Verkehrsschau). Aber zurück zu Arbeitsstellen:

Die benannten Änderungen der VwV-StVO wurden als höherwertiges Recht auch in die RSA 21 übernommen. Dies zeigt sich z. B. bei der Streichung von Geschwindigkeitstrichtern in den Regelplänen für Landstraßen (RSA 21 Teil C) oder dem Verzicht auf eine Vorrangregelung durch Verkehrszeichen (Z 208/308), wenn sich der Vorrang bereits aus § 6 StVO ergibt.

Allerdings bleibt auch mit den neuen Regelplänen gemäß RSA 21 grundsätzlich ein Anpassungs- bzw. Änderungsbedarf bestehen, denn die Pläne können nicht alle örtlich relevanten Kriterien gleichzeitig beinhalten. Der erforderliche Abgleich mit den Verkehrszeichen vor Ort umfasst deshalb regelmäßig folgende Punkte:

■ ***Zeichen 276 und Zeichen 295 – Fahrstreifenbegrenzung „Sperrlinie"***

Die Regelpläne der RSA 21 enthalten üblicherweise Leitlinien zur Trennung der Fahrstreifen. Ist vor Ort jedoch eine „durchgezogene Linie" vorhanden, darf das Zeichen 276 nicht angeordnet werden – vgl. Rn. 2 VwV-StVO zu § 41 zu Zeichen 276, bzw. RSA 21 Teil A, Abschnitt 2.5, Absatz 15 zu Zeichen 276.

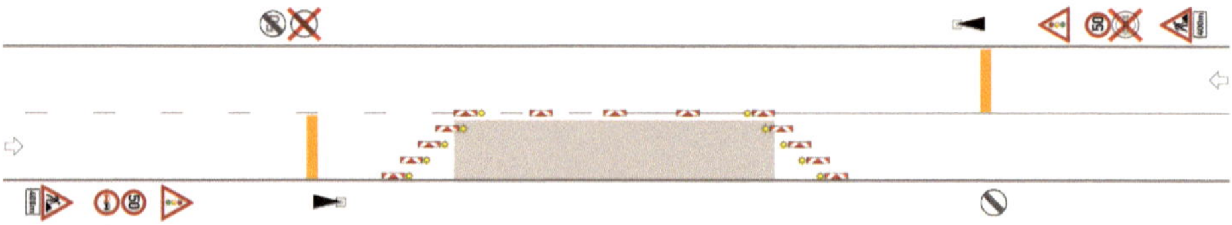

Beispiel Regelplan C I/5: Wenn vor Ort gar keine Markierung oder eine Leitlinie vorhanden ist, wird Zeichen 276 angeordnet (linke Planhälfte). Ist Zeichen 295 als Fahrstreifenbegrenzung „Sperrlinie" vorhanden, darf Zeichen 276 nicht angeordnet werden (rechte Planhälfte). Als Konsequenz ist in dieser Fahrtrichtung am Ende der Arbeitsstelle nicht Zeichen 282, sondern Zeichen 278-50 anzuordnen. Setzt die „Sperrlinie" erst nach dem geplanten Standort von Zeichen 276 ein, oder folgt eine solche Linie erst an der eigentlichen Arbeitsstelle (z. B. Regelplan C I/3), wird das Überholverbot zwar im Zulaufbereich beschildert, aber im weiteren Verlauf nicht wiederholt. Die Wiederholung der Zeichen 274-50 bei Arbeitsstellen über 1000 m Länge ist zwar im Regelplan C I/5 vorgesehen, eine signalisierte Engstelle dieser Länge macht aber verkehrstechnisch keinen Sinn. Darum wurden die wiederholenden Zeichen 274 aus dem dargestellten Plan entfernt.

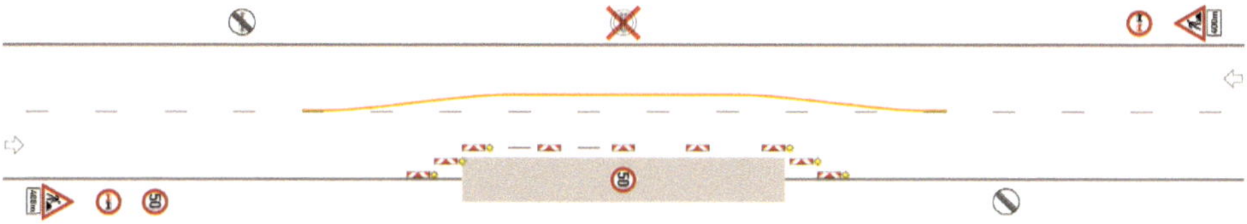

Beispiel Regelplan C I/3: Wenn im Zulaufbereich keine Markierung oder eine Leitlinie vorhanden ist, darf bzw. muss Zeichen 276 angeordnet werden um ein Überholverbot zu erwirken. Im Verlauf der Arbeitsstelle erfolgt jedoch auf Grund der temporären Fahrstreifenbegrenzung in der Fahrbahnmitte keine Wiederholung des Überholverbots. Das im Regelplan enthaltene Zeichen 276 (oben Mitte, Fahrtrichtung von rechts nach links) ist deshalb falsch.

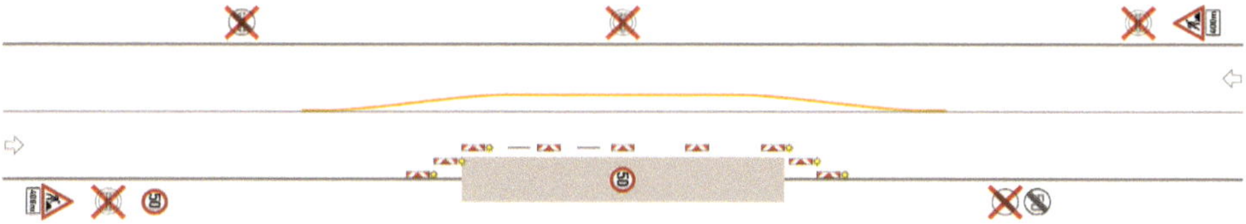

Ist vor Ort Zeichen 295 als Fahrbahnbegrenzung vorhanden, in diesem Fall auf der gesamten Länge, erfolgt überhaupt keine Anordnung von Zeichen 276. In der Fahrtrichtung von rechts nach links wird demzufolge nur mit Zeichen 123 und ZZ 400 m gewarnt, in der Gegenrichtung durch Zeichen 274-50 nur ein Tempolimit von 50 km/h angeordnet, was dann mit Zeichen 278-50 anstelle von Zeichen 282 aufgehoben wird.

Gemäß VwV-StVO seit dem Jahr 2009 unzulässig: Zeichen 276 in Kombination mit Zeichen 295 als Fahrstreifenbegrenzung „Sperrlinie". Wo das Überholen bereits durch Zeichen 295 unterbunden ist, darf Zeichen 276 nicht angeordnet werden (Rn. 2 VwV-StVO zu § 41 zu Zeichen 276).

■ ***Vorhandene Geschwindigkeitsbeschränkungen***

Ein Klassiker im Bereich der Arbeitsstellenbeschilderung ist die Kombination „Arbeitsstelle-30" (Zeichen 123 mit Zeichen 274-30) an Stellen, an denen bereits ein Tempolimit von 30 km/h besteht. Oft liegt in solchen Fällen gar keine verkehrsrechtliche Anordnung vor, sondern die Schilder wurden „einfach so" aufgestellt. Beschilderungsfehler im Zusammenhang mit Geschwindigkeitsbeschränkungen sind aber auch bei angeordneten Maßnahmen an der Tagesordnung, weil der erforderliche Abgleich mit der Örtlichkeit ausbleibt.

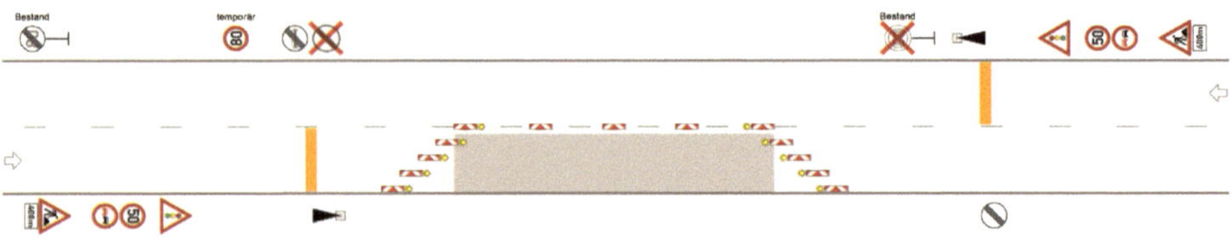

Beispiel Regelplan C I/5: Besteht wie hier bereits ein Tempolimit, dann ist diese Beschilderung abzudecken (Zeichen 274-80, Zulaufbereich Fahrtrichtung von rechts nach links). Muss dieses Tempolimit nach der Arbeitsstelle fortgesetzt werden, kann die Aufhebung der Arbeitsstellenbeschilderung nicht mit Zeichen 282 erfolgen, sondern es muss mit Zeichen 280 nur das Überholverbot aufgehoben werden. Es sei denn, das Zeichen 276 ist auf Grund einer vorhandenen „Sperrlinie" ebenfalls nicht zulässig. In jedem Fall muss das ursprüngliche Tempolimit von 80 km/h nach der Arbeitsstelle neu erteilt werden (temporäres Zeichen 274-80).

Hier wurde der Versuch eines Regelplanes C I/5 nach RSA 95 umgesetzt, ohne die in Bestand befindliche Beschilderung zu berücksichtigen. Es wäre natürlich der Sache dienlich, wenn die Beschäftigten vor Ort den Mangel erkennen und das ortsfeste Zeichen 278-70 abdecken würden. Dieses Ermessen steht ihnen aber nicht zu. Entsprechend muss die örtlich vorhandene Beschilderung bereits bei der Beantragung der VAO berücksichtigt werden. Das heißt, der Regelplan ist in dieser Hinsicht zu modifizieren bzw. die zu deaktivierenden Verkehrszeichen sind konkret zu benennen. Eine allgemeine Festlegung zum Deaktivieren von Verkehrszeichen ist nicht hinreichend bestimmt und damit unzulässig.

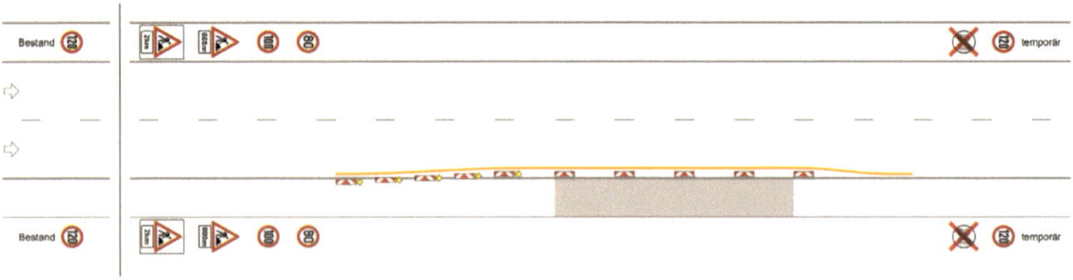

Ist z. B. auf Autobahnen bereits eine Geschwindigkeitsbeschränkung vorhanden (hier Zeichen 274-120 ganz links im Plan) und soll diese nach der Arbeitsstelle fortgeführt werden, sind anstelle der „Aufhebungszeichen" (betrifft je nach Plan auch Zeichen 282) entsprechende Zeichen 274 anzuordnen. Wird das Tempolimit der Arbeitsstelle durch Zeichen 278 oder 282 ganz aufgehoben, gilt gar kein Tempolimit bzw. Richtgeschwindigkeit – zumindest bis zum nächsten ortsfesten Zeichen 274.

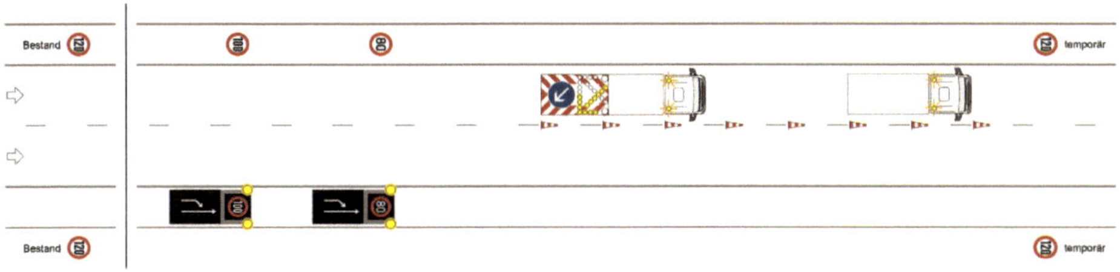

Die beschriebene Problematik betrifft auch Arbeitsstellen kürzerer Dauer, wie hier im Beispiel von Regelplan D III/1I: Besteht vor Ort eine Geschwindigkeitsbeschränkung auf z. B. 120 km/h, dann genügt die Längenangabe auf dem zweiten Vorwarnanzeiger in Fahrtrichtung nicht. Nach der Arbeitsstelle würde gemäß Regelplan kein Tempolimit bzw. Richtgeschwindigkeit gelten – zumindest bis zum nächsten ortsfesten Zeichen 274. Entsprechend muss am Ende der Arbeitsstelle wieder Zeichen 274-120 angeordnet werden – was hinsichtlich der Umsetzung bei beweglichen Arbeitsstellen besonders problematisch ist. Die in den jeweiligen Regelplänen als Ankreuzoption vorgesehene Anordnung von Zeichen 278-80 wäre um ein weiteres Auswahlfeld [ ] Zeichen 274-__ zu ergänzen.

In diesem Zusammenhang der Hinweis, dass die Problematik „kein Tempolimit" bzw. Richtgeschwindigkeit, nicht wie fälschlicherweise angenommen nur an Autobahnen gekoppelt ist, sondern durch die bauliche Trennung von Richtungsfahrbahnen außerhalb geschlossener Ortschaften erwirkt wird (das können ggf. auch temporäre Schutzeinrichtungen sein). Mit Kraftfahrstraßen hat das im Übrigen auch nichts zu tun – entscheidend ist die bauliche Trennung. Zudem sind von dieser Regelung auch Straßen außerhalb geschlossener Ortschaften betroffen, die jeweils zwei Fahrstreifen für jede Richtung haben, auch wenn anstelle einer baulichen Trennung nur Markierungen (Zeichen 295 oder 340) vorhanden sind.

An der gezeigten Stelle gilt normalerweise ein Tempolimit von 70 km/h. Im Zuge einer Arbeitsstelle wurden diese Zeichen aber mit Müllsäcken abgedeckt – folglich gilt jetzt kein Tempolimit mehr bzw. es gilt Richtgeschwindigkeit. Zwar mahnen die beiden Gefahrzeichen zur Reduzierung der Geschwindigkeit (§ 40 Abs. 1 StVO), allerdings sollte die Arbeitsstelle dann auch nach den definierten 150–250 m folgen, was hier natürlich nicht der Fall ist. Spätestens im Anschluss an die Arbeitsstelle wäre dann aber auch die „Regelung" der Gefahrzeichen aufgehoben.

■ *Sonderfahrstreifen – Busspuren*

Örtlich vorhandene Sonderfahrstreifen werden in den Regelplänen nicht berücksichtigt. Entsprechend ist in solchen Fällen immer eine Anpassung der Regelpläne erforderlich, bzw. es wird ein eigener Verkehrszeichenplan benötigt. Hierbei geht es nicht nur um das Deaktivieren der Beschilderung (z. B. Zeichen 245), sondern es müssen auch vorhandene Fahrbahnmarkierungen aufgehoben werden. All dies muss im Rahmen der VAO berücksichtigt und konkret angeordnet werden.

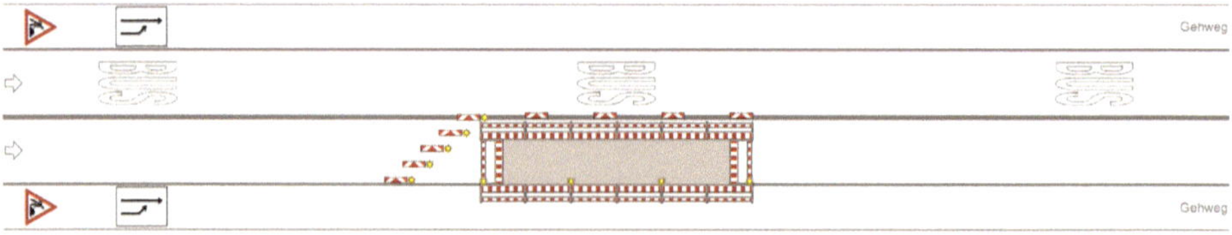

Arbeitsstelle im Bereich einer Busspur, wobei der Verkehr via Regelplan B I/11 geführt werden soll. Die Fahrstreifenbegrenzung muss durch gelbe Markierung aufgehoben werden (z. B. Auskreuzen, oder eine Fahrbahnbegrenzung am Baufeld). Zur Klarstellung ist auch die Markierung „BUS" auszukreuzen. Der Sonderfahrstreifen ist vor der Arbeitsstelle zu beenden (Zeichen 245 und Zusatzzeichen „Ende"). Nach der Arbeitsstelle muss der Sonderfahrstreifen wieder mit Zeichen 245 neu beschildert werden. Auf die Abbildung dieser Änderungen wurde bewusst verzichtet, da je nach Örtlichkeit auch andere Maßnahmen erforderlich sein können.

Arbeitsstelle im Bereich einer Busspur, abgesichert in Anlehnung an Regelplan B I/11 (rechter Fahrstreifen gesperrt). Hier bekommen die Verkehrsteilnehmer antrainiert, dass Busspuren von allen Fahrzeugen befahren werden dürfen und das Zeichen 245 keinerlei Bedeutung hat. Wendet man diese Erkenntnis an dieser oder einer anderen Stelle an, wenn keine Arbeitsstelle vorhanden ist, würde die Besatzung des letzten Fahrzeuges vermutlich tätig werden und eine OWi fertigen. Auf die obligatorische Frage *„Wissen Sie, was Sie falsch gemacht haben?"* lautet die Antwort dann eigentlich: *„Ich habe nichts falsch gemacht, denn in den letzten 14 Tagen bin ich hier auch regelmäßig lang gefahren"*. Ob das so gut ankommt, steht auf einem anderen Blatt.

Hinsichtlich der Ausführung der Absicherung wäre in diesem Fall das Abdecken des Zeichens 245 einschließlich Zusatzzeichen und das Auskreuzen des Schriftzuges „BUS" auf der Fahrbahn erforderlich. Am Ende der Arbeitsstelle ist die Busspur dann via Zeichen 245 + Zusatzzeichen neu zu beschildern und der übrige Verkehr ist ggf. durch zusätzliche gelbe Fahrbahnmarkierungen wieder auf den rechten Fahrstreifen zu führen.

■ ***Sonderwege/Radverkehrsanlagen***

Eine besondere Bewertung ist im Fall von Sonderwegen für den Radverkehr erforderlich, da hier eine etwaige Benutzungspflicht (oder eben auch nicht) zu beachten ist. Radwege bzw. gemeinsame und getrennte Geh- oder Radwege dürfen nicht zur bloßen Klarstellung *„dies ist ein Radweg"* beschildert werden, sondern es ist immer die Prüfung erforderlich, ob es sich im Bestand um einen Radweg mit Benutzungspflicht handelt und in welcher verkehrsrechtlichen Weise er im Arbeitsstellenbereich fortzuführen ist. Diese Bewertung ist auch im Anschluss an die Arbeitsstelle wichtig, denn wenn es sich um einen Radweg ohne Benutzungspflicht handelt, dürfen die Zeichen 237, 240 oder 241 nicht angeordnet werden.

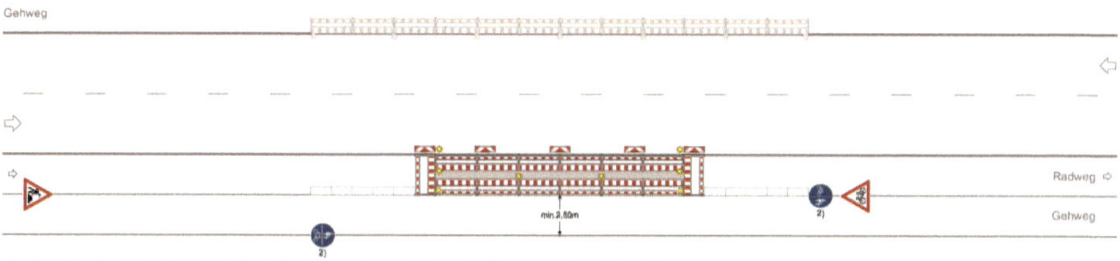

Beispiel Regelplan B II/2. Die gezeigte Beschilderung durch Zeichen 240 am Beginn und Zeichen 241-30 am Ende der Arbeitsstelle ist nur anordnungsfähig, wenn es sich vor Ort um einen benutzungspflichtigen Radweg handelt. Die unter 2) im Seitentext enthaltene Variante aus Zeichen 239 und dem Zusatzzeichen 1022-10 „Radverkehr frei" ist bei Radwegen ohne Benutzungspflicht anzuordnen. Diesbezüglich enthält der Regelplan auch einen Fehler, denn am Ende der Arbeitsstelle ist ebenfalls die Kennung 2) vorhanden, weshalb hier nochmals Zeichen 239 „Radverkehr frei" anzuordnen wäre – obwohl es sich nachfolgend um getrennte Wege handelt.

Radverkehrsanlagen und Arbeitsstellen sind in der Praxis meist unverträglich, da Planung und Ausführung im Regelfall sowohl an den Vorschriften, als auch an den praktischen Anforderungen und Bedürfnissen des Radverkehrs völlig vorbeigehen. Immerhin ergeben sich schöne Fotomotive. Hier wurde z. B. ein getrennter Geh- und Radweg (im Bestand benutzungspflichtig) im Verlauf einer Arbeitsstelle als Radweg beschildert. Die Fußgänger müssen sich folglich in Luft auflösen.

Auch so etwas gibt es vergleichsweise oft: Gemeinsame Geh- und Radwege (benutzungspflichtig), auf denen Radfahrer absteigen sollen. Das ist gleich in zweierlei Hinsicht Unsinn: Die relevante Verkehrsfläche wäre ein reiner Gehweg und der abgestiegene Radfahrer wäre ein Fußgänger – warum dann also Zeichen 240?

Die erforderliche Breite von gemeinsamen Geh- und Radwegen beträgt gemäß RSA 21 mindestens 2,50 m, im Ausnahmefall (der nicht definiert ist) 2,00 m. Entsprechend ist die Örtlichkeit anhand dieser Maßstäbe zu prüfen. Für den Breitbandausbau gelten allerdings keinerlei Vorschriften, der findet einfach nur statt.

■ *Fahrstreifenbegrenzungen und Sperrflächen*

Die bereits im Zusammenhang mit Zeichen 276 erwähnte Prüfung, ob vor Ort eine „durchgezogene Linie" vorhanden ist, hat noch eine andere Bedeutung: Entgegen einer weit verbreiteten Auffassung heben Absperrgeräte Fahrbahnmarkierungen nicht auf. Eine derartige Formulierung der StVO*(„rot-weiße Leitmarken heben die durch Fahrstreifenbegrenzungen (Zeichen 295) und Leitlinien (Zeichen 340) gegebenen Anordnungen auf")* wurde ebenfalls im Jahr 2009 aus der StVO gestrichen.

Seitdem gilt: Alle weißen Markierungen werden (nur) durch gelbe Markierungen aufgehoben. Diese Funktion hätte die bisher in den Regelplänen nach RSA 95 übliche gelbe Markierung am Baufeldrand übernehmen können – genau diese Markierungen fehlen aber jetzt in so gut wie allen Regelplänen. Entsprechend kann es aus diesem (rein formellen Grund) erforderlich sein, weiterhin eine gelbe Fahrbahnmarkierung anzuordnen, oder die weiße „Sperrlinie" zumindest im Bereich der Querabsperrung gelb auszukreuzen. Auch dies muss im Zuge der VAO konkret vorgegeben werden.

In der Praxis für die Verkehrsteilnehmer kein Problem, verkehrsrechtlich aber unzulässig: Das Überfahren der Fahrstreifenbegrenzung (Anlage 2 lfd. Nr. 68 StVO). Ein Fahrschüler auf Prüfungsfahrt müsste hier anhalten und den Prüfer um Rat fragen – das Wenden ist schließlich auch verboten. Die gezeigte Situation muss durch den Einsatz gelber Markierungen bereinigt werden – nur so wird beim Verkehrsteilnehmer das Verständnis gefördert, welche Bedeutung die weiße „Sperrlinie" hat. Stattdessen wird hier, genau wie beim Beispiel mit der Busspur, suggeriert, dass eine Fahrstreifenbegrenzung keinerlei Bedeutung hat. Überfährt man sie aber an anderer Stelle, ist das plötzlich wieder falsch und stellt eine OWi dar.

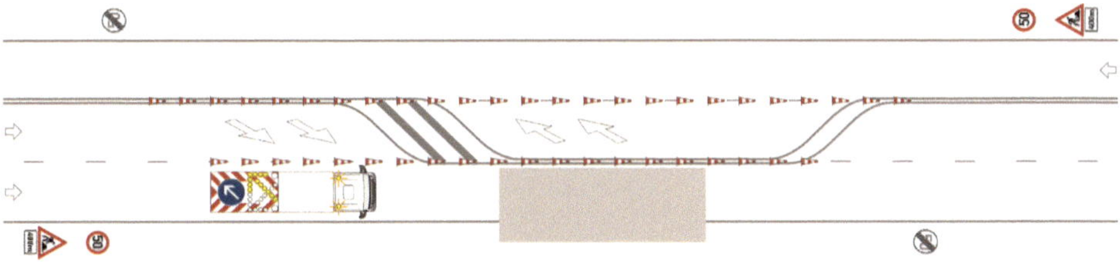

Beispiel Regelplan C II/7: Während im Regelplan C I/11 gelbe Markierungen vorgesehen sind, um das Überfahren der Sperrfläche sowie der durchgezogenen Linien zu legalisieren, wird hier allein auf Grund der Arbeitsstelle kürzerer Dauer darauf verzichtet. Rein praktisch ist dies nachvollziehbar, verkehrsrechtlich gesehen gibt es aber für eine solche Unterscheidung keine Grundlage. Leitkegel heben Fahrbahnmarkierungen nicht auf – Punkt. Zudem können die weißen Vorankündigungspfeile irritierend wirken und je nach Position im Arbeitsstellenbereich ggf. dazu führen, dass der Verkehr in die Arbeitsstelle fährt – insbesondere wenn der Leitkegelabstand nicht den angegebenen max. 6 m (nicht 12 m wie sonst üblich – siehe Seitentext im RP) entspricht. Der Regelplan C II/7 ist genau wie C II/5 verkehrsrechtlich gesehen fehlerhaft.

■ ***Verkehrslenkungstafeln***

Sind Verkehrslenkungstafeln vor Ort vorhanden, müssen diese im Regelfall an die arbeitsstellenbedingte Verkehrsführung angepasst werden (auskreuzen, abdecken, demontieren). Die Art und Weise der Anpassung ist konkret vorzugeben – die mit der Ausführung beauftragten Personen haben diesbezüglich kein Ermessen. Insbesondere bei Arbeitsstellen auf dreistreifigen Landstraßen (2+1) ist es wahrscheinlich, dass sich die Arbeitsstelle in einem Bereich befindet, in dem entsprechende Fahrstreifentafeln vorhanden sind. In den jeweiligen Regelplänen ist die ortsfeste Beschilderung natürlich nicht enthalten – folglich müssen hier entsprechende Anpassungen im Plan erfolgen, bzw. es ist auf Grundlage des Regelplanes ein eigener Verkehrszeichenplan zu erstellen, der die Anpassung der vorhandenen Fahrstreifentafeln konkret berücksichtigt.

Dass eine pauschale Formulierung *„entgegenstehende oder widersprüchliche Verkehrszeichen sind auszukreuzen"* unzureichend ist, verdeutlicht dieses Foto. Allerdings ist dies nicht allein die Folge unzureichender Sachkenntnis beim ausführenden Personal, sondern offenbart auch mangelnde Kontrolle durch Behörde und Polizei.

Hier wurde ein Regelplan C I/7 (nach RSA 95) umgesetzt, ohne die Örtlichkeit zu berücksichtigen. An einer Stelle, an der noch gar keine dreistreifige Verkehrsführung vorliegt, soll der Verkehrsteilnehmer auf den linken Fahrstreifen wechseln – also in den Gegenverkehr, denn dies ist natürlich keine Richtungsfahrbahn.

Im Bereich der dreistreifigen Verkehrsführung wurde dann versäumt, die vorhandene Fahrstreifentafel auszukreuzen bzw. durch eine passende Variante zu ersetzen. All dies muss im Zuge der Planung bzw. Beantragung berücksichtigt werden und wird später durch die verkehrsrechtliche Anordnung konkret vorgegeben.

Andere Straße, selbes Problem: Anordnung eines Regelplanes C I/7 nach RSA 95 ohne Berücksichtigung der Örtlichkeit.

... manchmal ist es tatsächlich besser, wenn sich die Verkehrsteilnehmer nicht an die Beschilderung halten.

Und dann gibt es auch das: Die Baustelle in der Baustelle. Planung und Anordnung der Kategorie *„die machen das schon irgendwie so, dass es passt"*.

Die Verkehrssicherung zur Verkehrssicherung

Eine wesentliche Festlegung im Zusammenhang mit verkehrsrechtlichen Anordnungen wird in der Praxis in der Regel ausgeblendet: Die Absicherung von Verkehrssicherungsmaßnahmen. Was komisch klingt, hat den Hintergrund, dass bestimmte Verkehrssicherungsarbeiten den Anforderungen der ASR A 5.2 unterliegen und zudem Gefahren für den Verkehr darstellen. Folglich müssen diese Arbeiten ähnlich wie die eigentlichen Arbeitsstellen geplant, beantragt und angeordnet werden. Unter der Wahrnehmung von Sonderrechten nach § 35 Abs. 6 StVO lassen sich allenfalls „gewöhnliche" Verkehrszeichen oder Absperrgeräte aufstellen. Die Einrichtung einer neuen Verkehrsführung stellt hingegen eine eigene Arbeitsstelle dar, weshalb diesbezüglich eine gesonderte verkehrsrechtliche Anordnung erforderlich sein kann.

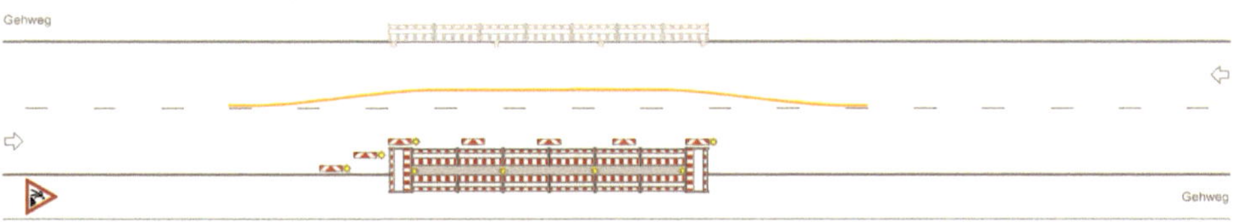

Beispiel Regelplan B I/4: Bei der Anordnung dieses Planes muss vorab geklärt werden, welche Absicherung für die Markierungsarbeiten notwendig ist. Dies betrifft auch das optionale Verlegen von Leitschwellen oder Leitborden und im Übrigen auch das spätere Demarkieren bzw. einen Rückbau baulicher Leitelemente.

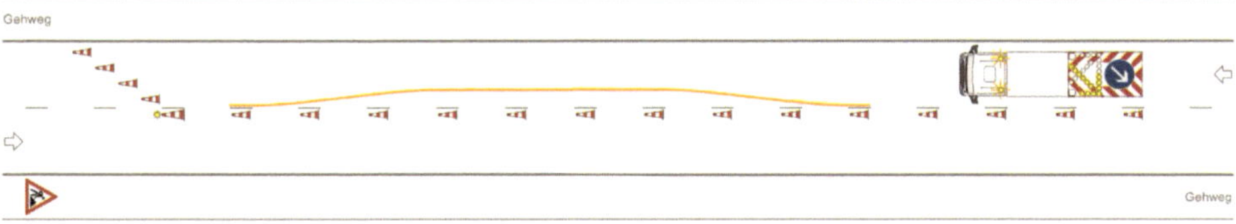

So könnte die Verkehrssicherung für die Markierungsarbeiten zu Regelplan B I/4 aussehen. Zu beachten sind die Sicherheitsabstände in Quer- und Längsrichtung gemäß ASR A 5.2 und natürlich die Arbeitsplatzbreite B_M für die

Markierer. Da beim Einmessen der Vormarkierung im Regelfall der gesamte Fahrbahnquerschnitt genutzt werden muss, ist für diese Zeit ggf. eine Vollsperrung erforderlich. Dies kann z. B. durch den Einsatz einer Lichtzeichenanlage erfolgen, bei der beide Seiten per Hand auf Rot geschaltet werden. Eine temporäre LSA ist im gezeigten Beispiel ggf. ohnehin notwendig, um den Verkehr sicher an der Markierungs-Arbeitsstelle vorbeizuführen. Hierdurch entstehen zusätzliche Kosten, die bereits im Zuge der Ausschreibung einer solchen Verkehrsführung berücksichtigt werden müssen. Die gezeigte Umsetzung bedarf natürlich einer eigenen verkehrsrechtlichen Anordnung.

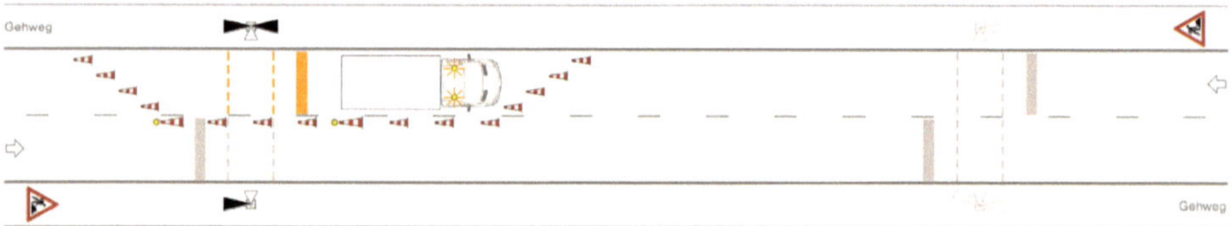

Beispiel Regelplan B I/6: Die Markierung der Fußgängerfurten sowie der Haltlinien erfordert eine halbseitige Sperrung, die mit der hälftigen Fertigstellung der Markierung auf die andere Fahrbahnseite umgesetzt wird. Ist die linke Querungsstelle fertig gestellt, folgt in gleicher Weise die Markierung der rechten Querungsstelle. Auch die Montagearbeiten der Lichtzeichenanlage müssen in die notwendige Bewertung einfließen. Auf Grund der Örtlichkeit und dem Umfang der Arbeiten kann sowohl aus Gründen der Verkehrssicherheit, als auch des Arbeitsschutzes, eine kurzzeitige Vollsperrung (z. B. durch die Polizei) notwendig sein. Verkehrssicherungsarbeiten wie diese sind im Rahmen der verkehrsrechtlichen Anordnung zu berücksichtigen und hinsichtlich ihrer Umsetzung konkret zu regeln.

■ ***Eigenmächtige Entscheidungen sind unzulässig***

In der Regel sind die beauftragten Verkehrssicherungs- oder Markierungsfirmen durchaus in der Lage, die nur kurzzeitig notwendigen Änderungen im Verkehrsablauf vor Ort eigenverantwortlich umzusetzen. Darauf verlassen sich auch viele Straßenverkehrsbehörden – getreu dem Motto *„Dazu haben wir ja schließlich die Verkehrssicherungsfirmen – die wissen schon, wie das geht."*

Mit Blick auf die Anforderungen des Verkehrsrechts ist diese Arbeitsweise natürlich unzulässig. Selbst das kurzzeitige (händische) Anhalten des Verkehrs, um z. B. die Verkabelung einer Lichtzeichenanlage über die Fahrbahn zu führen, ist nicht gestattet. Alle diesbezüglichen Versuche zur Legalisierung dieser Arbeiten werden insbesondere von den Vertretern aus dem Polizeiwesen seit Jahrzehnten abgelehnt. Zudem gibt es immer wieder Beispiele, in denen Verkehrssicherungsmonteure oder Markierer mit ihrer eigenverantwortlichen Entscheidung derart daneben liegen, dass es nicht nur zu brenzligen Situation, sondern auch zu konkreten Unfällen kommt.

Auswahlfelder im Seitentext der Regelpläne

Um die notwendige Anpassung von Regelplänen zu erleichtern, wurden mit den RSA 21 sog. Auswahlfelder eingeführt. Hierbei handelt es sich um gesonderte Festlegungen zu bestimmten Inhalten im grafischen Teil der Regelpläne. Leider sind die Auswahlmöglichkeiten bei gleichartigen Plänen nicht immer identisch. Zudem fehlen bei bestimmten Plänen weitere Kriterien, die typischerweise zu regeln wären, aber nicht als Auswahlfeld vorgesehen sind.

So gut die Auswahlfelder auch gemeint sind, so vielfältig sind die Probleme, die daraus entstehen. Dieser Beitrag hat bis jetzt hoffentlich hinreichend verdeutlicht, dass Regelpläne in vielen Fällen gar nicht funktionieren. Sie sind daher vornehmlich als Grundlage für eigene Verkehrszeichenpläne zu verwenden. Bereits in diesem Fall wären die Ankreuzoptionen überflüssig, denn der zusätzliche oder abweichende Regelungsbedarf könnte bzw. müsste gleich im fertigen Verkehrszeichenplan berücksichtigt werden.

Zudem bestärken die Auswahlmöglichkeiten sowohl Antragsteller als auch anordnende Behörden in der Annahme, dass Regelpläne unverändert bzw. mit nur geringfügigen Änderungen durch bloßes Ankreuzen angeordnet werden können. So könnte der Eindruck entstehen, dass die Auswahlfelder eine abschließende Auflistung aller relevanten Bewertungskriterien darstellen – dem ist natürlich nicht so. Entsprechend sind die in den RSA gegebenen „Hinweise für die Nutzung der Regelpläne" von besonderer Bedeutung – wobei deren sachgerechte Beachtung im Grunde dazu führt, dass man sich die Auswahlfelder auch hätte sparen können.

■ *Bewertung der Auswahloptionen ist stets erforderlich*

Schaut man sich die Auswahlmöglichkeiten der jeweiligen Regelpläne im Detail an, so wird schnell deutlich, dass hier in sehr vielen Fällen zwingend eine Auswahl erfolgen muss. Es handelt sich nicht ausschließlich um zusätzliche Einrichtungen oder optionale Anforderungen, sondern um grundsätzliche Entscheidungen – z. B. bei der Frage, ob eine gelbe Markierung als Folie bzw. Farbe, Leitschwelle oder Leitbord ausgeführt werden soll.

Zudem bekundet z. B. das Freilassen der Auswahlfelder zu Signalzeitenplan, Signallageplan und Phasenfolgeplan, dass die Behörde in dieser Hinsicht überhaupt nichts angeordnet hat. Eine gute Übersicht zu den verschiedenen Varianten der Auswahlmöglichkeiten bietet der Regelplan B II/7:

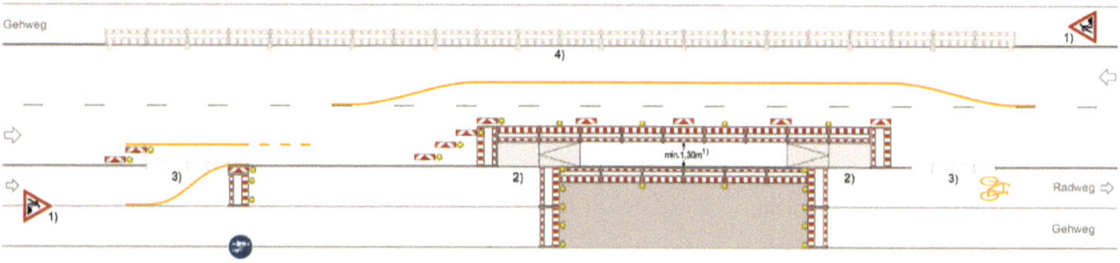

Beispiel Regelplan B II/7:

Auswahlfelder im Seitentext

Fahrstreifenbegrenzung
[ ] gelbe Markierung
[ ] Leitschwelle
[ ] Leitbord

Kommentar

Hier muss eine Auswahl des Markierungssystems erfolgen. Will der Antragsteller z. B. eine Leitschwelle einsetzen, muss dies vorab angekreuzt werden. Die anordnende Behörde kann den Einsatz einer Leitschwelle aber auch auf Grund der Barrierefreiheit und Stolpergefahr (querende Fußgänger oder Rollstuhlfahrer außerhalb des eigentlichen Arbeitsbereiches) versagen. Der Straßenbaulastträger wiederum kann den Einsatz von Markierungsfarbe oder Markierungsfolie untersagen (z. B. neu gebaute Straße) und stattdessen rückstandsfrei entfernbare Leitschwellen fordern. Eine sorgfältige Abstimmung im Vorfeld ist zweifellos notwendig. Dies auch deshalb, weil auf Leitschwellen und Leitborden zusätzlich kleine Leitbaken erforderlich sind (innerorts alle 5 m), die im Regelplan fehlen und deshalb auch in der Praxis vergessen werden.

1) [ ] geringe Verkehrsstärke: 30–50 m
[ ] bei Richtungsfahrbahn: 70–100 m

Abgesehen vom der Unbestimmtheit des Begriffs „geringe Verkehrsstärke" (ein gefühlter Wert, der in der Großstadt natürlich anders bewertet wird als auf dem Land) muss auch hier eine Auswahl erfolgen, insbesondere wenn es sich um eine Richtungsfahrbahn handelt (Z 123 dann beidseitig in 70–100 m).

2) [ ] Podest und Rollstuhlrampen sind vorhanden
Podest und Rollstuhlrampen sind Voraussetzung für die Anordnung dieses Plans, wenn die Bordsteinhöhe mehr als 3 cm beträgt.

Viele Antragsteller aber auch Behörden streichen diese Vorgabe einfach aus dem Plan – Problem gelöst. Tatsächlich verdeutlicht die gezeigte Variante eines Podests mit Rollstuhlrampe die geänderten Anforderungen hinsichtlich der Barrierefreiheit an Arbeitsstellen. Mit der Streichung dieser Einrichtungen bekunden die Verantwortlichen, dass sie auf eine sichere Benutzbarkeit des Notweges mit Rollstühlen bewusst verzichtet haben. Tatsächlich erfordert die korrekte Anwendung dieser Regelpläne ein Kreuz in diesem Feld – und natürlich auch die Errichtung der Podeste und Rampen in der Praxis.

3) [ ] angerampt

Ähnlich wie im Falle der Rollstuhlrampen verhält es sich bei den Anrampungen für den Radverkehr. Fehlt im Plan das Kreuz und in der Praxis die Anrampung, wurde auch dieser Punkt nicht sachgerecht bewertet bzw. umgesetzt.

4) [ ] zusätzlich Absperrschrankengitter am Gehweg gegenüber
[ ] erforderliche Länge und Lage gemäß beigefügtem Lageplan geprüft und angeordnet

Im Falle der Notweg-Regelpläne handelt es sich bei den in Grau dargestellten Absperrschrankengittern auf der gegenüberliegenden Straßenseite nicht um eine Absicherung anstelle derjenigen auf der Fahrbahn, sondern um eine zusätzliche Längsabsperrung. Wird hier ein Kreuz gesetzt, kann die Längsabsperrung am Notweg natürlich nicht entfallen.
Da Regelpläne die Örtlichkeit nicht hinreichend abbilden, sind zur fachgerechten Anordnung von Absperrschrankengittern Lagepläne erforderlich, aus denen sich die konkrete Aufstellung ergibt (idealerweise inkl. Grundstückszufahrten, Hauseingängen usw.). Würde man die Aufstellung von Absperrschrankengittern in dieser Weise planen, ergäbe sich (bei allen kleineren Abweichungen, die trotzdem nötig sind), ein anderes Bild, als es tagtäglich auf unseren Straßen anzutreffen ist.

Die Anlage von rollstuhltauglichen Überfahrten ist eine zwingende Voraussetzung zur Anordnung der jeweiligen Notweg-Regelpläne. Die Pläne repräsentieren ein geändertes Verhältnis gegenüber den Anforderungen mobilitätseingeschränkter Personen. Das bloße Streichen dieser Überfahrten verlagert das Problem am Ende nur auf die Betroffenen, die dann vor Ort mit einem Hochbord konfrontiert werden. Sowohl Antragsteller als auch die anordnende Behörde bekunden dann nicht nur ihr Desinteresse an einer barrierefreien Gestaltung von Arbeitsstellen, sie bekräftigen auch aktenkundig ihr vorsätzliches Handeln.

Diese „Lösung" widerspricht in allen Punkten den RSA 21. Neben den fehlenden Rampen im Bereich des Bordsteins ist der eigentliche Notweg auch viel zu schmal. Zudem wurde auf die fahrbahnseitigen Absperrschrankengitter verzichtet. Natürlich entsprechen die Absperrgeräte auch nicht der Retroreflexionsklasse RA 2 und die Leitbaken sind willkürlich als Pfeil- und Schraffenbaken ausgeführt. Der tatsächliche Aufwand für die fachgerechte Absicherung einer solchen Maßnahme ist deutlich höher. Solange die zuständige Verkehrsbehörde solche Situationen befürwortet, besteht für den Bauunternehmer natürlich kein Grund etwas zu ändern.

Beispiel Regelplan C II/2:

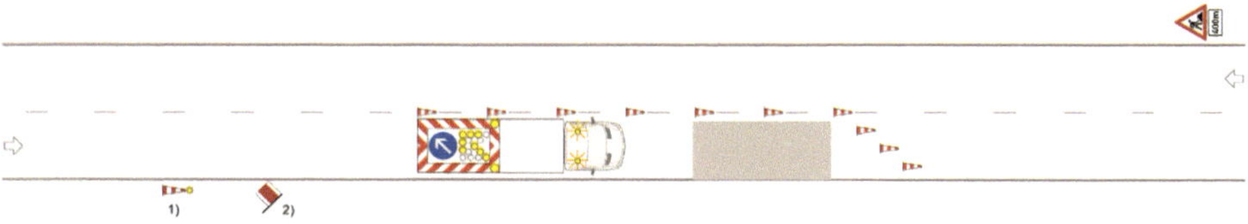

Auswahlfelder im Seitentext

1) Zusätzlich angeordnet:
   [ ] Leitkegel (Höhe min. 0,75 m) mit gelber Warnleuchte in blitzender Ausführung
   Nur anzuordnen, wenn die Absperrtafel nicht aus einer Entfernung von mindestens 200 m zu erkennen ist (siehe Teil C, Abschnitt 3 Absatz 5)

2) Zusätzlich angeordnet:
   [ ] Warnposten
   Anordnung nur in Ausnahmefällen

Kommentar

Der im Regelplan abgebildete 75 cm Leitkegel mit aufgesetzter Blitzleuchte darf nicht standardmäßig aufgestellt werden, sondern nur dann, wenn er per Kreuz im Auswahlfeld zusätzlich angeordnet ist. Diese zusätzliche Anordnung darf wiederum nur erfolgen, wenn die Erkennbarkeit der Absperrtafel unzureichend ist (< 200 m). Dieses „harmlose" Beispiel macht deutlich, dass vor der Beantragung der VAO die Örtlichkeit bezüglich der Sichtweiten überprüft werden muss.

Ähnlich verhält es sich beim Warnposten: Dieser wird allenfalls zusätzlich angeordnet, ist aber nicht automatisch Bestandteil des Regelplanes, auch wenn die Warnfahne immer darin abgebildet ist. Hierzu der Hinweis, dass Warnposten nur mit der Warnfahne winken, aber den Verkehr nicht anhalten oder regulieren dürfen.

■ ***Die Benennung des Regelplanes allein ist nicht ausreichend***

Wie beschrieben müssen bei der Beantragung und Anordnung entsprechende Eintragungen in den Auswahlfeldern der Regelpläne vorgenommen werden (sofern solche Felder vorhanden sind), sonst bleiben wichtige Festlegungen offen. Dieses Erfordernis führt dazu, dass die bloße Benennung eines Regelplanes in der verkehrsrechtlichen Anordnung nicht mehr ausreicht, da unklar bleibt, welche Optionen vorgesehen sind und welche nicht. Entsprechend ist immer der „ausgefüllte" Regelplan der Anordnung beizufügen und auch allen weiteren Beteiligten in dieser Form zur Verfügung zu stellen.

Ausschreibung der Verkehrssicherung

Die bisher in diesem Beitrag gegebenen Informationen machen hoffentlich deutlich, dass die bloße Benennung eines Regelplanes in der verkehrsrechtlichen Anordnung nicht genügt. Das war allerdings auch zu Zeiten der RSA 95 der Fall, da viele der besprochenen Anforderungen schon immer zu berücksichtigen waren. Mit den RSA 21 erfährt die sachgerechte und vor allem sorgfältige Planung eine noch größere Bedeutung als bisher, womit wir beim Thema Ausschreibung angekommen sind. Mit dieser Thematik ließe sich dieser Beitrag problemlos um das dreifache verlängern – aber keine Angst, wir beschränken uns auf das Wesentliche:

Grundsätzlich muss klar sein, dass die in Deutschland praktizierte Verfahrensweise zu Ausschreibungen im Bereich der Verkehrssicherung vollkommen falsch aufgezogen ist. Die ausschreibenden Stellen benennen in diesem Zusammenhang zwar die VOB – speziell im Fall der Verkehrssicherung werden jedoch alle diesbezüglichen Anforderungen an eine fachgerechte Ausschreibung ignoriert (um die wenigen positiven Ausnahmen geht es an dieser Stelle ausdrücklich nicht). Aus der Erfahrung der vergangenen Jahrzehnte ist davon auszugehen, dass ca. 90–95 % der öffentlichen Ausschreibungen zur Verkehrssicherung regelwidrig sind bzw. nicht der VOB entsprechen.

Natürlich wissen die ausschreibenden Stellen meist um diese Problematik. Dennoch will man sich mit der umfassenden Planung der Verkehrssicherung in der Regel nicht befassen und überlässt dieses Problem dem Bieter bzw. späteren Auftragnehmer. Während die Ausschreibungsunterlagen der eigentlichen Baumaßnahme einen ganzen Aktenordner füllen, weil sogar Form und Farbe der Kieselsteinchen des Pflastersplitts genau beschrieben sind, finden die Positionen zur Verkehrssicherung auf wenigen Seiten Platz – oftmals sogar nur auf einer, genauer gesagt einer halben.

Als Beispiel soll der LV-Text zur Verkehrssicherung einer typischen Baumaßnahme dienen (mehr als das, was gleich folgt, war im LV zur Verkehrssicherung tatsächlich nicht angegeben). Im Vergleich dazu hat der Autor den Inhalt auf die Beschreibung einer fiktiven Bauleistung „übersetzt". Würde man Bauleistungen genauso wie Verkehrssicherungsmaßnahmen ausschreiben, sähe das Ergebnis wie folgt aus:

Original LV-Text zur Verkehrssicherung:	Übersetzung:
Verkehrssicherung aufbauen, vorhalten und abbauen. Verkehrssicherung nach dem jeweils gültigen Regelplan aufbauen, je nach Bauablauf umbauen, vorhalten und abbauen. Bei dem Auf- und Abbau der Verkehrssicherung sind das Abdecken von Verkehrszeichen unter Einsatz von Hubarbeitsbühnen mit einzukalkulieren. Verkehrsrechtliche Anordnungen hat der AN zu beantragen und nach Anordnung der zuständigen Behörde auszuführen. Alle Gebühren hierfür trägt der AN. Vorhaltezeit 8 Wochen.	Ortsumfahrung herstellen. Ortsumfahrung einschließlich notwendiger Ingenieurbauwerke und Verkehrsanlagen nach den jeweils gültigen Regelwerken herstellen und bestehende Verkehrsanlagen zurückbauen. Bei der Herstellung der Ortsumfahrung ist der Einsatz von Baumaschinen einzukalkulieren. Die Bedarfs-, Entwurfs- und Ausführungsplanung einschließlich der statisch-konstruktiven Nachweise hat der AN zu beauftragen und nach Vorgabe des zuständigen Planungsbüros auszuführen. Alle Kosten hierfür übernimmt der AN. Ausführungszeit 3 Jahre.
1,000 psch	1,000 psch ....

Was als Beschreibung einer Bauleistung undenkbar erscheint, ist im Gewerk Verkehrssicherung Realität. Die ausschreibenden Stellen übertragen die erforderliche Planung vollumfänglich dem späteren Auftragnehmer, der zum Zeitpunkt der Ausschreibung noch gar nicht weiß, was von ihm erwartet wird.

Allein die Formulierung „nach dem jeweils gültigen Regelplan" lässt eine sachgerechte Kalkulation nicht zu, da vollkommen unklar bleibt, ob z. B. ein Regelplan B I/1 genügt, oder ob ein Regelplan B I/6, B I/15 oder B II/7 benötigt wird. Die Formulierung umfasst schließlich alle Regelpläne der RSA 21. Der Zusatz „je nach Bauablauf umbauen" kann weitere Regelpläne nach RSA 21 erfordern, zumal auch Anzahl und Umfang der Umbauten unklar bleibt. Muss z. B. auf Grund der ASR A 5.2 ein Fahrstreifen zur Ausführung der Arbeiten gesperrt werden, während nach Feierabend die Absicherung an den Fahrbahnrand zurückzusetzen ist, dann baut man täglich zweimal um. Ob das „Abdecken von Verkehrszeichen" 1, 10 oder 200 Schilder umfasst, ist ebenso wenig definiert, wie die Art und Größe der abzudeckenden Verkehrszeichen und deren Standort. Der Einsatz einer Hubarbeitsbühne kann z. B. eigene Fahrstreifensperrungen erfordern, die wiederum einer gesonderten VAO bedürfen.

Letztendlich kann der Bieter zum Zeitpunkt der Ausschreibung noch gar nicht wissen, was die Verkehrsbehörde beim Einholen der Anordnung später tatsächlich fordert. Da können z. B. Fußgängerlichtzeichenanlagen notwendig werden (z. B. Regelplan B I/6), die Beschilderung einer Umleitungsstrecke, ggf. noch unterschieden nach bestimmten Fahrzeugarten, oder es sind umfangreiche Markierungsarbeiten auszuführen. Eben alles, was in diesem Beitrag – im Übrigen nur beispielhaft – angeführt wurde.

■ *Grundsatz: Erst Verkehrssicherung planen, dann ausschreiben*

Damit das „System RSA 21" funktioniert, müssen alle relevanten Aspekte der Verkehrssicherung im Vorfeld sorgsam ermittelt und detailliert geplant werden – wohlgemerkt unter Berücksichtigung der bautechnischen bzw. baupraktischen Erfordernisse – sowie der Vorgaben gemäß ASR A 5.2 und zahlreicher weiterer Vorschriften und Regelwerke. In diesem Zusammenhang wird es im Regelfall erforderlich sein, die im eigentlichen Anordnungsverfahren zu beteiligenden Stellen bereits vorab einzubinden.

Dies ist nicht nur allgemein notwendig, sondern betrifft vor allem die Benennung von Regelplänen im Zuge der Ausschreibung. Abgesehen vom beschriebenen Erfordernis zur Anpassung der Regelpläne an die Örtlichkeit, sind es vor allem die neuen Auswahlfelder im Seitentext, die im Rahmen der Ausschreibung berücksichtigt werden müssen. Das beginnt mit allen in Grau dargestellten optionalen Einrichtungen (z. B. Absperrschrankengitter am Gehweg gegenüber), betrifft die Podeste und Rollstuhlrampen bei Notweg-Regelplänen (Absenkung vorhanden oder baulich herzustellen?) und umfasst natürlich auch die Frage, ob gelbe Markierungen, Leitschwellen oder Leitborde angeordnet werden. Darüber hinaus ergeben sich viele weitere Anforderungen, die geklärt werden müssen, bevor eine Ausschreibung erfolgen kann – z. B. welche Mindestbreiten die anordnende Behörde fordert, welche Priorität der Radverkehr genießt (z. B. uneingeschränkte Fortführung im Arbeitsstellenbereich) usw.

Speziell bei Regelplänen muss also bereits im Zuge der Ausschreibung klar sein, welche Auswahlfelder angekreuzt werden müssen. Ist in dieser Hinsicht noch keine Einschätzung möglich, sind im LV ggf. Wahlpositionen vorzusehen (was vergaberechtlich wieder eine eigene Problematik darstellt, die an dieser Stelle nicht weiter thematisiert wird.) Zur Problematik der Auswahlfelder ein vergleichsweise einfaches Beispiel:

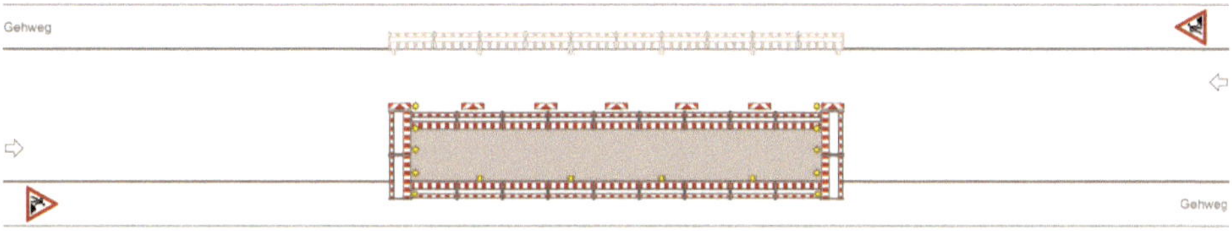

Die in Grau eingezeichneten Absperrschrankengitter am Gehweg gegenüber können per Auswahlfeld im Regelplan festgelegt werden. Dieses Erfordernis kann sich z. B. aus dem Platzbedarf im Bereich der Fahrbahn ergeben, wenn dort keine Absperrschrankengitter in Längsrichtung aufgestellt werden können.

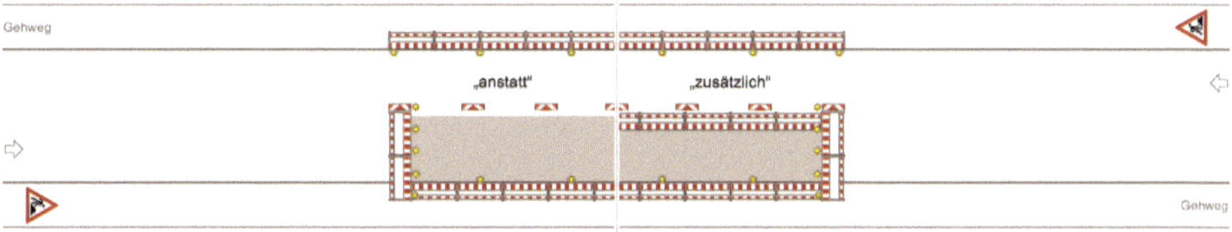

Von besonderer Bedeutung ist die Entscheidung, ob die in Grau eingezeichneten Absperrschrankengitter anstatt auf der Fahrbahn auf dem Gehweg gegenüber angeordnet werden, oder ob diese Absicherung zusätzlich zu den Absperrschrankengittern auf der Fahrbahn notwendig ist. In den meisten Regelplänen gibt es nur die Auswahlmöglichkeit „[ ] Absperrschrankengitter am Gehweg gegenüber anstatt zwischen Arbeitsbereich und Fahrbahn". In Teil B, Abschnitt 2.2.5, Absatz 3 ist aber auch die zusätzliche Anordnung dieser Absperrschrankengitter zum Schutz blinder und sehbehinderter Menschen beschrieben. Dies gilt insbesondere für alle Notweg-Regelpläne, denn hier kann natürlich nicht auf die fahrbahnseitigen Absperrschrankengitter am Notweg verzichtet werden:

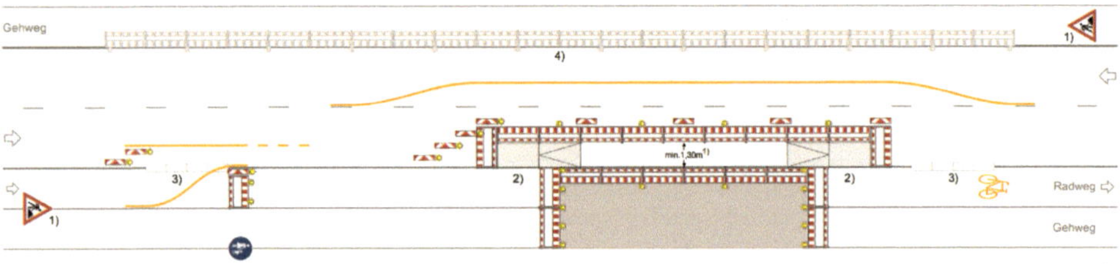

Beispiel Regelplan B II/7: Die in grau dargestellten Absperrschrankengitter auf dem Gehweg gegenüber sind in diesem Fall zusätzlich möglich. Die anordnende Behörde kann diese Einrichtungen zum Schutz blinder und sehbehinderter Menschen fordern, damit diese den Arbeitsstellenbereich nicht queren, weil sie sonst auf der Fahrbahn mit entsprechenden Hindernissen konfrontiert werden (Außenseite Notweg, Leitschwelle oder Leitbord als Fahrstreifenbegrenzung usw.).

Bei der Kalkulation einer solchen Maßnahme stellt sich folglich die Frage, ob die optionalen Absperrschrankengitter durch die Verkehrsbehörde gefordert werden. Was in den nur beispielhaften und nicht maßstäblichen Regelplänen relativ überschaubar wirkt, kann in der Praxis durchaus eine Länge von mehreren hundert Metern bedeuten, die zusätzlich zu berücksichtigen sind (Vorhalten, Instandhalten, Auf-, Um- und Abbau) und folglich Bestandteil des LV sein müssen. Erfolgt die Bewertung hingegen erst im Nachhinein mit dem Antrag auf VAO durch den Auftragnehmer, ist der erste Nachtrag sicher.

■ *ATV DIN 18329 – Verkehrssicherungsarbeiten*

Einen besonderen Stellenwert nehmen in diesem Zusammenhang die ATV DIN 18329 „Verkehrssicherungsarbeiten" ein. Sie sind bereits seit September 2016 Bestandteil der VOB Teil C und demzufolge elementare Voraussetzung für eine ordnungsgemäße Leistungsbeschreibung im Bereich der Verkehrssicherung. Zwar verweist die derzeit aktuelle Fassung der DIN 18329:2019-09 noch auf die RSA 95, die inhaltlichen Anforderungen – insbesondere die Hinweise zum Aufstellen der Leistungsbeschreibung – lassen sich aber auch auf die RSA 21 anwenden.

In jedem Fall wäre es hilfreich, wenn sich die ausschreibenden Stellen mit dem Inhalt der ATV DIN 18329 langsam aber sicher einmal auseinandersetzen und die gewonnenen Erkenntnisse in den Ausschreibungsunterlagen berücksichtigen. Hierbei ist zu beachten, dass die Anwendung der ATV DIN 18329 nicht nur den klassischen Tief- bzw. Straßenbau, sondern auch Ausschreibungen im Hochbau betrifft. Die übliche Ausschreibungspraxis sieht derweil immer noch so aus:

> **Verkehrssicherung läng. Dauer durchf. Arbeitsstelle**
> Verkehrssicherung an Arbeitsstelle. Nach RSA, Regelplan nach Wahl des AN, einschließlich aller erforderlicher Schilder, Warnbaken etc. für Vollsperrung. Vorhandene Verkehrsschilder, die dem Plan widersprechen, außer Kraft setzen und nach Beendigung der Baumaßnahme wieder in Betrieb nehmen. Kontrolle gem. ZTV-SA für die gesamte Arbeitsstellensicherung wird gesondert vergütet.
>
> 1,000 psch ....

Getrennter Geh- und Radweg und eine Arbeitsstelle der Kategorie „Regelplan nach Wahl des AN". Wenn hier überhaupt etwas geplant, beantragt und angeordnet wurde, so betrifft das wie üblich nur die „Absperrung" der fertig gestellten Aufgrabung. Von einer Absicherung nach RSA 21 kann hier allerdings keine Rede sein.

Natürlich wurde die oben gezeigte Aufgrabung nicht mit Spitzhacke, Schaufel und Schubkarre hergestellt, sondern wie üblich mit Bagger und LKW. Der getrennte Geh- und Radweg ist dadurch vollständig blockiert, der rechte Fahrstreifen eingeschränkt. Breitbandausbau in Deutschland im Jahr 2022 – Verkehrssicherung 1,000 psch.

■ *Pauschalpositionen sind schon immer unzulässig*

Gemäß § 7 Abs. 1 VOB/A sind die Leistungen eindeutig und so erschöpfend zu beschreiben, dass alle Unternehmen die Beschreibung im gleichen Sinne verstehen müssen und ihre Preise sicher und ohne umfangreiche Vorarbeiten berechnen können. Um eine einwandfreie Preisermittlung zu ermöglichen, sind alle beeinflussenden Umstände festzustellen und in den Vergabeunterlagen anzugeben. Aus diesem Grund sind Pauschalpositionen in der Verkehrssicherung schon immer unzulässig.

Neben allgemeinen Angaben z. B. zur Beschaffenheit der Fahrbahnoberfläche (wichtig für temporäre Markierungen) sind die jeweiligen Elemente zur Verkehrssicherung detailliert als Einzelpositionen aufzuführen. Das bedeutet: Anzahl der Verkehrszeichen, der Absperrschrankengitter, der Leitbaken, der Warnleuchten usw. (die Liste ist lang, siehe ATV DIN 18329). Im Falle von Absperrschrankengittern, Leitschwellen/Leitborden, vorübergehenden Markierungen und temporären Schutzeinrichtungen kann auch die Angabe nach Längenmaß erfolgen. Pfeilmarkierungen oder Formstücke temporärer Schutzeinrichtungen (z. B. Absenkungen, Anpralldämpfer), sind der Anzahl nach auszuschreiben. Speziell bei der Markierung muss natürlich nach Strichbreite und Markierungszeichen (Strich-Lücke) unterschieden werden. Bei Großverkehrszeichen kann die Ausschreibung auch nach dem Flächenmaß erfolgen.

Detaillierte Angaben sind bei allen Bestandteilen der Verkehrssicherung erforderlich. Entsprechend verlagert sich das gesamte Planungswesen, das bislang dem Auftragnehmer aufgebürdet wird (da dieser ja erst nach seiner Beauftragung den Antrag auf VAO stellt), auf den Bauherrn bzw. die ausschreibenden Stellen. Die notwendigen Verkehrsführungs- und Verkehrszeichenpläne (einschließlich Umleitungsstrecken) sind deshalb vorab zu erstellen und den Ausschreibungsunterlagen beizufügen. Erst daraus ergeben sich die erforderlichen Einzelpositionen im Leistungsverzeichnis. In diesem Zusammenhang wird man ggf. auch feststellen, dass der Umfang der Verkehrssicherung die eigentliche Bauleistung sowohl mengen- als auch kostenmäßig problemlos übersteigen kann.

Minibagger als „Absicherung" für einen geöffneten Kabelschacht. Ob das so ausgeschrieben war?

■ *Die Verkehrssicherung zur Verkehrssicherung*

Wie beschrieben kann für die Herstellung der Verkehrssicherung eine eigene verkehrsrechtliche Anordnung notwendig sein. Dies betrifft insbesondere alle Arten von Markierungsarbeiten, die Montage von verkabelten Lichtzeichenanlagen (Typ D) und natürlich den Auf-, Um- und Abbau von temporären Schutzeinrichtungen sowie Leitschwellen und Leitborden. Entsprechend muss „die Verkehrssicherung zur Verkehrssicherung" bei der Leistungsbeschreibung berücksichtigt werden.

Vor allem bei komplexen Verkehrssicherungsmaßnahmen sind zudem einzelne Phasen des Auf-, Um- und Abbaus der Verkehrssicherung detailliert zu regeln (siehe Phasenpläne für Arbeitsstellen auf BAB). Dabei sind die zusätzlich erforderlichen Einrichtungen (z. B. Vorwarnanzeiger, fahrbare Absperrtafeln, Leitkegel usw.) ebenfalls in die Bewertung einzubeziehen. Die Planung und Ausschreibung der notwendigen Sicherungsmaßnahmen für das Aufbauen, Umsetzen, Instandhalten, Betreiben und Abbauen der Verkehrssicherungseinrichtungen kann daher ebenso aufwändig sein, wie die eigentliche Verkehrssicherung der Arbeitsstelle.

Dies betrifft vor allem die Instandhaltung von temporären Fahrbahnmarkierungen unter Verkehr. Ist die definierte Liegedauer der Markierung überschritten, was je nach Verkehrsbelastung bereits nach vergleichsweise kurzer Zeit der Fall sein kann, dann sind die Markierungen unter Einhaltung der ASR A 5.2 neu zu applizieren. Was das bei einer in Betrieb befindlichen Behelfsverkehrsführung bedeutet, sollte klar sein. Bleibt diese notwendige Bewertung aus, sind die temporären Markierungen nicht nur funktionslos (vor allem bei Nacht und Nässe), sondern sie können auch unfallträchtig sein (fehlende Griffigkeit) und lassen sich nach Fertigstellung der Baumaßnahme ggf. auch deutlich schlechter entfernen.

Es bleibt zu hoffen, dass mit den neuen RSA 21 das längst überfällige Umdenken im Planungs- und Ausschreibungswesen einsetzt. Letztendlich liegt es aber auch an der Branche selbst, ordnungsgemäße Ausschreibungen einzufordern und gegen die Nichtbeachtung von Vergabevorschriften vorzugehen (Stichwort: Rüge/Nachprüfungsverfahren).

Weitere Auflagen (Anordnungen) zur VAO

Zum Abschluss dieses Beitrages noch ein paar Hinweise zu Auflagen, die ergänzend zur eigentlichen verkehrsrechtlichen Anordnung gegeben werden. Viele Verkehrsbehörden fügen der verkehrsrechtlichen Anordnung eine Liste bei, die weitere Hinweise für den Adressaten der Anordnung enthält. Die entsprechende Verwaltungs-Software sieht solche Listen explizit vor, wobei die meisten Sachbearbeiter nicht nach der konkreten Arbeitsstelle differenzieren, sondern die unveränderte Standardliste vollkommen unbedarft jeder Anordnung beifügen.

Offensichtlich lesen sich aber weder die Behördenmitarbeiter, noch die Adressaten der Anordnung diese Listen durch – sonst würden sie feststellen, dass die darin enthaltenen Anforderungen unsinnig, widersprüchlich und vor allem hoffnungslos veraltet sind. Viele der darin benannten Punkte enthalten genau das, was nach RSA 21 sowie den allgemeinen verwaltungsrechtlichen Anforderungen ausdrücklich untersagt ist: Sie legen das Ermessen in die Verantwortung des Ausführenden. Zudem entsprechen die Anforderungen bereits seit Jahrzehnten weder dem Stand der Technik, noch der geltenden Rechtslage.

Davon abgesehen werden diese Auflagen je nach Formulierung in der Überschrift zusätzlich getroffen (es handelt sich in der Regel um „zusätzliche Auflagen und Anordnungen"), die auch dann verbindlich „angeordnet" sind, wenn sie überhaupt nicht zur Arbeitsstelle bzw. zur eigentlichen verkehrsrechtlichen Anordnung passen.

weitere Anordnungen:

1) Gemäß § 45 Abs. 6 StVO haben Sie vorstehende Anordnungen zu vollziehen.
2) Die Aufwendungen für den Vollzug der Anordnung sind von Ihnen zu tragen (vgl. § 5 b Abs. 2 StVG).
3) Die Bauarbeiten sind unter Verwendung neuzeitlicher Hilfsmittel und Anwendung rationeller Bauweisen zügig abzuwickeln.
4) Der Bauunternehmer ist verpflichtet, die Anordnung und den genehmigten Beschilderungsplan auf der Baustelle bereitzuhalten.
5) Die erforderlichen Verkehrszeichen und Verkehrseinrichtungen sind vom Bauunternehmer anzubringen und zu unterhalten.
6) Falls Lichtzeichenanlagen angeordnet sind, ist es Aufgabe des Bauunternehmers, diese zu bedienen.
7) Vorübergehende außer Kraft gesetzte Verkehrszeichen sind abzudecken oder zu entfernen (ausgenommen Wegweiser oder Vorwegweiser - vgl. zu den Zeichen 457 und 459 Abschn. III VwV-StVO). Für die Verkehrsteilnehmer dürfen keine Zweifel über die Gültigkeit der Zeichen entstehen können.
8) Die Arbeitsstelle ist so auszuschildern, dass der Verkehrsteilnehmer die Führung des Verkehrs rasch und zweifelsfrei erkennen kann. Unnötige Verkehrszeichen und Verkehrseinrichtungen sind zu vermeiden.
9) Alle Verkehrszeichen und Verkehrseinrichtungen müssen den Bestimmungen der StVO und der VwV-StVO entsprechen. Sie müssen sich in einem einwandfreien Zustand befinden, stets gut zu erkennen und ordnungsgemäß befestigt und standfest aufgestellt sein.
10) Die Verkehrszeichen müssen rückstrahlen oder von innen oder außen beleuchtet sein; sie müssen den RAL-Güteschutzbestimmungen genügen.
11) Sind Lichtzeichen im Beschilderungs- oder Umleitungsplan angeordnet, so sollen sie sowohl mit der Hand, als auch automatisch betrieben werden können. Sie müssen bei größeren Baustellen eine Schaltmöglichkeit, um nach beiden Seiten gleichzeitig Rot oder Gelbes Blinklicht zu zeigen, und eine Vorrichtung haben, die es ermöglicht, die Phasendauer zu ändern. Bei Handschaltung müssen beide Einfahrten in die Engstelle vom Schaltgerät aus zu übersehen sein. Die Dauer von Gelb soll drei Sekunden betragen und auch bei Handschaltung fest eingestellt sein. Im Übrigen ist die sachgemäße Phasendauer in jedem Fall auch bei Handschaltung nach den örtlichen Gegebenheiten zu ermitteln.
12) Die Beschilderung ist dem jeweiligen Fortschritt der Bauarbeiten anzupassen.
13) Im Bereich von Bahnanlagen ist darauf zu achten, dass die Zeichen mit Eisenbahnsignalen nicht verwechselt werden können (z. B. rotes Licht).
14) Baugruben müssen abgeschrankt, senkrechte Abgrabungen (z. B. Straßenauskofferung) ausreichend kenntlich gemacht werden. Absperrfahnen allein reichen im Allgemeinen nicht aus.
15) Die Arbeitsstellen sind unmittelbar davor und dahinter, soweit nötig, durch rot-weiß gestreifte Schranken abzusperren.
16) Nötigenfalls ist die Arbeitsstelle auch seitlich gegen den für den Verkehr nicht gesperrten Teil der Straße abzusperren (z.B. durch Absperrgeräte) oder mindestens ausreichend kenntlich zu machen (z. B. durch weiß-rot-weiße Fahnen, Absperrbaken, Leitkegel).
17) Für kurzfristige und wandernde Arbeitsstellen können auch weiß-rot-weiße Fahnen, Leitkegel oder Absperrfahnen verwendet werden.
18) Die Absperrgeräte müssen rückstrahlen.

Kennzeichnung bei Nacht

19) Während der Dämmerung, bei Dunkelheit oder wenn die Sichtverhältnisse es sonst erfordern, sind Absperrungen durch rote oder gelbe Warnleuchten zu kennzeichnen.
20) Auf Straßen mit schnellem Verkehr müssen die Warnleuchten elektrisch (Stromquelle: Netzanschluss oder Batterie) betrieben werden.
21) Die Warnleuchten dürfen nicht blenden, die roten Warnleuchten nicht blinken.
22) Muss an Arbeitsstellen der Fußgängerverkehr von Gehwegen auf die Fahrbahn geleitet werden, ist in Engstellen neben dem Fahrstreifen ein gesonderter Gehstreifen vorzusehen. Der Gehstreifen ist möglichst durch Bordschwellen gegen die Fahrbahn abzugrenzen.
23) Befinden sich neben Verkehrsflächen, die von Fußgängern benutzt werden, tiefliegende Baugruben u. ä., so sind diese Straßenteile ausreichend abzusperren (Geländer usw.), um ein Abstürzen der Fußgänger zu verhindern.
24) Gehwege und Gehstreifen sind von Baugeräten, Baustoffen, Aushubmassen und dgl. freizuhalten.
25) Können Fußgänger auf Gehwegen oder Gehstreifen durch herabfallende Gegenstände (z. B. Baustoffe, Mörtel, Werkzeuge, Geräte) gefährdet werden, sind entsprechende Vorkehrungen zu treffen (z. B. Schutzdächer, Schutzwände).
26) Die zuständige Polizeiinspektion ist vor Aufnahme der Bauarbeiten zu benachrichtigen.
27) Die Beendigung der Bauarbeiten ist umgehend an die Straßenverkehrsbehörde zu melden.

Hinweis des Trägers der Straßenbaulast:

1) Aufgrabungen sind mit frostsicherem Kies aufzufüllen und vorschriftsmäßig zu verdichten.
2) Die Straßenoberfläche ist unverzüglich mit einer provisorischen Asphaltdecke zu versehen.
3) Abgebaute bzw. abgedeckte Verkehrszeichen und Schilder sind unverzüglich wieder aufzustellen bzw. ist die Abdeckung zu entfernen.
4) Der ursprüngliche Zustand der Straßenoberfläche sowie im Zusammenhang mit Aufgrabungen beseitigte Straßenmarkierungen sind unverzüglich wieder herzustellen.
5) Aufgrabungen sind grundsätzlich vor Beginn und Ende der Arbeiten mit einem Vertreter der Straßenbaubehörde zu begehen.
6) Spätere Setzungen hat der Veranlasser sofort auszubessern. Für sämtliche Schäden, auch an Dritten, die durch mangelhafte Ausführung oder Nichtbeachtung vorstehender Auflagen auftreten, haftet der Veranlasser.

Beispiel für „weitere Anordnungen"

Die meisten dieser zusätzlichen Auflagen bzw. Anordnungen wären allenfalls eine gute Hilfestellung zur Vorbereitung einer verkehrsrechtlichen Anordnung, damit der Antragsteller weiß, auf welche Anforderungen die Behörde besonderen Wert legt, bzw. was zusätzlich zu den allgemeinen Regeln (StVO/RSA 21) zu beachten ist. Dies setzt jedoch voraus, dass die Inhalte aktuell sind. Tatsächlich entstammen viele der Punkte der VwV-StVO aus dem Jahr 1971 (einige sind noch älter) und sind eigentlich bereits seit Erscheinen der RSA 1980 bzw. RSA 95 obsolet.

Es handelt sich im Wesentlichen um Vorgaben zum damaligen § 43 StVO (Verkehrseinrichtungen), da es zu dieser Zeit noch keine RSA gab. Viele dieser Festlegungen wurden später in die RSA 1980 übernommen und mit den RSA 95 bzw. RSA 21 an den Stand der Technik sowie an geänderte gesetzliche Bestimmungen angepasst. In den beschriebenen Anhängen/zusätzlichen Auflagen zur VAO sind sie aber auch heute noch im Original enthalten.

Darum an dieser Stelle der ausdrückliche Hinweis an alle (Verkehrs-)Behörden, die diese oder ähnliche Vorgaben nutzen:
Verzichten Sie auf das oben gezeigte Dokument und bitten Sie Ihren VAO-Softwarehersteller dringend um eine Überarbeitung der Inhalte!

Nachfolgend einige Beispiele:

zusätzliche Anordnung	**Kommentar**
Falls Lichtzeichenanlagen angeordnet sind, ist es Aufgabe des Bauunternehmers, diese zu bedienen.	Hier bedarf es zweifellos einer Anpassung des § 45 Abs. 6 StVO, denn dass ein Bauunternehmer die Lichtzeichenanlage persönlich bedient, ist heutzutage nun doch vergleichsweise selten. Jedenfalls dürften dem Wortlaut nach weder seine Beschäftigten, noch eine beauftragte Verkehrssicherungsfirma die Lichtzeichenanlage bedienen, sondern nur der Bauunternehmer höchstpersönlich.
Vorübergehend außer Kraft gesetzte Verkehrszeichen sind abzudecken oder zu entfernen (ausgenommen Wegweiser oder Vorwegweiser – vgl. zu den Zeichen 457 und 459 Abschn. III VwV-StVO).	Hier haben wir genau die pauschale Formulierung, die es in einer sachgemäßen verkehrsrechtlichen Anordnung nicht geben darf: Das Ermessen wird dem Ausführenden bzw. Adressaten der Anordnung übertragen. Dieser Hinweis kann allenfalls zur Erstellung der Verkehrszeichenpläne sinnvoll sein, aber nicht als zusätzliche Auflage zur bereits ergangenen VAO. Im Übrigen war im ursprünglichen Bezug der VwV-StVO von 1971 mit dem Zeichen 459 die damalige Planskizze gemeint (heute Z 458) und auch das spätere Zeichen 459 (Umleitung Ende) hat heute eine andere Nummer. Zeichen 457 ist jetzt Zeichen 457.1 und Zeichen 459 wurde durch Zeichen 457.2 ersetzt – das Zeichen 459 gibt es bereits seit dem Jahr 2009 nicht mehr.
Die Arbeitsstelle ist so auszuschildern, dass der Verkehrsteilnehmer die Führung des Verkehrs rasch und zweifelsfrei erkennen kann. Unnötige Verkehrszeichen und Verkehrseinrichtungen sind zu vermeiden.	Diese Auflage ist eigentlich Bestandteil der Planung und Beantragung. Unnötige Verkehrszeichen und Verkehrseinrichtungen sind gar nicht erst zu planen bzw. anzuordnen, weshalb sie im Nachhinein auch nicht „bereinigt" werden müssen. Sollte sich ein solcher Bedarf dennoch vor Ort ergeben *(und ist der Plan auch gut gelungen ...)*, dann trifft die anordnende Behörde die finale Entscheidung, was unnötig ist oder nicht und nicht der Adressat der Anordnung.
Die Verkehrszeichen müssen rückstrahlen oder von innen oder außen beleuchtet sein	Rückstrahlende (retroreflektierende) Verkehrszeichen sind seit Jahrzehnten Standard. Eine Beleuchtung von außen war bis in die 1990er Jahre üblich und ist heutzutage allenfalls in Tunneln oder langen Unterführungen notwendig. Da bereits die RSA 21 die Retroreflexionsklasse RA2 fordern, ist dieser Hinweis überflüssig.

Sind Lichtzeichen im Beschilderungs- oder Umleitungsplan angeordnet, so sollen sie sowohl mit der Hand, als auch automatisch betrieben werden können. Sie müssen bei größeren Baustellen eine Schaltmöglichkeit, um nach beiden Seiten gleichzeitig Rot oder Gelbes Blinklicht zu zeigen, und eine Vorrichtung haben, die es ermöglicht, die Phasendauer zu ändern. Bei Handschaltung müssen beide Einfahrten in die Engstelle vom Schaltgerät aus zu übersehen sein. Die Dauer von Gelb soll drei Sekunden betragen und auch bei Handschaltung fest eingestellt sein. Im Übrigen ist die sachgemäße Phasendauer in jedem Fall auch bei Handschaltung nach den örtlichen Gegebenheiten zu ermitteln.

Dieses Zitat entstammt der VwV-StVO von 1971. Alles, was hier als zusätzliche Anordnung normiert ist, stellt nicht nur seit Jahrzehnten den Stand der Technik von Lichtzeichenanlagen dar, sondern wird durch die RiLSA sowie weiterer Vorschriften und Regelwerke viel umfassender behandelt.

Würde man den Text tatsächlich ernst nehmen, so müssten Lichtzeichenanlagen nur an *„größeren Baustellen"* (was sind größere Baustellen?) *„eine Vorrichtung haben, die es ermöglicht, die Phasendauer zu ändern"*. Bei allen anderen Baustellen kann demnach auf das Einstellen der Phasendauer verzichtet werden.

Der Verweis auf eine „Gelbzeit" von drei Sekunden ist mit Blick auf höhere Geschwindigkeiten unzureichend. Lediglich der letzte Satz hat als Hinweis auch heute noch seine Berechtigung, denn die sachgerechte Bemessung anhand der örtlichen Gegebenheiten (z. B. auf der Grundlage von Verkehrsdaten, insbesondere bei erhöhten Verkehrsstärken zu bestimmten Tageszeiten) stellt im Bereich von Arbeitsstellen immer noch die Ausnahme dar.

Die Beschilderung ist dem jeweiligen Fortschritt der Bauarbeiten anzupassen.

Auch das ist ein Freibrief für den Adressaten der Anordnung, um nicht nur die angeordnete Beschilderung mit dem Baufortschritt insgesamt zu versetzen, sondern nach eigenem Ermessen Schilder aufzustellen oder zu entfernen – so wie es der Baufortschritt gerade erfordert. Tatsächlich muss der Baufortschritt (Bauphasen, Teilabschnitte) bereits in der verkehrsrechtlichen Anordnung berücksichtigt werden und die jeweilige Absicherung nebst Beschilderung ist dafür konkret und einzelfallbezogen anzuordnen.

Baugruben müssen abgeschrankt, senkrechte Abgrabungen (z. B. Straßenauskofferung) ausreichend kenntlich gemacht werden. Absperrfahnen allein reichen im Allgemeinen nicht aus.

Absperrfahnen reichen nicht nur *„im Allgemeinen"* nicht aus, die geltenden Vorschriften sehen diese schon lange nicht mehr vor. Dass Straßenauskofferungen *„ausreichend kenntlich gemacht"* werden müssen, übertrifft sogar die weichgespülten „sollte-Formulierungen" der RSA 21. Ein mit Neon-Markierspray angesprühtes Brett erfüllt letztendlich auch die Anforderung „ausreichend kenntlich". Kein Wunder, dass Arbeitsstellen in der Praxis so aussehen wie sie aussehen, wenn so etwas Bestandteil der „verkehrsrechtlichen Anordnung" ist.

Die Arbeitsstellen sind unmittelbar davor und dahinter, soweit nötig, durch rot-weiß gestreifte Schranken abzusperren.

Dort steht: „soweit nötig". Dazu der Bauunternehmer: „des brache mer net". Die geltenden Anforderungen zu Querabsperrungen ergeben sich aus den RSA – und das bereits seit 1980. Sie sind folglich Bestandteil jeder verkehrsrechtlichen Anordnung, die zu Arbeitsstellen an Straßen ergeht.

Nötigenfalls ist die Arbeitsstelle auch seitlich gegen den für den Verkehr nicht gesperrten Teil der Straße abzusperren (z. B. durch Absperrgeräte) oder mindestens ausreichend kenntlich zu machen (z. B. durch weiß-rot-weiße Fahnen, Absperrbaken, Leitkegel).

Auch hier wieder eine auf den Adressaten übertragene Ermessensentscheidung „nötigenfalls". Arbeitsstellen sind gemäß RSA 21 nicht nur „nötigenfalls" seitlich abzusperren, sie müssen seitlich abgesperrt werden (ergibt sich zudem aus der ASR A 5.2). Dazu sind Absperrgeräte einzusetzen. Die „ausreichende Kenntlichmachung" könnte auch hier wieder mit angesprühten Brettern erfolgen. Auch Flatterband käme hierzu infrage, obwohl bereits seit 1995 gemäß RSA unzulässig. Einzig korrekt ist die Benennung der Leitkegel. Absperrbaken heißen schon seit vielen Jahren Leitbaken und weiß-rot-weiße Fahnen (Warnfahnen) sind gemäß RSA Warnposten vorbehalten.

Für kurzfristige und wandernde Arbeitsstellen können auch weiß-rot-weiße Fahnen, Leitkegel oder Absperrfahnen verwendet werden.

... können sie nicht (mit Ausnahme der Leitkegel) und das nicht erst seit Bekanntgabe der RSA 21. Selbst für den Fall, dass weiß-rot-weiße Fahnen oder Absperrfahnen für den genannten Zweck noch zulässig wären, müsste die Auswahl im Rahmen der Anordnung erfolgen und nicht nach dem Prinzip *„nimm, was du willst"*.

Die Absperrgeräte müssen rückstrahlen.

Für den auch heute noch üblichen Einsatz tagesleuchtender Leitkegel in allen verfügbaren Größen trifft diese Formulierung zu, doch auch hierzu definieren bereits die RSA 21 die Retroreflexionsklasse RA 2, so dass es keiner zusätzlichen Anordnung bedarf. Eine Ausnahme bilden 30 cm Leitkegel für Markierungsarbeiten bei Tageshelligkeit. Bei Absperrschrankengittern in Längsrichtung genügt die Klasse RA 1 – was aber ebenfalls „rückstrahlend" ist. Auch dieser Punkt ist überflüssig.

Während der Dämmerung, bei Dunkelheit oder wenn die Sichtverhältnisse es sonst erfordern, sind Absperrungen durch rote oder gelbe Warnleuchten zu kennzeichnen.

Hier wird dann auch klar, warum an einigen Arbeitsstellen rote und gelbe Warnleuchten beliebig bzw. vollkommen konzeptlos angebracht werden: Die zusätzliche Auflage überlässt die Wahl der Farbe dem Adressaten der Anordnung. Auch diese Anforderung ist in den RSA, mithin auch der StVO seit Jahrzehnten hinreichend geregelt und bedarf keiner weiteren Auflage zur VAO.

Auf Straßen mit schnellem Verkehr müssen die Warnleuchten elektrisch (Stromquelle; Netzanschluss oder Batterie) betrieben werden.

Dieser Passus ist das persönliche Highlight des Autors und macht deutlich, wie veraltet bestimmte Vorgaben im deutschen Straßenverkehrswesen sind. Bereits die Definition *„auf Straßen mit schnellem Verkehr"* ist bemerkenswert, war aber in der VwV-StVO von 1971, aus der diese Festlegung stammt, durchaus öfter anzutreffen. Jedenfalls müssen Warnleuchten nur auf Straßen mit *„schnellem Verkehr"* (vielleicht sind Autobahnen gemeint?) elektrisch betrieben werden, auf allen anderen Straßen genügen hingegen Petroleumlampen oder Kerzenleuchten. Auf Grund der aktuellen Energie- und Rohstoffsituation ist das vielleicht gar nicht so verkehrt. Im Übrigen datiert das ursprüngliche Patent für die heute üblichen 6 V-Blockbatterien auf das Jahr **1923** (!), funktionsfähige elektrische Warnleuchten gab es bereits Ende der **1940er/1950er** Jahre. Die relevante Vorschrift war folglich schon zur damaligen Zeit veraltet – tatsächlich repräsentiert sie auch heute noch eine ernst gemeinte Auflage zur verkehrsrechtlichen Anordnung.

Muss an Arbeitsstellen der Fußgängerverkehr von Gehwegen auf die Fahrbahn geleitet werden, ist in Engstellen neben dem Fahrstreifen ein gesonderter Gehstreifen vorzusehen. Der Gehstreifen ist möglichst durch Bordschwellen gegen die Fahrbahn abzugrenzen.

Hier geht es um den klassischen Fußgängernotweg, der jedoch nicht nur *„in Engstellen"* vorzusehen ist (vgl. Notweg-Regelpläne nach RSA 21), sondern eine Regellösung darstellt (Gehwege sind fortzuführen). Die Problematik der „Bordschwellen" ist hinsichtlich der Fußgängersicherheit durchaus ein Punkt, den es zu beachten gilt, allerdings sind die ursprünglich gemeinten „Bordschwellen" nicht anordnungsfähig und die nach StVO bzw. RSA 21 zulässigen wie anordnungsfähigen Leitschwellen und Leitborde haben (auch verschraubt) nicht die gewünschte Schutzfunktion.

Befinden sich neben Verkehrsflächen, die von Fußgängern benutzt werden, tiefliegende Baugruben u. ä., so sind diese Straßenteile ausreichend abzusperren (Geländer usw.), um ein Abstürzen der Fußgänger zu verhindern.

Auch diese Festlegung ist obsolet, da derartige Vorgaben bereits seit vielen Jahren Stand der Technik sind (im Gegensatz zu deren Umsetzung in der Praxis). Bauliche Geländer sind unter Anwendung der RSA 21 nicht anordnungsfähig, zumal die erforderliche Blindentastleiste fehlen würde. Der (konstruktive) Absturzschutz für Fußgänger unterliegt auch nicht der Verkehrsregelungspflicht der Verkehrsbehörde, sondern ergibt sich aus der Verkehrssicherungspflicht des Bauunternehmers sowie der des jeweiligen Straßenbaulastträgers.

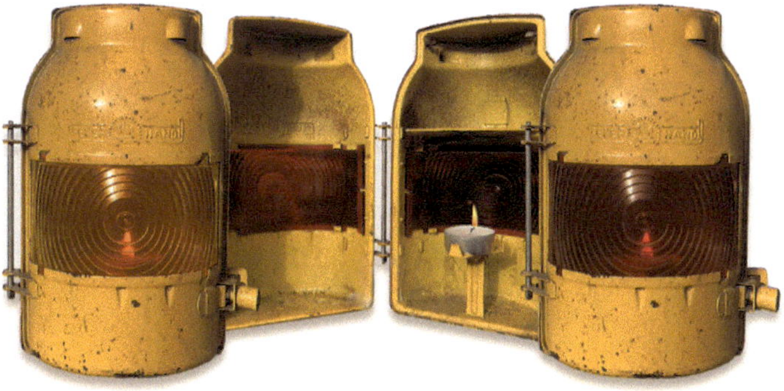

„Während der Dämmerung, bei Dunkelheit oder wenn die Sichtverhältnisse es sonst erfordern, sind Absperrungen durch rote oder gelbe Warnleuchten zu kennzeichnen. Auf Straßen mit schnellem Verkehr müssen die Warnleuchten elektrisch betrieben werden."

Zusätzliche Auflagen zur verkehrsrechtlichen Anordnung sind zweifellos sinnvoll, sie müssen aber konkret und einzelfallbezogen erteilt werden und auf den gültigen Vorschriften beruhen. Viele der benannten Auflagen ergeben sich unmittelbar aus der StVO bzw. den RSA 21 und bedürfen deshalb keiner Wiederholung oder gesonderter Auflistung – schon gar nicht als „nachträgliche" Ergänzung der eigentlichen Anordnung.

Zusammenfassung

Mit den RSA 21 haben sich die Anforderungen an die fachgerechte Absicherung von Arbeitsstellen an Straßen signifikant erhöht. In diesem Zusammenhang ist festzustellen, dass die gleichzeitige Realisierung aller Anforderungen mit großen Schwierigkeiten in der Praxis einhergeht. Die vergrößerten Mindestbreiten für den Verkehr auf der Fahrbahn und insbesondere auf Geh- und Radwegen lassen sich oft nicht einhalten. Für die notwendige „Einhausung" der Arbeitsstelle mit Absperrschrankengittern fehlt nicht selten der Platz – sowohl im Bereich der jeweiligen Verkehrsflächen, als auch mit Blick auf den eigentlichen Arbeitsbereich. Hinzu kommen neue Anforderungen wie barrierefreie Querungsstellen und rollstuhlgerechte Notwege. All dies in Einklang zu bringen ist mit Blick auf die örtlich vorhandenen Gegebenheiten teilweise unmöglich. Am Ende kann eine kleine Aufgrabung im Gehwegbereich eine Vollsperrung des Verkehrs auf der Fahrbahn zur Folge haben, um einerseits die notwendige Baufreiheit zu gewährleisten und um andererseits Fußgänger und Radfahrer sicher an der Arbeitsstelle vorbei zu führen.

Als wären die Anforderungen der RSA 21 nicht schon ausreichend, um bei allen Beteiligten für Kopfzerbrechen zu sorgen, so ergeben sich aus den Anforderungen der ASR A 5.2 zusätzliche Probleme. Eine Harmonisierung beider Regelwerke in einer gemeinsamen Vorschrift ist ausdrücklich nicht gewollt. Die RSA 21 betrachten Arbeitsstellen allein nach verkehrsrechtlichen Aspekten – der Arbeitsschutz wird hierbei vollkommen ausgeblendet. Sollte es also unter sorgfältigster Planung gelingen, eine Verkehrsführung nach allen Regeln der RSA 21 einzurichten, kann die Bewertung nach ASR A 5.2 das ganze Konzept wieder kippen. Allerdings ist auch der umgekehrte Fall möglich: Liegt der Fokus allein auf dem Arbeitsschutz und die Belange von Fußgängern und Radfahrern sowie des Fahrzeugverkehrs werden ausgeblendet, ist die projektierte Verkehrsführung möglicherweise ebenfalls zum Scheitern verurteilt.

In jedem Fall muss klar sein, dass die sorgfältige Planung von Arbeitsstellen an Straßen eine noch größere Bedeutung erfährt als bisher. Im Grunde verlagert sich das gesamte „Geschäft" auf die Planungsphase vor der Ausschreibung, denn viele Inhalte der verkehrsrechtlichen Anordnung sind ausschreibungsrelevant und müssen deshalb bereits im Zuge der Vergabe hinreichend geklärt sein. Insbesondere die neuen Auswahlfelder in den Regelplänen führen dazu, dass eben nicht nur ein Regelplan XYZ ausgeschrieben werden kann, sondern es muss sowohl dessen praktische Realisierbarkeit abgeklärt werden und es sind die jeweiligen Auswahloptionen im Vorfeld zu berücksichtigen. Ergänzend dazu erfordert eine VOB-konforme Leistungsbeschreibung detaillierte Angaben zu allen Positionen der Verkehrssicherung. In diesem Zusammenhang noch einmal der ausdrückliche Verweis auf die ATV DIN 18329 für Verkehrssicherungsarbeiten. Mit drei Textbausteinen nebst Pauschalpositionen kann der tatsächliche Bedarf nicht abgedeckt werden.

Bei all den neuen „Problemen" darf aber eines nicht vergessen werden: Auf Baustellen, speziell auf Straßenbaustellen, wird teilweise auch heute noch so gearbeitet wie vor 100 Jahren. Das beinhaltet typische Verstöße gegen Arbeitsschutzvorgaben, aber auch die fehlende Erkenntnis, dass man im öffentlichen Verkehrsraum eben nicht so agieren kann, als befände man sich auf einem abgesperrten Baustellengelände. Der Betrieb von Arbeitsmaschinen und Baufahrzeugen ohne jede Absicherung ist nicht erst mit den RSA 21 unzulässig. Viele Anforderungen, die jetzt wieder „hochkochen", waren bereits in den RSA 95 geregelt und wurden schon damals ignoriert. Dieses Spiel setzt sich im Falle der RSA 21 fort: Die Vorschrift ist neu, aber die Verantwortlichen agieren weiterhin wie eh und je.

Es gibt allerdings auch zahlreiche positive Beispiele, bei denen zumindest der Versuch unternommen wird, ein Höchstmaß an Verkehrssicherheit und Arbeitsschutz zu erzielen. Dass dies nicht immer zur Zufriedenheit aller Beteiligten gelingt, sollte klar sein. Bloßes Aussitzen oder Rückbesinnen auf die vermeintlich guten alten Zeiten hilft indes nicht weiter. Wichtig ist, dass mit der praktischen Anwendung der RSA 21 – so problematisch diese auch sein möge – entsprechende Erfahrungen gesammelt und kommuniziert werden. Das Verkehrsministerium hat im Zuge der Bekanntgabe der RSA 21 ausdrücklich entsprechende Erfahrungsberichte erbeten. Diese Möglichkeit sollte nicht ungenutzt bleiben.

Baustellenverordnung mit Praxistipps

Einleitung

Sicherheit und Gesundheit der Mitarbeiter sind auch wesentliche Voraussetzungen für den wirtschaftlichen Erfolg von Unternehmen. Dies gilt umso mehr am Bau, wo persönlicher Einsatz, handwerkliches Können und Erfahrung jedes Einzelnen täglich neu gefordert werden. Vielfach wird hierbei jedoch übersehen, dass Sicherheit und Gesundheit der Mitarbeiter vor Ort nicht allein auf deren Können und Motivation beruht. Die Bauabläufe müssen mehr als bisher aktiv geplant, umfassend vorbereitet und stetig verbessert werden.

Dies ist im Interesse aller Baubeteiligten: Neben den Beschäftigten und den Unternehmen profitieren auch die Bauherren von störungsfreien Bauabläufen, kurzen Bauzeiten sowie einer einfachen und sicheren Wartung und Instandhaltung der Bauten.

Daher liegt es nahe, auch von den Bauherren ihren Beitrag zu Sicherheit und Gesundheit bei der Durchführung von Bauvorhaben einzufordern. Dies betrifft vor allem die Beschaffung, Aufbereitung und Bereitstellung von Informationen für die sicherheits- und gesundheitsgerechte Planung und Durchführung von Bauvorhaben.

Die Baustellenverordnung gibt dabei die Rahmenbedingungen vor, unter denen sich die Interessen, Aufgaben und Kompetenzen aller Baubeteiligten kombinieren und ergänzen können. Die zugehörigen Regeln für Sicherheit und Gesundheitsschutz auf Baustellen geben Hinweise, wie diese Rahmenbedingungen in der Praxis einfach und effektiv ausgestaltet werden können.

Mit der konsequenten Anwendung und Umsetzung der Baustellenverordnung können Sie daher nicht nur die Wirtschaftlichkeit von Bauvorhaben steigern, sondern erheblich dazu beitragen, die Sicherheit, den Gesundheitsschutz und die Leistungsfähigkeit der auf Baustellen arbeitenden Menschen zu verbessern.

§ 1 Ziele; Begriffe

(1) Diese Verordnung dient der wesentlichen Verbesserung von Sicherheit und Gesundheitsschutz der Beschäftigten auf Baustellen.

(2) Die Verordnung gilt nicht für Tätigkeiten und Einrichtungen im Sinne des § 2 des Bundesberggesetzes.

(3) Baustelle im Sinne dieser Verordnung ist der Ort, an dem ein Bauvorhaben ausgeführt wird. Ein Bauvorhaben ist das Vorhaben, eine oder mehrere bauliche Anlagen zu errichten, zu ändern oder abzubrechen.

Praxistipp:

Zu Absatz 1

Der persönliche Anwendungsbereich der Baustellenverordnung entspricht gemäß der Ermächtigungsgrundlage (§ 1919 des Arbeitsschutzgesetzes – ArbSchG) dem des Arbeitsschutzgesetzes. Von der Verordnung werden grundsätzlich Beschäftigte in allen privaten und öffentlichen Tätigkeitsbereichen erfasst. Der Begriff „Beschäftigte" ist i. S. v. § 2 Abs. 2 des ArbSchG zu verstehen; dies bedeutet, im Anwendungsbereich werden alle diejenigen Personen erfasst, die auf Grund einer rechtlichen Beziehung zum Arbeitgeber (u. a. Arbeitsvertrag, öffentlich-rechtliches Dienstverhältnis, Arbeitnehmerüberlassung) Arbeitsleistungen erbringen.

Bis dahin zielte das Arbeitsschutzrecht primär auf Tätigkeitsprofile und die daraus resultierenden Gefährdungen für die Menschen. Somit wurden Maßnahmen vorgeschrieben, wie das jeweilige Arbeitsschutzziel zu erreichen sei.

Die Baustellenverordnung nutzt einen ganzheitlichen Ansatz. Sie beschränkt sich nicht auf den kurativen Schutz vor den negativen Auswirkungen der Arbeit, sondern zielt auf eine „wesentliche Verbesserung von Sicherheit und Gesundheitsschutz der Beschäftigten".

Als „wesentlich" ist die Verbesserung zu bewerten, wenn die Anzahl der Arbeitsunfälle auf Baustellen signifikant geringer wird und die Unfallhäufigkeit sich bei der Größenordnung des Durchschnitts der gewerblichen Wirtschaft einpendelt.

Darüber hinaus beschränkt sich die BaustellV nicht nur auf eine Reduktion der Anzahl von Arbeitsunfällen und Berufskrankheiten, sondern zielt auf die Verbesserung des Gesundheitsschutzes, womit die Gesundheitsförderung in den Mittelpunkt gerät.

Zu Absatz 2

Die BaustellV geht davon aus, dass der Bereich des Bergbaus mit einem eigenen den Arbeitsschutz betreffenden Gesetz ausreichend geregelt ist. Durch den Bezug auf das Bundesberggesetz wird allerdings geregelt, dass sämtliche anderen Tätigkeiten der Bauwirtschaft einbezogen sind.

Erfahrungsgemäß stellt z. B. die für Straße zuständige Behörde anderen Unternehmen (z. B. Energieversorger, Telekommunikationsgesellschaften usw.) den Raum für möglicherweise mehrere, zeitlich sich überlappende Baustellen zur Verfügung. Jedes dieser Unternehmen betrachtet sich in der Regel als selbstständiger Bauherr der jeweils eigenen Baustelle. Somit ergibt sich sowohl der Bedarf der Koordinierung der beteiligten Firmen und ihrer Beschäftigten bei unterschiedlichen Auftraggebern, wie auch der Bedarf der Koordination der Bauherren untereinander.

Die Verordnung gilt für alle anfallenden Tätigkeiten auf Baustellen. Ausgenommen vom Begriff „Baustelle" sind Arbeiten, die unter das Bundesberggesetz fallen (wie das Gewinnen von Bodenschätzen).

Als Baustelle kann allerdings somit auch z. B. die Tätigkeit in den Werften betrachtet werden. Diese Einbeziehung jeglicher Bautätigkeit in den Geltungsbereich der BaustellV führt in einigen Fällen noch zu offenem Regelungsbedarf. So ist z. B. im Bereich des Straßenbaus bei Zusammentreffen verschiedener Bauaktivitäten noch ungeklärt, wer der Bauherr und somit Normadressat der BaustellV ist.

Zu Absatz 3

Baustellen sind Örtlichkeiten, wo an baulichen Anlagen Veränderungen vorgenommen werden bzw. diese errichtet oder abgebrochen werden. Bauliche Anlagen sind ortsfeste oder überwiegend ortsfeste Anlagen, die mit dem Boden verbunden sind bzw. auf diesem stehen, z. B. Gerüste, Plätze (befestigte), bauzeitliche Einrichtungen zur Sicherung von statischen Zuständen. Veränderungen an baulichen Anlagen i. S. d. BaustellV sind allerdings nicht z. B. kleinere Arbeiten im Inneren von Gebäuden wie Anstricharbeiten. Beim Eingriff in die Primärkonstruktion eines Bauwerks liegt hingegen eine Baustelle i. S. d. BaustellV vor.

Eine Baustelle besteht aus verschiedenen Phasen. Eine gewerksspezifische Unterteilung des Vorhabens in mehrere Baustellen ist nicht möglich. Wird allerdings an einem Bauvorhaben eine Maßnahme selbstständig geplant und auch ausgeführt, so ist diese Phase eine zeitlich selbstständige Baustelle i. S. d. BaustellV. Es ist allerdings hierbei zu beachten, dass Ausschreibungen, Vergaben und sonstige Verhandlungen z. B. mit Finanzierern des Bauvorhabens oder mit Förderungs- und Subventionierungsstellen keine Verquickung von Bauphasen aufweisen.

Bauabschnitte können selbstständige, getrennte Baustellen i. S. d. BaustellV sein. Dies ist nicht nur möglich, sondern auch sinnvoll. Dadurch kann eine überschaubare Planung der Sicherheit und des Gesundheitsschutzes auf der Baustelle erzielt werden. Die neuen Baustellen müssen allerdings die bestehenden Baustellen als Nachbarn berücksichtigen. Damit soll gesichert sein, dass Wechselwirkungen zwischen den Arbeiten auf der Baustelle und anderen betrieblichen Tätigkeiten auf dem Gelände ausreichend berücksichtigt werden (siehe auch § 5 Abs. 1 Nr. 5 BaustellV).

§ 2 Planung der Ausführung des Bauvorhabens

(1) Bei der Planung der Ausführung eines Bauvorhabens, insbesondere bei der Einteilung der Arbeiten, die gleichzeitig oder nacheinander durchgeführt werden, und bei der Bemessung der Ausführungszeiten für diese Arbeiten, sind die allgemeinen Grundsätze nach § 4 des Arbeitsschutzgesetzes zu berücksichtigen.

(2) Für jede Baustelle, bei der

1. die voraussichtliche Dauer der Arbeiten mehr als 30 Arbeitstage beträgt und auf der mehr als 20 Beschäftigte gleichzeitig tätig werden, oder
2. der Umfang der Arbeiten voraussichtlich 500 Personentage überschreitet,

hat der nach § 4 Verantwortliche der zuständigen Behörde spätestens zwei Wochen vor Einrichtung der Baustelle eine Vorankündigung zu übermitteln, die mindestens die Angaben nach Anhang I enthält. Die Vorankündigung hat der nach § 4 Verantwortliche sichtbar auf der Baustelle auszuhängen und bei erheblichen Änderungen anzupassen.

(3) Ist für eine Baustelle, auf der Beschäftigte mehrerer Arbeitgeber tätig werden, eine Vorankündigung zu übermitteln, oder werden auf einer Baustelle, auf der Beschäftigte mehrerer Arbeitgeber tätig werden, besonders gefährliche Arbeiten nach Anhang II ausgeführt, so hat der nach § 4 Verantwortliche dafür zu sorgen, daß vor

Einrichtung der Baustelle ein Sicherheits- und Gesundheitsschutzplan erstellt wird. Der Plan muß die für die betreffende Baustelle anzuwendenden Arbeitsschutzbestimmungen erkennen lassen und besondere Maßnahmen für die besonders gefährlichen Arbeiten nach Anhang II enthalten. Erforderlichenfalls sind bei Erstellung des Planes betriebliche Tätigkeiten auf dem Gelände zu berücksichtigen.

(4) Ist für eine Baustelle, auf der jeder Beschäftigte für denselben Arbeitgeber tätig wird, eine Vorankündigung zu übermitteln, oder werden auf einer Baustelle, auf der jeder Beschäftigte für denselben Arbeitgeber tätig wird, besonders gefährliche Arbeiten nach Anhang II ausgeführt, so hat der nach § 4 Verantwortliche dafür zu sorgen, dass dieser Arbeitgeber vor Einrichtung der Baustelle über diejenigen Umstände auf dem Gelände unterrichtet wird, die in einen Sicherheits- und Gesundheitsschutzplan im Sinne von Absatz 3 Satz 2 und 3 einzubeziehen wären.

Praxistipp:

Zu Absatz 1

Bereits in der Planung des Bauvorhabens hat der Bauherr die Sicherheit und den Gesundheitsschutz zu berücksichtigen. Dadurch soll gewährleistet werden, dass damit erforderliche Kosten minimiert und Mehrkosten durch Fehlplanungen vermieden werden.

Umgekehrt wird dem Bauherrn die Möglichkeit vorweggenommen, während der Ausführung des Bauvorhabens sinnvolle und vorgeschriebene Maßnahmen zu umgehen bzw. nicht durchzuführen. Die Erfahrung hat gezeigt, dass nicht selten in einer späten Phase mit der Argumentation der zeitlichen und wirtschaftlichen Gefährdung des gesamten Bauvorhabens Arbeitsschutzmaßnahmen als nicht mehr ausführbar bezeichnet werden.

Mit der Verpflichtung des Bauherrn auf die allgemeinen Grundsätze nach § 4 des Arbeitsschutzgesetzes wird er zur Gefährdungsbeurteilung für seine Baustelle verpflichtet. Der Bauherr hat somit Ursachen und Bedingungen zu ermitteln und zu bewerten, die zu Unfällen auf der Baustelle und arbeitsbedingten Gesundheitsgefahren durch die Arbeit dort führen können.

Die Gefährdungsbeurteilung hilft dem Bauherrn, zielgerichtete und wirksame Arbeitsschutzmaßnahmen zu treffen. Wenn der Bauherr die Gefährdungen auf seiner zukünftigen Baustelle kennt, kann er kosteneffektiv die entsprechend richtigen Maßnahmen als Mittel zur Verbesserung der Beschäftigten auf seiner Baustelle einsetzen.

Die Gefährdungsanalyse stellt für den Bauherrn eine ausgesprochen anspruchsvolle Pflichtaufgabe dar. Zur Erfüllung dieser Aufgabe ist er allerdings fachlich nicht alleine gelassen, sondern wird im Normalfall den Sicherheits- und Gesundheitsschutzkoordinator hinzuziehen.

Gleichzeitig kann sich der Bauherr bzw. der Koordinator der Gefährdungsanalysen bedienen, die die am Bau beteiligten Unternehmen ohnehin im Rahmen ihrer gesetzlichen Pflicht aus dem Arbeitsschutzgesetz zu erstellen haben. Betriebe mit mehr als 10 Beschäftigten müssen seit dem 21.08.1997 über schriftliche Unterlagen verfügen, aus denen die Gefährdungsanalyse ersichtlich ist.

Die Schritte für die Gefährdungsanalyse sind

1. Gefährdungen erkennen
2. Gefährdungen bewerten
3. Gefährdungen beseitigen
4. Maßnahmenwirkungen kontrollieren

Gefährdungen können erkannt werden, wenn systematisch zunächst die Planungsunterlagen und darauffolgend die Bauausführung begleitend beobachtet werden. Fragen über die Gestaltung und Einrichtung der Baustelle und der einzelnen Arbeitsplätze dort, der Gestaltung, Auswahl, Beschaffenheit und Einsatz von Maschinen, Geräten und Anlagen, des Einsatzes und Entstehung von Gefahrstoffen, der Gestaltung von Arbeits- und Fertigungsverfahren, Arbeitsabläufen und Arbeitszeit sowie der Qualifikation und Unterweisung der Beschäftigten.

Bei der Bewertung der Gefährdungen wird abgeschätzt, mit welcher Häufigkeit sie eintreten kann, welche Auswirkung diese Gefährdung auf die betroffenen Beschäftigten haben kann und wie groß insgesamt der gefährdete Personenkreis ist. Der Vergleich mit Vorschriften, Regeln und bewährten Lösungen erleichtert die Bewertung der Gefährdungen.

Mit den Maßnahmen zur Beseitigung der Gefährdungen wird nach dem „TOP-Prinzip" vorgegangen. Zunächst soll die Technik bzw. das Arbeitsverfahren den Schutz gewährleisten. Bei Bedarf werden sicherheitstechnische Mittel einen Beitrag leisten können. Erst wenn die Technik noch keinen ausreichenden Schutz gewährleisten kann, werden organisatorische Maßnahmen eingesetzt. Diese können z. B. zur räumlichen oder zeitlichen Trennung von Mensch und Gefahr führen. Erst als letztes Mittel dürfen individuelle Schutzmaßnahmen wie z. B. persönliche Schutzausrüstungen die Gefährdung für den Menschen beseitigen helfen.

Bei der Gefährdungsanalyse ist der Stand von Technik, Arbeitsmedizin und Hygiene sowie sonstige gesicherte arbeitswissenschaftliche Erkenntnisse zu berücksichtigen.

Eine allgemein anerkannte Regel liegt vor, wenn die Fachleute von ihrer Richtigkeit überzeugt sind und die Regel in der Praxis angewandt wird. Als gesichert gilt eine Erkenntnis, wenn die Fachleute davon überzeugt sind, dass mithilfe dieser evtl. neuen Erkenntnis den Erfordernissen der Sicherheit und des Gesundheitsschutzes Rechnung getragen ist und die Erkenntnis zumindest versuchsweise in einem Betrieb erfolgreich erfüllt worden ist.

Somit liegt ein gradueller Unterschied zwischen allgemein anerkannten Regeln und den gesicherten arbeitswissenschaftlichen Erkenntnissen vor.

Mit der Prüfung der Wirksamkeit sollen noch weiterhin nicht erkannte Gefahren lokalisiert werden können und eingesetzte Maßnahmen laufend den jeweiligen Erfordernissen und den neuen Erkenntnissen über Gefahren und Maßnahmenmöglichkeiten angepasst werden.

Dabei ist besonders darauf zu achten, dass die Verkehrssicherungspflicht des Bauherrn und des Bauunternehmers nicht nur gegenüber dem „berechtigten Verkehr" besteht, sondern auch gegenüber nicht berechtigten Verkehrsteilnehmern, wenn der Verkehrssicherungspflichtige erkennen kann, dass Beschränkungen der Verkehrswidmung nicht beachtet werden. Dies gilt in besonderer Weise für die Zugangssicherung gegenüber Kindern, aber auch Baustellenbesuchern, insbesondere dann, wenn dort schwerwiegende Gefährdungen bestehen. Eine Beschilderung „Unbefugten ist das Betreten der Baustelle verboten" ist somit nicht ausreichend, wenn Zuwiderhandlungen zu erkennen sind.

Die rechtzeitige Planung der Aspekte des Arbeitsschutzes und der Gesundheitsförderung ermöglicht den zielgerichteten Einbezug der einzelnen Gewerke während der Ausschreibungsphase. Dort werden den zu beauftragenden Firmen Forderungen zur sicherheitsgerechten und gefährdungsarmen Ausführung der Arbeiten gestellt.

Zu Absatz 2

Die Vorankündigung ist sichtbar an exponierter Stelle auf der Baustelle anzubringen, damit alle Betroffenen, z. B. die Beschäftigten oder neu auf der Baustelle tätig werdende Arbeitgeber, rasch von ihrem Inhalt Kenntnis nehmen können. Dafür ist unverzichtbar, dass die Lesbarkeit der Vorankündigung, die z. B. durch Witterungseinflüsse beeinträchtigt wird, während der Bauarbeiten erhalten bleibt.

Treten erhebliche Änderungen bezüglich der oben genannten Angaben ein, ist die Vorankündigung zu aktualisieren.

Bei der Bemessung auf der Grundlage der zeitlichen Dauer der Baustelle ist der Begriff der Arbeitstage in der BaustellV nicht eindeutig definiert. Es können zeitlich verteilte Tage mit Arbeitstätigkeit oder Werktage gemeint sein. Die erste Alternative kann dazu führen, dass Baustellen eine insgesamt sehr lange Baudauer aufweisen können und dennoch nach dem Verordnungstext als „klein" gelten. Auch eine evtl. Ballung der Arbeitskräfte an einzelnen Tagen mit knapp unter 20 Beschäftigten entspricht nicht der Empfehlung aus der Sicht der Arbeitssicherheit, die Gefährdungen durch das Zusammenwirken von Menschen und Gefahren durch zeitliche Entflechtungen zu vermeiden.

Der Umfang von 500 Personentagen wird in der Regel von kleineren Baustellen so auch von Einfamilienhäusern nicht erfüllt. Allerdings hat sich diese Regelung in der Praxis als nicht zielführend erwiesen.

Mit der Information, dass sie eine Übermittlung der Vorankündigung nicht benötigen, verbinden einige Bauherren auch die Annahme, dass für sie die BaustellV vollständig nicht zutrifft. Dies ist insoweit falsch, da in Einzelfällen alle sonstigen Pflichten des Bauherrn wie Berücksichtigung der allgemeinen Grundsätze nach § 4 ArbSchG in der Planungsphase, Bestellung eines Koordinators, Erarbeitung eines SIGEPLANs sowie die Zusammenstellung der Unterlage für spätere Arbeiten an der baulichen Anlage durchaus erforderlich sein können.

Die Bundesländer haben die zuständigen Behörden benannt. Bis auf Hamburg, wo die zuständige Behörde die Baubehörde ist, sind die Gewerbeaufsichtsämter/Ämter für Arbeitsschutz für zuständig erklärt worden.

Zu Absatz 3

Die Gefahr der Schädigung durch eine Tiefe von mehr als 5 m bzw. des Absturzes aus einer Höhe von mehr als 7 m ist nicht dadurch unterbrochen, dass Maßnahmen (Gerüst o. Ä.) vorgesehen sind.

Der SIGEPLAN ist das wesentliche Instrument für die Sicherheits- und Gesundheitsschutzkoordination auf der Baustelle. Damit auf ihn jederzeit alle betroffenen Akteure auf der Baustelle zurückgreifen können, muss er dort während der Arbeitszeit jederzeit einsehbar sein und den auf der Baustelle tätigen Arbeitgebern und Unternehmern ohne Beschäftigten zur Verfügung gestellt werden, begleitet von einer kontinuierlichen Erläuterung in Besprechungen (z. B. Bauleiterbesprechung) und Unterweisungen (z. B. Vergabeverhandlungen).

Der SIGEPLAN kann z. B. im Bauleiterbüro ausliegen. In der betrieblichen Praxis ist diese Mindestanforderung jedoch nicht ausreichend. Die Bauleiterbüros sind erfahrungsgemäß nicht so ausgestattet, dass alle am Bau Beteiligten dort über ihre Arbeits- und Gesundheitsschutzmaßnahmen kommunizieren können. Deswegen eignet sich hier die Auslegung des SIGEPLANs im Bauleiterbüro nur für den Ausnahmefall.

Die Verteilung des SIGEPLANs an die beteiligten Unternehmen und damit die Förderung der Kommunikation über den SIGEPLAN zwischen den beteiligten Unternehmen ist ein wesentliches Merkmal der Umsetzung der BaustellV in die betriebliche Praxis.

Bei der Erstellung des SIGEPLANs ist darauf zu achten, dass bei jedem Gewerk eine Überprüfung stattfindet.

Die als besonders gefährlichen Arbeiten in einem geringeren Abstand als 5 m von Hochspannungsleitungen sollen nicht nur eingeschränkt hinsichtlich freiliegenden Leitungen betrachtet werden. Auch Hochspannungsleitungen in der Erde können für die Beschäftigten eine besondere Gefahr bedeuten und sind analog zu bewerten.

§ 3 Koordinierung

(1) Für Baustellen, auf denen Beschäftigte mehrerer Arbeitgeber tätig werden, hat der nach § 4 Verantwortliche einen oder mehrere geeignete Koordinatoren zu bestellen. Der Bauherr oder der von ihm nach § 4 beauftragte Dritte kann die Aufgaben des Koordinators selbst wahrnehmen.

(1a) Der Bauherr oder der von ihm beauftragte Dritte wird durch die Beauftragung geeigneter Koordinatoren nicht von seiner Verantwortung entbunden.

(2) Während der Planung der Ausführung des Bauvorhabens hat der Koordinator

1. die in § 2 Abs. 1 vorgesehenen Maßnahmen zu koordinieren,
2. den Sicherheits- und Gesundheitsschutzplan auszuarbeiten oder ausarbeiten zu lassen und
3. eine Unterlage mit den erforderlichen, bei möglichen späteren Arbeiten an der baulichen Anlage zu berücksichtigenden Angaben zu Sicherheit und Gesundheitsschutz zusammenzustellen.

(3) Während der Ausführung des Bauvorhabens hat der Koordinator

1. die Anwendung der allgemeinen Grundsätze nach § 4 des Arbeitsschutzgesetzes zu koordinieren,
2. darauf zu achten, daß die Arbeitgeber und die Unternehmer ohne Beschäftigte ihre Pflichten nach dieser Verordnung erfüllen,
3. den Sicherheits- und Gesundheitsschutzplan bei Änderungen in der Ausführung des Bauvorhabens, die sich auf die weitere Koordination auswirken, anzupassen oder anpassen zu lassen,
4. die Zusammenarbeit der Arbeitgeber zu organisieren und
5. die Überwachung der ordnungsgemäßen Anwendung der Arbeitsverfahren durch die Arbeitgeber zu koordinieren.

Praxistipp:

Zu Absatz 1

Die BaustellV hat das Ziel, Sicherheit und Gesundheitsschutz der Beschäftigten auf Baustellen wesentlich zu verbessern. Diesem Ziel dient unter anderem die in § 3 der BaustellV enthaltene Verpflichtung für den Bauherrn, in bestimmten Fällen eine/n oder mehrere Koordinatoren/Koordinatorinnen zu bestellen.

Die Pflicht zur Bestellung eines Koordinators entsteht, wenn auf einer Baustelle Beschäftigte von mehr als einem Arbeitgeber oder Unternehmer ohne Beschäftigte tätig sind. Der Einsatz von Nachunternehmen bedeutet das Vorhandensein mehrerer Arbeitgeber. Bei Generalübernehmer und Generalunternehmer kann in der betrieblichen Praxis davon ausgegangen werden, dass immer mehrere Arbeitgeber auf der Baustelle tätig sind. Nur bei einer einheitlichen Firmierung handelt es sich um einen Arbeitgeber. Dies ist nicht bei Arbeitsgemeinschaften (ARGE) zur Durchführung von Bauvorhaben der Fall.

Darüber hinaus arbeiten auf Baustellen auch andere Personen als nur Beschäftigte von Unternehmen des Handwerks, z. B. Beschäftigte von Architektur- und Ingenieurbüros, von Sachverständigen- und Beratungsunternehmen usw. Auch diese Personen können zumindest durch andere Handwerker gefährdet werden und gelten entsprechend als Beschäftigte von unterschiedlichen Unternehmen bzw. als Unternehmer ohne Beschäftigte.

Bei der Auswahl des Koordinators kann der Bauherr einen oder mehrere Koordinatoren bestellen oder sich selbst als Koordinator ernennen. Dieses trifft auch auf einen evtl. nach § 4 BaustellV beauftragten Dritten zu.

Als Koordinator können auch ohnehin am Bau Beteiligte bestellt werden, wenn sie geeignet sind und die Aufgabe zeitlich und organisatorisch wahrnehmen können. Die Bestellung kann an eine oder mehrere Personen erfolgen, die beim Bauherrn beschäftigt sind (z. B. bei einer Wohnungsbaugenossenschaft oder beim öffentlichen Bauherrn) oder an ein Dienstleistungsunternehmen, das die Tätigkeit mit geeigneten Koordinatoren anbietet, oder an freiberuflich tätige Personen.

Die Bestellung eines Koordinators ist eine gesetzlich festgelegte Pflicht. Zur Rechtssicherheit der Beteiligten ist eine schriftliche Bestellung unerlässlich. Die Tätigkeit des Koordinators ist eine Dienstleistung. Er ist ein „Zwangsberater" des Bauherrn. Der Bauherr muss den Koordinator bestellen (oder sich selbst, wenn er dazu geeignet ist), wofür er vom Koordinator nicht nur die Erklärung, sondern auch die Lösung der Sicherheits- und Gesundheitsschutzprobleme auf der Baustelle erwarten kann.

Der Bauherr kann sich selbst als Koordinator bestellen. Dabei muss er im Hinblick der von der BaustellV geforderten Eignung die gleichen strengen Maßstäbe setzen wie bei jedem anderen.

Der Koordinator ist lediglich Berater des Bauherrn und kann somit lediglich Mängel melden und Vorschläge zur Verbesserung des Arbeits- und Gesundheitsschutzes auf der Baustelle unterbreiten. Die Entscheidungsgewalt liegt voll bei dem Bauherrn. Folgt der Bauherr den Empfehlungen des Koordinators nicht oder stellt er Mängel nicht ab, auf die ihn der Koordinator hingewiesen hat, trägt er als Bauherr die Verantwortung.

Als Berater des Bauherrn muss der Koordinator auch Schriftstücke selbst oder durch Dritte erstellen (SIGEPLAN) oder zusammenstellen (Unterlage) lassen. Diese Dokumente hat er bei seiner Beratung mit dem Bauherrn einzubeziehen und zu erläutern.

Der Bauherr ist verpflichtet, die Dienstleistung des von ihm ausgewählten und eingesetzten Koordinators anzunehmen. Die Auswahl hat sorgfältig stattzufinden. Der Zeitpunkt der Bestellung des Koordinators ist i. S. eines integrierten Arbeits- und Gesundheitsschutzes so rechtzeitig zu wählen, dass Planungsprozesse noch im Gange sind. Nachträgliche, kostenaufwendige Änderungen sollen vermieden werden. Mit Abgabe der Vorankündigung an die zuständige Behörde nach § 2 Abs. 2 BaustellV spätestens zwei Wochen vor Einrichtung der Baustelle erfolgt auch die Nennung der Koordinatoren.

Im Rahmen seiner Organisationsverantwortung hat der Bauherr dem Koordinator Aufgaben zuzuweisen und ihm Befugnisse in Übereinstimmung mit den wahrzunehmenden Aufgaben zu übertragen. Der Bauherr muss für den Koordinator die Voraussetzungen zur Erfüllung seiner Aufgaben schaffen und die Tätigkeit sowie die Erfüllung der Aufgaben regelmäßig überwachen.

Der Umfang der Beratungsleistung ist im Rahmen der Bestellung zu beschreiben. Sollte dieser Umfang nicht die gesamte Koordination nach der BaustellV umfassen, so kann davon ausgegangen werden, dass der verbleibende Umfang der Koordinierungsleistung und somit das verbleibende Haftungsrisiko beim Bauherrn selbst verbleibt.

Beide Seiten, Bauherr wie Koordinator, müssen sich über ihren Beitragsumfang im Klaren sein und dies auch dokumentieren und organisieren. Es muss sichergestellt sein, dass die vollständige Koordinationsleistung erfüllt wird. Der Bauherr und ihn beratend der Koordinator muss prüfen, ob der fehlende Teil der Koordination durch andere Koordinatoren abgedeckt wird. Dies erfordert eine ständige Kommunikation zwischen Bauherr und Koordinator.

Hat der Bauherr sich entschieden, einen Koordinator einzusetzen, der fachlich oder organisatorisch nicht geeignet ist, haftet der Bauherr selbst für ggf. auftretende Mängel. Die organisatorische Eignung erstreckt sich auf die zeitliche Verfügbarkeit des Koordinators sowie auf seine technische Infrastruktur.

Der Koordinator soll als Experte für sicheres und gesundheitsgerechtes Zusammenwirken die Planer, Architekten und die ausführenden Baubetriebe zu allen entsprechenden Fragen der Verhütung von Unfällen und arbeitsbedingten Gesundheitsgefahren einschließlich der menschengerechten Gestaltung der Arbeit bei der Zusammenarbeit unterstützen und beraten. Er soll präventiv und aktiv tätig sein und somit seine Fachverantwortung als Berater für den Bauherrn mit folgendem Grundverständnis wahrnehmen:

Zu Absatz 2

Die Koordination der vorgesehenen Maßnahmen erfordert vom Koordinator eine ausgesprochene soziale Kompetenz. Er wirkt aktiv und bestimmend ein. Den SIGEPLAN kann er selbst oder durch Dritte erstellen (lassen). Hinsichtlich der Unterlage wird der Koordinator unterstützend wirken und diese zusammenstellen. Hierbei werden die am Bau Beteiligten als Beschäftigte oder Lieferanten den erheblichen inhaltlichen Beitrag leisten. Darauf sollte der Bauherr im Rahmen der Vergabevereinbarungen achten.

Zu Absatz 3

Während die Anwendung der Grundsätze nach § 4 des ArbSchG während der Planungsphase zu koordinieren ist, wird bei der Frage der Erfüllung der Pflichten seitens der Arbeitgeber und der Unternehmer ohne Beschäftigte (in der Regel keine Erfassung durch die BG) eine Achtsamkeit erwartet, keinesfalls aber eine Kontrolle oder Vorgabe/Einwirkung.

Auch hinsichtlich der Überwachung der ordnungsgemäßen Anwendung der Arbeitsverfahren durch die Arbeitgeber verbleibt dem Koordinator lediglich eine koordinierende Funktion.

Der Koordinator fordert die jeweiligen Gefährdungsanalysen der beteiligten Unternehmen an, die diese im Rahmen des Arbeitsschutzgesetzes ohnehin zu erstellen haben. Daraus kann er dann gegenseitige Gefährdungen erfassen, ggf. ergänzen und daraufhin dem spätestens seit Baubeginn gültigen SIGEPLAN anpassen.

Die einzelnen, auf einer Baustelle beschäftigten Arbeitgeber führen gleichzeitig oder nacheinander verschiedene Arbeiten (verschiedene Gewerke oder evtl. auch mehrere Arbeitgeber für gleiche Gewerke bei Großbaustellen) aus. Die Einhaltung der Arbeitsschutzvorschriften innerhalb eines Unternehmens und die Vermeidung von Gefährdungen durch die eigene Arbeit waren bereits mit dem ASiG und den entsprechenden Unfallverhütungsvorschriften (VBG 122 und 123) mithilfe der vorgeschriebenen innerbetrieblichen sicherheitstechnischen (SIFA) und arbeitsmedizinischen Organisation (Betriebsärztliche Betreuung) geregelt. Hierbei hat die BaustellV nichts geändert.

§ 4 Beauftragung

Die Maßnahmen nach § 2 und § 3 Abs. 1 Satz 1 hat der Bauherr zu treffen, es sei denn, er beauftragt einen Dritten, diese Maßnahmen in eigener Verantwortung zu treffen.

Praxistipp:

Der Bauherr ist für die Arbeitssicherheit und den Gesundheitsschutz auf seiner Baustelle verantwortlich. Normadressat der BaustellV ist der Bauherr. Der Bauherr kann eine Person mit der Wahrnehmung seiner Aufgaben als Bauherr nach § 4 BaustellV beauftragen. Dabei muss der beauftragte Dritte seinen Pflichten mit einer eindeutigen Entscheidungskompetenz nachgehen können. Eine pauschale Übertragung der Pflichten aus der BaustellV, z. B. auf eines der bauausführenden Unternehmen im Rahmen üblicher Ausschreibungen von Bauleistungen, ist unzulässig, da sie der Zielrichtung der BaustellV nicht entspricht. Mit der Delegation von Aufgaben erfolgt nicht automatisch die Übertragung der Verantwortung.

Je nach seiner eigenen Qualifikation und Verfügbarkeit führt der Bauherr die Arbeiten (Vorankündigung, SIGEPLAN, Unterlage und Koordination) selbst aus oder bestellt sich geeignete Fachkräfte, die diese Arbeiten für ihn erledigen. Er kann den Arbeitsumfang auf der Baustelle und die zum Einsatz erforderlichen Gewerke sowie die spezifischen Eigenheiten des Bauvorhabens (durch Lage, Größe, Ausführung gefährlicher Arbeiten etc.) einschätzen und muss entscheiden, ob er die Funktion des Koordinators voll oder teilweise übernehmen will.

Wenn der Bauherr sich selbst als Koordinator benennt, so gelten für ihn die gleichen strengen Maßstäbe der Eignung wie bei den extern bestellten Koordinatoren. Bei der Beauftragung eines Dritten handelt es sich nicht um eine fachliche Übertragung, sondern um eine Vollmacht. Dabei muss der Bevollmächtigte auch mit Rechten ausgestattet werden, um seinen vom Bauherrn übernommenen Verpflichtungen nachzukommen, ohne dass für ihn negative zivil- wie strafrechtliche Konsequenzen entstehen.

§ 5 Pflichten der Arbeitgeber

(1) Die Arbeitgeber haben bei der Ausführung der Arbeiten die erforderlichen Maßnahmen des Arbeitsschutzes insbesondere in bezug auf die

1. Instandhaltung der Arbeitsmittel,
2. Vorkehrungen zur Lagerung und Entsorgung der Arbeitsstoffe und Abfälle, insbesondere der Gefahrstoffe,
3. Anpassung der Ausführungszeiten für die Arbeiten unter Berücksichtigung der Gegebenheiten auf der Baustelle,
4. Zusammenarbeit zwischen Arbeitgebern und Unternehmern ohne Beschäftigte,
5. Wechselwirkungen zwischen den Arbeiten auf der Baustelle und anderen betrieblichen Tätigkeiten auf dem Gelände, auf dem oder in dessen Nähe die erstgenannten Arbeiten ausgeführt werden,
6. Ausführung besonders gefährlicher Arbeiten nach Anhang II auf der Baustelle

zu treffen sowie die Unterrichtung nach § 2 Absatz 4, die Hinweise des Koordinators und den Sicherheits- und Gesundheitsschutzplan zu berücksichtigen.

(2) Die Arbeitgeber haben die Beschäftigten in verständlicher Form und Sprache über die sie betreffenden Schutzmaßnahmen zu informieren.

(3) Die Verantwortlichkeit der Arbeitgeber für die Erfüllung ihrer Arbeitsschutzpflichten wird durch die Maßnahmen nach den §§ 2 und 3 nicht berührt.

Praxistipp:

Zu Absatz 1

Für ihr Material und ihre Geräte sind die Arbeitgeber weiterhin ohne Einschränkung verantwortlich.

Hinzugekommen durch die BaustellV ist die Verpflichtung des Einbezugs und somit Einkalkulation in die Angebotsabgabe und in die späteren Ausführungen und Wechselwirkungen zwischen den Arbeiten auf der Baustelle und anderen betrieblichen Tätigkeiten und Nutzungen auf dem Gelände. Dadurch werden Nachforderungen durch Behinderungsanzeigen ausgeschlossen.

Zu Absatz 2

Die Arbeitgeber sind allgemein dazu verpflichtet, auch ihre Beschäftigten, die der deutschen Sprache nicht mächtig sind, bei der Unterweisung nach § 12 ArbSchG über die erforderlichen Schutzmaßnahmen einzubeziehen und entsprechend in verständlicher Form zu informieren.

Diese Verpflichtung wird erfolgreich bei einer großen Anzahl von Betrieben der gewerblichen Wirtschaft seit Jahrzehnten praktiziert.

Darüber hinaus sind die Beschäftigten in entsprechender Form auch über den SIGEPLAN und die daraus resultierenden, für sie zutreffenden Gefährdungen und Schutzmaßnahmen zu informieren.

Zu Absatz 3

Die Tätigkeit des Koordinators und die von ihm eingesetzten Instrumente nach der BaustellV sind additiv zu allen bereits bestehenden Verpflichtungen der Arbeitgeber zu verstehen.

§ 6 Pflichten sonstiger Personen

Zur Gewährleistung von Sicherheit und Gesundheitsschutz der Beschäftigten haben auch die auf einer Baustelle tätigen Unternehmer ohne Beschäftigte die bei den Arbeiten anzuwendenden Arbeitsschutzvorschriften einzuhalten. Sie haben die Hinweise des Koordinators sowie den Sicherheits- und Gesundheitsschutzplan zu berücksichtigen. Die Sätze 1 und 2 gelten auch für Arbeitgeber, die selbst auf der Baustelle tätig sind.

Praxistipp:

Die BaustellV sichert den gleichwertigen Schutz für alle am Bau Beschäftigten, unabhängig davon, ob durch andere bestehende Regelungen bereits vollständig oder nur teilweise ein Schutz vorliegt. Die Arbeit muss entsprechend so gestaltet werden, dass eine Gefährdung für Leben und Gesundheit möglichst vermieden bzw. gering gehalten wird.

§ 6a Beratung durch den Ausschuss für Arbeitsstätten

Das Bundesministerium für Arbeit und Soziales wird in allen Fragen der Sicherheit und des Gesundheitsschutzes der Beschäftigten auf Baustellen durch den Ausschuss nach § 7 der Arbeitsstättenverordnung beraten. § 7 Absatz 3 Satz 1 und Absatz 4 der Arbeitsstättenverordnung gilt entsprechend.

§ 7 Ordnungswidrigkeiten und Strafvorschriften

(1) Ordnungswidrig im Sinne des § 25 Abs. 1 Nr. 1 des Arbeitsschutzgesetzes handelt, wer vorsätzlich oder fahrlässig

1. entgegen § 2 Abs. 2 Satz 1 der zuständigen Behörde eine Vorankündigung nicht, nicht richtig, nicht vollständig oder nicht rechtzeitig übermittelt, oder
2. entgegen § 2 Abs. 3 Satz 1 nicht dafür sorgt, daß vor Einrichtung der Baustelle ein Sicherheits- und Gesundheitsschutzplan erstellt wird.

(2) Wer durch eine im Absatz 1 bezeichnete vorsätzliche Handlung Leben oder Gesundheit eines Beschäftigten gefährdet, ist nach § 26 Nr. 2 des Arbeitsschutzgesetzes strafbar.

Praxistipp:

Der Bauherr begeht keine Ordnungswidrigkeit, wenn er bei der Auswahl des Koordinators trotz ordnungsgemäßen Verfahrens keine gute Wahl hatte.

Auch eine fehlende Unterlage begründet nicht an sich eine Ordnungswidrigkeit.

§ 8 Inkrafttreten und Übergangsvorschrift

(1) Diese Verordnung tritt am ersten Tage des auf die Verkündung folgenden Kalendermonats in Kraft.

(2) Für Bauvorhaben, mit deren Ausführung bereits vor dem 1. April 2023 begonnen worden ist, bleiben die bisherigen Vorschriften maßgebend.

Anhang I

1. Ort der Baustelle,
2. Name und Anschrift des Bauherrn,
3. Art des Bauvorhabens,
4. Name und Anschrift des anstelle des Bauherrn verantwortlichen Dritten,
5. Name und Anschrift des Koordinators,
6. voraussichtlicher Beginn und voraussichtliche Dauer der Arbeiten,
7. voraussichtliche Höchstzahl der Beschäftigten auf der Baustelle,
8. Zahl der Arbeitgeber und Unternehmer ohne Beschäftigte, die voraussichtlich auf der Baustelle tätig werden,
9. Angabe der bereits ausgewählten Arbeitgeber und Unternehmer ohne Beschäftigte.

Anhang II

Besonders gefährliche Arbeiten im Sinne des § 2 Abs. 3 sind:

1. Arbeiten, bei denen die Beschäftigten der Gefahr des Versinkens, des Verschüttetwerdens in Baugruben oder in Gräben mit einer Tiefe von mehr als 5 m oder des Absturzes aus einer Höhe von mehr als 7 m ausgesetzt sind,
2. Arbeiten, bei denen Beschäftigte ausgesetzt sind gegenüber
   a) biologischen Arbeitsstoffen der Risikogruppen 3 oder 4 im Sinne des § 3 Absatz 1 der Biostoffverordnung,
   b) gefährlichen Stoffen und Gemischen im Sinne des § 3 Absatz 1 in Verbindung mit Absatz 2
      aa) Nummer 1 Buchstabe a,
      bb) Nummer 1 Buchstabe f oder Nummer 2 Buchstabe a (jeweils Kategorie 1 oder 2) oder
      cc) Nummer 2 Buchstabe e, f oder g (jeweils Kategorie 1A oder 1B)

   der Gefahrstoffverordnung,
3. Arbeiten mit ionisierenden Strahlungen, die die Festlegung von Kontroll- oder Überwachungsbereichen im Sinne des Strahlenschutzgesetzes und der auf dessen Grundlage erlassenen Rechtsverordnungen erfordern,
4. Arbeiten in einem geringeren Abstand als 5 m von Hochspannungsleitungen,
5. Arbeiten, bei denen die unmittelbare Gefahr des Ertrinkens besteht,
6. Brunnenbau, unterirdische Erdarbeiten und Tunnelbau,
7. Arbeiten mit Tauchgeräten,
8. Arbeiten in Druckluft,
9. Arbeiten, bei denen Sprengstoff oder Sprengschnüre eingesetzt werden,
10. Aufbau oder Abbau von Massivbauelementen, wenn dazu aufgrund deren Masse kraftbetriebene Arbeitsmittel zum Heben von Lasten oder kraftbetriebene Arbeitsmittel zum anderweitigen Versetzen von Lasten eingesetzt werden.

Anforderungen an Arbeitsplätze und Verkehrswege auf Baustellen im Grenzbereich zum Straßenverkehr – Straßenbaustellen (ASR A5.2)

Vom 28. November 2018 (GMBl. S. 1160)

Die Technischen Regeln für Arbeitsstätten (ASR) geben den Stand der Technik, Arbeitsmedizin und Hygiene sowie sonstige gesicherte wissenschaftliche Erkenntnisse für die Sicherheit und Gesundheit beim Einrichten und Betreiben von Arbeitsstätten wieder.

Sie werden vom

Ausschuss für Arbeitsstätten

ermittelt bzw. angepasst und vom Bundesministerium für Arbeit und Soziales im Gemeinsamen Ministerialblatt bekannt gemacht.

Diese ASR A5.2 konkretisiert im Rahmen ihres Anwendungsbereichs Anforderungen der Verordnung über Arbeitsstätten. Bei Einhaltung dieser Technischen Regel kann der Arbeitgeber davon ausgehen, dass die entsprechenden Anforderungen der Verordnung erfüllt sind. Wählt der Arbeitgeber eine andere Lösung, muss er damit mindestens die gleiche Sicherheit und den gleichen Schutz der Gesundheit für die Beschäftigten erreichen.

1 Zielstellung

Diese ASR dient dem Schutz von Beschäftigten auf Baustellen vor Gefährdungen durch den fließenden Verkehr im Grenzbereich zum Straßenverkehr. Sie konkretisiert die Anforderungen an das Einrichten und Betreiben von Arbeitsplätzen und Verkehrswegen auf diesen Baustellen in § 3a Absatz 1 Arbeitsstättenverordnung sowie insbesondere in Punkt 5.2 Absätze 2, 3 und 4 des Anhangs der Arbeitsstättenverordnung.

2 Anwendungsbereich

(1) Diese ASR gilt für das Einrichten, Betreiben und den Abbau von Arbeitsplätzen und Verkehrswegen auf Baustellen im Grenzbereich zum Straßenverkehr, bei denen durch den fließenden Verkehr Gefährdungen für die Beschäftigten entstehen können. Sie findet auch Anwendung für die dazugehörenden Verkehrssicherungsarbeiten. Sie unterstützt bei der Ermittlung und Beurteilung dieser Gefährdungen sowie bei der Planung und Umsetzung von Schutzmaßnahmen zur Gestaltung sicherer Arbeitsplätze und Verkehrswege auf Baustellen im Grenzbereich zum Straßenverkehr.

(2) Diese ASR soll in allen Planungsphasen berücksichtigt werden.

(3) Diese ASR regelt nicht die verkehrsrechtlichen Anforderungen im Geltungsbereich der Straßenverkehrs-Ordnung (StVO).

(4) Diese ASR gilt nicht für die Pannen- und Unfallhilfe sowie für Bergungs- und Abschlepparbeiten.

Hinweis: Sofern entsprechende Gefährdungen vorliegen, ist diese Arbeitsstättenregel insbesondere in Verbindung mit folgenden ASR anzuwenden:

- *Sicherheitszeichen: ASR A1.3 „Sicherheits- und Gesundheitsschutzkennzeichnung",*
- *Verkehrswege auf Straßenbaustellen: ASR A1.8 „Verkehrswege",*
- *Schutz vor Absturz und herabfallenden Gegenständen: ASR A2.1 „Schutz vor Absturz und herabfallenden Gegenständen, Betreten von Gefahrenbereichen",*
- *Maßnahmen gegen Brände: ASR A2.2 „Maßnahmen gegen Brände",*
- *Fluchtwege: ASR A2.3 „Fluchtwege und Notausgänge",*
- *Beleuchtung: ASR A3.4 „Beleuchtung" oder*
- *Sicherheitsbeleuchtung: ASR A2.3 „Fluchtwege und Notausgänge" oder ASR A3.4 „Beleuchtung".*

3 Begriffsbestimmungen

3.1 Ankommender Verkehr ist der Straßenverkehr, der sich aus der vorgegebenen Fahrtrichtung einer Straßenbaustelle nähert.

3.2 Fahrbahn ist der aus Fahrstreifen für alle Arten von Fahrzeugen sowie eventuell vorhandenen Randstreifen bestehende zusammenhängende befestigte Teil einer Straße.

3.3 Fahrstreifen ist der Teil einer Fahrbahn, den ein Fahrzeug zum ungehinderten Fahren im Verlauf der Fahrbahn, einschließlich anzurechnender Markierungen oder baulicher Leitelemente, benötigt.

3.4 Fahrzeug-Rückhaltesysteme sind Schutzeinrichtungen, die von der Fahrbahn abkommende Fahrzeuge aufhalten oder umlenken sollen. Sie können als dauerhafte oder transportable Schutzeinrichtungen ausgeführt sein.

3.5 Fließender Verkehr ist der an der Straßenbaustelle ankommende oder vorbeifahrende Straßenverkehr.

3.6 Grenzbereich zum Straßenverkehr ist der Teil der Straßenbaustelle, in dem durch den fließenden Straßenverkehr Gefährdungen für die Beschäftigten entstehen können.

3.7 Öffentlicher Straßenverkehr kennzeichnet jenen Teil des Straßenverkehrs, der auf den der Allgemeinheit zur Verfügung gestellten Verkehrsflächen erfolgt.

3.8 Sicherheitsabstand im Sinne dieser ASR ist der Abstand zwischen Verkehrseinrichtungen und den dem fließenden Verkehr zugewandten Außenbegrenzungen von Arbeitsplätzen oder Verkehrswegen auf Straßenbaustellen (siehe Abbildung 1).

3.9 Sicherungsfahrzeuge im Sinne dieser ASR sind Fahrzeuge, die zur Sicherung von Straßenbaustellen eingesetzt werden. Sie sind besonders gekennzeichnet und mit Sonderrechten ausgestattet (siehe § 35 Absatz 6 StVO und Richtlinien zur Sicherung von Straßenbaustellen (RSA)).

3.10 Straßenbaustellen im Sinne dieser ASR sind Baustellen, auf denen im Grenzbereich zum Straßenverkehr Arbeiten auf, neben, unter, über oder im Straßenkörper sowie an baulichen Anlagen im Zuge von Straßen durchgeführt und dazu öffentliche oder nicht öffentliche Verkehrsflächen vorübergehend ganz oder teilweise abgesperrt werden. Zu diesen Arbeiten zählen z. B. auch Reinigen von Verkehrseinrichtungen, Grünpflege, Arbeiten an Versorgungsleitungen, Vermessungsarbeiten, Bauwerksprüfungen, Sanierungsarbeiten.

Hinweis:

Der in dieser ASR verwendete Begriff „Straßenbaustelle" entspricht dem in den RSA verwendeten Begriff „Arbeitsstelle".

3.11 Straßenbaustellen längerer Dauer sind Straßenbaustellen, die mindestens einen Kalendertag durchgehend und ortsfest aufrechterhalten werden.

3.12 Straßenbaustellen kürzerer Dauer sind Straßenbaustellen, die nur über eine begrenzte Stundenzahl bei Tageshelligkeit (Tagesbaustellen) oder während der Dunkelheit (Nachtbaustellen) betrieben werden, auch wenn die Arbeiten an den folgenden Tagen fortgesetzt werden.

3.13 Verkehrseinrichtungen sind z. B. Schranken, Sperrpfosten, Absperrgeräte sowie Leiteinrichtungen gemäß StVO. Zu den Verkehrseinrichtungen gehören auch Blinklicht- und Lichtzeichenanlagen.

3.14 Verkehrssicherungsarbeiten sind Arbeiten zum Auf-, Um- und Abbau sowie zur Unterhaltung der Verkehrssicherung.

3.15 Verkehrssicherungsmaßnahmen sind die von der zuständigen Behörde in einer verkehrsrechtlichen Anordnung vorgeschriebenen Maßnahmen zur Lenkung und Leitung des öffentlichen Straßenverkehrs.

3.16 Verkehrswege auf Straßenbaustellen sind Verkehrswege entsprechend der ASR A1.8 „Verkehrswege", die dem öffentlichen Straßenverkehr nicht zur Verfügung stehen.

3.17 Verschwenkungsbereich ist der Streckenabschnitt, in dem ein oder mehrere Fahrstreifen quer zur Fahrbahnachse versetzt oder eingeengt werden.

4 Einrichten von Arbeitsplätzen und Verkehrswegen auf Straßenbaustellen

4.1 Allgemeines

(1) Straßenbaustellen sind so zu planen und einzurichten, dass Gefährdungen durch den fließenden Verkehr für Beschäftigte möglichst vermieden und verbleibende Gefährdungen möglichst gering gehalten werden.

Gefährdungen durch den fließenden Verkehr können z. B. durch eine vollständige Umleitung des Verkehrs bei einbahnigen Straßen oder eine Überleitung des Verkehrs auf die Gegenfahrbahn bei zweibahnigen Straßen vermieden werden.

(2) Sofern Gefährdungen für Beschäftigte durch den fließenden Verkehr nicht vermieden werden können, sind diese so weit wie möglich zu minimieren. Zur Minimierung dieser Gefährdungen sind für Arbeitsplätze und Verkehrswege auf Straßenbaustellen bereits in der Planung der Ausführung der Arbeiten unter Berücksichtigung der zum Einsatz kommenden Arbeitsverfahren und Arbeitsmittel geeignete Schutzmaßnahmen (siehe Punkte 4.2 bis 4.6) vorzusehen.

Hinweis:

Bei der Auswahl der Schutzmaßnahmen sind auch die Hinweise des Koordinators sowie des Sicherheits- und Gesundheitsschutzplans (SiGePlan) nach Baustellenverordnung (BaustellV) zu berücksichtigen.

(3) Bei Straßenbaustellen sind die erforderlichen Platzbedarfe für Arbeitsplätze, Verkehrswege, Sicherheitsabstände und technische Schutzmaßnahmen zu ermitteln und bereitzustellen. Diese Platzbedarfe sind abhängig von den auszuführenden Tätigkeiten und von den eingesetzten Arbeitsmitteln.

Dabei sind Platzbedarfe z. B. für

- freie Bewegungsflächen für Beschäftigte unter Berücksichtigung der Körpermaße und der auszuführenden Bewegungsabläufe,
- ein durch Arbeitsverfahren bedingtes Hinauslehnen aus Führer- und Bedienständen von Fahrzeugen und Maschinen zur Einsichtnahme in den Fahr- und Arbeitsbereich,
- das Steuern oder Bedienen von Maschinen im Mitgängerbetrieb,
- Arbeits- und Schwenkbereiche von Arbeitsmitteln,
- Aufstell- und Lagerflächen für die eingesetzten Arbeitsmittel und Materialien,
- Baustellenein- und -ausfahrten,
- Zufahrten für Rettungsdienste,
- Fahrzeug-Rückhaltesysteme oder
- Sicherheitsabstände für die Standsicherheit von Baugruben und Gräben

zu berücksichtigen.

(4) Für Verkehrssicherungsarbeiten, z. B. das Aufstellen und Abbauen von Verkehrseinrichtungen, das Aufstellen und Abbauen von Fahrzeug-Rückhaltesystemen oder die Durchführung von Markierungsarbeiten, sind die Absätze 1 bis 3 anzuwenden.

(5) Arbeitsplätze und Verkehrswege auf Straßenbaustellen dürfen nur eingerichtet und betrieben werden, wenn eine sichere Führung des fließenden Verkehrs gewährleistet ist.

Hinweis:

Vor dem Beginn von Arbeiten, die sich auf den öffentlichen Straßenverkehr auswirken, ist eine verkehrsrechtliche Anordnung gemäß StVO einzuholen.

4.2 Technische Schutzmaßnahmen

4.2.1 Straßenbaustellen längerer Dauer

(1) Sind Arbeitsplätze einschließlich Verkehrswege nicht bereits durch baulich vorhandene Fahrzeug-Rückhaltesysteme (z. B. im Mittelstreifen) vom fließenden Verkehr getrennt, sind zur Minimierung der Gefährdungen durch ein Abkommen von Fahrzeugen bei einer zulässigen Höchstgeschwindigkeit größer 50 km/h zur räumlichen Trennung von Arbeitsplätzen und Verkehrswegen auf Straßenbaustellen vom vorbeifließenden Verkehr grundsätzlich transportable Schutzeinrichtungen einzusetzen.

Bei zulässigen Höchstgeschwindigkeiten von 50 km/h und weniger sollen transportable Schutzeinrichtungen eingesetzt werden:

- entlang von Baugruben oder Gräben, wenn eine Absturz- bzw. Einsturzgefahr besteht (z. B. bei dicht an Aufgrabungskanten vorbeigeführten Fahrstreifen) oder
- wenn aufgrund der Verkehrsführung (z. B. starke Verschwenkungen, enge Fahrstreifen) eine erhöhte Abkommenswahrscheinlichkeit für den fließenden Verkehr besteht, hierdurch Beschäftigte gefährdet werden

können und die erhöhte Abkommenswahrscheinlichkeit nicht durch eine Geschwindigkeitsreduzierung minimiert werden kann.

Andere Maßnahmen, z. B. ein Baugrubenverbau, können angewendet werden, wenn sie für das beabsichtigte Aufhalten oder Umlenken von Fahrzeugen dimensioniert und ausgebildet sind.

(2) Bei der Auswahl der transportablen Schutzeinrichtungen nach Absatz 1 sind Geschwindigkeit, Gewicht sowie Anfahrwinkel der Fahrzeuge zu berücksichtigen (siehe dazu: Aufhaltestufen entsprechend Liste nach TL-Transportable Schutzeinrichtungen (TSE) der Bundesanstalt für Straßenwesen (BASt)) und die in den Tabellen 1 und 3 genannten Sicherheitsabstände anzuwenden.

(3) Können transportable Schutzeinrichtungen nicht eingesetzt werden, z. B.

- aufgrund fehlender Aufstellflächen oder Unterschreitung der Mindestaufbaulänge,
- wegen Behinderung des Baustellenverkehrs (z. B. Anlieferung von Material, Baumaschinen),

oder ist der Einsatz transportabler Schutzeinrichtungen nicht verhältnismäßig, z. B.

- wenn die Gefährdung der Beschäftigten beim Auf- und Abbau der Schutzeinrichtung größer ist als ihre Gefährdung bei der eigentlichen Arbeit im Grenzbereich zum Straßenverkehr,
- weil einzelne, zeitlich begrenzte Bauphasen größere Arbeitsbreiten erfordern,

sind Verkehrseinrichtungen (z. B. Leitbaken, Leitkegel), Leitschwellen, Leitborde oder Leitwände zur Führung des Straßenverkehrs zu verwenden. Dabei sind die in den Tabellen 1 und 3 genannten Sicherheitsabstände anzuwenden.

4.2.2 Straßenbaustellen kürzerer Dauer

(1) Bei Straßenbaustellen kürzerer Dauer müssen zur Abgrenzung von Arbeitsplätzen und Verkehrswegen zum fließenden Verkehr geeignete Verkehrseinrichtungen eingesetzt werden. Dies können z. B. Leitbaken, Leitkegel, fahrbare Absperrtafeln, Warneinrichtungen und Lichtzeichenanlagen sein. Dabei sind die in den Tabellen 2 und 3 genannten Sicherheitsabstände anzuwenden.

(2) Werden Fahrzeuge und Maschinen als Sicherungsfahrzeuge eingesetzt, müssen diese die verkehrsrechtlichen Anforderungen erfüllen (siehe § 35 Absatz 6 StVO und Richtlinien für die Sicherung von Arbeitsstellen an Straßen (RSA)).

4.3 Seitlicher Sicherheitsabstand (S_Q) von Arbeitsplätzen und Verkehrswegen auf Straßenbaustellen zum fließenden Verkehr

(1) Zum Schutz der Beschäftigten ist für Arbeitsplätze und Verkehrswege auf Straßenbaustellen ein seitlicher Sicherheitsabstand (S_Q) zum fließenden Verkehr vorzusehen. Damit werden z. B. unbeabsichtigte Bewegungen von Beschäftigten aus dem Bereich von diesen Arbeitsplätzen und Verkehrswegen heraus oder unbeabsichtigte Fahrbewegungen des fließenden Verkehrs berücksichtigt. Im seitlichen Sicherheitsabstand (S_Q) dürfen sich außer zum Auf- und Abbau der Verkehrseinrichtungen keine Arbeitsplätze oder Verkehrswege befinden.

(2) Seitliche Sicherheitsabstände (S_Q) werden bei Fahrzeug-Rückhaltesystemen auf die dem Verkehr zugewandte äußere Begrenzung des Fahrzeug-Rückhaltesystems bezogen (siehe Abbildung 1a)). Seitliche Sicherheitsabstände (S_Q) werden bei Leitbaken, Leitkegeln, Leitwänden, Leitschwellen und Leitborden jeweils auf deren Mittelachse bezogen (siehe Abbildung 1b)). Aufgrund ihrer unterschiedlichen Abmessungen werden diesen Elementen spezifische Sicherheitsabstände zugeordnet.

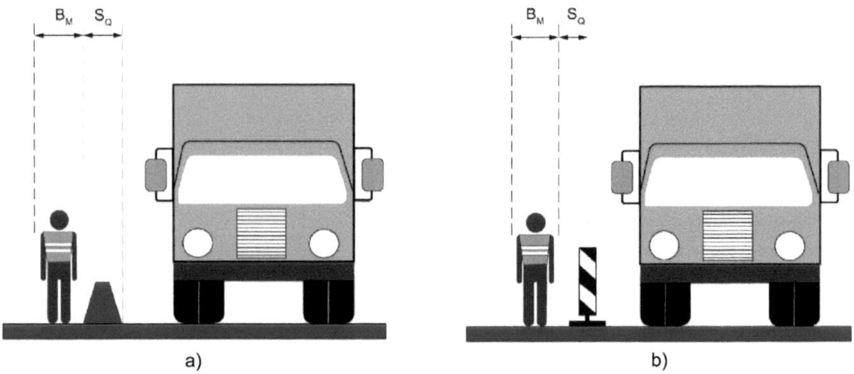

Abb. 1: Bezugslinie für seitliche Sicherheitsabstände (S_Q) zum fließenden Verkehr:
a) dem Verkehr zugewandte äußere Begrenzung bei Fahrzeug-Rückhaltesystemen
b) Mittelachse bei Leitbaken, Leitkegeln, Leitwänden, Leitschwellen, Leitborden

Tabelle 1: Mindestmaße für seitliche Sicherheitsabstände (S_Q) zum fließenden Verkehr bei Straßenbaustellen längerer Dauer

	Zulässige Höchstgeschwindigkeit					
Element	30 km/h	40 km/h	50 km/h	60 km/h	80 km/h	100 km/h
Fahrzeug-Rückhaltesysteme	30 cm	40 cm	50 cm	60 cm	80 cm	100 cm
Leitbake (1000 mm x 250 mm, 750 mm x 187,5 mm), Leitkegel, Leitwand	30 cm	40 cm	50 cm	70 cm	90 cm	*
Leitbake (500 mm x 125 mm), Leitschwelle, Leitbord	50 cm	60 cm	70 cm	90 cm	110 cm	*

*** Hinweise zu Tabelle 1:**

1. *Bei zulässigen Höchstgeschwindigkeiten ab 100 km/h müssen Fahrzeug-Rückhaltesysteme eingesetzt werden.*
2. *Die Sicherheitsabstände für Fahrzeug-Rückhaltesysteme berücksichtigen ausschließlich die verkehrsleitende Funktion dieser Systeme.*

Tabelle 2: Mindestmaße für seitliche Sicherheitsabstände (S_Q) zum fließenden Verkehr bei Straßenbaustellen kürzerer Dauer

	Zulässige Höchstgeschwindigkeit						
Element	30 km/h	40 km/h	50 km/h	60 km/h	80 km/h	100 km/h	120 km/h
Leitbake (1000 mm x 250 mm, 750 mm x 187,5 mm), Leitkegel, Leitwand	30 cm	40 cm	50 cm	70 cm	90 cm	110 cm	130 cm
Leitbake (500 mm x 125 mm), Leitschwelle, Leitbord	50 cm	60 cm	70 cm	90 cm	110 cm	130 cm	150 cm

(3) Können die Mindestmaße aus den Tabellen 1 und 2 nicht eingehalten werden, sind als Ergebnis einer Gefährdungsbeurteilung Schutzmaßnahmen festzulegen, die mindestens die gleiche Sicherheit und den gleichen Gesundheitsschutz für die Beschäftigten erreichen. Dabei sind z. B. folgende Kriterien zu berücksichtigen:

- zulässige Höchstgeschwindigkeit des fließenden Verkehrs,
- Kurvigkeit der Straßenführung,
- fehlende Ausweichmöglichkeiten, z. B. durch Bordsteine, seitlichen Bewuchs oder Gegenverkehr,
- Fahrstreifenbreiten,
- Fahrzeugarten und
- Verkehrsdichte, Sichtverhältnisse.

Geeignete Schutzmaßnahmen sind z. B.

- temporäre Fahrbahnverbreiterung für den vorbeifließenden Straßenverkehr,
- Überwachung der tatsächlich gefahrenen Geschwindigkeit, z. B. durch polizeiliche Maßnahmen,
- Anzeige der tatsächlich gefahrenen Geschwindigkeit durch elektronische Messverfahren,
- in lokal begrenzten Abschnitten weitere Reduzierung der zulässigen Höchstgeschwindigkeit,
- Herausfiltern und Umleiten des Lkw-Verkehrs,
- Durchführung der Arbeiten in verkehrsarmen Zeiten oder
- temporäre Lichtzeichenanlage zur zeitweiligen Sperrung des fließenden Verkehrs (Nutzen von Zeitfenstern).

(4) Wären bei Festlegung von Schutzmaßnahmen nach Absatz 3 besondere Gefährdungen für die Verkehrsteilnehmer infolge erheblicher Behinderungen bzw. erheblicher Verkehrsbelastungen zu erwarten, sind in Abstimmung mit den für den Arbeitsschutz und den für den Straßenverkehr zuständigen Behörden stattdessen die Schutzmaßnahmen festzulegen, die für Beschäftigte auf Straßenbaustellen und für Verkehrsteilnehmer gleichermaßen die größtmögliche Sicherheit gewährleisten.

Hinweis:

Vor dem Beginn von Arbeiten, die sich auf den öffentlichen Straßenverkehr auswirken, ist eine verkehrsrechtliche Anordnung gemäß StVO einzuholen.

4.4 Mindestbreiten (B_M) für Arbeitsplätze und Verkehrswege auf Straßenbaustellen

Als Mindestbreiten (B_M) für Arbeitsplätze und Verkehrswege auf Straßenbaustellen sind erforderlich:

- abweichend von Punkt 7 Absatz 4 der ASR A1.8 für Verkehrswege: B_M 80 cm,
- abweichend von Punkt 7 Absatz 2 der ASR A1.8 „Verkehrswege" für Laufstege: B_M 80 cm,
- für reine Kontroll-, Steuer- und Bedientätigkeiten, z. B. im Mitgängerbetrieb: B_M 80 cm und
- für ein durch Arbeitsverfahren bedingtes Hinauslehnen aus Führer- und Bedienständen von Fahrzeugen und Maschinen zur Einsichtnahme in den Fahr- und Arbeitsbereich: B_M 40 cm.

Für manuelle Tätigkeiten sind die erforderlichen Mindestbreiten (B_M) zu ermitteln. Dabei darf die Mindestbreite B_M 80 cm nicht unterschritten werden.

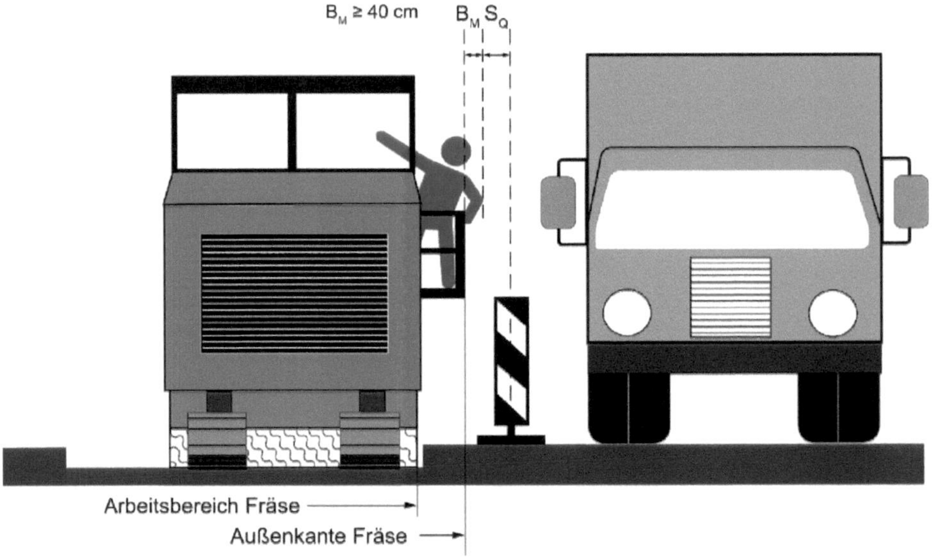

Abb. 2a: Seitlicher Sicherheitsabstand (S_Q) und Mindestbreite (B_M) für Arbeitsplätze und Verkehrswege auf Straßenbaustellen, Beispiel Fräse mit herauslehnendem Fahrer

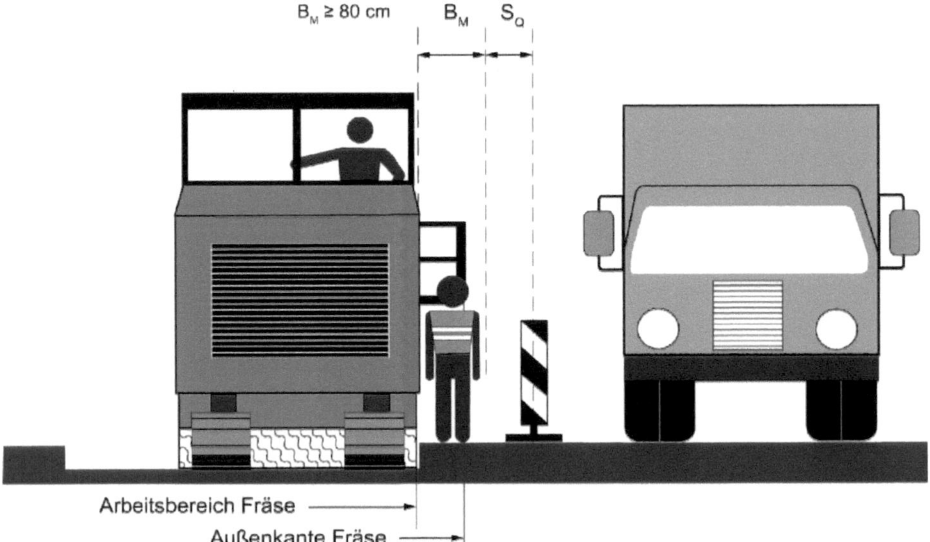

Abb. 2b: Seitlicher Sicherheitsabstand (S_Q) und Mindestbreite (B_M) für Arbeitsplätze und Verkehrswege auf Straßenbaustellen, Beispiel Fräse mit Mitgängerbetrieb

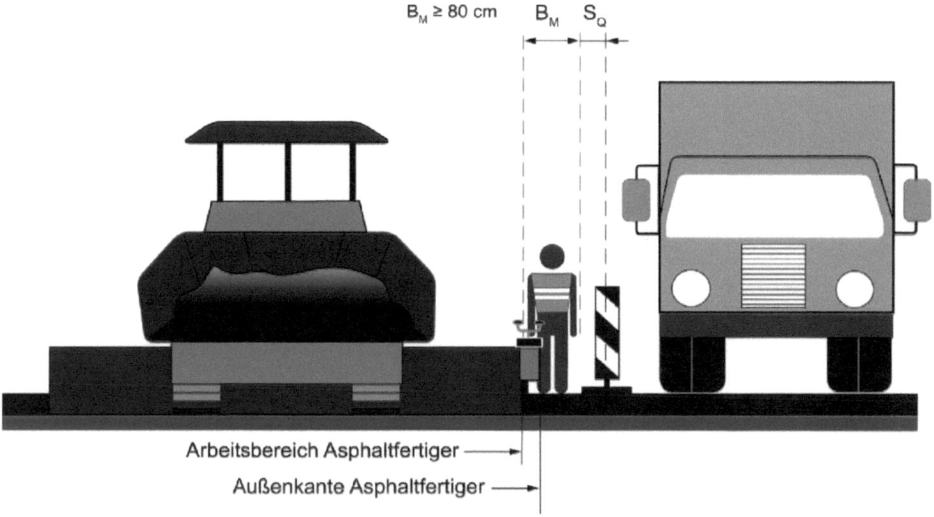

Abb. 3: Seitlicher Sicherheitsabstand (S_Q) und Mindestbreite (B_M) für Arbeitsplätze und Verkehrswege auf Straßenbaustellen, Beispiel Asphaltfertiger

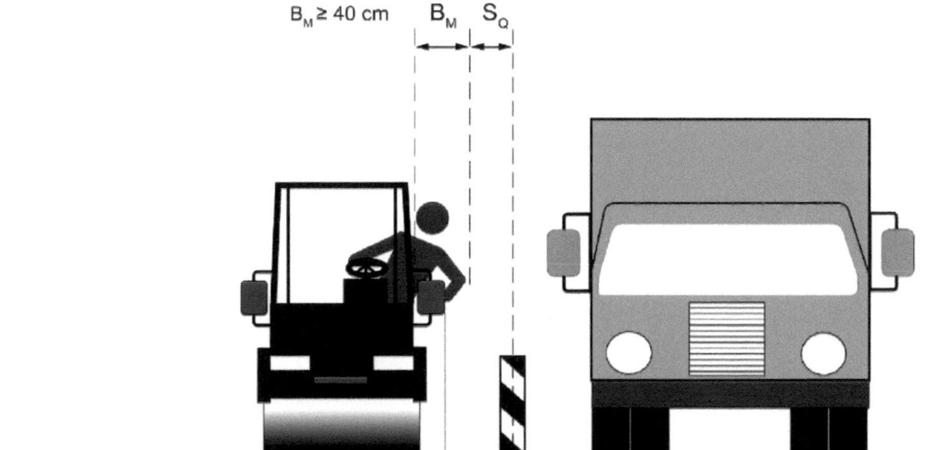

Abb. 4: Seitlicher Sicherheitsabstand (S_Q) und Mindestbreite (B_M) für Arbeitsplätze und Verkehrswege auf Straßenbaustellen, Beispiel Walze mit Überlappung im Bereich der Naht

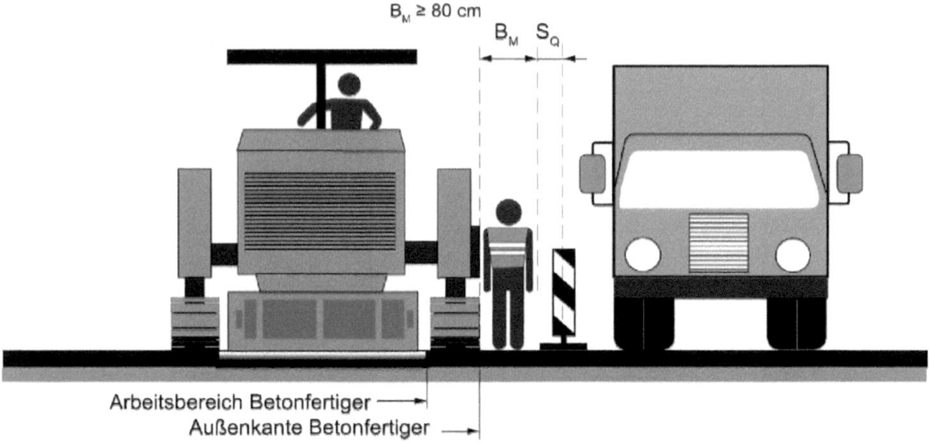

Abb. 5: Seitlicher Sicherheitsabstand (S_Q) und Mindestbreite (B_M) für Arbeitsplätze und Verkehrswege auf Straßenbaustellen, Beispiel Beton-/Gussasphaltfertiger mit überkragendem Kettenlaufwerk

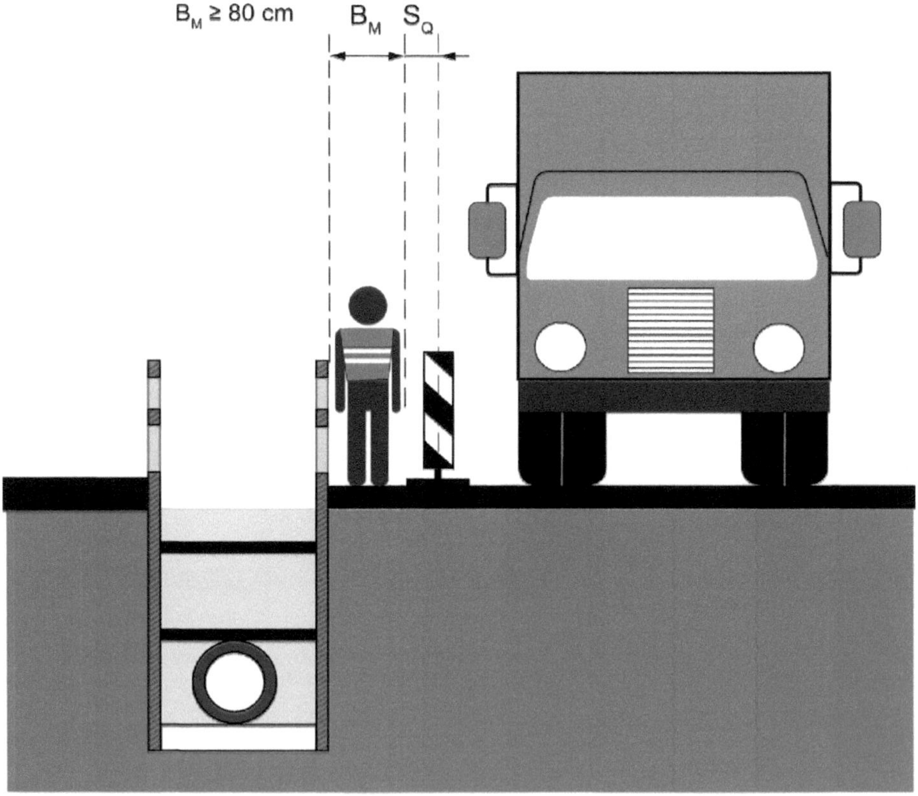

Abb. 6: Seitlicher Sicherheitsabstand (S_Q) und Mindestbreite (B_M) für Arbeitsplätze und Verkehrswege auf Straßenbaustellen, Beispiel Kanalgrabenherstellung

4.5 Sicherheitsabstand in Längsrichtung (S_L) von Arbeitsplätzen und Verkehrswegen auf Straßenbaustellen zum ankommenden Verkehr

(1) Für Arbeitsplätze und Verkehrswege auf Straßenbaustellen ist ein Sicherheitsabstand in Längsrichtung (S_L) zum ankommenden Verkehr vorzusehen. Damit wird z. B. die Gefährdung durch unbeabsichtigtes Hineinfahren in den abgesperrten Bereich der Baustelle berücksichtigt. In diesem Sicherheitsabstand (S_L) dürfen sich außer zum Auf- und Abbau der Verkehrseinrichtungen keine Arbeitsplätze oder Verkehrswege befinden.

(2) Beim Einsatz von Verkehrseinrichtungen, fahrbaren Absperrtafeln mit und ohne Zugfahrzeug, Leitschwellen, -borden oder -wänden sind Sicherheitsabstände (S_L) nach Tabelle 3 anzuwenden.

Tabelle 3: Mindestmaße für Sicherheitsabstände in Längsrichtung (S_L)[1]) zum ankommenden Verkehr

<table>
<tr><td colspan="4">Lage der (Straßenbaustelle (Arbeitsstelle) bzw. zulässige Höchstgeschwindigkeit außerhalb des Straßenbaustellenbereichs (Arbeitsstellenbereichs)</td></tr>
<tr><td>Element</td><td>innerörtliche Straßen</td><td>Einbahnige Landstraßen und innerörtliche Straßen mit V_{zul} > 50 km/h</td><td>Autobahnen, autobahnähnliche Straßen und zweibahnige Landstraßen[2])</td></tr>
<tr><td>Fahrbare Absperrtafel mit Zugfahrzeug oder Sicherungsfahrzeug ≥ 10 t zulässige Gesamtmasse</td><td>3 m</td><td>10 m</td><td>75 m[3])</td></tr>
<tr><td>Fahrbare Absperrtafel mit Zugfahrzeug oder Sicherungsfahrzeug < 10 t bis ≥ 7,49 t zulässige Gesamtmasse</td><td>5 m</td><td>15 m</td><td>100 m[3])</td></tr>
<tr><td>Fahrbare Absperrtafel mit Zugfahrzeug oder Sicherungsfahrzeug < 7,49 t zulässige Gesamtmasse</td><td>7,5 m</td><td>20 m</td><td rowspan="2">nicht zulässig</td></tr>
<tr><td>Fahrbare Absperrtafel ohne Zugfahrzeug</td><td>15 m</td><td>40 m</td></tr>
</table>

Hinweis:

Werden auf innerörtlichen Straßen bzw. auf Landstraßen andere Verkehrseinrichtungen (§ 43 StVO) oder bauliche Leitelemente zur Querabsperrung von Teilen der Fahrbahn eingesetzt, so beträgt S_L gegenüber dem ankommenden Verkehr innerorts 10 m, außerorts entspricht S_L der Länge des Verschwenkungsbereichs gemäß RSA, siehe Abbildung 7b.

---

1) Die genannten Sicherheitsabstände (S_L) sind im Sinne eines durch einen Anprall aufzehrbaren Bereiches als lichtes Maß zwischen Vorderkante der Absperrung (Sicherungs- bzw. Zugfahrzeug) und Arbeitsbereich zu verstehen, d. h. als Nettomaß, siehe Abbildung 7a.

2) Auf Rampen (Verbindungsfahrbahnen in Knotenpunkten) können in Abhängigkeit von der Lage der Baustelle in der Rampe, der Rampenlänge und den tatsächlich gefahrenen Geschwindigkeiten kleinere Abstände in Betracht kommen, jedoch nicht unter 20 m.

3) Bei beweglichen Straßenbaustellen (Arbeitsstellen) kann der Abstand auf 50 m reduziert werden.

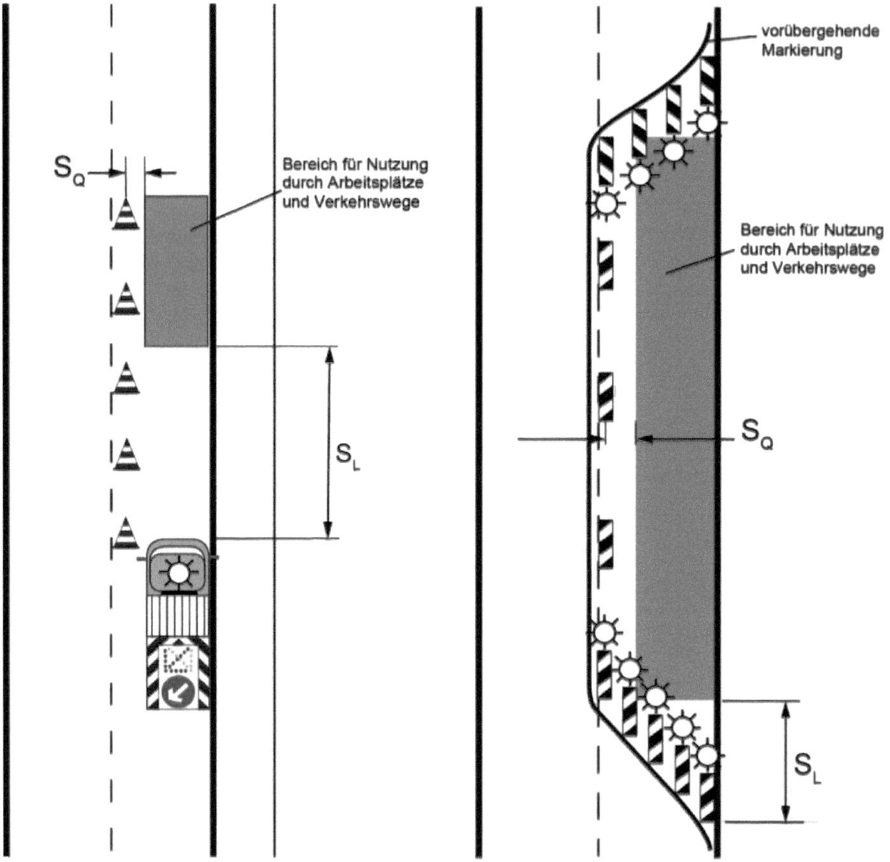

a) b)

Abb. 7: Sicherheitsabstand (S_L) zum ankommenden Verkehr am Beispiel
a) fahrbare Absperrtafel mit Zugfahrzeug
b) mit Verschwenkungsbereich

(3) Bei Fahrzeug-Rückhaltesystemen entspricht das Maß des Sicherheitsabstandes (S_L) zum ankommenden Verkehr der Länge des Verschwenkungsbereiches (Verschwenkungsbereich entsprechend Verkehrszeichenplan der verkehrsrechtlichen Anordnung).

(4) Können die Mindestmaße aus Tabelle 3 nicht eingehalten werden, sind als Ergebnis einer Gefährdungsbeurteilung Maßnahmen festzulegen, die mindestens die gleiche Sicherheit und den gleichen Gesundheitsschutz für die Beschäftigten erreichen. Dabei sind die Kriterien aus Punkt 4.3 Absatz 3 zu berücksichtigen.

Geeignete Maßnahmen sind z. B.:

- Überwachung der tatsächlich gefahrenen Geschwindigkeit, z. B. durch polizeiliche Maßnahmen,
- Anzeige der tatsächlich gefahrenen Geschwindigkeit durch elektronische Messverfahren oder
- zusätzliche Warneinrichtungen als Ankündigung (visuell wirkende Vorwarneinrichtungen, mechanisch wirkende Warnschwellen).

Hinweis:

Vor dem Beginn von Arbeiten, die sich auf den öffentlichen Straßenverkehr auswirken, ist eine verkehrsrechtliche Anordnung gemäß StVO einzuholen.

4.6 Ergänzende Maßnahmen

An Stellen, an denen Beschäftigte nicht ausreichend nach den Punkten 4.2 bis 4.5 vor den Gefährdungen des fließenden Verkehrs geschützt werden, z. B. im Bereich von Straßenkreuzungen oder für einzelne Tätigkeiten mit besonderem Platzbedarf, sind ergänzende Maßnahmen zur Minimierung der Gefährdung erforderlich, z. B. eine kurzzeitige Sperrung, Verkehrsbeschränkungen für Lkw. Auch der Einsatz von Polizei an diesen Stellen zur Lenkung und Leitung des öffentlichen Straßenverkehrs kann eine geeignete Maßnahme sein.

5 Betreiben von Arbeitsplätzen und Verkehrswegen auf Straßenbaustellen

5.1 Allgemeines

(1) Beim Betreiben von Arbeitsplätzen und Verkehrswegen auf Straßenbaustellen können sich im Grenzbereich zum Straßenverkehr Gefährdungen insbesondere durch:

- den vorbeifahrenden Straßenverkehr (z. B. Anprall, Sogwirkung),
- Ein- und Ausfahren des Baustellenverkehrs,
- Verkehrsdichte/-aufkommen (z. B. Lärm, Motoremissionen),
- Witterungseinflüsse (z. B. Glatteis, Sturm),
- Sichtverhältnisse (z. B. Nebel, Dunkelheit) oder
- unkontrolliert bewegte Teile (z. B. Splitt, Schotter)

ergeben.

Geeignete Schutzmaßnahmen, z. B. eine Ausgestaltung der Arbeitsplätze und Verkehrswege im Grenzbereich zum Straßenverkehr unter Berücksichtigung der in Punkt 4 beschriebenen Schutzmaßnahmen, sowie geeignete Warnkleidung (siehe z. B. DGUV Information 212-016), sind als Ergebnis der Gefährdungsbeurteilung festzulegen und umzusetzen.

Hinweis:

Bei Arbeiten im öffentlichen Straßenverkehr sind bei der Auswahl von Warnkleidung die Anforderungen der StVO, der Allgemeinen Verwaltungsvorschrift zur Straßenverkehrs-Ordnung (VwV-StVO) und der RSA zu berücksichtigen.

(2) Die Beschäftigten müssen unter Berücksichtigung von Punkt 5.1 Absatz 1 gefährdungsbezogen unterwiesen sein, insbesondere:

- hinsichtlich des Verhaltens auf Arbeitsplätzen auf Straßenbaustellen, z. B. beim Auf- und Abbau von Verkehrseinrichtungen,
- in die Benutzung der Verkehrswege auf Straßenbaustellen und der Zuwegungen zu den Arbeitsplätzen,
- zum Verhalten beim Einsatz von Arbeitsmitteln, z. B. Straßenfertiger, Kaltfräsen, Straßenwalzen, Trennschneidgeräte, Reinigungs- und Mähgeräte, Hubarbeitsbühnen,
- zum Verhalten im Bereich von Baustellenein- und -ausfahrten,
- zu Abmessungen und zum Einhalten von Sicherheitsabständen (S_L, S_Q) zum fließenden Verkehr,
- zu Abmessungen und zum Einhalten von Mindestbreiten (B_M) von Arbeitsplätzen und Verkehrswegen auf Straßenbaustellen sowie
- zur Benutzung von geeigneter Persönlicher Schutzausrüstung, z. B. Warnkleidung (siehe z. B. DGUV Information 212-016).

(3) Arbeitsplätze und Verkehrswege auf Straßenbaustellen sind für die Dauer der Benutzung ausreichend zu beleuchten (siehe ASR A3.4 „Beleuchtung").

Hinweis:

Vor dem Beginn von Arbeiten, die sich auf den öffentlichen Straßenverkehr auswirken, ist eine verkehrsrechtliche Anordnung gemäß StVO einzuholen. Dabei sind die Anforderungen der RSA zu berücksichtigen, z. B. durch Auswahl und Positionierung der Beleuchtung zur Vermeidung einer Blendung des fließenden Verkehrs.

5.2 Wirksamkeit getroffener Schutzmaßnahmen

(1) Die Schutzmaßnahmen sind je nach Dauer der Arbeiten sowie der betriebsbedingten und äußeren Einflüsse auf ihre ordnungsgemäße Umsetzung und Wirksamkeit zu überprüfen. Betriebsbedingte Einflüsse sind z. B. das

Verlegen der Baustellenein- und -ausfahrten. Zu äußeren Einflüssen zählen z. B. Verschmutzung, Witterung und Vandalismus.

(2) Art, Umfang und Häufigkeit der Prüfung der ordnungsgemäßen Umsetzung und Wirksamkeit getroffener Schutzmaßnahmen (Erkennbarkeit, Standsicherheit und Positionierung der Verkehrseinrichtungen) sind im Rahmen der Gefährdungsbeurteilung festzulegen.

Hinweis:

Vor dem Beginn von Arbeiten, die sich auf den öffentlichen Straßenverkehr auswirken, ist bei der Prüfung der Wirksamkeit der getroffenen Schutzmaßnahmen die verkehrsrechtliche Anordnung gemäß StVO zu berücksichtigen.

5.3 Änderungen bei Abweichungen von der Planung

Ergibt sich eine von der Planung nach Punkt 4.1 Absatz 1 abweichende Situation für das Einrichten und Betreiben der Straßenbaustelle, sind die Schutzmaßnahmen nach Punkt 4 zu prüfen und gegebenenfalls anzupassen.

Hinweise:

1. *Vor dem Beginn von Arbeiten, die sich auf den öffentlichen Straßenverkehr auswirken, sind die aus den anzupassenden Schutzmaßnahmen resultierenden Verkehrssicherungsmaßnahmen mit der zuständigen Behörde abzustimmen. Für erforderliche Änderungen von Verkehrssicherungsmaßnahmen muss eine verkehrsrechtliche Anordnung gemäß StVO vorliegen.*
2. *Zur Aufrechterhaltung der Sicherheit und Ordnung des öffentlichen Straßenverkehrs kann gemäß StVO die Polizei bei Gefahr im Verzug vorläufige Maßnahmen treffen.*

Literaturhinweise:

- Straßenverkehrs-Ordnung (StVO) einschließlich der Allgemeinen Verwaltungsvorschrift zur Straßenverkehrs-Ordnung (VwV-StVO)
- Richtlinien für die Sicherung von Arbeitsstellen an Straßen (RSA)
- Handlungshilfe für das Zusammenwirken von ASR A5.2 und RSA bei der Planung von Straßenbaustellen im Grenzbereich zum Straßenverkehr (BASt, Ausgabe 2020). Die Handlungshilfe sowie Informationen zur Erarbeitung und Einordnung sind auf der Homepage der Bundesanstalt für Straßenwesen verfügbar: https://www.bast.de/BASt_2017/DE/Publikationen/Fachveroeffentlichungen/Verkehrstechnik/Downloads/V-Handlungshilfe-ASR-RSA.html
- Zusätzliche Technische Vertragsbedingungen und Richtlinien für Sicherungsarbeiten an Arbeitsstellen an Straßen (ZTV-SA 97), bekannt gemacht als Allgemeines Rundschreiben Straßenbau des BMVBS, 12. August 1997
- Zusätzliche Technische Vertragsbedingungen und Richtlinien für passive Schutzeinrichtungen (ZTV-PS 98), bekannt gemacht als Allgemeines Rundschreiben Straßenbau des BMVBS, Ausgabe 199
- Richtlinien für passiven Schutz an Straßen durch Fahrzeug-Rückhaltesysteme (RPS 2009)
- Einsatzfreigabeverfahren für Fahrzeug-Rückhaltesysteme, Stand 01. Oktober 2009
- Verordnung über Sicherheit und Gesundheitsschutz auf Baustellen (Baustellenverordnung – BaustellV)
- RAB 30 Regel zum Arbeitsschutz auf Baustellen – Geeigneter Koordinator
- RAB 31 Regel zum Arbeitsschutz auf Baustellen – Sicherheits- und Gesundheitsschutzplan – SiGePlan
- RAB 33 Regel zum Arbeitsschutz auf Baustellen – Allgemeine Grundsätze nach § 4 des Arbeitsschutzgesetzes bei Anwendung der Baustellenverordnung
- DGUV Vorschrift 38 Unfallverhütungsvorschrift Bauarbeiten, 1. Januar 1993 mit Durchführungsanweisungen vom Dezember 2010
- DGUV Regel 114-016 Straßenbetrieb, Straßenunterhalt 10/2011
- DGUV Regel 101-003 Umgang mit beweglichen Straßenbaumaschinen 09/2013
- DGUV Information 212-016 Warnkleidung 12/2010
- Normenreihe DIN EN 1317 Rückhaltesysteme an Straßen, Stand 11/2018
- Liste nach TL-Transportable Schutzeinrichtungen (TSE) der Bundesanstalt für Straßenwesen (BASt), 7. Februar 2017

Richtlinien für Umleitungsbeschilderung (RUB)

Vom 1. Januar 2021

Vorbemerkung

Die „Richtlinien für Umleitungsbeschilderungen" (RUB), Ausgabe 2021, wurden bis 2005 vom damaligen Arbeitskreis „RUB" des Arbeitsausschusses „Verkehrszeichen, Verkehrseinrichtungen" (Leitung bis 2007: Univ.-Prof. Dr.-Ing. J. Stefan Bald, Darmstadt, Leitung bis 2018: RB Dir. Dipl.-Ing. Alfred Overberg, Gelsenkirchen †, Leitung ab 2019: Dipl.-Ing. Bernhard Kollmus, Bergisch Gladbach) der Forschungsgesellschaft für Straßen- und Verkehrswesen erstellt, der bis Ende 2007 bestand. In der Zwischenzeit wurden Korrekturen infolge von StVO-Änderungen notwendig, die vom Arbeitskreis „Merkblatt für den Einsatz von temporärer Umleitungsbeschilderung" durchgeführt wurden. Die „Richtlinien für Umleitungsbeschilderungen" (RUB), Ausgabe 2021, ersetzen die Ausgabe 1992 der RUB.

Aus Gründen der besseren Lesbarkeit wird bei geschlechtsspezifischen Begriffen jeweils nur eine Form verwendet, in der Regel die männliche. Diese Begriffe schließen die jeweils andere geschlechtsspezifische Form wertfrei mit ein.

Einleitung

1 Inhalt und Struktur der Richtlinien

(1) Arbeitsstellen an Straßen, Verkehrsunfälle, Streckenüberlastungen, Schwerlastverkehr und dergleichen können zu Behinderungen des Straßenverkehrs führen. Zur Reduzierung und Vermeidung solcher Behinderungen sehen die Straßenverkehrs-Ordnung (StVO), die Allgemeine Verwaltungsvorschrift zur Straßenverkehrs-Ordnung (VwV-StVO) und diese Richtlinien Regelungen vor, mit denen zeitlich begrenzte oder auf Dauer bestehende Umleitungsmaßnahmen möglich sind.

(2) Soweit keine speziellen Anforderungen gestellt werden, regeln die vorliegenden Richtlinien die Ausgestaltung und Aufstellung der Beschilderung für Umleitungsstrecken (VwV-StVO zu § 42 zu den Zeichen 421, 422, 442 und 454 bis 466 Umleitungsbeschilderung). Sie fügen die rechtlich vorgegebenen Möglichkeiten zu einer Gesamtkonzeption zusammen. Hierbei handelt es sich um feste Beschilderungen. Verkehrsbeeinflussende Maßnahmen durch Wechselverkehrszeichen und Wechselwegweiser sowie die Anwendung und Ausführung der Zeichen 467.1 und 467.2 (Umlenkungspfeil) werden in den „Richtlinien für Wechselverkehrszeichen an Bundesfernstraßen" (RWVZ) geregelt.

(3) Umleitungsbeschilderungen stellen ein vom Grundsatz her eigenes Verkehrsleitsystem dar. Die Systematik der Umleitungswegweisung muss einheitlich aufgebaut sein. Das bezieht sich sowohl auf die Gestaltung als auch auf die Ausführung und Aufstellung der Beschilderung. Dabei sind die besonderen Anforderungen bei temporären Aufstellungen (z. B. Standorte) zu beachten.

(4) Die Umleitungsbeschilderung ist Bestandteil der Wegweisung. Außerhalb der Autobahnen ist die gelbe Farbe als Leitfarbe festgelegt. Die nummerierten Bedarfsumleitungen für den Autobahnverkehr haben eine blaue Leitfarbe.

(5) Ergänzende, erläuternde und andere sinnvolle Hinweise zu Umleitungsstrecken werden auf Schildern mit weißem Hintergrund dargestellt (vgl. Zeichen 458 „Planskizze" und 466 „Weiterführende Bedarfsumleitung").

(6) Die „Richtlinien für Umleitungsbeschilderungen" (RUB) sind u. a. aus Gründen der unterschiedlichen Zuständigkeiten in drei Teile gegliedert:

Teil A behandelt Umleitungen außerhalb von Autobahnen (gelbe Leitfarbe). Darin werden unterschieden zwischen:

- *temporären* Umleitungsbeschilderungen (zeitlich begrenzt, z. B. für Arbeitsstellen oder Sperrungen wegen besonderer Ereignisse) und
- *permanenten* Umleitungsbeschilderungen (dauernd geltend, z. B. für bestimmte Verkehrsarten) und
- der Wegweisung für Nebenstrecken.

Teil B regelt Bedarfsumleitungen für den Autobahnverkehr (blaue Leitfarbe).

Teil C enthält Bestimmungen zur Gestaltung und Ausführung der Beschilderung für Teil A und B.

2 Allgemeine Grundsätze für Umleitungsbeschilderungen

(1) Verkehrsumleitungen sind ein bedeutender Eingriff in den normalen Verkehrsablauf. Wegen der vom Normalzustand abweichenden Situation stellen sie hohe Anforderungen an die Aufmerksamkeit sowohl ortskundiger als auch ortsfremder Verkehrsteilnehmer. Um deren Verunsicherung und daraus resultierende Gefährdungen auch anderer Verkehrsteilnehmer zu vermeiden, bedarf es einer klaren und eindeutigen Beschilderung der Umleitungsstrecke. Die vorliegenden Richtlinien bilden hierzu die Grundlage.

(2) Umleitungsstrecken sollen sparsam beschildert werden. Die Informationen sind auf die wesentlichen Inhalte zu beschränken. Nach § 45 Absatz 9 StVO sind Verkehrszeichen und Verkehrseinrichtungen nur dort anzuordnen, wo dies aufgrund der besonderen Umstände zwingend erforderlich ist. Dabei ist die Kontinuität zu beachten.

(3) Bei der Festlegung einer Umleitungsstrecke z. B. für die Sperrung von Straßen bzw. Straßenabschnitten (§ 45 StVO) ist zu prüfen, ob die Verkehrssicherheit gewährleistet und die Leistungsfähigkeit der Umleitungsstrecke ausreichend ist. Eine Umleitungsstrecke muss für alle Fahrzeugarten geeignet sein, für die die reguläre Strecke gesperrt ist. Bei temporären Umleitungen kann mittels Aufteilung der Fahrzeugarten auf verschiedene Umleitungsstrecken davon abgewichen werden.

(4) Die Straßenverkehrsbehörden, die Straßenbaubehörden und die Polizei müssen jederzeit eine Übersicht über den Zustand und die Leistungsfähigkeit der Straßen ihres Zuständigkeitsbereichs haben. In Straßenplänen sind die Bedarfsumleitungen, die „Nebenstrecken" und die Baustellen mit den zugehörigen Umleitungsstrecken kenntlich zu machen.

(5) Die Beschilderung ist so zu dimensionieren und aufzustellen, dass sie bei der zulässigen Höchstgeschwindigkeit früh genug erkannt und gelesen werden kann. Hierbei sind die Anforderungen der „Richtlinien für die wegweisende Beschilderung außerhalb von Autobahnen" (RWB) und der „Richtlinien für die wegweisende Beschilderung auf Autobahnen" (RWBA) zu beachten.

(6) Die Umleitungsbeschilderung ist an jeder Stelle mit der örtlich vorhandenen Beschilderung abzustimmen. Weiterhin geltende Verkehrszeichen einschließlich der Wegweisung und der Verkehrseinrichtungen dürfen durch Umleitungsschilder nicht in ihrer Wirkung beeinträchtigt werden.

(7) Bei Sperrungen von Bundesfernstraßen wegen vorübergehender Behinderung sind die Träger der Straßenbaulast anderer öffentlicher Straßen verpflichtet, die Umleitung des Verkehrs auf ihren Straßen zu dulden (§ 14 Absatz 1 Bundesfernstraßengesetz (FStrG)).

(8) Es ist sicherzustellen, dass vorgesehene Umleitungsstrecken vom Zeitpunkt ihrer Kennzeichnung an auch tatsächlich und uneingeschränkt zur Verfügung stehen. Sofern innerhalb einer gekennzeichneten Umleitungsstrecke Verkehrsbehinderungen durch eine Baumaßnahme verursacht werden, ist eine geeignete Ersatzstrecke festzulegen und zu kennzeichnen.

(9) Umleitungen dürfen auch über mautpflichtige Straßen angeordnet werden. Die Mautpflicht ist auszuweisen.

3 Tangierende Richtlinien und Vorschriften

(1) Die amtlichen Verkehrszeichen der Straßenverkehrs-Ordnung (StVO) und die durch Bekanntmachung im Verkehrsblatt (Amtliches Mitteilungsblatt des für Verkehr zuständigen Bundesministeriums) eingeführten Verkehrszeichen sind im „Katalog der Verkehrszeichen" (VzKat) zusammengestellt. Die im VzKat genannten Verkehrszeichen werden zur weiteren Unterscheidung durch ein Nummernsystem, das mit den in der StVO angegebenen Nummern übereinstimmt, gekennzeichnet. Die Verweise auf Verkehrszeichen in diesem Regelwerk beziehen sich mit ihren Nummern jeweils auf die StVO bzw. den VzKat.

(2) Bei der Gestaltung und Ausführung der Umleitungsbeschilderung sind folgende Regelwerke zu beachten:

- Richtlinien für die wegweisende Beschilderung außerhalb von Autobahnen (RWB)
- Richtlinien für die wegweisende Beschilderung auf Autobahnen (RWBA)
- Richtlinien für die Sicherung von Arbeitsstellen an Straßen (RSA)
- Richtlinien für Wechselverkehrszeichen an Bundesfernstraßen (RWVZ)
- Richtlinien für die touristische Beschilderung (RtB)
- Richtlinien für die Anordnung von verkehrsregelnden Maßnahmen für den Transport gefährlicher Güter auf Straßen
- Richtlinien für verkehrslenkende Maßnahmen der Straßenverkehrsbehörden, der Straßenbaubehörden und der Polizei (Verkehrslenkungsrichtlinien) (soweit nicht durch diese Richtlinien geregelt)

- Rahmenrichtlinie für den Verkehrswarndienst (RVWD)
- Zusätzliche Technische Vertragsbedingungen und Richtlinien für Ingenieurbauten (ZTV-ING), Teil 9: Bauwerke, Abschnitt 1: Verkehrszeichenbrücken
- Zusätzliche Technische Vertragsbedingungen und Richtlinien für Sicherungsarbeiten an Arbeitsstellen an Straßen (ZTV-SA)
- Allgemeines Rundschreiben, Straßenbau 21/2000 – Grundsätze für die Aufstellung von Verkehrsschildern an Bundesfernstraßen
- Zusätzliche Technische Vertragsbedingungen und Richtlinien für vertikale Verkehrszeichen (ZTV VZ)
- Technische Liefer- und Prüfbedingungen für vertikale Verkehrszeichen (TLP VZ)
- Merkblatt für die Wahl der lichttechnischen Leistungsklasse von vertikalen Verkehrszeichen und Verkehrseinrichtungen (M LV)
- Merkblatt für Tafeln mit lichttechnischem Informationsteil (M TI)

Weiterhin sind folgende DIN-Normen für die Gestaltung und Ausführung der wegweisenden Beschilderung maßgebend:

- DIN 1451-2 – Schriften; Serifenlose Linear-Antiqua; Verkehrsschrift
- DIN 6171 – Aufsichtfarben für Verkehrszeichen und Verkehrseinrichtungen; Farben und Farbgrenzen bei Beleuchtung mit Tageslicht
- DIN 67520 – Retroreflektierende Materialien zur Verkehrssicherung – Lichttechnische Mindestanforderungen an Reflexstoffe
- DIN EN 12899-1 – Ortsfeste, vertikale Straßenverkehrszeichen – Teil 1: Ortsfeste Verkehrszeichen

Teil A Umleitungen außerhalb von Autobahnen

1 Aufbau der Beschilderung

1.1 Allgemeines

(1) Die in der Umleitungsbeschilderung nach bestimmten Regeln enthaltenen Informationen müssen vom Verkehrsteilnehmer in der verfügbaren Lesezeit erfasst und verarbeitet werden können. Die Aufgaben, die eine Umleitungsbeschilderung zusammen mit der Wegweisung an den Verkehrsteilnehmer stellt (Orientierung und Zielführung), sind daher in Teilaufgaben aufgelöst, die nacheinander abgearbeitet werden.

(2) Hierzu werden für die Umleitungsbeschilderung außerhalb von Autobahnen folgende Schilderarten eingesetzt:

- Ankündigungstafeln,
- Vorwegweiser,
- Wegweiser,
- Verkehrszeichen am Ende der Umleitung.

1.2 Funktionen der Beschilderung

Für die Umleitungsbeschilderung sind die folgenden Richtzeichen zu verwenden. Bemaßungen der Schilder sind im Anhang 2 enthalten.

1.2.1 Ankündigungstafeln

Die Ankündigungstafeln weisen auf den Beginn einer Umleitungsstrecke hin.

- Ankündigung einer *temporären* Umleitung für alle Verkehrsarten mit Zeichen 457.1

Z. 457.1

Umleitungsankündigung

oder mit Zeichen 455.1 (bei beengten räumlichen Verhältnissen)

Z. 455.1

Umleitungsankündigung

Jedoch nur mit Entfernungsangabe auf einem Zusatzzeichen und bei Bedarf mit Zielangabe auf einem zusätzlichen Schild über dem Zeichen (siehe Abschnitt 3)

Wo eine Unterscheidung mehrerer Umleitungsstrecken erforderlich ist, kann das Zeichen 455.1 mit einer Nummerierung versehen werden (VwV-StVO zu § 42 zu den Zeichen 454 und 455.1 Rn. 3). Dabei dürfen keine Mehrdeutigkeiten auftreten.

– Ankündigung mit Zeichen 458

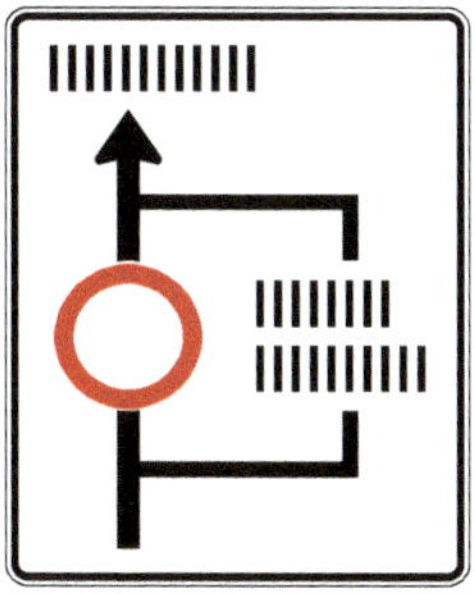

Z. 458

Planskizze

Bei Umleitungen für eine bestimmte Verkehrsart ist in Zeichen 458 anstatt dem Zeichen 250 das entsprechende Vorschriftzeichen nach § 41 StVO anzuzeigen (VwV-StVO zu § 42 zu den Zeichen 457.1 und 458 Rn. 3).

Bei der Ankündigung mit Zeichen 458 ist eine Entfernungsangabe nur bei Bedarf zu verwenden.

– Ankündigung einer *temporären* oder *permanenten* Umleitung für eine bestimmte Verkehrsart mit Zeichen 442

Z. 422

Z. 442

Ankündigung für bestimmte Verkehrsarten

1.2.2 Vorwegweiser

Der Vorwegweiser kündigt die abzweigende bzw. weiterführende Richtung im vorausliegenden Knotenbereich an. Wenn eine Ankündigung mit Zeichen 455.1 oder 442 mit Entfernungsangabe erfolgt, ist dies gleichzeitig der Vorwegweiser.

– Vorwegweiser bei *temporären* Umleitungen für alle Verkehrsarten mit Zeichen 455.1

Z. 455.1

Vorwegweiser Fortsetzung der Umleitung

Wo eine Unterscheidung mehrerer Umleitungsstrecken erforderlich ist, kann das Zeichen mit einer Nummerierung versehen werden (VwV-StVO zu § 42 zu den Zeichen 454 und 455.1 Rn. 3).

– Vorwegweiser bei *temporären* oder *permanenten* Umleitungen für bestimmte Verkehrsarten mit Zeichen 442

Z. 422

Z. 442

Vorwegweiser für bestimmte Verkehrsarten

1.2.3 Wegweiser

– Wegweiser bei *temporären* Umleitungen für alle Verkehrsarten mit Zeichen 455.1

Z. 455.1

Fortsetzung der Umleitung

Das Zeichen kann im Verlauf der Umleitungsstrecke anstelle von Zeichen 454 angeordnet werden. Wo eine Unterscheidung mehrerer Umleitungsstrecken erforderlich ist, kann es mit einer Nummerierung versehen werden (VwV-StVO zu § 42 zu den Zeichen 454 und 455.1 Rn. 3).

oder mit Zeichen 454

Z. 454

Umleitungswegweiser

– Wegweiser bei *temporären* oder *permanenten* Umleitungen für bestimmte Verkehrsarten mit Zeichen 422

Z. 422

Wegweiser für bestimmte Verkehrsarten

oder mit Zeichen 421

Z. 421

Pfeilwegweiser für bestimmte Verkehrsarten

1.2.4 Verkehrszeichen am Ende der Umleitung

Ende der Umleitung

Z. 455.2

Ende der Umleitung

Bei Bedarf kann das Zeichen 455.2 mit einer Nummerierung versehen werden.

2 Zuständigkeiten für Umleitungen

(1) Die Zuständigkeiten sind in StVO, VwV-StVO und länderspezifischen Regelungen festgelegt. Die nachstehenden Punkte dienen lediglich der Verdeutlichung.

(2) Für die Anordnung verkehrlicher Maßnahmen im Verkehrsraum, die nicht Straßenbauarbeiten sind, ist gemäß § 45 Absatz 1 StVO ausschließlich die **Straßenverkehrsbehörde** zuständig.

Vor jeder Entscheidung sind die **Straßenbaubehörde** und die **Polizei** zu hören (VwV-StVO zu § 45 Rn. 1). Ferner ist § 45 Absatz 7 StVO zu beachten.

Nach § 45 Absatz 2 StVO können die **Straßenbaubehörden** Verkehrsverbote und -beschränkungen anordnen, den Verkehr umleiten und ihn durch Markierungen und Leiteinrichtungen lenken. Die Anordnung der **Straßenbaubehörde** steht jedoch unter dem Vorbehalt, dass die **Straßenverkehrsbehörde** sie durch eigene Maßnahmen ändern oder ersetzen kann.

(3) Die verkehrsrechtliche Anordnung enthält Angaben, wie der Verkehr bei teilweiser Straßensperrung zu beschränken, zu leiten und zu regeln ist und wie gesperrte Straßen und Umleitungen zu beschildern sind. Hierfür sind der zuständigen Behörde Umleitungs- und/oder Verkehrslenkungspläne von den Bauunternehmern vorzulegen (§ 45 Absatz 6 StVO). Der Vorlage eines Umleitungsplanes durch den Bauunternehmer bedarf es nicht, wenn die Bedingungen nach VwV-StVO zu § 45 Rn. 66 ff. erfüllt sind. Der Umleitungsplan ist mit den Beteiligten im Rahmen der Anhörung rechtzeitig abzustimmen. Gegebenenfalls sind auch Bauunternehmen, Linienverkehrsunternehmen, Versorgungsunternehmen und andere Betroffene einzubeziehen.

(4) Nach § 49 Absatz 4 StVO handelt ordnungswidrig im Sinne des § 24 des Straßenverkehrsgesetzes, wer vorsätzlich oder fahrlässig mit Arbeiten beginnt, ohne zuvor eine Anordnung eingeholt zu haben oder diese nicht befolgt.

(5) Der zeitliche Beginn (Datum) von Maßnahmen auf Strecken mit hoher Verkehrsbedeutung, die zu einer Umleitung führen, kann durch entsprechende Zusatzzeichen rechtzeitig angekündigt werden.

(6) Es ist von der anordnenden Behörde zu prüfen, ob aufgrund der verkehrlichen Auswirkungen die für die Unterrichtung der Verkehrsteilnehmer verantwortlichen Landesmeldestellen zu benachrichtigen sind.

(7) Ziele in Wegweisern und Vorwegweisern, die wegen einer Umleitung vorübergehend nicht gelten, sollen nicht entfernt oder völlig abgedeckt, sondern ausgekreuzt (siehe Teil C 5. (3)) werden und damit weiterhin lesbar sein, damit der Verkehrsteilnehmer die Orientierung behält.

(8) Nicht wegweisende Verkehrszeichen, die wegen einer Umleitung vorübergehend nicht gelten, sind so außer Kraft zu setzen, dass der Verkehrsteilnehmer nicht irritiert wird. Häufig ist eine vollflächige Abdeckung dieser Beschilderung geboten.

(9) Sperrungen für bestimmte Verkehrsarten können gemäß § 45 StVO vorgenommen werden.

(10) Die Ableitung bestimmter Verkehrsarten ist im Falle von Fahrzeugen mit gefährlichen Gütern bzw. wassergefährdender Ladung gemäß VwV-StVO zu § 41 zu Zeichen 261 bzw. 269 vorzunehmen, wenn bestimmte Verkehrsarten z. B. aus baulichen Gründen von der Weiterbenutzung der Straße fernzuhalten sind (z. B. Ableitung

von Lastkraftwagen oder Lastzügen vor engen Ortsdurchfahrten oder Last-, Höhen-, Breitenbeschränkungen); wobei in solchen Fällen zu prüfen sein wird, ob das Verkehrsverbot mit einem Zusatzzeichen (z. B. Zeichen 1020-30) ausgesprochen werden kann.

(11) Eine Sperrung oder Teilsperrung für den Gefahrgutverkehr ist nur zulässig, wenn geeignete Ausweichstrecken vorhanden sind (siehe auch Richtlinien für die Anordnung von verkehrsregelnden Maßnahmen für den Transport gefährlicher Güter auf Straßen).

(12) Die Ankündigung von Verboten oder Beschränkungen einzelner Verkehrsarten erfolgt gemäß VwV-StVO zu § 41 Rn. 2.

(13) Auch bei Umleitungen über Autobahnen oder Kraftfahrstraßen sind besondere Überlegungen erforderlich. Die Ableitung bestimmter Verkehrsarten kann auch bereits im Verlauf der Straße **vor** dem eigentlichen Verkehrsverbot erfolgen. Darauf ist rechtzeitig hinzuweisen.

3 Ausgestaltung und Aufstellung

3.1 Ankündigung einer Umleitung

(1) Eine Umleitung wird in der Regel mit Zeichen 457.1 oder bei beengten räumlichen Verhältnissen mit Zeichen 455.1 angekündigt.

(2) Kleinere Umleitungsmaßnahmen auf Straßen mit geringer Verkehrsbedeutung bedürfen der Ankündigung nur, wenn das Zeichen 454 oder 455.1 nicht rechtzeitig gesehen wird (VwV-StVO zu § 42 zu den Zeichen 457.1 und 458 Rn. 2). Kleinere Umleitungsmaßnahmen weisen weder Überlagerungen noch Überschneidungen mit anderen Umleitungsstrecken auf. Sie erfolgen in einem relativ überschaubaren Netz.

(3) Nur bei Überlagerungen von temporären Umleitungen muss am Beginn jeder Umleitungsbeschilderung eine Zielangabe angezeigt werden, außerörtliche Ziele auf gelber, innerörtliche Ziele auf weißer Grundfarbe.

Wenn im weiteren Verlauf (nummerierte) Umleitungsstrecken an einem Knoten in getrennte Richtungen verlaufen, können die maßgebenden Zielangaben dort zur Verdeutlichung wiederholt werden (siehe auch Abschnitt 3.2 (7)).

Wenn möglich ist für das entsprechende Ziel ein zugelassenes Sinnbild zu verwenden. Standardmäßig ist eine Planskizze zu verwenden.

(4) Die Ankündigung der Umleitung außerorts hat in der Regel mindestens 100 m vor dem Beginn der Umleitung unter Beachtung des Standorts vor dem vorhandenen Vorwegweiser zu erfolgen.

(5) Bei größeren Umleitungsmaßnahmen oder aufgrund besonderer örtlicher Verhältnisse ist eine Ankündigung in der Regel nach Zeichen 458 (Planskizze) auszuführen (VwV-StVO zu § 42 zu den Zeichen 457.1 und 458 Rn. 1). Dann ist Zeichen 457.1 nicht notwendig.

(6) Die Planskizze dient zur Groborientierung über die Zielführung bei einer Sperrung und nicht der kartographischen Darstellung der Umleitungsstrecke. Sie ist so einfach wie möglich zu gestalten. Hierbei können folgende Hinweise je nach örtlicher Notwendigkeit aufgenommen werden:

a) Anzeige der Streckensperrung durch Zeichen 250 oder durch Verkehrszeichen nach § 41 StVO für betroffene Verkehrsarten

b) die Bezeichnung der Umleitungsstrecke ggf. mit Nummerierung oder das Sinnbild der umgelenkten Verkehrsart

c) an Strecken, die Bedarfsumleitungen betreffen, sind diese in die zusätzliche Umleitung(en) einzubeziehen. Bei Bedarfsumleitungen ist dabei die entsprechende Nummer anzugeben.

d) Fernziel der gesperrten Strecke in Übereinstimmung mit der vorhandenen Wegweisung

e) Zwischenziel

Auf der Umleitungsstrecke ist ein Zwischenziel nur dann anzugeben, wenn ab diesem Zwischenziel („via") alle Zielangaben der gesperrten Strecke wieder in der Wegweisung erscheinen. Dieses Zwischenziel muss in der Wegweisung ab Beginn der Umleitungsstrecke vorhanden sein. Eine Aufstellung von Zeichen 455.1 ist dann nicht erforderlich. Sollten mehrere Zwischenziele erforderlich sein, ist stattdessen die Umleitungsstrecke zu nummerieren.

f) Umleitungsstrecke

Die Gestaltung der Planskizze hängt von der Lage der Umleitungsstrecke in Bezug zur gerade befahrenen Strecke ab. Dabei ist prinzipiell zu unterscheiden zwischen:

f1) Sperrung geradeaus

Umleitungsstrecke links (rechts entsprechend)

Umleitungsstrecke rechts (links entsprechend).

z. B. mit U-Nummer

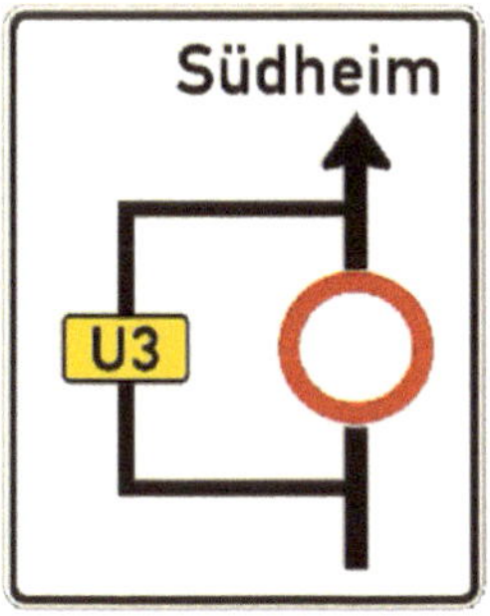

z. B. mit Zwischenziel[1)]

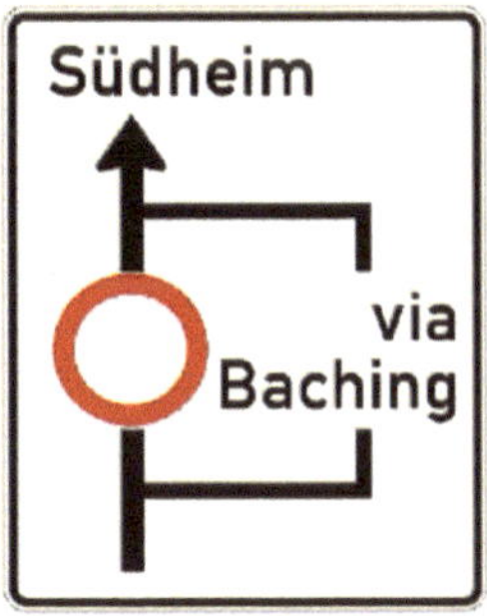

z. B. mit Symbol für eine bestimmte Verkehrsart

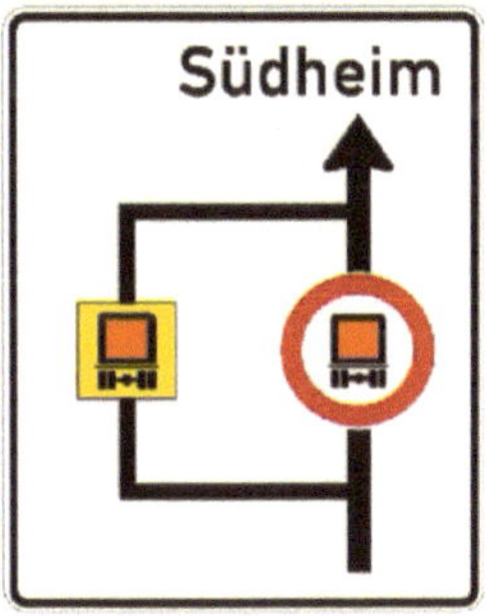

1) Siehe Abschnitt 3.1 (6) e)

f2) Sperrung am Kreisverkehr (Umleitungsstrecken bzw. Sperrungen in anderen Richtungen entsprechend).

z. B. mit U-Nummer

z. B. mit Zwischenziel

z. B. mit Symbol für eine bestimmte Verkehrsart

f3) Sperrung mit Umleitung über eine nachfolgende Straße

z. B. mit U-Nummer
Sperrung links
(rechts entsprechend)

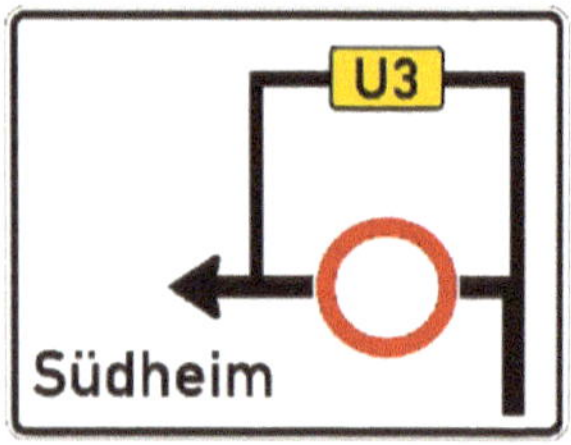

z. B. mit Zwischenziel
Sperrung rechts
(links entsprechend)

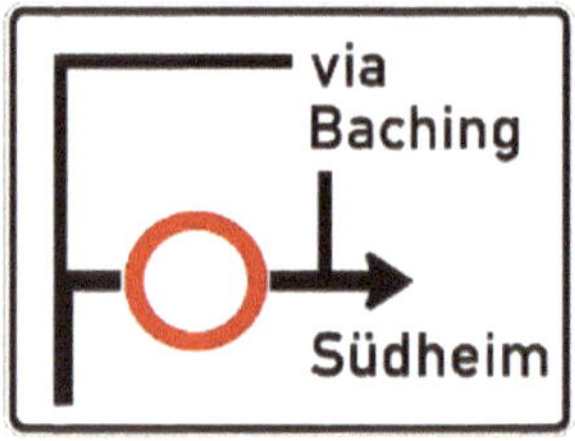

z. B. mit Symbol für eine bestimmte Verkehrsart
Sperrung links
(rechts entsprechend)

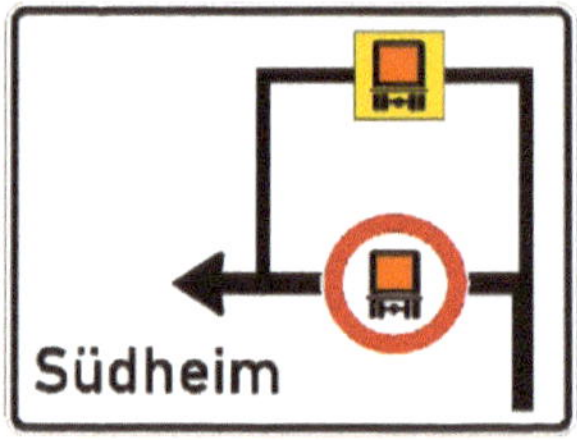

f4) Sperrung mit Umleitung über eine davorliegende Straße

z. B. mit U-Nummer
Sperrung links
(rechts entsprechend)

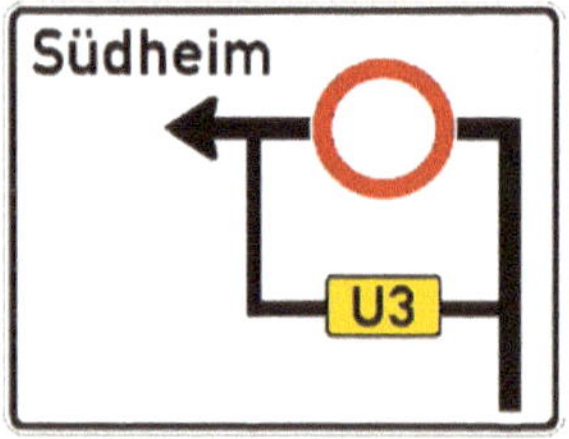

z. B. mit Zwischenziel
Sperrung rechts
(links entsprechend)

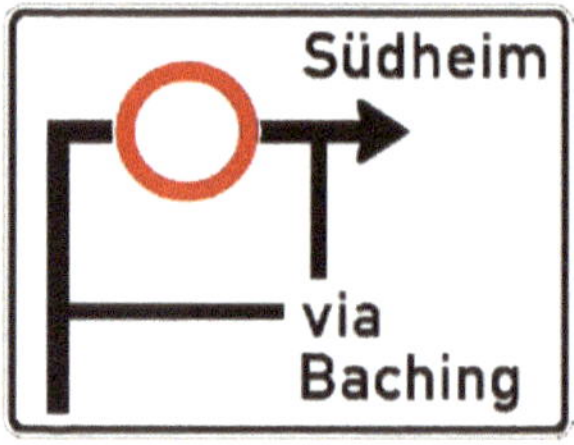

z. B. mit Symbol für eine bestimmte Verkehrsart
Sperrung links
(rechts entsprechend)

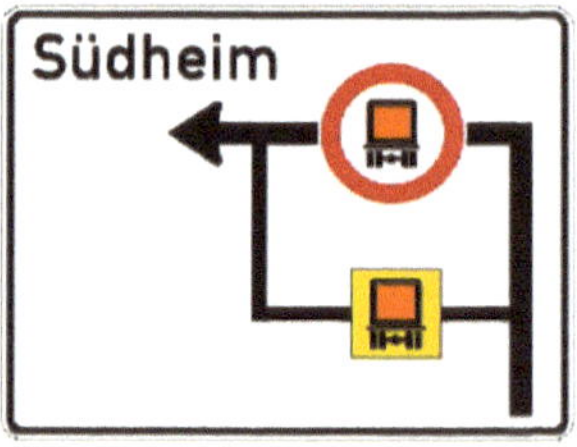

g) ein wesentliches Ziel vor der Störungsstelle, das noch über die Normalroute erreicht werden kann

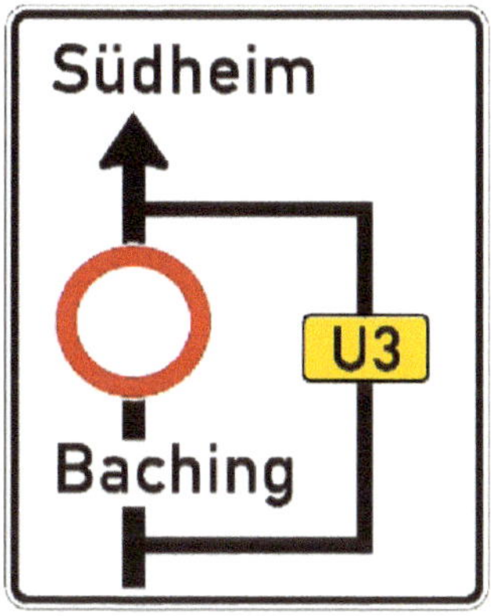

(7) Bei der Ankündigung einer Umleitungsstrecke mit der Planskizze können komplizierte Verkehrsführungen dem Verkehrsteilnehmer nicht durch eine entsprechend komplizierte Gestaltung vermittelt werden. Es soll auch in solchen Fällen die Darstellung nach Zeichen 458 (mit den gezeigten Varianten) verwendet werden.

(8) Die Planskizze ist 40–100 m in Abhängigkeit von der zugelassenen Geschwindigkeit vor einem vorhandenen Vorwegweiser aufzustellen. Sofern dies aufgrund örtlicher Verhältnisse nicht möglich ist, kann die Planskizze zwischen Vorwegweiser und Wegweiser aufgestellt werden. Bei temporären Umleitungen kann in besonderen Fällen (mit mehreren Informationen) die Planskizze wiederholt werden (Standorte: vor und nach dem Vorwegweiser).

3.2 Vorwegweiser

(1) Als Umleitungs-Vorwegweiser sind ausschließlich Zeichen 442 und 455.1 zu verwenden.

(2) Umleitungs-Vorwegweiser sind immer erforderlich, wenn die Umleitungsstrecke abbiegt.

(3) Vor jedem verkehrswichtigen Knotenpunkt ist für die Weiterführung auch in Geradeausrichtung ein Vorwegweiser erforderlich.

(4) Bei *temporären* Umleitungsmaßnahmen können die Vorwegweiser nach Zeichen 442 bzw. 455.1 ca. 20–40 m vor dem Vorwegweiser nach RWB aufgestellt werden. Eine Anbringung an die vorhandenen Vorwegweiser analog Punkt (6) ist ebenfalls möglich.

(5) Am Kreisverkehr ist bei einer *temporären* Umleitungsstrecke zusätzlich eine Planskizze als Vorwegweiser mit Kennzeichnung des Verlaufs möglich, auch mit Zielangaben. Dieser Vorwegweiser hat einen weißen Untergrund.

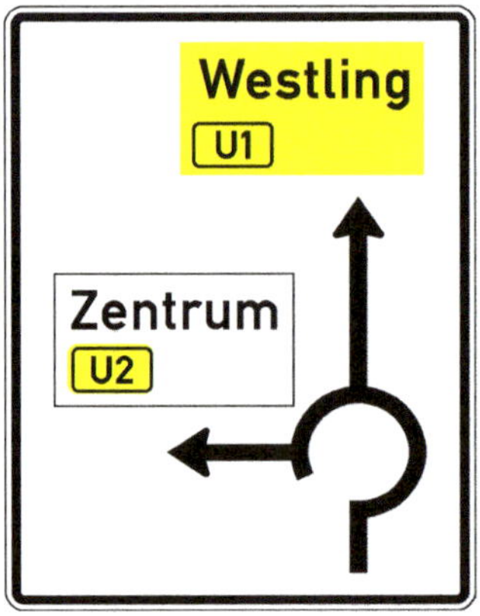

(6) Bei *permanenten* Umleitungsmaßnahmen sind die Vorwegweiser nach Zeichen 442 an den vorhandenen Vorwegweisern (Zeichen 438 oder 439) anzubringen. Die angegebene Richtung ist bei der Anbringung zu beachten (z. B. bei seitlicher Aufstellung linksweisend: links anbringen, rechtsweisend: rechts anbringen, geradeausweisend: über dem Geradeauspfeil des vorhandenen Vorwegweisers anbringen). Dabei sollte die maximale Anzahl der Ziele gemäß RWB nicht überschritten werden.

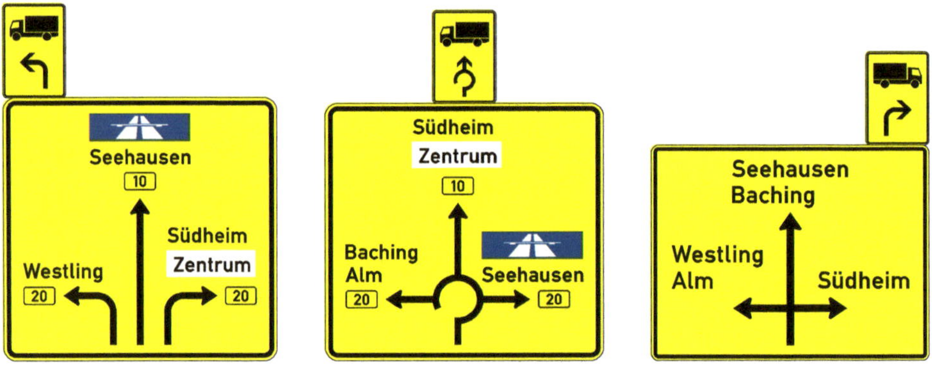

Die Vorwegweisung vor Kreisverkehren kann alternativ als Kombination der Zeichen 442, 455.1 oder 460 (jeweils ohne Pfeilsymbol) mit den Zusatzzeichen 1000-13, 1000-23 oder 1000-34 ausgeführt werden.

Bei Überkopfbeschilderungen können Zeichen nach 442 an der Aufstellvorrichtung der vorhandenen Vorwegweiser angebracht werden, sofern das Lichtraumprofil eingehalten wird.

(7) Wenn zwei (nummerierte) Umleitungsstrecken an einem Knoten in getrennte Richtungen verlaufen, können zur Verdeutlichung die maßgebenden Zielangaben (siehe auch 3.1 (3)) auf zusätzlichen Schildern oberhalb der Umleitungs-Vorwegweiser angegeben werden, außerörtliche Ziele auf gelbem, innerörtliche Ziele auf weißem Untergrund.

(8) Wenn zwei (nummerierte) Umleitungsstrecken in die gleiche Richtung verlaufen, ist die Angabe von Zielen nicht notwendig.

3.3 Wegweiser

(1) In der Regel sind die Zeichen 422 und 455.1 einzusetzen. Pfeilwegweiser nach Zeichen 421 und 454 können eingesetzt werden, wenn dadurch der Abbiegepunkt deutlicher erkennbar wird. Pfeilwegweiser sind hinter dem Abbiegepunkt aufzustellen, d. h. der Verkehr muss vor ihnen abbiegen (siehe auch RWB). Die Zeichen 422 und 455.1 stehen in der Regel vor dem Abbiegepunkt.

(2) Umleitungswegweiser sind in der Regel erforderlich, wenn die Umleitungsstrecke abbiegt. Sie sind außerdem immer anzuordnen, wenn eine Vorwegweisung mit Zeichen 442 oder 455.1 notwendig ist.

(3) Die Zeichen 422 und 455.1 sind unter Berücksichtigung der örtlichen Verhältnisse in angemessenen Abständen zu wiederholen.

(4) Für die Aufstellung der Wegweiser gelten die gleichen Ausführungen wie für Vorwegweiser (siehe Abschnitt 3.2 (4) und (5)).

(5) Für die Darstellung von zusätzlichen Zielangaben gelten die gleichen Ausführungen wie für Vorwegweiser (siehe Abschnitt 3.2 (7) und (8)).

(6) Pfeilwegweiser nach Zeichen 454, bei bestimmten Verkehrsarten auch Zeichen 421, können ebenfalls durch eine Zielangabe auf einem zusätzlichen Schild ergänzt werden.

3.4 Verkehrszeichen am Ende der Umleitung

(1) Die Zeichen 457.2 und 455.2 sind dann anzuordnen, wenn das Ende der Umleitungsstrecke nicht aus der folgenden Wegweisung erkennbar ist (VwV-StVO zu § 42 zu den Zeichen 455.2 und 457.2 Rn. 1).

(2) Umleitungen für Transporte mit gefährlichen Gütern betreffen Kraftfahrer, die beruflich ein Kraftfahrzeug führen. Deshalb kann die Umleitungsbeschilderung entlang der Umleitungsstrecke entfallen, sobald auf der Umleitungsstrecke das ursprüngliche Fernziel der Fahrtstrecke erscheint (siehe auch „Richtlinien für die Anordnung von verkehrsregelnden Maßnahmen für den Transport gefährlicher Güter auf Straßen").

4 Regelpläne

In Anhang 1 sind Regelpläne für Standardsituationen dargestellt. Die Beispiele dienen als Grundlage für die Planung der Beschilderung[1]) und sind den örtlichen Besonderheiten anzupassen.

Kleinere Umleitungen:	**Beginn größerer Umleitungen:**	**Fortsetzung größerer Umleitungen:**
REGELPLAN A1.1 *Temporäre Umleitung* – alle Verkehrsarten – ohne Nummerierung im Z. 455.1 REGELPLAN A1.2 *Temporäre Umleitung* – alle Verkehrsarten – mit Nummerierung im Z. 455.1 – mit Zielangaben REGELPLAN A1.3 *Temporäre Umleitung* – eine bestimmte Verkehrsart	REGELPLAN A2.1 *Temporäre Umleitung* – alle Verkehrsarten – ohne Nummerierung im Z. 455.1 – plangleicher Knotenpunkt REGELPLAN A2.2 *Temporäre Umleitung* – alle Verkehrsarten – ohne Nummerierung im Z. 455.1 – autobahnähnlich ausgebaute zweibahnige Straße REGELPLAN A2.3 *Temporäre Umleitung* – alle Verkehrsarten – ohne Nummerierung im Z. 455.1 – Kreisverkehr REGELPLAN A2.4 *Permanente Umleitung* – eine bestimmte Verkehrsart – plangleicher Knotenpunkt	REGELPLAN A3.1 *Temporäre Umleitung* alle Verkehrsarten – mit Nummerierung im Z. 455.1 – mit Zielangaben Zufahrt – an einem plangleichen Knotenpunkt REGELPLAN A3.2 *Temporäre Umleitung* – alle Verkehrsarten – mit Nummerierung im Z. 455.1 – mit Zielangaben – Zufahrt an einem Kreisverkehr REGELPLAN A3.3 *Permanente Umleitung* – eine bestimmte Verkehrsart – Zufahrt an einem plangleichen Knotenpunkt REGELPLAN A3.4 *Permanente Umleitung* – eine bestimmte Verkehrsart – Zufahrt an einem Kreisverkehr

5 Nebenstrecken

(1) In einem regional begrenzten Straßennetz können Nebenstrecken eingerichtet werden, wenn dies zur Entlastung von Hauptstrecken führt. Diese sind in der wegweisenden Beschilderung mit „(Nebenstrecke)" in Ergänzung zum umgeleiteten Fernziel zu kennzeichnen.

(2) „(Nebenstrecke)" weist auf eine Straßenverbindung von untergeordneter Bedeutung hin (Anlage 3 zu § 42 StVO). Durch die Beschilderung von Straßen als Nebenstrecken kann der Verkehr auf das vorhandene Straßennetz verteilt werden. Der Hinweis sollte vor allem da erwogen werden, wo Fernverkehrsstraßen (z. B. durch Bedarfsumleitungen) auch nur zeitweise stark belastet sind. Die Nebenstrecken können länger sein als die

[1]) Die Regelpläne sind als Prinzipskizzen zu verstehen und sind an die tatsächliche Situation in Form von Beschilderungsplänen anzupassen.

Fernverkehrsstraße, von welcher der Verkehr umgelenkt werden soll; sie müssen aber so ausgebaut sein, dass sie auch zusätzlichen Verkehr aufnehmen können.

(3) Solche Strecken außerhalb der Autobahnen müssen am Abzweig von der Hauptstrecke sorgfältig durch Integration in die Wegweisung gekennzeichnet werden (Abmessungen der wegweisenden Beschilderung siehe RWB). In Tabellenwegweisern sind stets die Entfernungen für die beiden konkurrierenden Fahrtstrecken anzugeben.

(4) Die Zielangabe, die in dem Abzweig durch „(Nebenstrecke)" gekennzeichnet wurde, muss in der Wegweisung über die Nebenstrecke bis zum Erreichen des Zieles ohne Zusatz aufgeführt werden.

(5) Eine Verweisung auf Nebenstrecken kann auch nur für einen Teil des Verkehrs (z. B. nur für Personenkraftwagen) in Frage kommen (über die Zustimmungsbedürftigkeit vgl. VwV-StVO zu § 45).

Regelplan A1.1

Kleinere Umleitungen – Temporäre Umleitung

- **alle Verkehrsarten**
- **ohne Nummerierung im Zeichen 455.1**

Die Regelpläne sind als Prinzipskizzen zu verstehen und sind an die tatsächliche Situation in Form von Beschilderungsplänen anzupassen.

Hinweis: Aus Gründen der Übersichtlichkeit werden in dem Beschilderungsplan die Umleitungen nur aus den Zufahrten 1 und 2 dargestellt.

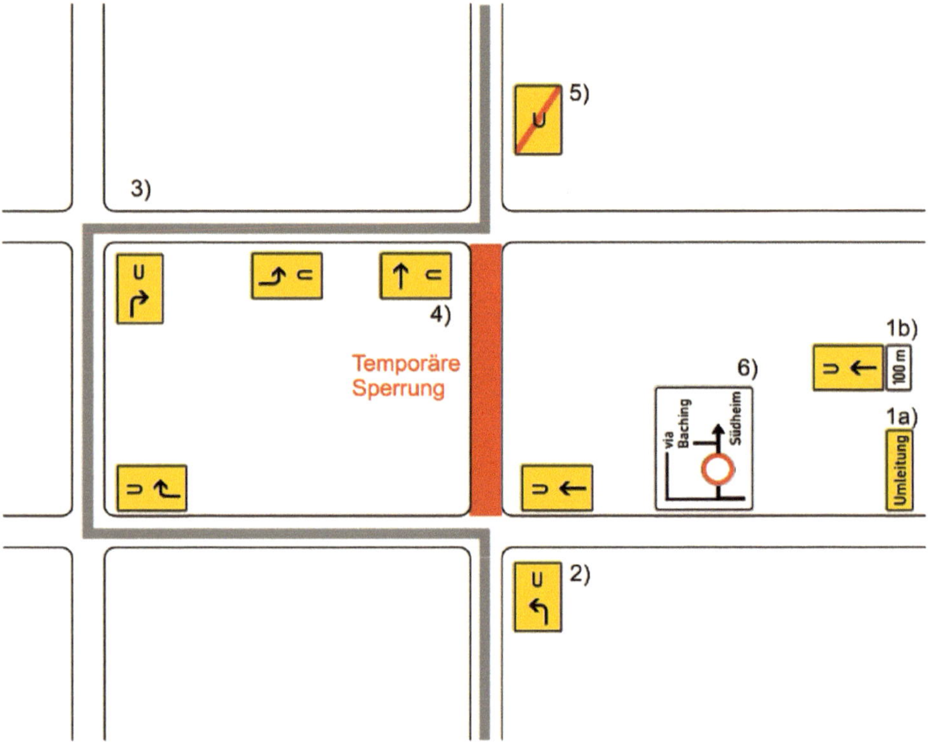

Erläuterungen

1a) 1b) Ankündigung bei spät einsehbarer Kreuzung zweckmäßig. Bei beengten räumlichen Verhältnissen Zeichen 455.1 (1b) statt 457.1 (1a).

2) Ankündigung hier nicht erforderlich.

3) Nur im Ausnahmefall hier Pfeilwegweiser (z. B. bei dichter Folge von Einmündungen).

4) Vorwegweiser und Wegweiser notwendig bei Möglichkeit des Rückstaus oder spät einsehbarem Knotenpunkt.

5) Kann auch entfallen.

6) Kann bei geringer Verkehrsstärke entfallen.

Regelplan A1.2

Kleinere Umleitungen – Temporäre Umleitung

- **alle Verkehrsarten**
- **mit Nummerierung im Zeichen 455.1**
- **mit Zielangaben**

Die Regelpläne sind als Prinzipskizzen zu verstehen und sind an die tatsächliche Situation in Form von Beschilderungsplänen anzupassen.

Hinweis: Aus Gründen der Übersichtlichkeit werden in dem Beschilderungsplan die Umleitungen nur aus den Zufahrten 1 und 2 dargestellt.

Erläuterungen

1) Bei sich überlagernden Umleitungsstrecken Notwendigkeit einer Unterscheidung der Streckenführung mittels kennzeichnender Nummerierung.
2) Vorwegweiser und Wegweiser notwendig bei Möglichkeit des Rückstaus oder spät einsehbarem Knotenpunkt.
3) Beginn der U1 außerhalb des Planes. Dort ist das Fernziel „Südheim" zur Anzeige der Trennung der verschiedenen Richtungen ebenfalls anzugeben.

Regelplan A1.3

Kleinere Umleitungen – Temporäre Umleitung

– eine bestimmte Verkehrsart

Die Regelpläne sind als Prinzipskizzen zu verstehen und sind an die tatsächliche Situation in Form von Beschilderungsplänen anzupassen.

Hinweis: Aus Gründen der Übersichtlichkeit werden in dem Beschilderungsplan die Umleitungen nur aus den Zufahrten 1 und 2 dargestellt.

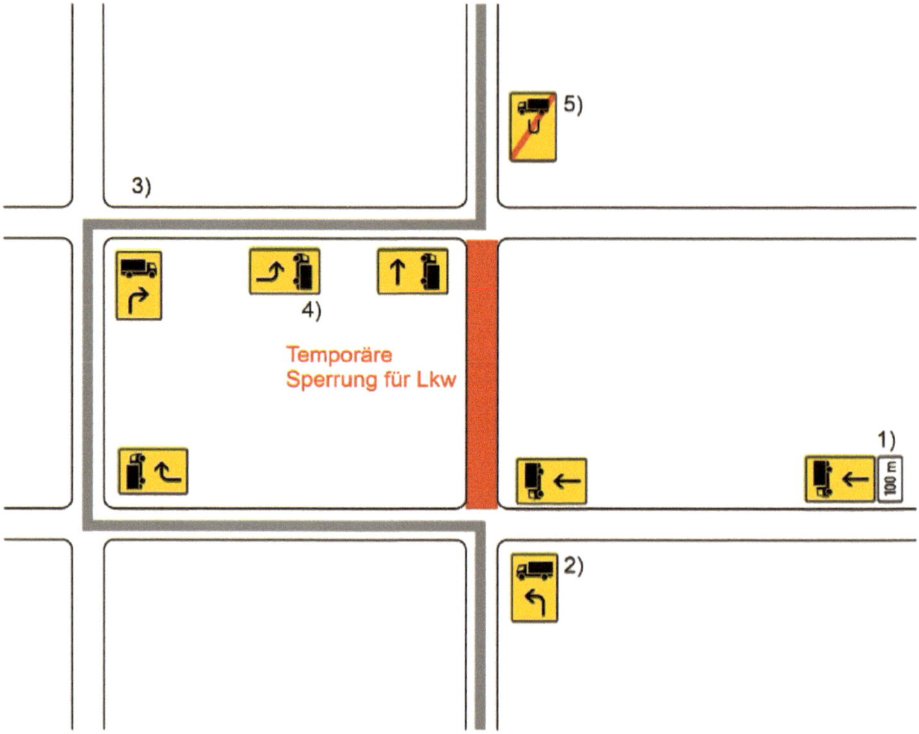

Erläuterungen

1) Ankündigung bei spät einsehbarem Knotenpunkt zweckmäßig.
2) Ankündigung hier nicht erforderlich.
3) Nur im Ausnahmefall hier Pfeilwegweiser (z. B. bei dichter Folge von Einmündungen).
4) Vorwegweiser und Wegweiser notwendig bei Möglichkeit des Rückstaus oder spät einsehbarem Knotenpunkt.
5) Kann auch entfallen.

Regelplan A2.1

Beginn größerer Umleitungen – Temporäre Umleitung

- **alle Verkehrsarten**
- **ohne Nummerierung im Zeichen 455.1**
- **plangleicher Knotenpunkt**

Die Regelpläne sind als Prinzipskizzen zu verstehen und sind an die tatsächliche Situation in Form von Beschilderungsplänen anzupassen.

Hinweis: In dem Regelplan ist nur die Umleitungsbeschilderung am Beginn der Umleitungsstrecke und nicht die Beschilderung in deren weiterem Verlauf dargestellt (Zufahrten 1-3).

Bei einzelnen nicht erreichbaren Zielen ist nur dieses Ziel auszukreuzen.

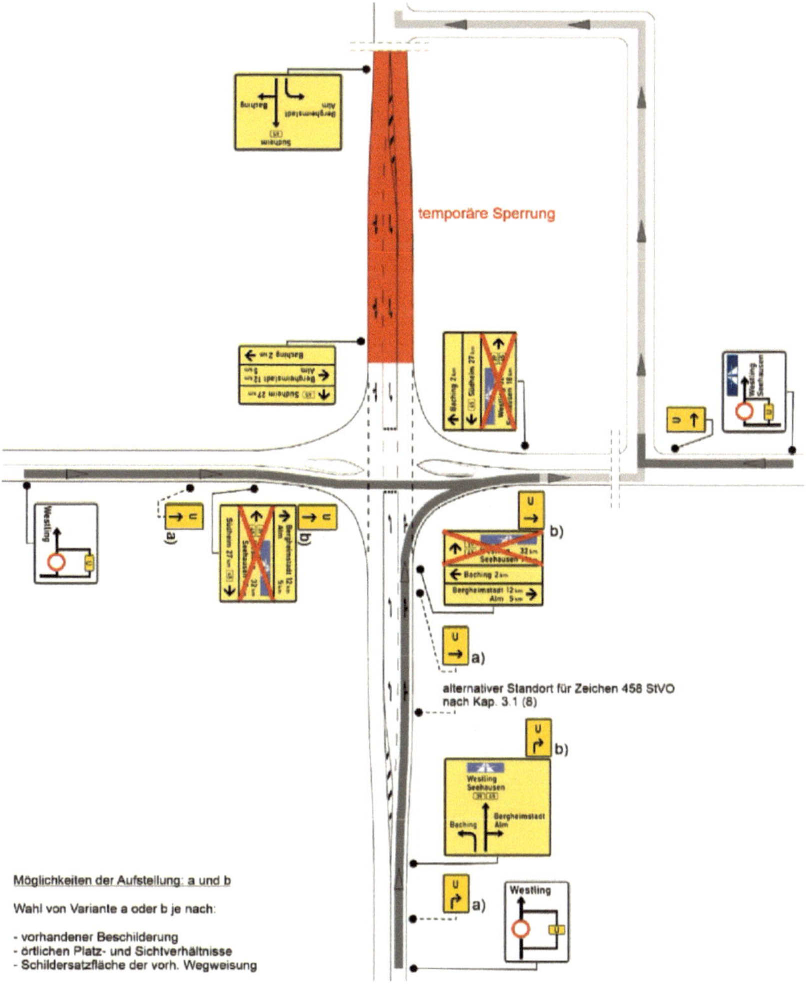

Erläuterung

Gestaltung der Planskizzen mit Zeichen 458 nach Lage der Zufahrt in Bezug auf die gesperrte Strecke.

Regelplan A2.2

Beginn größerer Umleitungen – Temporäre Umleitung

- **alle Verkehrsarten**
- **ohne Nummerierung im Zeichen 455.1**
- **autobahnähnlich ausgebaute zweibahnige Straße**

Die Regelpläne sind als Prinzipskizzen zu verstehen und sind an die tatsächliche Situation in Form von Beschilderungsplänen anzupassen.

Hinweis: In dem Regelplan ist nur die Umleitungsbeschilderung am Beginn der Umleitungsstrecke dargestellt. Es ist zusätzlich eine Ausstattung durch Verkehrszeichen und Verkehrseinrichtungen nach den RSA erforderlich. Bei einzelnen nicht erreichbaren Zielen ist nur dieses Ziel auszukreuzen.

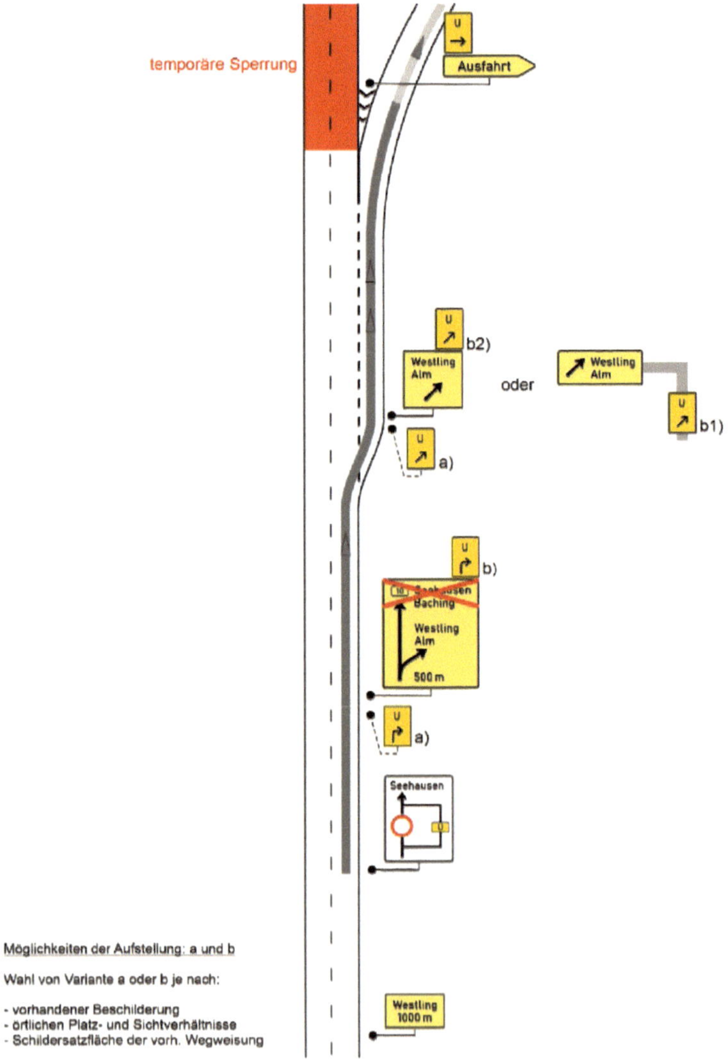

Regelplan A2.3

Beginn größerer Umleitungen – Temporäre Umleitung

- **alle Verkehrsarten**
- **ohne Nummerierung im Zeichen 455.1**
- **Kreisverkehr**

Die Regelpläne sind als Prinzipskizzen zu verstehen und sind an die tatsächliche Situation in Form von Beschilderungsplänen anzupassen.

Hinweis: In dem Regelplan ist nur die Umleitungsbeschilderung am Beginn der Umleitungsstrecke und nicht die Beschilderung in deren weiterem Verlauf dargestellt. Bei einzelnen nicht erreichbaren Zielen ist nur dieses Ziel auszukreuzen.

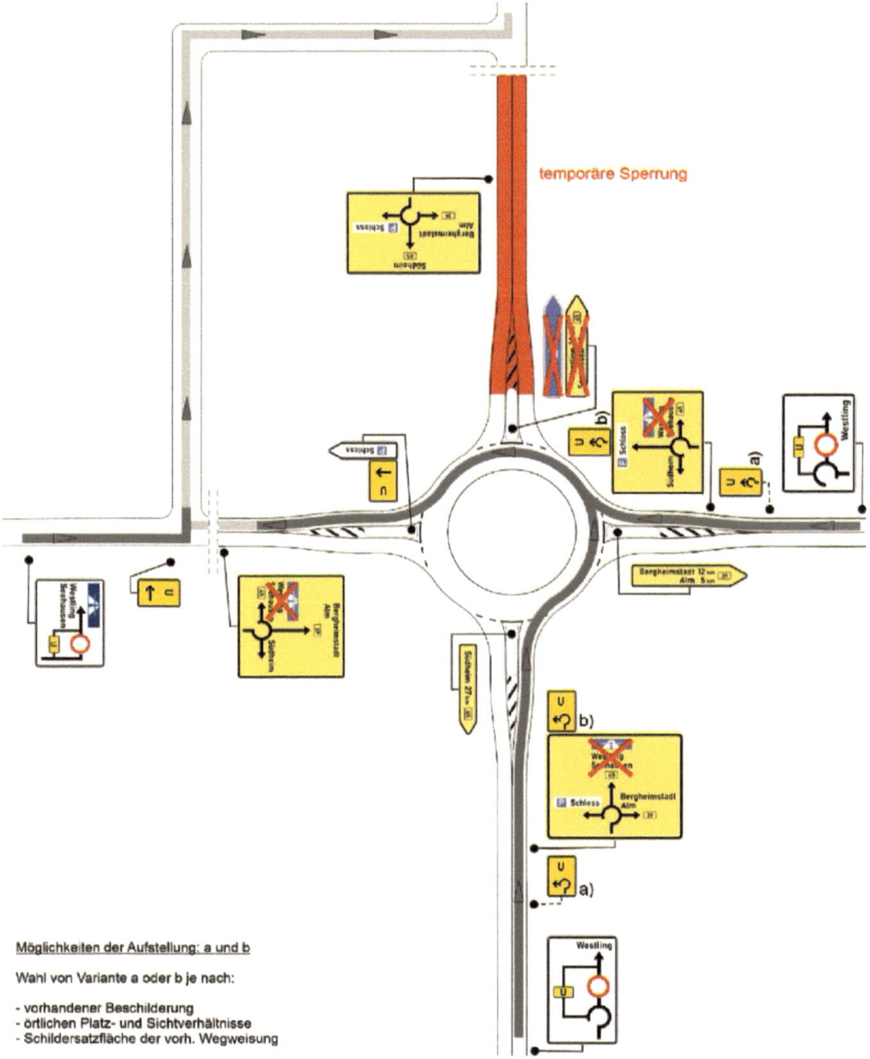

Möglichkeiten der Aufstellung: a und b

Wahl von Variante a oder b je nach:

- vorhandener Beschilderung
- örtlichen Platz- und Sichtverhältnisse
- Schildersatzfläche der vorh. Wegweisung

Regelplan A2.4

Beginn größerer Umleitungen – Permanente Umleitung

- **eine bestimmte Verkehrsart**
- **plangleicher Knotenpunkt**

Die Regelpläne sind als Prinzipskizzen zu verstehen und sind an die tatsächliche Situation in Form von Beschilderungsplänen anzupassen.

Hinweis: In dem Regelplan ist nur die Umleitungsbeschilderung am Beginn der Umleitungsstrecke und nicht die Beschilderung in deren weiterem Verlauf dargestellt.

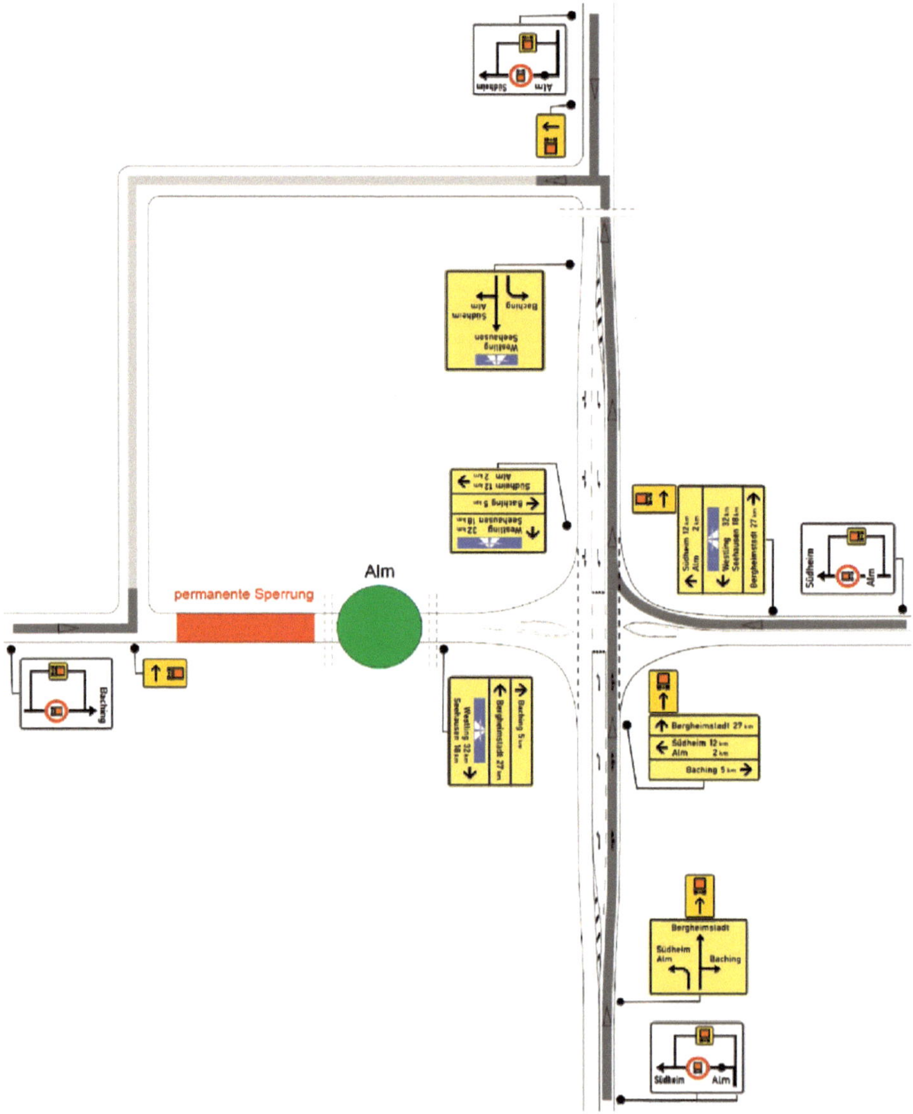

Regelplan A3.1

Fortsetzung größerer Umleitungen – Temporäre Umleitung

- **alle Verkehrsarten**
- **mit Nummerierung im Zeichen 455.1**
- **mit Zielangaben**
- **Zufahrt an einem plangleichen Knotenpunkt**

Die Regelpläne sind als Prinzipskizzen zu verstehen und sind an die tatsächliche Situation in Form von Beschilderungsplänen anzupassen.

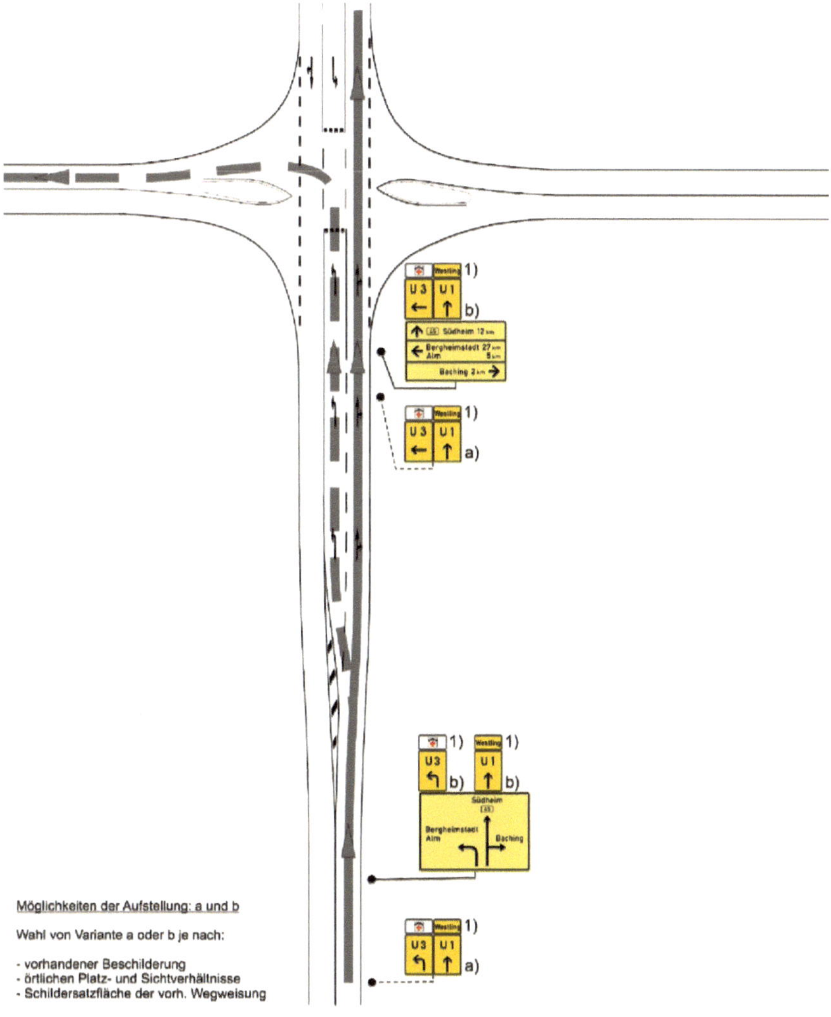

Erläuterung

1) Die Zusatzzeichen mit Zielangaben können zur Verdeutlichung angeordnet werden (siehe Abschnitte 3.1 (3), 3.2 (7) und 3.3 (5)).

Regelplan A3.2

Fortsetzung größerer Umleitungen – Temporäre Umleitung

- **alle Verkehrsarten**
- **mit Nummerierung im Zeichen 455.1**
- **mit Zielangaben**
- **Zufahrt an einem Kreisverkehr**

Die Regelpläne sind als Prinzipskizzen zu verstehen und sind an die tatsächliche Situation in Form von Beschilderungsplänen anzupassen.

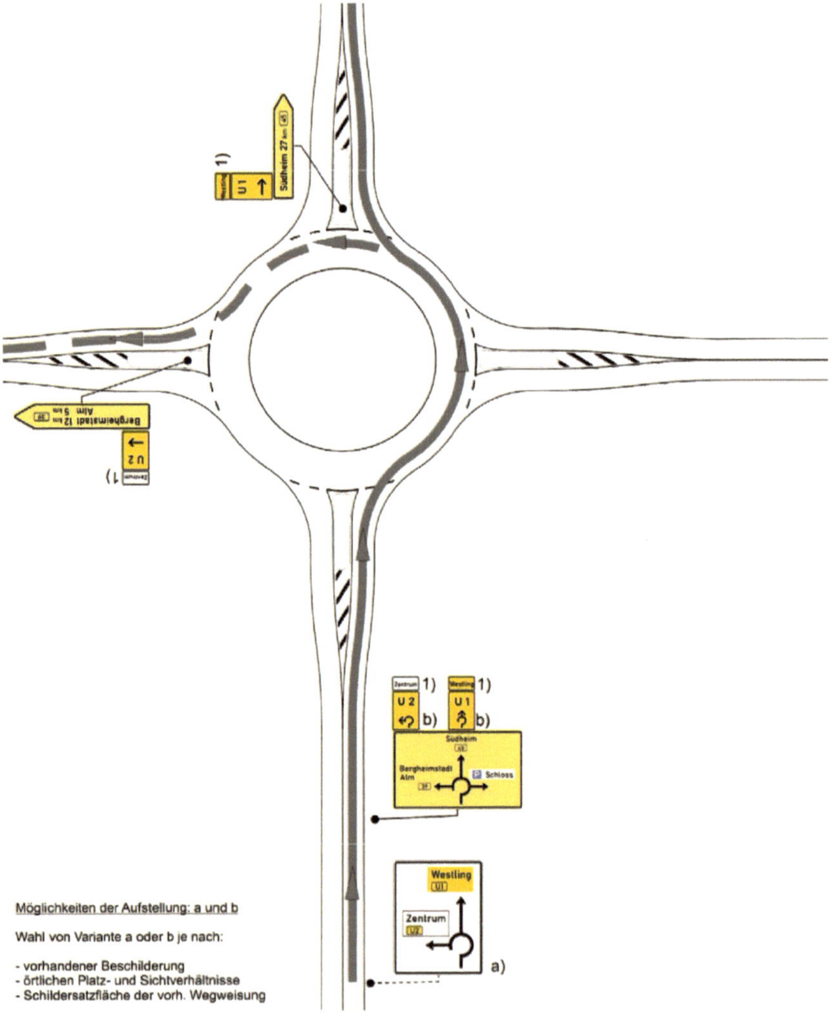

Erläuterung

1) Die Zusatzzeichen mit Zielangaben können zur Verdeutlichung angeordnet werden (siehe Abschnitte 3.1 (3), 3.2 (7) und 3.3 (5)).

Regelplan A3.3

Fortsetzung größerer Umleitungen – Permanente Umleitung

- **eine bestimmte Verkehrsart**
- **Zufahrt an einem plangleichen Knotenpunkt**

Die Regelpläne sind als Prinzipskizzen zu verstehen und sind an die tatsächliche Situation in Form von Beschilderungsplänen anzupassen.

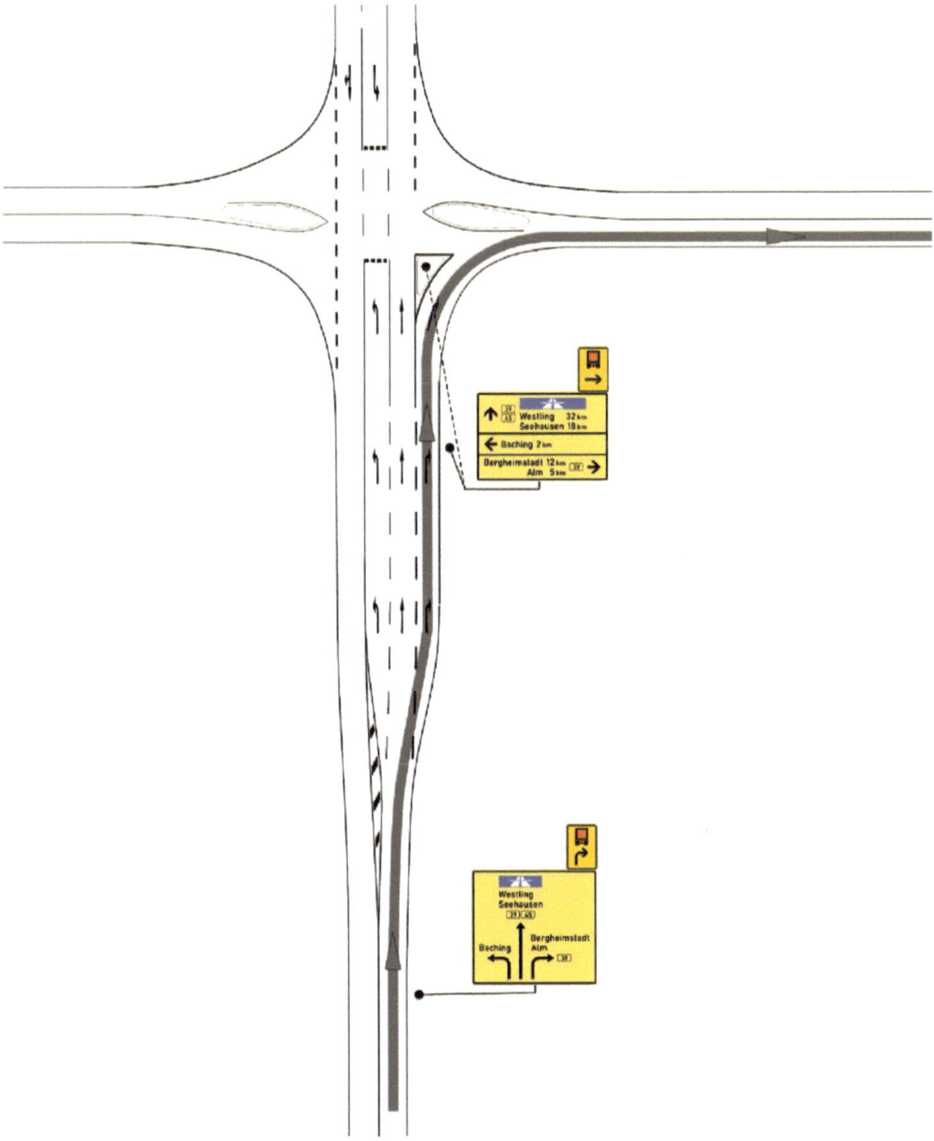

Regelplan A3.4

Fortsetzung größerer Umleitungen – Permanente Umleitung

- **eine bestimmte Verkehrsart**
- **Zufahrt an einem Kreisverkehr**

Die Regelpläne sind als Prinzipskizzen zu verstehen und sind an die tatsächliche Situation in Form von Beschilderungsplänen anzupassen.

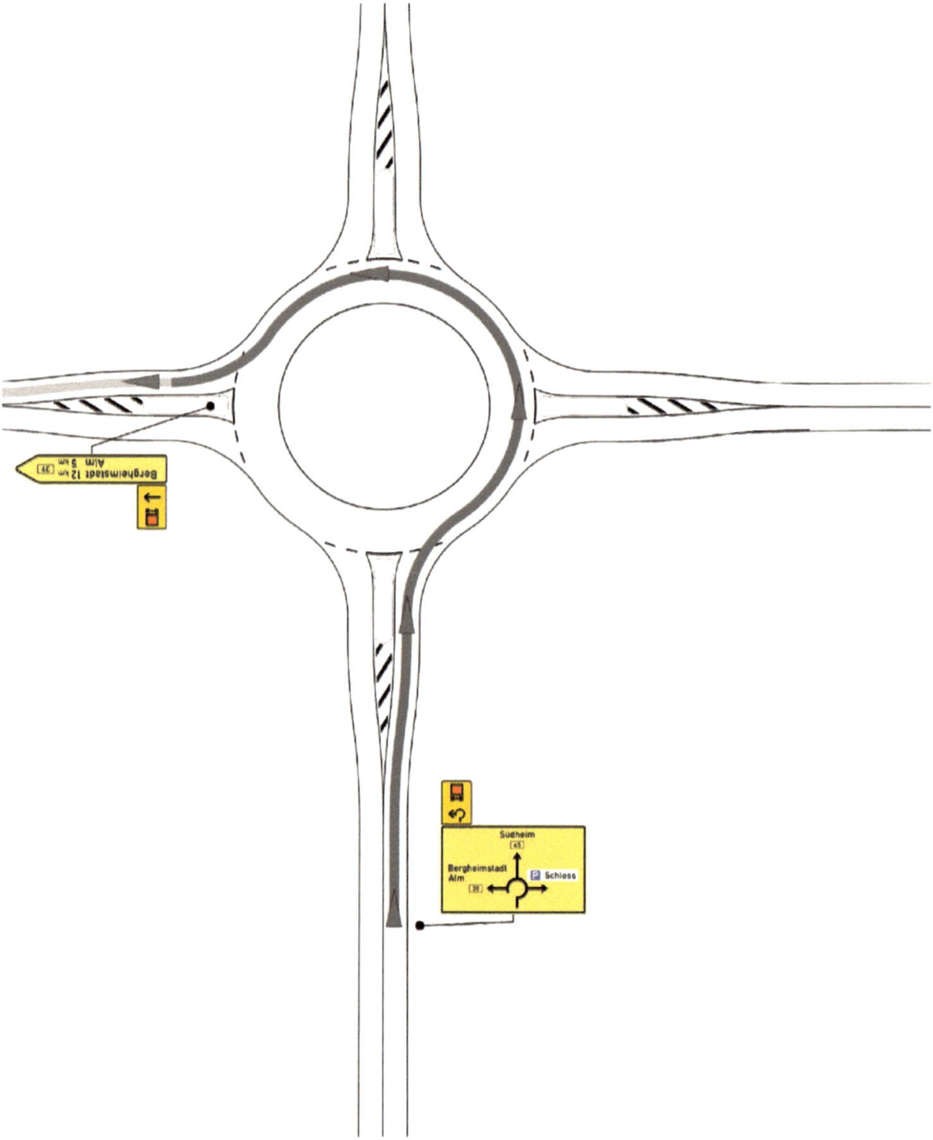

Bemaßung

1. Ankündigung entsprechend Zeichen 458

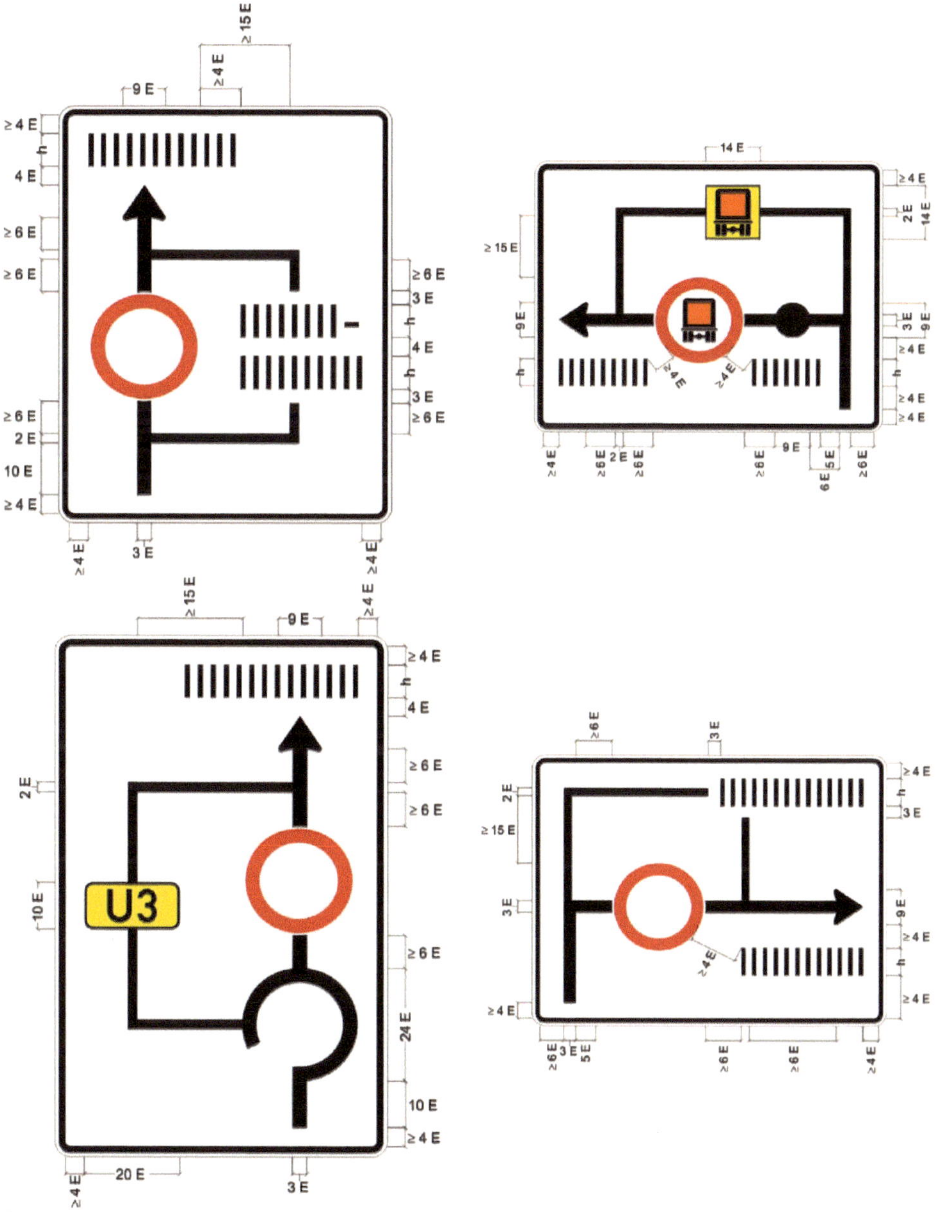

Größen der verkleinert dargestellten StVO-Zeichen in Form einer Ronde siehe Tabelle 1 in Teil C 2. (3).

2. Zusätzliche Schilder über Vorwegweisern und Wegweisern über Zeichen 455.1 (hier dargestellt in Größe 2)

3. Wegweiser gemäß Zeichen 454 und 421 (hier dargestellt in Größe 2)

Umleitungswegweiser

Pfeilwegweiser für bestimmte Verkehrsarten

4. Ende einer Umleitung gemäß Zeichen 455.2 (hier dargestellt in Größe 2)

Ende der Umleitung

Teil B Bedarfsumleitungen für den Autobahnverkehr

1 Aufbau der Beschilderung

1.1 Allgemeines

(1) Bedarfsumleitungen für den Autobahnverkehr werden unter Verwendung der vorgesehenen Richtzeichen (Zeichen 460 und 466) eingerichtet und sollen den Verkehr im Bedarfsfall über das nachgeordnete Straßennetz von einer Anschlussstelle zu einer anderen an der Störungsstelle vorbeiführen.

(2) In der Regel ist die „andere" Anschlussstelle die in Fahrtrichtung nächste Einfahrt zur gleichen Autobahn. Sofern zu diesem Anschluss keine geeignete Verbindung besteht, muss über einen folgenden Anschluss eine Strecke eingerichtet werden (weiterführende Bedarfsumleitung).

(3) Bei weiterführenden Umleitungsstrecken ist eine kontinuierliche Wegweisung von der Umleitungsstrecke zu allen Zielen der dazwischenliegenden Anschlussstellen sicherzustellen.

(4) Für den Autobahnverkehr in nördlicher oder östlicher Richtung sind die Bedarfsumleitungen mit ungeraden Nummern und für den Autobahnverkehr in südlicher oder westlicher Richtung mit geraden Nummern zu bezeichnen. Die Nummern sind so zu wählen, dass sie in Fahrtrichtung aufsteigen. Hierfür stehen jeweils Nummern von 1 bis 99 zur Verfügung. Bei Überschreitung von Ländergrenzen ist auf eine sinnvolle Koordinierung zu achten.

(5) An Autobahnkreuzen und -dreiecken kann ein Abschnitt einer Umleitungsstrecke auch über die Autobahn verlaufen.

1.2 Funktionen der Beschilderung

1.2.1 Ankündigung auf der Autobahn

(1) Bedarfsumleitungen haben im Normalfall (d. h. keine Sperrung) keine Ankündigung.

(2) Bei einer vollständigen Sperrung einer Fahrtrichtung von längerer Dauer ist vor der letztmöglich benutzbaren Anschlussstelle die Sperrung durch eine Planskizze mit Zeichen 458 mit Angabe der U-Strecke anzukündigen.

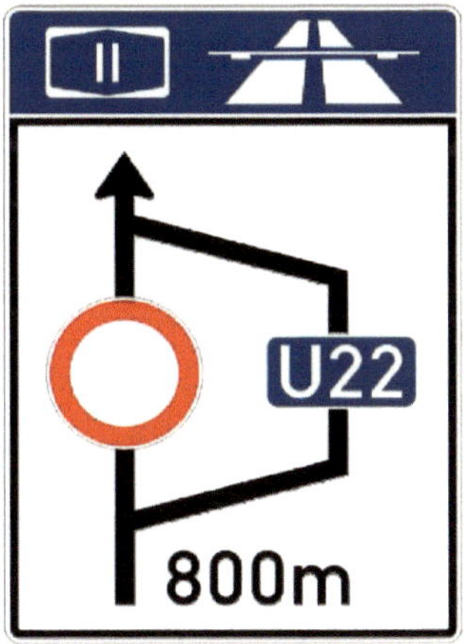

(3) Die Benutzung einer Umleitungsstrecke ab einer Anschlussstelle wegen der Sperrung der folgenden Anschlussstelle ist durch einen entsprechenden Vorwegweiser anzuzeigen.

(4) Die Sperrung einer Anschlussstelle mit Hinweis auf die Umleitung über die folgende Anschlussstelle ist durch einen entsprechenden Vorwegweiser anzuzeigen ohne Hinweis auf eine rückführende Bedarfsumleitung.

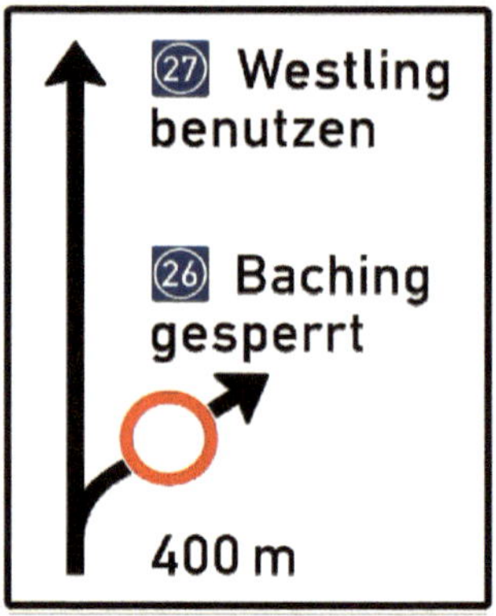

(5) Bei einer großräumigen Umleitungsstrecke ist bei häufigen verkehrsabhängigen Störungen auf der Autobahn ein additiver Wegweiser mit Hinweis auf die Bedarfsumleitung aufzustellen, wobei zusätzlich der Ort und die Art der Störung anzuzeigen sind (dynamische Wegweiser mit integrierten Stauinformationen, dWiSta). Die technische Ausführung und Gestaltung richtet sich nach den mit den Ländern im Rahmen der RWVZ abgestimmten Regelungen.

1.2.2 Beschilderung der Bedarfsumleitung außerhalb der Autobahn

(1) Bedarfsumleitungen für den Autobahnverkehr werden mit Zeichen 460 (Bedarfsumleitung) beschildert. Dieses Zeichen kennzeichnet eine alternative Streckenführung im nachgeordneten Straßennetz zwischen Autobahnanschlussstellen.

Z. 460

Bedarfsumleitung

(2) Für Zeichen 460 gibt es Varianten im Hinblick auf die Gestaltung der Pfeile (vgl. z. B. Anhang 1). Dadurch können die Zeichen als Wegweiser und als Vorwegweiser gemäß VzKat eingesetzt werden.

(3) Kann der umgeleitete Verkehr an der nach Zeichen 460 vorgesehenen Anschlussstelle noch nicht auf die Autobahn zurückgeleitet werden, wird er mit Zeichen 466 (weiterführende Bedarfsumleitung) über die nächste Bedarfsumleitung weitergeführt.

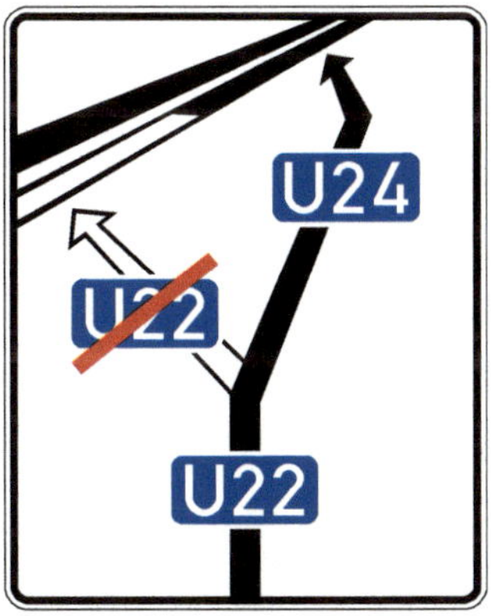

Weiterführende Bedarfsumleitung

2 Zuständigkeiten für Bedarfsumleitungen

(1) Bedarfsumleitungen für den Autobahnverkehr werden für nicht vorhersehbare Verkehrsstörungen auf der Autobahn von der Straßenverkehrsbehörde im Einvernehmen mit der Polizei und der Straßenbaubehörde festgelegt. Die Zuständigkeiten sind in StVO, VwV-StVO und länderspezifischen Regelungen festgelegt. Die nachstehenden Punkte dienen lediglich der Verdeutlichung.

(2) Die Beschilderung für Bedarfsumleitungsstrecken wird von der jeweils zuständigen Straßenverkehrsbehörde angeordnet. Hierfür sind entsprechende Beschilderungspläne zu erstellen.

(3) Bei der Festlegung von Bedarfsumleitungsstrecken sind folgende Kriterien zu berücksichtigen:

- Verkehrssicherheit
- Linienführung (Umwegfaktor, Steigungsverhältnisse, Ortsdurchfahrten)

- Streckencharakteristik (Brückenbauwerke, Engstellen, Fahrverbote, Straßenzustand)
- Leistungsfähigkeit (Leistungsreserven)
- Umwelt (Lärmbelastung, Schutzgebiete)

(4) Bei den Bedarfsumleitungsstrecken ist zu unterscheiden zwischen Strecken, die nur bei Notfällen (mit Ableitungen von der BAB), und Strecken, die für Verkehrslenkungsmaßnahmen zur besseren Ausnutzung der Kapazität eines Straßennetzes benutzt werden sollen („strategische" Umleitungsstrecken).

(5) Bei Notfällen auf der Autobahn (z. B. Unfälle mit gefährlichen Gütern oder Unfälle, die zu mehrstündigen Sperrungen führen) wird der Verkehr an einer Anschlussstelle durch die Polizei ausgeleitet. Dies geschieht ohne Berücksichtigung der aktuellen Leistungsreserven der Umleitungsstrecke.

(6) Eine Bedarfsumleitung soll nur angeboten werden (Umleitungsempfehlung), wenn dadurch die Fahrzeit für den umgeleiteten Verkehr verkürzt wird. Die Umleitungsempfehlung wird durch die Polizei unter Berücksichtigung der aktuellen Leistungsfähigkeit auf der Umleitungsstrecke und der Dauer der Störung auf der Autobahn festgelegt.

(7) Aktuelle Umleitungsempfehlungen sind von der Polizei den für die Unterrichtung der Verkehrsteilnehmer zuständigen Landesmeldestellen mitzuteilen. Bei geplanten Umleitungen (z. B. wegen Bauarbeiten) ist von der anordnenden Behörde zu prüfen, ob aufgrund der verkehrlichen Auswirkungen die verantwortlichen Landesmeldestellen zu benachrichtigen sind.

(8) Bedarfsumleitungen für Notfälle gemäß Absatz 5 dürfen auch über mautpflichtige Strecken außerhalb von Bundesautobahnen geführt werden.

3 Ausgestaltung und Aufstellung

3.1 Aufstellung auf der Autobahn

(1) Die Regelbeschilderung richtet sich nach den RWBA: Die Ausfahrt einer Bedarfsumleitungsstrecke in das nachgeordnete Straßennetz wird mit Zeichen 460 mit Pfeil nach rechts angezeigt. Das einzelne Zeichen oder mehrere Zeichen nebeneinander werden linksbündig auf Zeichen 333 angebracht.

(2) Wenn eine Bedarfsumleitung (z. B. wegen eines Unfalls oder wegen Überlastung einer Strecke) in Anspruch genommen werden muss, ist der Verkehr, gegebenenfalls unter Zuhilfenahme von Absperrgeräten, durch Lichtzeichen, Verkehrszeichen oder Polizeibeamte abzuleiten. Es ist auch zu prüfen, inwieweit es notwendig ist, den auf die Autobahn zufließenden Verkehr rechtzeitig auf die Bedarfsumleitungsstrecken oder andere Ausweichstrecken zu führen.

(3) Bei Ableitung des Verkehrs infolge einer Vollsperrung an einer Anschlussstelle ist zusätzlich eine Ausstattung durch Verkehrszeichen und Verkehrseinrichtungen nach den RSA erforderlich. Bei einer Vollsperrung und bei Sperrung von Anschlussstellen sind die betroffenen Zielangaben in der wegweisenden Beschilderung rot auszukreuzen. Die für die Auskreuzung verwendeten Materialien müssen auch bei Nacht deutlich sichtbar und erkennbar sein (siehe Teil C Kap. 5 Abs. (3)).

3.2 Aufstellung außerhalb der Autobahn

(1) Die Zeichen 460 sind vor jeder verkehrswichtigen Kreuzung oder Einmündung, an Stellen, an denen Zweifel über die Weiterführung der Bedarfsumleitung entstehen können, und am Ende der Bedarfsumleitungsstrecke (Einfahrt in die Autobahn) aufzustellen. Auch sonst ist das Zeichen unter Berücksichtigung der örtlichen Verhältnisse in angemessenen Abständen zu wiederholen.

(2) Wo sich die Verkehrsteilnehmer an Kreuzungen und Einmündungen rechtzeitig einordnen müssen, sind die Varianten des Zeichens 460 mit vorwegweisender Funktion zusätzlich zu verwenden (Zeichen 460 mit gebogenem Pfeil). Die Festlegung der Standorte von Vorwegweisern ist den RWB zu entnehmen.

(3) Die Zeichen 460 dürfen an den gleichen Standorten wie die Vorwegweiser bzw. Wegweiser nach RWB aufgestellt werden. Sie dürfen nicht in die Wegweisung integriert werden. Bei der Anbringung an Vorwegweiser bzw. Wegweiser ist die angegebene Richtung zu beachten (z. B. bei seitlicher Aufstellung linksweisend: links anbringen, rechtsweisend: rechts anbringen, geradeausweisend: über dem Geradeauspfeil des vorhandenen Wegweisers anbringen). Bei Überkopfbeschilderungen kann Zeichen 460 an der Aufstellvorrichtung der vorhandenen Vorwegweiser angebracht werden, sofern das Lichtraumprofil eingehalten wird.

(4) Müssen streckenweise zwei unterschiedliche Umleitungen zusammen in der Beschilderung geführt werden, kann dem jeweiligen Bedarfsumleitungszeichen eine Zielangabe zugeordnet werden. Als Zielangabe ist das Fernziel der Autobahnstrecke zu wählen, die der Verkehrsteilnehmer an derjenigen Anschlussstelle in der Autobahnwegweisung wieder findet, an der er am Ende der jeweiligen Bedarfsumleitung auf die Autobahn auffährt. Die Zeichen 460 werden in solchen Fällen durch zusätzliche Schilder ergänzt, in denen das jeweilige Fernziel der Autobahn aufgeführt ist.

(5) Um die Möglichkeit zu schaffen, den abgeleiteten Verkehr über mehrere Bedarfsumleitungen zu leiten, kann vor dem Gabelungspunkt der Umleitungen eine ggf. dynamische Tafel nach Zeichen 466 aufgestellt werden.

4 Regelpläne

Beispiele für Beschilderungen von Bedarfsumleitungen sind in den Regelplänen in Anhang 1 dargestellt.

Vollsperrung auf der Autobahn:	**Beginn von Bedarfsumleitungen:**	**Fortsetzung von Bedarfsumleitungen**
REGELPLAN B1 – bei längerer Dauer oder bei Nacht	REGELPLAN B2 – an einer Autobahnanschlussstelle REGELPLAN B3 – in einem Autobahndreieck	REGELPLAN B4 – Zufahrt an einer Kreuzung – Z. 460 ohne Zielangaben REGELPLAN B5 – Zufahrt an einer Kreuzung – Z. 460 mit Zielangaben REGELPLAN B6 – Zufahrt an einem Kreisverkehr – Z. 460 ohne Zielangaben REGELPLAN B7 – Zufahrt an einem Kreisverkehr – Z. 460 mit Zielangaben

Regelplan B1

Vollsperrung auf der Autobahn – bei längerer Dauer oder bei Nacht

Die Regelpläne sind als Prinzipskizzen zu verstehen und sind an die tatsächliche Situation in Form von Beschilderungsplänen anzupassen.

Hinweis: In dem Regelplan ist nur die Umleitungsbeschilderung am Beginn der Umleitungsstrecke und nicht die Beschilderung in deren weiterem Verlauf dargestellt. Es wird hier nur die wegweisende Beschilderung behandelt; zusätzlich ist eine Ausstattung mit Verkehrszeichen und Verkehrseinrichtungen gemäß RSA erforderlich.

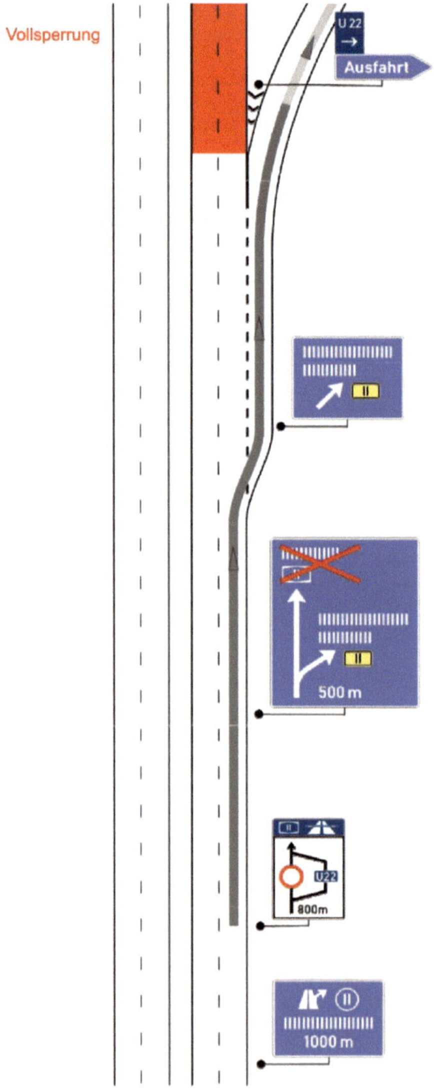

Regelplan B2

Beginn von Bedarfsumleitungen – an einer Autobahnanschlussstelle

Die Regelpläne sind als Prinzipskizzen zu verstehen und sind an die tatsächliche Situation in Form von Beschilderungsplänen anzupassen.

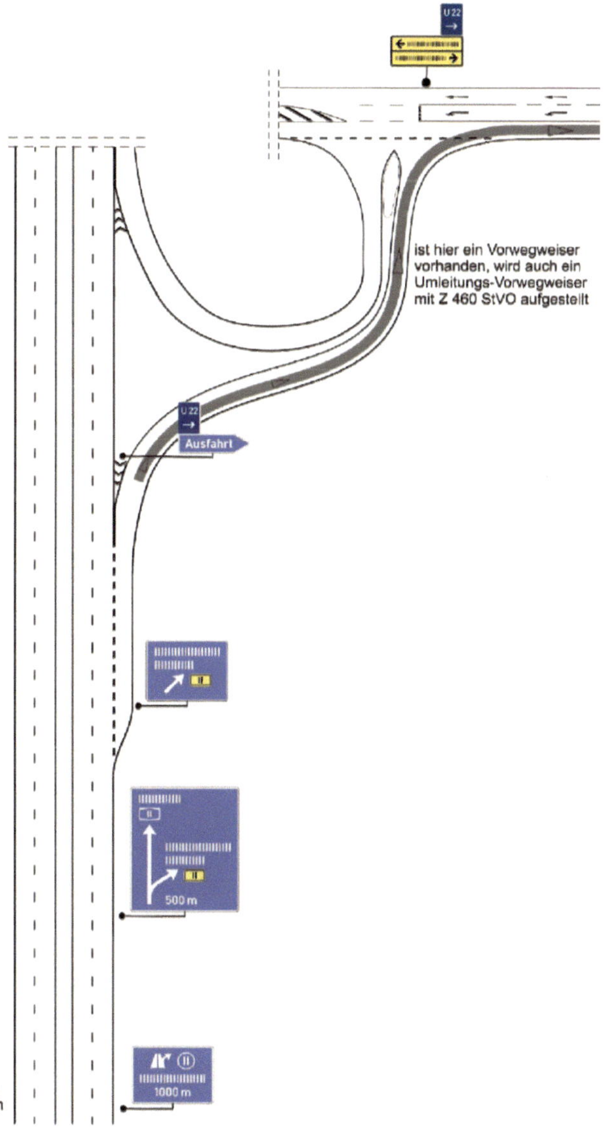

zur besseren Lesbarkeit ist in diesem Regelplan das Verhältnis der Schildrößen nicht maßstäblich

Regelplan B3

Beginn von Bedarfsumleitungen – in einem Autobahndreieck

Die Regelpläne sind als Prinzipskizzen zu verstehen und sind an die tatsächliche Situation in Form von Beschilderungsplänen anzupassen.

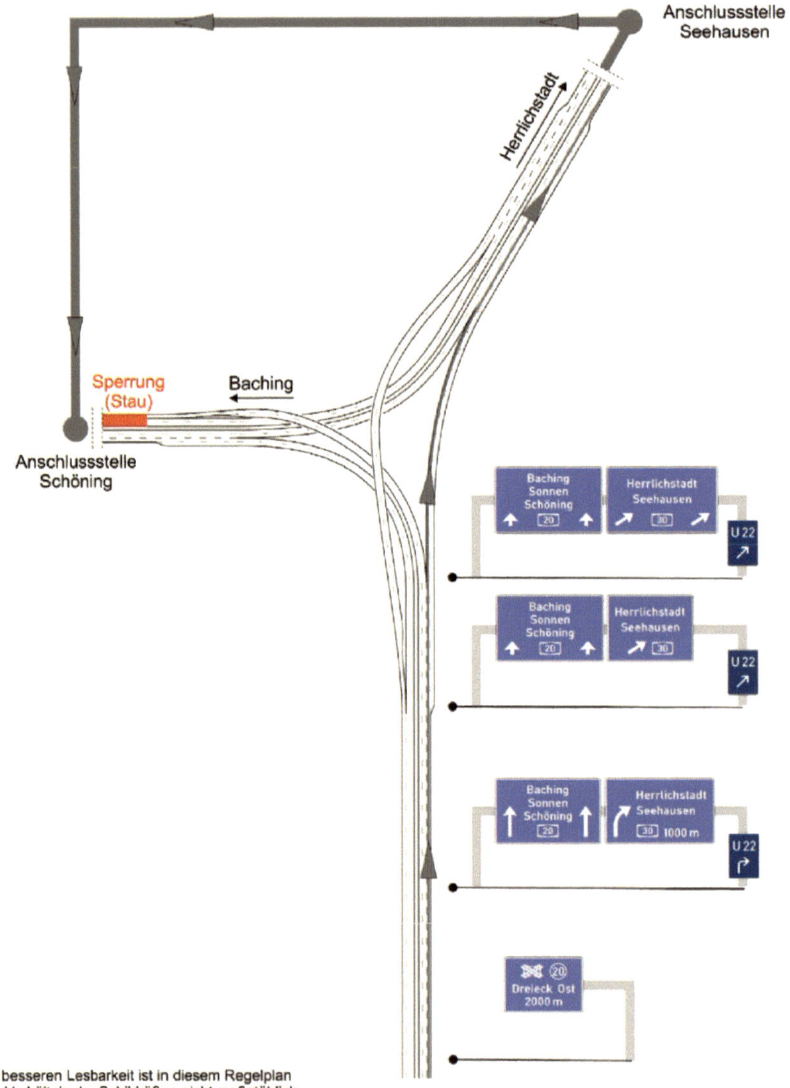

zur besseren Lesbarkeit ist in diesem Regelplan das Verhältnis der Schildrößen nicht maßstäblich

Regelplan B4

Fortsetzung von Bedarfsumleitungen – Zufahrt an einer Kreuzung

Z. 460 ohne Zielangaben

Die Regelpläne sind als Prinzipskizzen zu verstehen und sind an die tatsächliche Situation in Form von Beschilderungsplänen anzupassen.

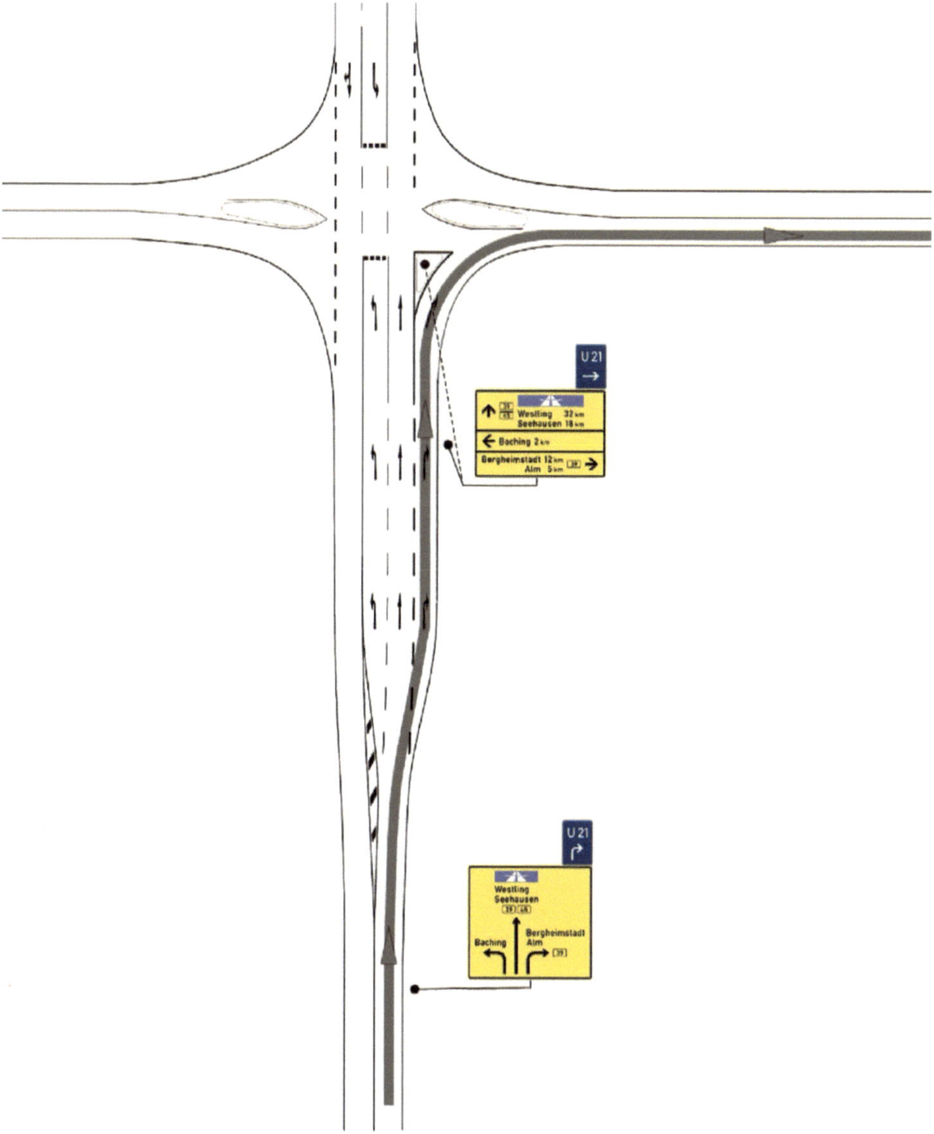

Regelplan B5

Fortsetzung von Bedarfsumleitungen – Zufahrt an einer Kreuzung

Z. 460 mit Zielangaben

Die Regelpläne sind als Prinzipskizzen zu verstehen und sind an die tatsächliche Situation in Form von Beschilderungsplänen anzupassen.

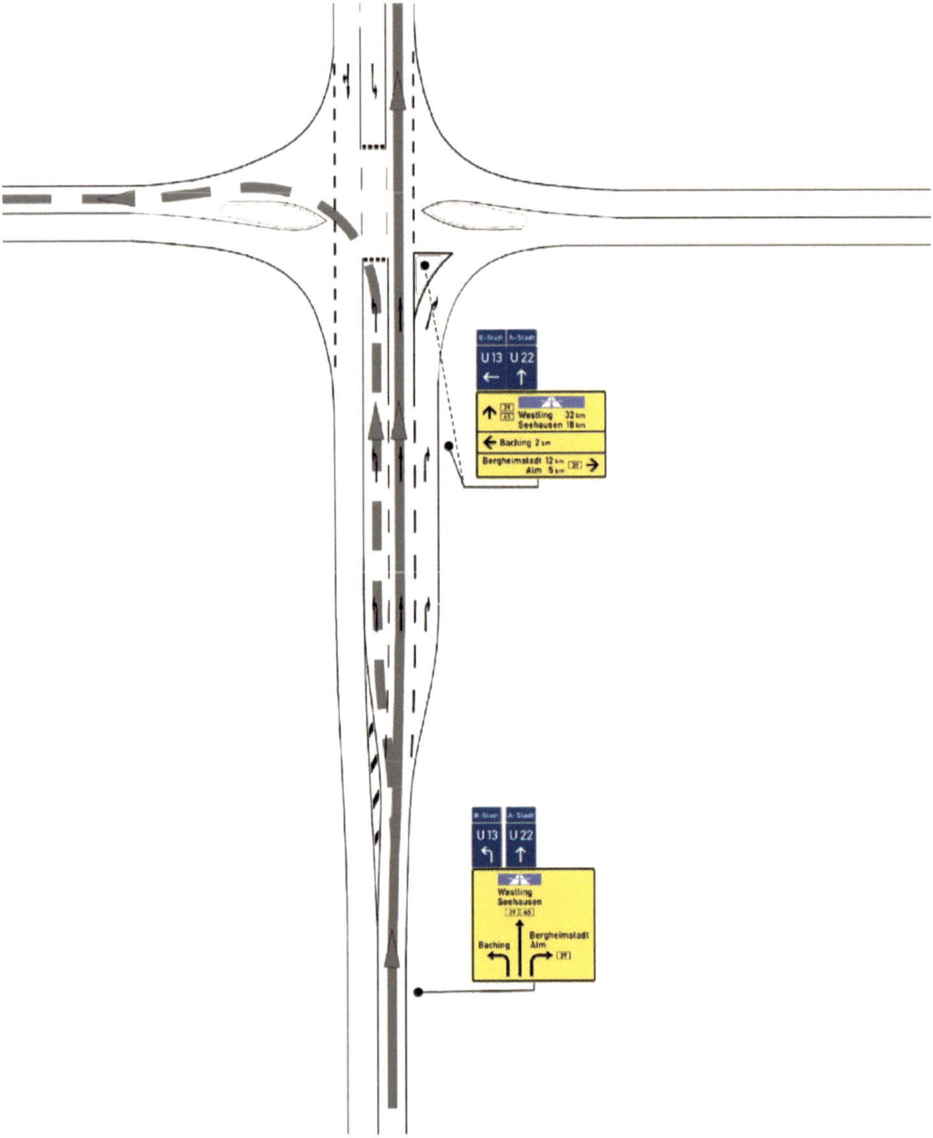

Regelplan B6

Fortsetzung von Bedarfsumleitungen – Zufahrt an einem Kreisverkehr

Z. 460 ohne Zielangaben

Die Regelpläne sind als Prinzipskizzen zu verstehen und sind an die tatsächliche Situation in Form von Beschilderungsplänen anzupassen.

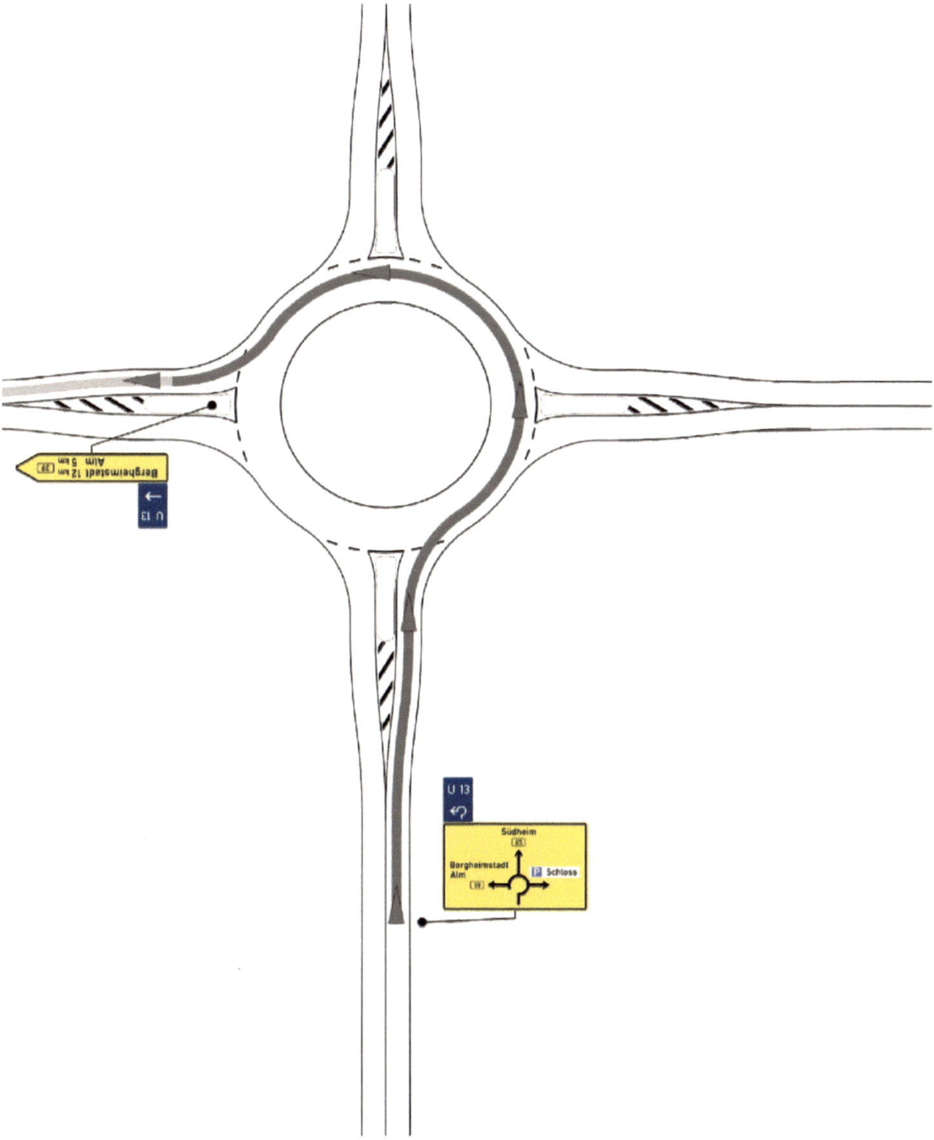

Regelplan B7

Fortsetzung von Bedarfsumleitungen – Zufahrt an einem Kreisverkehr

Z. 460 mit Zielangaben

Die Regelpläne sind als Prinzipskizzen zu verstehen und sind an die tatsächliche Situation in Form von Beschilderungsplänen anzupassen.

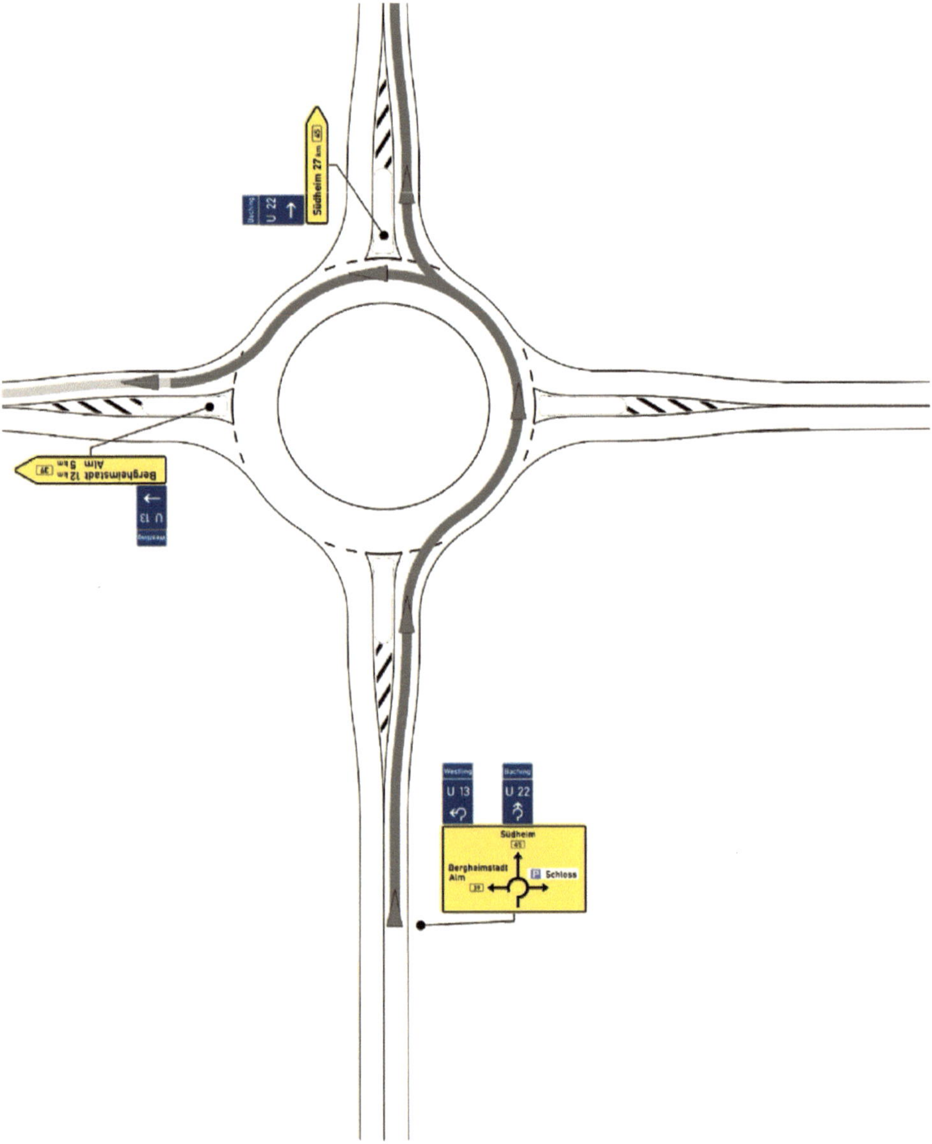

Bemaßungen

Alle Maßangaben in [mm], soweit nicht anders angegeben.

1. Planskizze in Anlehnung an Zeichen 458 (Ankündigungstafel)

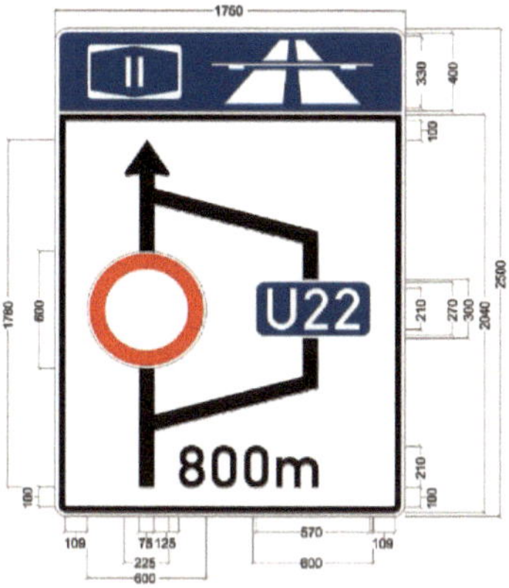

2. Vorwegweiser für eine Umleitung über die davorliegende Anschlussstelle (Ankündigungstafel)

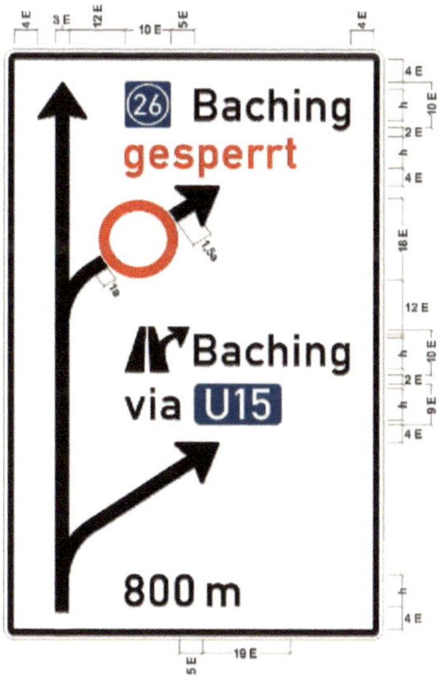

3. Vorwegweiser für eine Umleitung über die nächste Anschlussstelle (Ankündigungstafel)

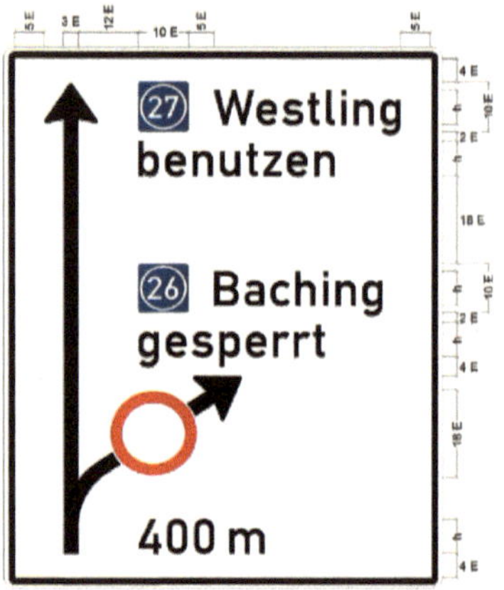

4. Weiterführende Bedarfsumleitung nach Zeichen 466 (Bedarfsumleitungstafel)

5. Zusätzliche Schilder über Vorwegweisern und Wegweisern von Bedarfsumleitungen nach Zeichen 460

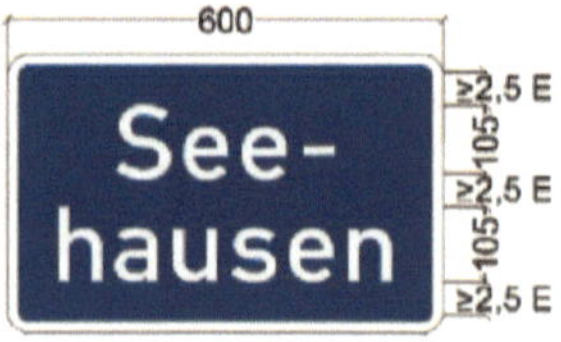

Teil C Angaben zu Gestaltung und Ausführung

1 Farbe, Schrift

(1) Umleitungsschilder nach Teil A dieser Richtlinien haben einen gelben, Planskizzen einen weißen Untergrund. Die zugehörigen Schriftinhalte, grafischen Symbole, Pfeile und Ränder sind schwarz. Die Schilder enthalten einen Kontraststreifen in der Farbe des Untergrundes. Ggf. in Schilder aufzunehmende Gefahr-, Vorschrift- oder Richtzeichen und Sinnbilder werden in den originalen Farben ausgeführt.

(2) Die Zeichen zur Kennzeichnung und Wegweisung der Bedarfsumleitungen nach Teil B dieser Richtlinien haben einen blauen Untergrund mit weißer Schrift, weißen Pfeilen und weißem Kontraststreifen. Die Bedarfsumleitungstafeln (Zeichen 466), Planskizze und Umleitungswegweiser auf der Autobahn haben einen weißen Untergrund mit schwarzem Rand und weißem Kontraststreifen.

(3) Für die Farbgestaltung gilt die DIN 6171-1 „Aufsichtfarben für Verkehrszeichen; Farben und Farbgrenzen".

(4) Als Schrift ist die „Serifenlose Linear – Antiqua, Verkehrsschrift" nach DIN 1451 Teil 2 und ergänzend die zugehörige Spationierung (Abstandsgestaltung) nach VkBl 1982, Seite 284 anzuwenden. Als Schrift ist die Mittelschrift zu verwenden. In besonderen Fällen kann Engschrift verwendet werden.

(5) Für die Darstellung von Zielangaben sind die Schriftgrößen nach den RWB (Mindestschriftgröße: h = 105 mm) und den RWBA (Mindestschriftgröße: h = 280 mm) zu verwenden. Für Ankündigungstafeln kann die Schriftgröße, die die Breite des Schildes bestimmt, den örtlichen Verhältnissen angepasst werden; dabei ist jedoch eine Mindestschriftgröße von 210 mm einzuhalten. Mit der Wahl der Schriftgröße h und der Schriftform liegen die Abmessungen der übrigen Wegweiserinhalte und ihre Abstände zueinander fest (siehe Anhang 2 in Teil A und Teil B).

2 Pfeile, Symbole

(1) Die Pfeile in der Beschilderung übernehmen die Funktion der Verkehrsführung. Sie stellen die Verbindung zwischen den Nummern bzw. den Zielangaben und den Fahrtrichtungen sowie den Fahrstreifen her. Die Verkehrsführung durch die Wegweisung darf nicht im Widerspruch zu der baulichen Gestaltung der Verkehrsanlage stehen. Pfeile werden richtungsbezogen verwendet.

(2) Einige einheitlich verwendete Bezeichnungen werden durch grafische Symbole dargestellt. Neben den durch die StVO vorgeschriebenen Zeichen dürfen nur solche grafischen Symbole verwendet werden, die im Verkehrsblatt (Amtliches Mitteilungsblatt des für Verkehr zuständigen Bundesministeriums) bekannt gegeben werden.

(3) Die Größen der in den Planskizzen gemäß Teil A (Zeichen 458) verkleinert dargestellten Verbotszeichen in Form einer Ronde (wie z. B. Zeichen 260) sind der folgenden Tabelle zu entnehmen.

Tabelle 1: Größen der verkleinert dargestellten StVO-Zeichen in Form einer Ronde (die angegebenen Maße geben den Durchmesser an)

Schriftgröße	Ronde
105 mm	350 mm
126 mm	420 mm
140 mm	470 mm

In Anhang 2 zu Teil B sind entsprechende Regelungen für Teil B getroffen.

(4) Die Bezeichnung der Umleitungsstrecke (z. B. U3) in der Planskizze oder die durch ein graphisches Symbol gezeigte Verkehrsart wird mittig auf die Gerade der dargestellten Umleitungsstrecke platziert.

(5) Bei der Darstellung der Klassifizierung einer Straße dürfen nur Bundesstraßennummern oder Autobahnnummern gezeigt werden.

3 Umrandung

Die Breiten von Rand und Kontraststreifen richten sich nach den TLP VZ, mit Ausnahme der Planskizze in der Größe 1600 \x 1250 mm. Bei dieser beträgt die Randbreite 20 mm.

4 Abmessungen der Schilder

(1) Die Größen von Gefahr-, Richt- und Vorschriftzeichen sind dem VzKat zu entnehmen. Grundsätzlich sind im Bereich von innerörtlichen Straßen und Landstraßen im Sinne der RSA Verkehrsschilder der Größe 2 nach VzKat sowie auf Autobahnen im Sinne der RSA Schilder der Größe 3 zu verwenden.

Damit ein stets gleiches Erscheinungsbild der Verkehrszeichen ausgeführt wird, muss auf einheitliches Bildmaterial als Ausgang für die Produktion der Verkehrszeichen zurückgegriffen werden können. Hierfür hat die

Bundesanstalt für Straßenwesen (BASt)
Brüderstraße 53
51427 Bergisch Gladbach

eine Datenbank mit den Digitaldaten der Verkehrszeichen erstellt. Ferner existieren von den Verkehrszeichen Digitaldaten bzw. Grafikprogramme für rechnergestütztes Zeichnen, Konstruieren, Fertigen usw. (vgl. VkBl Heft 6 – 1988 – Nr. 56 Seite 184).

(2) Für die Umleitungsschilder werden im Anhang 2 für die Teile A und B die für die Konstruktion notwendigen Bemaßungen angegeben. Bei der Konstruktion der Schilder werden die Randabstände und Eckradien nach den RWB bzw. den RWBA sowie die Rand- bzw. Kontraststreifengestaltung nach den TLP VZ gewählt, wodurch die Schildgröße festgelegt ist.

(3) Die zusätzlichen Schilder über den Zeichen 422, 442, 455.1 und 460 sind ebenso breit wie das Schild, das sie ergänzen.

(4) Die Angaben in Anhang 2 (Teil A und B) sind umzusetzen. Um die Wiederverwendung bestehender Schildplatinen zu ermöglichen, können in Ausnahmefällen die Randabstände und Eckradien unterschritten werden. Die Mindestmaße bei den Abständen der Gestaltungselemente zueinander sind jedoch einzuhalten.

5 Materialien

(1) Die retroreflektierenden Materialien müssen den Anforderungen der DIN 67520 retroreflektierende Materialien zur Verkehrssicherung entsprechen.

(2) Für die Ausführung der Umleitungsbeschilderungen sind das M LV zu beachten. Die Beschaffenheit der permanenten Umleitungsschilder (z. B. reflektierend oder beleuchtet) richtet sich nach der Leistungsklasse der Verkehrszeichen, mit denen sie zusammenstehen (s. Tabelle 1 des M LV). Die unmissverständliche Erkennbarkeit muss auch bei Dunkelheit gewährleistet sein. Für die temporären Umleitungsschilder können fluoreszierende Reflexfolien eingesetzt werden, auch in Kombination mit nichtfluoreszierenden Verkehrszeichen.

(3) Zum Auskreuzen von Zielangaben oder Wegweisern ist ein berührungsloses System mit einer retroreflektierenden, roten Verkehrszeichenfolie zu verwenden. Die Verkehrszeichenfolie der Auskreuzvorrichtung muss mindestens der Leistungsklasse der Wegweisung entsprechen.

6 Statischer Nachweis

(1) Bei einer Anbringung von Zeichen der Umleitungsbeschilderung an vorhandenen Schildern entsprechend den Teilen A und B dieser Richtlinien, ist ein statischer Nachweis nur in besonderen Fällen erforderlich. Die Notwendigkeit ist von der jeweils zuständigen Straßenbaubehörde festzulegen.

(2) Sofern Schilder von temporären Umleitungsbeschilderungen mit mobilen Aufstellvorrichtungen aufgestellt werden, müssen diese die Anforderungen der Technischen Lieferbedingungen für Aufstellvorrichtungen für Schilder und Verkehrseinrichtungen an Arbeitsstellen erfüllen.

(3) Die Zuordnung der notwendigen Standsicherheitsklasse für die Aufstellvorrichtung der jeweiligen Schilderkombination muss den ZTV-SA entsprechen.

(4) Bei ortsfesten Verkehrszeichen gelten die TLP VZ.

Richtlinien für die wegweisende Beschilderung auf Autobahnen (RWBA 2023)

Vom 19. Juni 2024 (VkBl. S. 470)

Inhaltsübersicht

Regelplan 2.2:	Autobahndreieck/Autobahnkreuz mit Ausfahrttypen A1/A2 an Richtungsfahrbahn mit drei oder mehr Fahrstreifen
Regelplan 2.3:	Autobahndreieck/Autobahnkreuz mit Ausfahrttyp A3 an Richtungsfahrbahn mit drei oder mehr Fahrstreifen
Regelplan 2.4:	Autobahndreieck/Autobahnkreuz mit Ausfahrttyp A3 und Sortierraum an Richtungsfahrbahn mit drei oder mehr Fahrstreifen
Regelplan 2.5:	Autobahndreieck/Autobahnkreuz mit Ausfahrttyp A3 und Sortierraum an Richtungsfahrbahn mit drei oder mehr Fahrstreifen
Regelplan 2.6:	Autobahndreieck/Autobahnkreuz mit Ausfahrttypen A4/A5 an Richtungsfahrbahn mit drei oder mehr Fahrstreifen mit Fahrstreifensubtraktion und gemeinsamem Zielblock in der Ausfahrt
Regelplan 2.7:	Autobahndreieck/Autobahnkreuz mit Ausfahrttypen A4/A5 an Richtungsfahrbahn mit drei oder mehr Fahrstreifen mit Fahrstreifensubtraktion und getrennten Zielblöcken in der Ausfahrt
Regelplan 2.8:	Autobahndreieck/Autobahnkreuz mit Ausfahrttyp A4 und Sortierraum an Richtungsfahrbahn mit drei oder mehr Fahrstreifen mit Fahrstreifensubtraktion und gemeinsamem Zielblock in der Ausfahrt
Regelplan 2.9:	Autobahndreieck/Autobahnkreuz mit Ausfahrttyp A4 und Sortierraum an Richtungsfahrbahn mit drei oder mehr Fahrstreifen mit Fahrstreifensubtraktion und getrennten Zielblöcken in der Ausfahrt
Regelplan 2.10:	Autobahndreieck/Autobahnkreuz mit Ausfahrttypen A6/A7 an Richtungsfahrbahn mit drei oder mehr Fahrstreifen mit Fahrstreifensubtraktion
Regelplan 2.11:	Autobahndreieck/Autobahnkreuz mit Ausfahrttyp A8 an Richtungsfahrbahn mit vier oder mehr Fahrstreifen mit Fahrstreifensubtraktion
Regelplan 2.12:	Autobahnkreuz mit Verflechtungsstreifen an durchgehender Fahrbahn (Typ V1)
Regelplan 3.1:	Ausfahrt Typ AR1 an Verbindungsrampe
Regelplan 3.2:	Ausfahrt Typ AR2 an Verbindungsrampe
Regelplan 3.3:	Ausfahrt Typ AR3 an Verbindungsrampe
Regelplan 3.4:	Ausfahrt Typ AR4 an Verbindungsrampe
Regelplan 3.5:	Verflechtung Typ VR1 an Verbindungsrampe
Regelplan 4.1:	Anschlussstellen mit Bezugsabstand von 650 m bis 1100 m
Regelplan 4.2:	Anschlussstellen mit Bezugsabstand kleiner 650 m
Regelplan 4.3:	Anschlussstellen mit durchgehendem Verflechtungsstreifen (Sortierraum) Bezugsabstand von 500 m bis 1000 m
Regelplan 4.4:	Anschlussstellen mit durchgehendem Verflechtungsstreifen (Sortierraum) Bezugsabstand von 250 m bis 500 m
Regelplan 4.5:	Anschlussstellen mit durchgehendem Verflechtungsstreifen (Sortierraum) Bezugsabstand kleiner 250 m
Regelplan 5.1:	Autobahnkreuze/-dreiecke mit Bezugsabstand von 1650 m bis 2100 m
Regelplan 5.2:	Autobahnkreuze/-dreiecke mit Bezugsabstand von 1150 m bis 1650 m
Regelplan 5.3:	Autobahnkreuze/-dreiecke mit Bezugsabstand von 950 m bis 1150 m
Regelplan 5.4:	Autobahnkreuze/-dreiecke mit Bezugsabstand von 650 m bis 950 m
Regelplan 5.5:	Autobahnkreuze/-dreiecke mit Bezugsabstand kleiner 650 m
Regelplan 5.6:	Autobahnkreuze/-dreiecke mit durchgehendem Verflechtungsstreifen (Sortierraum) Bezugsabstand von 1000 m bis 1500 m
Regelplan 5.7:	Autobahnkreuze/-dreiecke mit durchgehendem Verflechtungsstreifen (Sortierraum) Bezugsabstand von 500 m bis 1000 m
Regelplan 5.8:	Autobahnkreuze/-dreiecke mit durchgehendem Verflechtungsstreifen (Sortierraum) Bezugsabstand von 250 m bis 500 m
Regelplan 5.9:	Autobahnkreuze/-dreiecke mit durchgehendem Verflechtungsstreifen (Sortierraum) Bezugsabstand kleiner 250 m
Regelplan 6.1:	gestaffelte Ausfahrt an Richtungsfahrbahn mit drei oder mehr Fahrstreifen
Regelplan 7.1:	Richtungsfahrbahn mit drei oder mehr Fahrstreifen, an Ausfahrt endende temporäre Seitenstreifenfreigabe

1 Allgemeines

Diese Richtlinien enthalten die Regeln für Systematik, Gestaltung und Anbringung der wegweisenden Beschilderung an Bundesautobahnen. Die Regeln sind für Straßen anzuwenden, die durch Zeichen 330.1 als Autobahnen gekennzeichnet sind. Sie stellen das „Blaue System" in der Wegweisung dar.

1.1 Begriffe

Verkehrszeichen: Gefahrzeichen, Vorschriftzeichen und Richtzeichen (§ 39 Absatz 2 StVO) sowie Zusatzzeichen (§ 39 Absatz 3 StVO). Die Größe der Verkehrszeichen, die Gestaltung der Zusatzzeichen sowie die Art ihrer Aufstellung oder Anbringung sind in §§ 39 bis 43 StVO, in der VwV-StVO insbesondere zu §§ 39 bis 43 und in dem zugehörigen Katalog der Verkehrszeichen (VzKat) geregelt. Die Wegweisung ist Teil der Richtzeichen. Die Nummerierung der Zeichen in diesen Richtlinien bezieht sich auf die StVO bzw. den VzKat.

Wegweisung: Richtzeichen (Anlage 3 zu § 42 StVO), welche der Orientierung der Verkehrsteilnehmer dienen (Überbegriff).

Zielblock: Gesamtheit der Ziele, die hinter dem zugehörigen Entscheidungspunkt gemeinsam auf einer Fahrbahn geführt werden.

Ankündigung (Zeichen 448): Kündigt den folgenden Knotenpunkt unter Benennung der Knotenpunktbezeichnung und -nummer an.

Vorwegweiser (Zeichen 449): Zeigt nach der Ankündigung erstmals Geradeaus- und/oder Abzweigziele an. Kann bei Anbringung über Kopf der Vorsortierung auf unterschiedliche Fahrstreifen dienen (vgl. Sortierraum).

Ankündigungsbaken (Zeichen 450): Stehen 300, 200 und 100 m vor dem Wegweiser.

Wegweiser: Standort der Ausfahrttafel; bei Anbringung über Kopf kann daneben auch eine Tafel mit Geradeauszielen Bestandteil sein. Bei Knotenpunkten mit mehreren Ausfahrten und Anbringung über Kopf sind auch Kombinationen aus Wegweiser und Vorwegweiser möglich. Der Wegweiser ist in dieser Funktion auch an Nebenfahrbahnen (Verteilerfahrbahnen, Rampen etc.) angebracht. Er steht in Abhängigkeit von der örtlichen Geschwindigkeit in fester Entfernung zum Entscheidungspunkt (markierte Trenninselspitze, vgl. Abschnitt 4.2) und je Entscheidungspunkt genau einmal.

Ausfahrttafel (Zeichen 332): Leitet den Ausfahrvorgang ein und erlaubt gemäß § 18 Absatz 10 StVO das Verlassen der Autobahn.

Gabelungswegweiser: Weist an Nebenfahrbahnen sowie an Autobahnkreuzen oder -dreiecken auch an der durchgehenden Fahrbahn auf die über eine Gabelung zweier Fahrbahnen erreichbaren Ziele hin. An der durchgehenden Fahrbahn ausschließlich, an Nebenfahrbahnen in der Regel in Ergänzung zum Wegweiser. Ist stets hinter dem Entscheidungspunkt angebracht.

Ausfahrt von der Autobahn (Zeichen 333): Weist auf die Ausfahrt hin. Dient auch der optischen Führung. Erlaubt gemäß § 18 Absatz 10 StVO das Verlassen der Autobahn. Ist ausschließlich an Anschlussstellen, nicht jedoch an Autobahnkreuzen oder -dreiecken oder an Rastanlagen, anzubringen.

Entfernungstafel (Zeichen 453): Gibt Fernziele und die Entfernung zur jeweiligen Ortsmitte an. Ziele, die über eine andere als die gerade befahrene Autobahn zu erreichen sind, werden unterhalb eines waagerechten Striches angegeben.

Abfahrttafel: Letzte Wegweisung auf Rastanlagen vor Einfahrt in die durchgehende Fahrbahn.

Sortierraum: Zulaufstrecke auf einen Autobahnknotenpunkt mit Zuweisung von Fahrstreifen zu bestimmten Zielblöcken durch fahrstreifenbezogene Vorwegweiser über Kopf. Die den einzelnen Zielblöcken zugewiesenen Fahrstreifen sind durch breite Leitlinien voneinander abgetrennt und abgehende Fahrstreifen im Sinne von § 7a Absatz 1 StVO. Dies gilt unabhängig davon, ob es sich um eine Fahrstreifensubtraktion (vgl. Ausfahrttyp A 6 nach RAA) oder einen Verflechtungsbereich handelt, oder ob der oder die abgehenden Fahrstreifen sämtlich oder teilweise mit einer Fahrbahnaufweitung stromaufwärts vom Knotenpunkt beginnen.

Hauptfahrstreifen: Rechter Fahrstreifen der durchgehenden Fahrbahn.

1.2 Allgemeine Anforderungen

(1) Die Wegweisung ist eine systematische Anordnung von Richtzeichen nach § 42 StVO mit Informationen für die geographische Orientierung im Straßennetz. Sie dient im Wesentlichen

- der richtigen Wegfindung zu einem Ziel auf einer möglichst umwegfreien Fahrtroute,
- der Ortsbestimmung,
- der Verteilung des Verkehrs im Straßennetz und innerhalb von Teilnetzen.

(2) Aus dem besonderen baulichen und verkehrlichen Charakter des Straßentyps Autobahn sind auch besondere Anforderungen an die Autobahnwegweisung begründet. Die Wegweisung übernimmt zum einen die Aufgabe, den Verkehr zu Zielen außerhalb der Autobahnen zu führen, zum anderen hat sie eine Funktion auf der Autobahn selbst, indem sie auf Service-Einrichtungen an der Strecke hinweist (Parkplätze, Dienstleistungen).

(3) Die Wegweisung hat eine besondere Bedeutung für die Verkehrssicherheit; sie muss frühzeitig auf zu treffende Fahrentscheidungen über das Verlassen der Autobahn (Anschlussstellen) oder über den Wechsel auf eine andere Autobahn (Autobahnkreuze oder -dreiecke) sowie über Fahrtunterbrechungen (Parkplätze, Dienstleistungen) hinweisen. Durch eine funktionsgerechte Ausführung der Wegweisung können verkehrsgefährdende Fahrmanöver wie abrupte Fahrstreifenwechsel oder starkes Bremsen vermieden werden.

(4) Die Wegweisung muss insbesondere

- erkennbar, lesbar, begreifbar und leicht verständlich sein,
- den Anforderungen im internationalen Verkehr entsprechen,
- eindeutig sein und einen sicheren und flüssigen Verkehrsablauf gewährleisten,
- mit der Markierung im Einklang stehen. Die von ihr ausgehenden Fahrtempfehlungen dürfen den mit den Zeichen der Markierungen verbundenen Geboten und Verboten nicht widersprechen.

(5) Die Informationen sind auf die wesentlichen Inhalte zu beschränken.

1.3 Anforderungen an die Systematik

(1) Die Systematik der Wegweisung muss einheitlich aufgebaut sein. Das bezieht sich sowohl auf die Gestaltung als auch auf die Ausführung und Aufstellung.

(2) Im Hinblick auf den weiträumigen Verkehr erfordert die Systematik zwangsläufig einen Kompromiss zwischen einer möglichst umfangreichen Information und einer systembedingten Beschränkung auf möglichst wenige, aber systematische Informationen für die Gesamtheit der am Verkehr teilnehmenden Fahrzeuge. Diese Informationen dürfen einen bestimmten Umfang nicht überschreiten.

(3) Die Informationsinhalte der Wegweisung sind nach Umfang und Form, durch die Aufteilung der Anzeigefläche sowie durch die Aufnahmefähigkeit beim Führen eines Fahrzeugs begrenzt.

1.4 Anforderungen an die Erkennbarkeit und Lesbarkeit

(1) Die Wegweisung ist so zu dimensionieren und anzubringen, dass sie bei der vorherrschenden Geschwindigkeit, Verkehrsstärke und Verkehrszusammensetzung rechtzeitig erkannt und gelesen werden kann.

(2) Hinsichtlich der übrigen Verkehrszeichen und Verkehrseinrichtungen auf den Autobahnen vgl. VwV-StVO zu §§ 39 bis 43.

1.5 Tangierende Richtlinien und Vorschriften

(1) Der Katalog der Verkehrszeichen (VzKat) enthält alle Verkehrszeichen (inkl. Zusatzzeichen) und Verkehrseinrichtungen gemäß den §§ 39 bis 43 der StVO sowie zulässige Varianten von diesen. Außerdem enthält er Verkehrszeichen, die von dem für Verkehr zuständigen Bundesministerium nach Anhörung der zuständigen obersten Landesbehörden durch Verkehrsblattverlautbarung eingeführt sind. Der VzKat umfasst alle bundesweit eingeführten und damit amtlich zugelassenen Verkehrszeichen. Als Anlage zur Allgemeinen Verwaltungsvorschrift zur StVO (VwV StVO zu den §§ 39 bis 43 Randnummer 8) ist er Bestandteil der VwV StVO.

(2) Die Wegweisung wird im VzKat aufgrund der variablen Inhalte nur durch beispielhafte, prinzipielle Darstellungen der verschiedenen Tafeln und Wegweiser wiedergegeben. Inhalt, Gestaltung und Ausführung der Wegweisung sind detaillierter in diesen Richtlinien sowie in anderen, diese Richtlinien tangierenden Regelwerken, festgelegt. Dies sind insbesondere:

- Autobahnverzeichnis (AVERZ) – In diesem werden alle Knotenpunkte, Nebenanlagen und Nebenbetriebe richtungsbezogen im Streckenverlauf der Autobahnen dargestellt. Das Autobahnverzeichnis wird im Auftrag des für Verkehr zuständigen Bundesministeriums regelmäßig aktualisiert und veröffentlicht.

- Dynamische Wegweiser mit integrierten Stauinformationen (dWiSta) – Hinweise für die einheitliche Gestaltung und Anwendung an Bundesfernstraßen
- Empfehlungen für Rastanlagen an Straßen (ERS)
- European Agreement on Main International Traffic Arteries (AGR)
- Grundsätze für die passiv sichere Aufstellung von Verkehrszeichen
- Merkblatt für die Wahl der lichttechnischen Leistungsklasse von vertikalen Verkehrszeichen und Verkehrseinrichtungen (M LV)
- Richtlinien für den passiven Schutz an Straßen durch Fahrzeug-Rückhaltesysteme (RPS)
- Richtlinien für die Anlage von Autobahnen (RAA)
- Richtlinien für die Markierung von Straßen – Teil A – Autobahnen (RMS Teil A)
- Richtlinien für die touristische Beschilderung (RtB)
- Richtlinien für die wegweisende Beschilderung außerhalb von Autobahnen (RWB)
- Richtlinien für Umleitungsbeschilderungen (RUB)
- Richtlinien für Wechselverkehrszeichen an Bundesfernstraßen (RWVZ)
- Richtlinien für Wechselverkehrszeichenanlagen an Bundesfernstraßen (RWVA)
- Richtzeichnungen für Ingenieurbauten (RiZ ING)
- Technische Liefer- und Prüfbedingungen für vertikale Verkehrszeichen (TLP VZ)
- Schrift für den Straßenverkehr nach DIN 1451, Verkehrsblatt 1982, S. 284
- Zusätzliche technische Vertragsbedingungen und Richtlinien für Verkehrszeichenbrücken (ZTV VZB)
- Zusätzliche technische Vertragsbedingungen und Richtlinien für vertikale Verkehrszeichen (ZTV VZ)
- Zusätzliche Technische Vertragsbedingungen und Richtlinien Ingenieurbauten (ZTV ING)

Weiterhin sind folgende DIN-Vorschriften für die Gestaltung und Ausführung der Wegweisung maßgebend:

- DIN 1450: Schriften – Leserlichkeit
- DIN 1451 1/ -2: Schriften – Serifenlose Linear-Antiqua
- DIN ISO 3864-3: Graphische Symbole – Sicherheitsfarben und Sicherheitszeichen – Teil 3: Gestaltungsgrundlagen für graphische Symbole zur Anwendung in Sicherheitszeichen
- DIN 6171: Aufsichtsfarben für Verkehrszeichen und Verkehrseinrichtungen.
- DIN 67520: Retroreflektierende Materialien zur Verkehrssicherung – Lichttechnische Mindestanforderungen an Reflexstoffe

2 Aufbau der Wegweisung

2.1 Wegweisungselemente

2.1.1 Zielangaben

Die wichtigsten Führungsmerkmale der Autobahnwegweisung sind die Zielangaben. Sie dienen der Wegfindung, der Orientierung im Netz und der Standortbestimmung (vgl. Kapitel 3).

2.1.2 Autobahnnummer

(1) Die vom Fernstraßen-Bundesamt festgelegte Nummerierung wird im Autobahnverzeichnis (vgl. Abschnitt 1.5) veröffentlicht.

(2) Die Autobahnnummer (Zeichen 405) ist als Führungsmerkmal für jede Autobahn festgelegt. Sie definiert den geographischen Verlauf einer Autobahn. Dieselbe Autobahnnummer soll daher nicht für die Anzeige einer zeitweise geänderten Verkehrsführung über eine andere Strecke verwendet werden (z. B. bei Umleitungsmaßnahmen, Wechselwegweisung u. ä.).

(3) Mit Hilfe der Autobahnnummern soll die Wegweisung vereinfacht und verdeutlicht werden. Durch die besondere Führungsfunktion der Nummer lässt sich die Anzahl der Zielangaben in der Wegweisung beschränken.

2.1.3 Europastraßennummer

(1) Die Europastraßennummer (Zeichen 410) wird auf der Grundlage des AGR (vgl. http://www.gesetze-im-internet.de/agr/) verwendet.

(2) Die A-Nummerierung und die E-Nummerierung stellen zwei voneinander unabhängige Nummerierungssysteme dar. Das E-Nummernzeichen wird nur in die Entfernungstafeln der Knotenpunkte (Anschlussstellen, Autobahnkreuze und -dreiecke) aufgenommen.

2.1.4 Bundesstraßennummer

Die Bundesstraßennummer (Zeichen 401) soll im Regelfall in die Wegweisung einer Anschlussstelle aufgenommen werden, sofern die Bundesstraße unmittelbar angeschlossen ist.

2.1.5 Knotenpunktnummer

(1) Zur Verbesserung der Orientierung und zur Beschränkung der Anzahl von Ausfahrtzielen werden die Knotenpunkte der Autobahnen (Anschlussstellen, Autobahnkreuze und -dreiecke) mit fortlaufenden Nummern versehen. Diese Nummern gemäß Zeichen 406 werden in die Ankündigungstafel (Zeichen 448) aufgenommen.

(2) In den Fällen einer späteren Erweiterung um einen bzw. mehrere neue Knotenpunkte werden die Ergänzungen a, b, c, ... verwendet; so wird z. B. der vorhandene Knotenpunkt 29 zu 29a und der neu hinzukommende Knotenpunkt erhält die Knotenpunktnummer 29b.

(3) Die Knotenpunktnummer wird auf der 300 m-Ankündigungsbake (Zeichen 450 52) wiederholt (vgl. Abschnitt 6.6).

2.1.6 Pfeile

Die Pfeile in der Wegweisung übernehmen die Funktion der Verkehrsführung. Sie stellen die Verbindung zwischen den Zielangaben bzw. Nummern und der Fahrtrichtung sowie den Fahrstreifen her. Die Verkehrsführung durch die Wegweisung muss mit der baulichen Gestaltung (Einheit von Bau und Betrieb) sowie der Fahrbahnmarkierung im Einklang stehen. Pfeile werden daher grundsätzlich in zwei voneinander zu unterscheidenden Funktionen angewendet:

- *Richtungsbezogen:* Unabhängig von der Einteilung des Querschnitts in Fahrstreifen werden die Ziele einer Fahrtrichtung zugeordnet. Dabei gilt die sogenannte Umklappregel (vgl. Abschnitt 5.2.6), nach der die Pfeilspitzen in die jeweilige Fahrtrichtung zeigen (z. B. bei geradeaus nach oben).

Richtungsbezogene Wegweisung

– *Fahrstreifenbezogen:* Der Informationsinhalt der Wegweisung wird bei Überkopfbeschilderung bestimmten Fahrstreifen zugeordnet. Die Zuordnung erfolgt durch senkrecht oder schräg nach oben gerichtete Pfeile über der Mitte eines jeden Fahrstreifens.

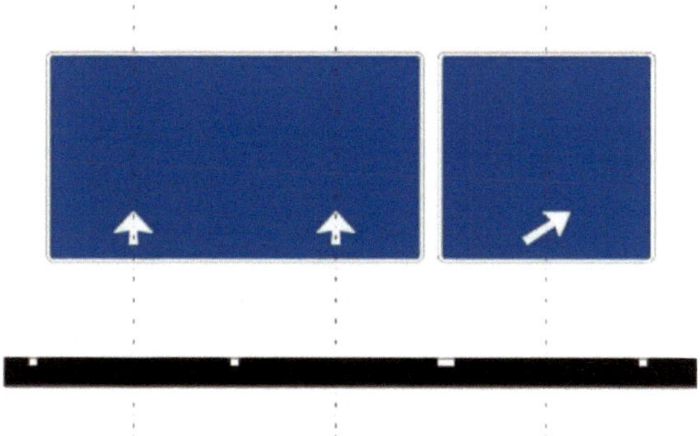

Fahrstreifenbezogene Wegweisung mit Kurzpfeilen am Bezugspunkt einer einstreifigen Ausfahrt

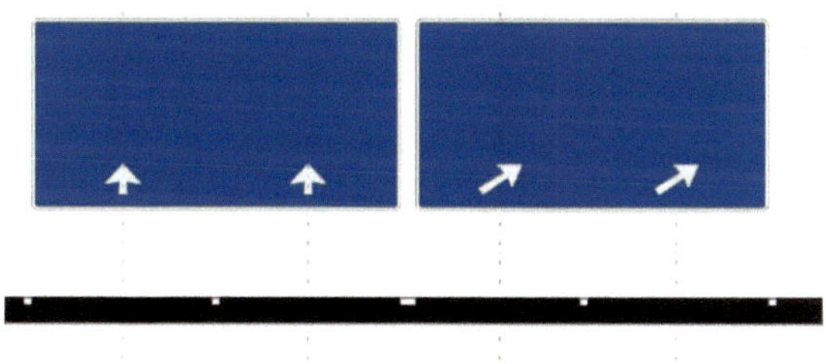

Fahrstreifenbezogene Wegweisung mit Kurzpfeilen am Bezugspunkt einer zweistreifigen Ausfahrt

2.1.7 Sinnbilder

Einige vereinheitlichte Bezeichnungen werden durch Sinnbilder dargestellt. Neben den Sinnbildern gemäß Abschnitt 5.5 dürfen nur solche Sinnbilder verwendet werden, die im Verkehrsblatt für die Anordnung auf Autobahnen bekanntgegeben sind.

2.1.8 Farbgebung

(1) Farben in der Wegweisung sollen die Verkehrsführung unterstützen und das Auffinden und Erfassen der Informationen in der Wegweisung erleichtern.

(2) Die Grundfarbe der Wegweisung im Verlauf der Autobahn ist blau. Sie dient als Leitfarbe. Somit tragen die Schilder weiße Schrift auf blauem Grund. Die Zeichen 430 „Pfeilwegweiser zur Autobahn" und 440 „Vorwegweiser zur Autobahn" im Basisnetz werden nach RWB (vgl. Abschnitt 1.5) ebenfalls in blau mit weißer Schrift ausgeführt.

(3) Pfeile, Schildunterteilungen und -umrandungen (Kontraststreifen) sind weiß.

(4) Sinnbilder werden gemäß Abschnitt 5.5 weiß bzw. in weißen Einsätzen angezeigt.

2.2 Aufbau der Wegweisung

2.2.1 Reihenfolge

(1) Die hohe Verkehrsgeschwindigkeit auf den Autobahnen erfordert eine rechtzeitige und nach bestimmten Regeln dargestellte Information, die in der verfügbaren Lesezeit erfasst und verarbeitet werden kann. Die

Aufgaben, die eine Wegweisung stellt (Zielführung und Orientierung), sind daher in Teilaufgaben aufgelöst, die nacheinander abgearbeitet werden können. Die einzelnen Informationen sind in einer bestimmten Reihenfolge in einzelnen Schildern enthalten.

(2) Entsprechend der Vorbeifahrt an Knotenpunkten werden folgende Schilderstandorte mit unterschiedlichen Funktionen unterschieden:

- Ankündigungstafel
- Vorwegweiser
- Wegweiser (Ausfahrttafel, ggf. Tafel mit Geradeauszielen)
- Entfernungstafel

(3) Folgen Ausfahrten in dichtem Abstand hintereinander, sind Überschneidungen der einzelnen Schilder zu vermeiden. Daher muss in solchen Fällen von der dargestellten Folge abgewichen werden. Für dichte Abstände der Knotenpunkte sind Regellösungen in Kapitel 7 beschrieben.

(4) Liegen im Bereich einer Knotenpunktwegweisung Zufahrten zu Rastanlagen, so ist gemäß Kapitel 8 zu verfahren.

2.2.2 Funktionen

Ankündigungstafel (Zeichen 448)

(1) Die Ankündigungstafel leitet die Wegweisung im Knotenpunktbereich durch den Hinweis auf den vorausliegenden, nächsten Knotenpunkt ein. Anschlussstellen, Autobahnkreuze und -dreiecke werden mit ihrem Namen und der Knotenpunktnummer angekündigt.

(2) Zur Unterscheidung und Kennzeichnung der Knotenpunkte werden die Namen und Nummern der Knotenpunkte mit einem entsprechenden Sinnbild für „Autobahnausfahrt" bzw. „Autobahnkreuz oder Autobahndreieck" kombiniert. Die Sinnbilder sind in folgender Weise zu verwenden:

- Eine Anschlussstelle wird mit dem AS-Symbol und der Bezeichnung „Xxxxxxx",
- eine Anschlussstelle, die ein Kreuz oder Dreieck mit einer in mindestens eine Richtung über eine lägnere Strecke autobahnähnlich ausgebauten Straße des Basisnetzes bildet, wird mit dem AK/AD-Sinnbild und der Bezeichnung „Xxxxxxx" und
- ein Autobahndreieck oder Autobahnkreuz wird mit dem AK/AD-Sinnbild und der entsprechenden Bezeichnung angekündigt.

Vorwegweiser (Zeichen 449)

Der Vorwegweiser kündigt die Wegweisung im vorausliegenden Knotenpunktbereich durch Angabe der abzweigenden und weiterführenden Richtungen an. Je nach Ausführung enthält er bereits Hinweise zur Verkehrsführung. Er dient dem abzweigenden Verkehr zum rechtzeitigen Einordnen und dem geradeaus fahrenden Verkehr zur Orientierung im weiterführenden Autobahnnetz.

Wegweiser

Der Wegweiser besteht aus der Ausfahrttafel (Zeichen 332) und bei Anbringung über Kopf ggf. weiteren Tafeln mit weiteren Zielblöcken (z. B. Geradeauszieltafel). Er kennzeichnet die Stelle im Straßenverlauf, an der mit einem Fahrzeug ausgefahren oder abgezweigt werden soll. Er weist unmittelbar auf die herausführende oder verzweigende Richtung. Der Wegweiser stellt den Bezugspunkt dar (vgl. Abschnitt 4.2).

Pfeilwegweiser „Ausfahrt von der Autobahn"

Der Pfeilwegweiser kennzeichnet den unmittelbaren Ort, an dem die Autobahn verlassen wird. Er erfüllt eine wichtige Funktion bei der optischen Führung im Zusammenhang mit der erforderlichen Kurvenfahrt. Er kann bei spitzwinkligen Ausfahrten entfallen.

Entfernungstafel (Zeichen 453)

(1) Die Entfernungstafel dient der Bestätigung des eingeschlagenen Fahrweges und ist hinter jedem Autobahnkreuz oder -dreieck und der einem Autobahnkreuz oder -dreieck vorangehenden Anschlussstelle aufzustellen. Darüber hinaus soll sie spätestens im Abstand von 20 km zur letzten Entfernungstafel an der dann folgenden Anschlussstelle wiederholt werden. Angezeigt werden:

- Die Autobahnnummer, ggf. zusammen mit der E-Nummer; bei mehreren Nummern in aufsteigender Reihenfolge von links nach rechts, wobei die Nummer der durchgehenden Autobahn immer links angezeigt wird.
- Die kontinuierlich fortgeführten Ziele mit Entfernungsangaben.

(2) In der Entfernungstafel sollen maximal vier Fernziele angezeigt werden. Liegt ein angegebenes Ziel nicht an der betreffenden Autobahn, wird dieses unterhalb eines Trennstrichs mit der zugehörigen Autobahnnummer aufgeführt, über die das Ziel zu erreichen ist. Die Anzahl von insgesamt höchstens vier Zielangaben in der Entfernungstafel darf auch in diesen Fällen nicht überschritten werden.

Wird die Zielangabe über mehrere Autobahnen geführt, wird jeweils nur die A-Nummer der nächsten Autobahnstrecke der Zielangabe vorangestellt.

Die Reihenfolge der Zielangaben unterhalb wie oberhalb des Trennstrichs erfolgt unabhängig von der Abfolge der Ziele in dem Verzweigungsknotenpunkt stets in abfallender Reihe der Entfernungsangaben.

(3) Bei der Gestaltung der Entfernungstafel können zwei Sonderfälle auftreten:

- „Fremdes" Fernziel im oberen Teil der Tafel

  Kann der weiträumige Verlauf der Autobahn nur durch ein Fernziel beschrieben werden, das im weiteren Verlauf über eine andere Autobahn geführt wird, ist dieses Ziel das Hauptfernziel und wird demgemäß oberhalb des Trennstrichs angezeigt.
- Oberer Teil der Tafel ohne Fernziel

  Mündet eine Autobahn in eine andere und führt sie im letzten Streckenabschnitt kein eigenes Fernziel, wird im oberen Teil der Tafel der Name des Autobahndreiecks oder -kreuzes angezeigt, an dem die Autobahn endet. Alle Fernziele befinden sich dann unterhalb des Trennstrichs.

3 Zielangaben und Bezeichnung der Knotenpunkte

3.1 Allgemeines

Zielangaben und Knotenbezeichnungen dienen der Orientierung im Netz, der Wegfindung sowie der Standortbestimmung. Die Ziel- und Namensauswahl erfolgt ausschließlich nach verkehrlichen Erfordernissen. Dabei werden grundsätzlich Ortsbezeichnungen gewählt. Werbung in Verbindung mit Verkehrszeichen ist unzulässig (§ 33 Absatz 2 Satz 2 StVO).

3.2 Zielangaben

Nach ihrer Funktion unterscheidet man Fernziele und Nahziele.

3.2.1 Fernziele

(1) Fernziele sollen eine geographische Orientierung über den weiträumigen Verlauf der Autobahnstrecke vermitteln; sie dienen damit gleichzeitig als Richtungsmerkmal der Autobahnstrecke bei der Einfahrt in die Autobahn oder bei dem Überwechseln auf eine andere Autobahn. An Autobahnkreuzen und -dreiecken sind deshalb vorrangig Fernziele als Geradeaus- und Abzweigziele anzuzeigen.

(2) Als Fernziele werden die Namen von Großstädten ausgewählt, die an oder in unmittelbarer Nähe der jeweiligen Autobahn liegen.

(3) Fernziele können untergliedert sein in Hauptfernziele und Zwischenfernziele. Dabei soll das Hauptfernziel möglichst den Endpunkt einer Autobahn oder einen für die Orientierung bedeutsamen Eckpunkt des Autobahnnetzes markieren. Im Verlauf der Autobahn zu einem Hauptfernziel kann die Nummer der Autobahn insbesondere dann wechseln, wenn hierzu kein Verlassen der durchgehenden Fahrbahn erforderlich ist. Zwischenfernziele sollen den näheren Verlauf der Autobahn kennzeichnen und können bei Bedarf verwendet werden. Sie liegen dementsprechend stets vor dem Hauptfernziel der betrachteten Strecken.

(4) Jeder Autobahnstrecke ist ein für die Orientierung unverzichtbares Hauptfernziel zugewiesen; dieses steht – unter Berücksichtigung der Umklappregel – in einem Zielblock stets an oberster Stelle. In der Wegweisung zur Autobahn und in der Einfahrtwegweisung der Anschlussstellen (Zeichen 430) werden nur Hauptfernziele angegeben.

(5) Weitere in einem Zielblock aufgeführte Fernziele sind Zwischenfernziele. Zur Fortsetzung einer weiträumigen Zielführung ist bereits vor dem Erreichen eines Hauptfernziels ein neues Hauptfernziel entsprechend dem

nachfolgenden Streckenverlauf der Autobahn aufzunehmen; das bisherige Hauptfernziel wird damit Zwischenfernziel.

(6) In besonderen Fällen können auch Fernziele verwendet werden, die im nachfolgenden Autobahnabschnitt über abzweigende Autobahnen zu erreichen sind; diese sollten aber immer auf ein Hauptfernziel oder ausnahmsweise auf beide Hauptfernziele der abzweigenden Autobahn beschränkt sein. Ein solcher Sonderfall liegt insbesondere dann vor, wenn eine Autobahnnummer über eine abzweigende Autobahn weitergeführt wird, und eine Autobahnnummer bei Geradeausfahrt wechselt.

(7) Eine weite oder dichte Aufeinanderfolge der Fernziele im Verlauf einer Strecke richtet sich nach der verkehrlichen und räumlichen Struktur des zu betrachtenden Autobahnteilnetzes.

(8) Sind bestimmte Abschnitte einer Autobahn Teil einer oder mehrerer Netzmaschen, innerhalb derer der Verkehr bei Bedarf über Alternativrouten geführt werden kann, und werden hierzu an den Entscheidungspunkten dWiSta eingesetzt, ist dies bei der Auswahl der Fernziele angemessen zu berücksichtigen. Dann ist auch die Angabe von Autobahnkreuzen oder -dreiecken als Zwischenfernziel zulässig.

(9) Erforderlichenfalls kann in der Wegweisung auf benachbarte Staaten mit dem entsprechenden Nationalitätenzeichen hingewiesen werden (vgl. Abschnitt 5.6).

(10) Bindet eine Bundesstraße größere Landesteile an die Autobahn an, kann es zweckmäßig sein, den weiträumigen Verlauf der Bundesstraße über die Angabe eines Fernziels im Verlauf dieser Bundesstraße zu beschreiben. Dann ist dieses Fernziel als Ausfahrtziel an der diese Bundesstraße anbindenden Anschlussstelle aufzunehmen.

3.2.2 Nahziele

(1) Nahziele sind Ausfahrtziele und Knotenpunktnamen, die der Orientierung im Nahbereich dienen.

(2) Als Ausfahrtziele sind Namen verkehrswichtiger Zielorte im Einzugsbereich einer Anschlussstelle auszuwählen. Zur Festlegung zweckmäßiger Ziele können u. a. folgende verkehrsrelevante Kriterien herangezogen werden:

- Siedlungsbereich (Stadtteil-/Gemeindeteilzentren) mit erheblicher Verkehrsbedeutung (z. B. Verwaltungssitz)
- Bedeutende Industriestandorte, Güterverkehrszentren
- Freizeit- und Erholungsgebiete mit erheblicher Fernverkehrsrelevanz
- Flughäfen, Häfen
- Raumordnerische Festlegungen gemäß Landesrecht

Das durchzuführende Abstimmungsverfahren zur Festlegung der Ausfahrtziele wird vom Fernstraßen-Bundesamt oder der aufgrund des Infrastrukturgesellschaftserrichtungsgesetzes beliehenen Gesellschaft privaten Rechts geregelt.

Die Verwendung des Sinnbilds „Zentrum" bleibt der Wegweisung zu Großstädten vorbehalten. Erforderlichenfalls darf das Sinnbild in der Wegweisung wie ein Zwischenfernziel ausgewiesen werden.

(3) Im Zuge von Autobahnabschnitten in Großstadtnähe können auch Straßennamen angeschlossener Stadtstraßen als Nahziele verwendet werden.

(4) Namen von Knotenpunkten (Anschlussstellen, Autobahnkreuze und -dreiecke) dienen in Autobahnkreuzen und -dreiecken als Nahziele, sofern sie als wesentliche Orientierungshilfe im Nahbereich anzusehen sind und nur durch ihre Verwendung die Eindeutigkeit einer Zielführung sicherzustellen ist. (Zielführung vgl. Abschnitt 3.2.7). Dies kann insbesondere dort der Fall sein, wo der Verkehr mittels dWiSta oder vergleichbarer Systeme im Bedarfsfall über Alternativrouten geführt werden soll (vgl. Abschnitt 3.2.1 (8)).

(5) An Autobahnkreuzen und -dreiecken sind in der Regel keine Nahziele als Abzweig- oder Geradeausziele anzuzeigen. Ausnahmsweise können dort als Nahziele das Sinnbild „Flughafen" für den Hinweis auf international bedeutsame Verkehrsflughäfen und das Sinnbild „Hafen, Fährhafen, Fähre" für den Hinweis auf international bedeutsame Häfen bzw. Fährhäfen dienen. Voraussetzung hierfür ist, dass die notwendigen Fernziele angezeigt und die Regeln zur Begrenzung der Zielzahl (vgl. Abschnitt 3.2.3) eingehalten werden.

(6) Auf Messen kann mit dem Wort „Messe" in weißem Einsatz hingewiesen werden. Die Ergänzung um einen Namen der Messe oder zusätzliche Erkennungszeichen sind nicht zulässig.

(7) In weißer Schrift auf blauem Grund werden ausschließlich die nach Landesrecht bestimmten Namen von Städten, Gemeinden und Ortsteilen sowie Namen von Autobahnknotenpunkten geführt. Alle anderen Zielangaben werden im weißen Einsatz geführt.

Zur eindeutigen Zielführung kann eine verbale Ergänzung hinter den Sinnbildern erforderlich sein (vgl. Abschnitt 5.5).

3.2.3 Regeln zur Begrenzung der Zielanzahl

Allgemeines

(1) Die Anzahl der aufzunehmenden Ziele ist aus informations- und beschilderungstechnischen Gründen auf das unbedingt notwendige Maß zu beschränken.

(2) Die Nichtausschöpfung der Höchstzahl von Zielen in einem Zielblock rechtfertigt nicht die Aufnahme eines weiteren Ziels mit geringer Verkehrsbedeutung.

(3) Bei der Auswahl der Ausfahrtziele an Anschlussstellen sind möglichst nur solche Ortsnamen zu berücksichtigen, die für die Orientierung als „Leitziele" Sammelfunktion besitzen; bei Fernzielen sind dies Namen der Großstädte in exponierter geographischer Lage des Autobahnnetzes. Bei den Nahzielen sind dies die Städte- bzw. Gemeindenamen oder deren Ortsteile.

Maximal zulässige Anzahl von Zielangaben

(1) Vorwegweiser

– Anschlussstellen

In der Regel sollten nur zwei Ausfahrtziele angegeben werden, ein benachbartes Ziel links und ein solches rechts der Autobahn. Mehr als vier Ausfahrtziele dürfen keinesfalls angeführt werden; zu Regelungen bei Kombinationen mit Rastanlagen vgl. Abschnitt 8.3. Bei Zielangaben, die aus mehreren Wörtern bestehen, sollten nach Möglichkeit Kurzbezeichnungen gewählt werden (vgl. Abschnitt 5.2.5). Sinnbilder gelten als eine Zielangabe. Die Ergänzung des Sinnbilds um den Namen der Einrichtung, auf die mit dem Sinnbild hingewiesen wird, wird nicht als weitere Zielangabe gezählt. Kombinationen aus einer Ortsangabe (z. B. Gemeinde, Stadt, Stadtteil) mit einem Sinnbild gelten als zwei Zielangaben.

Bei seitlicher Aufstellung dürfen über dem Pfeil für die Richtung geradeaus nur das Hauptfernziel und darunter der Name der nächsten Anschlussstelle für die Ausfahrt angegeben werden. Endet eine Autobahn an einem Autobahndreieck mit ihrer Nummer, ist im Vorwegweiser der vorangehenden Anschlussstelle als Geradeausziel nur der Name des folgenden Autobahndreiecks ohne Hauptfernziel anzugeben. Insgesamt sind bei seitlicher Aufstellung bis zu sechs Ziele zulässig.

Bei fahrstreifenbezogener Wegweisung über Kopf dürfen bis zu drei Geradeausziele angegeben werden. Insgesamt sind bei fahrstreifenbezogener Wegweisung bis zu sieben Ziele zulässig.

– Autobahnkreuze

Bei seitlicher Aufstellung dürfen insgesamt bis zu fünf Ziele angegeben werden. Dabei darf ein Zielblock maximal zwei Ziele enthalten. Es darf über dem Pfeil für die Richtung geradeaus nur das Hauptfernziel angegeben werden.

Bei fahrstreifenbezogener Wegweisung über Kopf dürfen insgesamt bis zu sieben Ziele angeführt werden. Dabei dürfen in Ausnahmefällen bis zu fünf Ausfahrtziele angegeben werden. In diesem Fall darf im Bereich der nachfolgenden Verteilerfahrbahn ein Zielblock drei Ziele enthalten, für die durchgehende Fahrbahn ist die Zielangabe geradeaus auf zwei Ziele zu beschränken.

– Autobahndreiecke

Es dürfen maximal vier Ausfahrtziele angeführt werden.

Bei seitlicher Aufstellung dürfen über dem Pfeil für die Richtung geradeaus nur das Hauptfernziel und darunter der Name der nächsten Anschlussstelle für die Ausfahrt angegeben werden. Insgesamt sind bei seitlicher Aufstellung bis zu sechs Ziele zulässig.

Bei fahrstreifenbezogener Wegweisung über Kopf dürfen bis zu drei Geradeausziele angegeben werden. Insgesamt sind bei fahrstreifenbezogener Wegweisung bis zu sieben Ziele zulässig.

(2) Wegweiser

– Anschlussstellen (Ausfahrttafel)

Es werden die Ausfahrtziele des Vorwegweisers angegeben.

– Autobahnkreuze

Es werden die Ziele der Vorwegweiser angegeben, dabei darf kein Zielblock mehr als drei Ziele enthalten. Kommt bei den Vorwegweisern die seitliche Aufstellung zur Anwendung, dürfen auf dem Wegweiser trotz fahrstreifenbezogener Wegweisung keine zusätzlichen Ziele angegeben werden.

– Autobahndreiecke

  Es werden die Ziele der Vorwegweiser angegeben. Kommt bei den Vorwegweisern die seitliche Aufstellung zur Anwendung, dürfen auf dem Wegweiser trotz fahrstreifenbezogener Wegweisung keine zusätzlichen Ziele angegeben werden.

3.2.4 Kontinuitätsregel

(1) Ein einmal in die Wegweisung aufgenommenes Ziel muss in der folgenden Wegweisung bis zum Erreichen des Zielortes wiederholt werden. Diese Regel gilt auch für die Aufeinanderfolge von Zielangaben innerhalb eines Knotenpunktes; z. B. bei der Abfolge der Angaben der Ausfahrtziele in Vorwegweiser und Ausfahrttafel sowie in Wegweisern der Rampenbereiche.

(2) Die Aufspaltung eines Ziels in zwei weiterführende Ziele verstößt nicht gegen die Kontinuitätsegel, wenn die wesentliche Information aus der ersten Zielangabe erhalten bleibt, z. B.

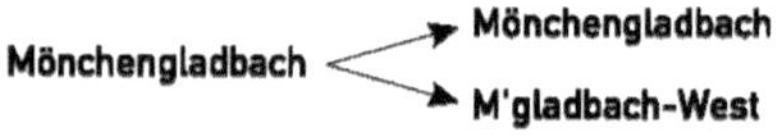

3.2.5 Zielverzeichnis

Die Fernziele ergeben sich aus der Überschrift jeder Strecke im AVERZ (vgl. Abschnitt 1.5).

3.2.6 Schreibweise

(1) Für die Schreibweise der innerdeutschen Ziele ist die amtliche Bezeichnung zu verwenden. Vorangestellte Namensbestandteile, wie Stadt, Kreisstadt, Landeshauptstadt entfallen, lediglich die Bezeichnung „Bad" ist Bestandteil der Zielangabe. Namensbestandteile wie Flüsse, Berge oder Landschaften entfallen, auch wenn sie Teil der amtlichen Bezeichnung sind, soweit sie nicht zur Vermeidung von Verwechslungen erforderlich sind.

(2) Bei grenzüberschreitender Wegweisung ist für Ziele in benachbarten Ländern im Allgemeinen die ausländische Schreibweise zu wählen. Bei starker sprachlicher Abweichung der Ortsbezeichnung kann die deutsche Schreibweise verwendet und die ausländische Bezeichnung durch Schrägstrich getrennt nachgestellt werden (z. B. Breslau/Wroc\law). Bei ausländischen Zielen soll ab dem vorletzten Knotenpunkt vor der Bundesgrenze das jeweilige Nationalitätenzeichen (vgl. Abschnitt 5.6) hinter die Zielangabe gestellt werden. Bei mehreren ausländischen Zielangaben gilt dies für jede einzelne Zielangabe.

(3) Zu Abkürzungen wird Näheres in Abschnitt 5.2.5 ausgeführt.

3.2.7 Führung der Zielangaben in den Knotenpunkten

Entsprechend der Verkehrsführung in einem Knotenpunkt unterscheidet man Geradeaus-, Abzweig- und Ausfahrtziel.

(1) Geradeausziele

Geradeausziele in Anschlussstellen sind:

– bei seitlicher Aufstellung das Hauptfernziel und darunter der Name des nächsten Knotenpunktes,
– bei fahrstreifenbezogener Wegweisung über Kopf das Hauptfernziel und der Name des nächsten Knotenpunktes, ggf. ein weiteres Fernziel oder ein Zwischenfernziel.

Geradeausziele in Autobahnkreuzen und -dreiecken sind:

– die Fernziele der Autobahn; gegebenenfalls können aus Verkehrslenkungsgründen auch Fernziele abzweigender Autobahnen gezeigt werden.
– evtl. der Name des nächstfolgenden Knotenpunkts als Nahziel, wenn dieser eine größere Verkehrsbedeutung hat, bzw. als wesentliche Orientierungshilfe anzusehen ist (z. B. Zielaufspaltung bei Großstädten)
– das Fernziel der weiterführenden Autobahn, wenn eine Autobahn mit ihrer Nummer endet oder die Nummer von der baulich durchgehenden Geradeausrichtung abweicht

(2) Abzweigziele

Die in einem Autobahnkreuz oder -dreieck der kreuzenden bzw. abzweigenden Richtung zugewiesenen Ziele werden Abzweigziele genannt. Dies sind:

- im Regelfall die Fernziele der abzweigenden Richtung,
- gegebenenfalls – wie bei (1) beschrieben – die Fernziele der Autobahn, deren Nummer die Geradeausrichtung verlässt,
- die Zwischenfernziele der kreuzenden bzw. abzweigenden Autobahn,
- evtl. der Name des in der kreuzenden bzw. abzweigenden Richtung nächstfolgenden Knotenpunkts als Nahziel, wenn dieser eine größere Verkehrsbedeutung hat.

Die in der vorausgegangenen Entfernungstafel unter dem Trennstrich aufgeführten Ziele sind als Abzweigziele fortzuführen.

(3) Ausfahrtziele

An Anschlussstellen kann von der Autobahn abgefahren und auf das Basisnetz übergewechselt werden. Die Zielorte, die von hier aus erreicht werden, sind Ausfahrtziele.

Ein Ausfahrtziel muss mit dem Namen der Anschlussstelle übereinstimmen. Dieses Ziel ist in beiden Fahrtrichtungen als erstes Ausfahrtziel anzuzeigen (vgl. a. Abschnitt 5.2.6 (5)). Diese Übereinstimmung ist auch gegeben, wenn der Name der Anschlussstelle aus dem Ortsnamen und dem Zusatz „Mitte" besteht und das erste Ausfahrtziel aus dem Ortsnamen und dem Sinnbild „Zentrum" besteht (vgl. Abschnitt 3.2.2 (2)).

(4) Abzweig- und Ausfahrtziele dürfen an ein und demselben Knotenpunkt nicht gleichzeitig als Geradeausziele geführt werden.

3.3 Bezeichnung von Knotenpunkten

3.3.1 Allgemeines

Den Namen der Knotenpunkte kommt eine besondere Bedeutung zu, da sie im Gegensatz zu den Zielangaben auch in den Straßenkarten verzeichnet sind und in den Verkehrsmeldungen des Rundfunks Verwendung finden. Zu diesem Zweck müssen die Namen möglichst kurz und einprägsam sein.

Die Namensgleichheit verschiedener Knotenpunkte ist nicht zulässig. Dies gilt sowohl für Knotenpunkte verschiedener Kategorien als auch für Knotenpunkte im Zuge verschiedener Autobahnen. Ebenfalls nicht zulässig ist die Namensgleichheit von Knotenpunkten und Rastanlagen sowie die Namensgebung nach Ortschaften. Namensähnlichkeiten dicht beieinanderliegender Knotenpunkte sollen ebenfalls vermieden werden.

Die Bezeichnung und Nummerierung der Knotenpunkte sowie die Bezeichnung der Rastanlagen bestimmt das Fernstraßen-Bundesamt (§ 1 Abs. 5 FStrG).

3.3.2 Anschlussstellen

Die Anschlussstellen werden durch ein Ausfahrtziel benannt. Hierfür wird das wichtigste Ausfahrtziel ausgewählt. Gelten mehrere Ausfahrtziele als gleich wichtig, so ist das nächstgelegene Ziel zu wählen.

Kriterien für die Wichtigkeit eines Zielortes sind in Abschnitt 3.1 dargestellt. (Ziel-/Quellverkehr) (vgl. a. Abschnitt 3.2.2 (2)).

Kombinationen zweier Ortsnamen (Schrägstrichnamen) sind nicht zu verwenden.

Zur Verwendung von Trennungen, Doppelworten und Abkürzungen vgl. Abschnitte 5.2.4/5.2.5.

Befinden sich mehrere Anschlussstellen innerhalb eines Gemeindegebietes, kann die Bezeichnung der Anschlussstellen aus dem Gemeindenamen und den Zusätzen „Ost", „Mitte", „West" oder „Nord", „Mitte", „Süd" gebildet und diese als Sammelziel bis zur Anbindung an das Basisnetz geführt werden.

In der Ankündigungstafel wird die Bezeichnung durch das Sinnbild „Autobahnausfahrt" ergänzt.

3.3.3 Autobahnkreuze und -dreiecke

Autobahnkreuze und -dreiecke sind in der Regel nach benachbarten Orten zu benennen. Diese brauchen nicht auch Ziele der Autobahnwegweisung zu sein. Auch können landschaftsbezogene Bezeichnungen gewählt werden, die eine deutliche Unterscheidung zur Benennung benachbarter Anschlussstellen ermöglichen.

Liegen mehrere Autobahnkreuze oder -dreiecke im Umkreis einer Stadt, kann zur Unterscheidung eine Himmelsrichtungsangabe dem Stadtnamen hinzugefügt werden.

Die Benennung wird unter Verwendung der Bezeichnungen „Kreuz" oder „Dreieck" gebildet. In der Ankündigungstafel wird die Bezeichnung durch das Sinnbild „Autobahnkreuz oder Autobahndreieck" ergänzt (vgl. Abschnitt 2.2.2).

4 Grundsätze zur Aufstellung der Wegweisung

4.1 Allgemeines

(1) Die richtige Wahl des Standortes für die Wegweisung ist von großer Bedeutung für eine rechtzeitige Wahrnehmung der Wegweisung und für eine zügige und vollständige Informationsübermittlung an die Fahrzeugführer. Eine möglichst gute Erkennbarkeit der Wegweisung ist sicherzustellen.

(2) Von der im Folgenden festgelegten Regelaufstellung der Wegweisung darf nur in begründeten Ausnahmefällen abgewichen werden.

4.2 Bezugspunkte

(1) An Knotenpunkten bezieht sich der Standort der Wegweisung auf einen Bezugspunkt. Dieser ist durch die bauliche Gestaltung und Markierung des Knotenpunktes vorgegeben.

(2) Es werden zwei Bezugspunkte nach ihrer Lage vor bzw. hinter dem Knotenpunkt unterschieden.

(3) Der Bezugspunkt der Ausfahrt ist identisch mit dem Standort der Ausfahrttafel. Zur Lage dieser Bezugspunkte vgl. Abschnitt 6.1.

4.2.1 Bezugspunkt vor dem Knotenpunkt

Die markierte Trenninselspitze zwischen durchgehender Fahrbahn und abgehenden Fahrstreifen bildet den Bezugspunkt vor dem Knotenpunkt. Sie ergibt sich gemäß den Vorgaben der RMS Teil A.

Fall 1: Ausfahrt oder Abzweig über einen neben der durchgehenden Fahrbahn ansetzenden Verzögerungsstreifen:

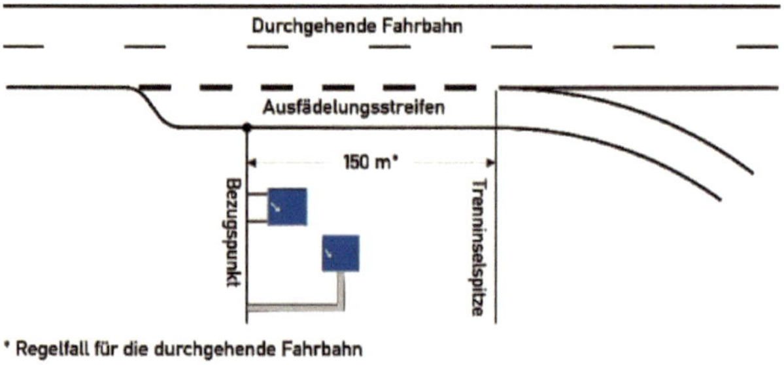

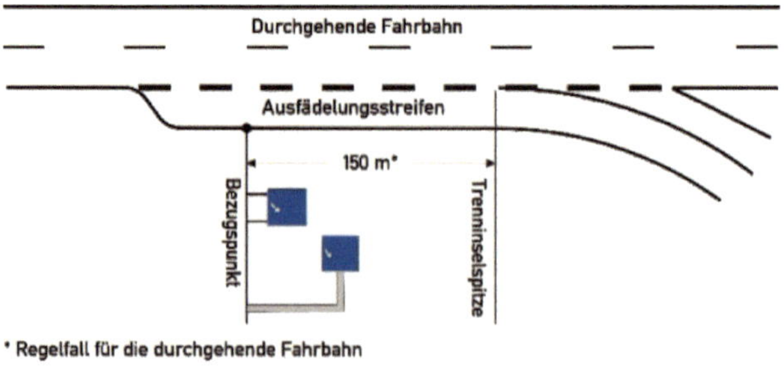

Fall 2: Ausfahrt oder Abzweig bei Fahrstreifensubtraktion:

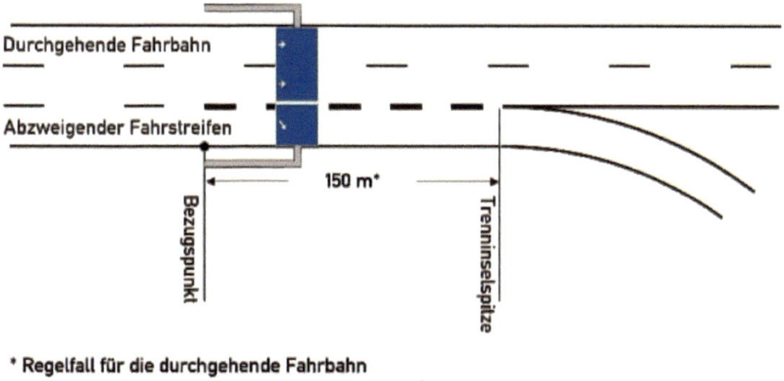

Sonderfall: Ausfahrt oder Abzweig über einen neben der durchgehenden Fahrbahn ansetzenden Ausfahrkeil (Ausfahrt ohne Verzögerungsstreifen):

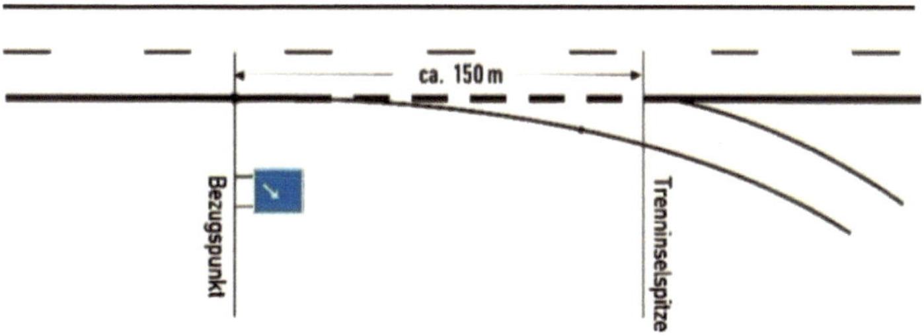

Aus Gründen der Eindeutigkeit soll dort, wo am Bezugspunkt kein Ausfädelungsstreifen vorhanden ist, die Ausfahrttafel seitlich aufgestellt werden.

4.2.2 Bezugspunkt hinter dem Knotenpunkt

Der hintere Bezugspunkt befindet sich am Ende der vollen Breite des Einfädelungsstreifens bzw. – bei Fahrstreifenadditionen – 150 m hinter der markierten Trenninselspitze:

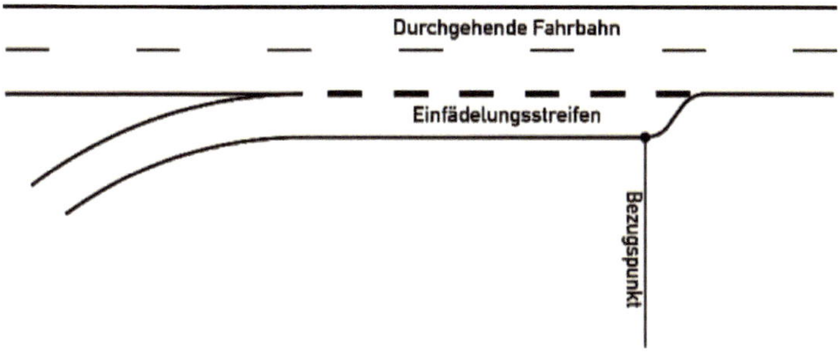

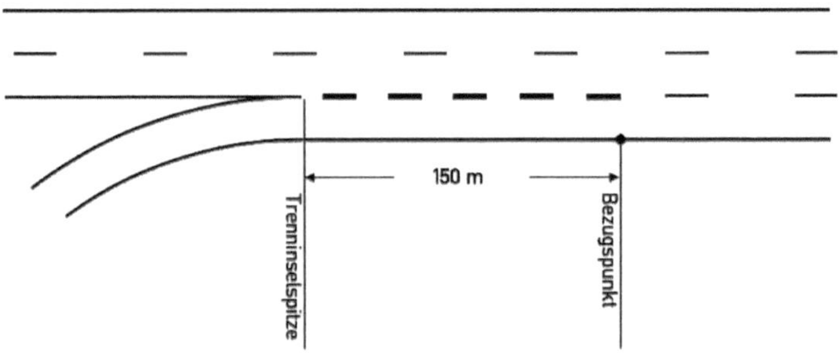

4.3 Standort der Schilder längs der durchgehenden Fahrbahn

Ankündigungstafeln und Vorwegweiser werden in bestimmten, auf diesen Schildern angegebenen Abständen zum Bezugspunkt aufgestellt. Wird an dem eingemessenen Aufstellort die Sicht auf das Schild behindert (z. B. infolge eines Brückenbauwerkes), ist das Schild vor- oder zurückzusetzen. Eine Aufstellung ohne Sichtbehinderung hat stets Vorrang vor einem abstandsgetreuen Standort. Hierbei sind Standortabweichungen von ± 50 m bei Bezugspunktabständen < 3 km und ± 250 m bei Abständen zwischen 3 km und 5 km einzuhalten.

4.3.1 Wegweisung vor dem Knotenpunkt

(1) Der Standort der Ankündigungstafel befindet sich

- bei Anschlussstellen 1000 m,
- bei Autobahnkreuzen u. -dreiecken 2000 m vor dem Bezugspunkt.

(2) Vorwegweiser stehen

- bei Anschlussstellen 500 m,
- bei Autobahnkreuzen u. -dreiecken 1000 m und 500 m

vor dem Bezugspunkt.

(3) Ankündigungsbaken stehen entsprechend ihren Angaben 300 m, 200 m und 100 m vor dem Bezugspunkt.

4.3.2 Wegweisung im Knotenpunkt

(1) Der Standort der Ausfahrttafel fällt mit der Lage des Bezugspunktes zusammen.

(2) Das Zeichen 333 „Ausfahrt von der Autobahn" an Anschlussstellen steht im Regelfall unmittelbar hinter der Trenninselspitze und grenzt an den lichten Raum der sich trennenden Fahrbahnen. Zur Ausführung siehe Abschnitt 4.4.1 (6).

4.3.3 Wegweisung hinter dem Knotenpunkt

Die Entfernungstafel steht im Regelfall bei Anschlussstellen 500 m, bei Autobahnkreuzen und -dreiecken 1000 m hinter dem Bezugspunkt.

4.4 Standort der Schilder im Querschnitt der Fahrbahn

Die Wegweisung wird grundsätzlich außerhalb des lichten Raumes neben oder über dem Verkehrsraum der Fahrbahn angeordnet.

4.4.1 Schilder neben der Fahrbahn

(1) Sie stehen im Regelfall auf der rechten Seite. Die richtige Anordnung hängt im Einzelnen von den örtlichen Gegebenheiten der Trassierung im Wegweisungsbereich ab.

(2) Die Schilder sind in einem seitlichen Abstand von ≥ 1,50 m zum äußeren Rand der befestigten Fahrbahn aufzustellen. Nur bei beengten Verhältnissen darf der Abstand auf nicht weniger als 1,00 m verringert werden.

(3) Die untere Schildkante soll eine lichte Höhe von mind. 1,50 m zum Gelände aufweisen (Bodenfreiheit). Dies betrifft auch eventuelle Zusatzschilder.

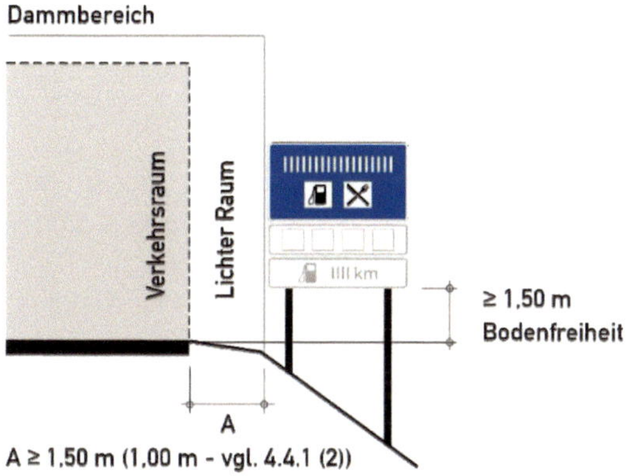

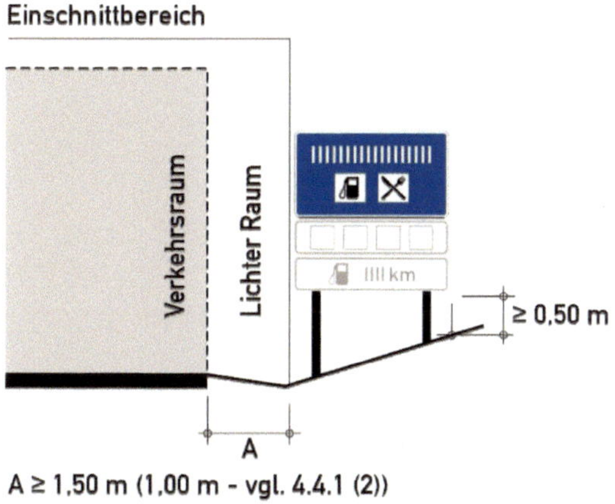

(4) Bei Einschnittsböschungen soll eine lichte Höhe von 0,50 m zwischen der unteren Schildkante und der Böschung nicht unterschritten werden. Zum Schutz vor Vandalismus kann sich in begründeten Fällen ein Abstand von 2,00 m empfehlen.

(5) Die Höhe der Schildunterkante ist bei Fahrzeug-Rückhaltesystemen so zu wählen, dass das Schild nicht verdeckt wird.

(6) Das Zeichen 333 „Ausfahrt von der Autobahn" und Gabelungswegweiser sollen möglichst dicht hinter der Trenninselspitze stehen. Sie können bis auf 0,50 m an die seitliche Begrenzung des Verkehrsraumes herangerückt werden. Die Ausführung hat als Bodenschild zu erfolgen. In Trenninseln aufgestellte Leitplatten (Zeichen 626) dürfen die Wegweisung auch nicht teilweise verdecken.

(7) Ankündigungsbaken stehen auf dem rechten Bankett. Sie dürfen so aufgestellt werden, dass die Mittelachse ihrer Pfosten mit der Grenze des lichten Raumes zusammenfällt.

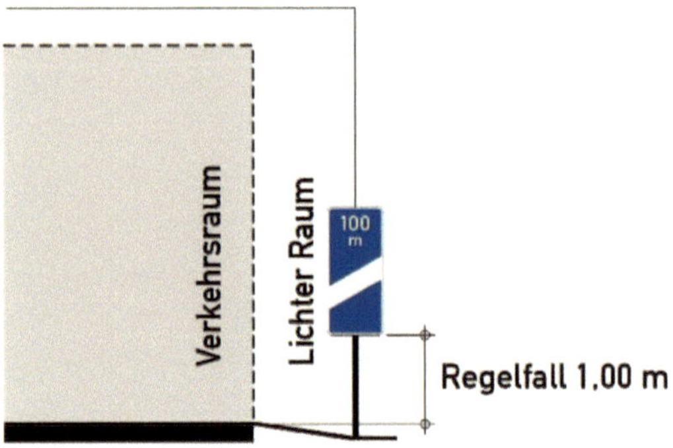

4.4.2 Schilder über der Fahrbahn

(1) Ankündigungstafel

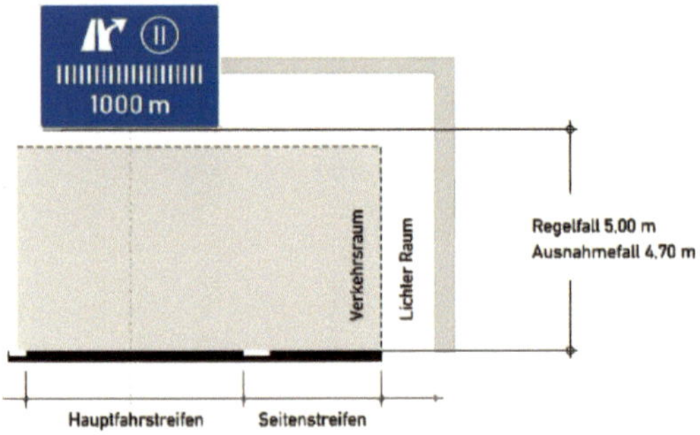

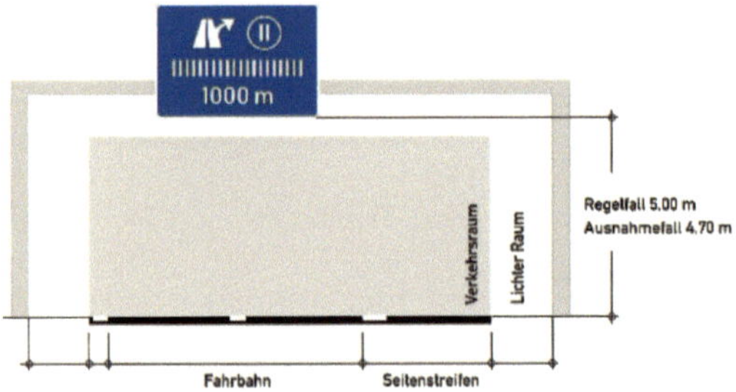

Die Tafel ist bei Ausführung am Kragarm mittig über dem Hauptfahrstreifen anzubringen. Bei Anbringung an einer Verkehrszeichenbrücke ist sie mittig über der Fahrbahn anzubringen.

(2) Vorwegweiser

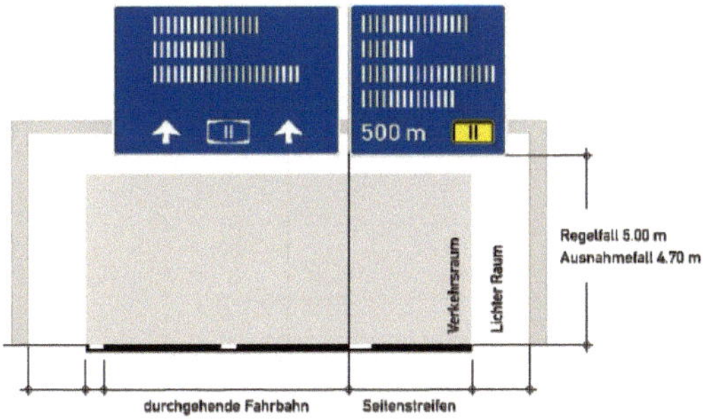

Die seitliche Begrenzung des Schildes für die durchgehende Richtung soll nicht über die durchgehende Fahrbahn hinausgeführt werden.

Die Tafel für die Ausfahrtziele ist so zu positionieren, dass ihr linker Rand über dem linken Rand der rechten Fahrbahnbegrenzung liegt.

Bei Sortierräumen ist wie bei Wegweisern (Absatz 3) zu verfahren.

Bei mehr als einem Zielblock in der Ausfahrt ist gemäß der entsprechenden Regelpläne (z. B. Regelplan 2.5) zu verfahren.

Diese Regelung gilt auch bei beengten Platzverhältnissen.

(3) Wegweiser

Fall 1 – ohne weitere Tafel im AQ:

Die Ausfahrttafel ist mittig über dem Ausfädelungsstreifen anzubringen.

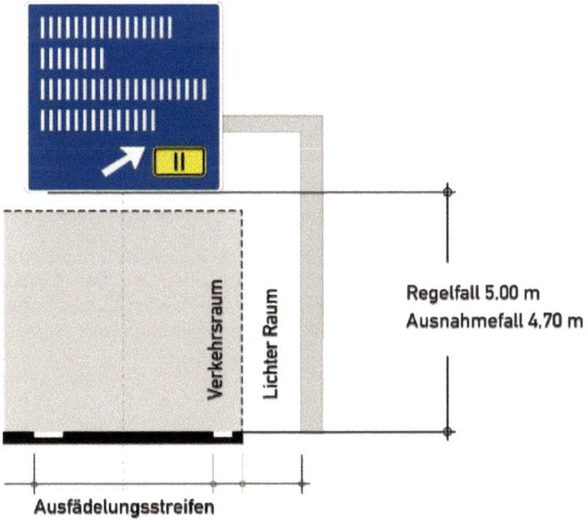

Fall 2 – mit weiteren Tafeln im AQ:

Die seitliche Begrenzung des Schildes für die durchgehende Richtung soll nicht über die durchgehende Fahrbahn hinausgeführt werden.

Die Ausfahrttafel ist so zu positionieren, dass ihr linker Rand über dem linken Rand der rechten breiten Leitlinie („Blockmarkierung") liegt. Bei mehr als einem Zielblock in der Ausfahrt ist gemäß der entsprechenden Regelpläne (z. B. Regelplan 2.5) zu verfahren.

Diese Regelung gilt auch bei beengten Platzverhältnissen.

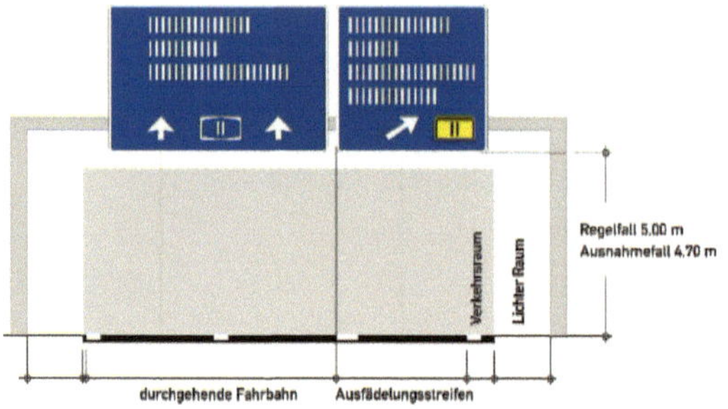

4.5 Einsatzkriterien für die Art der Aufstellung

(1) Die Ausführung der Wegweisung neben der Fahrbahn (ggf. auch seitlich hochgesetzt) oder über der Fahrbahn, richtet sich nach den örtlichen Gegebenheiten (Ausbauzustand, Sichtverhältnisse), der verkehrlichen Auslastung (Verkehrsstärke, Schwerverkehrsanteil) sowie nach der Bedeutung des Knotenpunktes im Straßennetz.

(2) Die einfachste Ausführung ist die seitliche Wegweisung. Sie ist der Regelfall an Anschlussstellen zweistreifiger Richtungsfahrbahnen. Bei besonderen Verhältnissen, wie

- unzureichende Sichtverhältnisse,
- hohe Verkehrsstärke (Richtwert: 60.000 Kfz/24 h),
- hohe Schwerverkehrsstärke (Richtwert: 12.000 Lkw/24 h)

ist zu prüfen, ob die Sichtbarkeit der Wegweisung durch geeignete Maßnahmen verbessert werden kann oder eine Überkopfbeschilderung, ggf. nur der Ankündigungs- und Ausfahrttafel, erforderlich wird. Geeignete Maßnahmen können sein:

- Verbesserung der Sichtverhältnisse durch Veränderung der seitlichen Bepflanzung oder durch Beseitigung bzw. Versetzen anderer seitlicher Hindernisse,
- Höhersetzen seitlich angebrachter Schilder.

Bei drei- und mehrstreifigen Richtungsfahrbahnen ist die Wegweisung in der Regel über Kopf anzuordnen.

(3) Schilder über Kopf ergeben wegen ihrer Anbringung über der Fahrbahn die auffälligste und deutlichste, aber auch die aufwendigste Aufstellung. Schilder über einzelnen Fahrstreifen oder über dem Seitenstreifen werden in der Regel an Kragarmen oder Verkehrszeichenbrücken angebracht. Bei Anwendung dieser Aufstellungsart ist zu prüfen, ob Ergänzungen bei den Fahrzeug-Rückhaltesystemen erforderlich sind. Maßgeblich hierfür sind die RPS.

(4) Die Anbringung über Kopf ist vor allem in solchen Bereichen zu wählen, in denen eine fahrstreifenbezogene Wegweisung die vorrangige Funktion der Verkehrsführung und der Bestätigung gewählter Fahrstreifen übernehmen muss (Sortierräume). Diese Ausführung ist der Regelfall für Autobahnkreuze und -dreiecke an den durchgehenden Fahrbahnen und Rampen sowie auf drei- und mehrstreifigen Richtungsfahrbahnen. Fahrstreifensubtraktionen sind durch Sortierräume einzuleiten.

4.6 Wegweisung in Rampen

4.6.1 Allgemeines

(1) Rampen sind gemäß RAA entweder Verteilerfahrbahnen oder Verbindungsrampen. Verbindungsrampen dienen in Anschlussstellen dem ein- und ausfahrenden Verkehr bzw. in Autobahnkreuzen und -dreiecken den Eckverkehren zwischen verschiedenen durchgehenden Fahrbahnen (Rampentypen vgl. RAA). Gemäß StVO handelt es sich dabei um sämtliche Fahrbahnen, die nicht zur durchgehenden Fahrbahn im Sinne von § 18 Absatz 3 StVO zu rechnen sind (und auch nicht den Rastanlagen zuzuordnen sind). Entsprechend dieser Funktion ist die Beschilderung in die Wegweisung der Autobahn und des Basisnetzes einzupassen.

(2) An Autobahnkreuzen ist in der Regel eine Wegweisung an den Verteilerfahrbahnen erforderlich. An Autobahndreiecken ist im Regelfall keine besondere Wegweisung notwendig.

4.6.2 Elemente der Wegweisung

(1) Als Standardelemente werden stets Wegweiser eingesetzt. Der Einsatz von Vorwegweisern ist in Abhängigkeit von der Länge der Ausfädelung und den sonstigen örtlichen Verhältnissen zu prüfen. In Ausfahrtrampen von Anschlussstellen sind Vorwegweiser in der Regel nur erforderlich, wenn sich die Rampe vor der Anbindung an das Basisnetz auf mehrere Fahrstreifen aufweitet oder die Anbindung lichtzeichengeregelt ist.

(2) Am unmittelbaren Verzweigungspunkt von Fahrstreifen wird bei nicht zügiger Führung einer oder beider Rampen ein Gabelungswegweiser als Bodenschild mit den betreffenden Zielen in Ergänzung zur fahrstreifenbezogenen, über Kopf angebrachten Wegweisung aufgestellt. In Ausnahmefällen dürfen an mäßig belasteten, planfrei ausgebauten Anschlussstellen bei Ausfahrten an Verbindungsrampen Gabelungswegweiser anstatt der fahrstreifenbezogenen, über Kopf angebrachten Wegweisung aufgestellt werden.

4.6.3 Vorwegweiser

Die Vorwegweiser sind gemäß der Regelpläne 3.1 bis 3.5 anzubringen.

4.6.4 Wegweiser

Die Wegweiser sind gemäß der Regelpläne 3.1 bis 3.5 anzubringen.

4.6.5 Gabelungswegweiser

(1) Die Gabelungswegweiser stehen als Bodenschild im unmittelbaren Bereich des Verzweigungspunktes.

(2) Die beiden Tafeln können über- oder nebeneinander angebracht werden. Bei Anbringung übereinander ist die Tafel für die linke Fahrbahn über der Tafel für die rechte Fahrbahn anzubringen.

5 Grundsätze zur Gestaltung

5.1 Allgemeines

(1) Der Inhalt der Schilder setzt sich aus den Einzelelementen

- Farben,
- Beschriftung,
- Pfeile,
- Nummernzeichen,
- Sinnbilder,
- Umrandung

zusammen. Diese Elemente sind in der Gestaltung der Schilder sorgfältig aufeinander abzustimmen.

(2) In den Konstruktionszeichnungen dieser Richtlinien sind die Abstände in der Einheit „E" angegeben. Die Größe „E" beträgt 1/7 der Schriftgröße h (E = 1/7 h).

(3) Die Schildabmessungen (Höhe und Breite) werden durch die Beschriftung, Sinnbilder, Zeichen, Randgestaltung und (bei fahrstreifenbezogener Wegweisung über Kopf) die Fahrstreifenbreite und -anzahl bestimmt. Für die Konstruktionszeichnungen der einzelnen Schilder vgl. die Anhänge ab S. 101.

5.1.1 Gestaltungsregeln

(1) Ein grafisch ansprechendes und ausgewogenes Gesamtbild ist Voraussetzung für eine gute Erkennbarkeit und Lesbarkeit der Wegweisung.

(2) Durch die richtige Anordnung der Elemente in der Schildfläche ist

- eine einfache Lesbarkeit,
- die Orientierung innerhalb des Schildes,
- eine Darbietung der Informationen nach ihrer Rangfolge und Bedeutung und
- ein eindeutiger Bezug zur Verkehrsführung

sicherzustellen.

(3) Schilder gleicher Gruppen sind einheitlich zu gestalten.

(4) Nebeneinander angeordnete Einzelschilder über Kopf sind in gleicher Höhe und gleicher Randgestaltung auszuführen.

(5) Nebeneinander angeordnete einstreifige Tafeln über Kopf sind grundsätzlich in identischer Breite auszuführen.

5.1.2 Materialien

Neben der Gestaltung und dem Aufstellort sind die lichttechnischen Eigenschaften ein wesentlicher Faktor für die Erkennbarkeit und die Lesbarkeit der Wegweisung. Die Auswahl der Materialien beschreibt das M LV. Das Merkblatt nennt für die Wegweisung als Retroreflexionsklasse mindestens RA2 gemäß TLP VZ in Abhängigkeit vom Aufstellort und der Umfeldhelligkeit. Bei Bedarf kann neben der Retroreflexionsklasse auch der Reflexfolien-Aufbau gewählt werden.

5.2 Beschriftung

5.2.1 Schriftart

(1) Für die Schriftart ist die „Serifenlose Linear-Antiqua; Verkehrsschrift" nach DIN 1451, Teil 2 und ergänzend die zugehörige Spationierung (Abstandsgestaltung) nach Verkehrsblatt 1982, Seite 284, anzuwenden.

(2) Die Schriftzeilen werden in gemischter Schrift (Schreibweise mit Groß- und Kleinbuchstaben) aufgebaut.

(3) Im Regelfall wird die Mittelschrift verwendet.

(4) Engschrift ist grundsätzlich nicht anzuwenden. Sie darf ausnahmsweise benutzt werden, wenn

- eine Verbreiterung des Schildes nicht möglich ist,
- eine Aufteilung auf mehrere Zeilen nicht möglich ist (vgl. Abschnitt 5.2.4),
- der Schriftzug auch bei Verwendung verständlicher Abkürzungen zu lang bleibt (vgl. Abschnitt 5.2.5),
- der Schriftzug auch bei Reduktion der Schriftgröße um eine halbe Stufe zu breit bleibt

und auch bei Kombination der vorgenannten Maßnahmen der Schriftzug nicht auf dem Schild unterzubringen ist.

Dann darf nur die betreffende Zielangabe in Engschrift ausgeführt werden; alle übrigen Zielangaben sind in Mittelschrift auszuführen.

(5) Ziffer(n) und Dimension von Entfernungsangaben sind immer in Mittelschrift auszuführen.

5.2.2 Schriftgröße

(1) Mit der Wahl der Schriftgröße h und der Schriftform liegen die Abmessungen der übrigen Wegweiserinhalte, Gestaltungselemente und ihrer Abstände zueinander fest.

(2) Für die Darstellung von Zielangaben sind im Regelfall folgende Schriftgrößen einheitlich zu verwenden:

- in Entfernungstafeln 280 mm
- in seitlich neben der Fahrbahn aufgestellten Schildern 350 mm
- in Schildern über Kopf 420 mm
- in besonderen Fällen 490 mm. Dies ist im Einzelfall zu begründen.

5.2.3 Zielblöcke

(1) Bei richtungsbezogener Wegweisung werden die Zielangaben einer Richtung zu einem Zielblock zusammengefasst.

(2) Bei fahrstreifenbezogener Wegweisung bilden alle Ziele, die einem oder mehreren Fahrstreifen zugeordnet werden, einen Zielblock. Jedem Zielblock ist eine separate Tafel zuzuordnen. Bei Vorwegweisern über Kopf ohne Ausfädelungsstreifen bilden alle Ausfahrt- oder Abzweigziele einen gemeinsamen Zielblock.

(3) Zielblöcke teilen sich auf, wenn gemeinsam auf einem Fahrstreifen geführte Ziele im Verlauf des Vorfelds des Knotenpunkts (Sortierraum) oder im Knotenpunkt selbst auf mehrere Fahrstreifen aufgeteilt werden. Zwei oder

mehr Ausfädelungsstreifen sind von Beginn an auf mehrere Zielblöcke aufzuteilen, wenn sie im weiteren Verlauf zu unterschiedlichen Zielen führen.

(4) Alle Zielangaben eines Zielblocks werden grundsätzlich linksbündig untereinander genannt.

5.2.4 Trennungen, Doppelworte

Kann eine Zielangabe oder der Name eines Knotenpunktes nicht in einer Zeile geschrieben werden,

- können Ortsnamen aus Doppelnamen, die mit einem Bindestrich verbunden sind, in der ersten Zeile mit dem Bindestrich enden.
- können Ortsnamen mit Zusatzbezeichnungen mit Bindestrichen untereinanderstehen.

Für die Verkehrsteilnehmer muss intuitiv zu erkennen sein, dass mehrzeilige Zielangaben einen gemeinsamen Begriff oder eine Aufzählung mit Bezug zur ersten Zeile bilden.

Beginnt die zweite Zeile nicht mit einem Bindestrich, ist das Maß der Einrückung nach rechts nach folgenden Grundsätzen festzulegen:

- Ausreichende Wahrnehmbarkeit,
- optische Gefälligkeit,
- Realisierbarkeit im Hinblick auf die Breite des Schildes,
- Mindestwert 2 E.

Als Richtwert wird der Abstand zwischen der linken Kante des ersten Buchstabens und der linken Kante des zweiten Buchstabens der ersten Zeile empfohlen.

Eventuelle weitere Zeilen, die zu dieser Zielangabe gehören, sind linksbündig unter die zweite Zeile zu setzen.

Beginnt die zweite Zeile mit einem Bindestrich, ist der Bindestrich linksbündig unter das Wort der ersten Zeile zu setzen; der erste Buchstabe der zweiten und ggf. weiterer Zeilen ist im Abstand von 1,2 E vom Bindestrich zu setzen.

Eine aus zwei Wörtern mit Bindestrich bestehende Zielangabe in der ersten Zeile ist nur dann zu verwenden, wenn die in den weiteren Zeilen folgenden Zielangaben ohne Verwendung von Engschrift untergebracht werden können, wobei dann die Bindestriche untereinander zu setzen sind.

5.2.5 Abkürzungen

(1) In der Wegweisung werden die Namen der Zielangaben in voller Wortlänge ausgeschrieben. Hiervon ausgenommen sind Abkürzungen allgemein bekannter Zusätze, die die geographische Lage der Zielangabe bezeichnen und die zur Vermeidung von Verwechslungen erforderlich sind (z. B. „Frankfurt a.M." für „Frankfurt am Main").

(2) In besonderen Ausnahmen können bei langen Zielangaben ersatzweise Abkürzungen in der Abfolge der Wegweisung eines Knotenpunktes verwendet werden, wenn die Namensbezeichnung zuvor vollständig ausgeschrieben wurde und hierdurch keine Missverständnisse und Unsicherheiten bei Ortsfremden entstehen können.

(3) Abkürzungen können hauptsächlich bei solchen Zielangaben gewählt werden, die aus zwei oder mehr getrennten Namensteilen bestehen:

- Ortsnamen, die aus Doppelworten zusammengesetzt wurden (z. B. „Berg. Gladbach" für „Bergisch Gladbach")
- Ortsnamen mit Ortsteilangaben (z. B. „Wi.Frauenstein" für „Wiesbaden-Frauenstein")
- Ortsnamen mit Zusatzbezeichnungen (z. B. „Lev.-Zentrum" für „Leverkusen-Zentrum", „N.-Hafen" für „Nürnberg-Hafen" oder „Regensb.-West" für „Regensburg-West")

(4) Abgekürzt wird der Namensteil einer Zielangabe, der für das Auffinden des Nahziels weniger bedeutsam ist, beispielsweise der zugehörige Name einer Ortschaft bei einer Ortsteilangabe (z. B. „F.-Rödelheim" für „Frankfurt a.M.-Rödelheim", Do.-Xxxx für Dortmund-Xxxxx, A. – Aachen).

(5) Abkürzungen entsprechend den Kraftfahrzeugkennzeichen sind nur dann zulässig, wenn sie die Bedingungen des nachstehenden Absatzes erfüllen.

(6) Als Abkürzung ist im Regelfall der Anfangsbuchstabe des jeweiligen Namens mit abschließendem Punkt zu verwenden. In manchen Fällen können auch andere mnemotechnisch geeignete und überregional gebräuchliche Abkürzungen gewählt werden, z. B. die erste Silbe der Zielbezeichnung wie „Of." für „Offenbach" oder Apostroph-Kürzungen, wie „M'gladbach" für „Mönchengladbach".

(7) Wird eine Abkürzung für eine Zielangabe benötigt, so ist diese Abkürzung stets in gleicher Weise zu verwenden; also beispielsweise nicht „Lev." für Leverkusen an einer Stelle, „L." an einer anderen Stelle und „L'kusen" an noch einer weiteren Stelle.

5.2.6 Anordnung nach der Umklappregel

(1) Das Bild der Wegweisung wird nach der Umklappregel aus den einzelnen Gestaltungselementen aufgebaut.

(2) Die Umklappregel ist auf alle Gestaltungselemente der Wegweisung – z. B. auf Pfeile – anzuwenden. Hiernach zeigen die Pfeilspitzen stets in die jeweilige Fahrtrichtung (z. B. in Geradeausrichtung nach oben).

(3) Geradeausziele in den Autobahnknotenpunkten sind nach der Entfernung des Knotenpunktes (Anschlussstelle, Autobahnkreuz oder -dreieck), an dem ihr Weg abzweigt, anzuordnen. Das entfernteste Ziel bzw. das Ziel mit dem entferntesten Abzweigpunkt steht oben (vgl. auch Abschnitt 5.2.3). Es ist das Hauptfernziel der jeweiligen Autobahn.

(4) Abzweigziele in den Autobahnknotenpunkten sind in der Reihenfolge der Abzweigpunkte innerhalb des Knotenpunktes anzuordnen. Die links von der Geradeausrichtung liegenden Ziele bilden einen Zielblock und stehen in der Regel oben, die rechts von der Geradeausrichtung liegenden Ziele stehen als Zielblock darunter; innerhalb des Zielblocks gilt ebenfalls die Umklappregel.

(5) Ausfahrtziele der Anschlussstellen sind analog der Abzweigziele anzuordnen. An oberster Stelle steht jedoch immer das Ausfahrtziel, das für die Bezeichnung der Anschlussstelle verwendet wurde.

5.2.7 Abstands- und Entfernungsangaben

(1) Abstandsangaben finden in der Ankündigung und in Vorwegweisern mit den Dimensionen „m" und „km" Verwendung. Der angegebene Abstand bezieht sich bei der Abfolge der Wegweisung vor einem Knotenpunkt oder Teilknotenpunkt auf den Bezugspunkt der jeweiligen Ausfahrt.

(2) Abstände werden angegeben

- in 100 m-Schritten für Abstände unter 3 km
- in ganzen Kilometern oder 0,5 km-Schritten für Abstände von 3 bis einschließlich 5 km
- stets in ganzen Kilometern für Abstände über 5 km

5.3 Pfeile

5.3.1 Arten von Pfeilen

Pfeile werden fahrstreifen- und richtungsbezogen verwendet. Sie stellen den Bezug zwischen Zielangabe und Verkehrsführung her.

Kurzpfeile für die fahrstreifenbezogene Wegweisung:

Pfeil 1: Kurzpfeil als Geradeauspfeil

Pfeil 2: Kurzpfeil als Schrägpfeil

Kurzpfeile haben einen konisch verlaufenden Schaft.

Langpfeile für die richtungsbezogene Wegweisung:

Pfeil 3: Langpfeile

– 3a, 3b, 3c: Langpfeile mit konisch verlaufendem Schaft

(a)

(b)

(c)

– 3d, 3e: Langpfeile mit geradem Schaft

(d)

(e)

Pfeil 4: ISO – Pfeil

5.3.2 Formgebung, Größe

Nach der jeweiligen Bedeutung und Anordnung der Pfeile werden vier Grundformen unterschieden:

- Geradeauspfeile,
- Schrägpfeile,
- Querpfeile und
- gebogene Pfeile.

Alle diese Formen lassen sich aus den oben genannten Pfeilarten entwickeln. Die Abmessungen der Pfeile sind den Konstruktionszeichnungen im Anhang S. 106 ff. zu entnehmen.

5.3.3 Anwendung und Positionierung auf den Schildern

(1) Pfeil 1 und Pfeil 2: In Vorwegweisern und Wegweisern über Kopf, fahrstreifenbezogen mittig über dem Fahrstreifen. In Ausnahmefällen, z. B. bei baulichen Einschränkungen, kann die Außermittigkeit bis zu 50 cm betragen.

(2) Pfeil 2 kann bei Ausfahrttafeln in seitlicher Aufstellung an Stelle von Pfeil 3a verwendet werden.

(3) Pfeil 3a: In seitlich aufgestellten Ausfahrttafeln an Anschlussstellen richtungsbezogen mittig unter dem Zielblock.

(4) Pfeil 3b, 3c: In Gabelungswegweisern und Abfahrttafeln, richtungsbezogen

(5) Pfeil 3d, 3e: In seitlich aufgestellten Vorwegweisern richtungsbezogen

(6) Pfeil 4: In Tabellenwegweisern innerhalb von Rastanlagen, je nach Richtung in Schritten von 45° gedreht

5.4 Nummernzeichen nach Zeichen 401, 405, 406, 410

(1) Das Nummernzeichen ist 10 E hoch.

(2) Die Ziffernangabe ist in Mittelschrift auszuführen; bei dreistelligen E-Nummern (Zeichen 410) ist die Engschrift zu wählen (einschließlich „E").

(3) Das Nummernzeichen der Europastraße (Zeichen 410) enthält ein Ziffernfeld. In diesem Feld ist das „E" stets linksbündig, die Ziffer stets rechtsbündig anzuordnen.

(4) Bemaßung:

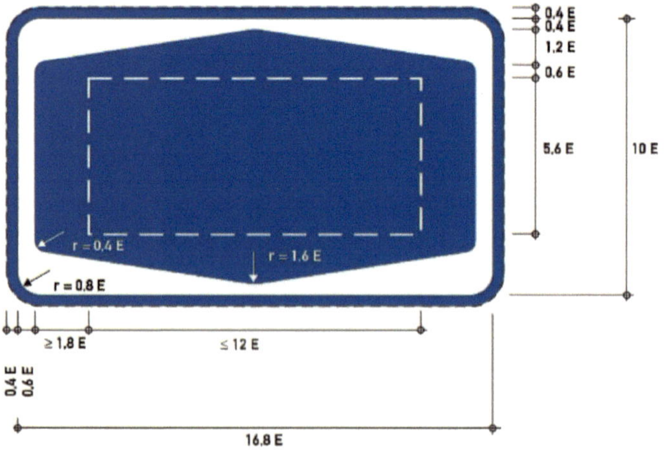

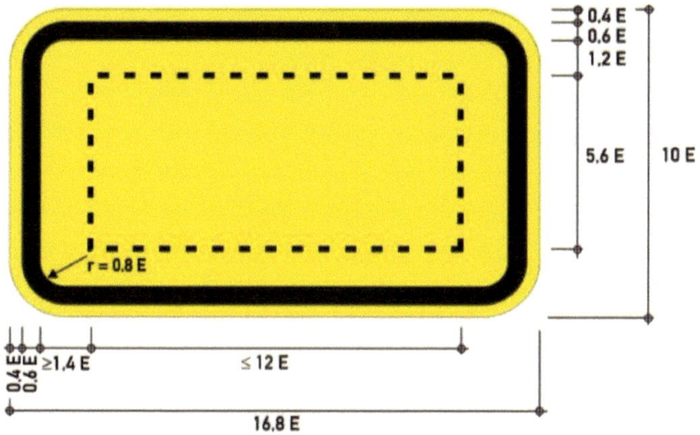

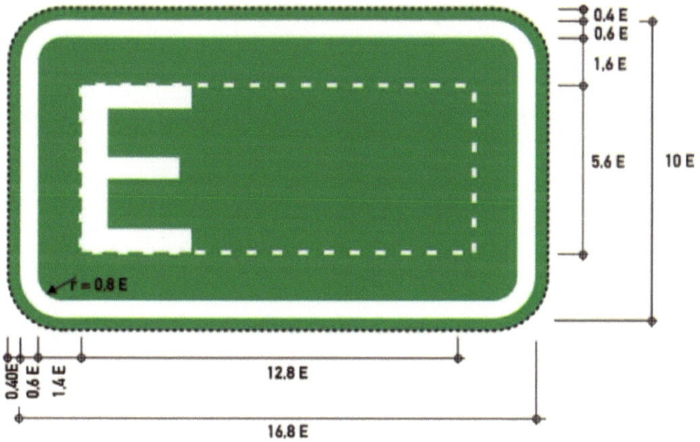

(5) Das Nummernzeichen der Autobahn ist blau mit weißer Schrift und weißem Rahmen, das der Europastraße grün mit weißer Schrift und weißem Rand, das der Bundesstraße gelb mit schwarzer Schrift und schwarzem Rand.

(6) Die Knotenpunktnummern sind in Mittelschrift auszuführen. Ein- und zweistellige Nummern (d. h. auch einziffrige mit Zusatzbuchstabe) werden in einer Kreisfläche, drei- und vierstellige (dreiziffrige mit Zusatzbuchstabe) in einer ovalen Fläche angeordnet. Zusatzbuchstaben haben stets eine Schriftgröße von 5 E. Als Abstand zwischen Ziffer und Buchstabe wird der für die beiden Zeichen bei voller Schriftgröße geltende Abstand gewählt.

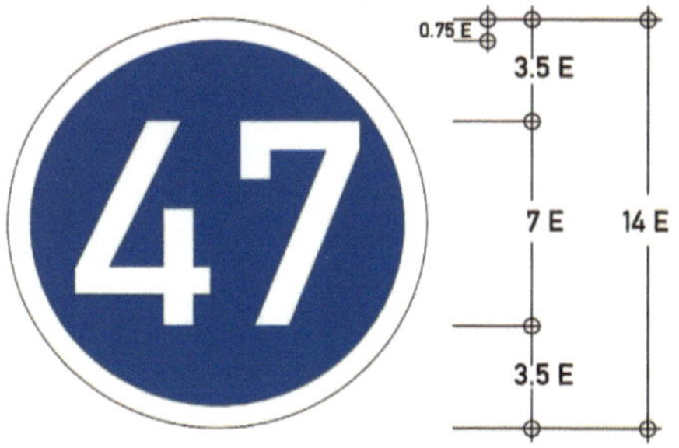

5.5 Sinnbilder

(1) Einheitlich zu bezeichnende Zielangaben werden durch Sinnbilder dargestellt.

(2) Falls nicht im Einzelnen bereits festgelegt, beträgt die Seitenlänge des quadratischen Sinnbildfeldes in der Regel 10 E (E = 1/7 h).

(3) Sinnbilder sind schwarz auf weißem Grund. Die Sinnbilder für „Autobahn", „Ausfahrt", „Autobahnkreuz oder Autobahndreieck" und „Parkplatz" sind weiß auf blauem Grund.

(4) Sinnbilder in Verbindung mit verbalen Zielangaben sind in weißem Einsatz auszuführen.

(5) Bei Aufteilung der Wegweisung nach Fahrzeugarten sind die in Abschnitt 5.5 (13) dargestellten Sinnbilder zu verwenden.

(6) Die in den Sinnbildern gezeigten Fahrzeugarten sollen entsprechend einer nach links oder rechts angezeigten Pfeilrichtung, d. h. in Fahrtrichtung, ausgerichtet sein. Wird an einem Anzeigequerschnitt die Geradeausrichtung und eine weitere Fahrtrichtung angezeigt, sind die Fahrzeugsinnbilder der Geradeausrichtung entgegen den Sinnbildern der anderen Fahrtrichtung auszurichten. Wird an einem Anzeigequerschnitt die Geradeausrichtung und zwei weitere Fahrtrichtungen angezeigt, sind die Fahrzeugsinnbilder der Geradeausrichtung nach links auszurichten.

(7) Die Spitze des Sinnbilds „Flughafen" entspricht der Ausrichtung des korrespondierenden Pfeils, z. B.:

(8) Die unterschiedlichen Größen desselben Sinnbilds ergeben sich durch lineare Vergrößerung der bei der Bundesanstalt für Straßenwesen (BASt) vorliegenden Digitaldaten.

(9) Das Sinnbild „Industriegebiet, Gewerbegebiet" darf nur in Ausnahmefällen angeordnet werden, wenn eine besondere überörtliche Verkehrsbedeutung besteht und die Zielführung nicht anderweitig durch die Angabe eines Ortsnamens möglich ist. Diese Sinnbilder können durch eine verbale Bezeichnung ergänzt werden. Es ist jedoch nicht zulässig, sie durch eine verbale Bezeichnung zu ersetzen. Eine Verwendung für eine Wegweisung zu einem einzelnen Betrieb oder einer vergleichbaren Einrichtung ist grundsätzlich nicht zulässig.

(10) Das Sinnbild „Parken und Reisen" darf nur in Ausnahmefällen angeordnet werden, wenn folgende Voraussetzungen erfüllt sind:

- Parkplatz mit regelmäßiger Verfügbarkeit freier Kfz-Stellplätze, insbesondere werktags zwischen 8 und 17 Uhr
- ein großer Teil des Fernverkehrs kann auf den ÖPNV umsteigen, um dadurch zur Entlastung des Basisnetzes beizutragen
- Mindest-Taktfrequenz der angeschlossenen öffentlichen Verkehrsmittel von 10 min in den Spitzenzeiten
- Mindestanzahl von 500 allgemein verfügbaren Kfz-Stellplätzen

Verbale Ergänzungen sind nur zur Unterscheidung mehrerer Einrichtungen zulässig. Die Ergänzung durch eine dynamische Anzeige der Anzahl freier Stellplätze oder einer „Frei/Besetzt"-Anzeige kann sich empfehlen. Derartige Anzeigen sollten in ein Gesamtkonzept zum Verkehrsmanagement eingebunden sein.

(11) Das Sinnbild „Großsportanlage, Stadion" darf nur in Ausnahmefällen angeordnet werden, wenn eine besondere überörtliche Verkehrsbedeutung besteht und die Zielführung nicht anderweitig durch die Angabe eines Ortsnamens möglich ist. Es darf nicht angeordnet werden, wenn die Ortskundigkeit der Verkehrsteilnehmer im Einzugsbereich der Einrichtung unterstellt werden kann, bzw. wenn die Mindestanzahl von 10.000 Zuschauerplätzen nicht erreicht wird.

(12) Das Sinnbild „Güterverkehrszentrum" darf nur angeordnet werden, wenn sich dieses in unmittelbarer Nähe einer Anschlussstelle befindet.

(13) Zusammenstellung der Sinnbilder

Die Sinnbilder aus den Zeichen 314, 316, 330.1, 363 und 365 können in die Wegweisung aufgenommen werden.

Zusätzlich können folgende Sinnbilder aufgenommen werden:

Behindertentoiletten

Rollstuhlfahrer

Flughafen

Hafen, Fährhafen, Fähre

Industriegebiet, Gewerbegebiet

Zentrum

Güterverkehrszentrum

Großsportanlage, Stadion

Autobahnkreuz oder Autobahndreieck

Autobahnausfahrt

Personenkraftwagen

Wohnmobile

Personenkraftwagen mit Anhänger

Lastkraftwagen mit Anhänger

Krafträder, auch mit Beiwagen

Kraftomnibusse

Kraftfahrzeuge mit einer zulässigen Gesamtmasse über 3,5 t, einschließlich ihrer Anhänger, und Zugmaschinen, ausgenommen Personenkraftwagen und Kraftomnibusse.

Kraftfahrzeuge mit einer zulässigen Gesamtmasse über 3,5 t, einschließlich ihrer Anhänger, und Zugmaschinen, ausgenommen Personenkraftwagen und Kraftomnibusse im angegebenen Zeitraum

Anmerkung: Zeitangabe beispielhaft

Die weißen Einsätze gemäß vorstehender Abbildung können bis zu zwei untereinander dargestellte Fahrzeugartensinnbilder enthalten. Dabei ist die häufiger auftretende Fahrzeugart über der weniger häufig auftretenden Fahrzeugart darzustellen, wie nachstehende Abbildung beispielhaft zeigt:

5.6 Nationalitätenzeichen

(1) Das Nationalitätenzeichen ist 10 E hoch.

(2) Die Landesbuchstaben sind in Mittelschrift auszuführen. Das Nationalitätenzeichen ist weiß mit schwarzer Schrift.

(3) Bemaßung

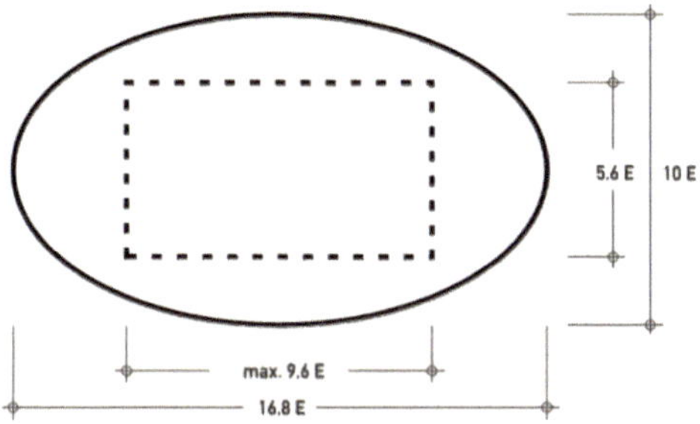

(4) Der seitliche Abstand zu anderen Gestaltungselementen beträgt 5 E.

(5) Das Nationalitätenzeichen steht hinter der betreffenden Zielangabe oder ausnahmsweise auch alleine als Zielangabe, einsortiert nach der Umklappregel.

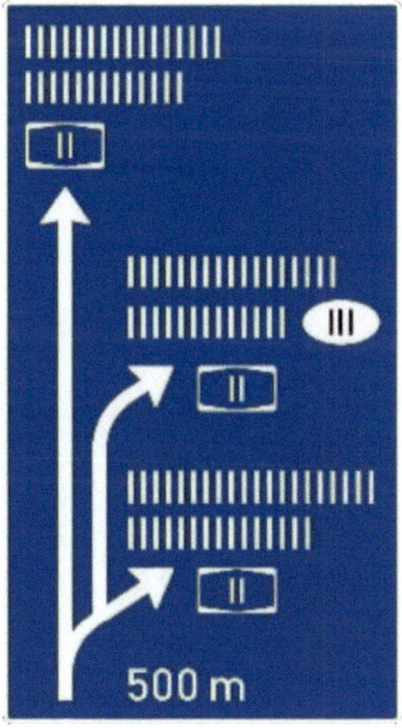

5.7 Umrandung

(1) Schilder mit einer blauen Grundfarbe erhalten als Umrandung einen weißen Kontraststreifen. Die Breite des Kontraststreifens beträgt immer 1 E. Im Übrigen gelten die amtlichen Festlegungen zur Gestaltung der Verkehrszeichen. Konstruktiv bedingte Umrandungen, die weiß oder annähernd weiß sind, sind auf die Breite des Kontraststreifens anzurechnen.

(2) Die Ecken der Schilder sind abzurunden. Die Radien für die Abrundung rechtwinkliger Ecken betragen in der Regel 120 mm. Ausnahmen hiervon sowie Spitz- und stumpfwinklige Ecken sind in den Konstruktionszeichnungen im Einzelnen festgelegt.

5.8 Abstände der Gestaltungselemente zueinander

5.8.1 Allgemeines

(1) Die in diesen Richtlinien angegebenen Abstände beziehen sich auf die Schriftgröße (h). Die Abstände dürfen zur Gewährleistung eines gut lesbaren, ausgeglichenen Gesamtbildes der Wegweisung nicht unterschritten werden.

(2) Die in diesen Richtlinien enthaltenen Konstruktionszeichnungen sind so bemaßt, dass variable Maße mit „≥" gekennzeichnet sind. Diese können für Rastermaße verwendet werden.

5.8.2 Weiße Einsätze

(1) Befindet sich eine Schriftzeile, ein Schriftblock oder ein anderes Gestaltungselement in einem weißen Einsatz, so beträgt der Abstand zum Rand des Einsatzes nach allen Richtungen 1,5 E.

(2) Die Schriftgröße im weißen Einsatz entspricht der maßgeblichen Schriftgröße des jeweiligen Schildes. Sind im weißen Einsatz Buchstaben mit Unterlängen (g, j, p, q und y) vorhanden, ist die Schriftgröße um 70 mm zu verringern. Bei mehrzeiligen Schriftzügen gilt dies für alle Zeilen im weißen Einsatz.

(3) Die Abstände der Gestaltungselemente im weißen Einsatz richten sich nach der Schriftgröße.

(4) Das Sinnbild wird ohne schwarzen Rand abgebildet. Die Seitenlänge des quadratischen Sinnbildfeldes entspricht der Höhe des weißen Einsatzes. Ein weißer Einsatz ist damit immer 10 E hoch.

(5) Der Abstand eines weißen Einsatzes zu einer Schriftzeile beträgt 1,5 E. Mehrere Zeilen im weißen Einsatz werden zu einem gemeinsamen weißen Einsatz zusammengefasst. Dessen Breite bemisst sich am breitesten Schriftzug.

(6) Die Abstände eines weißen Einsatzes zu anderen Gestaltungselementen werden vom Rand des Einsatzes gemessen.

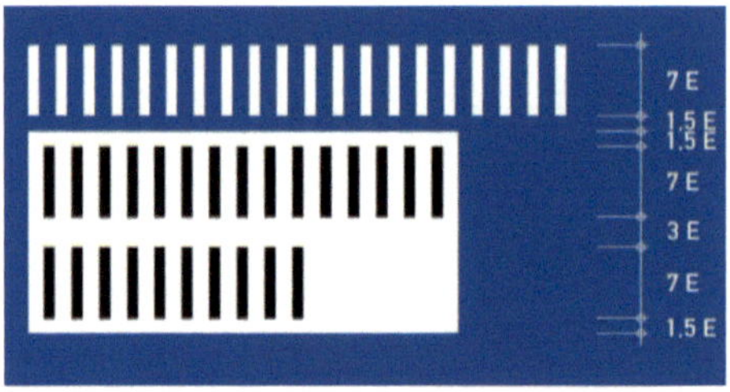

5.8.3 Schrift

(1) Der Abstand zwischen den Großbuchstaben zweier Zeilen (Zeilenzwischenraum) beträgt 3 E.

(2) Der Wortabstand (horizontaler Abstand zwischen zwei Worten) beträgt bei zusammengehörigen Worten bzw. Zielangaben wie Bergisch Gladbach

- bei Engschrift 4 E
- bei Mittelschrift 5 E

Ein Abkürzungspunkt bleibt unberücksichtigt.

(3) Bei einer Entfernungsangabe beträgt der Abstand zwischen der letzten Ziffer der Entfernung und der Dimension „km" oder „m" 3 E.

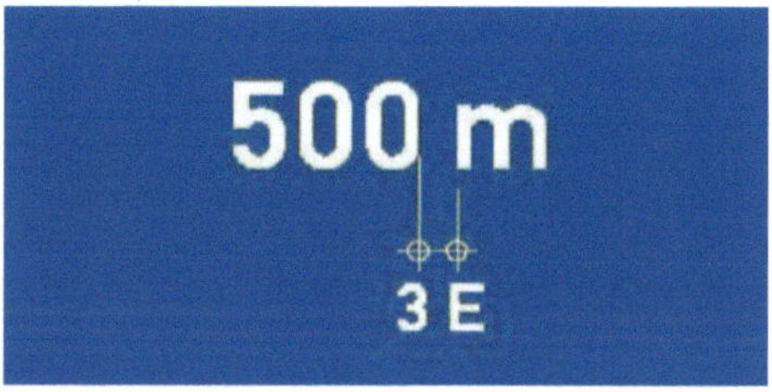

Ausnahme: Werden Zahlen untereinander rechtsbündig angeordnet und endet hierbei eine Zahl mit der Ziffer „1", wird diese Zahl um 1 E nach links eingerückt (vgl. DIN 1451, Teil 2).

5.8.4 Nummernzeichen

(1) Der Abstand von Nummernzeichen (Autobahn-, Europastraßen- und Bundesstraßennummern) zu anderen Gestaltungselementen ergibt sich aus den Konstruktionszeichnungen im Anhang S. 100 ff.

(2) Der Abstand zwischen den Nummernzeichen beträgt bei einer Doppelnummerierung 2 E (vgl. auch Anhang S. 104 ff.).

5.8.5 Knotenpunktnummern

Der Abstand von Knotenpunktnummern zu anderen Gestaltungselementen ergibt sich aus Anhang S. 100 ff. Der vertikale Abstand unterscheidet sich dabei je nach Ausführung in Kreisform oder oval (vgl. Anhang S. 100 ff.). Der Abstand zwischen Knotenpunktsinnbild und Knotenpunktnummer kann so gewählt werden, dass sich beide Elemente gleichmäßig über die Breite der Tafel verteilen, sofern sich in der betreffenden Zeile keine weiteren Gestaltungselemente befinden.

5.8.6 Pfeile

Der Abstand von Pfeilen zu anderen Gestaltungselementen ergibt sich aus Anhang S. 100 ff.

5.8.7 Nationalitätenzeichen

Für Nationalitätenzeichen gelten die gleichen Abstandsregeln wie für die Abstände von Nummernzeichen zueinander und zu anderen Gestaltungselementen.

6 Beschilderung der Knotenpunkte

6.1 Grundsystematik der Wegweisung

Dieses Kapitel beschreibt Regelbeschilderungen für Anschlussstellen, Autobahnkreuze und -dreiecke. Regelpläne und Konstruktionszeichnungen der einzelnen Schilder sind auf S. 47 ff. enthalten. Dabei folgt die Wegweisung unabhängig von der Kategorisierung der baulichen Elemente (z. B. Anschlussstellen, Autobahnkreuze und -dreiecke, Rampen etc.) stets einer einheitlichen Systematik, die den jeweiligen Fahrmanövern folgt.

Dabei folgt die Grundsystematik an der durchgehenden Fahrbahn der Abfolge Ankündigung – Vorwegweiser – Wegweiser. Ankündigungen erfolgen einmal, ggf. auch an mehreren zuführenden Fahrbahnen. Vorwegweiser ohne Sortierraum werden vor Anschlussstellen in der Regel einmal, vor Autobahnkreuzen und -dreiecken zweimal angeordnet. Bei Doppelausfahrten kann es erforderlich sein, den Wegweiser der ersten Ausfahrt mit dem Vorwegweiser der zweiten Ausfahrt zu kombinieren.

Vorwegweiser mit Sortierraum sind stets fahrstreifenbezogen über Kopf anzuordnen. Ihre Anzahl ist anhand der örtlichen Verhältnisse im Einzelfall festzulegen. Die Anordnung von Sortierräumen ist insbesondere bei Belastungen ab 2000 Kfz/h in der Ausfahrt während der werktäglichen Spitzenstunden und bei Autobahnkreuzen oder -dreiecken mit drei- oder mehrstreifigen Richtungsfahrbahnen im Zulauf zu prüfen. In Verflechtungsbereichen und bei Fahrstreifensubtraktionen ist sie die Regel.

Der Abstand zwischen den Vorwegweisern sowie zwischen dem letzten Vorwegweiser und dem Wegweiser soll möglichst gleichmäßig sein und in der Regel zwischen 325 m und 500 m, keinesfalls jedoch weniger als 250 m betragen. Dieser Mindestabstand ist auch zu Anzeigequerschnitten von Verkehrsbeeinflussungsanlagen anzuwenden. Letztes Element ist stets der Wegweiser. Nur dieser darf die Ausfahrttafel (Zeichen 332) enthalten. Der Wegweiser soll 150 m vor der markierten Inselspitze angeordnet werden. Liegen die ortsüblichen Pkw-Geschwindigkeiten erheblich unterhalb der Richtgeschwindigkeit, sollen folgende Abstände gewählt werden:

- 100 m bei etwa 100 km/h
- 75 m bei etwa 75 km/h
- 50 m bei etwa 50 km/h.

Diese Abstände sind auch zwischen dem Beginn der breiten Leitlinie oder in Verflechtungsbereichen der markierten Inselspitze der Einfahrt und dem ersten fahrstreifenbezogenen Vorwegweiser zu wählen. Diese Systematik ist – bis auf die dort entfallenden Ankündigungen – auch auf die Nebenfahrbahnen (Parallelfahrbahnen, Rampen usw.) anzuwenden.

6.2 Beschilderung der Anschlussstellen

Die Beschilderung der Anschlussstellen erfolgt gemäß der Regelpläne 1.

6.3 Beschilderung der Autobahnkreuze und -dreiecke

Die Beschilderung der Autobahnkreuze und -dreiecke erfolgt gemäß der Regelpläne 2.

6.4 Beschilderung in Verbindungsrampen

Die Beschilderung in Verbindungsrampen erfolgt gemäß der Regelpläne 3.

6.5 Beschilderung von Knotenpunkten mit Verteiler- und Verflechtungsstreifen an durchgehenden Fahrbahnen

Die Beschilderung erfolgt gemäß der Regelpläne 1.7 und 2.12.

6.6 Ankündigungsbaken

(1) Ankündigungsbaken (Zeichen 450) stehen an der rechten Seite der durchgehenden Fahrbahn im Abstand von 100 m, 200 m und 300 m vor dem Bezugspunkt des Knotenpunktes bzw. von bewirtschafteten Rastanlagen. Dies gilt auch bei Knotenpunkten mit mehreren Ausfahrten von der durchgehenden Fahrbahn.

(2) An Anschlussstellen wird die 300 m-Bake durch die aufgesetzte Knotenpunktnummer (Zeichen 406) ergänzt.

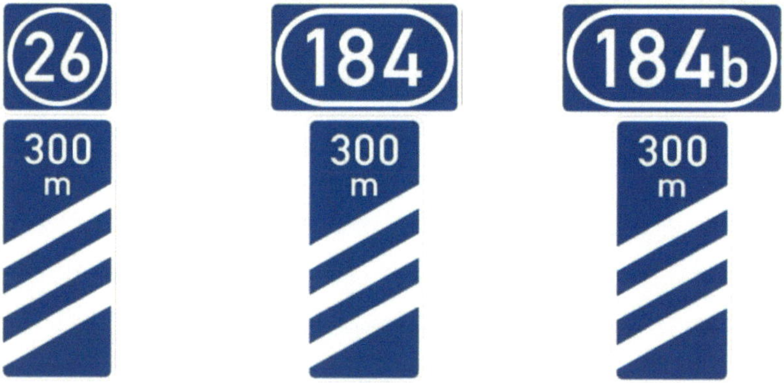

7 Wegweisung in Sonderfällen

7.1 Knotenpunkte in dichtem Abstand

7.1.1 Allgemeines

(1) Liegen Knotenpunkte (Anschlussstellen, Autobahnkreuze und -dreiecke) in einem dichten Abstand hintereinander, muss eine klare Trennung durch die jeweilige Wegweisung erkennbar sein.

(2) Als Bezugsabstand zwischen zwei Knotenpunkten wird die Entfernung zwischen dem hinteren Bezugspunkt des ersten Knotenpunktes (vgl. Abschnitt 4.2.2) und dem Bezugspunkt des darauffolgenden Knotenpunktes (Standort des Wegweisers, vgl. Abschnitt 4.2.1) gewählt.

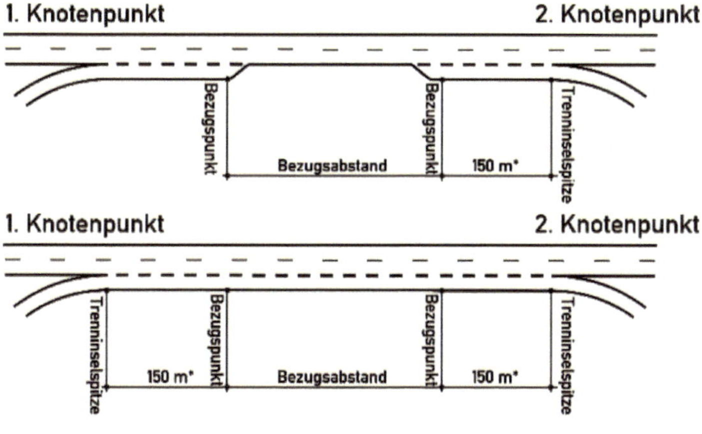

* Regelfall für die durchgehende Fahrbahn

(3) Änderungen gegenüber der Regelwegweisung werden notwendig, wenn der Bezugsabstand kleiner als 2000 m (Anschlussstellen) bzw. 3000 m (Autobahnkreuze und -dreiecke) wird.

7.1.2 Ankündigung von Knotenpunkten in dichtem Abstand

Ausführung einer Doppelankündigung bei Knotenpunkten mit getrennten Ausfahrten:

– über Kopf

– seitlich neben der Fahrbahn (Sonderfall)

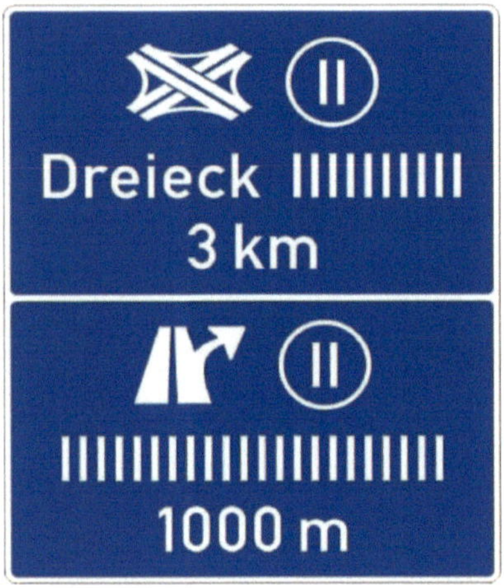

Diese Ausführung ist auch bei Anschlussstellen und Autobahnkreuzen bzw. -dreiecken zu wählen, die über eine gemeinsame Verteilerfahrbahn an die durchgehende Fahrbahn angebunden sind. Dann sind beide Entfernungsangaben identisch.

7.1.3 Anschlussstellen in dichter Folge

Die Wegweisung in diesen Fällen wird entsprechend folgender Systematik konzipiert:

(1) Bezugsabstand von 1100 m bis kleiner 2000 m:

Die Entfernungstafel des ersten Knotenpunkts entfällt (sofern im Regelfall vorgesehen – vgl. Abschnitt 2.2.2).

(2) Bezugsabstand von 650 m bis kleiner 1100 m:

Die Entfernungstafel des ersten Knotenpunkts entfällt (sofern im Regelfall vorgesehen – vgl. Abschnitt 2.2.2). Die Wegweisung ist gemäß Regelplan 4.1 auszuführen.

(3) Bezugsabstand kleiner 650 m: Es ist zu prüfen, ob zwischen den benachbarten Knotenpunkten ein Verflechtungsstreifen angeordnet werden kann, ggf. unter Aufgabe des Seitenstreifens (vgl. Abschnitt 7.3). Nur wenn dies nicht möglich ist, entfällt die Entfernungstafel des ersten Knotenpunkts (sofern im Regelfall vorgesehen – vgl. Abschnitt 2.2.2). Die Wegweisung ist gemäß Regelplan 4.2 auszuführen.

7.1.4 Autobahnkreuze und -dreiecke in dichter Folge

Die Wegweisung in diesen Fällen wird entsprechend folgender Systematik konzipiert:

(1) Bezugsabstand von 2100 m bis kleiner 3000 m:

Die Entfernungstafel des ersten Knotenpunktes entfällt.

(2) Bezugsabstand von 1650 m bis kleiner 2100 m:

Die Entfernungstafel des ersten Knotenpunktes entfällt. Die Wegweisung ist gemäß Regelplan 5.1 auszuführen.

Unterhalb eines Bezugsabstands von 1650 m ist zu prüfen, ob zwischen den benachbarten Knotenpunkten ein Verflechtungsstreifen angeordnet werden kann, ggf. unter Aufgabe des Seitenstreifens (vgl. Abschnitt 7.3). Ist dies nicht möglich, ist die Wegweisung bei Bezugsabständen unter 1650 m stets unter Entfall der Entfernungstafel des ersten Knotenpunktes gemäß folgender Regelpläne auszuführen:

(3) Bezugsabstand von 1150 m bis kleiner 1650 m: Regelplan 5.2

(4) Bezugsabstand von 950 m bis kleiner 1150 m: Regelplan 5.3

(5) Bezugsabstand von 650 m bis kleiner 950 m: Regelplan 5.4

(6) Bezugsabstand kleiner 650 m: Regelplan 5.5

7.1.5 Anschlussstelle vor einem Autobahnkreuz oder -dreieck

Die Wegweisung ist sinngemäß nach Abschnitt 7.1.4 auszuführen.

7.1.6 Autobahnkreuz oder -dreieck vor einer Anschlussstelle

Die Wegweisung ist sinngemäß nach Abschnitt 7.1.3 auszuführen.

7.2 Anschlussstellen mit zwei Ausfahrten von der durchgehenden Fahrbahn (gestaffelte Ausfahrten)

(1) Die Entfernungsangabe der Ankündigung (Zeichen 448) bezieht sich auf die erste Ausfahrt (vgl. Regelplan 6.1).

(2) Um Eindeutigkeit sicherzustellen, wird bei Anschlussstellen mit gestaffelten Ausfahrten auf die Darstellung der Knotenpunktnummer auf den dreistreifigen Ankündigungsbaken verzichtet.

(3) An gestaffelten Ausfahrten ist die Wegweisung gemäß Regelplan 6.1 auszuführen.

7.3 Aufeinanderfolgende Knotenpunkte mit durchgehendem Verflechtungsstreifen (Sortierraum)

Die Entfernungstafel des ersten Knotenpunktes entfällt. Die übrige Wegweisung erfolgt nach Abschnitt 4.3. Bei Bezugsabständen unter 1000 m (Anschlussstellen) bzw. 1500 m (Autobahnkreuze oder -dreiecke) ist die Wegweisung gemäß folgender Regelpläne auszuführen:

Anschlussstellen

(1) Bezugsabstand von 500 m bis kleiner 1000 m: Regelplan 4.3

(2) Bezugsabstand von 250 m bis kleiner 500 m: Regelplan 4.4

(3) Bezugsabstand von kleiner 250 m: Regelplan 4.5

Autobahnkreuze/-dreiecke

(1) Bezugsabstand von 1000 m bis kleiner 1500 m: Regelplan 5.6

(2) Bezugsabstand von 500 m bis kleiner 1000 m: Regelplan 5.7

(3) Bezugsabstand von 250 m bis kleiner 500 m: Regelplan 5.8

(4) Bezugsabstand von kleiner 250 m: Regelplan 5.9

7.4 Knotenpunkte mit aufeinanderfolgenden Aus- und Einfahrten an Verteilerfahrbahnen

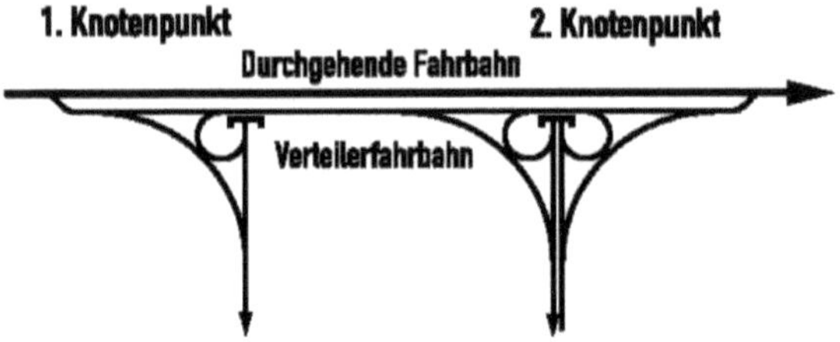

7.4.1 Wegweisung an der durchgehenden Fahrbahn

(1) Wenn zwei hintereinanderliegende Knotenpunkte über eine gemeinsame Verteilerfahrbahn erreicht werden, erfolgt die Wegweisung für die Ausfahrten zusammen an der durchgehenden Fahrbahn.

(2) Die beiden Knotenpunkte erhalten in der Regel eine gemeinsame Knotenpunktnummer. Je nach Notwendigkeit für die Orientierung werden

- beide Namen der Knotenpunkte aufgeführt. Die Ankündigung ist als Doppelankündigung auszuführen (vgl. Abschnitt 7.1.2).
- beide Knotenpunkte nur mit dem Namen des Autobahnkreuzes bzw. -dreiecks angekündigt.

(3) In der Vorwegweisung und den Ausfahrttafeln werden die Ausfahrtziele beider Knotenpunkte in einem Schild aufgeführt. Insgesamt dürfen auch in solchen Fällen nicht mehr als vier Abzweig- bzw. Ausfahrtziele angegeben werden. Bei Anschlussstellen soll für jede Ausfahrt von der Verteilerfahrbahn nur das erste Ziel aufgenommen werden.

(4) Der Aufbau der Wegweisung ist analog zu Autobahnkreuzen und -dreiecken vorzusehen.

7.4.2 Wegweisung in der Verteilerfahrbahn

(1) Die Wegweisung ist entsprechend Abschnitt 7.3 auszuführen.

(2) Befindet sich in der Verteilerfahrbahn eine Ausfahrt in das Basisnetz, sind grundsätzlich die Ausfahrttafel und das Zeichen 333 „Ausfahrt von der Autobahn" aufzustellen.

7.5 Gabelung (Abzweig)

7.5.1 Allgemeines

Die Gabelung stellt einen Sonderfall eines dreiarmigen Knotenpunktes dar und entsteht aus dem Dreieck durch Verzicht auf zwei schwach belastete Eckbeziehungen. Derartige Gabelungen werden nur aus der Richtung, aus der abgezweigt werden kann, mit der Regelwegweisung eines Dreieckes ausgestattet.

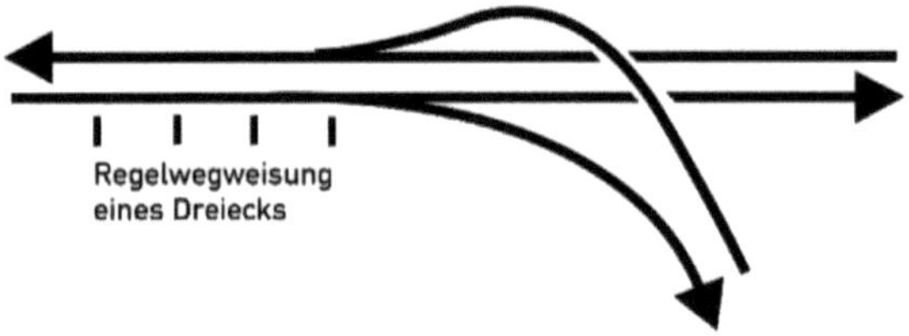

7.5.2 Wegweisung der Zusammenführung

Eine Wegweisung im Vorfeld der Zusammenführung ist in der Regel nicht erforderlich. Hinter der Zusammenführung ist eine Entfernungstafel gemäß Abschnitt 2.2.2 anzuordnen.

8 Wegweisung bewirtschafteter Rastanlagen

8.1 Wegweisung der Ausfahrt

8.1.1 Aufbau

(1) Auf bewirtschaftete Rastanlagen wird mit dem jeweiligen Namen der Rastanlage und den Sinnbildern für die Servicebetriebe hingewiesen. Außerdem sind Hinweise auf das Dienstleistungsangebot durch Anbringung von Firmenlogos zulässig.

(2) Als Bezeichnung ist ein landschaftsbezogener Name zu wählen, der die Landschaft großräumig beschreiben soll. Beidseitige Rastanlagen sind auch bei einer versetzten Anordnung gleich zu bezeichnen, soweit sie zwischen den gleichen Knotenpunkten liegen. Auf verwaltungsintern verwendete Zusätze zur fahrtrichtungsbezogenen Unterscheidung wie z. B. „-Ost" oder „-West" ist zu verzichten.

(3) Ist eine bestehende Rastanlage über dieselbe Ausfahrt wie eine Anschlussstelle zu erreichen, kann sie wie die Anschlussstelle bezeichnet werden.

(4) Bewirtschaftete Rastanlagen werden im Regelfall dreimal angekündigt (Zeichen 448). Die Ausfahrt wird mit einer Ausfahrttafel (Zeichen 332) und Ankündigungsbaken (Zeichen 450-50 bis -52) ausgeschildert.

(5) Hinweise auf Dienstleistungen durch Firmenlogos der Anbieter von Serviceleistungen können unter den Ankündigungstafeln (Zeichen 448) und der Ausfahrttafel (Zeichen 332) mit einem Zusatzschild erfolgen. Dieses darf bis zu vier Logos enthalten. Der Inhalt des Zusatzschildes ist an allen Anzeigequerschnitten gleich.

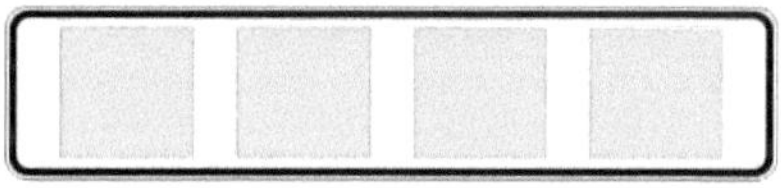

(6) Bei bewirtschafteten Rastanlagen mit Tankstelle ist unter den Ankündigungstafeln (Zeichen 448) bzw. den Hinweisen auf das Dienstleistungsangebot mit einem Zusatzschild auf die nächste Tankmöglichkeit an der gleichen Autobahn hinzuweisen. Das Zusatzschild enthält das Tankstellensinnbild und die Entfernungsangabe. Im Zusatzschild mit der Entfernungsangabe ist kein Firmenlogo darzustellen.

Die Entfernungsangabe für die darauffolgende Tankstelle bezieht sich stets auf den Bezugspunkt der Ausfahrttafel (Zeichen 332) und ist somit bei allen Standorten der Ankündigungstafeln gleich.

(7) An grenzüberschreitenden Autobahnen kann auf die nächste Tankmöglichkeit im Ausland unter Angabe des Nationalitätskennzeichens hingewiesen werden.

(8) Mündet die betreffende Autobahn nachfolgend in nur einer Fahrtrichtung in eine andere Autobahn ein, ist auf die nächste Tankmöglichkeit in dieser Fahrtrichtung hinzuweisen.

Bestehen zwei mögliche Fahrtrichtungen, sind grundsätzlich zwei Zusatzschilder anzuordnen. Jedes Zusatzschild erhält dann jeweils zusätzlich das Hauptfernziel für die betreffende Fahrtrichtung. Zwei Zusatzschilder sind in der Regel auch anzuordnen im Zuge von

- überlagerten Autobahnen,
- Autobahnen mit nachfolgendem Autobahnkreuz/-dreieck, bei dem die durchgehende Fahrbahn nicht der Autobahnnummer folgt.

8.1.2 Sinnbilder

(1) Auf Servicebetriebe und besondere Einrichtungen wird mit den Sinnbildern gemäß Abschnitt 5.5 in den Ankündigungstafeln (Zeichen 448) und der Ausfahrttafel (Zeichen 332) hingewiesen.

(2) Auf standardmäßig vorhandene Ausstattungen an bewirtschafteten Rastanlagen, wie Toiletten oder zusätzliche Einkaufsmöglichkeiten in den Verkaufsräumen der Tankstelle, ist nicht hinzuweisen.

(3) Insgesamt sind nicht mehr als 6 Sinnbilder zu verwenden; maximal drei Sinnbilder in jeweils einer Zeile. Bei kombinierter Wegweisung für Knotenpunkt und Rastanlage sind maximal 4 Sinnbilder zulässig. Diese sind in einer Zeile darzustellen.

(4) Die Reihenfolge der Sinnbilder ist in Leserichtung wie folgt festzulegen:

- Tankstelle
- Autobahngasthaus
- alle übrigen Sinnbilder in der Reihenfolge ihrer Erreichbarkeit.

(5) Auf bewirtschaftete Rastanlagen wird mit dem Sinnbild „Autobahngasthaus" hingewiesen; auch bei ggf. beschränkter Öffnungszeit. Kioske (Kleinbetriebe mit Imbissangebot bzw. vorwiegend Stehplätzen) erhalten das Sinnbild „Autobahnkiosk". Wird das Sinnbild „Tankstelle" gezeigt, erübrigt sich die Darstellung des Sinnbilds „Autobahnkiosk".

(6) Wird eine Raststätte mit dem Sinnbild „Autobahngasthaus" angezeigt, erübrigt sich das Sinnbild „Autobahnkiosk", auch wenn eine Raststätte und ein Kiosk in der Rastanlage räumlich getrennt vorhanden sind.

(7) Das Sinnbild „Informationsstelle" ist auf personell besetzte oder online im Dialog abrufbare Informationsangebote, wie z. B. Verkehrsinformationssysteme in Ballungsräumen, zu beschränken.

(8) Das Sinnbild „Pannenhilfe" ist nur dann zu verwenden, wenn auf der Rastanlage eine Kfz-Reparaturwerkstatt vorhanden ist.

(9) Auf Ladestationen für Elektrofahrzeuge und Tankmöglichkeiten für alternative Kraftstoffe wird mit den Sinnbildern gemäß Abschnitt 5.5 in den Ankündigungstafeln (Zeichen 448) und der Ausfahrttafel (Zeichen 332) hingewiesen.

8.1.3 Aufstellung

(1) Bewirtschaftete Rastanlagen werden im Regelfall 5 km, 1000 m und 500 m vor der Ausfahrttafel (Zeichen 332) (am Bezugspunkt, vgl. Abschnitt 4.2.1) angekündigt (vgl. Regelplan 8.1).

(2) Die Ankündigungstafeln (Zeichen 448) und die Ausfahrttafel (Zeichen 332) sind in der Regel rechts neben der Fahrbahn aufzustellen. Die Ankündigungstafel bei 1000 m und die Ausfahrttafel können bei besonderen Verhältnissen nach den in Abschnitt 4.5 genannten Kriterien über Kopf angeordnet werden. Die Zusatzschilder für die Hinweise auf Dienstleistungen durch Firmenlogos der Anbieter von Serviceleistungen und die nächste Tankmöglichkeit sind dann seitlich unmittelbar davor anzubringen.

8.1.4 Gestaltung

(1) Die Sinnbilder innerhalb der Tafeln erhalten eine Seitenlänge von 10 E.

(2) Das Zusatzschild für die Hinweise auf Dienstleistungen durch Firmenlogos der Anbieter von Serviceleistungen hat dieselbe Breite wie die Ankündigungstafel. Logos im Zusatzschild sind mit einer Seitenlänge von 12 E auszuführen.

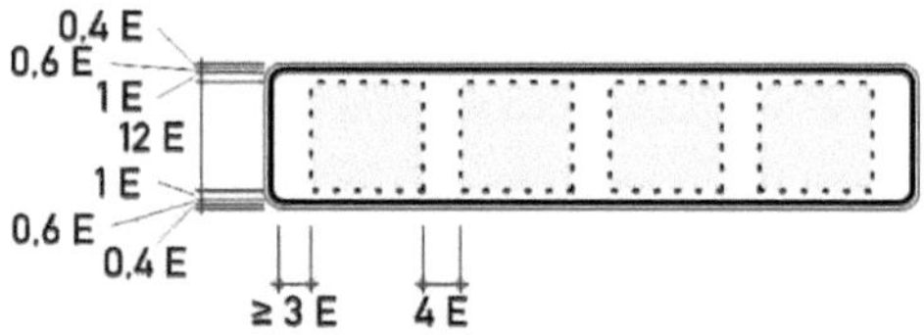

(3) Zusatzschilder für die nächste Tankmöglichkeit haben dieselbe Breite wie die Ankündigungstafel. Beschriftungen im Zusatzschild sind mit einer Schriftgröße von 280 mm auszuführen. Die übrige Gestaltung erfolgt wie nachstehend dargestellt.

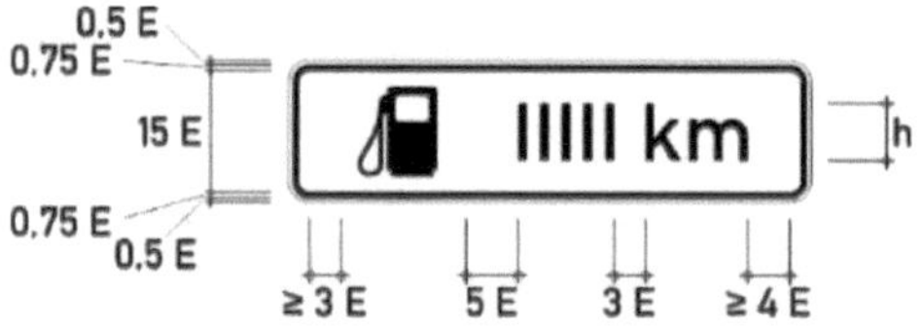

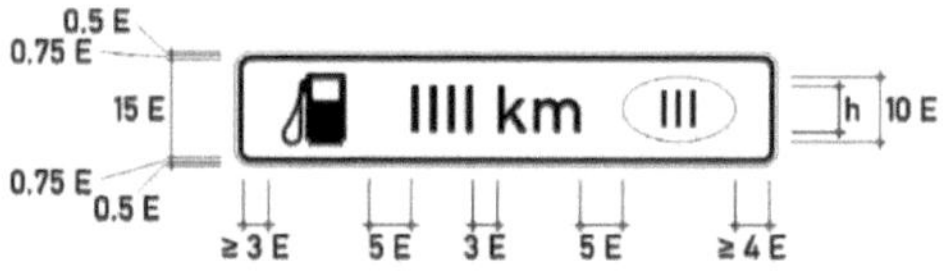

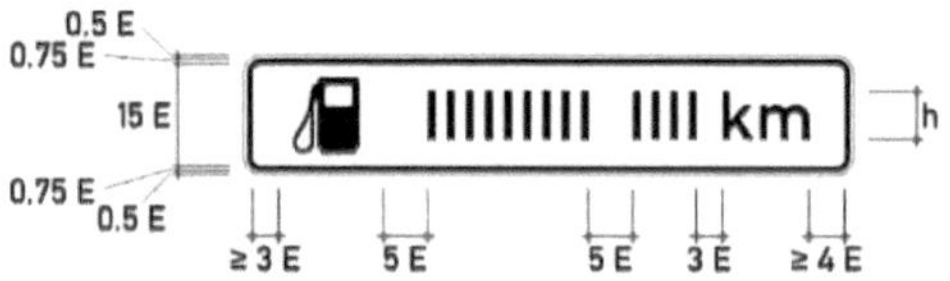

8.1.5 Regelwegweisung

Anordnung und Gestaltung der Regelwegweisung für bewirtschaftete Rastanlagen sind in Regelplan 8.1 dargestellt.

8.2 Wegweisung innerhalb der Rastanlage

8.2.1 Allgemeines

(1) Mit der Rastanlage sind die an der Strecke mit Sinnbildern angezeigten Servicebetriebe und ggf. vorhandene besondere Einrichtungen prinzipiell erreicht. Die Sinnbilder sollen daher an Fahrgassenverzweigungen außerhalb der Durchfahrt grundsätzlich nicht weitergeführt werden, soweit dies nicht aufgrund einer besonderen Verkehrsführung angezeigt ist (z. B. Hotel auf der Gegenseite, abseits gelegene Raststätte oder Hotel).

(2) Logos der Dienstleister dürfen innerhalb der Rastanlage nicht als Bestandteil der Wegweisung dargestellt werden.

(3) Ist neben einer Raststätte ein räumlich getrennter Kiosk vorhanden, kann hierauf per Sinnbild „Autobahnkiosk" am Gebäude hingewiesen werden; dies ist nicht Gegenstand einer straßenverkehrsrechtlichen Anordnung. Entsprechendes gilt, wenn an der Tankstelle ein Imbissangebot vorhanden ist.

(4) Auf Ladestationen für Elektrofahrzeuge und Tankmöglichkeiten für alternative Kraftstoffe wird mit den Sinnbildern gemäß Abschnitt 5.5 hingewiesen.

(5) Innerhalb bewirtschafteter Rastanlagen erfolgt grundsätzlich keine Wegweisung für eine eventuelle Entsorgungsstation für Bordtoiletten. Auf diese ist an der Station hinzuweisen.

(6) In der Regel ist mindestens eine Längsparkbucht ohne Beschränkung auf bestimmte Fahrzeugarten vorzusehen (Zeichen 314 ohne beschränkende Zusatzzeichen).

(7) Die Wegweisung innerhalb der Rastanlage muss die verschiedenen Fahrzeugarten Pkw, Motorräder, Pkw mit Anhänger, Lkw und Bus bis zu ihren Stellplätzen führen. Wegweiser zu Stellplätzen, die nicht durch Zusatzzeichen zu Zeichen 314 bestimmten Fahrzeugarten zugewiesen sind, enthalten neben dem Richtungspfeil ausschließlich das Zeichen 314 in verkleinerter Darstellung (vgl. Abschnitt 8.2.2 (1)).

(8) Auf großräumigen Rastanlagen ist zu prüfen, inwiefern eine Wegweisung zu den Servicebetrieben für den Fußverkehr erforderlich ist.

(9) Inselspitzen mit Wegweisung sind von sonstigen Beschilderungen und Einrichtungen freizuhalten.

8.2.2 Fahrgassenverzweigungen

(1) Die Wegweisung ist in der Regel am rechten Fahrbahnrand oder hinter Inselspitzen aufzustellen. Bei besonderen örtlichen Verhältnissen kann auch eine Aufstellung am linken Fahrbahnrand oder eine Wegweisung über Kopf in Betracht kommen. Bei erforderlichem Fahrstreifenbezug ist sie zwingend erforderlich.

(2) Führen die Fahrgassen an einer Verzweigung nicht zu unterschiedlichen Nutzungen, kann auf eine Wegweisung verzichtet werden. Auf rückwärtige Anbindungen darf nicht hingewiesen werden.

(3) Wenn an Fahrgassenverzweigungen beide Fahrmöglichkeiten ausschließlich zu Parkständen führen, werden neben den Pfeilen nur die Sinnbilder der Fahrzeugarten dargestellt. Zur Ausrichtung der Sinnbilder der jeweiligen Fahrzeugart vgl. Abschnitt 5.5 (7).

(4) Fahrgassenverzweigungen in Rastanlagen, die bei einseitigen Anlagen mit Überfahrt zu den beiden Fahrtrichtungen der Autobahn zurückführen, erhalten einen Gabelungswegweiser (vgl. Abschnitt 6.4).

(5) Ist am Ende der Rastanlage eine Fahrmöglichkeit vorhanden, die an den Beginn der Rastanlage zurückführt, sind an der betreffenden Fahrgassenverzweigung Zeichen 314 sowie ggf. die Sinnbilder für die erreichbaren Servicebetriebe anzuzeigen.

Gestaltung

(6) Die Wegweisung ist als aufgelöster Tabellenwegweiser (Zeichen 434) mit jeweils einem Segment pro Richtung auszubilden. Ist der Hinweis zurück zur Autobahn anzuzeigen, ist ein gesondertes Segment mit entsprechendem Richtungspfeil und dem Sinnbild „Autobahn" in nachfolgender Ausführung anzuordnen:

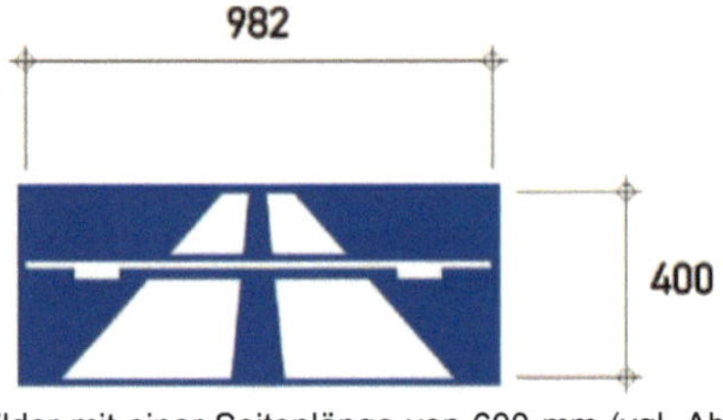

Bei einer Ausführung der Sinnbilder mit einer Seitenlänge von 600 mm (vgl. Absatz (9)) ist eine entsprechende Skalierung vorzunehmen.

(7) Die Richtungspfeile sind entsprechend der Verkehrsführung als Schrägpfeile oder als Geradeauspfeile anzuordnen, wenn der Wegweiser vor dem Entscheidungspunkt steht. Sie sind als (waagerechte) Abzweigpfeile oder als Geradeauspfeile anzuordnen, wenn der Wegweiser hinter dem Entscheidungspunkt steht.

(8) Zur Darstellung der Fahrzeugsinnbilder vgl. Abschnitt 5.5 (6).

(9) Zeichen 314 sowie die weißen Einsätze mit den Sinnbildern erhalten in der Regel eine Seitenlänge von 400 mm. Zeitangaben (siehe Abschnitt 5.5 (13)) sind mit einem Abstand von 40 mm unter dem zugehörigen

Sinnbild zu platzieren. In Zufahrten und anderen Bereichen mit erhöhtem Geschwindigkeitsniveau können Sinnbilder mit einer Seitenlänge von 600 mm angeordnet werden.

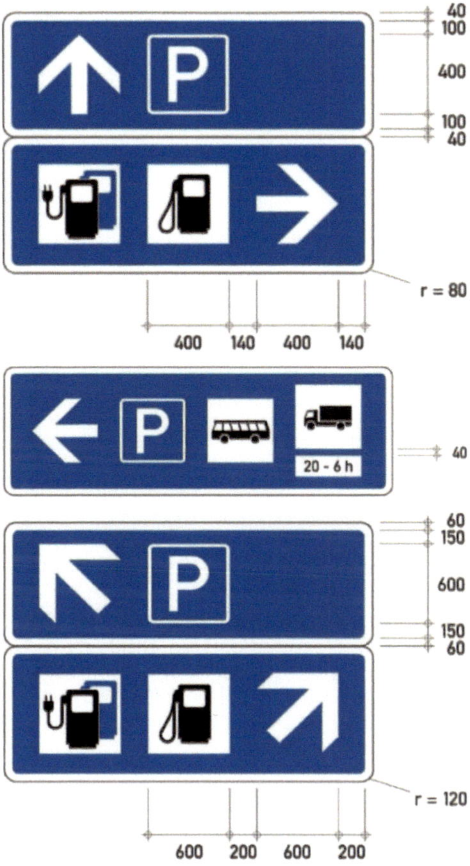

8.2.3 Tankstelle

Eine fahrzeugartenspezifische Zufahrtwegweisung zu den einzelnen Tankmöglichkeiten erfolgt nur dann, wenn nicht bereits durch entsprechende private Hinweise unmittelbar an der Tankstelle (z. B. entsprechende Beschriftungen an der Attika) eine hinreichend eindeutige Führung gewährleistet ist.

8.2.4 Abfahrt

(1) In der Abfahrt von der Rastanlage zur Autobahn sind Abfahrttafeln aufzustellen.

(2) Die Abfahrttafel enthält einen Pfeil, das Hauptfernziel der Autobahn und die zugehörige Autobahnnummer. Die Ausrichtung des Pfeils richtet sich danach, welche Richtung der ankommende Verkehr einzuschlagen hat, um die Autobahn zu erreichen.

(3) Bei einseitigen Rastanlagen mit Überfahrt ist anstelle der Abfahrttafel ein Gabelungswegweiser hinter der Inselspitze der Fahrbahnverzweigung als Bodenschild anzuordnen.

(4) Die Beschriftung ist mit der Schriftgröße 280 mm auszuführen. Die Gestaltung erfolgt gemäß der Konstruktionszeichnungen im Anhang S. 105.

8.2.5 Beschilderungsbeispiele

Beschilderungsbeispiele enthält der Anhang S. 95 ff.

8.3 Wegweisung in Sonderfällen

(1) Bei Rastanlagen mit dichter Folge mit Knotenpunkten (Anschlussstellen, Autobahnkreuze und -dreiecke) ist entsprechend Kapitel 7 zu verfahren. Dabei hat die Regelaufstellung der Wegweisung zum Knotenpunkt Vorrang vor der Wegweisung zu Rastanlagen.

(2) Bei einer gemeinsamen Verteilerfahrbahn wird die Wegweisung zur Rastanlage in die Ankündigung, Vorwegweisung und Wegweisung des Knotenpunktes integriert. Bei Namensgleichheit mit dem Knotenpunkt (vgl. Abschnitt 8.1.1 (3)) ist auf eine separate Angabe der Bezeichnung der Rastanlage zu verzichten und sind nur die Sinnbilder der Dienstleistungen darzustellen.

(3) In diesen Fällen ist die zulässige Anzahl an Ausfahrt- oder Abzweigzielen auf drei beschränkt.

(4) Die Gestaltung erfolgt gemäß Anhang S. 105.

(5) Im Übrigen entspricht die Systematik den allgemeinen Regelungen für Knotenpunkte.

9 Wegweisung für unbewirtschaftete Rastanlagen

9.1 Wegweisung der Ausfahrt

9.1.1 Aufbau

(1) Auf unbewirtschaftete Rastanlagen wird mit Zeichen 314 „Parkplatz" und der namentlichen Bezeichnung der Rastanlage hingewiesen.

(2) Als Bezeichnung ist ein landschaftsbezogener Name zu wählen, der die Landschaft kleinräumig beschreiben soll. Beidseitige Rastanlagen sind auch bei einer versetzten Anordnung gleich zu bezeichnen, soweit sie zwischen den gleichen Knotenpunkten liegen. Auf verwaltungsintern verwendete Zusätze zur fahrtrichtungsbezogenen Unterscheidung wie z. B. „-Ost" oder „-West" ist zu verzichten.

(3) Die Ausfahrtwegweisung für unbewirtschaftete Rastanlagen umfasst in der Regel zwei Ankündigungstafeln (Zeichen 448) und die Ausfahrttafel (Zeichen 332) ohne Ankündigungsbaken.

(4) Ist an einer unbewirtschafteten Rastanlage keine Toilette vorhanden, ist auf die nächste Rastanlage mit Toilette durch Zeichen 365-58 in Verbindung mit Zeichen 1004-30 hinzuweisen. Diese Verkehrszeichen sind linksbündig über den Ankündigungstafeln und der Ausfahrttafel als Reiter anzubringen.

(5) Liegt einer unbewirtschafteten Rastanlage eine bewirtschaftete Rastanlage gegenüber und ist diese durch eine Fußgängerüberführung bzw. -unterführung zu erreichen, kann hierauf mit Zeichen 365 63 oder -64 hingewiesen werden.

9.1.2 Sinnbilder

(1) In der Wegweisung wird mit den entsprechenden Sinnbildern (vgl. Abschnitt 5.5) auf Toiletten hingewiesen.

(2) In der Wegweisung sollen nicht mehr als vier Sinnbilder dargestellt werden.

9.1.3 Aufstellung

(1) Unbewirtschaftete Rastanlagen werden im Regelfall 1000 m und 500 m vor der Ausfahrttafel (Zeichen 332; am Bezugspunkt, vgl. Abschnitt 4.2.1) angekündigt (vgl. Regelplan 8.2).

9.1.4 Gestaltung

Zeichen 314 sowie die Sinnbilder in der Wegweisung erhalten eine Seitenlänge von 10 E und die Beschriftung eine Schriftgröße von 280 mm. Zeichen 314 erhält einen weißen Kontraststreifen.

9.1.5 Regelwegweisung

Anordnung und Gestaltung der Regelwegweisung für unbewirtschaftete Rastanlagen sind in Regelplan 8.2 dargestellt.

9.2 Wegweisung innerhalb der unbewirtschafteten Rastanlage

(1) In der Regel ist mindestens eine Längsparkbucht ohne Beschränkung auf bestimmte Fahrzeugarten vorzusehen (Zeichen 314 ohne beschränkende Zusatzzeichen).

(2) Am Eingang des WC-Gebäudes ist Zeichen 365 58 anzubringen. Auf eine ggf. separate Behindertentoilette ist gesondert hinzuweisen.

(3) Bei komplexen Rastanlagen kann es erforderlich sein, an Fahrgassenverzweigungen den Hinweis zurück zur Autobahn anzuzeigen. Für die Abfahrt zur Autobahn ist im aufgelösten Tabellenwegweiser ein gesondertes Segment gemäß Abschnitt 8.2.2 anzuordnen.

(4) Im Übrigen sind die Regelungen gemäß Kapitel 8 anzuwenden.

10 Wegweisung der Bedarfsumleitungen

10.1 Allgemeines

(1) Bedarfsumleitungen für den Autobahnverkehr werden unter Verwendung der vorgesehenen Richtzeichen (Zeichen 460 und 466) eingerichtet und sollen den Verkehr in der Regel über das nachgeordnete Straßennetz von einer Anschlussstelle zu einer anderen Anschlussstelle an der Störung vorbeiführen.

(2) Die Festlegung der Bedarfsumleitungen erfolgt durch die nach Landesrecht zuständigen Behörden. Die für den Vollzug der StVO auf den Autobahnen zuständige Stelle holt regelmäßig Informationen über den Bestand der Bedarfsumleitungen ein und regt erforderlichenfalls eine Überprüfung, Änderungen oder Ergänzungen der angeordneten Bedarfsumleitungen an.

10.2 Ausführung der Wegweisung

10.2.1 Ausfahrt

Die Ausfahrt einer Bedarfsumleitungsstrecke in das Basisnetz wird mit Zeichen 460 21 angezeigt. Das einzelne Zeichen oder mehrere Zeichen nebeneinander werden linksbündig auf Zeichen 333 angebracht. Zur Ausführung der Pfeile vgl. RWB; mit waagerechtem Pfeil ist das Schild ausschließlich hinter der Inselspitze anzubringen, auf die es sich bezieht.

10.2.2 Weiterführende Wegweisung

Die weiterführende Wegweisung außerhalb der Autobahn ist den RUB zu entnehmen.

10.2.3 Vollsperrung von Streckenabschnitten oder Anschlussstellen

Die Beschilderung für den Fall gesperrter Streckenabschnitte ist den RUB, für den Fall gesperrter Anschlussstellen den RSA zu entnehmen.

11 Wegweisung der Polizeidienststellen an Autobahnen

11.1 Allgemeines

(1) Auf Dienststellen der Polizei an Autobahnen kann mit Zeichen 363 hingewiesen werden.

(2) Liegt eine Polizeidienststelle innerhalb einer Rastanlage, darf das Sinnbild „Polizei" nicht zusammen mit anderen Sinnbildern auf einem Schild dargestellt werden. Der Hinweis „Polizei" ist stets auf einem gesonderten Schild anzuzeigen.

11.2 Aufstellung der Wegweisung

11.2.1 Ankündigung

Eine Polizeidienststelle wird im Regelfall 400 m vor der Ausfahrttafel (Bezugspunkt) angekündigt.

11.2.2 Ausfahrt

Die Ausfahrt zur Polizeidienststelle wird im Regelfall durch Zeichen 363 angezeigt. Das Zeichen wird an Anschlussstellen linksbündig auf Zeichen 333 angebracht. An Rastanlagen steht Zeichen 363 mit dem Zusatzzeichen 1000 20 (rechtsweisender Pfeil) unmittelbar hinter der Trenninselspitze.

11.2.3 Weiterführende Wegweisung

Nach der Knotenpunktausfahrt ist der Fahrzeugführer bis zum Erreichen der Polizeidienststelle lückenlos zu führen. An jeder Verzweigung muss das Zeichen 363 mit einem richtungsweisenden Pfeil (Zusatzzeichen) aufgestellt werden.

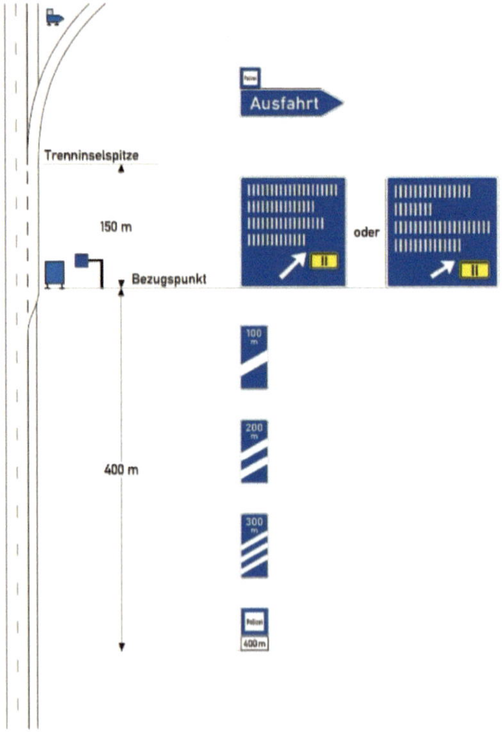

12 Hinweis auf Notrufsäulen

12.1 Allgemeines

Die Wegweisung zu den Notrufsäulen erfolgt durch Pfeilelemente (Richtungspfeile) mit integriertem Sinnbild, die auf den am rechten Fahrbahnrand stehenden Leitpfosten angebracht sind.

12.2 Anbringung der Hinweise

(1) Der Pfeil ist entsprechend der unten gezeigten Abbildung mittig auf dem Leitpfosten anzubringen. Die Spitze zeigt immer in Richtung der nächstgelegenen Notrufsäule. Der Pfeil ist für beide Richtungen verwendbar.

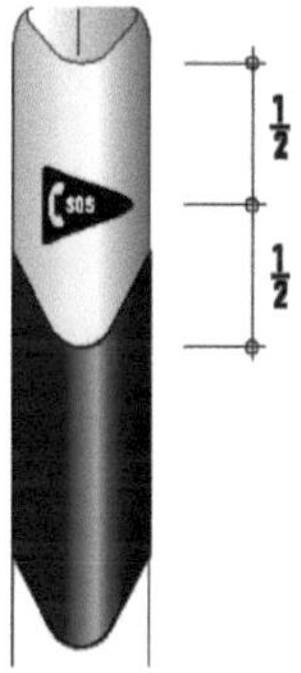

(2) Pfeilelemente können mit spitzen oder abgerundeten Ecken ausgeführt werden.

(3) Die Notrufsäule selbst ist mit dem Sinnbild „Notrufsäule" (vgl. Abschnitt 5.5) gekennzeichnet.

12.3 Ausführung

Richtungspfeil mit spitzen Ecken

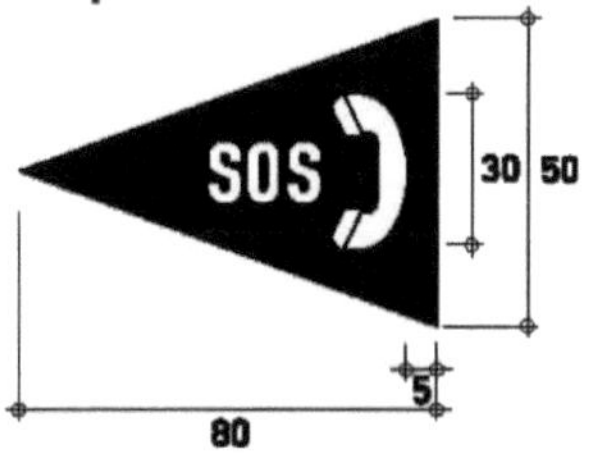

Richtungspfeil mit abgerundeten Ecken

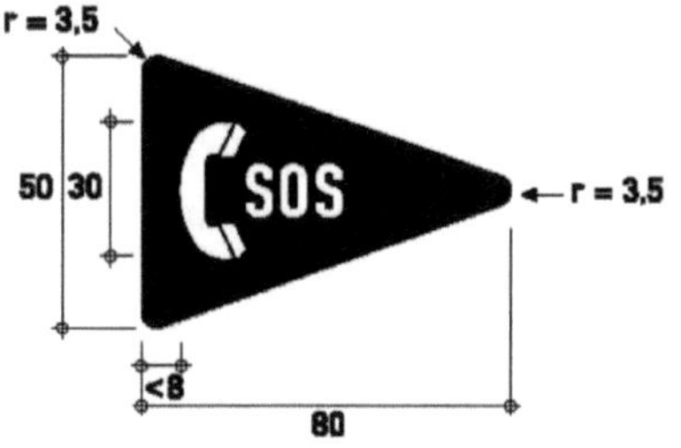

Maße in [mm]

13 Zielführung zur Autobahn im Basisnetz

Die Wegweisung zur Autobahn im Basisnetz erfolgt gemäß RWB. Knotenpunkte der Autobahn mit dem Basisnetz, die ausgebaut sind wie Autobahnkreuze oder -dreiecke, werden nach den Grundsätzen der RWBA beschildert.

14 Kennzeichnung von Beginn und Ende der Autobahn

Die Zeichen 330.1 und 330.2 sind unter Berücksichtigung des Sichtbarkeitsgrundsatzes und einer möglichst sparsamen Beschilderung so nah wie möglich an der Widmungsgrenze anzubringen.

14.1 Beginn der Autobahn

(1) Bei einem direkten Übergang vom Basisnetz oder von einem Knotenpunkt in eine Autobahn (Übergang ohne Verbindungsrampen) ist am Beginn der Autobahn Zeichen 330.1 rechts und links neben der Richtungsfahrbahn der Autobahn anzuordnen. Besteht an dieser Stelle keine alternative Route für Verkehrsarten, welche die Autobahn nicht benutzen dürfen, ist die Zulaufstrecke ab dem letzten Entscheidungspunkt mit einer Nutzungsmöglichkeit für nicht autobahnberechtigten Verkehr als Kraftfahrstraße auszuweisen.

(2) Ist die Anschlussstelle an eine Straße innerhalb geschlossener Ortschaften angebunden, ist Zeichen 330.1 unmittelbar über Zeichen 311 anzuordnen. In der oberen Hälfte von Zeichen 311 ist anstelle der nächsten Ortschaft die Nummer der Autobahn, in die eingefahren wird, zu nennen. Zeichen 311 entfällt, wenn sich der angebundene Autobahnabschnitt innerhalb geschlossener Ortschaften (Zeichen 310) befindet. In allen anderen Fällen steht Zeichen 330.1 allein.

14.2 Ende der Autobahn

(1) Beim Übergang der durchgehenden Fahrbahn in das Basisnetz wird das Ende der Autobahn 800 m vorher mit dem Zeichen 330.2 angekündigt. Die Ankündigung entfällt beim Übergang in eine Kraftfahrstraße (vgl. VwV-StVO zu Zeichen 330.2 und 331.2 Ende der Autobahn und Kraftfahrstraße, Rn. 2).

(2) Ist die Anschlussstelle an eine Straße innerhalb geschlossener Ortschaften angebunden, ist Zeichen 310 unmittelbar über Zeichen 330.2 anzuordnen. Zeichen 310 entfällt, wenn sich der angebundene Autobahnabschnitt innerhalb geschlossener Ortschaften (Zeichen 310) befindet. In allen anderen Fällen steht Zeichen 330.2 allein.

(3) Ist an einem Übergang der durchgehenden Fahrbahn in das Basisnetz eine Wegweisung erforderlich, richtet sich deren Gestaltung nach der Lage des Entscheidungspunktes zu Zeichen 330.2:

- Befindet sich der Entscheidungspunkt vor Zeichen 330.2, entfällt die Nummer der endenden Autobahn, es wird nur die Nummer einer unmittelbar angeschlossenen bzw. weiterführenden Bundesstraße dargestellt.

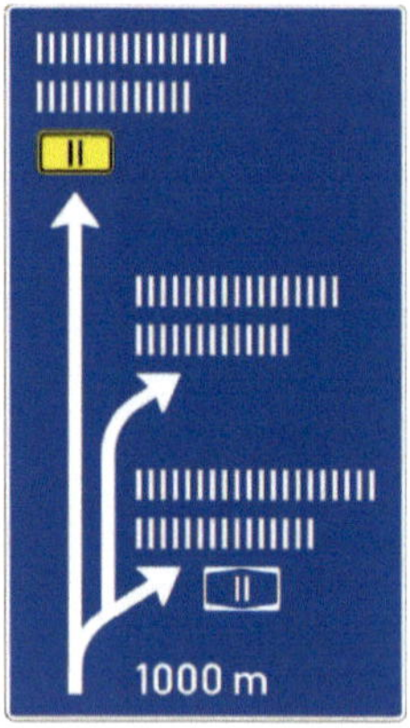

– Befindet sich der Entscheidungspunkt hinter Zeichen 330.2, erfolgt die Wegweisung gemäß RWB.
– Beim Übergang in eine Kraftfahrstraße gelten die vorstehenden Vorschriften entsprechend.

15 Sonstige Wegweisung

15.1 Hinweis auf Autohöfe

(1) Hinweise auf Autohöfe informieren darüber, dass über das Verlassen der Autobahn an der nächsten Anschlussstelle ein Autohof erreicht werden kann. Eine Folgewegweisung im Zuge der Autobahn ist deshalb nur dann erforderlich, wenn diese Anschlussstelle über mehrere Ausfahrten verfügt.

(2) Im Falle einer Erreichbarkeit über ein Autobahndreieck oder Autobahnkreuz ist der Zusatz „via" mit der Autobahnnummer, bei Autobahnkreuzen auch dem Abzweigziel, zu wählen.

(3) Auf Autohöfe in unmittelbarer Nähe zu Anschlussstellen kann mit Zeichen 448.1 gesondert hingewiesen werden, wenn der Autohofbetreiber dies beim Fernstraßen-Bundesamt oder der aufgrund des Infrastrukturgesellschaftserrichtungsgesetzes beliehenen Gesellschaft privaten Rechts beantragt.

(4) Zur Kostentragung vgl. § 5b Absatz 2 Buchstabe e StVG.

(5) Zu den Anordnungsvoraussetzungen vgl. VwV-StVO zu Zeichen 448.1 „Autohof".

(6) Die Abmessung der Tafel beträgt gemäß VwV-StVO zu Zeichen 448.1 Autohof Rn. 1 2,0 \x 2,8 m.

(7) Auf den Leistungsumfang des Autohofs kann mit Sinnbildern auf einem Zusatzzeichen hingewiesen werden. Es sind hierbei die Sinnbilder zu verwenden, die auch das Leistungsangebot der bewirtschafteten Rastanlagen beschreiben, ggf. kann auch das Sinnbild „Werkstatt" verwendet werden. Die Abmessungen des Zusatzzeichens betragen 0,8 \x 2,8 m.

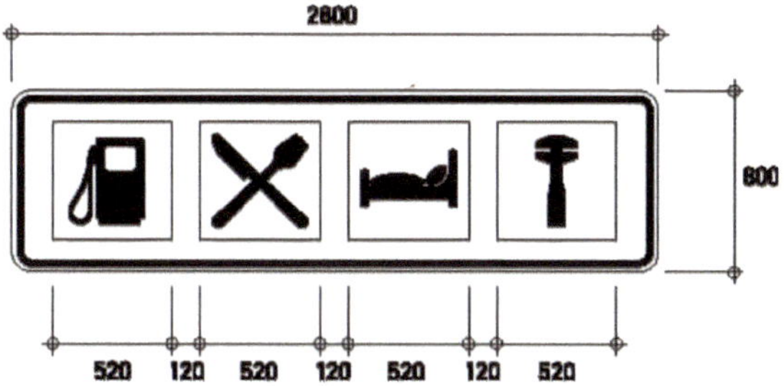

Sollen mehr als 4 Sinnbilder gezeigt werden (max. 6), sind diese zweizeilig anzuordnen.

(8) Hinweise auf Dienstleistungen durch Firmenlogos der Anbieter von Serviceleistungen können unter der Tafel (Zeichen 448.1) bzw. dem Zusatzzeichen mit den Sinnbildern des Leistungsangebots mit einem (weiteren) Zusatzschild erfolgen. Dieses darf bis zu vier Logos enthalten. Diese sind mit einer Seitenlänge von 520 mm auszuführen.

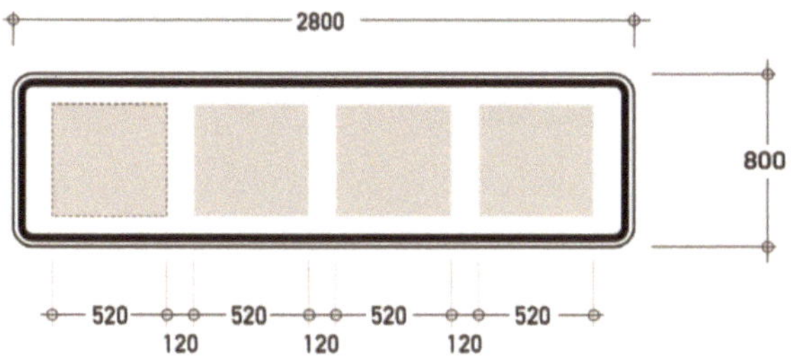

15.2 Wegweisung der Autobahnkirchen

15.2.1 Allgemeines

(1) Die Wegweisung ist in Abhängigkeit von der Lage der Autobahnkirche als Bestandteil einer Rastanlage, eines Autohofs oder neben der Autobahn zu gestalten.

(2) Die Autobahnkirche ist ganzjährig und täglich mindestens zwischen 8:00 Uhr und 20:00 Uhr geöffnet.

(3) Die Autobahnkirche sollte so groß sein, dass auch einer Bus-Reisegruppe der gemeinsame Besuch möglich ist.

15.2.2 Lage auf einer Rastanlage

Das Sinnbild „Autobahnkapelle" wird in die Ankündigungstafeln (Zeichen 448) und die Ausfahrttafel (Zeichen 332) integriert. Die Gestaltung erfolgt nach Kapitel 8 und 9.

15.2.3 Lage auf einem Autohof

Das Sinnbild „Autobahnkapelle" wird in die Hinweisbeschilderung mittels Integration in Zeichen 1010 15 als Zusatzzeichen zu Zeichen 448.1 aufgenommen.

15.2.4 Sonstige Lage

(1) Die Tafel steht in der Regel 500 m bis maximal 1000 m vor der Ankündigungstafel der Anschlussstelle (Zeichen 448) auf der rechten Fahrbahnseite außerhalb des Lichtraumprofils.

(2) Voraussetzungen für eine Anordnung dieses Zeichens sind:

- Die Autobahnkirche ist höchstens 1 km von der Anschlussstelle entfernt.
- In fußläufiger Entfernung zur Kirche stehen mindestens 5 Pkw-Stellplätze und 1 Stellplatz für Lkw oder Busse zur Verfügung.
- Sanitäre Anlagen müssen vorhanden sein.

(3) Gestaltung der Tafel:

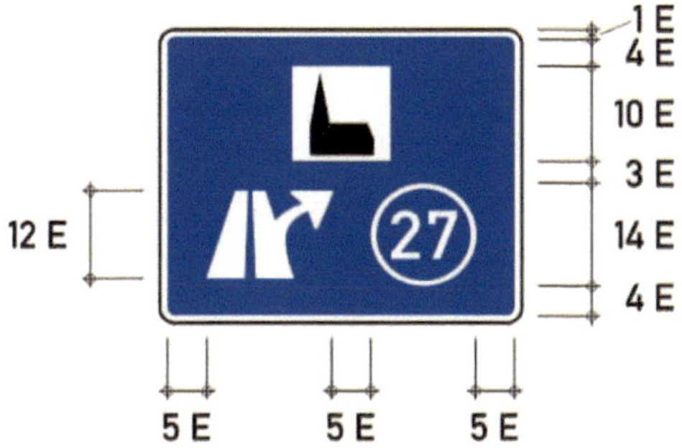

15.3 Betriebskilometrierung

(1) Entlang der Autobahnstrecken wird die Betriebskilometrierung fortlaufend alle 500 m auf besonderen Kilometertafeln rechts neben der Fahrbahn angezeigt. Es wird grundsätzlich der volle Kilometer (z. B. 20,0) und der laufende halbe Kilometer (z. B. 20,5) beschildert.

(2) Die Grundfarbe der Schilder ist blau, Kontraststreifen und Ziffern sind weiß.

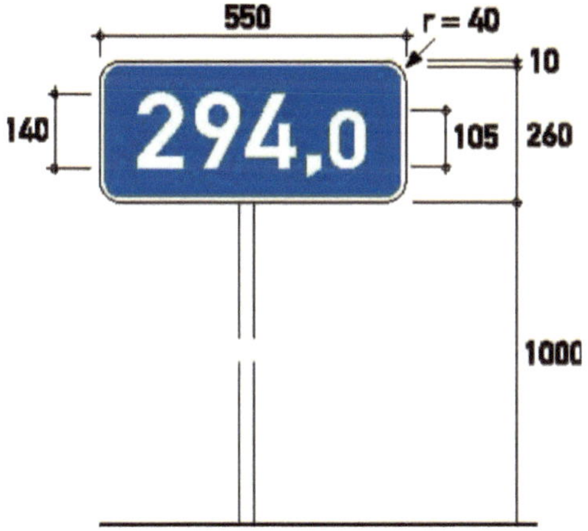

16 Regelpläne, Beschilderungsbeispiele und Konstruktionszeichnungen

16.1 Bezeichnung der Regelpläne

Die Bezeichnung der Regelpläne beinhaltet eine grundsätzliche Unterscheidung der zu beschildernden Knotenpunktelemente bzw. ihrer Kombinationen:

1: Ausfahrten und Verflechtungen an Anschlussstellen
2: Ausfahrten und Verflechtungen an Autobahnkreuzen und -dreiecken
3: Ausfahrten und Verflechtungen an Verbindungsrampen
4: Aufeinanderfolgende Anschlussstellen mit verringertem Bezugsabstand
5: Aufeinanderfolgende Autobahnkreuze und -dreiecke mit verringertem Bezugsabstand
6: Anschlussstellen mit zwei Ausfahrten von der durchgehenden Fahrbahn (gestaffelte Ausfahrten)
7: Anschlussstellen mit temporärer Seitenstreifenfreigabe
8: Rastanlagen

16.2 Verzeichnis der Regelpläne

Anschlussstellen (1)

Regelplan 1.1: Anschlussstelle mit Ausfahrttyp A1 an Richtungsfahrbahn mit zwei Fahrstreifen
Regelplan 1.2: Anschlussstelle mit Ausfahrttypen A1/A2 an Richtungsfahrbahn mit drei oder mehr Fahrstreifen
Regelplan 1.3: Anschlussstelle mit Ausfahrttyp A3 an Richtungsfahrbahn mit drei oder mehr Fahrstreifen
Regelplan 1.4: Anschlussstelle mit Ausfahrttypen A4/A5 an Richtungsfahrbahn mit drei oder mehr Fahrstreifen
Regelplan 1.5: Anschlussstelle mit Ausfahrttypen A6/A7 an Richtungsfahrbahn mit drei oder mehr Fahrstreifen
Regelplan 1.6: Anschlussstelle mit Ausfahrttyp A8 an Richtungsfahrbahn mit vier oder mehr Fahrstreifen
Regelplan 1.7: Anschlussstelle mit Verflechtungsstreifen an durchgehender Fahrbahn

Autobahnkreuze und Autobahndreiecke (2)

Regelplan 2.1: Autobahndreieck/Autobahnkreuz mit Ausfahrttypen A1/A2 an Richtungsfahrbahn mit zwei Fahrstreifen
Regelplan 2.2: Autobahndreieck/Autobahnkreuz mit Ausfahrttypen A1/A2 an Richtungsfahrbahn mit drei oder mehr Fahrstreifen
Regelplan 2.3: Autobahndreieck/Autobahnkreuz mit Ausfahrttyp A3 an Richtungsfahrbahn mit drei oder mehr Fahrstreifen
Regelplan 2.4: Autobahndreieck/Autobahnkreuz mit Ausfahrttyp A3 und Sortierraum an Richtungsfahrbahn mit drei oder mehr Fahrstreifen
Regelplan 2.5: Autobahndreieck/Autobahnkreuz mit Ausfahrttyp A3 und Sortierraum an Richtungsfahrbahn mit drei oder mehr Fahrstreifen
Regelplan 2.6: Autobahndreieck/Autobahnkreuz mit Ausfahrttypen A4/A5 an Richtungsfahrbahn mit drei oder mehr Fahrstreifen
Regelplan 2.7: Autobahndreieck/Autobahnkreuz mit Ausfahrttypen A4/A5 an Richtungsfahrbahn mit drei oder mehr Fahrstreifen
Regelplan 2.8: Autobahndreieck/Autobahnkreuz mit Ausfahrttyp A4 und Sortierraum an Richtungsfahrbahn mit drei oder mehr Fahrstreifen
Regelplan 2.9: Autobahndreieck/Autobahnkreuz mit Ausfahrttyp A4 und Sortierraum an Richtungsfahrbahn mit drei oder mehr Fahrstreifen
Regelplan 2.10: Autobahndreieck/Autobahnkreuz mit Ausfahrttypen A6/A7 an Richtungsfahrbahn mit drei oder mehr Fahrstreifen
Regelplan 2.11: Autobahndreieck/Autobahnkreuz mit Ausfahrttyp A8 an Richtungsfahrbahn mit vier oder mehr Fahrstreifen
Regelplan 2.12: Autobahnkreuz mit Verflechtungsstreifen an durchgehender Fahrbahn (Typ V1)

Verbindungsrampen (3)

Regelplan 3.1: Ausfahrt Typ AR1 an Verbindungsrampe
Regelplan 3.2: Ausfahrt Typ AR2 an Verbindungsrampe
Regelplan 3.3: Ausfahrt Typ AR3 an Verbindungsrampe
Regelplan 3.4: Ausfahrt Typ AR4 an Verbindungsrampe
Regelplan 3.5: Verflechtung Typ VR1 an Verbindungsrampe

Aufeinanderfolgende Anschlussstellen mit verkürztem Bezugsabstand (4)

Regelplan 4.1: Anschlussstellen mit Bezugsabstand von 650 m bis 1100 m
Regelplan 4.2: Anschlussstellen mit Bezugsabstand kleiner 650 m
Regelplan 4.3: Anschlussstellen mit durchgehendem Verflechtungsstreifen (Sortierraum) Bezugsabstand von 500 m bis 1000 m
Regelplan 4.4: Anschlussstellen mit durchgehendem Verflechtungsstreifen (Sortierraum) Bezugsabstand von 250 m bis 500 m
Regelplan 4.5: Anschlussstellen mit durchgehendem Verflechtungsstreifen (Sortierraum) Bezugsabstand kleiner 250 m

Aufeinanderfolgende Autobahnkreuze und Autobahndreiecke mit verkürztem Bezugsabstand (5)

Regelplan 5.1: Autobahnkreuze/-dreiecke mit Bezugsabstand von 1650 m bis 2100 m
Regelplan 5.2: Autobahnkreuze/-dreiecke mit Bezugsabstand von 1150 m bis 1650 m
Regelplan 5.3: Autobahnkreuze/ dreiecke mit Bezugsabstand von 950 m bis 1150 m
Regelplan 5.4: Autobahnkreuze/-dreiecke mit Bezugsabstand von 650 m bis 950 m
Regelplan 5.5: Autobahnkreuze/-dreiecke mit Bezugsabstand kleiner 650 m
Regelplan 5.6: Autobahnkreuze/-dreiecke mit durchgehendem Verflechtungsstreifen (Sortierraum) Bezugsabstand von 1000 m bis 1500 m
Regelplan 5.7: Autobahnkreuze/-dreiecke mit durchgehendem Verflechtungsstreifen (Sortierraum) Bezugsabstand von 500 m bis 1000 m
Regelplan 5.8: Autobahnkreuze/-dreiecke mit durchgehendem Verflechtungsstreifen (Sortierraum) Bezugsabstand von 250 m bis 500 m
Regelplan 5.9: Autobahnkreuze/-dreiecke mit durchgehendem Verflechtungsstreifen (Sortierraum) Bezugsabstand kleiner 250 m

Anschlussstellen mit zwei Ausfahrten von der durchgehenden Fahrbahn (gestaffelte Ausfahrten) (6)

Regelplan 6.1: gestaffelte Ausfahrt an Richtungsfahrbahn mit drei oder mehr Fahrstreifen

Anschlussstellen mit temporärer Seitenstreifenfreigabe (7)

Regelplan 7.1: Richtungsfahrbahn mit drei oder mehr Fahrstreifen, an Ausfahrt endende temporäre Seitenstreifenfreigabe
Regelplan 7.2: Richtungsfahrbahn mit drei oder mehr Fahrstreifen, an Ausfahrt endende temporäre Seitenstreifenfreigabe
Regelplan 7.3: Ausfahrt an Richtungsfahrbahn mit drei oder mehr Fahrstreifen und temporärer Seitenstreifenfreigabe
Regelplan 7.4: Ausfahrt an Richtungsfahrbahn mit drei oder mehr Fahrstreifen und temporärer Seitenstreifenfreigabe

Rastanlagen (8)

Regelplan 8.1: Bewirtschaftete Rastanlage
Regelplan 8.2: Unbewirtschaftete Rastanlage

Regelplan 1.1: Anschlussstelle mit Ausfahrttyp A1 an Richtungsfahrbahn mit zwei Fahrstreifen

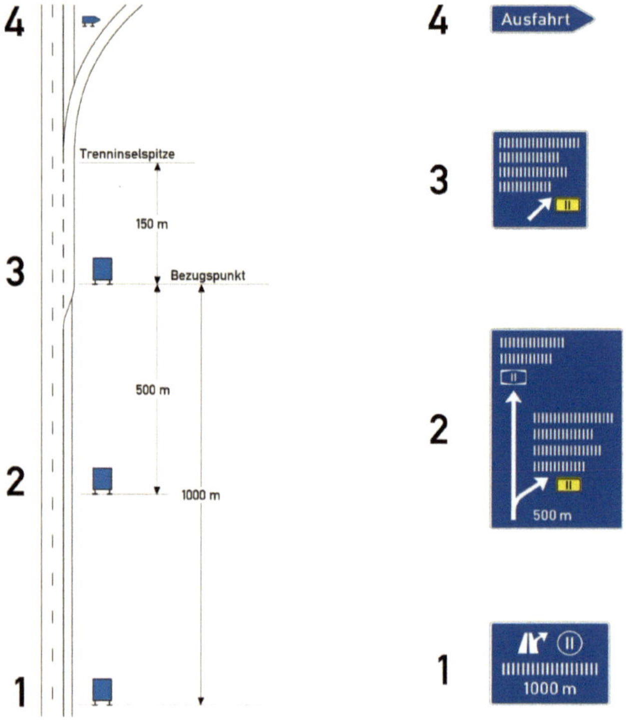

Regelplan 1.2: Anschlussstelle mit Ausfahrttypen A1/A2 an Richtungsfahrbahn mit drei oder mehr Fahrstreifen

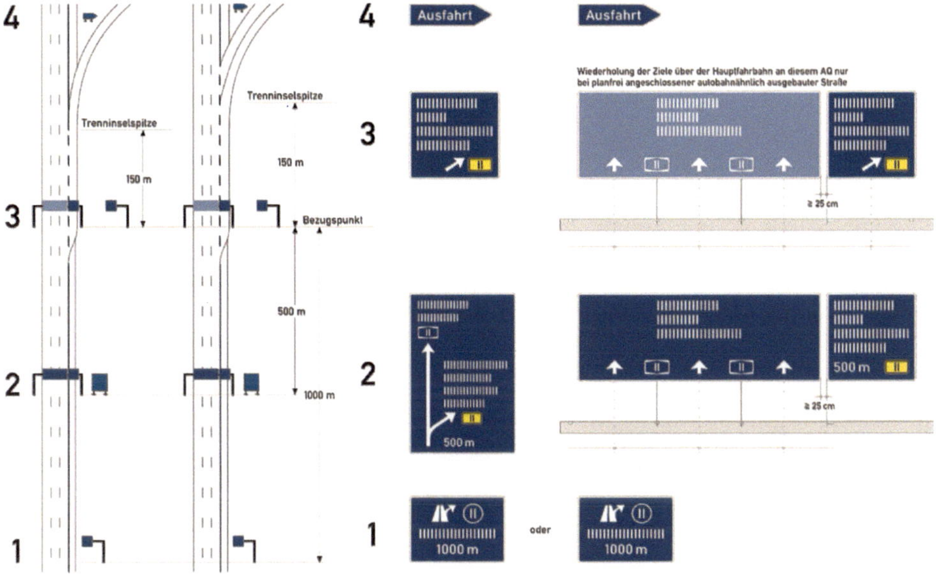

Regelplan 1.3: Anschlussstelle mit Ausfahrttyp A3 an Richtungsfahrbahn mit drei oder mehr Fahrstreifen

Verlängerung des Ausfädelungsstreifens auf 1000 m (Ummarkierung des Seitenstreifens) prüfen.

Bei getrennten Zielblöcken in der Ausfahrt (AQ 3) sind zwei einstreifige Tafeln gemäß Regelplan 2.7 anzuordnen.

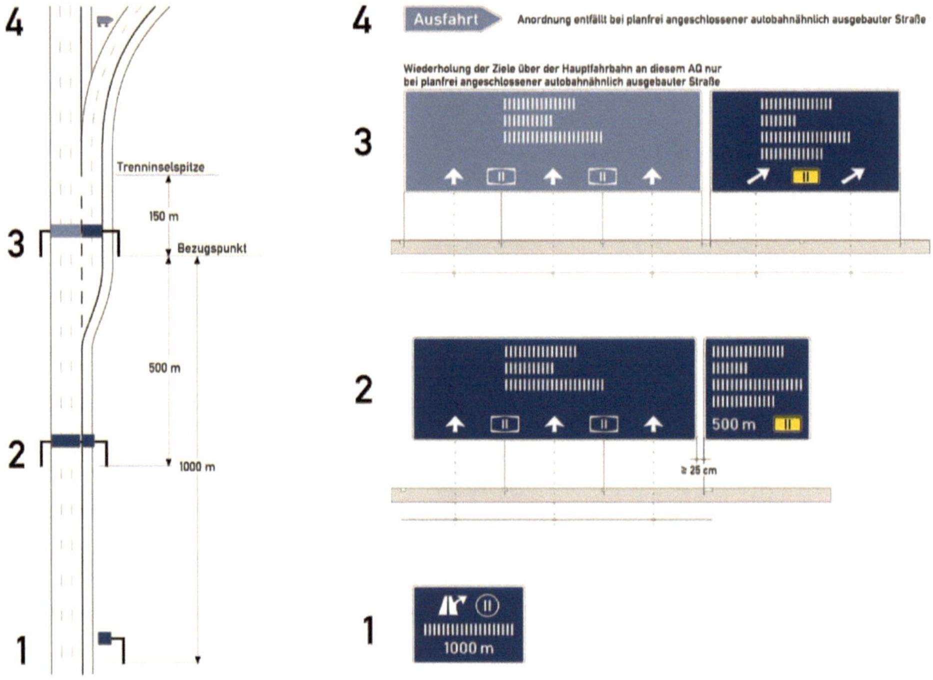

Regelplan 1.4: Anschlussstelle mit Ausfahrttypen A4/A5 an Richtungsfahrbahn mit drei oder mehr Fahrstreifen mit Fahrstreifensubtraktion

Markierung als Ausfahrttyp A5 prüfen. Bei beiden Ausfahrttypen Anordnung eines Sortierraums (Regelplan 2.8) prüfen. Bei getrennten Zielblöcken in der Ausfahrt (AQ 3) sind zwei einstreifige Tafeln gemäß Regelplan 2.7 anzuordnen.

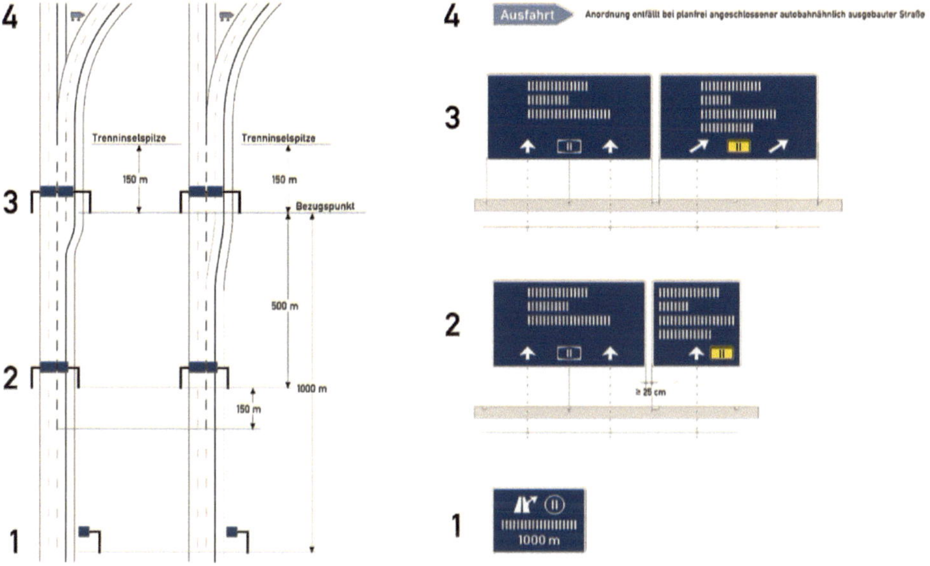

Regelplan 1.5: Anschlussstelle mit Ausfahrttypen A6/A7 an Richtungsfahrbahn mit drei oder mehr Fahrstreifen mit Fahrstreifensubtraktion

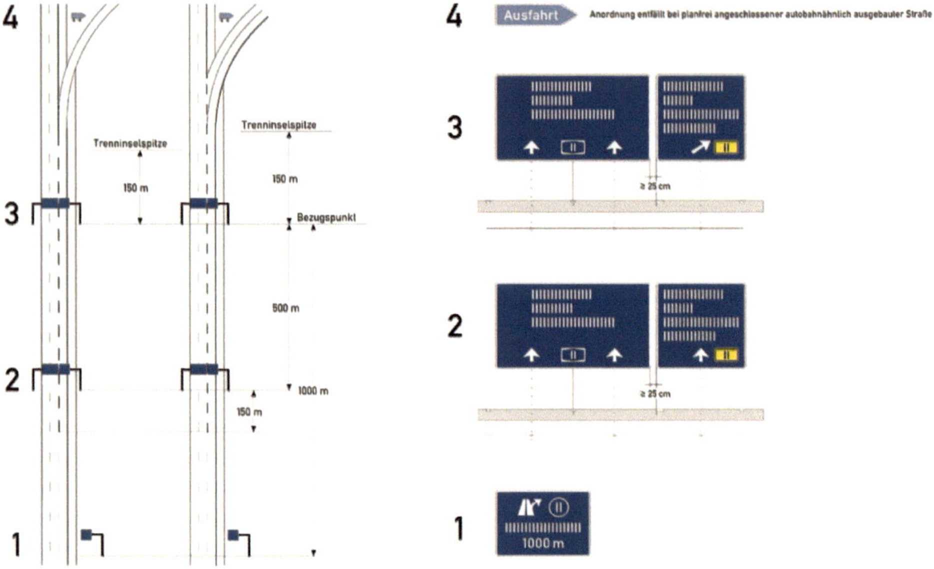

Regelplan 1.6: Anschlussstelle mit Ausfahrttyp A8 an Richtungsfahrbahn mit vier oder mehr Fahrstreifen mit Fahrstreifensubtraktion

Verlängerung des Sortierbereichs auf 1500 m durch zweiten Vorwegweiser prüfen.

Bei getrennten Zielblöcken in der Ausfahrt (AQ 2 und 3) sind zwei einstreifige Tafeln gemäß Regelplan 2.9 anzuordnen.

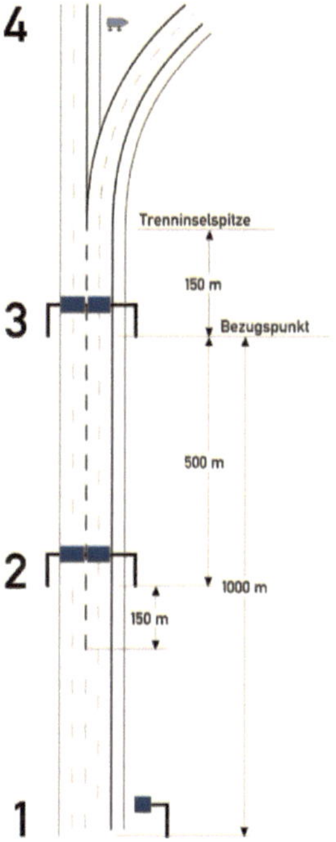

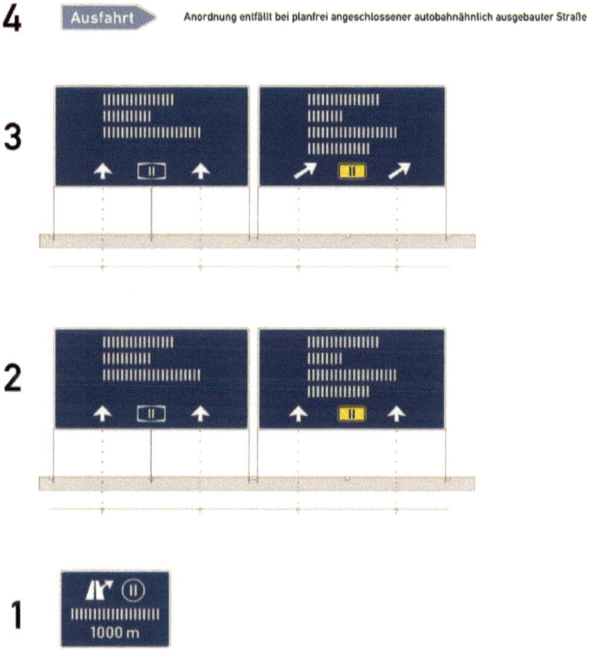

Regelplan 1.7: Anschlussstelle mit Verflechtungsstreifen an durchgehender Fahrbahn

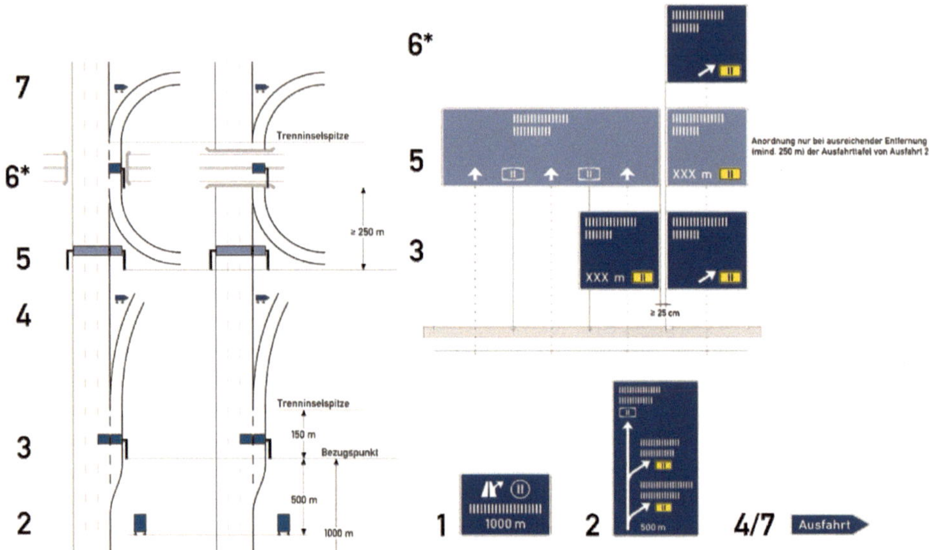

*Der Aufstellort soll einen geeigneten Kompromiss zwischen der grundsätzlich erforderlichen Entfernung von 150 m zwischen dem Standort des Wegweisers und der markierten Trenninselspitze, der Lesbarkeit für die Einfahrer aus der ersten Einfahrt sowie der Anforderung sein, dass in Höhe des Wegweisers eine Wechselmöglichkeit der Fahrstreifen besteht (keine Fahrstreifenbegrenzung angeordnet).
Erforderlichenfalls ist die Ausfahrttafel mit den Geradeauszielen so dicht wie möglich vor dem Bauwerk zu platzieren.
Aufstellung hinter dem Bauwerk nur bei ausreichend großer Entfernung der markierten Trenninselspitze vom Kreuzungsbauwerk.

Regelplan 2.1: Autobahndreieck/Autobahnkreuz mit Ausfahrttypen A1/A2 an Richtungsfahrbahn mit zwei Fahrstreifen

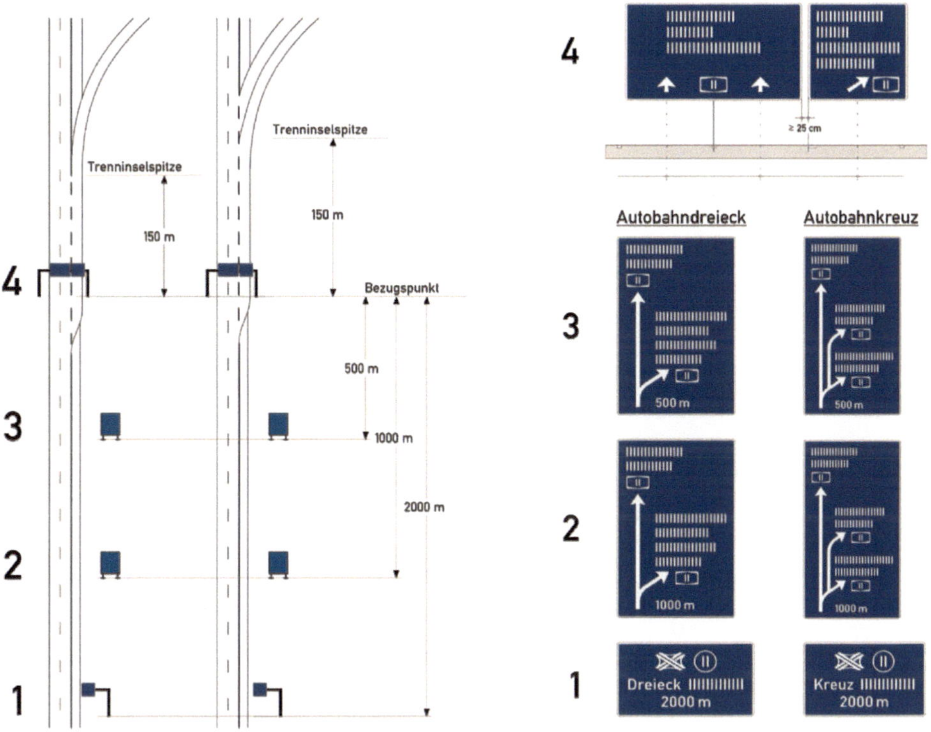

Regelplan 2.2: Autobahndreieck/Autobahnkreuz mit Ausfahrttypen A1/A2 an Richtungsfahrbahn mit drei oder mehr Fahrstreifen

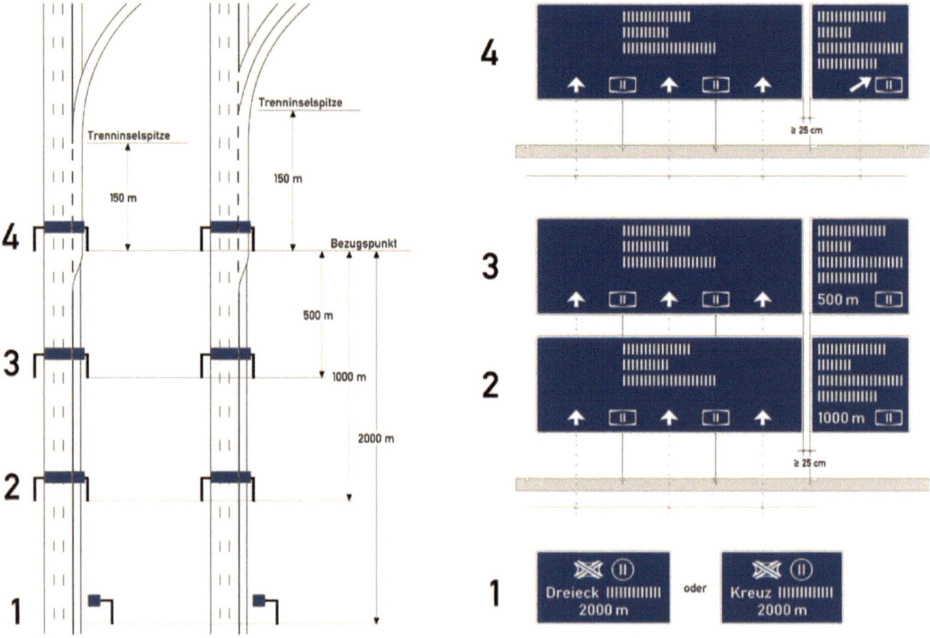

Regelplan 2.3: Autobahndreieck/Autobahnkreuz mit Ausfahrttyp A3 an Richtungsfahrbahn mit drei oder mehr Fahrstreifen

Verlängerung des Ausfädelungsstreifens auf 1000 m (Ummarkierung des Seitenstreifens) prüfen.

Bei getrennten Zielblöcken in der Ausfahrt (AQ 4) sind zwei einstreifige Tafeln gemäß Regelplan 2.7 anzuordnen.

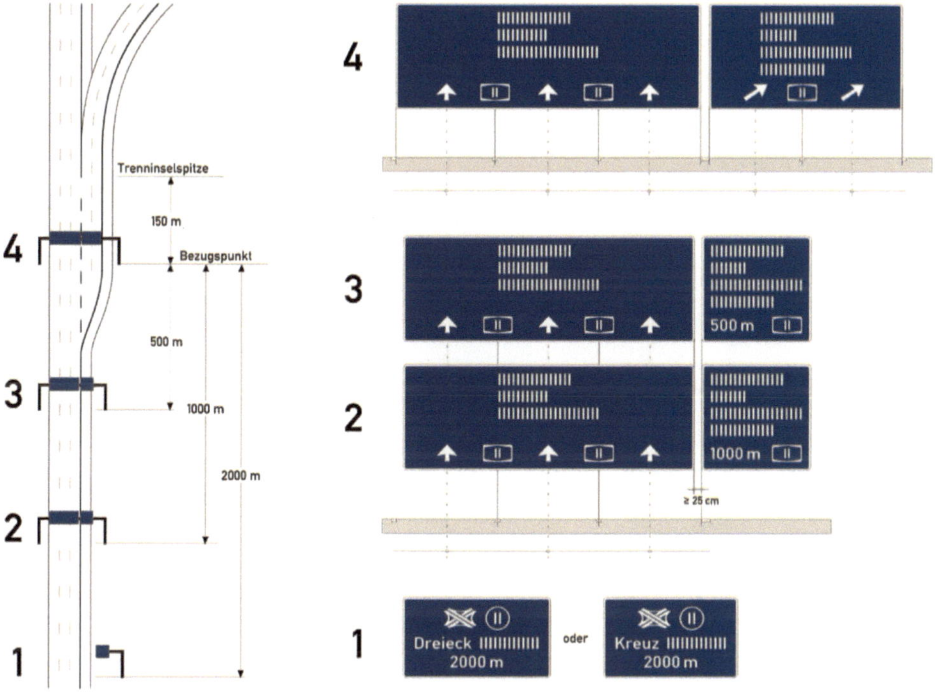

Regelplan 2.4: Autobahndreieck/Autobahnkreuz mit Ausfahrttyp A3 und Sortierraum an Richtungsfahrbahn mit drei oder mehr Fahrstreifen

Gemeinsamer Zielblock in der Ausfahrt

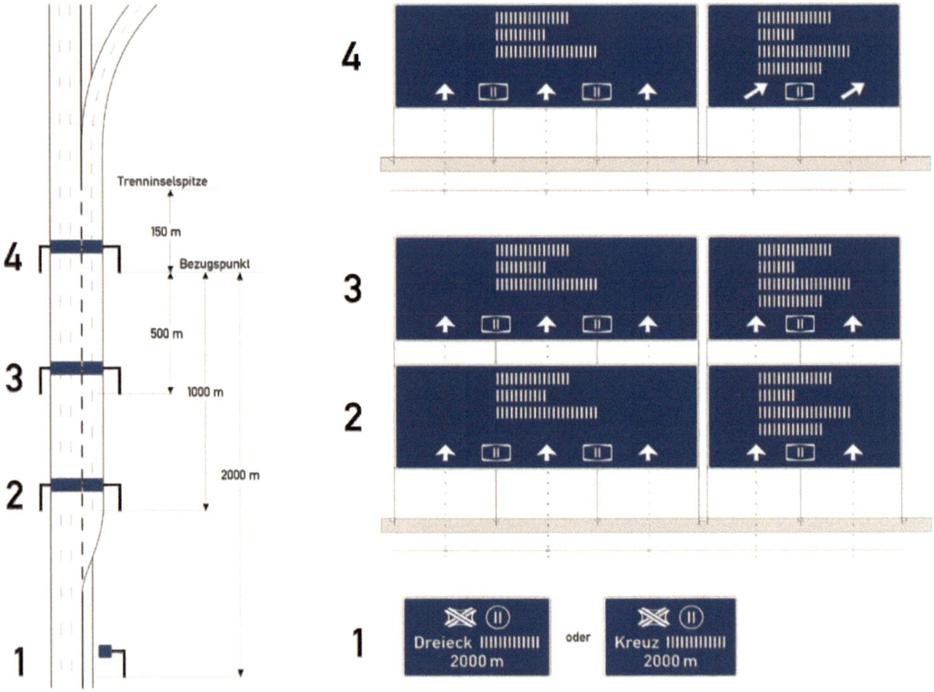

Regelplan 2.5: Autobahndreieck/Autobahnkreuz mit Ausfahrttyp A3 und Sortierraum an Richtungsfahrbahn mit drei oder mehr Fahrstreifen

Getrennte Zielblöcke in der Ausfahrt

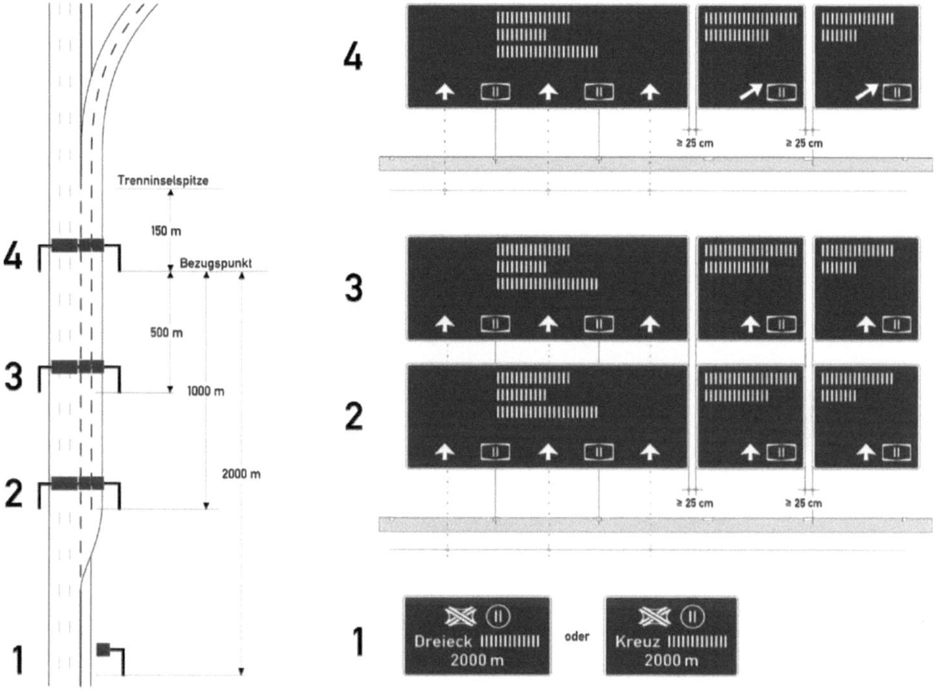

Regelplan 2.6: Autobahndreieck/Autobahnkreuz mit Ausfahrttypen A4/A5 an Richtungsfahrbahn mit drei oder mehr Fahrstreifen mit Fahrstreifensubtraktion und gemeinsamem Zielblock in der Ausfahrt

Bei Ausfahrttyp A4 Markierung als Ausfahrttyp A5 prüfen. Bei beiden Ausfahrttypen Anordnung eines Sortierraums (Regelplan 2.8) prüfen.

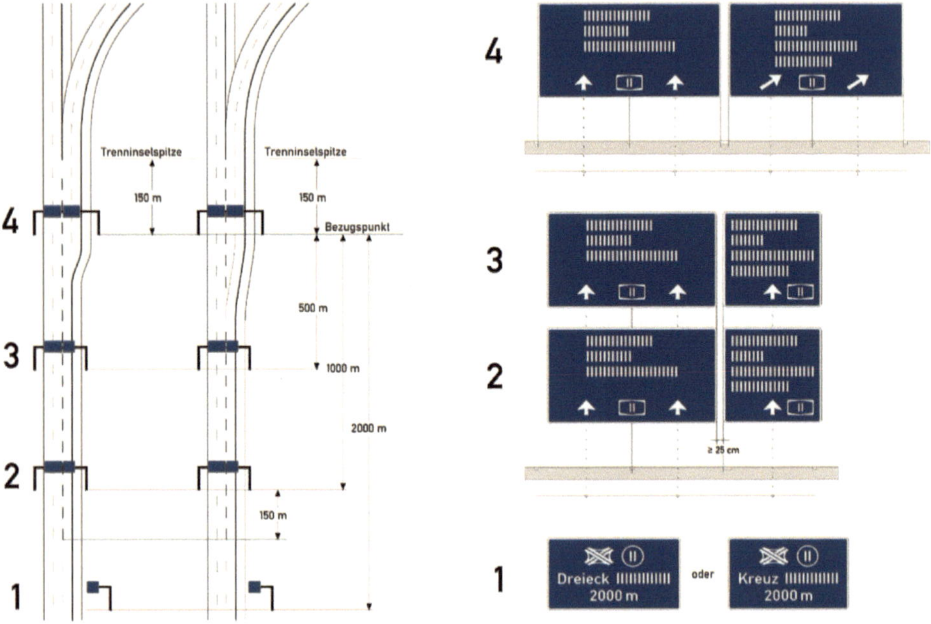

Regelplan 2.7: Autobahndreieck/Autobahnkreuz mit Ausfahrttypen A4/A5 an Richtungsfahrbahn mit drei oder mehr Fahrstreifen mit Fahrstreifensubtraktion und getrennten Zielblöcken in der Ausfahrt

Bei Ausfahrttyp A4 Markierung als Ausfahrttyp A5 prüfen. Bei beiden Ausfahrttypen Anordnung eines Sortierraums (Regelplan 2.9) prüfen.

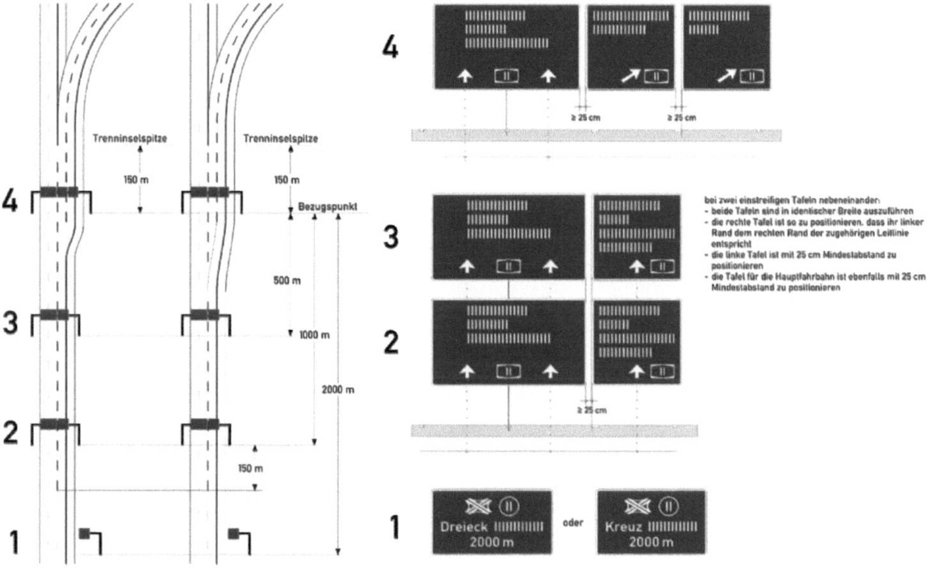

Regelplan 2.8: Autobahndreieck/Autobahnkreuz mit Ausfahrttyp A4 und Sortierraum an Richtungsfahrbahn mit drei oder mehr Fahrstreifen mit Fahrstreifensubtraktion und gemeinsamem Zielblock in der Ausfahrt

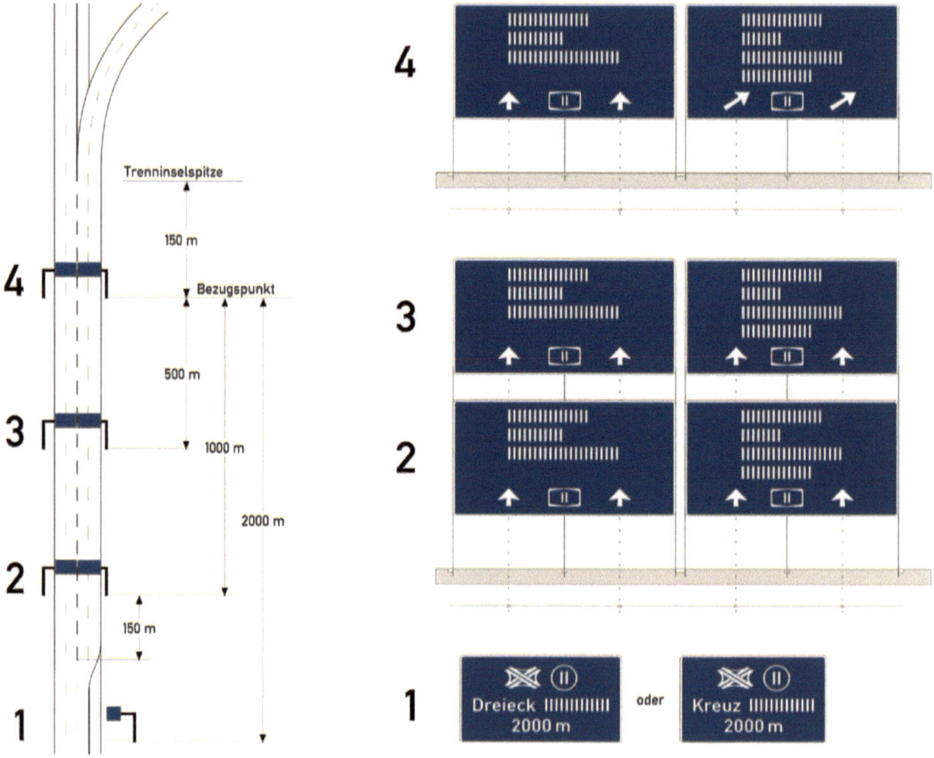

Regelplan 2.9: Autobahndreieck/Autobahnkreuz mit Ausfahrttyp A4 und Sortierraum an Richtungsfahrbahn mit drei oder mehr Fahrstreifen mit Fahrstreifensubtraktion und getrennten Zielblöcken in der Ausfahrt

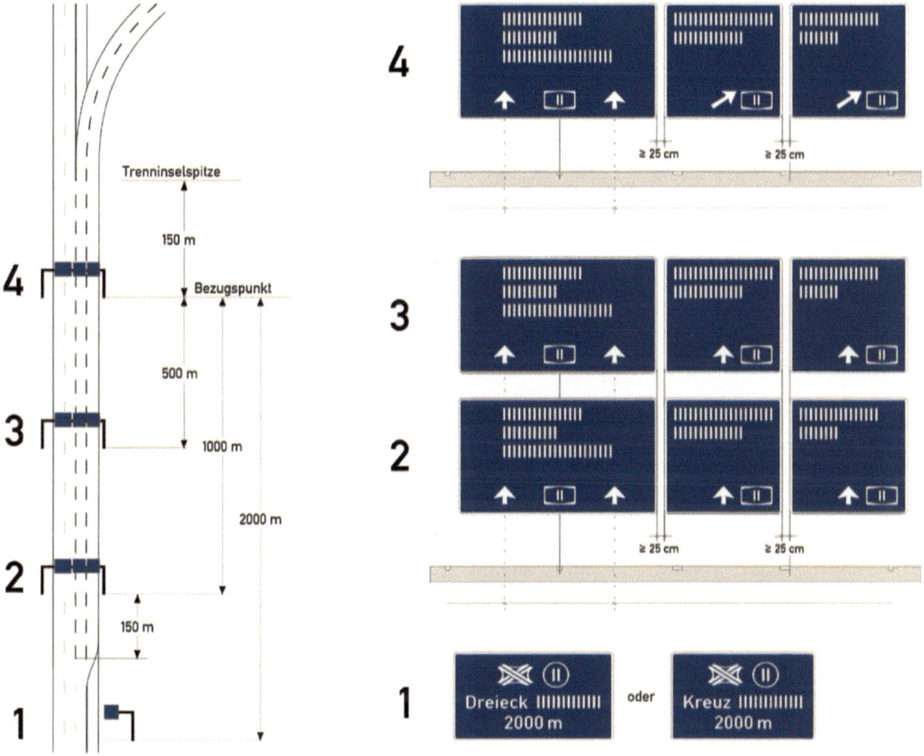

Regelplan 2.10: Autobahndreieck/Autobahnkreuz mit Ausfahrttypen A6/A7 an Richtungsfahrbahn mit drei oder mehr Fahrstreifen mit Fahrstreifensubtraktion

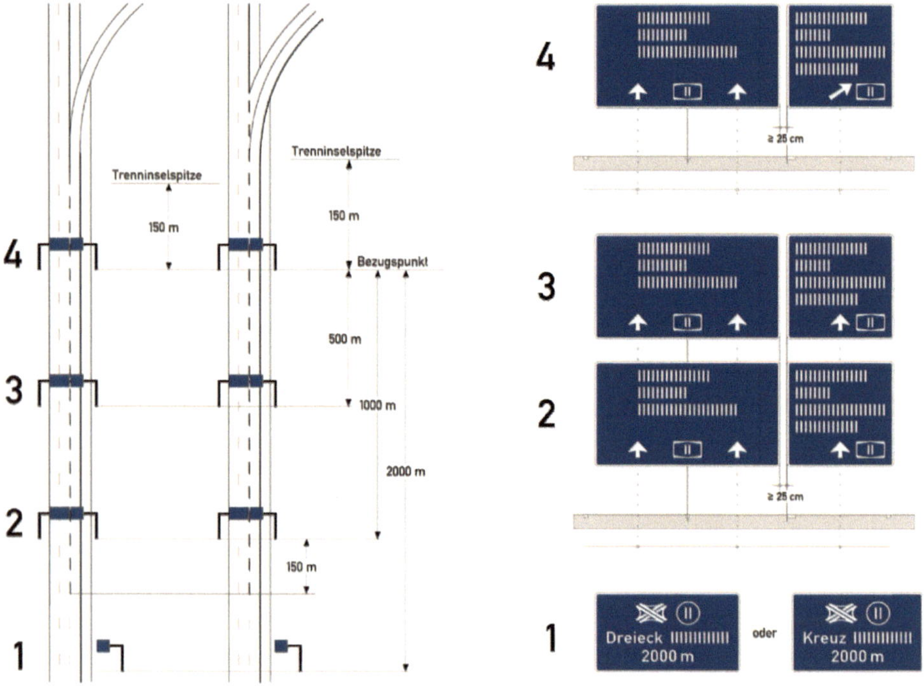

Regelplan 2.11: Autobahndreieck/Autobahnkreuz mit Ausfahrttyp A8 an Richtungsfahrbahn mit vier oder mehr Fahrstreifen mit Fahrstreifensubtraktion

Bei getrennten Zielblöcken in der Ausfahrt (AQ 2, 3 und 4) sind zwei einstreifige Tafeln gemäß Regelplan 2.9 anzuordnen.

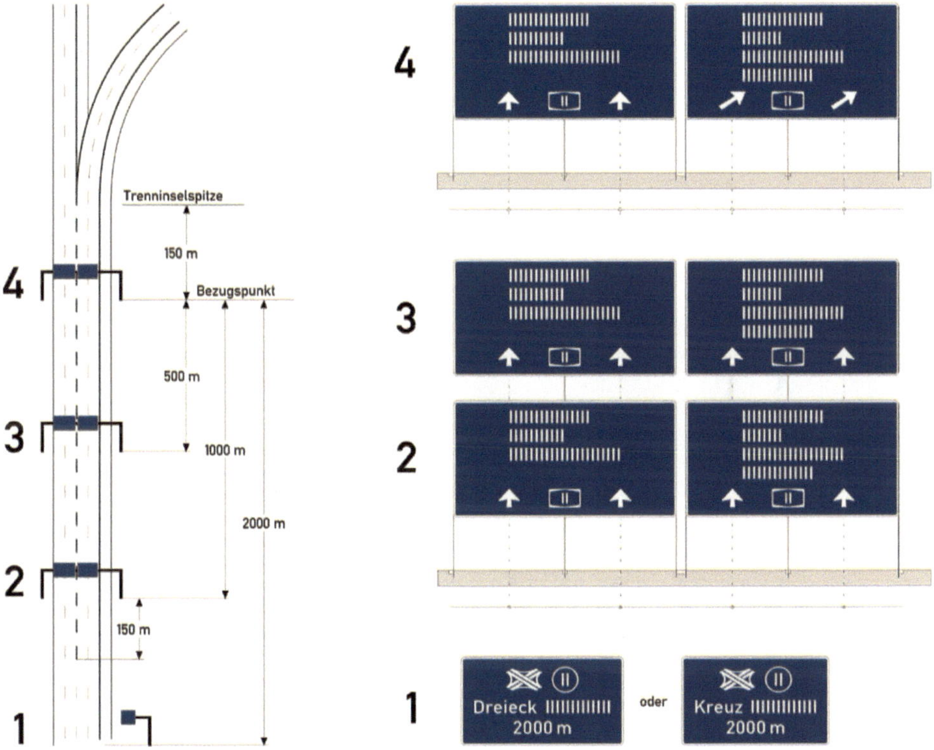

Regelplan 2.12: Autobahnkreuz mit Verflechtungsstreifen an durchgehender Fahrbahn (Typ V1)

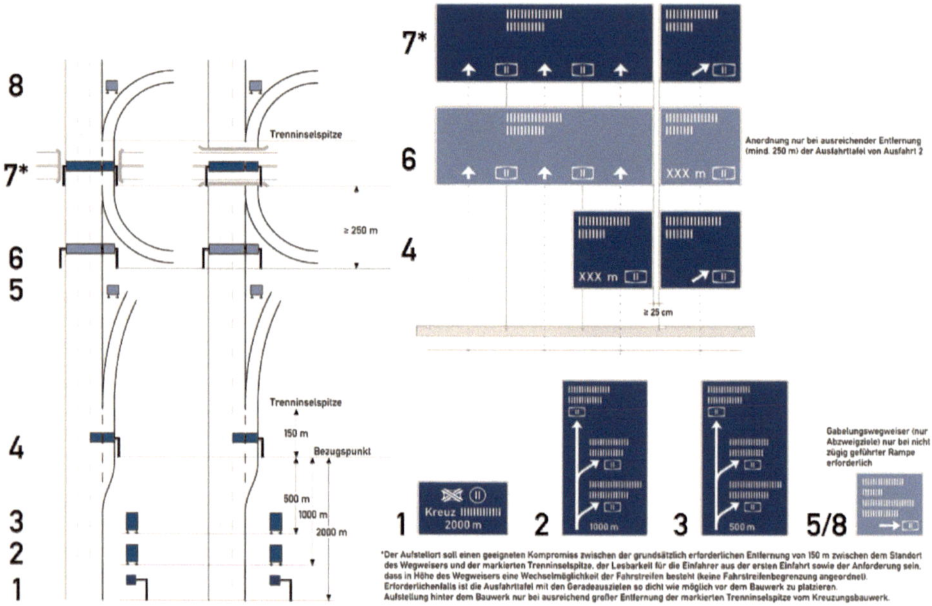

*Der Aufstellort soll einen geeigneten Kompromiss zwischen der grundsätzlich erforderlichen Entfernung von 150 m zwischen dem Standort des Wegweisers und der markierten Trenninselspitze, der Lesbarkeit für die Einfahrer aus der ersten Einfahrt sowie der Anforderung sein, dass in Höhe des Wegweisers eine Wechselmöglichkeit der Fahrstreifen besteht (keine Fahrstreifenbegrenzung angeordnet).
Erforderlichenfalls ist die Ausfahrttafel mit den Geradeauszielen so dicht wie möglich vor dem Bauwerk zu platzieren.
Aufstellung hinter dem Bauwerk nur bei ausreichend großer Entfernung der markierten Trenninselspitze vom Kreuzungsbauwerk.

Regelplan 3.1: Ausfahrt Typ AR1 an Verbindungsrampe

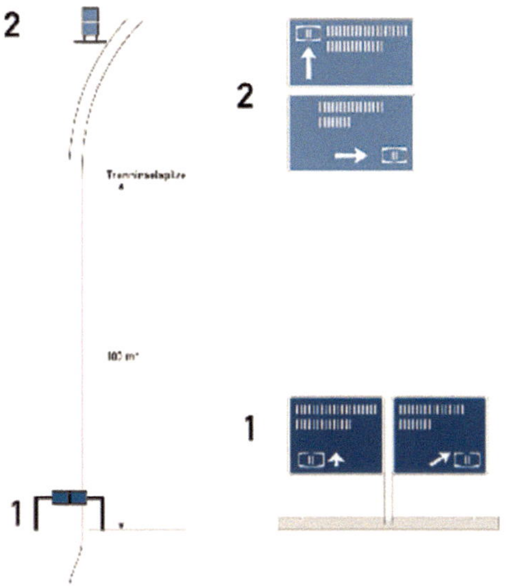

- Gabelungswegweiser mit Zielen der linken und rechten Fahrbahn in Ausnahmefällen an mäßig belasteten, planfrei ausgebauten Anschlussstellen oder in Fällen, in denen kein Fahrstreifenwechsel erforderlich, dieser jedoch möglich ist, anstatt der fahrstreifenbezogenen, über Kopf angebrachten Wegweisung.
- Gabelungswegweiser mit Zielen einer der beiden Fahrbahnen, wenn diese in eine enge Kurve übergeht (z. B. Schleifenrampe), in Ergänzung zur fahrstreifenbezogenen, über Kopf angebrachten Wegweisung.
  In beiden Fällen Anbringung als Bodenschild.
  Die Tafeln werden über- oder nebeneinander angebracht. Bei Anbringung übereinander ist die Tafel für die linke Fahrbahn über der Tafel für die rechte Fahrbahn anzubringen und sie sind in gleicher Breite auszuführen, können aber unterschiedliche Höhen aufweisen. Eine Anbringung nebeneinander kommt insbesondere bei beschränkten Sichtverhältnissen in Betracht (z. B. durch Überführungsbauwerke). Dann sind die Tafeln in gleicher Höhe auszuführen.

- Vorwegweiser in Abhängigkeit von der Länge der Ausfädelung und den sonstigen örtlichen Verhältnissen prüfen. Abstand des Vorwegweisers zum Wegweiser in Abhängigkeit von den örtlichen Verhältnissen: Richtwert 200 m.

* Richtwert in Anhängigkeit von den örtlichen Verhältnissen; andere Abstände vgl. Kapitel 7

Regelplan 3.2: Ausfahrt Typ AR2 an Verbindungsrampe

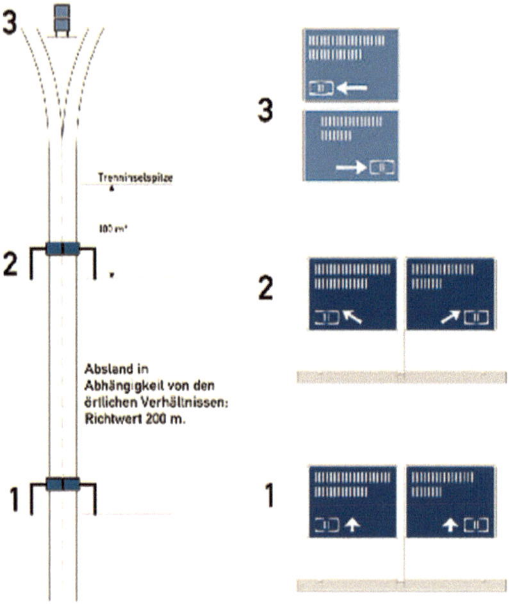

- Gabelungswegweiser mit Zielen der linken und rechten Fahrbahn in Ausnahmefällen an mäßig belasteten, planfrei ausgebauten Anschlussstellen oder in Fällen, in denen kein Fahrstreifenwechsel erforderlich, dieser jedoch möglich ist, anstatt der fahrstreifenbezogenen, über Kopf angebrachten Wegweisung.
- Gabelungswegweiser optional wenn die Rampen hinter der Inselspitze in enge Kurven übergehen (z. B. Schleifenrampe), in Ergänzung zur fahrstreifenbezogenen, über Kopf angebrachten Wegweisung.

In beiden Fällen Anbringung als Bodenschild.
Die Tafeln werden über- oder nebeneinander angebracht. Bei Anbringung übereinander ist die Tafel für die linke Fahrbahn über der Tafel für die rechte Fahrbahn anzubringen und sie sind in gleicher Breite auszuführen, können aber unterschiedliche Höhen aufweisen. Eine Anbringung nebeneinander kommt insbesondere bei beschränkten Sichtverhältnissen in Betracht (z. B. durch Überführungsbauwerke). Dann sind die Tafeln in gleicher Höhe auszuführen.

* Richtwert in Anhängigkeit von den örtlichen Verhältnissen: andere Abstände vgl. Kapitel 7

Regelplan 3.3: Ausfahrt Typ AR3 an Verbindungsrampe

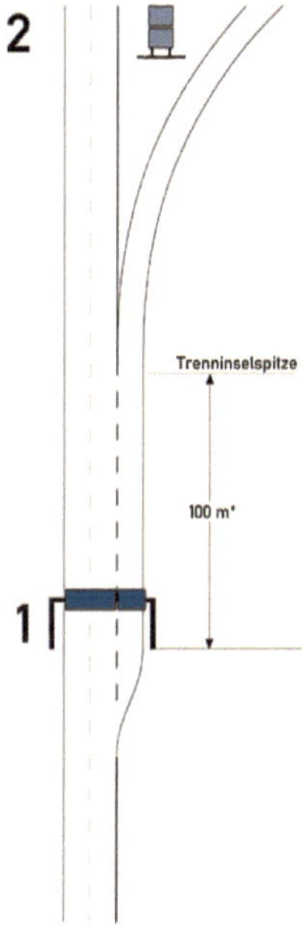

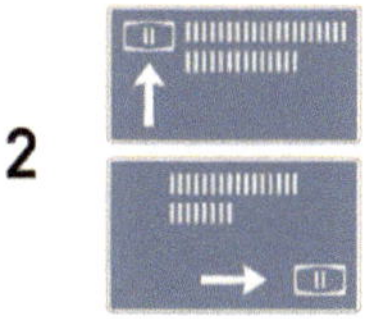

- Gabelungswegweiser mit Zielen einer der beiden Fahrbahnen, wenn diese in eine enge Kurve übergeht (z. B. Schleifenrampe), in Ergänzung zur fahrstreifenbezogenen, über Kopf angebrachten Wegweisung. Anbringung als Bodenschild.

- Vorwegweiser in Abhängigkeit von der Länge der Ausfädelung und den sonstigen örtlichen Verhältnissen prüfen. Abstand des Vorwegweisers zum Wegweiser in Abhängikeit von den örtlichen Verhältnissen: Richtwert 200 m.

* Richtwert in Anhängigkeit von den örtlichen Verhältnissen; andere Abstände vgl. Kapitel 7

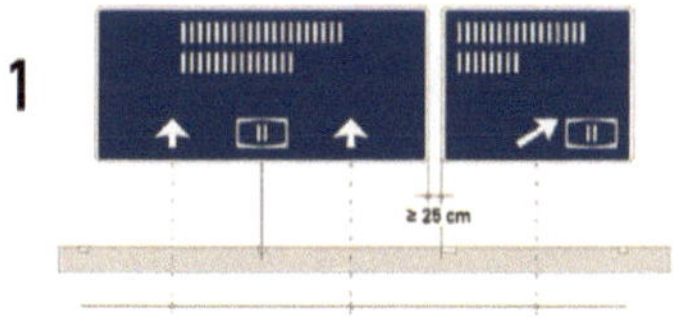

Regelplan 3.4: Ausfahrt Typ AR4 an Verbindungsrampe

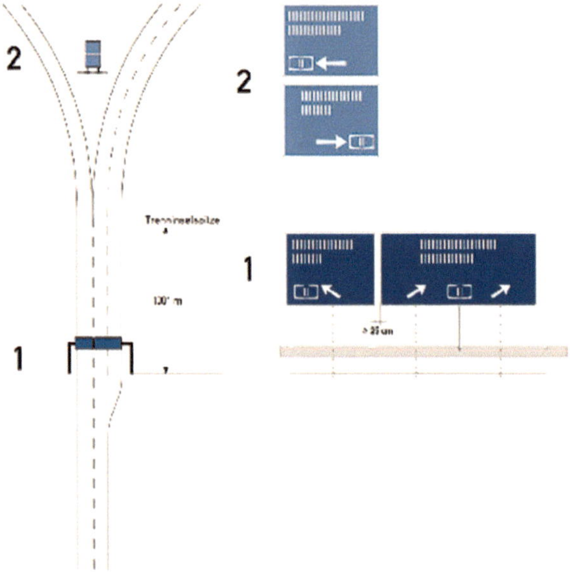

- Gabelungswegweiser mit Zielen einer der beiden Fahrbahnen wenn diese in eine enge Kurve übergeht (z. B. Schleifenrampe), in Ergänzung zur fahrstreifenbezogenen, über Kopf angebrachten Wegweisung.
  Anbringung als Bodenschild.
  Die Tafeln werden über- oder nebeneinander angebracht. Bei Anbringung übereinander ist die Tafel für die linke Fahrbahn über der Tafel für die rechte Fahrbahn anzubringen und sie sind in gleicher Breite auszuführen, können aber unterschiedliche Höhen aufweisen. Eine Anbringung nebeneinander kommt insbesondere bei beschränkten Sichtverhältnissen in Betracht (z. B. durch Überführungsbauwerke). Dann sind die Tafeln in gleicher Höhe auszuführen.

- Vorwegweiser in Abhängigkeit von der Länge der Ausfädelung und den sonstigen örtlichen Verhältnissen prüfen. Abstand des Vorwegweisers zum Wegweiser in Abhängikeit von den örtlichen Verhältnissen: Richtwert 200 m.

- Prüfen, ob eine durchgehende zweistreifige Führung in Vorfeld der zweistreifigen Rampe möglich ist. Bei schwach belasteter Fahrbeziehung nach links sollte diese als Linkausfahrt ausgebildet werden (siehe Regelplan 26b). Dann ist im Vorfeld ein Vorwegweiser erforderlich, der die linksweisenden Ziele links neben der Tafel mit den rechtsweisenden Zielen anzeigt, verbunden mit einer auf den Standort des Wegweisers bezogenen Entfernungsangabe.

*Richtwert in Anhängigkeit von den örtlichen Verhältnissen; andere Abstände vgl. Kapitel 7

Regelplan 3.5: Verflechtung Typ VR1 an Verbindungsrampe

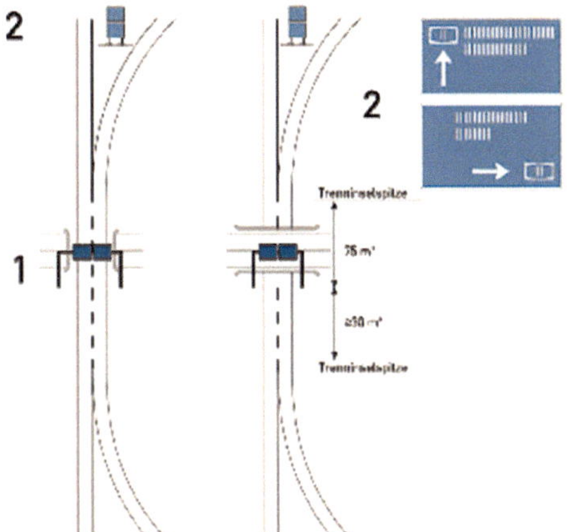

- Gabelungswegweiser mit Zielen der linken und rechten Fahrbahn in Ausnahmefällen an mäßig belasteten, planfrei ausgebauten Anschlussstellen oder in Fällen, in denen kein Fahrstreifenwechsel erforderlich, dieser jedoch möglich ist, anstatt der fahrstreifenbezogenen, über Kopf angebrachten Wegweisung. Ebenso, wenn aufgrund der Geometrie des Knotenpunktes die fahrstreifenbezogene, über Kopf angebrachte Wegweisung weder an einem Standort angebracht werden kann, an dem der Wechsel zwischen den Verflechtungsfahrstreifen möglich ist noch dort, wo sie aus ausreichender Entfernung zu erkennen ist.
- Gabelungswegweiser mit Zielen einer der beiden Fahrbahnen, wenn diese in eine enge Kurve übergeht (z. B. Schleifenrampe), in Ergänzung zur fahrstreifenbezogenen, über Kopf angebrachten Wegweisung.
  In beiden Fällen Anbringung als Bodenschild.
  Die Tafeln werden über- oder nebeneinander angebracht. Bei Anbringung übereinander ist die Tafel für die linke Fahrbahn über der Tafel für die rechte Fahrbahn anzubringen und sie sind in gleicher Breite auszuführen, können aber unterschiedliche Höhen aufweisen. Eine Anbringung nebeneinander kommt insbesondere bei beschränkten Sichtverhältnissen in Betracht (z. B. durch Überführungsbauwerke). Dann sind die Tafeln in gleicher Höhe auszuführen.

- Vorwegweiser in Abhängigkeit von der Länge der Ausfädelung und den sonstigen örtlichen Verhältnissen prüfen. Abstand des Vorwegweisers zum Wegweiser in Abhängikeit von den örtlichen Verhältnissen

* Richtwert in Anhängigkeit von den örtlichen Verhältnissen; andere Abstände vgl. Kapitel 7

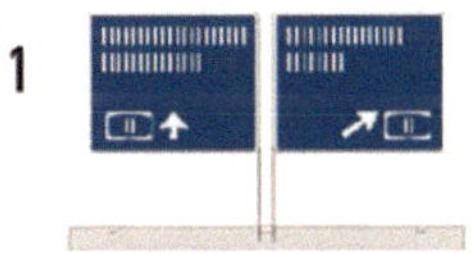

Regelplan 4.1: Anschlussstellen mit Bezugsabstand von 650 m bis 1100 m

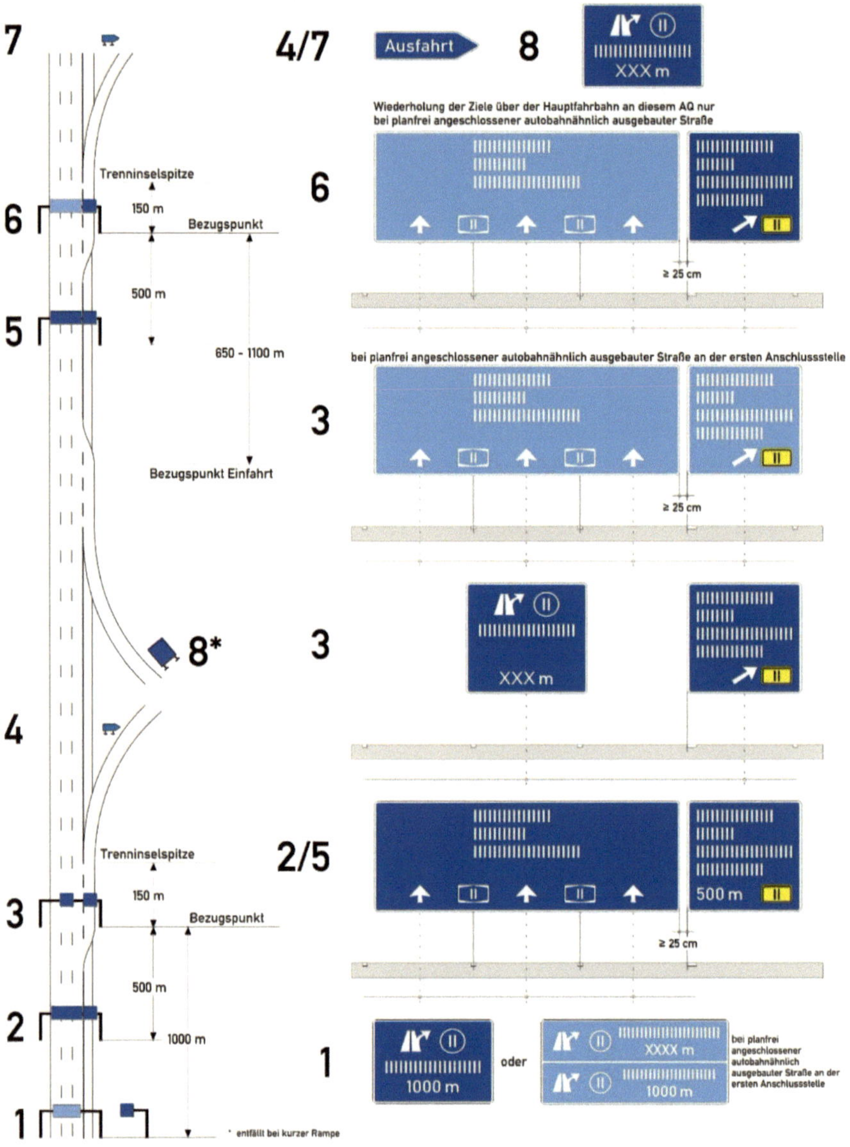

Regelplan 4.2: Anschlussstellen mit Bezugsabstand kleiner 650 m

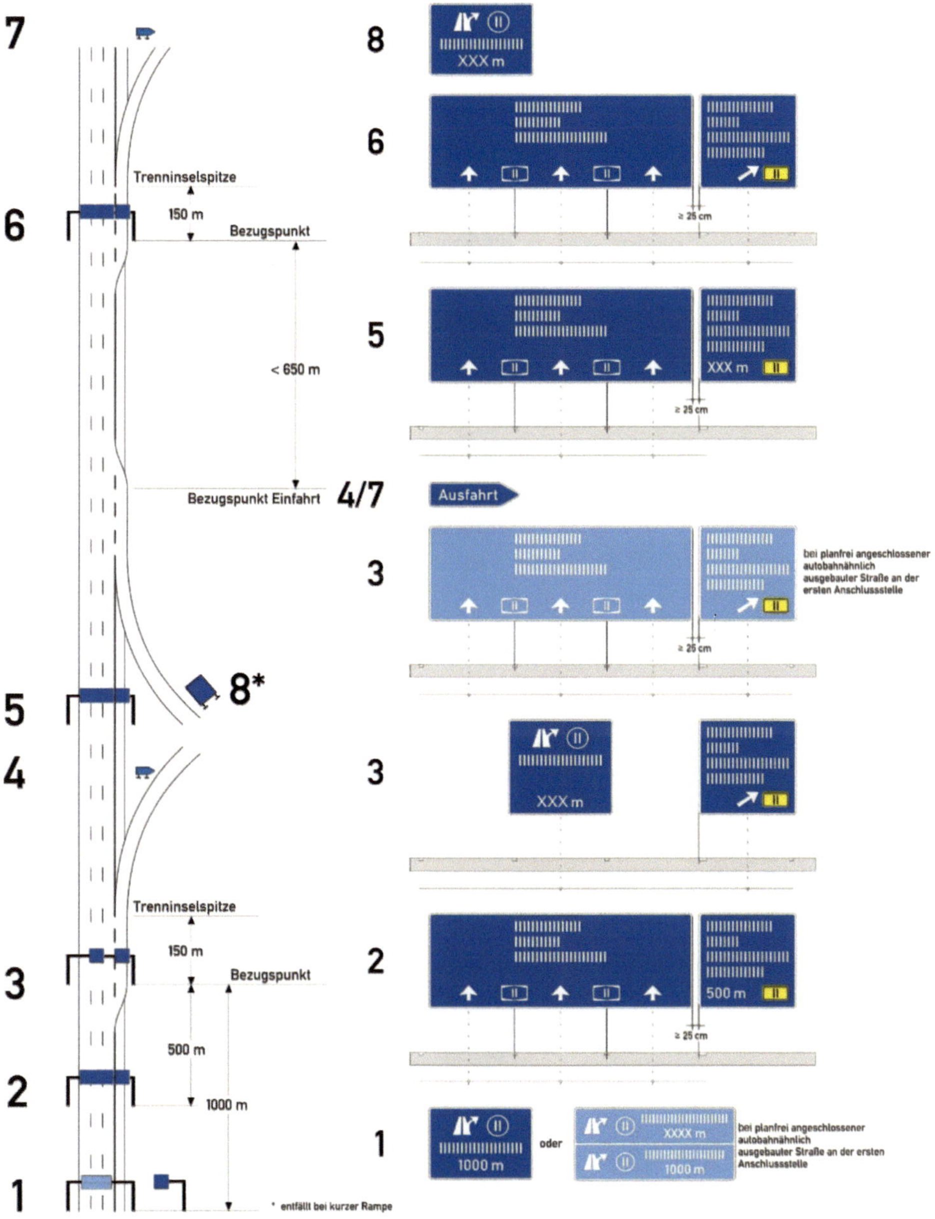

Regelplan 4.3: Anschlussstellen mit durchgehendem Verflechtungsstreifen (Sortierraum) Bezugsabstand von 500 m bis 1000 m

Ausführung bei zweistreifiger sowie vier- oder mehrstreifiger Richtungsfahrbahn identisch

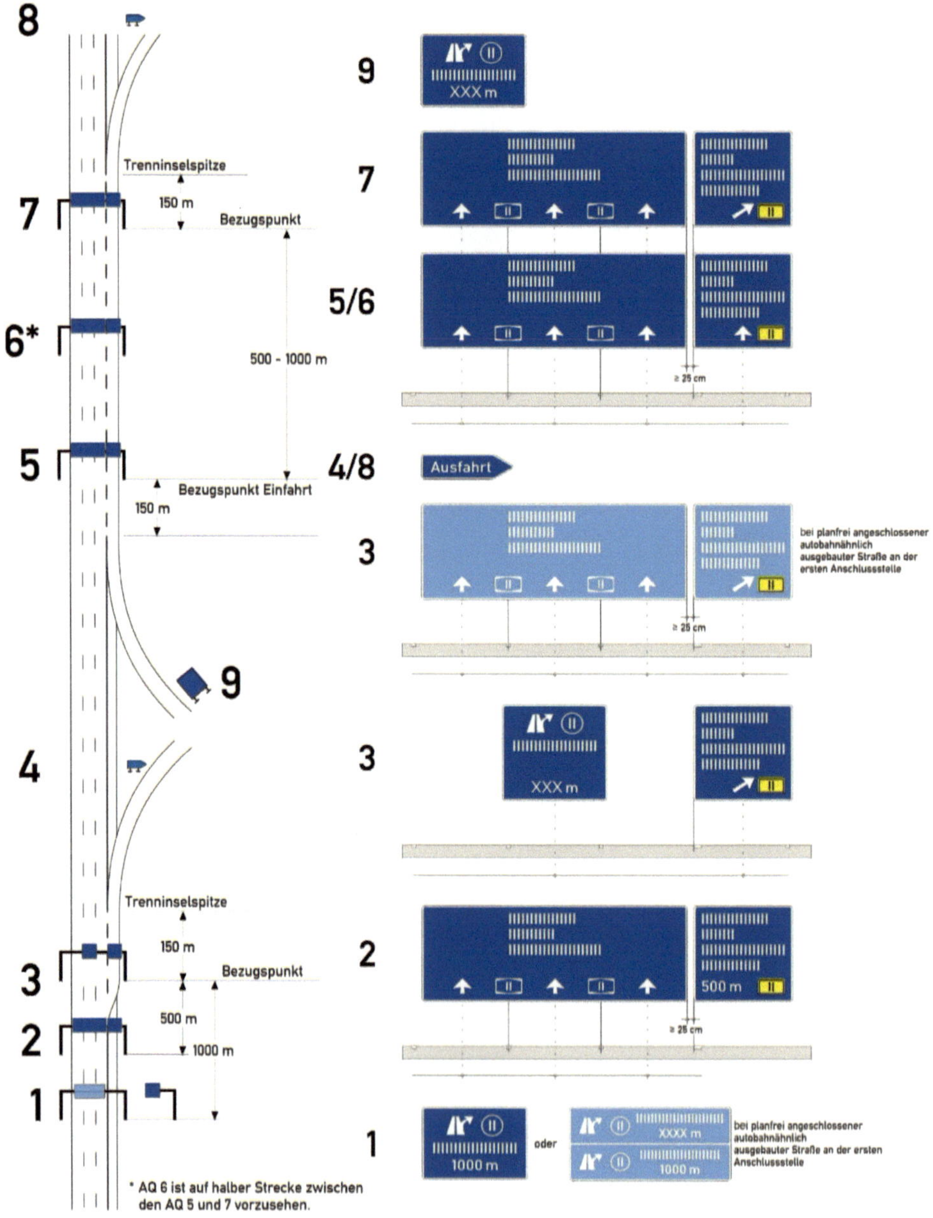

Regelplan 4.4: Anschlussstellen mit durchgehendem Verflechtungsstreifen (Sortierraum) Bezugsabstand von 250 m bis 500 m

Ausführung bei zweistreifiger sowie vier- oder mehrstreifiger Richtungsfahrbahn identisch

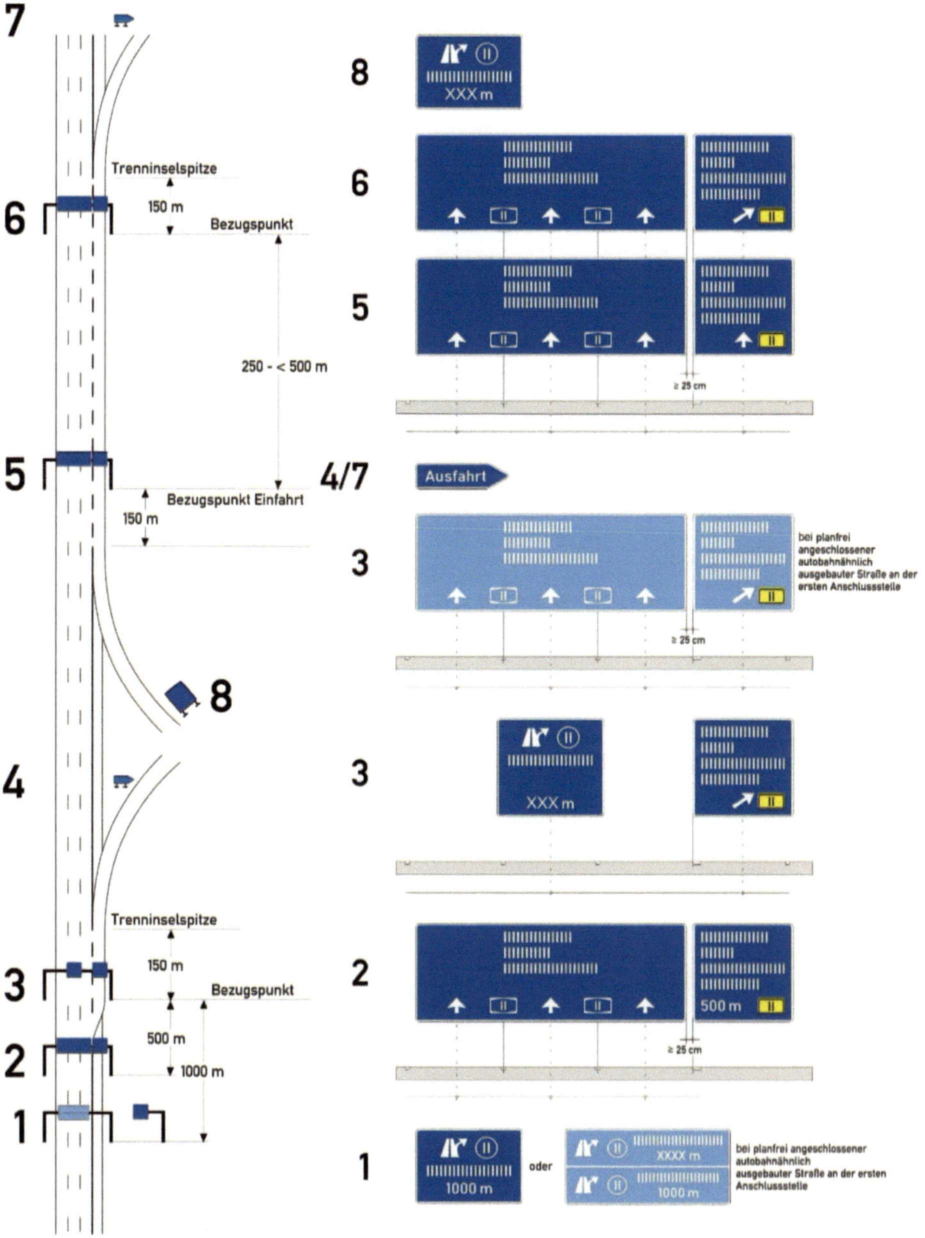

Regelplan 4.5: Anschlussstellen mit durchgehendem Verflechtungsstreifen (Sortierraum) Bezugsabstand kleiner 250 m

Ausführung bei zweistreifiger sowie vier- oder mehrstreifiger Richtungsfahrbahn identisch

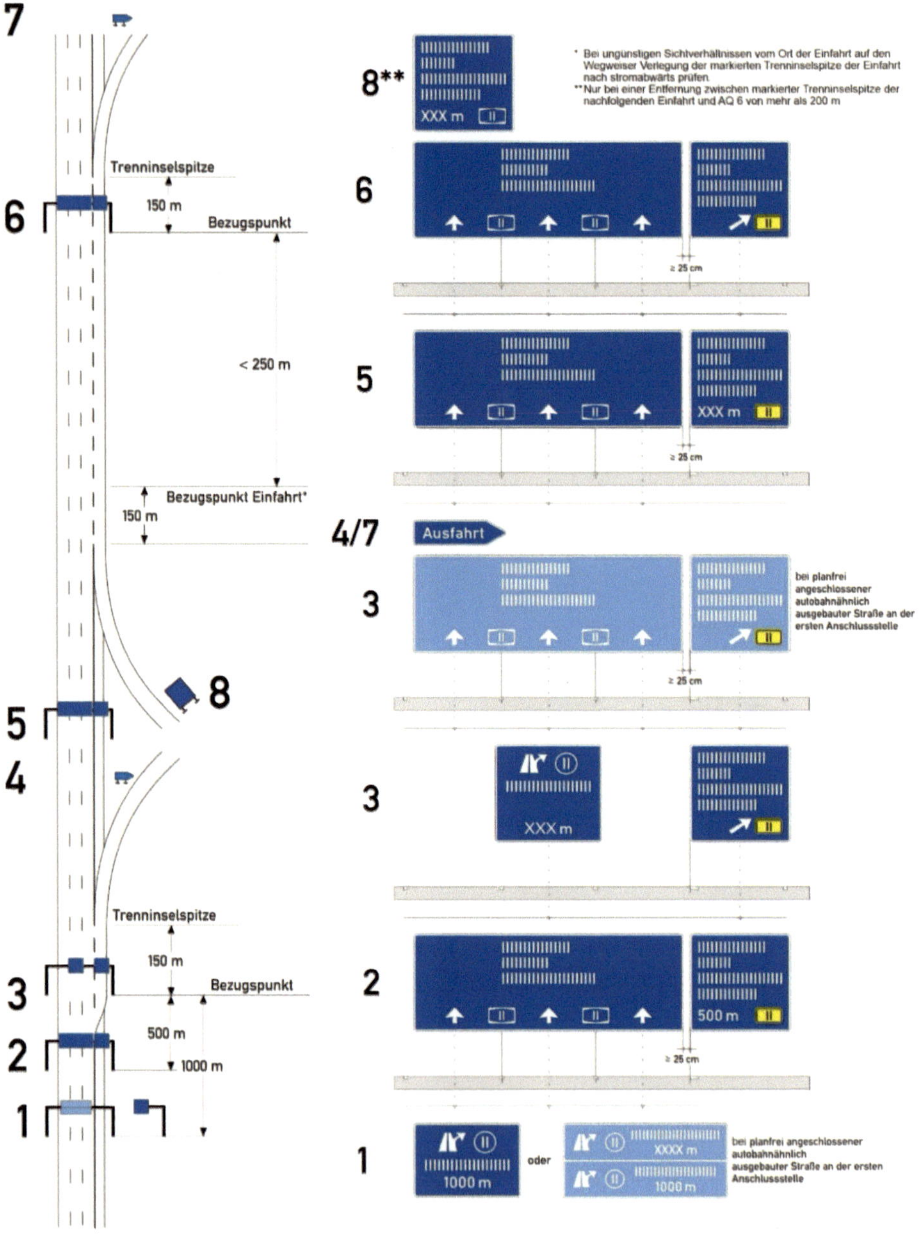

Regelplan 5.1: Autobahnkreuze/-dreiecke mit Bezugsabstand von 1650 m bis 2100 m

Ausführung bei zweistreifiger sowie vier- oder mehrstreifiger Richtungsfahrbahn identisch

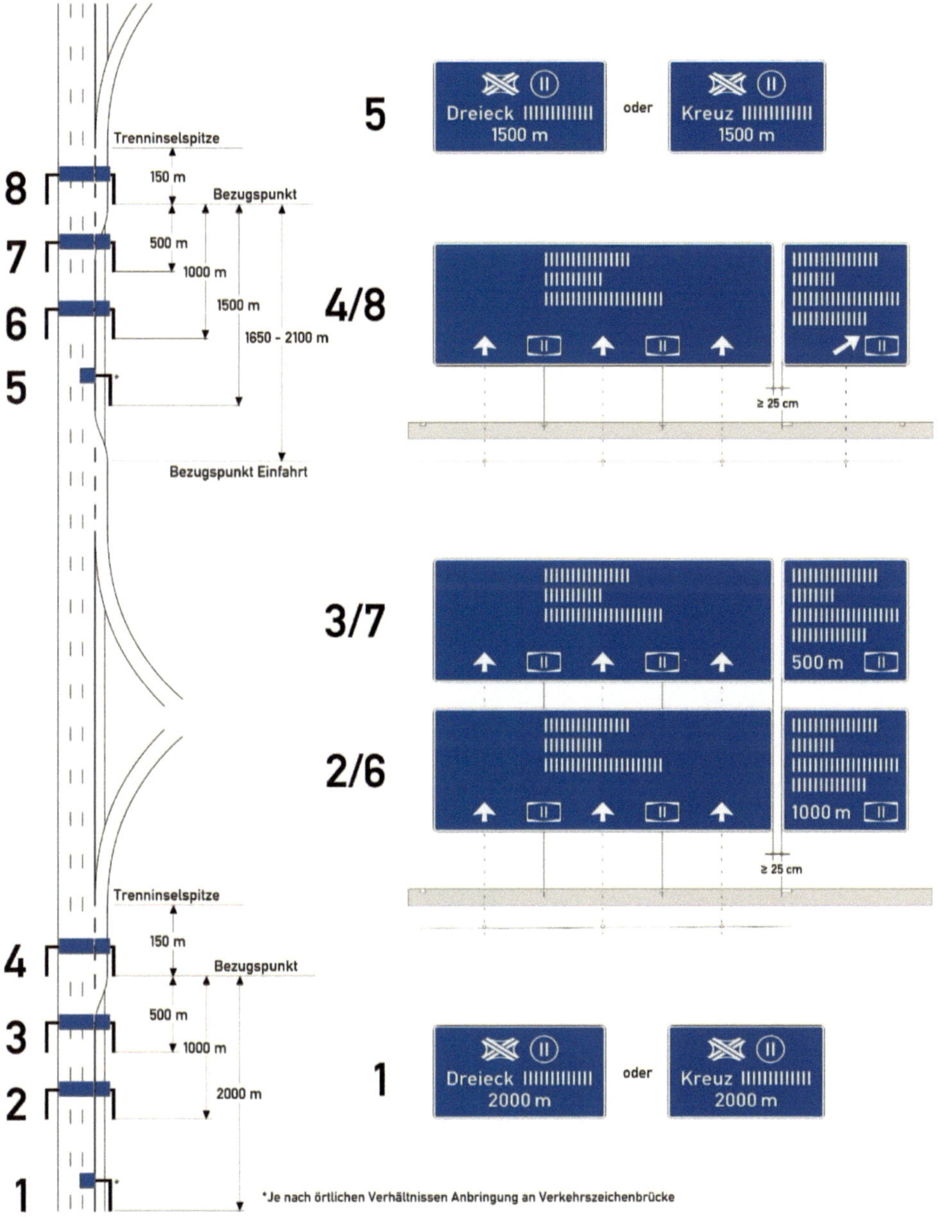

Regelplan 5.2: Autobahnkreuze/-dreiecke mit Bezugsabstand von 1150 m bis 1650 m

Ausführung bei zweistreifiger sowie vier- oder mehrstreifiger Richtungsfahrbahn identisch

Ummarkierung des Seitenstreifens zu Gunsten eines Sortierraums (durchgehender Verflechtungsstreifen) prüfen

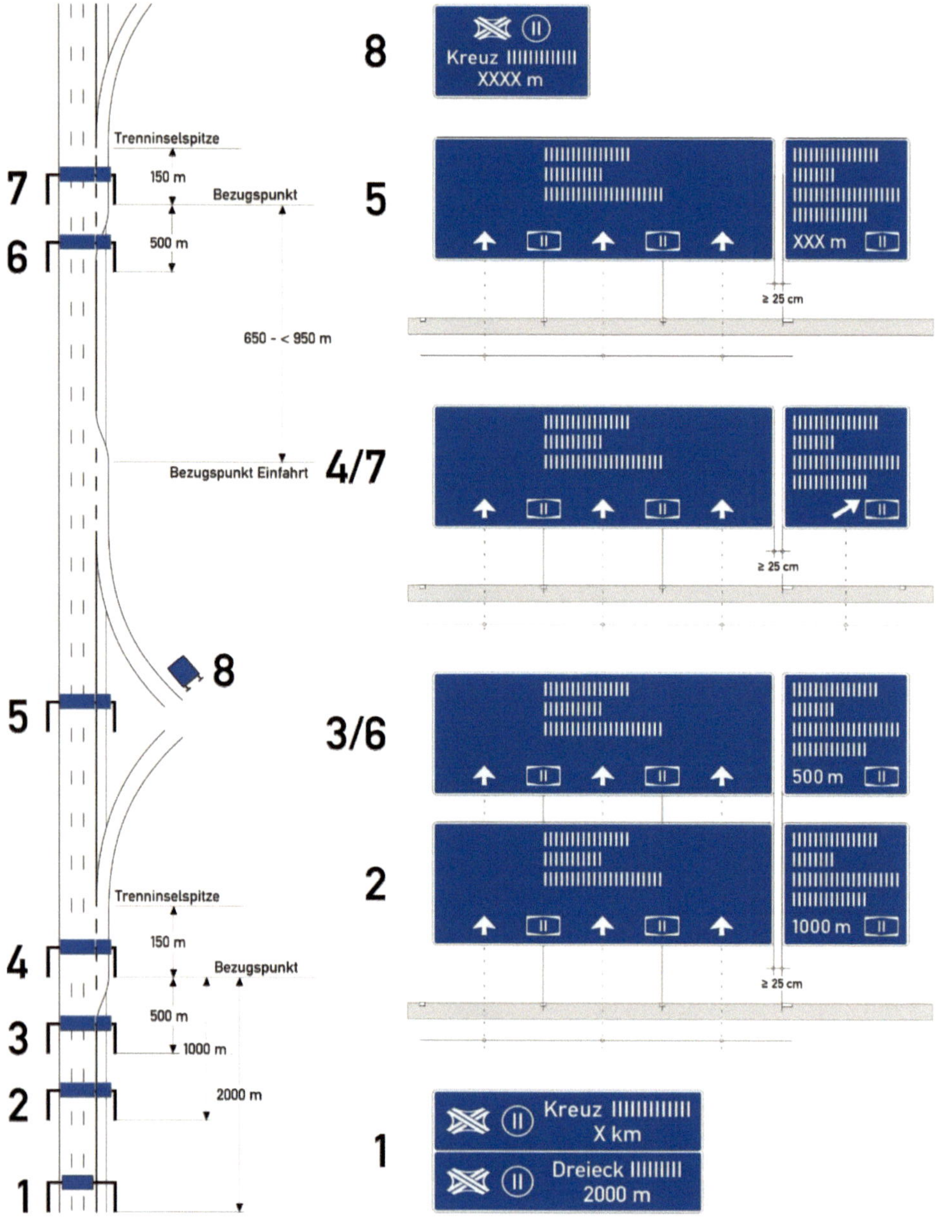

Regelplan 5.3: Autobahnkreuze/-dreiecke mit Bezugsabstand von 950 m bis 1150 m

Ausführung bei zweistreifiger sowie vier- oder mehrstreifiger Richtungsfahrbahn identisch

Ummarkierung des Seitenstreifens zu Gunsten eines Sortierraums (durchgehender Verflechtungsstreifen) prüfen

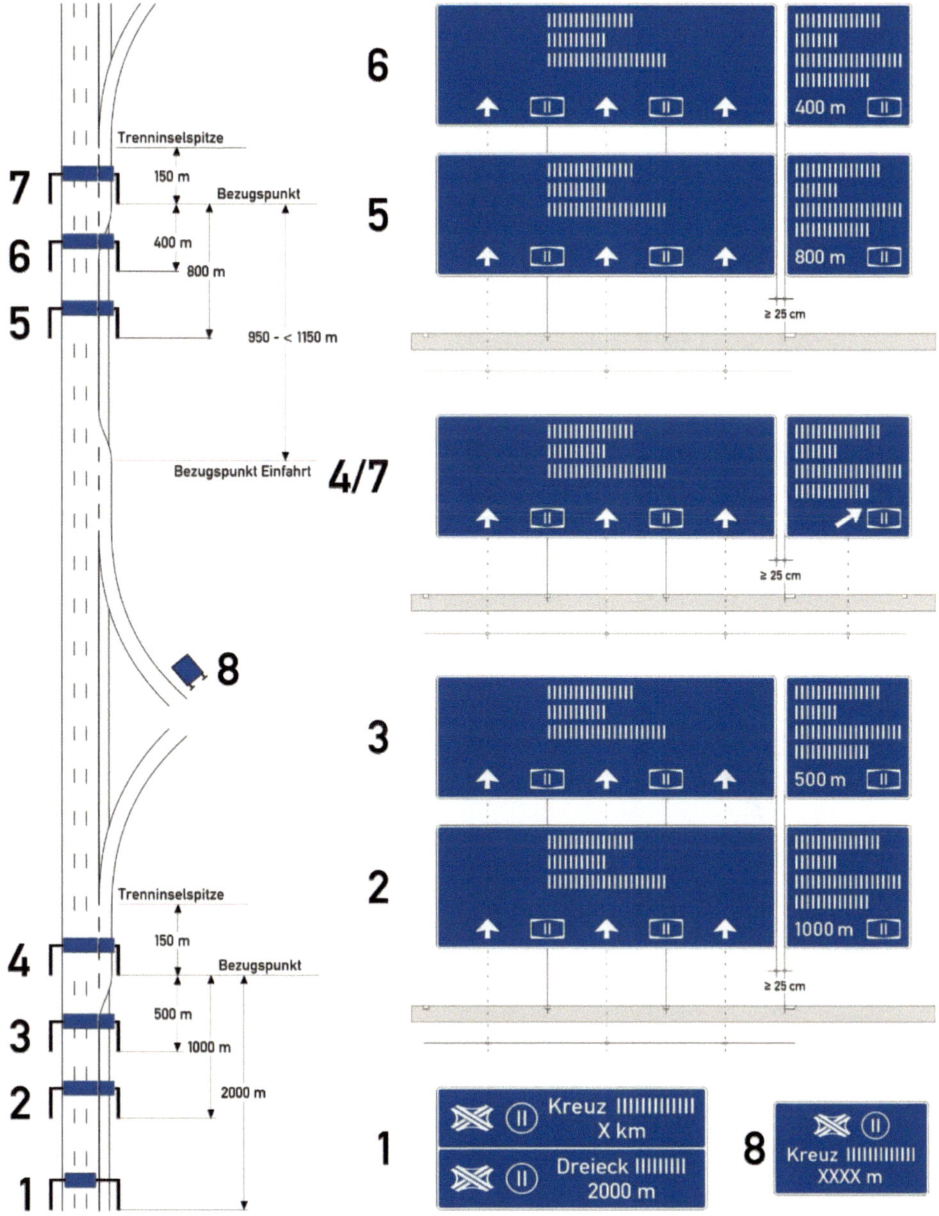

Regelplan 5.4: Autobahnkreuze/-dreiecke mit Bezugsabstand von 650 m bis 950 m

Ausführung bei zweistreifiger sowie vier- oder mehrstreifiger Richtungsfahrbahn identisch

Ummarkierung des Seitenstreifens zu Gunsten eines Sortierraums (durchgehender Verflechtungsstreifen) prüfen

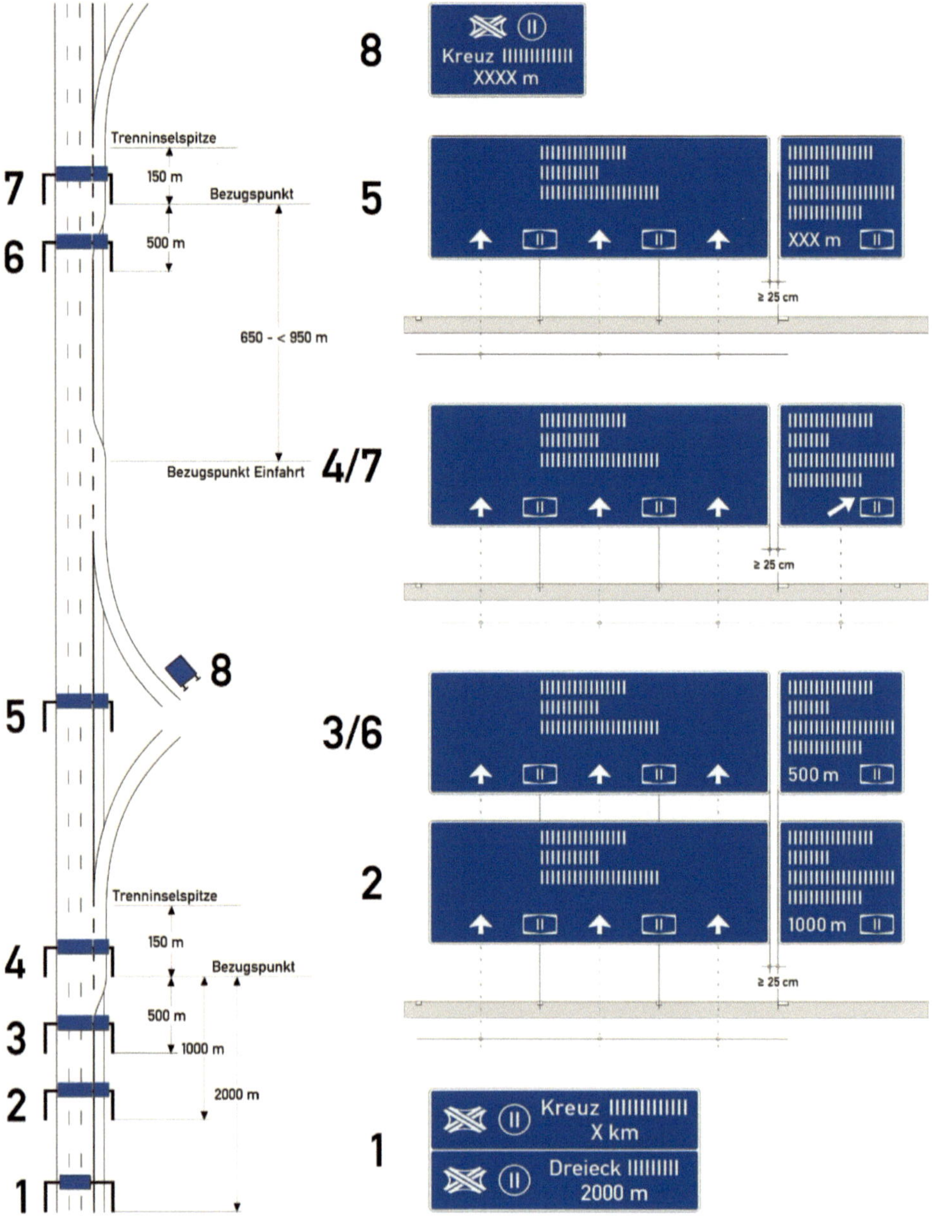

Regelplan 5.5: Autobahnkreuze/-dreiecke mit Bezugsabstand kleiner 650 m

Ausführung bei zweistreifiger sowie vier- oder mehrstreifiger Richtungsfahrbahn identisch

Ummarkierung des Seitenstreifens zu Gunsten eines Sortierraums (durchgehender Verflechtungsstreifen) prüfen

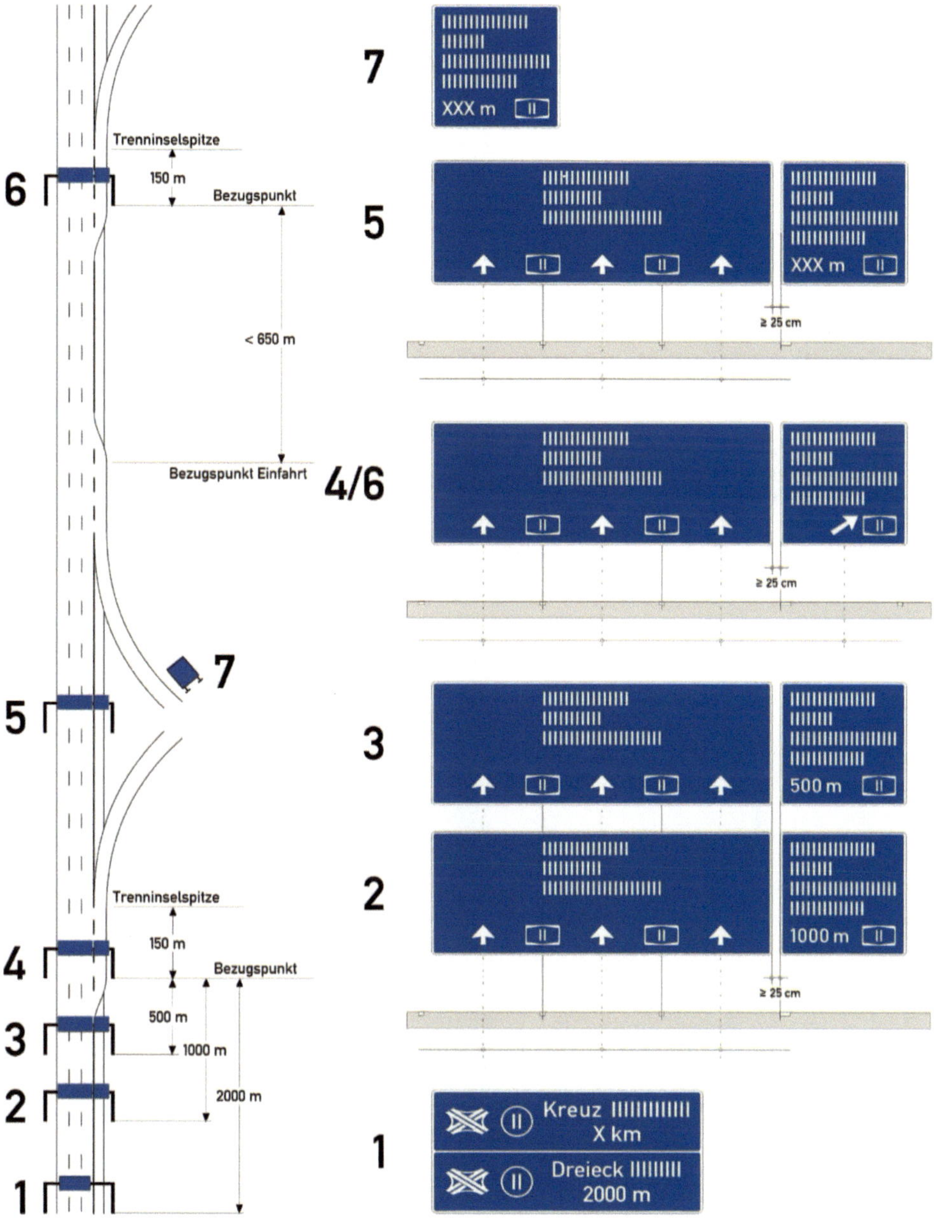

Regelplan 5.6: Autobahnkreuze/-dreiecke mit durchgehendem Verflechtungsstreifen (Sortierraum) Bezugsabstand von 1000 m bis 1500 m

Ausführung bei zweistreifiger sowie vier- oder mehrstreifiger Richtungsfahrbahn identisch

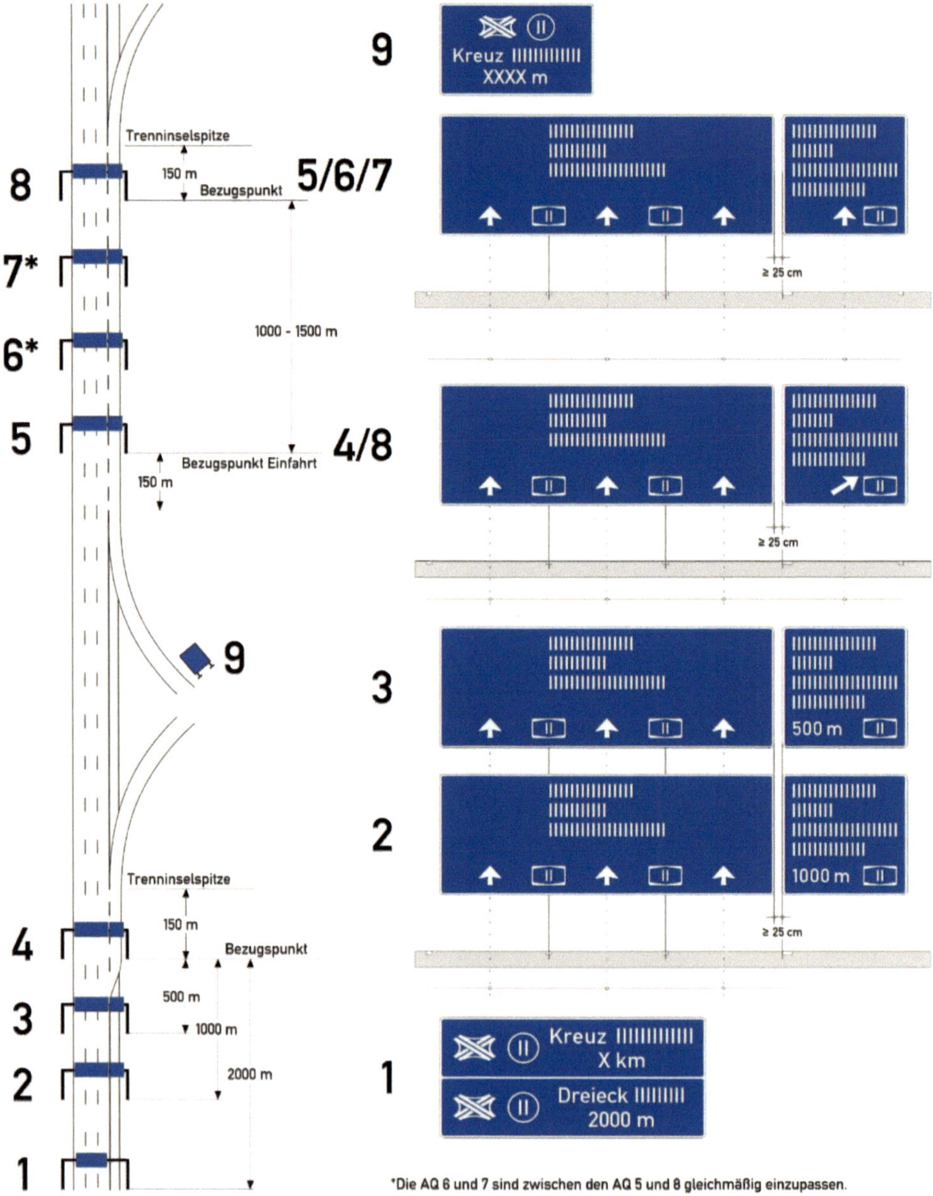

*Die AQ 6 und 7 sind zwischen den AQ 5 und 8 gleichmäßig einzupassen.

Regelplan 5.7: Autobahnkreuze/-dreiecke mit durchgehendem Verflechtungsstreifen (Sortierraum) Bezugsabstand von 500 m bis 1000 m

Ausführung bei zweistreifiger sowie vier- oder mehrstreifiger Richtungsfahrbahn identisch

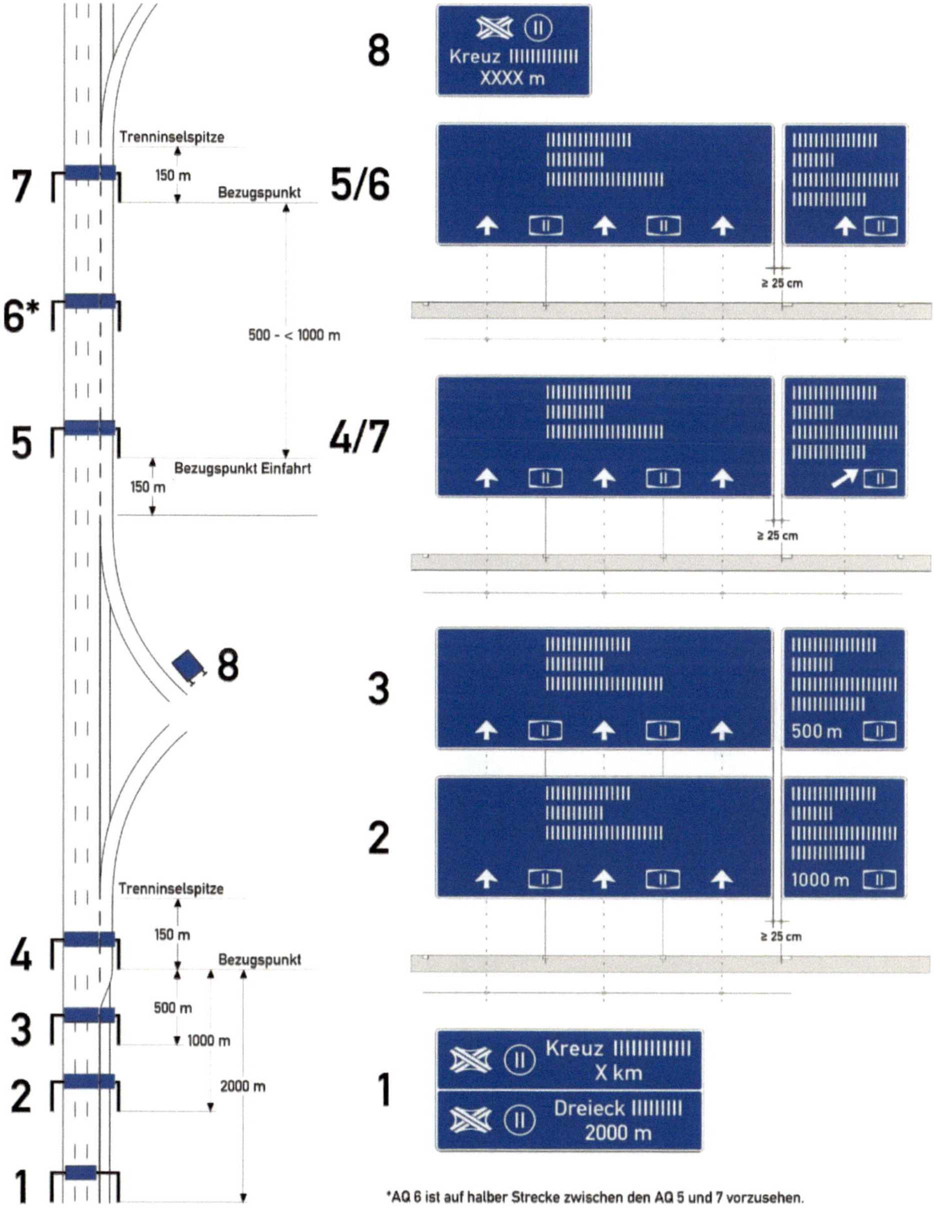

*AQ 6 ist auf halber Strecke zwischen den AQ 5 und 7 vorzusehen.

Regelplan 5.8: Autobahnkreuze/-dreiecke mit durchgehendem Verflechtungsstreifen (Sortierraum) Bezugsabstand von 250 m bis 500 m

Ausführung bei zweistreifiger sowie vier- oder mehrstreifiger Richtungsfahrbahn identisch

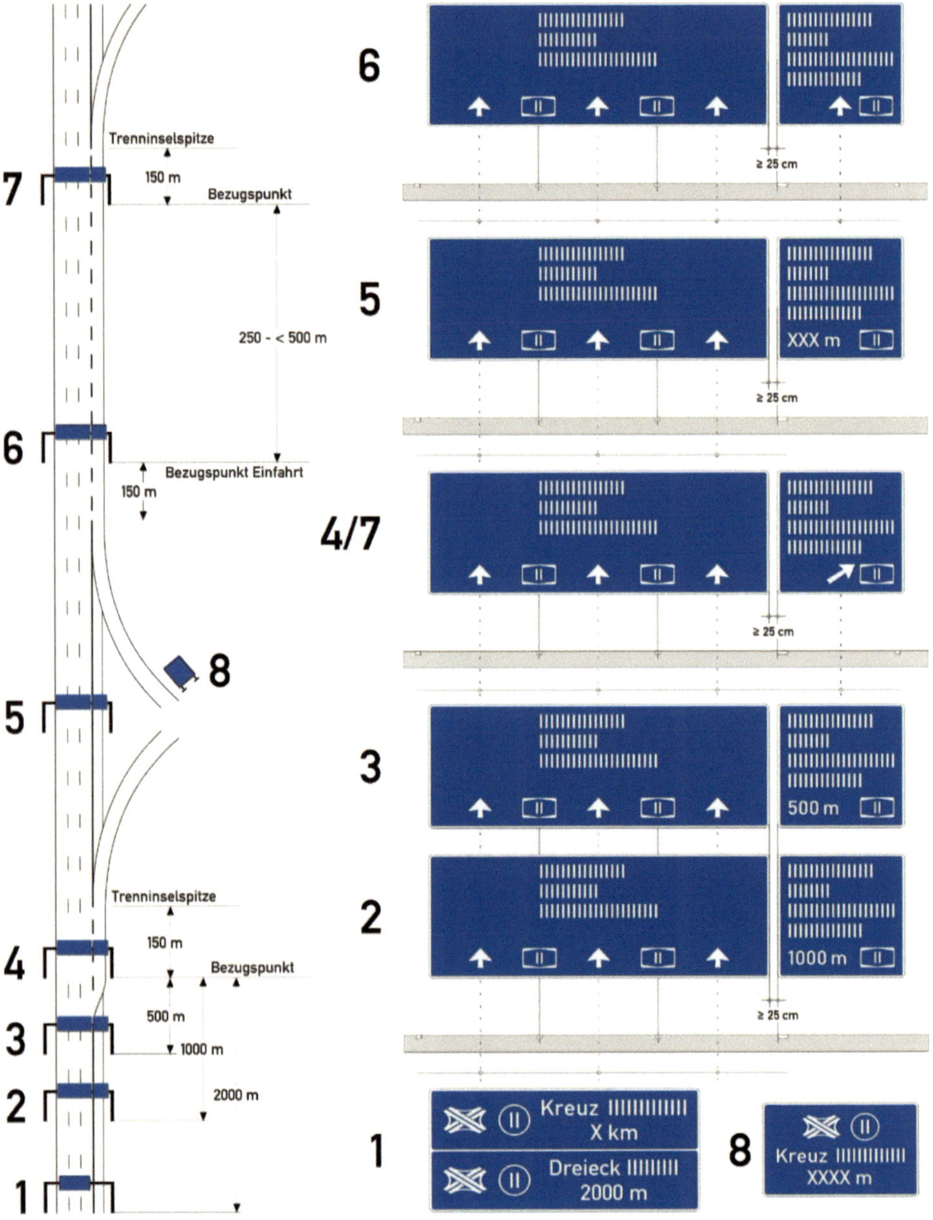

Regelplan 5.9: Autobahnkreuze/-dreiecke mit durchgehendem Verflechtungsstreifen (Sortierraum) Bezugsabstand kleiner 250 m

Ausführung bei zweistreifiger sowie vier- oder mehrstreifiger Richtungsfahrbahn identisch

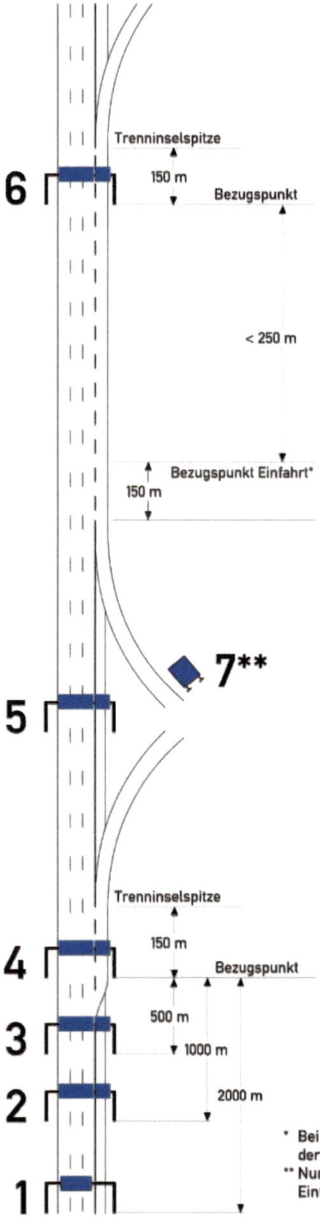

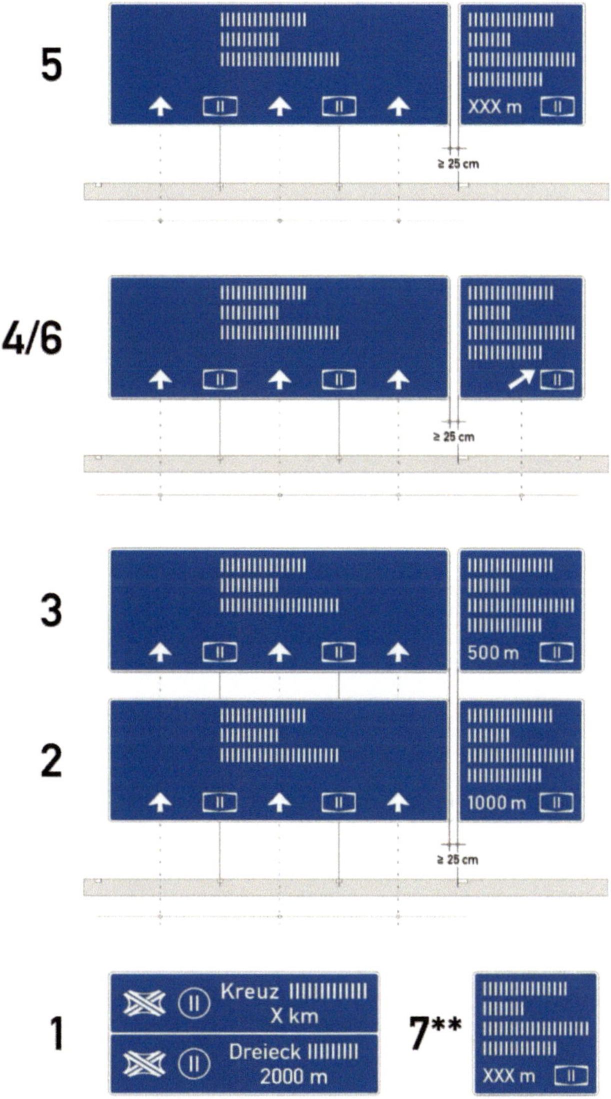

* Bei ungünstigen Sichtverhältnissen vom Ort der Einfahrt auf den Wegweiser Verlegung der markierten Trenninselspitze der Einfahrt nach stromabwärts prüfen.

** Nur bei einer Entfernung zwischen markierter Trenninselspitze der nachfolgenden Einfahrt und AQ 6 von mehr als 200 m

Regelplan 6.1: gestaffelte Ausfahrt an Richtungsfahrbahn mit drei oder mehr Fahrstreifen

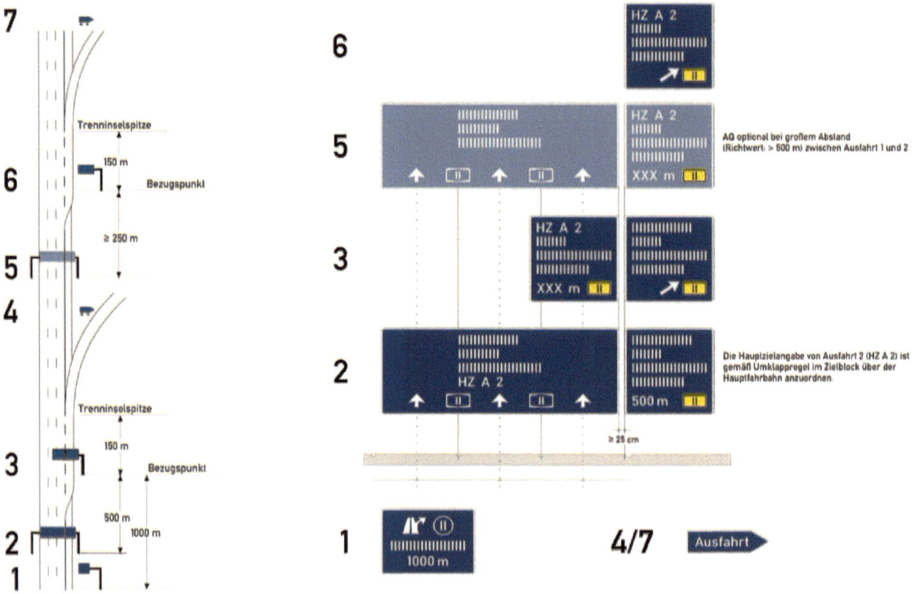

Regelplan 7.1: Richtungsfahrbahn mit drei oder mehr Fahrstreifen, an Ausfahrt endende temporäre Seitenstreifenfreigabe

Schaltzustand: Seitenstreifen nicht freigegeben

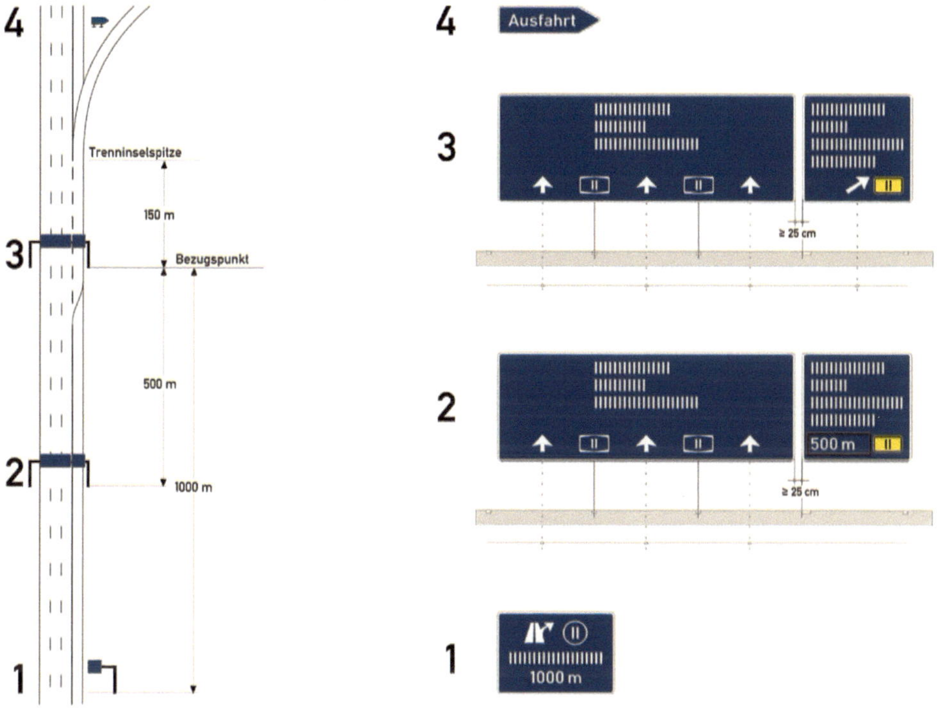

Regelplan 7.2: Richtungsfahrbahn mit drei oder mehr Fahrstreifen, an Ausfahrt endende temporäre Seitenstreifenfreigabe

Schaltzustand: Seitenstreifen freigegeben

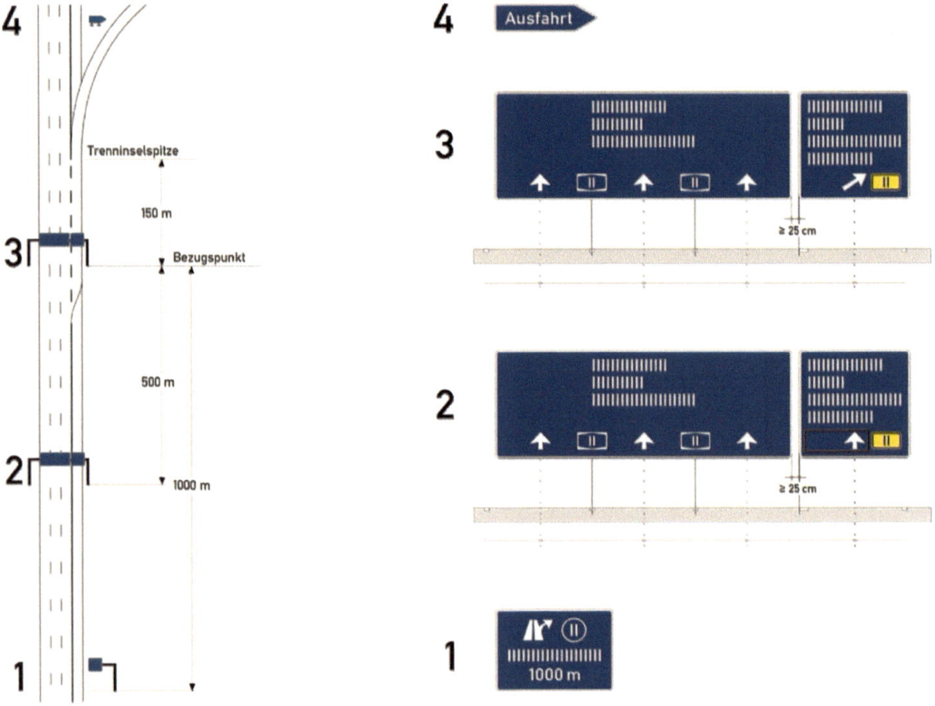

Regelplan 7.3: Ausfahrt an Richtungsfahrbahn mit drei oder mehr Fahrstreifen und temporärer Seitenstreifenfreigabe

Schaltzustand: Seitenstreifen nicht freigegeben

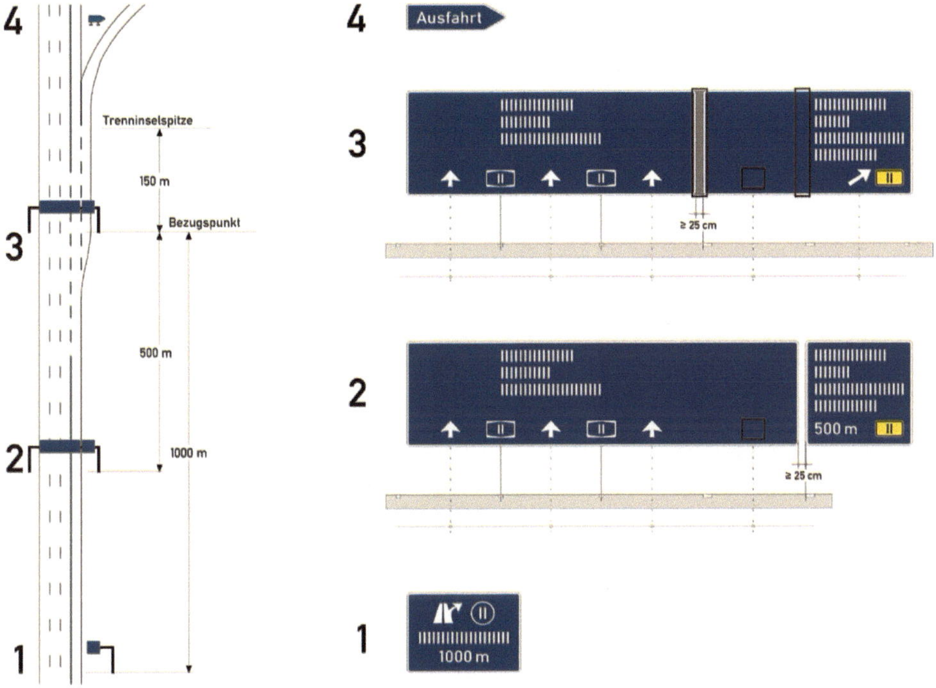

Regelplan 7.4: Ausfahrt an Richtungsfahrbahn mit drei oder mehr Fahrstreifen und temporärer Seitenstreifenfreigabe

Schaltzustand: Seitenstreifen freigegeben

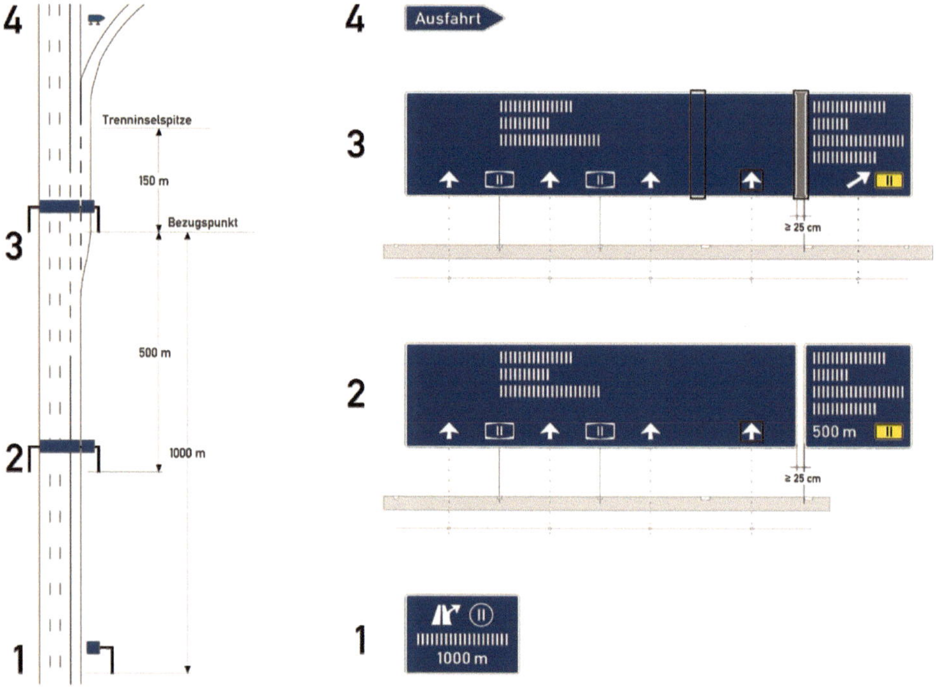

Regelplan 8.1: Bewirtschaftete Rastanlage

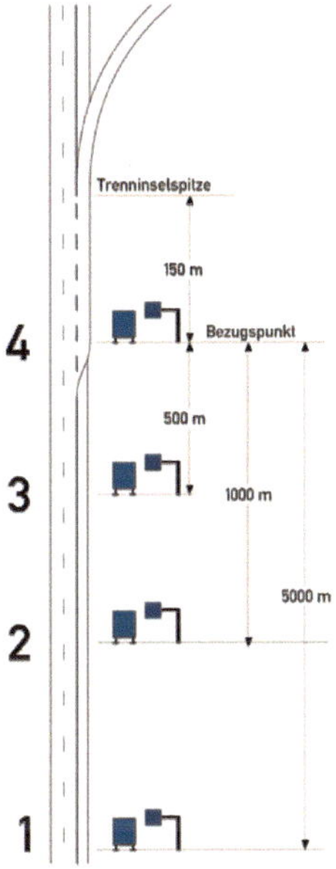

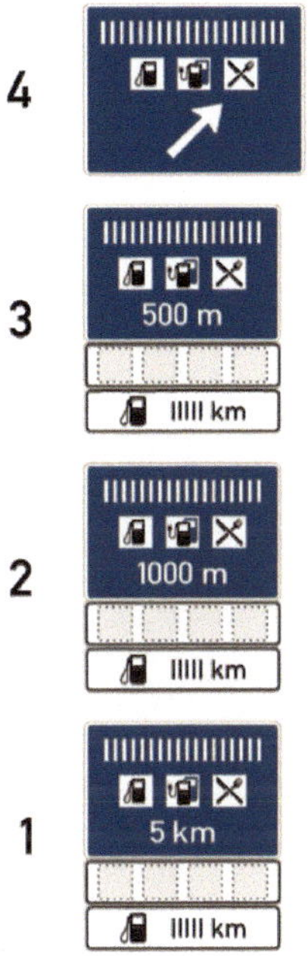

oder

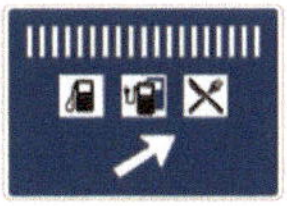

Bei einer Anbringung von Ankündigungstafeln über Kopf werden die Zusatzzeichen mit den Firmenlogos und der Ankündigung der nächsten Tankmöglichkeit seitlich unmittelbar vor der jeweiligen Ankündigungstafel angebracht.

Regelplan 8.2: Unbewirtschaftete Rastanlage

Die Anordnung der Wegweisung über Kopf ist in zwingenden, anhand der besonderen Umstände des Einzelfalls zu begründenden Ausnahmefällen möglich. Dann erfolgt die Ausgestaltung gemäß Regelplan 8.1.

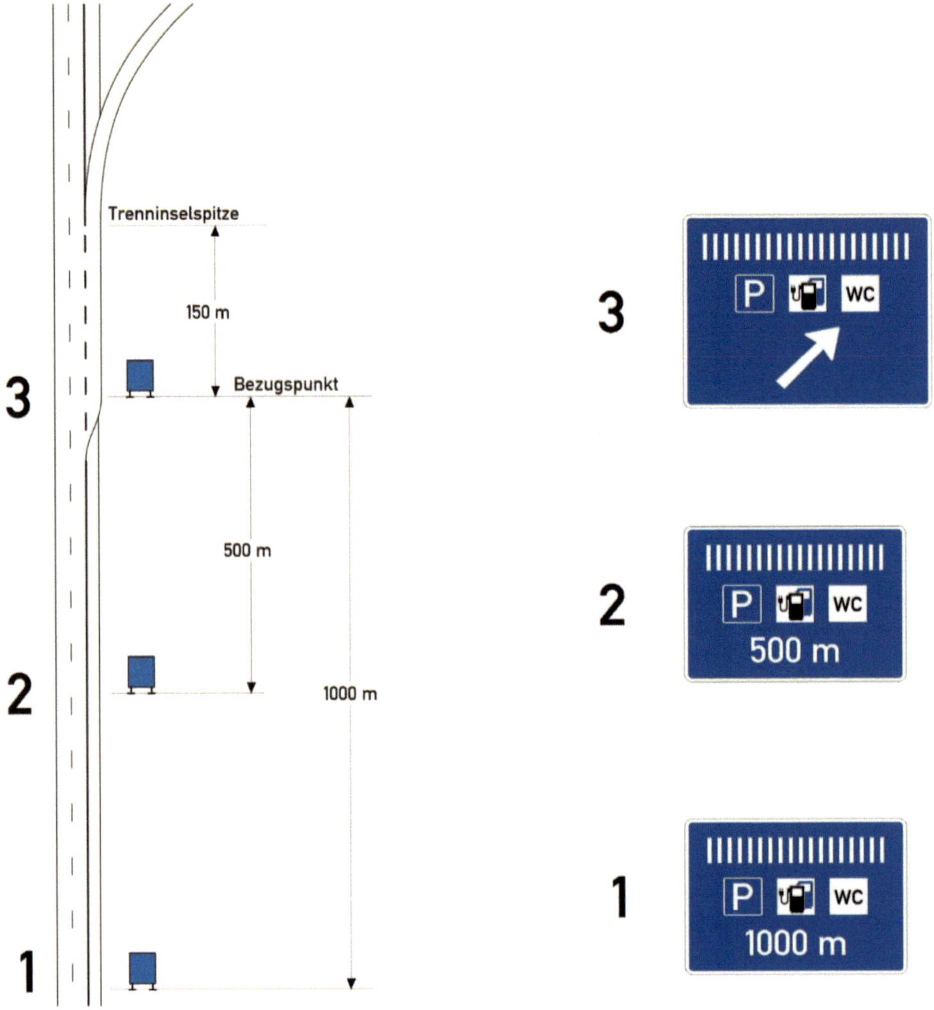

16.3 Verzeichnis der Beschilderungsbeispiele

Beschilderungsbeispiel 1: Bewirtschaftete Rastanlage

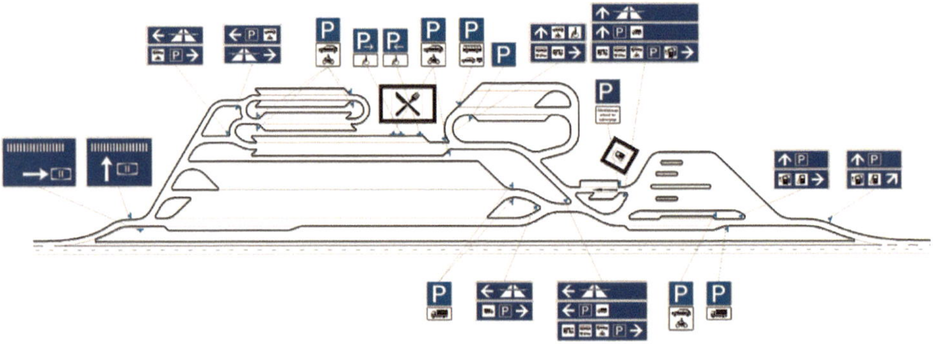

Beschilderungsbeispiel 2: Bewirtschaftete Rastanlage

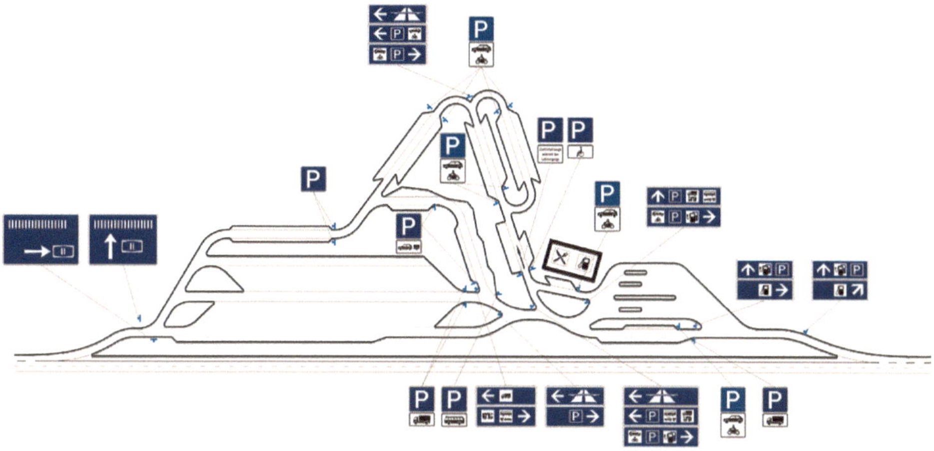

Beschilderungsbeispiel 3: Unbewirtschaftete Rastanlage

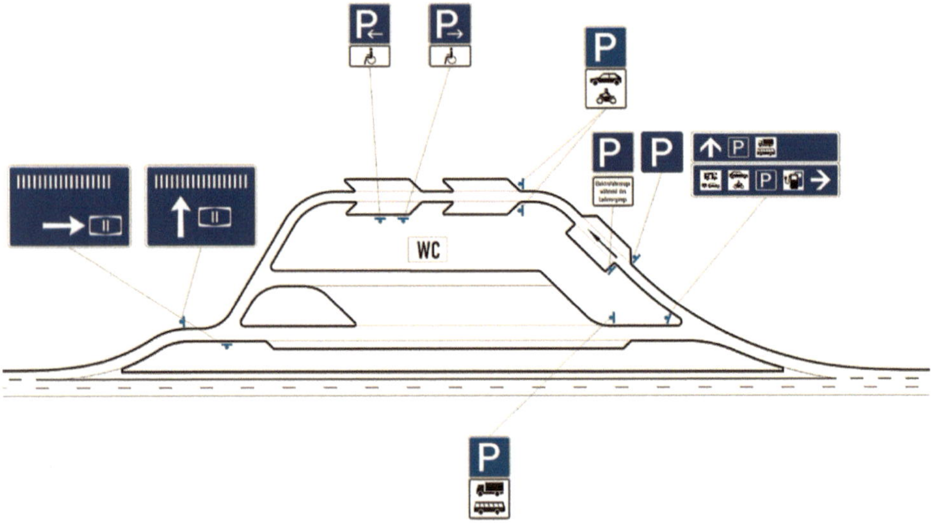

16.4 Verzeichnis der Konstruktionszeichnungen

Konstruktionszeichnungen der Ankündigungstafeln

Ankündigungstafel
seitlich neben der Fahrbahn oder über Kopf

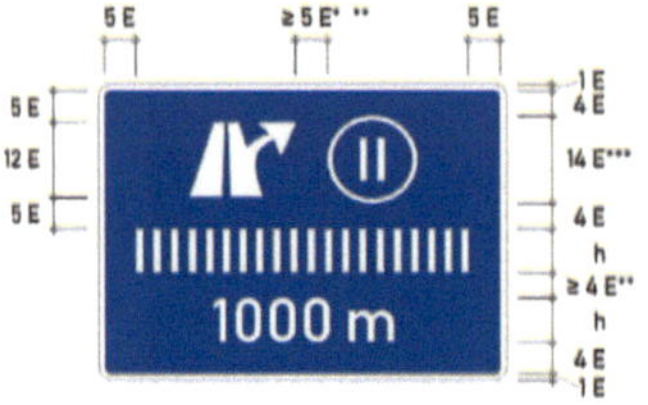

Doppelankündigung
seitlich neben der Fahrbahn

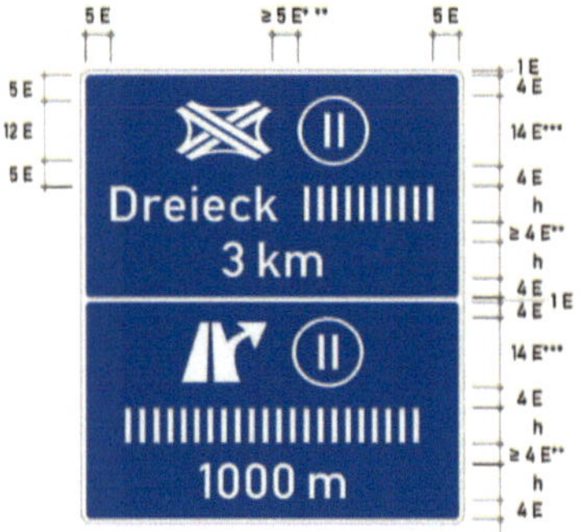

Doppelankündigung
über Kopf

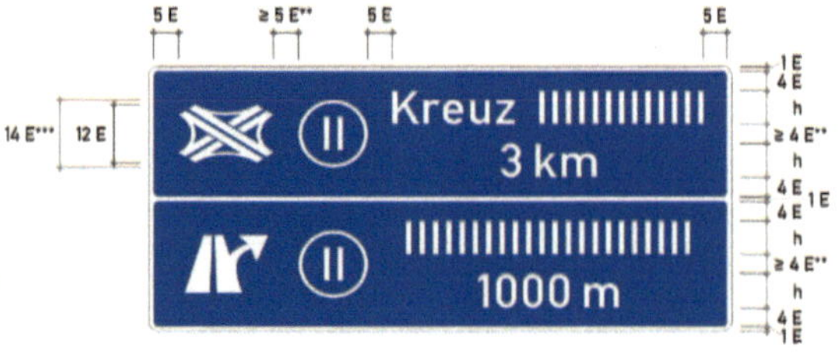

* Es empfiehlt sich, beide Sinnbilder gleichmäßig über die Schildbreite zu verteilen (Drittelung).

** Zur Ermöglichung einer Rasterung - bei Doppelankündigung gleichmäßig aufteilen.

*** Bei drei- und mehrstelligen Knotenpunktnummern ist deren Höhe von 12 E bei ansonsten unveränderter Konstruktion vertikal auf das Knotenpunktsinnbild auszurichten.

Konstruktionszeichnungen der Vorwegweiser in seitlicher Aufstellung

<u>Vorwegweiser</u>
seitlich neben der Fahrbahn - Anschlussstelle oder Autobahndreieck*

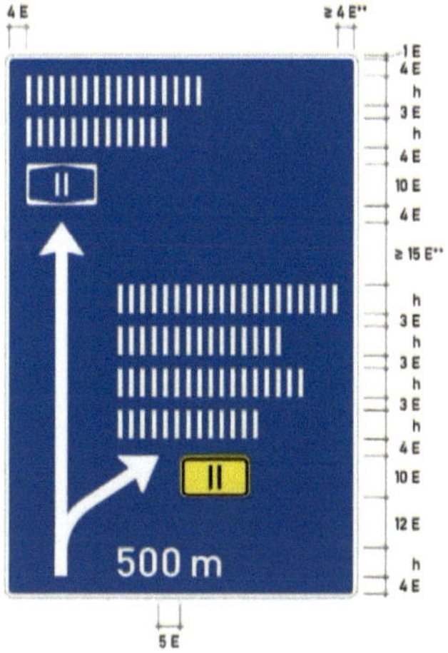

<u>Vorwegweiser</u>
seitlich neben der Fahrbahn - Anschlussstelle mit Parallelfahrbahn* oder Autobahnkreuz

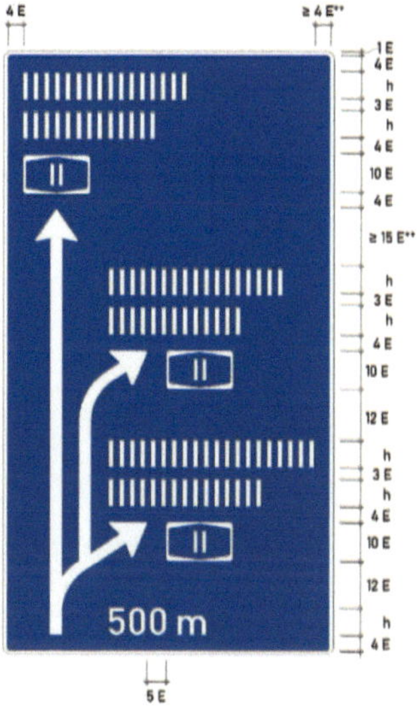

<u>Vorwegweiser</u>
seitlich neben der Fahrbahn - Anschlussstelle oder Autobahnkreuz*
mit zwei Ausfahrten ohne Parallelfahrbahn***

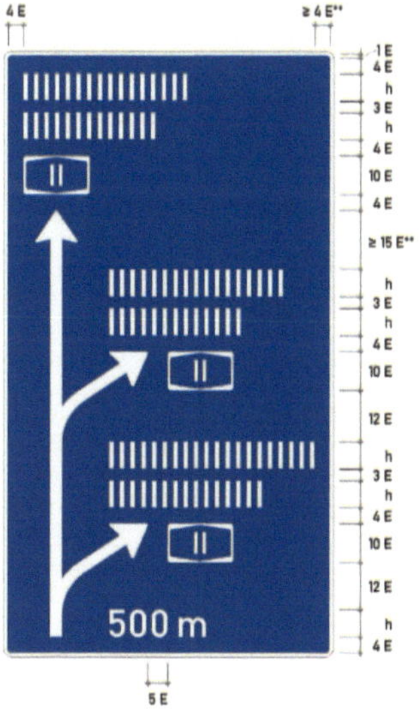

* Das Nummernzeichen ist entsprechend anzupassen.
** Zur Ermöglichung einer Rasterung
*** Die Entfernungsangabe bezieht sich stets auf die erste Ausfahrt.

Konstruktionszeichnungen der Vorwegweiser über Kopf

Vorwegweiser mehrstreifig
über Kopf

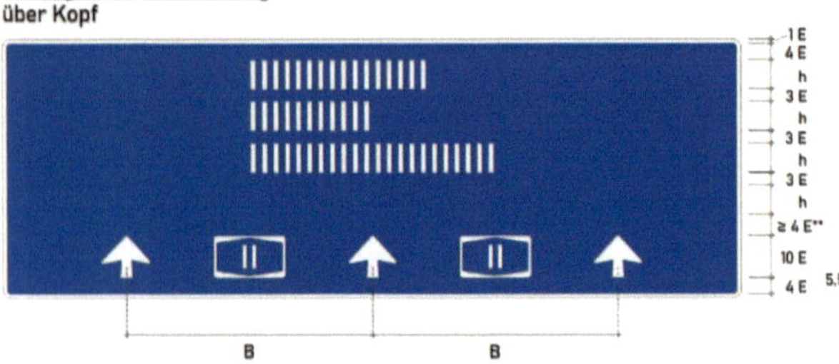

Vorwegweiser
über Kopf mit Entfernungsangabe

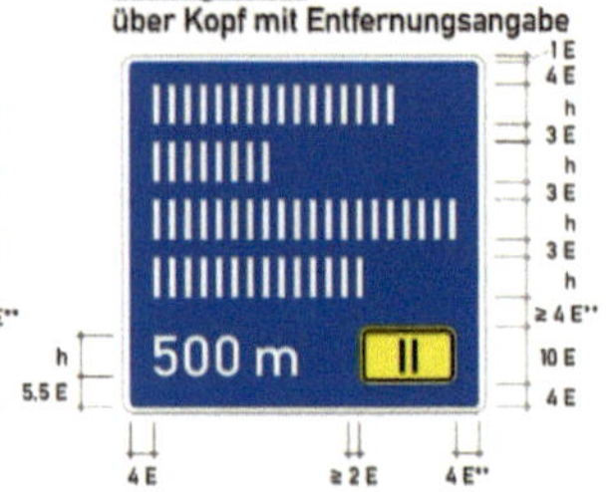

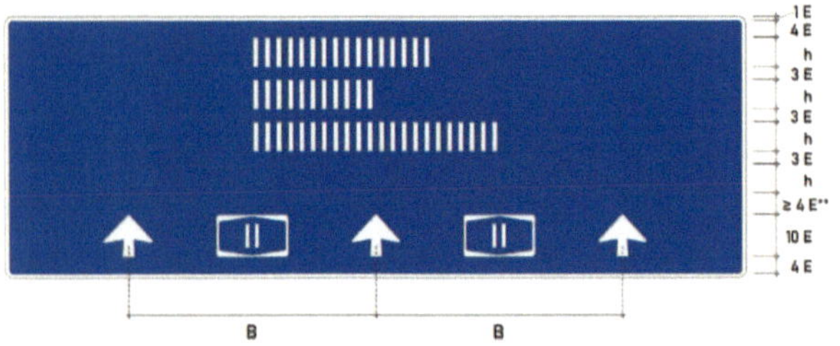

Vorwegweiser einstreifig
über Kopf

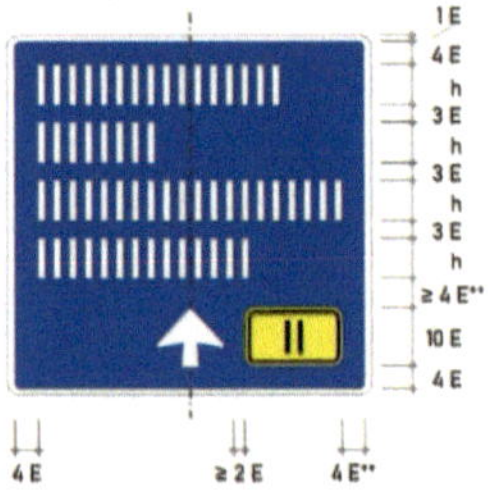

- Die Pfeile sind mittig über den zugehörigen Fahrstreifen zu platzieren.
- Bei unterschiedlich breiten Fahrstreifen ergibt sich B (Fahrstreifenbreite) als arithmetisches Mittel.
- Die breiteste Zielangabe ist auf der Tafel zu zentrieren, an dieser Zielangabe sind die übrigen Zielangaben linksbündig auszurichten. Ausgenommen hiervon sind Zielangaben mit einer Breite über 3,50 m; diese sind ebenfalls auf der Tafel zu zentrieren.
- Die Breite der Tafel ist so zu wählen, dass die Ränder der Tafel den inneren Rändern der Leitlinien bzw. Fahrstreifen-/ Fahrbahnbegrenzungen der zugehörigen Fahrstreifen entsprechen.
- Muss die Breite der Tafel aufgrund angrenzender einstreifiger Tafeln verringert werden, ist dies beidseitig (vertikal symmetrisch) vorzunehmen.

** Zur Ermöglichung einer Rasterung

- Ausführung ggf. auch mehrstreifig oder mehrere Zielblöcke mit mehreren Fahrstreifen auf jeweils einer separaten Tafel
- Die vertikale Symmetriachse der Tafel entspricht der vertikalen Symmetrieachse des Pfeils.
- Der Pfeil ist mittig über dem zugehörigen Fahrstreifen zu platzieren.
- Die Mindestbreite der Tafel ist so zu wählen, dass der linke Rand der Tafel dem linken Rand der Leitlinie bzw. Fahrstreifen-/ Fahrbahnbegrenzung des zugehörigen Fahrstreifens entspricht.
- Überschreitet die Breite der Tafel aufgrund der Breite einer Zielangabe die Breite des zugehörigen Fahrstreifens, kann die Tafel so positioniert werden, dass sich der Pfeil bis zu 50 cm außermittig bezüglich des zugehörigen Fahrstreifens befindet.

Konstruktionszeichnungen der Wegweiser

Wegweiser mehrstreifig
über Kopf

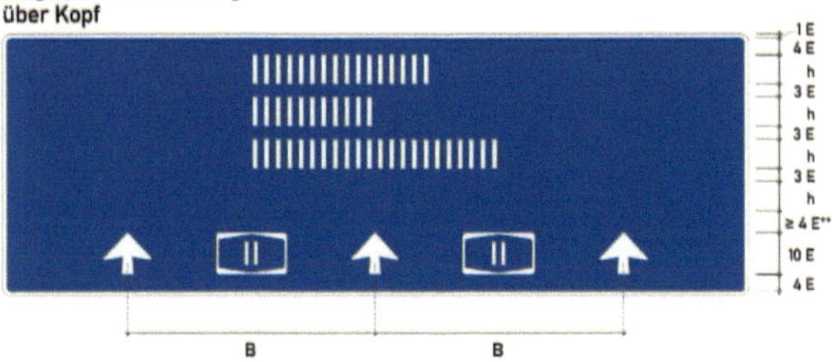

- Die Pfeile sind mittig über den zugehörigen Fahrstreifen zu platzieren.
- Bei unterschiedlich breiten Fahrstreifen ergibt sich B (Fahrstreifenbreite) als arithmetisches Mittel.
- Die breiteste Zielangabe ist auf der Tafel zu zentrieren, an dieser Zielangabe sind die übrigen Zielangaben linksbündig auszurichten. Ausgenommen hiervon sind Zielangaben mit einer Breite über 3,50 m; diese sind ebenfalls auf der Tafel zu zentrieren.
- Die Breite der Tafel ist so zu wählen, dass die Ränder der Tafel den inneren Rändern der Leitlinien bzw. Fahrstreifen-/ Fahrbahnbegrenzungen der zugehörigen Fahrstreifen entsprechen.
- Muss die Breite der Tafel aufgrund angrenzender einstreifiger Tafeln verringert werden, ist dies beidseitig (vertikal symmetrisch) vorzunehmen.

Wegweiser einstreifig
über Kopf

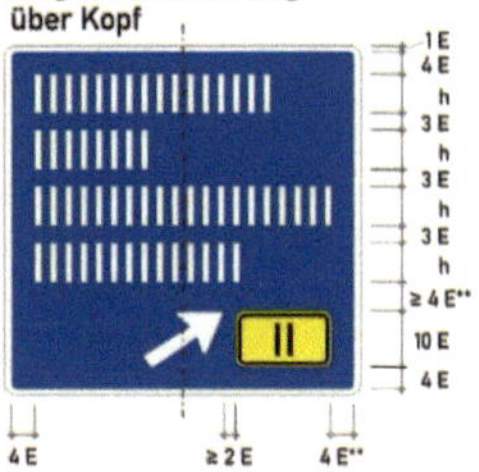

- Die vertikale Symmetriachse der Tafel entspricht der vertikalen Symmetrieachse des Pfeils.
- Der Pfeil ist mittig über dem zugehörigen Fahrstreifen zu platzieren.
- Die Mindestbreite der Tafel ist so zu wählen, dass der linke Rand der Tafel dem linken Rand der Leitlinie bzw. Fahrstreifen-/ Fahrbahnbegrenzung des zugehörigen Fahrstreifens entspricht.
- Überschreitet die Breite der Tafel aufgrund der Breite einer Zielangabe die Breite des zugehörigen Fahrstreifens, kann die Tafel so positioniert werden, dass sich der Pfeil bis zu 50 cm außermittig bezüglich des zugehörigen Fahrstreifens befindet.

Wegweiser
seitlich neben der Fahrbahn

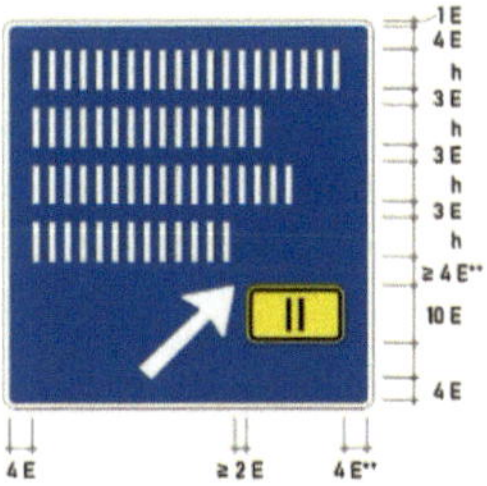

** Zur Ermöglichung einer Rasterung

Konstruktionszeichnungen der Gabelungswegweiser und Entfernungstafeln

Gabelungswegweiser
als Bodenschild

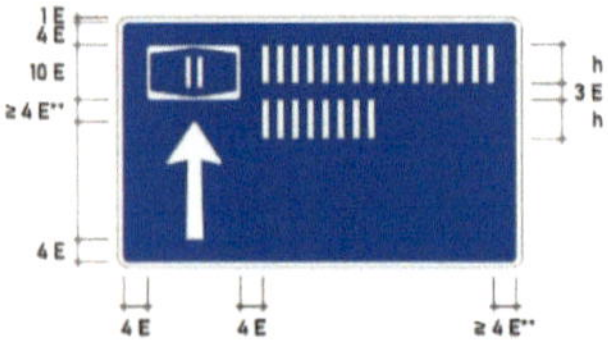

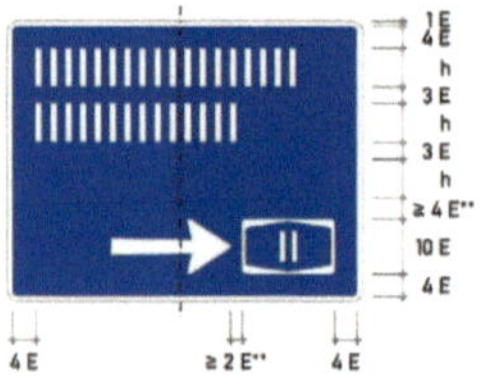

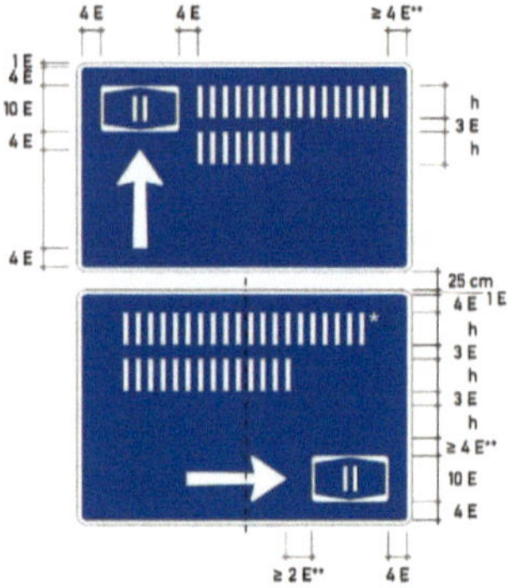

* Die längste Zielangabe ist hier mittig auszurichten.

Entfernungstafel

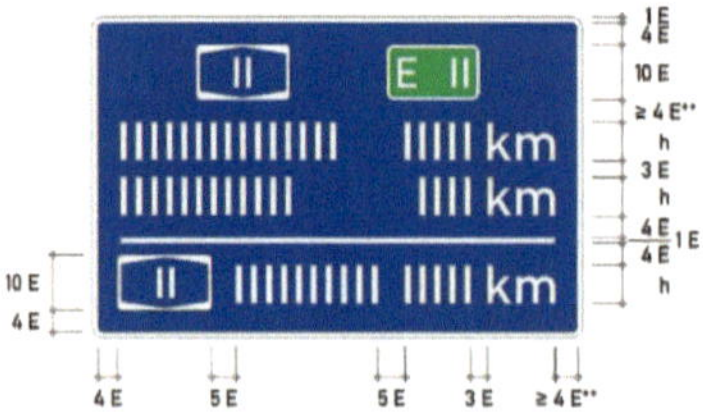

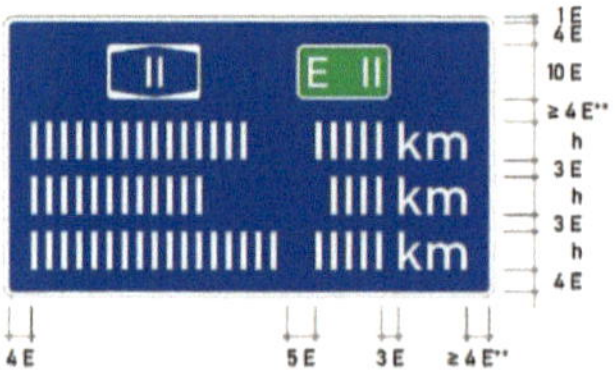

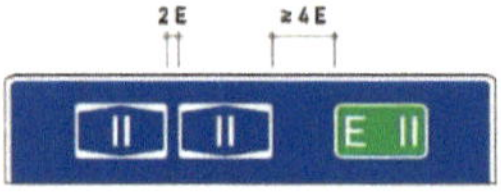

Die beiden Nummernzeichen (Autobahn- und E-Nummer) sind gleichmäßig über die Schildbreite zu verteilen (Drittelung).

Sind mehrere Autobahn- bzw. E-Nummern vorhanden, bilden diese jeweils einen Block mit festem Abstand von 2 E. Die Blöcke sind dann gleichmäßig über die Schildbreite zu verteilen. Der Abstand zwischen zwei Blöcken muss mindestens 4 E betragen.

** Zur Ermöglichung einer Rasterung

Konstruktionszeichnungen der Wegweisungselemente von Rastanlagen

Ankündigungstafel
seitlich neben der Fahrbahn oder über Kopf

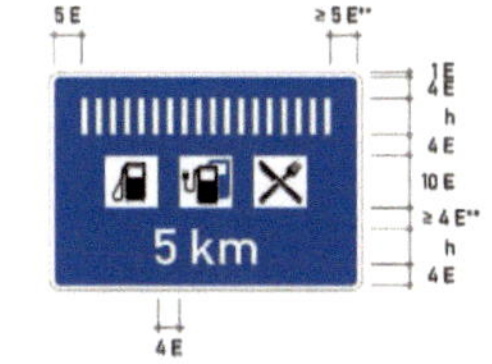

Ausfahrttafel
seitlich neben der Fahrbahn

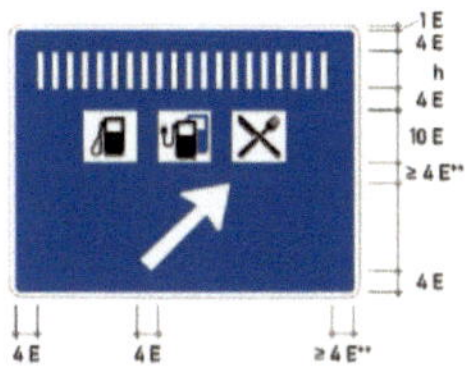

Ausfahrttafel
über Kopf

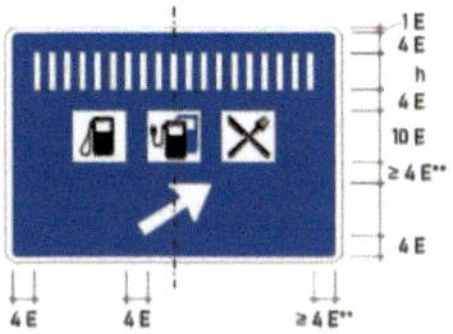

Ankündigungstafel und Gestaltung des Zielblocks der Vorwegweiser und Wegweiser
bei einer gemeinsamen Verteilerfahrbahn an einem Knotenpunkt und unterschiedlicher (links) bzw. identischer (rechts) Bezeichnung von Knotenpunkt und Rastanlage

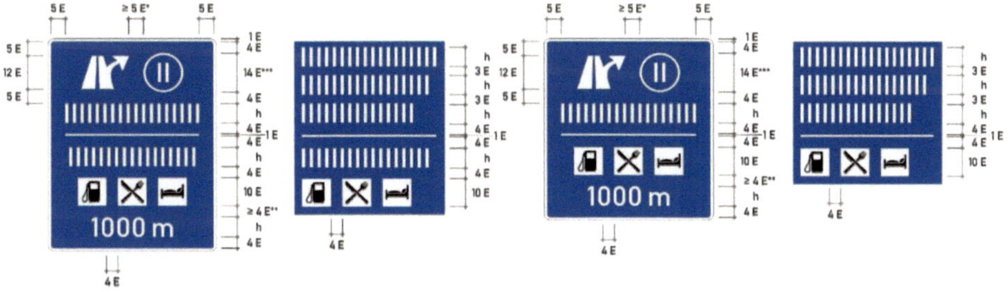

Abfahrttafel

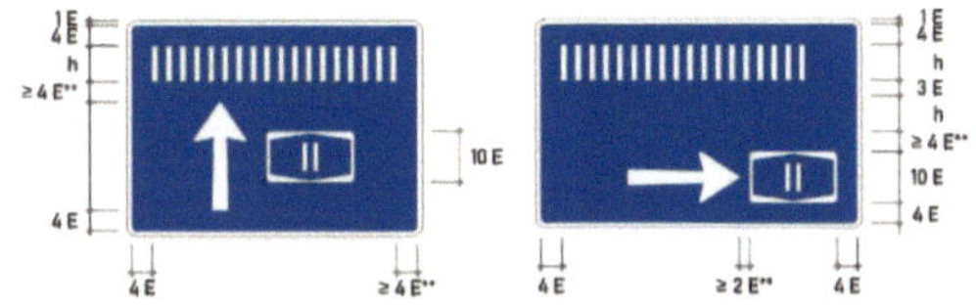

* Es empfiehlt sich, beide Sinnbilder gleichmäßig über die Schildbreite zu verteilen (Drittelung).
** Zur Ermöglichung einer Rasterung
*** Bei drei- und mehrstelligen Knotenpunktnummern ist deren Höhe von 12 E bei ansonsten unveränderter Konstruktion vertikal auf das Knotenpunktsinnbild auszurichten.

Konstruktionszeichnungen der Pfeile

Pfeil 1:

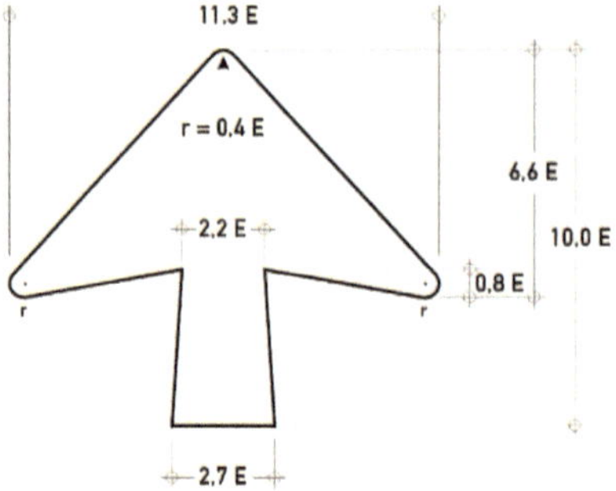

Pfeil 2:

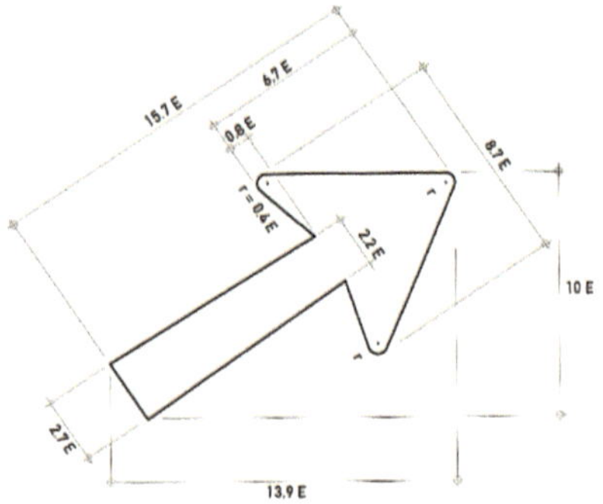

Pfeil 3a:

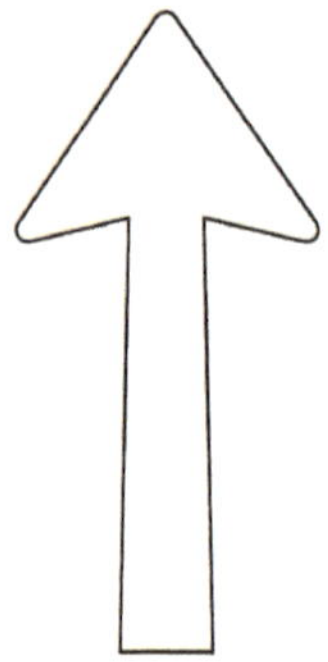

Pfeil 3b:

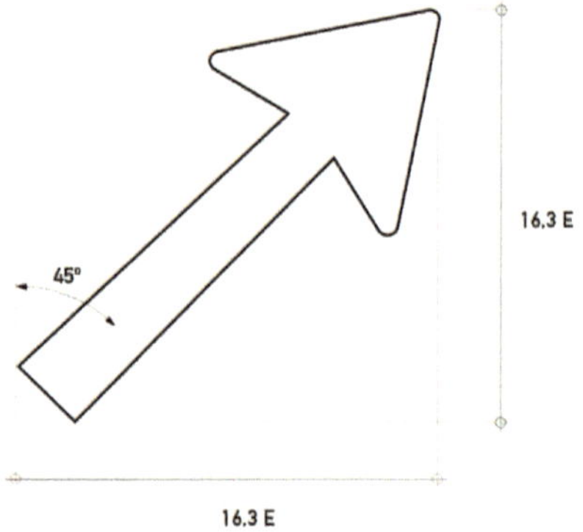

Pfeil 3c:

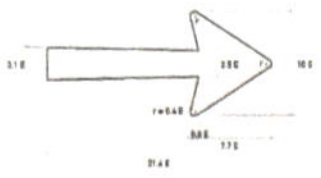

Pfeilform für Pfeile 3d und 3e:

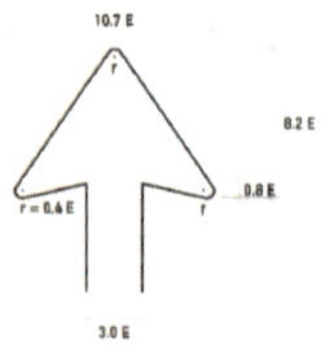

Pfeil 3d:

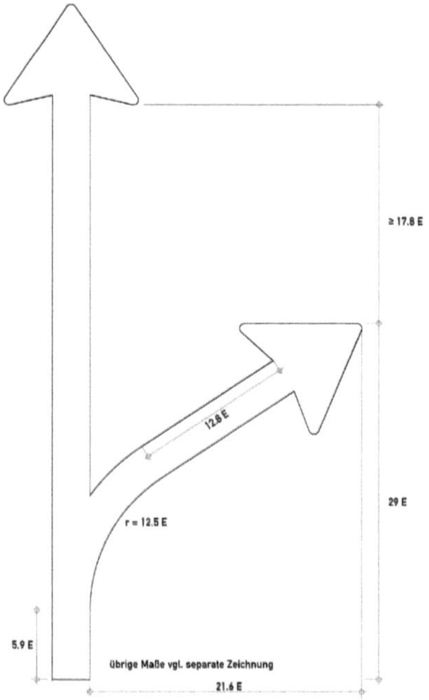
≥ 17.8 E
12.8 E
29 E
r = 12.5 E
5.9 E
übrige Maße vgl. separate Zeichnung
21.6 E

Pfeil 3e:

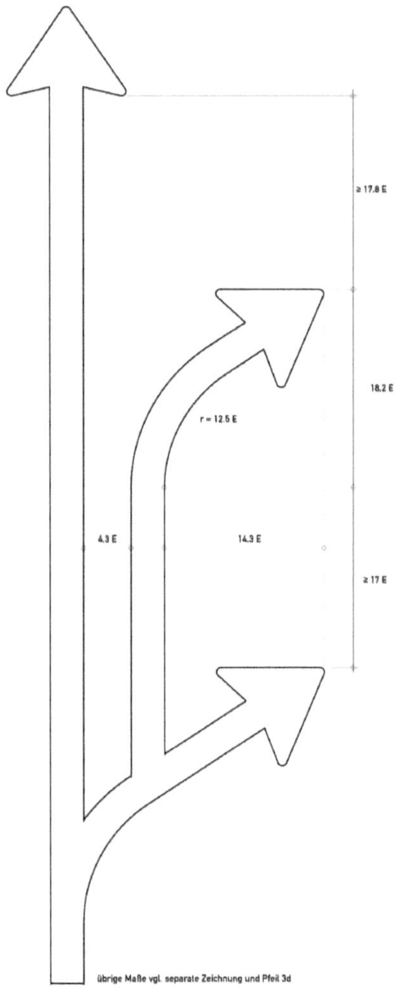

Pfeil 4:

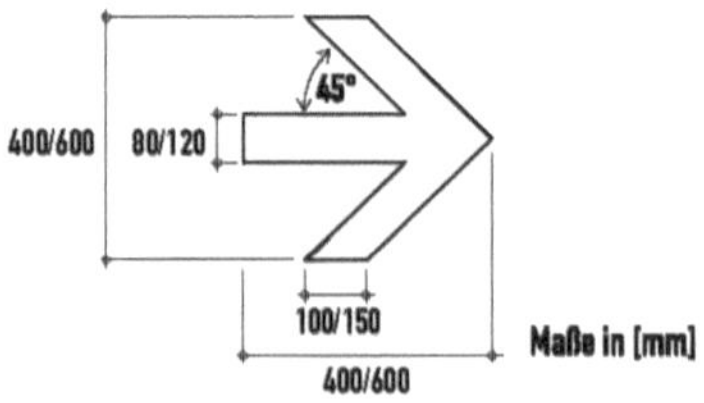